ŒUVRES

DE

J. F. COOPER

IMPRIMERIE DE H. FOURNIER ET Cⁱᵉ, 7 RUE SAINT-BENOÎT.

J. F. COOPER

TRADUCTION

par Defauconpret.

MERCÉDÈS
DE CASTILLE.

Paris,
FURNE & C.ie CHARLES GOSSELIN
Éditeurs
1841

OEUVRES
DE
J. F. COOPER

TRADUITES

PAR

A. J. B. DEFAUCONPRET

TOME DIX-HUITIÈME

MERCÉDÈS DE CASTILLE

PARIS

FURNE ET Cⁱᵉ, CHARLES GOSSELIN
ÉDITEURS

M DCCC XLI

NOTICE

BIOGRAPHIQUE ET LITTÉRAIRE

SUR

J.-F. COOPER,

PAR M. CH. ROMEY.

LA vie de Cooper est toute dans ses ouvrages; le peu qu'on en sait se borne à quelques dates. Quant aux faits, ils manquent entièrement au biographe. Ce n'est pas là une de ces vies aventureuses dont le récit attache et exige de longs développements : en trois mots tout est dit là-dessus. — Le célèbre romancier américain est né à Barlington, sur les bords de la Delaware, en 1789, d'une famille originaire du Buckinghamshire, qui émigra et vint s'établir en Amérique vers l'an 1679. Le jeune Fenimore fut mis au collége d'Yale (New-Haven), où il ne reçut qu'un commencement d'éducation. L'écolier d'Yale n'avait pas achevé sa treizième année que déjà il servait sa patrie dans la marine américaine. Il est permis de croire que les vives impressions qu'il reçut dans ses premières campagnes de mer ne furent pas sans influence sur le choix de plusieurs sujets qu'il traita plus tard. Ce fut sans doute dans ses courses maritimes et dans la pratique de la vie de vaisseau qu'il recueillit les éléments et les riches couleurs dont il devait un jour empreindre ses tableaux, et ce pittoresque vrai et saisissant, parfois si grandiose, qu'il a répandu dans un grand nombre de ses compositions. Il se familiarisa, pour ainsi dire, dès son adolescence, avec l'Océan, et nul n'en a peint avec plus de vérité et d'énergie que lui les sublimes effets et les mille aspects diversement pittoresques. C'est là un de ses plus grands mérites : l'Océan et ses pompes, ses terribles retours, la vie du marin aux prises avec l'élément qu'il aime et qui le menace incessamment ; l'homme et la mer dans l'infinie variété de leurs rapports, voilà ce que Cooper a su rendre admirablement dans *le Corsaire rouge*, dans *le Pilote*, dans *la Sorcière des Eaux*, ces trois conceptions d'une poésie si forte et si réelle tout ensemble. Bien que l'invention y joue un grand rôle, et que l'imagination y déploie toutes ses richesses, le réel domine à un haut degré dans ces trois romans. C'est qu'en effet le romancier a vu ce qu'il peint, et qu'il en a été frappé et rempli de bonne heure, et que de tout ce dont il vous parle, il a su saisir le côté sympathique et puissant, et sait vous le montrer ; il agit sur vous par des paroles et des descriptions, avec toute l'énergie de la nature elle-même, de la réalité. — Vous souvient-il de Tom Coffin de *la Sorcière des Eaux*, de cet homme justement appelé *Roi de la mer*, pour qui la terre est froide et triste, et qui ne vit, ne respire, n'est véritablement homme que sur les flots? Eh bien ! c'est peut-être Cooper lui-même, non d'habitude, non comme il est aujourd'hui, mais comme il fut durant quelques années de sa jeunesse. N'est-ce pas que ce Tom Coffin vous a fait pendant plusieurs heures, pendant plusieurs jours peut-être, aimer ce qu'il aime et partager ses passions d'homme de mer? C'est que c'est là en effet une admirable création, un type. Rassemblez les traits épars de tous ces hommes qui ont couru les mers par goût, par entraînement, vous aurez Tom Coffin. De celui-ci il a l'antipathie pour la terre ; de celui-là l'infatigable amour des voyages ; de tous la passion de la mer, sa seule, sa grande passion. Tout simple et barbare qu'il soit d'ailleurs, Tom Coffin est grand, héroïque, sublime en face de la colère de l'Océan ; il se plaît dans la lutte avec les abîmes soulevés ; il s'y joue avec amour, avec bonheur, avec enthousiasme. Hors de là Tom Coffin retombe ; ce n'est plus rien. Il n'a plus, comme les héros d'Homère, vingt coudées ; il redevient homme et vulgaire comme le moindre matelot de Boston ou de Rhode-Island. Pour tout dire en un mot, ce n'est plus Tom Coffin. Après la peinture de la mer et de ses accidents, c'est celle de la vie des planteurs aux prises avec l'immense nature vierge de l'Amérique septentrionale, et toutes les difficultés de leurs périlleux établissements, où excelle le plus le célèbre romancier. La fidélité en est aussi le mérite principal. Cooper a une excellente habitude, c'est de visiter les lieux où il veut placer la scène de ses romans, d'y vivre, de les étudier sous tous leurs aspects. Si c'est à une contrée de ce côté-ci de l'Atlantique qu'il veut lier sa fable, il ne lui suffit pas de l'avoir vue ; il en explore soigneusement l'histoire, les coutumes, les mœurs ; il se les assimile en quelque sorte par son travail, et ne commence à écrire qu'après s'être ainsi pourvu des matériaux nécessaires. Dernièrement encore, ce n'est qu'après un long séjour à Venise et sur tout le littoral de la vieille république, ce n'est qu'après un séjour non moins long sur les bords du Rhin, que Cooper a composé son *Bravo* et son *Heidenmauer*. Aussi la couleur locale, quoi qu'en aient dit certains critiques, y abonde-t-elle moins originale, moins nouvelle sans doute, mais aussi vraie que dans les romans dont le sujet appartient à la patrie de l'auteur. Avant de composer ceux de ses romans dont l'action se passe en Amérique, il l'avait visitée en observateur, en poëte. Aussi l'Amérique y revit-elle tout entière, avec ses fleuves immenses, ses cités nées d'hier, fraîches et régulières comme des villas, avec ses mœurs domestiques, ses femmes pleines d'un éclat pur qui leur est particulier; l'Amérique enfin telle qu'elle existe ou qu'elle a existé. Dans *les Pionniers*, dans *le Dernier des Mohicans*, Dans *Lionel Lincoln*, vous retrouverez non seulement l'histoire, mais encore la physionomie moderne ou primitive, selon l'époque choisie par le romancier, des Etats dont se compose aujourd'hui l'Union américaine. Dans *l'Espion*, la guerre de l'indépendance et le patriotisme de ce temps d'héroïques efforts sont retracés sans exagération, mais aussi avec une touche vive et un peu âpre par endroits, qui convient à merveille à la peinture de cette glorieuse époque. La grande figure de Washington, qui domine le fond du tableau, y apparaît avec toutes les éminentes qualités de son excellente nature : l'héroïsme calme, la modestie, et, si l'on peut ainsi dire, toute l'auguste simplicité caractéristique du héros américain. Harvey Birch, l'espion, n'est pas une figure de moindre mérite. C'est peut-être la plus dramatique création de Cooper; car Harvey Birch n'a pas fait seulement à son pays le sacrifice de sa vie. Né avec de hautes facultés, un cœur généreux et chaud, l'instinct des nobles choses, il se résout pour sa patrie à la perte de son honneur ; il consent à être la plus basse et la plus vile chose de ce monde, *espion*. Le mot dit tout. Et en lui-même cependant, lorsqu'il considère à quel but il tend par l'exercice de son métier infâme, cet homme ne peut se mépriser; il trouve en son cœur de quoi se consoler, et, dans son opprobre, le sentiment des services qu'il rend à son pays lui tient lieu de tout, le paie de ses souffrances, de ses périls, et rachète suffisamment à ses yeux son honneur à jamais perdu selon le monde. — Le même genre d'intérêt, à savoir l'intérêt dramatique, qui ressort de la lutte intérieure de deux principes qui se disputent l'homme, ne se retrouve pas au même degré dans les autres ouvrages de Cooper ; mais on en est amplement dédommagé par l'intérêt proprement dit : il y naît du récit même, du fond du sujet; d'ordinaire un peu lentement au début, mais avec progression et puissance, pour ainsi dire *fatalement*, au milieu même de détails qui quelquefois sembleraient devoir l'exclure. — Le reproche de prolixité, d'ennui causé par les longueurs et les digressions, n'a pas été épargné à Cooper ; mais ce défaut, qui est d'ailleurs commun à Walter Scott, est si largement racheté par la vérité, la fidélité de la peinture, que nous ne nous en sommes jamais plaint pour notre compte. Puis, quand vous êtes une fois engagé dans ces pages, que vous commencez à entrer au cœur de l'œuvre, c'est une lecture si attachante, que vous ne pouvez plus la quitter; et cela répond à toutes les critiques. Vous ne vous sentez pas porté, dès l'abord, il est vrai; — vous êtes comme ces navires qu'aucun vent ne pousse au sortir du port, qui s'en arrachent à grand' peine, avec embarras et pesanteur; mais à peu de distance du point de départ, vous trouvez le souffle; votre voile, qui était vide, s'enfle à mesure; vous filez encore quelques nœuds, les cordages sifflent, les antennes crient, et vous voilà voguant à pleines voiles jusqu'au terme du voyage, où vous êtes tout étonné, et où vous regrettez presque d'arriver si tôt, tant vous avez pris plaisir aux mille variétés du passage. — Ce que nous disons là, il est peu de personnes qui ne l'aient éprouvé à la lecture des meilleurs romans de Walter Scott lui-même; et cependant, quel plus admirable génie, quel plus habile peintre que Walter Scott? On peut dire de ces deux génies d'une trempe pareille, que l'exactitude est pour eux une muse. Ce qui, sous une plume vulgaire, serait plat, revêt entre leurs mains je ne sais quel charme. Vous êtes-vous jamais senti le courage de passer outre aux descriptions de Walter Scott, toutes longues qu'elles aient pu paraître quelquefois? Non, vous les avez dévorées jusqu'au bout; et cela tient à son talent propre en ceci, d'artiste et de peintre, qualité rare, et qui est le partage aussi de Cooper. On dirait que cet objet trivial dont on se plaît à vous faire la minutieuse description est un accessoire obligé qui se lie indispensablement à l'action, et qu'à ce titre vous trouvez bon qu'on vous en parle si longuement. C'est là un art, assurément, dont peu de personnes ont connu le secret, bien qu'au premier abord rien ne paraisse plus aisé. C'est pourquoi aussi nous avons vu tant de pâles imitateurs des deux grands romanciers, tant d'écrivains à la suite, s'imaginer que la description sans but et sans mesure, et par là même sans intérêt, suffisait à défrayer les quatre volumes obligés d'un roman.

Cooper, au sortir du service maritime, s'était marié; il avait trouvé dans la fille de M. Lancey une compagne digne de lui. Possesseur d'un honnête revenu, il ne chercha point dans le travail des ressources pécuniaires. Il écrivit pour écrire, en artiste, en homme qui veut se satisfaire, et qui met la gloire et l'honneur de bien faire à haut prix. Riche pour ses besoins, pour ses goûts, en repos quant à sa famille, à qui l'état de sa fortune présente suffisait pareillement, il se livra dès lors, sans préoccupation étrangère à l'art, à la composition du roman, comme il l'avait conçu d'après de récentes inspirations. Son premier ouvrage, toutefois, ne sembla pas promettre ce qu'a réalisé depuis l'habile romancier; non qu'il n'y ait dans ce premier roman, *Précaution, ou le Choix d'un mari*, de l'observation, des nuances délicates, des portraits de mœurs finement touchés; mais Cooper semble être mal à l'aise dans le cercle où il s'est renfermé; l'air, la place, lui manquent dans la peinture des mœurs de salon; il lui faut un champ plus vaste, plus de soleil, de liberté et d'espace.

A *Précaution* succédèrent, à peu de distance l'un de l'autre, *l'Espion, les Pionniers, Lionel Lincoln, le Dernier des Mohicans, la Prairie, le Corsaire rouge, les Puritains d'Amérique, l'Écumeur de mer, le Bravo, le Bourreau de Berne* et *l'Heidenmauer*. Le succès dépassa les espérances de l'auteur. Non seulement ses romans eurent le pouvoir d'enthousiasmer ses compatriotes, assez peu sensibles alors au charme des lettres, mais encore, traduits dans la plupart des langues de l'Europe, ils y produisirent la plus vive sensation. Dès lors, le nom de Cooper fut en France l'un des plus considérés de la littérature étrangère et rivalisa glorieusement avec celui de Walter Scott. De nombreuses éditions de ses œuvres, recherchées avec empressement, témoignèrent de sa popularité parmi nous, et son nom y est aujourd'hui familier et cher à tous les amis des lettres, au même titre que celui de nos grands écrivains nationaux. — *Les Monikins, Eve Effingham, le Lac Ontario*, où l'auteur peint avec son énergie accoutumée et dans sa grande manière les scènes de la nature américaine, et enfin *Mercédès de Castille*, qui se rattache par Christophe Colomb au sujet de prédilection de l'auteur, complètent le glorieux bagage de Cooper, romancier.

Envisagé comme citoyen et comme penseur, Cooper n'est pas moins digne de considération. Il est un livre de lui (dont le public français finira, je le pense, par demander la version à l'habile traducteur ordinaire de Cooper et de Walter Scott), où notre auteur s'est montré supérieur sous ces deux rapports; nous voulons parler des *Lettres sur les mœurs et sur les institutions des États-Unis de l'Amérique septentrionale*, qui ont paru vers la fin de 1828. Cooper les a signées de la sorte : *par James-Fenimore Cooper, Américain*. C'est qu'il a toujours été fier de sa patrie. « Il semble moins fier, dit un critique anglais (*New-Monthly Magazine* de 1831), d'être un homme de génie que d'être Américain et fils d'une république libre et florissante. Son génie résume le génie mâle, positif, industriel et entreprenant de son pays ; son talent émane de cette source, et il a droit d'être fier de la patrie qui lui a inspiré ses chefs-d'œuvre. » Dans ce livre, qui est un peu parent par la forme des *Lettres de Paul à sa famille*, Cooper se cache, comme Walter Scott, sous un personnage auquel il prête évidemment ses propres opinions. Ce personnage est un Anglais qui, malgré les idées aristocratiques, les vieilles rancunes et l'insolente hauteur professées communément par les voyageurs de sa nation pour tout ce qui n'est pas le pur *comfortable* de Londres ou le fashionable des clubs d'Almack, et leur plat mépris pour ces pauvres *Yankees*, comme ils appellent les Américains, pense et voit juste, et a d'avance donné un démenti à mistress Trollope la *Bas-Bleu*. Cet Anglais a choisi d'ailleurs pour guide un Américain d'un grand sens et d'un grand esprit, qui l'initie aux mœurs, aux usages, à la vie de famille de son pays. — La conviction politique de l'auteur se montre à chaque page dans ces lettres ; ses sentiments patriotiques s'y font jour de toutes parts : gouvernementalement, élection et responsabilité ; socialement, liberté et égalité ; tels sont ses principes pour amener l'humanité à bien. La liberté, selon le citoyen des États-Unis, impose à l'homme la vertu ; elle se corrige elle-même, éclaire ses propres fautes, et guérit, comme la lance d'Achille, les blessures qu'elle fait. *L'esclave est partout indolent, vicieux et abject. L'homme libre est actif, vertueux et entreprenant*, fait-il dire à un de ses correspondants. — Dans ses romans, Cooper nous a fait vivre au sein des premières familles de planteurs, nous a intéressés aux mille vicissitudes de cette vie en lutte perpétuelle avec la virginité de la nature, si l'on peut ainsi s'exprimer : dans les Lettres sur les États-Unis, c'est la société américaine, telle que la civilisation l'a faite ; ce ne sont plus les savanes sans bornes, les forêts séculaires, « les immenses ombres de ces forêts dont l'ombre est éternelle, » les fleuves et les lacs pareils à des mers ; c'est la cité qu'il nous peint ; c'est le positif des mœurs, des habitudes sociales, de la vie intérieure et publique de ses compatriotes. Tout ce dont nous avions été jusque là si mal informés par les observations superficielles ou haineuses des voyageurs fashionables, ou par le peu de pénétration des voyageurs purement mercantiles, trop absorbés dans les spéculations de leur commerce pour bien voir, il nous l'apprend. Le romancier s'efface pour faire place au philosophe et au statisticien. Et ne croyez pas que, malgré son incontestable patriotisme, qui va en certains points jusqu'à l'enthousiasme, il se laisse entraîner au-delà de la vérité ; non, il est trop observateur impartial et profond pour cela. Son affection bien sentie pour son pays, la conviction où il est, et qu'il manifeste incessamment, de la supériorité de ses institutions politiques sur celles de l'Europe, naissent de la valeur même des objets et doivent être attribuées plutôt à l'observation qu'au patriotisme. Cooper, doué comme il l'est à un éminent degré de la faculté de comparer, et ayant vécu longtemps en Europe, connaît trop bien tout ce qu'il y a d'excellent dans la civilisation des peuples de ce continent pour la sacrifier à sa prévention favorable pour son pays. Malgré donc sa qualité d'Américain, sa loyauté bien connue et son haut jugement le rendent en ceci tout à fait croyable. La rigidité même de son examen n'en est pas altérée ; il va rigoureusement au fond des choses, et n'en dissimule pas les mauvais côtés. Les *Lettres sur les Etats-Unis* sont donc, à une foule d'égards, un précieux ouvrage, plein d'aperçus curieux et instructifs, et qui, selon nous, mériterait d'être plus généralement connu et apprécié. La tâche si dignement remplie par MM. Michel Chevalier, Alexis de Tocqueville, Gustave de Beaumont et le major J.-T. Poussin, a été ainsi commencée par Cooper. — Hors du domaine du roman on a encore de Cooper une *Lettre au général Lafayette*, écrite à propos de la discussion suscitée par M. Saulnier fils, préfet du Loiret et directeur de la *Revue britannique*, au sujet des finances des États-Unis, discussion à laquelle prit part la presse française tout entière. Cette lettre, publiée chez Baudry en 1831, n'a pas été traduite ; Cooper était alors à Paris. — Nous avons, à cette époque, et précédemment en Italie, eu l'occasion de voir plusieurs fois M. Cooper. Durant son séjour à Paris, l'un des salons où il était le plus assidu était celui de son illustre ami le général Lafayette. L'écrivain américain professait pour le vieux défenseur de son pays un respect mêlé de tendresse, qu'aucun mot de notre langue ne saurait exprimer. Le mot manque en effet, qui rendrait tout le respect à la fois, et toute la tendre affection qu'inspirait le vieux général au brillant écrivain dont nous esquissons la biographie. Cooper a exprimé quelque chose de ce sentiment en plus d'un de ses ouvrages; mais nulle part avec plus de bonheur que dans les *Lettres sur les États-Unis;* il y respire en vingt endroits, avec simplicité, comme toujours, mais avec une éloquence et une verve de reconnaissance qui vont au cœur.

Un homme singulièrement versé, comme on le verra bien, dans la science phrénologique, un médecin anglais, a fortement caractérisé la physionomie de notre romancier :

« Examinez attentivement ce beau portrait que madame de Mirbel a peint d'après nature (salon de 1831), disait-il dans le *New-Monthly Magazine*, vous reconnaîtrez que cet homme, au regard sévère et vigilant, doit observer avec une attention et une persévérance redoutables les objets physiques et matériels ; quelques unes des nuances les plus fines de la société et du caractère humain peuvent seules lui échapper. Une simplicité austère règne dans ses traits, tous dessinés avec force, animés par un mâle génie, mais privés de mobilité. Si quelques lignes courbes en font partie, elles sont séparés les unes des autres par des enfoncements profonds et des sillons ou des rides fortement gravées : énergie, promptitude, décision forte et immuable, faculté d'attention, fermeté, persévérance, tels sont les caractères de cette physionomie essentiellement américaine. Si vous appliquez à cet examen extérieur et physiognomonique les règles du docteur Gall, vous trouvez dans ce front élevé, singulier dans sa coupe, une vraie curiosité phrénologique. D'une part les organes de l'éventualité, de la localité, de l'individualité (ceux que le romancier exerce et met en œuvre le plus fréquemment), ressortent pour ainsi dire et se détachent en bosse ; d'une autre, les organes supérieurs de la causalité, de la comparaison des objets et de la gaieté, isolés des premiers par une ligne creusée profondément, forment une saillie non moins prononcée. Cet œil inquiet et perçant paraît toujours en quête de quelque observation nouvelle ; ce sourire bizarre, sardonique et sévère, annonce une faculté d'ironie que domine une inflexible raison. La compression des lèvres révèle cette concentration silencieuse de la pensée, sans laquelle il n'y a pas de talent véritable. La taille de Cooper est élevée, ses manières sont franches et simples. La vigueur de son esprit, et la puissance de sa conviction républicaine, donnent à l'ensemble de sa figure et de son extérieur une expression mâle et forte qui s'accorde peu avec les idées de raffinement et de grâce recherchée que la civilisation imprime communément à la profession d'homme de lettres. » — Armand Carrel appartenait parmi nous, par la figure et le caractère, à ce type élevé. La vigueur de son esprit et la puissance de sa conviction donnaient aussi à l'ensemble de ses manières et de son extérieur une expression mâle et forte qui imposait de même et venait du même fond.

Comparé à Walter Scott, Cooper présente des ressemblances et des dissemblances non moins tranchées. Comme l'illustre Écossais, il a su peindre des époques mortes ; il a fait revivre avec une grande force de vérité, dans le développement successif et passionné que comporte le roman, les origines, les usages et les mœurs d'autrefois de sa nation; mais c'est dans une autre sphère d'idées et d'opinions que se complaît son esprit. Cela perce plus d'une fois dans ses romans. En un mot, Cooper est démocrate et républicain, et Walter Scott était tory et fort attaché aux traditions et aux préjugés de la vieille aristocratie des trois royaumes. Selon Cooper, en effet, les grands sont un luxe coûteux et les rois une superfluité brillante. Il a foi aux gouvernements à bon marché, et ne croit pas que la philosophie et la raison sanctionnent l'emploi de ces ornements magnifiques dont l'édifice de nos sociétés se couronne. On sait ce que pensait Walter Scott sur tout cela. Aussi Cooper ne ressemble-t-il à Walter Scott (comme les deux sœurs dont parle Ovide se ressemblaient, *facies non omnibus una, nec diversa tamen*) que quant à ses procédés d'artiste. Son style est grave et simple, son récit attachant au plus haut degré; plus positif, quoique non moins poétique, il rend avec des couleurs toutes puissantes d'effet, au-delà desquelles il n'y a rien, la nature physique et les grands phénomènes de la mer et du ciel. Par ce côté il est au moins l'égal des plus grands maîtres. La forte compréhension de l'homme et des passions ne lui manque pas non plus; mais, sous ce rapport, il a un rival plus heureux et plus fécond, sinon supérieur, dans l'auteur d'*Ivanhoe*; quelques autres romanciers même le valent en cette partie; mais, dès qu'il s'agit de la nature, et de la nature américaine, il est maître de vous, il est le premier. C'est à l'image de l'Amérique qu'est fait le génie de Cooper; c'est comme elle qu'il est original et grand. Voyez comme il la peint sous toutes ses faces. C'est à lui que vous devez de la connaître à fond; sans lui, malgré tous les récits des géographes et des voyageurs, vous ne l'auriez pas vue, vous en auriez à peine une idée superficielle et vague. Avec lui, au contraire, on ne peut trop le redire, vous savez tout de ces jeunes sociétés encore en travail d'avenir, ce qu'elles ont été et ce qu'elles sont; il vous initie à tous les secrets de cette civilisation qui s'avance et qui conquiert pied à pied sur l'Indien, avec une infatigable persévérance, l'immensité des plaines, des fleuves et des forêts, et assied des cités populeuses et florissantes, là où quelques années auparavant s'élevaient les huttes et les wigwams du sauvage. — A lui seul aussi appartient la gloire d'avoir doté l'Amérique d'une littérature, et il est aujourd'hui le premier et le seul digne représentant de cette littérature, maintenant qu'il est bien reconnu que Washington Irving n'a été que le pâle imitateur d'Addison et de Steele, écrivain faible d'ailleurs, plus Anglais à beaucoup près qu'Américain. La littérature des États-Unis commence donc en Cooper. Cette gloire lui restera; gloire véritablement à part, d'initiateur et de poëte.

CH. ROMEY.

PRÉFACE.

On a tant écrit, depuis quelques années, sur la découverte de l'Amérique, qu'il ne serait nullement étonnant qu'il existât dans une certaine classe de lecteurs une disposition à nier l'exactitude de tous les faits contenus dans cet ouvrage. Quelques uns pourront alléguer l'histoire, dans la vue de prouver que des personnages tels que notre héros et notre héroïne n'ont jamais existé, et s'imagineront qu'en établissant ce fait, ils détruiront complètement l'authenticité de ce récit. En réponse à cette objection anticipée, nous dirons qu'après avoir lu avec soin plusieurs écrivains espagnols, depuis Cervantes jusqu'au traducteur du journal de Colomb, l'alpha et l'oméga de la littérature de la Péninsule, et après avoir parcouru Irving[1] et Prescott depuis le commencement jusqu'à la fin, nous n'avons pu trouver dans aucun d'eux une syllabe qui nous paraisse une preuve concluante, ou même une preuve quelconque contre les portions de notre ouvrage qui seront le plus probablement contestées. Jusqu'à ce qu'on puisse produire contre nous quelque preuve affirmative solide, nous regarderons donc nos faits comme bien établis, et nous ferons reposer nos droits à être crus sur l'autorité de nos propres assertions. Nous ne pensons pas qu'il y ait rien de déraisonnable ou d'extraordinaire dans cette marche, car la plus grande partie peut-être de ce qu'on offre tous les jours et à chaque heure du jour à la croyance du public, est basée sur la même espèce de

---

[1]. Voyez l'*Histoire de la vie et des voyages de Christophe Colomb*, par Washington Irving, traduite par Defauconpret, 4 vol. in-8, et l'*Histoire des Compagnons de Christophe Colomb,* par le même auteur, 3 vol. in-8, publiés à Paris à la librairie de Charles Gosselin.

témoignage, avec cette légère différence que nous offrons des vérités sous le nom de fictions, tandis que les grands pourvoyeurs moraux de ce siècle offrent des fictions qu'ils appellent des vérités. Si l'on peut légitimement prendre avantage contre nous de cette petite différence, il faut bien nous y résigner.

Il y a pourtant un point sur lequel il peut être à propos de parler avec toute franchise. Nous avons écrit le *Voyage au Cathay* ayant sous les yeux le journal de l'Amiral, ou plutôt tout ce qui a été donné au public de ce journal par un éditeur avide et incompétent. Rien n'est plus clair que le fait général que cet individu ne comprenait pas toujours son auteur, et que, dans une circonstance particulière, il a écrit d'une manière assez obscure pour mettre dans un grand embarras même un romancier, dans les fonctions duquel il entre naturellement de connaître parfaitement les pensées, les émotions, le caractère, et quelquefois même le destin inconnu de ses personnages. Le jour nautique commençait autrefois à midi, et malgré toute notre habileté naturelle et les hautes prérogatives de notre profession, nous n'avons pu découvrir si l'éditeur de ce journal a adopté cette manière de calculer le temps, ou s'il a eu la condescendance d'employer le mode plus vulgaire et moins raisonnable des hommes qui ne sont pas marins; notre opinion est pourtant qu'avec l'esprit d'impartialité qui convient à un historien, il a adopté l'une et l'autre.

Quant à ce qui concerne les personnages subalternes de cet ouvrage, nous n'avons besoin que de dire très-peu de chose à ce sujet. Chacun sait que Colomb avait des marins sur ses bâtiments, et qu'il ramena avec lui en Espagne quelques uns des naturels des îles qu'il avait découvertes. On fait maintenant connaître au lecteur quelques uns de ces individus, nous croyons pouvoir le dire, plus intimement que n'aurait pu le faire la lecture d'aucun ouvrage écrit jusqu'à présent. Quant aux incidents subordonnés qui se rattachent aux événements plus connus de ce siècle, l'auteur espère qu'on trouvera qu'ils remplissent assez complètement cette partie du sujet pour rendre inutiles toutes autres recherches.

MERCÉDÈS DE CASTILLE.

CHAPITRE PREMIER.

> On frappa à la porte de manière à ébranler le plancher de marbre, et une voix s'écria que le Cid Ruy Diez, le Campeador, était là armé de pied en cap.
> MISTRESS HEMANS.

Soit que nous nous en rapportions au tableau tracé par l'inimitable Cervantes, ou à l'auteur, presque aussi recommandable, à qui Lesage a emprunté son roman immortel ; soit que nous en croyions les légendes les plus graves de l'histoire, soit que nous accordions notre confiance aux relations des voyageurs modernes, on n'a pas encore vu le temps où les auberges étaient bonnes et les routes sûres en Espagne : ce sont deux des bienfaits de la civilisation dont les habitants de la Péninsule semblent réellement destinés à ne jamais jouir ; car, dans tous les siècles, nous entendons ou nous avons entendu parler des exactions commises contre les voyageurs tant par les voleurs que par les aubergistes. Si cela est vrai aujourd'hui, cela l'était aussi au milieu du quinzième siècle, époque à laquelle nous désirons reporter le lecteur en imagination.

Au commencement du mois d'octobre de l'an de Notre-Seigneur 1469, Juan de Transtamare régnait en Aragon, et tenait sa cour à Zaragosa, ville située sur l'Ebre, dont on suppose que le nom est une corruption de César Auguste, et qui est devenue célèbre, de notre temps, sous le nom plus moderne de Saragosse, par ses hauts faits d'armes. Juan de Transtamare, ou, comme c'était plutôt la coutume de l'appeler, d'après la nomenclature des rois, Juan II, était un des monarques de son siècle ayant le plus de sagacité, mais ses finances avaient été épuisées par plusieurs guerres contre les Catalans turbulents, ou, comme il est peut-être plus poli de s'exprimer, amis de la liberté; il avait souvent fort à faire pour se maintenir sur son trône, et il régnait sur un empire bigarré, qui réunissait sous sa domination, indépendamment de son pays natal, l'Aragon, avec ses dépendances de Valence et de la Catalogne, la Sicile, les îles Baléares, et quelques droits très-douteux sur la Navarre. Par le testament de son frère aîné, son prédécesseur, la couronne de Naples était descendue à un fils illégitime de celui-ci, sans quoi ce royaume aurait été ajouté à la liste de ses possessions. Le roi d'Aragon avait eu un règne long et rempli de troubles, et en ce moment il avait presque épuisé toutes ses ressources par ses efforts pour réduire les Catalans furieux. Il était pourtant alors plus près du triomphe qu'il ne pouvait le prévoir, car son compétiteur, le duc de Lorraine, fut frappé de mort subite, précisément deux mois après l'époque choisie pour le commencement de notre histoire. Mais il est refusé à l'homme de lire dans l'avenir, et le 9 du mois qui vient d'être mentionné, le trésorier du roi fut mis à une forte épreuve par la demande inattendue d'une somme considérable, à l'instant même où l'armée était sur le point de se débander faute de recevoir sa paye, et le trésor public ne contenait alors que la somme modique de trois cents enriquez, monnaie d'or, ainsi nommée du nom d'un monarque précédent, et dont la valeur était à peu près celle du ducat moderne. L'affaire était pourtant trop urgente pour être différée, et même les besoins de la guerre furent considérés comme un objet secondaire en comparaison de ce qui avait rapport à cette entreprise d'un genre plus privé, et qui avait été si soudainement conçue. On tint des conseils, on gagna ou l'on intimida des prêteurs d'argent, et les confidents de la cour étaient évidemment dans une grande et sérieuse agitation. Enfin le temps des préparatifs parut être passé, et celui d'agir arriva. La curiosité publique fut soulagée, et il fut permis aux habitants de Saragosse de savoir que leur souverain allait envoyer une ambassade solennelle à son voisin, son parent et son allié, le roi de Castille. En 1469, Henri, nommé aussi de Transtamare, occupait le trône du royaume limitrophe sous le nom de Henri IV. Il était petit-fils, dans la ligne masculine, du frère du père de Juan II, et il était, par conséquent, cousin issu de germain du monarque d'Aragon. Malgré cette parenté, et le lien puissant d'intérêt de famille qu'on pouvait supposer devoir les unir, il avait fallu bien des ambassades amicales pour maintenir la paix entre ces deux monarques, et l'annonce du prochain départ de celle dont il s'agissait répandit plus de satisfaction que de surprise dans les rues de la ville.

Henri de Castille régnait dans la Péninsule sur un territoire plus riche et plus étendu que son parent le roi d'Aragon, mais il avait aussi ses soucis et ses troubles. Il avait été deux fois marié, ayant répudié sa première femme, Blanche d'Aragon, pour épouser Jeanne de Portugal, princesse dont la légèreté de caractère était si marquée que non seulement toute la cour en fut scandalisée, mais que l'on conçut de tels doutes sur la légitimité de sa fille, seule enfant qu'elle eût eu, que le mécontentement succéda à la haine, et que sa fille finit par être privée des droits que lui donnait sa naissance. Le père de Henri avait été, comme lui, marié deux fois, et il avait eu de son second mariage un fils et une fille, Alphonse et Isabelle. Celle-ci devint célèbre ensuite sous le double titre de reine de Castille et de catholique. Le luxe et la faiblesse de Henri, comme monarque, avaient porté une partie de ses sujets à une révolte ouverte. Trois ans avant l'époque où commence notre histoire, son frère Alphonse avait été proclamé roi en sa place, et une guerre civile s'était allumée dans toutes ses provinces. La mort d'Alphonse avait récemment terminé cette guerre, et la paix avait été rétablie par un traité dans lequel Henri consentit à écarter du trône sa propre fille, — ou plutôt celle de Jeanne, et à reconnaître sa sœur consanguine, Isabelle, comme héritière de sa couronne. Cette dernière concession fut le résultat d'une nécessité absolue; et comme on pouvait s'y attendre elle conduisit à beaucoup de mesures secrètes et violentes pour contrecarrer la mesure qui avait été prise. Entre autres expédients qui furent adoptés par le roi, — ou pour mieux dire par ses favoris, l'indolence et le manque d'activité de ce monarque, dont le cœur était bon, mais qui ne songeait qu'à satisfaire ses caprices, étant passés en proverbe, — dans la vue de détourner les suites probables de l'avénement d'Isabelle au trône, furent différents projets, pour dominer la volonté de cette princesse et guider sa politique, en donnant sa main, d'abord à un sujet, afin de réduire son pouvoir, et ensuite à divers princes étrangers, qu'on jugeait propres à faire réussir de pareils desseins. Précisément, en cet instant, le mariage de cette princesse était un des plus grands objets des spéculations de l'Espagne. Le fils du roi d'Aragon était un des prétendants à la main d'Isabelle, et la plupart de ceux qui entendirent parler du départ prochain de l'ambassade, crurent assez naturellement que cette mesure avait quelque rapport à ce grand coup de politique aragonaise.

Indépendamment de ce qu'Isabelle était héritière reconnue d'une couronne si digne d'envie, elle avait une réputation de savoir, de piété, de modestie, de discrétion et de beauté, et il y avait beaucoup de compétiteurs pour sa main. Parmi eux se trouvaient des princes français, anglais et portugais, outre le prince d'Aragon, dont nous avons déjà parlé. Différents favoris appuyaient différents prétendants, et cherchaient, chacun de son côté, à parvenir à leur but, en employant les manœuvres ordinaires des courtisans. Pendant ce temps, la princesse, objet de tant de rivalités, montrait strictement la réserve et la discrétion qui conviennent à une femme, même quand elle est bien résolue à céder aux plus chers sentiments de son cœur. Le roi son frère était dans le sud de ses Etats, ne songeant qu'à ses plaisirs, et Isabelle, accoutumée depuis longtemps à rester comparativement dans la solitude, était sérieusement occupée à arranger ses propres affaires de la manière qu'elle jugeait devoir le mieux contribuer à son propre bonheur. Plusieurs tentatives avaient eu lieu pour s'emparer de sa personne, et elle n'y avait échappé qu'à l'aide du prompt secours des forces de ses amis. Elle s'était réfugiée dans le royaume de Léon, comme on appelait quelquefois cette province, et elle avait fixé sa demeure temporaire à Valladolid, qui en était la capitale. Néanmoins, comme Henri était encore dans le voisinage de Grenade, c'est de ce côté que nous devons chercher la route prise par l'ambassade.

Le cortége partit de Saragosse par une des portes conduisant au sud, tout au commencement de la matinée d'un jour brillant d'automne. Il y avait l'escorte ordinaire de lances, — car les troubles du pays l'exigeaient; — des nobles à longues barbes, couverts de cottes de mailles, — car peu de personnes, pouvant offrir un appât aux pillards, se hasardaient sur une grande route sans cette précaution; — une longue suite de mulets de somme, et une armée de gens qui, d'après leur costume, étaient moitié domestiques, moitié soldats. Ce brillant étalage attirait la foule jusque sous les pieds chevaux, et parmi quelques prières pour le succès de l'ambassade il se mêlait beaucoup de sottes et absurdes conjectures, suivant l'usage des ignorants et des bavards, sur le motif probable et le résultat de ce voyage. Mais la curiosité a ses bornes, et le commérage même se lasse quelquefois; et quand le soleil fut sur le point de se coucher, la plus grande partie de la multitude avait oublié le spectacle du matin, et n'y songeait pas plus qu'elle n'en parlait. Cependant, lorsque la nuit approcha, c'était encore le sujet de conversation de deux soldats qui faisaient partie de la garde de la porte occidentale, c'est-à-dire celle qui s'ouvrait sur la route de Burgos. Ces deux personnages passaient le temps de cette manière indolente, commune aux soldats qui sont de garde hors de leurs heures de faction, et l'esprit de discussion et de critique avait survécu en eux aux pensées et au tumulte de la journée.

— Si don Alonzo de Carbajal compte aller bien loin de cette manière, dit le plus âgé, il ferait bien d'avoir l'œil ouvert sur ceux qui le suivent; car jamais l'armée d'Aragon n'a mis en campagne un corps plus misérablement équipé que celui qu'il a conduit aujourd'hui par la porte du sud, malgré l'éclat des housses et le son des trompettes. Je te dis, Diégo, que nous aurions fourni à Valence des lances plus convenables pour figurer dans une ambassade royale; oui, et des chevaliers plus dignes de les conduire que ceux d'Aragon. Mais si le roi est satisfait, il ne convient pas à des soldats comme toi et moi d'être mécontents.

— Il y a bien des gens qui pensent, Rodrigue, qu'on aurait mieux fait de réserver l'argent qu'on prodigue pour envoyer une lettre de la cour, et de payer les braves gens qui versent leur sang si courageusement pour subjuguer les Barcelonais rebelles.

— C'est toujours ainsi que les choses se passent entre le débiteur et le créancier, jeune homme. Don Juan vous doit quelques maravédis, et vous lui reprochez chaque enriquez qu'il dépense pour ses besoins. Je suis plus vieux soldat que vous, et j'ai appris l'art de me payer moi-même quand le trésor est trop pauvre pour m'épargner cet embarras.

— Cela pourrait être bon dans une guerre étrangère, quand on se bat contre les Maures, par exemple. Mais après tout, ces Catalans sont aussi bons chrétiens que nous; quelques uns d'entre eux sont des sujets aussi fidèles que nous le sommes, et il n'est pas aussi facile de piller un concitoyen qu'un infidèle.

— Vingt fois plus facile, car le second s'y attend, et, comme tous ceux qui se trouvent dans cette malheureuse situation, il a rarement quelque chose qui vaille la peine d'être pris ; tandis que le premier vous montre franchement tout ce qu'il possède comme il vous ouvre son cœur. — Mais qui sont ces gens qui se mettent en chemin à une heure si avancée ?

— Des drôles qui veulent faire croire qu'ils sont riches en affectant de le cacher. Eh bien ! Rodrigue, je vous garantis qu'il n'y a pas assez d'argent entre eux tous pour payer le garçon qui leur servira cette nuit leurs œufs à la coque.

— Par saint Jacques, mon bienheureux patron ! dit à demi-voix un des chefs d'une petite cavalcade, qui, avec un seul compagnon, était un peu en avant des autres, comme s'il ne se fût pas soucié de se rendre trop familier avec eux, et souriant en parlant ainsi, ce vagabond est plus près de la vérité qu'il n'est agréable de l'entendre. Nous avons entre nous assez d'argent pour payer une *olla podrida* et le garçon qui nous la servira ; mais je doute fort qu'il nous reste un doublon quand nous aurons fini notre voyage.

Une grave remontrance, faite à voix basse, réprima cette gaieté inconsidérée ; et cette troupe, qui se composait de marchands ou commerçants, comme on le voyait à leur extérieur, car dans ce siècle les différentes classes se faisaient aisément reconnaître à leur costume,—s'arrêta devant la porte. La permission de quitter la ville était en bonne forme, et le gardien des clefs, à demi endormi et partant de mauvaise humeur, ouvrit lentement la porte pour laisser passer les voyageurs.

Tandis que ces opérations nécessaires avaient lieu, les deux soldats s'étaient mis un peu de côté et regardaient avec attention ce groupe, quoique la gravité espagnole ne permît pas à leur physionomie d'exprimer ouvertement le mépris qu'ils éprouvaient pour deux ou trois juifs qui se trouvaient parmi les marchands. Les commerçants étaient d'une classe un peu supérieure, comme on pouvait en juger par un ou deux serviteurs en costume de domestiques qui marchaient à leur suite et qui se tenaient à une distance respectueuse, tandis que leurs maîtres payaient le léger tribut qui est d'usage quand on passe par les portes après la nuit tombée. Un de ces serviteurs, monté sur un grand et beau mulet plein de feu, se plaça par hasard si près de Diégo pendant cette petite cérémonie, que celui-ci, qui était naturellement un peu bavard, ne put résister à l'envie de lui adresser la parole.

— Dis-moi, je te prie, Pépé, dit le soldat, combien de centaines de doublons te paie-t-on par an pour tes gages, et combien de fois renouvelle-t-on ce beau pourpoint de peau?

Le serviteur du commerçant, qui était encore jeune, quoique ses membres vigoureux et ses joues brunes annonçassent qu'il avait fait du service et bravé l'intempérie des saisons, tressaillit et rougit à cette question inattendue, à laquelle prêta une nouvelle force une main qui lui frappa familièrement la cuisse et lui pinça ensuite la jambe avec l'air de licence que donnent les camps. La physionomie riante de Diégo arrêta sans doute une explosion soudaine de colère, car c'était un homme en qui tout indiquait trop de bonne humeur pour qu'il pût aisément exciter le ressentiment.

— Tes intentions sont amicales, camarade, mais ta main pince un peu trop fort, dit le jeune domestique avec douceur, et si tu veux suivre le conseil d'un ami, tu ne te permettras jamais trop de familiarité, de peur de te faire quelque jour briser le crâne.

— Par le bienheureux san Pédro! je voudrais bien voir...

Il n'eut pas le temps d'en dire davantage, car le jeune domestique, voyant que son maître était parti, donna un coup d'éperon dans le flanc de son mulet, et le vigoureux animal, prenant le galop, renversa presque Diégo, qui par ce mouvement se trouva froissé contre le pommeau de la selle.

— Ce jeune homme a de l'ardeur, dit le bon Diégo en se rassurant sur ses jambes; — j'ai cru un moment qu'il allait me faire faire connaissance avec son poing.

— Tu as eu tort, Diégo, et tu es trop accoutumé à agir sans réflexion. Je n'aurais pas été surpris que ce jeune homme t'assommât pour te punir de l'insulte que tu lui as faite.

— Bah! bah! un domestique aux gages de quelque misérable juif oser lever la main sur un soldat du roi!

— Il peut avoir été lui-même un soldat du roi. Nous sommes dans un temps où ceux qui ont des muscles aussi vigoureux que les siens sont appelés de bonne heure à porter le harnais militaire. Il me semble que je l'ai déjà vu, et cela dans un endroit où un lâche ne se serait pas trouvé.

— Ce drôle n'est qu'un varlet, à peine échappé des mains des femmes.

— Tout jeune qu'il paraît, je réponds qu'il a déjà fait face aux Catalans et aux Maures. Tu sais que les nobles ont coutume de conduire aux combats leurs fils bien jeunes encore, afin qu'ils apprennent de bonne heure les hauts faits de la chevalerie.

— Les nobles! répéta Diégo en riant. Au nom de tous les diables, Rodrigue, à quoi songes-tu de comparer un varlet de camp à un jeune noble? T'imagines-tu que ce soit un Guzman ou un Mendoza déguisé, pour parler de lui et de chevalerie en même temps?

— Tu as raison; cela semble une folie, et pourtant je suis sûr d'avoir déjà vu ses sourcils froncés dans une bataille, et d'avoir entendu cette voix rallier les soldats sous leurs étendards. — Par saint Jacques de Compostelle! j'y suis! — Ecoute, Diégo! — un mot à l'oreille.

Le vétéran conduisit alors son jeune compagnon à l'écart, quoiqu'il ne se trouvât auprès d'eux personne qui pût écouter, et regardant avec soin autour de lui pour s'assurer qu'on ne pouvait l'entendre, il dit quelques mots à l'oreille de Diégo.

— Sainte mère de Dieu! s'écria celui-ci reculant trois pas de surprise et de crainte, tu te trompes sûrement, Rodrigue.

— Je garantirais ce que je viens de te dire sur le salut de mon âme, répondit le vétéran d'un ton positif. Ne l'ai-je pas vu souvent la visière levée, et ne l'ai-je pas suivi plus d'une fois à la charge?

— Et se montrer comme valet d'un marchand! — Je ne sais même si ce n'est pas comme valet d'un juif!

— Notre métier, Diégo, est de nous battre sans examiner la cause de la querelle, de regarder sans voir et d'écouter sans entendre. Quoique ses coffres soient vides, don Juan est un bon roi; il est l'oint du Seigneur, et nous devons nous montrer des soldats discrets.

— Mais il ne me pardonnera jamais de lui avoir pincé la jambe et de lui avoir parlé aussi follement que je l'ai fait.

— Bah! — il n'est pas probable que tu te rencontres avec lui à la table du roi; et sur le champ de bataille, comme il a coutume d'être au premier rang, il ne sera pas tenté de tourner la tête en arrière pour te chercher.

— Tu crois donc qu'il n'est pas probable qu'il me reconnaisse?

— Et quand il te reconnaîtrait, il ne faudrait pas t'en inquiéter.

La mémoire des hommes comme lui a toujours plus de besogne qu'elle n'en peut faire.

— Veuille la bienheureuse Marie que tu sois un vrai prophète, sans quoi je n'oserais jamais me remontrer dans les rangs! Si c'était un service que je lui avais rendu, je pourrais espérer qu'il l'oublierait, mais le souvenir d'un affront dure plus longtemps.

Alors les deux soldats se mirent à se promener, continuant à s'entretenir de temps en temps, quoique le vétéran avertît fréquemment son jeune compagnon, qui aimait un peu trop à parler, que la discrétion était une vertu.

Pendant ce temps, les voyageurs continuaient leur route avec une rapidité qui prouvait que le grand chemin ne leur inspirait pas beaucoup de confiance et qu'ils avaient un grand désir d'avancer. Ils voyagèrent toute la nuit, et ne ralentirent leur marche que lorsque le lever du soleil les exposa de nouveau aux observations des curieux, parmi lesquels il pouvait se trouver des émissaires de Henri, roi de Castille, dont on n'ignorait pas que les agents étaient particulièrement aux aguets sur toutes les routes qui communiquaient de la capitale du royaume à Valladolid, ville où sa sœur Isabelle s'était tout récemment réfugiée. Il ne leur arriva pourtant rien de remarquable qui pût distinguer ce voyage de tous ceux qu'on faisait alors dans ce pays. Ils entrèrent bientôt sur le territoire de Soria, province de la Vieille-Castille, où des détachements de troupes de Henri surveillaient exactement tous les défilés; mais il n'y avait rien dans l'extérieur des voyageurs qui pût attirer l'attention des soldats du roi. Quant aux voleurs ordinaires, ils avaient été temporairement écartés des grandes routes par la présence de ceux qui agissaient au nom du monarque.

Le jeune homme qui avait donné lieu à la conversation entre les soldats marcha constamment à la suite de son maître, tant qu'il plut à celui-ci de rester en selle; et pendant le petit nombre de courtes pauses qui eurent lieu dans le cours du voyage, il s'occupa, comme les autres domestiques, des fonctions et des devoirs de son état. Néanmoins, dans la soirée du second jour, environ une heure après que la cavalcade eut quitté une hôtellerie où elle s'était régalée d'une *olla podrida* et de vin aigre, le jeune homme jovial dont nous avons parlé un instant, et qui était encore, à côté de son compagnon plus grave et plus âgé, à l'avant-garde, partit tout à coup d'un grand éclat de rire, et, retenant son mulet, il laissa défiler la cavalcade jusqu'à ce qu'il se trouvât à côté du jeune domestique dont nous avons fait une mention particulière ; celui-ci jeta sur son prétendu maître un regard sévère et mécontent, et lui dit d'un ton que ne comportait guère la différence apparente de leurs situations respectives :

— Comment, maître Nuñez ! Pourquoi as-tu quitté ta position en avant pour venir te mettre familièrement en contact avec les varlets qui sont à l'arrière-garde ?

— Je vous demande mille pardons, honnête Juan, répondit le maître, riant encore, quoiqu'il fît évidemment des efforts pour réprimer cet accès de gaieté par respect pour celui qui lui parlait, mais il nous est arrivé une calamité qui surpasse toutes celles qu'on peut lire dans les fastes et les légendes de la nécromancie et de la chevalerie errante. Le digne maître Ferréras, que vous voyez là-bas, et qui est si habile à manier l'or, ayant passé toute sa vie à acheter et à vendre de l'orge et de l'avoine, a perdu sa bourse, qu'il paraît avoir oubliée dans l'auberge que nous venons de quitter, en payant un peu de pain dur et d'huile rance. Je doute qu'il reste vingt réaux entre nous tous.

— Et est-ce un sujet de plaisanterie de nous trouver sans argent, maître Nuñez ? répliqua le prétendu serviteur, quoiqu'un sourire qui se montrait à peine sur ses lèvres parût indiquer en lui quelque penchant à partager la gaieté de son compagnon. Grâce au ciel ; nous ne sommes pas très-loin d'Osma, et nous pourrons avoir moins besoin d'argent. — Et à présent, mon maître, permets-moi de t'ordonner de garder le rang qui te convient en tête de la cavalcade, et de ne plus t'oublier en te familiarisant avec tes inférieurs. Je n'ai plus besoin de toi ; retourne donc auprès de maître Ferréras, et dis-lui que je suis fâché de la perte qu'il a faite.

Nuñez sourit, quoique son prétendu serviteur détournât les yeux comme s'il eût voulu donner lui-même l'exemple du respect pour l'ordre qu'il venait de donner, tandis que le jeune homme cherchait évidemment à obtenir de lui un regard de satisfaction et de faveur. Un instant après, il avait repris sa place ordinaire dans la cavalcade.

Lorsque la nuit avança et que l'heure fut arrivée où les hommes et les animaux donnent ordinairement des signes de fatigue, les voyageurs n'en firent que presser davantage leurs mulets, et, à force de coups d'éperons, ils arrivèrent à environ minuit devant la porte principale d'une petite ville entourée de murs, nommée Osma, située à peu de distance des frontières de la province de Burgos, mais qui faisait partie de celle de Soria. Dès que son mulet fut assez près de la porte pour le lui permettre, Nuñez y frappa plusieurs coups assez forts pour annoncer sa présence à ceux qui étaient dans l'intérieur. Il ne fallut pas de grands efforts pour engager les mulets qui étaient à l'arrière-garde à s'arrêter ; mais le jeune domestique prétendu poussa en avant, et il allait prendre sa place parmi les principaux personnages qui se trouvaient près de la porte, quand une grosse pierre, jetée du haut de la muraille, tomba assez près de sa tête pour lui faire sentir combien il avait été près de faire un voyage dans l'autre monde. Le péril qu'il avait couru fit pousser un grand cri à tous ses compagnons, qui vomirent force imprécations contre la main qui avait fait tomber cette pierre. Le jeune homme fut celui qui montra le plus de calme ; et quoique, en se plaignant de ce procédé, sa voix prit un ton d'autorité, elle n'avait l'accent ni de la colère ni de l'alarme.

— Que veut dire ceci? s'écria-t-il, est-ce ainsi que vous recevez des voyageurs paisibles, des commerçants qui viennent vous demander l'hospitalité et une nuit de repos?

— Des voyageurs, des commerçants, grommela une voix sur la muraille, dites plutôt des espions et des agents du roi Henri.

— Qui êtes-vous? répondez sur-le-champ, ou attendez-vous qu'on lancera sur vous quelque chose de plus pointu que des pierres.

— Qui est le gouverneur de cette ville? demanda le jeune homme, comme s'il eût dédaigné de répondre à une question; n'est-ce pas le noble comte de Tréviño?

— Oui, señor, répondit le garde d'une voix un peu radoucie. Mais comment une troupe de marchands pourrait-elle connaître Son Excellence? et qui es-tu, toi qui parles avec autant de fierté que si tu étais un grand d'Espagne?

— Je suis Ferdinand de Transtamare, — prince d'Aragon, — roi de Sicile. — Va dire à ton maître de se hâter de se rendre ici.

Cette déclaration, qui fut faite avec le ton de hauteur d'un homme accoutumé à une obéissance implicite, produisit un changement marqué dans la situation des affaires. La cavalcade arrêtée devant la porte changea de disposition. Les deux seigneurs du premier rang qui avaient marché en avant, firent place au jeune roi, et les chevaliers firent des arrangements qui prouvaient qu'il n'était plus question de déguisement, et que chacun devait maintenant se montrer ce qu'il était véritablement. Un observateur philosophe et attentif se serait amusé en voyant les jeunes cavaliers surtout se redresser sur leur selle comme s'ils eussent voulu se défaire de l'air timide d'humbles marchands, et se faire reconnaître pour ce qu'ils étaient, des hommes habitués aux tournois et à la guerre. Le changement ne fut ni moins grand ni moins subit sur les remparts. Toute apparence d'engourdissement avait disparu. Les soldats se parlaient les uns aux autres avec vivacité, mais à demi-voix, et le bruit des pas qu'on entendait un peu plus loin, annonçait qu'on avait dépêché des messagers de différents côtés. Environ dix minutes se passèrent ainsi. Cependant, durant cet intervalle, un officier de rang inférieur arriva sur les remparts, et fit des excuses d'un délai qui n'avait pour cause que la nécessité de maintenir les règles de la discipline, et qui ne venait pas d'un manque de respect. Enfin un mouvement qui eut lieu tout à coup sur les remparts, et la clarté de plusieurs lanternes, annoncèrent l'approche du gouverneur; et les voyageurs, qui commençaient à exhaler leur impatience par des exécrations prononcées à demi-voix, s'imposèrent la contrainte que l'occasion exigeait.

— L'heureuse nouvelle qu'on vient de m'apprendre est-elle vraie? s'écria une voix du haut de la muraille, tandis qu'on en descendait à l'aide d'une corde une lanterne afin de mieux examiner ceux qui se présentaient à la porte. — Est-ce réellement don Ferdinand d'Aragon qui me fait l'honneur de demander à entrer dans cette ville à une heure si inusitée?

— Dites à ce drôle de tourner sa lanterne de mon côté, dit le roi de Sicile, et vous vous en assurerez vous-même. J'oublierai facilement le peu de respect qu'on m'a témoigné, comte de Tréviño, pourvu qu'on m'accorde l'avantage d'entrer promptement.

— C'est lui! s'écria le comte, je reconnais cette noble physionomie qui porte les traits d'une longue race de rois, et cette voix que j'ai souvent entendue rallier les escadrons d'Aragon pour les conduire à la charge contre les Maures. — Que les trompettes sonnent pour proclamer son heureuse arrivée, et qu'on se hâte d'ouvrir la porte!

Cet ordre fut exécuté à l'instant, et le jeune roi entra dans Osma au son des trompettes, entouré d'un fort détachement d'hommes d'armes, et suivi par la moitié de la population de la ville, éveillée en sursaut et surprise.

— Il est heureux, Sire, dit don Andrès de Cabréra, le jeune seigneur dont il a déjà été parlé, qui marchait alors familièrement à côté de don Ferdinand, que nous ayons trouvé une si bonne auberge sans avoir d'écot à payer, car c'est une triste vérité que maître Ferréras a perdu, par sa négligence, la seule bourse qui existât parmi nous. Dans un tel embarras, il ne nous aurait pas été facile de continuer à jouer plus longtemps le rôle de marchands, car quoique les drôles soient dans l'habitude de faire marchander tout ce qu'ils vendent, ils ne sont pas fâchés de laisser voir qu'ils ne manquent pas d'or.

— A présent que nous sommes dans la Castille, don Andrès, répondit le roi en souriant, nous compterons sur ton hospitalité ; car nous savons que tu as toujours deux des plus beaux diamants du monde à ta disposition.

— Moi, Sire ! Il plaît à Votre Altesse de s'amuser à mes dépens, et je crois que c'est en ce moment le seul plaisir que je sois en état de payer. Mon dévouement à la princesse Isabelle m'a fait chasser de mes domaines, et le plus humble cavalier de l'armée aragonaise n'est pas en ce moment plus pauvre que je ne le suis. Quels diamants puis-je donc avoir à ma disposition ?

— La renommée parle favorablement de deux brillants qui sont enchâssés sous les sourcils de doña Béatrix de Bobadilla, et j'ai entendu dire qu'ils sont entièrement à ta disposition ; — autant du moins que l'inclination d'une noble damoiselle peut les laisser à celle d'un chevalier loyal.

— Ah ! Sire, si notre aventure se termine aussi facilement qu'elle commence, je pourrai sans doute espérer que votre faveur royale me sera en aide dans cette affaire.

Le roi sourit à sa manière tranquille, mais le comte de Tréviño étant arrivé près de lui en ce moment, la conversation changea de sujet. Ferdinand d'Aragon dormit profondément cette nuit ; mais, au lever de l'aurore, lui et tous ses compagnons étaient en selle. Ils partirent d'Osma d'une manière toute différente de celle dont ils y étaient arrivés. Ferdinand alors se montrait en chevalier, monté sur un noble coursier andalous, et tous ceux qui le suivaient avaient repris encore plus ouvertement le caractère qui leur appartenait. Un corps nombreux de lanciers, commandé par le comte de Treviño en personne, composait son escorte, et le 10 du mois la cavalcade arriva à Dueñas, dans la province de Léon, place voisine de Valladolid. Les nobles mécontents vinrent en foule faire leur cour au prince, et il fut reçu d'une manière convenable à son rang et à sa destinée encore plus élevée.

Les Castillans, plus adonnés au luxe, eurent alors l'occasion de remarquer par quelle sévère discipline Ferdinand, dès l'âge de dix-huit ans, — car il n'était pas plus âgé, — avait réussi à s'endurcir le corps et à se fortifier les nerfs, de manière à être capable des plus hauts faits d'armes. Il prenait plaisir aux exercices militaires les plus difficiles, et nul chevalier du royaume d'Aragon ne pouvait mieux conduire son coursier dans un tournoi ou sur le champ de bataille. Comme la plupart des princes des races royales de ce temps et même du nôtre, il avait un teint naturellement brillant, quoiqu'il eût déjà été bruni par les amusements de la chasse et par ses occupations guerrières, dans sa première jeunesse. Sobre comme un musulman, son corps actif et bien proportionné semblait s'être endurci de bonne heure, comme si la Providence l'eût réservé pour l'exécution de quelques uns de ses desseins qui exigeaient une grande force de corps, aussi bien qu'une profonde prévoyance et une sagacité vigilante. Pendant les quatre ou cinq jours suivants, les nobles castillans qui entendaient ses discours ne savaient ce qu'ils devaient admirer le plus de son éloquence facile ou de la prudence de ses pensées et de ses expressions, prudence qu'on aurait pu considérer comme prématurée, froide et mondaine, mais qu'on regardait comme un mérite dans un jeune prince destiné à tenir en bride les passions opposées, la perfidie et l'égoïsme des hommes.

CHAPITRE II.

> Laisse au rossignol ses bois ombragés ; de la région de lumière où tu vis en secret, tu fais pleuvoir sur le monde des flots d'harmonie qui causent des transports encore plus divins ! Type du sage, qui prend son essor, mais ne s'égare jamais, quel que soit l'espace qu'il parcourt entre le ciel et la terre.
> WORDSWORTH.

Tandis que don Juan, roi d'Aragon, avait recours à de pareils moyens pour mettre son fils en état d'échapper aux vigilants et vindicatifs émissaires du roi de Castille, il y avait à Valladolid des cœurs inquiets qui en attendaient le résultat avec le doute et l'impatience qui accompagnent toujours l'exécution des entreprises hasardeuses. Parmi tous ceux qui prenaient cet intérêt profond aux mouvements de Ferdinand d'Aragon et de ses compagnons, il s'en trouvait quelques uns qu'il devient nécessaire de faire connaître au lecteur.

Quoique Valladolid n'eût pas encore atteint cette magnificence à laquelle elle arriva dans la suite comme capitale du royaume de Charles V, c'était une ville fort ancienne, où régnait ce qu'on pouvait appeler pour ce siècle du luxe et de la magnificence. Elle avait ses palais, comme ses demeures inférieures. Le plus beau de ces premiers était la résidence de Juan de Vivéro, seigneur distingué du royaume, et c'est là qu'il faut nous transporter en imagination. Nous y sommes attendus par une compagnie plus agréable que celle que nous venons de quitter, et elle attendait elle-même avec beaucoup d'inquiétude l'arrivée d'un messager qui devait apporter des nouvelles de Duéñas. L'appartement particulier qu'il serait nécessaire de se figurer, réunissait à la splendeur grossière de cette époque toutes les aises qu'une femme manque rarement de donner à la partie d'une maison qui lui est particulièrement destinée. En 1469, l'Espagne approchait rapidement de la fin de cette grande lutte qui avait déjà duré pendant sept siècles, et dans laquelle les chrétiens et les musulmans s'étaient disputé la possession de la Péninsule. Les derniers avaient maintenu longtemps leur autorité dans les parties méridionales du royaume de Léon, et avaient laissé après eux dans les palais de la capitale quelques traces de leur magnificence barbare. Les plafonds élevés et ornés d'arabesques n'étaient pas aussi splendides que ceux qu'on voyait plus au sud de l'Espagne, mais on reconnaissait que les Maures avaient été là, et le nom de Veled Ulid, transformé ensuite en Valladolid, rattache évidemment cette ville aux souvenirs laissés par les Arabes.

Dans la salle dont nous venons de parler, et qui faisait partie du principal palais de cette ville, celui de don Juan de Vivéro, se trouvaient deux femmes occupées d'une conversation animée qui semblait les intéresser vivement. Toutes deux étaient jeunes, et quoique leur genre de beauté fût très-différent, toutes deux auraient été regardées comme belles dans tous les siècles et dans tous les pays. L'une d'elles avait un air d'amabilité que rien ne pouvait surpasser. Elle venait d'entrer dans sa dix-neuvième année, âge où les formes d'une femme ont reçu leur entier développement dans un climat aussi chaud; et le poëte ayant le plus d'imagination de toute l'Espagne, pays si renommé pour la beauté, n'aurait pu concevoir l'idée d'une femme plus parfaite. Ses mains, ses pieds, son buste et tous ses contours étaient un modèle de grâce; et sa taille, sans s'élever à cette hauteur qui lui aurait donné un air masculin, suffisait pour ennoblir un maintien qui annonçait une dignité tranquille. Celui qui la voyait ne savait trop d'abord si l'influence qu'elle exerçait sur lui venait de la perfection du corps ou de l'expression qui l'animait. Sa figure était, sous tous les rapports, digne des belles formes de son corps. Quoique née sous le soleil brûlant de l'Espagne, son lignage la reportait, par une longue suite de rois, aux souverains goths, et les alliances fréquentes avec des princesses étrangères avaient produit sur sa physionomie ce mélange des attraits brillants du nord et des charmes séduisants du sud, qui porte la beauté d'une femme au point le plus rapproché de la perfection.

Son teint était d'une blancheur éclatante, et ses longs cheveux blonds étaient de cette nuance qui s'approche d'une couleur plus marquée, sans en prendre la teinte distinctive : — ses yeux bleus, pleins de douceur, dit un éminent historien, rayonnaient d'intelligence et de sensibilité; — c'était dans ces miroirs de l'âme que se trouvaient ses plus hauts droits à l'amabilité, car ils annonçaient autant la beauté intérieure que celle des dehors, et donnaient à des traits d'une délicatesse et d'une symétrie exquise, une expression calme de dignité et d'excellence morale qu'adoucissait encore une modestie qui paraissait alliée à la sensibilité d'une femme autant qu'à la pureté d'un ange. Pour ajouter à tous ces charmes, et quoique issue de sang royal, quoique élevée dans une cour, une sincérité franche, mais douce, présidait à tous ses regards et à toutes ses pensées, de même que ses pensées se peignaient sur sa physionomie et ajoutaient l'éclat de la vérité au lustre de la jeunesse et de la beauté.

La parure de cette princesse était simple, car heureusement le goût du siècle permettait à ceux qui travaillaient pour la toilette des dames de consulter les formes que leur avait données la nature; mais l'étoffe en était riche, et convenable à son rang élevé. Une seule croix de diamants brillait sur un cou de neige, auquel elle était suspendue par un petit collier de perles; et quelques bagues, enrichies de pierres précieuses, ornaient ou plutôt surchargeaient des mains qui n'avaient pas besoin d'ornements pour attirer les regards. Telle était Isabelle de Castille dans les jours de sa retraite et de sa jeunesse, tandis qu'elle attendait le résultat des changements qui devaient mettre le sceau à sa destinée future et à celle de sa postérité, même jusqu'au temps où nous vivons.

Sa compagne était Béatrix de Bobadilla, l'amie de son enfance et de sa jeunesse, et qui continua d'être l'amie de son âge mûr, son amie jusqu'à son lit de mort. Doña Béatrix avait une physionomie décidément plus espagnole, car, quoiqu'elle fût issue d'une maison ancienne et illustre, la politique et la nécessité n'avaient pas obligé ses ancêtres à contracter autant d'alliances étrangères que ceux de la princesse de Castille. Ses yeux noirs et étincelants annonçaient une âme généreuse et une fermeté de résolution à laquelle quelques historiens ont donné le nom de valeur; et ses cheveux étaient aussi noirs que l'aile du corbeau. De même que sa maîtresse, elle montrait, dans toutes ses formes, la grâce et l'amabilité de la jeunesse, développées par la chaleur généreuse du climat de l'Espagne, quoiqu'elle eût une taille un peu moins noble et des contours qui n'offraient pas tout à fait la même perfection. En un mot, la nature semblait avoir tracé entre les grâces physiques et les attraits moraux de la princesse, et les charmes de sa noble amie, quelque ligne de distinction semblable à celle que les idées des hommes établissent entre leurs rangs respectifs, quoique, en les considérant séparément et comme femmes, chacune d'elles eût été regardée comme éminemment attrayante.

A l'instant que nous avons choisi pour l'ouverture de la scène qui va suivre, Isabelle, dans toute la fraîcheur de sa toilette du matin, était assise sur un fauteuil, sur un des bras duquel elle était légèrement appuyée, dans une attitude qu'elle avait naturellement prise par suite de l'intérêt que lui inspirait la conversation et de la confiance qu'elle avait en sa compagne. Béatrix de Bobadilla était assise sur un tabouret aux pieds de la princesse, le corps un peu penché, avec un air d'affection respectueuse, et de manière à permettre aux cheveux blonds d'Isabelle de se mêler aux tresses noires des siens, tandis que la tête de la princesse semblait se reposer sur celle de son amie. Comme elles étaient tête à tête, le lecteur en conclura, d'après l'absence totale de l'étiquette castillane et de la réserve espagnole, que leur entretien était strictement confidentiel et suivait les impulsions de la nature plutôt que les règles artificielles qui président au commerce des cours.

— J'ai adressé des prières à Dieu, Béatrix, dit la princesse en réponse à quelque observation précédente, pour qu'il guidât mon jugement dans cette affaire importante, et j'espère que j'ai en vue le bonheur de mes sujets futurs autant que le mien même, dans le choix que j'ai fait.

— Nul n'aura la présomption d'en douter, répondit Béatrix. S'il vous avait plu d'épouser le Grand-Turc, les Castillans n'auraient pas contrarié votre désir, tant ils vous aiment.

— Dis plutôt que telle est ton affection pour moi, qu'elle t'inspire cette idée, ma bonne Béatrix, répliqua Isabelle en souriant et en relevant sa tête qui était penchée sur celle de son amie; nos Castillans pourraient fermer les yeux sur ce péché, mais moi, je ne me pardonnerais pas d'oublier que je suis chrétienne. Béatrix, j'ai été cruellement mise à l'épreuve dans cette affaire.

— Mais l'heure de l'épreuve est presque passée. Sainte Marie! quel manque de réflexion, quelle vanité, quelle ignorance de soi-même doit exister chez l'homme, pour donner tant de hardiesse à quelques uns de ceux qui ont osé aspirer à devenir votre époux! Vous étiez encore enfant qu'on vous avait déjà promise à don Carlos, prince qui était assez vieux pour être votre père; et comme si cela n'eût pas suffi pour révolter le sang castillan, on vous a choisi ensuite le roi de Portugal, qui pouvait passer pour être d'une génération encore plus éloignée. Malgré toute mon affection pour vous, et quoique mon âme me soit à peine plus chère que votre personne, rien ne m'inspire pour vous plus de respect que la noble fermeté avec laquelle, toute jeune que vous étiez, vous avez refusé ce méchant roi qui voulait vous faire reine de Portugal.

— Don Henri est mon frère, Béatrix, et ton maître ainsi que le mien.

— Ah! vous leur avez dit bravement à tous votre façon de penser, s'écria Béatrix les yeux étincelants et avec un sentiment d'exaltation qui lui fit oublier la réprimande que sa maîtresse venait de lui faire avec douceur; et votre réponse était bien digne d'une princesse du sang royal de Castille. — On ne peut, leur dites-vous, disposer de la main des infantes de Castille sans le consentement des nobles du royaume. Et ils furent obligés de se contenter d'une réponse si convenable.

— Et pourtant, Béatrix, je vais disposer de la main d'une infante d'Espagne sans même consulter les nobles du royaume.

— Ne parlez pas ainsi, mon excellente maîtresse. Il n'y aura pas un brave et loyal cavalier, depuis les Pyrénées jusqu'à la mer, qui n'approuve votre choix du fond du cœur. Le caractère, l'âge et les autres qualités du prétendant font une différence sensible dans ce genre d'affaires. Mais quelque indigne que fût et que soit encore don Alphonse de Portugal d'être l'époux d'Isabelle de Castille, que dirons-nous de celui qui osa prétendre ensuite à votre main royale,—don Pedro Giron, le grand-maître de l'ordre de Calatrava? Fi! un Pachecho aurait pu se croire honoré s'il avait trouvé une Bobadilla pour relever sa race!

— D'indignes favoris avaient abusé de leur influence sur mon frère pour amener cette union mal assortie; mais Dieu, dans sa sainte providence, jugea à propos de déjouer leurs projets en retirant inopinément de ce monde leur protégé.

— Oui, et s'il n'eût pas plu à sa bienheureuse volonté d'en disposer ainsi, d'autres moyens n'auraient pas manqué.

— Ta petite main, Béatrix, dit la princesse d'un ton grave, quoique avec un sourire d'affection, en prenant la main de son amie, n'était pas faite pour exécuter les menaces de celle à qui elle appartient.

— Les menaces de celle à qui elle appartient, s'écria Béatrix, le feu jaillissant de ses yeux, cette main les aurait exécutées avant qu'Isabelle de Castille fût sacrifiée au grand-maître de Calatrava. Quoi! la plus pure et la plus aimable vierge de toute la Castille, — une princesse du sang royal, — l'héritière légitime du trône, — aurait été condamnée à épouser un infâme libertin, parce qu'il avait plu à don Henri d'oublier son rang et ses devoirs et de prendre pour favori un lâche mécréant!

— Tu oublies toujours, Béatrix, que don Henri est mon frère, et notre maître le roi.

— Je n'oublie pas, Señora, que vous êtes sœur de notre maître le roi, et que don Pedro de Giron, ou Pachecho, n'importe quel nom l'ancien page portugais voulût prendre, était complètement indigne de s'asseoir en votre présence, et bien plus encore de devenir votre époux. Quels jours d'angoisses que ceux où les genoux vous faisaient mal à force de les avoir pliés pour prier le ciel de détourner cet événement! mais Dieu n'a pas voulu le permettre — et je ne l'aurais pas permis moi-même. Ce poignard lui aurait percé le cœur, avant que son oreille pût entendre les serments d'Isabelle de Castille!

— Ne parle plus de cela, Béatrix, je t'en prie, dit la princesse faisant en frémissant le signe de la croix. Ces jours furent vraiment des jours d'angoisses; mais qu'étaient-ils en comparaison de la Passion du fils de Dieu, qui se sacrifia pour nos péchés? N'en parle donc plus. C'est pour le bien de mon âme que j'ai subi cette épreuve; et tu sais que ce malheur a été détourné de moi, plutôt, comme je n'en doute point, par l'efficacité de nos prières que par celle de ton poignard. S'il te plaît de parler des prétendants à ma main, il en est d'autres qui méritent mieux d'être nommés.

Un éclair brilla sur l'œil noir de Béatrix, et un sourire se dessina sur sa jolie bouche; car elle comprenait fort bien que la princesse entendrait volontiers parler de celui sur qui son choix était enfin tombé. Quoique toujours disposée à faire ce qui pouvait plaire à sa maîtresse, Béatrix, avec la coquetterie d'une femme, résolut d'approcher peu à peu de la partie la plus agréable de ce sujet, par une gradation naturelle des événements, et en suivant l'ordre dans lequel ils étaient arrivés.

— Eh bien! il y avait M. de Guyenne, frère de Louis, roi de France; lui aussi, dit-elle en affectant un air de mépris, aurait bien voulu devenir l'époux de la future reine de Castille. Mais même nos plus indignes Castillans virent bientôt l'inconvenance d'une telle union. Leur fierté ne voulait pas courir la chance de voir leur pays devenir un fief de la France.

— Ce malheur ne serait jamais arrivé à notre chère Castille, dit Isabelle avec dignité. Quand j'aurais épousé le roi de France lui-même, il aurait appris à me respecter comme reine et maîtresse de cet ancien royaume, et ne m'aurait pas regardée comme une sujette.

— En ce cas, Señora, continua Béatrix, regardant Isabelle en face et en riant, il y avait aussi votre parent Richard de Glocester[1], celui qui avait, dit-on, des dents en naissant, et qui porte déjà un fardeau si pesant sur le dos[2], qu'il peut remercier son saint patron de ne pas être chargé en outre des affaires de la Castille.

— Ta langue est caustique, Béatrix. On assure pourtant que le duc de Glocester est un prince d'un caractère noble et généreux; et qu'il est probable qu'il épousera un jour une princesse dont le mérite le consolera aisément de ne pas avoir réussi en Castille. — As-tu quelque autre chose à dire sur les prétendants à ma main?

— Que puis-je dire de plus, ma chère maîtresse? Nous voici arrivées à don Ferdinand, littéralement le premier de tous les prétendants à votre main, quoique le dernier en date, et, comme nous le savons, le meilleur de tous.

— En choisissant don Ferdinand, dit Isabelle avec douceur, quoique, en dépit de ses idées royales sur le mariage, elle se sentît mal à l'aise en discutant ce sujet, je crois avoir été guidée par les motifs qui conviennent à ma naissance et à mes espérances futures; car rien ne peut mieux assurer la paix de notre cher pays et le succès de la grande cause de la chrétienté, que la réunion de la Castille et de l'Aragon sous un seul souverain.

— C'est-à-dire, en unissant leurs souverains par les saints nœuds du mariage, ajouta Béatrix avec un air de gravité respectueuse, quoiqu'un sourire cherchât encore à se montrer sur ses lèvres. — Qu'importe que don Ferdinand soit le plus jeune,

---

[1]. On n'est pas d'accord sur la question de savoir lequel des princes anglais prétendait à la main d'Isabelle, Edouard IV lui-même, Clarence ou Richard. Isabelle était petite-fille de Catherine de Lancastre, dont le père était Jean de Grant.
[2]. Richard, duc de Lancastre, était bossu.

le plus beau, le plus vaillant et le plus aimable prince de toute la chrétienté? Ce n'est pas votre faute; ce n'est pas vous qui l'avez fait : vous ne faites que l'accepter pour époux.

— Ceci passe les bornes de la discrétion et du respect, ma bonne Béatrix, répliqua la princesse en affectant de froncer les sourcils, tout en rougissant de l'émotion qu'elle éprouvait, et quoiqu'elle parût satisfaite des louanges accordées à don Ferdinand.—Tu sais que je n'ai jamais vu mon cousin le roi de Sicile.

— Cela est très-vrai, Señora; mais le père Alonzo de Coca l'a vu, et personne, dans toute la Castille, n'a l'œil plus sûr ni la langue plus véridique.

— Béatrix, j'excuse ta licence, quoiqu'elle soit injuste et peu convenable, parce que je connais ton attachement pour moi, et que je sais que tu songes à mon bonheur plus qu'à celui de mon peuple, dit Isabelle dont aucune apparence de faiblesse naturelle ne diminuait alors la gravité, car elle se sentait un peu offensée. — Tu sais ou tu dois savoir qu'une princesse de sang royal, en accordant sa main, est principalement tenue de consulter les intérêts de l'Etat, et que les petites fantaisies des filles de village n'ont rien de commun avec ses devoirs. J'irai encore plus loin. Quelle damoiselle de noble extraction comme toi songerait même à autre chose qu'à se soumettre aux conseils de sa famille, en prenant un mari? Si j'ai fait choix de don Ferdinand d'Aragon parmi plusieurs autres princes, c'est parce que cette alliance convient mieux aux intérêts de la Castille qu'aucune autre qui m'ait été proposée. Tu sais, Béatrix, que les Castillans et les Aragonnais sont de la même souche; ils ont les mêmes habitudes et les mêmes préjugés, ils parlent la même langue...

— Ah! ma chère maîtresse, ne confondez pas le pur castillan avec le dialecte des montagnes!

— Eh bien! lance ton sarcasme, si bon te semble, belle capricieuse; mais il nous sera plus facile d'apprendre notre plus pur espagnol aux nobles Aragonnais qu'aux Gaulois. Ensuite don Ferdinand est de ma propre race; car la maison de Transtamare vient de la Castille et descend de ses monarques, et nous pouvons du moins espérer que le roi de Sicile sera en état de se faire comprendre.

— S'il n'en était pas capable, ce ne serait pas un vrai chevalier. L'homme à qui sa langue manquerait quand il s'agit pour lui d'obtenir une épouse de race royale,—d'une beauté qui surpasse

celle de l'aurore,—d'une vertu qui touche presque déjà au ciel;
— et une couronne...

— Béatrix! Béatrix! — ta langue t'emporte trop loin. — De pareils discours ne conviennent ni à ta bouche ni à mes oreilles.

— Et cependant, Señora, ma langue est proche voisine de mon cœur.

— Je te crois, ma bonne Béatrix; mais nous devons penser l'une et l'autre aux saints conseils que nous avons reçus dans le confessionnal. Ces discours flatteurs semblent trop légers quand nous nous rappelons toutes nos fautes et le besoin que nous avons de pardon. Quant à ce mariage, tu devrais faire attention que je n'y ai songé que par des considérations et des motifs dignes d'une princesse, et non par caprice ou légèreté. Tu sais que je n'ai jamais vu don Ferdinand, et qu'il n'a pas même jeté une seule fois les yeux sur moi.

— Assurément, ma chère maîtresse, je sais tout cela; je vois, je crois et j'avoue qu'il ne conviendrait pas, même à une fille de noble naissance, de contracter les obligations importantes du mariage sans meilleur motif que les inclinations d'une villageoise. Il est parfaitement juste que nous soyons également tenues de consulter notre propre dignité et les désirs de nos parents et de nos amis; et notre devoir et l'habitude de soumission dans laquelle nous avons été élevées sont de meilleurs gages de notre affection conjugale que les fantaisies de l'imagination d'une jeune fille. Cependant, Señora, il est très-heureux que le sentiment de vos devoirs vous indique un prince aussi jeune, aussi brave, aussi noble, aussi chevaleresque que l'est le roi de Sicile, comme nous le savons d'après ce que nous en a dit le père Alonzo, et que tous mes amis soient d'accord pour dire que don Andrès de Cabréra, tout écervelé et tout extravagant qu'il est, fera un excellent mari pour Béatrix de Bobadilla.

Isabelle, quoiqu'elle montrât en général de la réserve et de la dignité, avait ses moments d'abandon avec ses confidentes, et Béatrix était celle qu'elle préférait. Elle sourit de cette saillie, et, séparant de sa belle main les boucles de cheveux noirs qui tombaient sur le front de son amie, elle la regarda à peu près comme une mère regarde sa fille, quand son cœur est agité par un mouvement soudain de tendresse.

— Si un écervelé doit épouser une folle, tes amis ont jugé sainement, dit-elle.—Et après un moment de silence, pendant lequel elle parut réfléchir profondément, elle ajouta d'un ton plus grave, quoique la modestie qui brillait sur ses joues animées, et la sensibilité que ses yeux exprimaient, la trahissent, en faisant voir qu'en ce moment elle était émue par les sentiments d'une femme plutôt que par ceux d'une princesse destinée à porter une couronne et qui n'est occupée que du bonheur de ses sujets futurs :

— A mesure que l'instant de cette entrevue s'approche, j'éprouve un embarras dont je n'aurais pas cru qu'une infante de Castille pût être susceptible; et j'avouerai, *à toi*, ma fidèle Béatrix, que, si le roi de Sicile était aussi vieux que don Alphonse de Portugal, ou aussi efféminé que M. de Guyenne, — en un mot, s'il était moins jeune et moins aimable, je me sentirais moins embarrassée au moment de le voir.

— Cela est fort étrange, Señora ! moi, j'avouerai que je ne voudrais pas rabattre une seule heure de la vie de don Andrès, qui, telle qu'elle est, a déjà été suffisamment longue ; — pas une seule des grâces de son extérieur, si l'honnête chevalier peut se vanter d'en posséder quelques unes ; pas une seule de ses perfections physiques ou morales.

— Nous ne sommes pas dans la même position, Béatrix. Tu connais le marquis de Moya ; tu as écouté ses discours ; tu es habituée à ses louanges et à son admiration.

— Bienheureux saint Jacques ! ne craignez rien d'un manque d'expérience dans ce genre d'affaires, Señora ; car, de toutes les sciences, celle qu'on apprend le plus facilement, c'est d'aimer les louanges et l'admiration.

— Cela est vrai, ma fille, — car Isabelle, quoique la plus jeune, appelait souvent ainsi son amie; et même plus tard, quand elle fut devenue reine, elle continua à employer, en lui parlant, ce terme d'affection : — cela est vrai, quand les louanges et l'admiration sont accordées avec franchise et véritablement méritées ; mais je n'ose croire que j'aie des droits bien fondées à cet égard ; et je ne suis pas sûre des sentiments qu'éprouvera don Ferdinand en me voyant pour la première fois. Je sais, — je suis même certaine qu'il est plein de grâce, noble, vaillant, bon, généreux, bien fait, strict à remplir les devoirs de notre sainte religion, aussi illustre par ses belles qualités que par sa naissance, et je tremble en songeant combien je suis indigne d'être son épouse.

— Justice du ciel ! — Je voudrais bien voir l'impudent noble d'Aragon qui oserait donner à entendre une pareille chose ! —

Si don Ferdinand est noble, ne l'êtes-vous pas plus que lui comme issue de la branche aînée de la même maison ? — S'il est jeune, ne l'êtes-vous pas autant que lui ? — S'il est sage, n'êtes-vous pas encore plus sage que lui ? — S'il est bien fait, ne ressemblez-vous pas à un ange plus qu'à une femme ? — S'il est vaillant, n'êtes-vous pas vertueuse ? — S'il a de la grâce, n'êtes-vous pas la grâce même ! — S'il est généreux, n'êtes-vous pas la bonté et la générosité même ? — S'il est si exact à suivre les préceptes de notre religion, n'êtes-vous pas une sainte sur la terre ?

— En vérité, Béatrix, tu es une excellente consolatrice ! — Je pourrais te gronder pour ces paroles oiseuses ; mais je sais qu'elles partent de ton cœur.

— Ce n'est que votre modestie excessive, ma chère maîtresse, qui vous fait toujours apercevoir le mérite des autres plus aisément que le vôtre. Que don Ferdinand y prenne garde ! Quoiqu'il arrive avec la pompe et la gloire de toutes ses couronnes, je garantis qu'il trouvera dans l'infante de Castille de quoi rabattre sa vanité, quand même elle se présenterait à lui sans autre parure que la douceur de son caractère.

— Je n'ai point parlé de la vanité de don Ferdinand, Béatrix, et je ne le crois nullement enclin à une telle faiblesse. Quant à la pompe, nous savons fort bien que l'or n'est pas plus commun à Saragosse qu'à Valladolid, quoiqu'il ait déjà plusieurs couronnes en sa possession, et d'autres qui l'attendent. Malgré toutes les folies que ton affection vient de dicter à ta langue, je me méfie de moi-même et non du roi de Sicile. Il me semble que je pourrais voir tout autre prince de la chrétienté avec indifférence, ou du moins l'accueillir d'une manière convenable à mon rang et à mon sexe ; mais j'avoue que je tremble à l'idée de m'exposer à l'opinion de mon noble cousin et de rencontrer ses yeux.

Béatrix l'écoutait avec intérêt, et quand la princesse eut fini de parler, elle lui baisa avec affection une main qu'elle pressa ensuite contre son cœur.

— Que don Ferdinand craigne plutôt de rencontrer les vôtres, Señora, lui répondit-elle.

— Non, Béatrix, nous savons qu'il n'a rien à craindre, car la renommée ne parle de lui que trop avantageusement. — Mais pourquoi rester ici plus longtemps dans le doute et l'appréhension, quand l'appui sur lequel il est de mon devoir de compter est prêt à recevoir son fardeau? Le père Alonzo nous attend sans doute, et nous irons le joindre.

La princesse et son amie se rendirent dans la chapelle du palais, où le père Alonzo, confesseur d'Isabelle, célébrait la messe tous les jours. Les saints rites calmèrent l'agitation que la méfiance d'elle-même élevait dans le cœur de la modeste princesse, ou plutôt firent qu'elle se réfugia sur ce roc où elle avait coutume de déposer toutes ses inquiétudes avec l'aveu de ses fautes. Lorsque la petite réunion sortit de la chapelle, un messager, échauffé par sa course rapide, apporta la nouvelle non inattendue, mais dont on doutait encore, que le roi de Sicile était arrivé en sûreté à Duéñas; et que, comme il était alors au milieu de ses partisans, il ne pouvait plus y avoir aucun doute raisonnable sur la célébration prochaine du mariage projeté.

Cette nouvelle remplit encore d'agitation le sein d'Isabelle, et il fallut les soins plus qu'ordinaires de Béatrix de Bobadilla pour rétablir en elle cette douce sérénité d'esprit qui rendait ordinairement sa présence aussi attrayante qu'imposante; après une heure ou deux passées en prières et en méditations, elle sentit enfin un doux calme renaître dans son cœur, et les deux amies se retrouvèrent seules dans le même appartement où nous les avons d'abord présentées au lecteur.

— As-tu vu don Andrès de Cabréra? dit la princesse, prenant à son amie une main sur laquelle se reposait un front qui était un labyrinthe de souvenirs.

Béatrix de Bobadilla rougit d'abord, et se mit ensuite à rire avec une liberté dont la longue affection de sa maîtresse ne lui fit pas de reproche.

— Pour un jeune homme de trente ans, et un cavalier qui a si longtemps fait la guerre contre les Maures, répondit-elle, don Andrès a encore des pieds agiles. Il a apporté ici la nouvelle de l'arrivée du prince d'Aragon, et il y a apporté en même temps son aimable personne, afin d'en prouver la vérité. Pour un homme qui a tant d'expérience, il aime beaucoup à parler, et pendant que vous étiez enfermée dans votre cabinet, il m'a fallu écouter les aventures merveilleuses du voyage. Il paraît qu'il était temps qu'ils arrivassent à Duéñas, car la seule bourse qu'ils eussent entre eux tous s'était égarée, ou avait été emportée par le vent, tant elle était légère.

— J'espère qu'on a remédié à cet accident. Peu de personnes de la maison de Transtamare ont beaucoup d'argent en ce moment d'épreuve, mais il n'en est point qui en soit entièrement dépourvue.

— Don Andrès n'est ni mendiant ni avare, Señora. Il est maintenant dans notre Castille. Je ne doute pas qu'il ne connaisse les juifs et les prêteurs d'argent; et comme ils savent fort bien quelle est la valeur de ses terres, le roi de Sicile ne manquera de rien. J'ai appris aussi que le comte de Tréviño s'est conduit noblement envers lui.

— Le comte de Tréviño se trouvera bien d'avoir agi avec cette libéralité. Mais, Béatrix, donne-moi tout ce qu'il faut pour écrire. Il convient que j'informe don Henri de cet événement, et de mon dessein de me marier.

— Mais, ma chère maîtresse, cela est contre toutes les règles. Quand une fille, noble ou non, veut se marier contre le gré de ses parents, l'usage est de conclure d'abord le mariage, et d'écrire, quand le mal est fait, pour demander la bénédiction.

— Assez, assez, esprit inconsidéré! Tu as parlé, maintenant donne-moi des plumes et du papier. Le roi est non seulement mon seigneur et mon souverain, mais mon plus proche parent, et il devrait être mon père.

— Et doña Joanna de Portugal, sa royale épouse et notre illustre reine, devrait être votre mère? Ce serait sans doute un excellent guide pour toute vierge modeste! — Non, non, Señora, la reine votre mère était doña Isabelle de Portugal, et c'était une princesse bien différente de son indigne nièce.

— Tu te permets trop de licence, doña Béatrix, et tu oublies ce que je t'ai demandé. Je veux écrire au roi mon frère.

Il était si rare qu'Isabelle parlât d'un ton sévère, que son amie tressaillit et que les larmes lui vinrent aux yeux. Elle lui prépara tout ce qu'il fallait pour écrire avant d'oser lever les yeux sur elle pour s'assurer si elle était réellement en colère. Tout était calme et serein sur le front de la princesse, et Béatrix, voyant qu'elle était entièrement occupée de ce qu'elle avait résolu de faire et qu'elle avait déjà oublié son mécontentement, ne jugea pas à propos d'y faire allusion.

Isabelle écrivit alors sa célèbre lettre, dans laquelle elle parut oublier sa timidité naturelle pour parler uniquement en princesse. Par le traité de Toros de Guisando, qui avait déclaré nulles

les prétentions de la fille de Joanna de Portugal au trône et déclaré Isabelle héritière de la couronne, il avait été stipulé que celle-ci ne se marierait que du consentement du roi. Elle excusa donc la démarche qu'elle allait faire d'après le motif que ses ennemis n'avaient pas exécuté la condition solennelle qui avait été convenue de ne la forcer à aucun mariage inconvenant ou qui lui serait désagréable. Elle parla ensuite des avantages politiques qui résulteraient de l'union des couronnes de Castille et d'Aragon, et pria le roi de donner son approbation à la démarche qu'elle allait faire. Cette lettre, après avoir été soumise à Juan de Vivéro et autres seigneurs formant le conseil de la princesse, fut envoyée au roi par un exprès. On s'occupa alors des arrangements préliminaires à une entrevue entre les futurs époux. L'étiquette castillane était proverbiale même dans ce siècle, et la discussion amena une proposition qu'Isabelle rejeta avec sa modestie et sa discrétion ordinaires.

— Il me semble, dit don Juan de Vivéro, que cette alliance ne doit pas avoir lieu sans que don Ferdinand reconnaisse d'une manière quelconque la supériorité de la Castille sur l'Aragon. La maison qui règne sur ce dernier royaume n'est qu'une branche cadette de la maison royale de Castille, et il est reconnu que le territoire du royaume d'Aragon était autrefois une dépendance du nôtre.

Cette proposition fut fortement appuyée; mais la princesse intervint, et, en exposant ses sentiments aussi naturels que louables à ce sujet, elle fit sentir la faiblesse et les défauts d'un tel avis.

— Il est indubitablement vrai, dit-elle, que don Juan d'Aragon est fils du frère puîné du roi mon aïeul, mais il n'en est pas moins roi. Indépendamment de son royaume d'Aragon, pays qui, si vous le voulez, est inférieur à la Castille, il porte les couronnes de Naples et de Sicile, pour ne rien dire de la Navarre qui est en sa puissance, quoique ce ne soit peut-être pas à très-bon droit. Don Ferdinand lui-même est roi de Sicile par suite de la renonciation de don Juan; et lui, qui est souverain couronné, fera-t-il des concessions à une simple princesse qu'il peut ne jamais plaire à Dieu de placer sur le trône? D'ailleurs, don Juan de Vivéro, je vous prie de vous souvenir du but qui amène le roi de Sicile à Valladolid. Lui et moi, nous avons deux rôles à jouer et deux caractères à soutenir, — ceux de prince et de princesse, et ceux de chrétiens unis par les saints nœuds du mariage ; il conviendrait mal à une femme qui est sur le point de se charger des devoirs et des obligations d'une épouse, de commencer par imposer des conditions qui seraient humiliantes pour la fierté de son futur maître et pour le respect qu'il se doit à lui-même. L'Aragon peut être véritablement un royaume inférieur à la Castille, mais Ferdinand d'Aragon, même à présent, est, sous tous les rapports, l'égal d'Isabelle de Castille. — Et quand il aura reçu mes serments, mon affection et la promesse de remplir mes devoirs, ajouta-t-elle, ses joues s'animant et ses yeux brillant d'une sorte de saint enthousiasme, comme doit le faire une femme, quand même il serait un infidèle, il deviendra à quelques égards supérieur à moi. — Qu'il n'en soit donc plus question ; car il ne serait pas plus pénible à don Ferdinand de faire la concession que vous demandez qu'il ne me le serait de l'accepter.

CHAPITRE III.

> Les meilleures coutumes plient devant les grands rois. Chère Kate, ni vous ni moi, nous ne pouvons être retenus par les faibles lisières des usages d'un pays. C'est nous qui formons les manières ; et la liberté dont jouit notre rang ferme la bouche à tous ceux qui aiment à trouver à redire.
>
> SHAKSPEARE. *Henry V.*

Malgré sa résolution, sa fermeté habituelle et une sérénité d'âme qui semblait se répandre dans tout le système moral d'Isabelle, comme un courant profond, mais tranquille, de saint enthousiasme, et qu'il serait plus juste d'attribuer aux principes élevés et permanents qui dirigeaient toutes ses actions, son cœur battit vivement et sa réserve naturelle, qui allait presque jusqu'à la timidité, prit cruellement l'alarme quand elle vit arriver le moment où elle allait voir pour la première fois le prince qu'elle avait accepté pour époux. L'étiquette castillane, non moins que la grandeur des intérêts politiques qui se rattachaient à cette union, avaient prolongé les négociations préliminaires pendant plusieurs jours, Ferdinand, durant tout ce temps, ayant à réprimer de son mieux son impatience.

Enfin pourtant, dans la soirée du 15 octobre 1469, tout obstacle étant aplani, don Ferdinand monta à cheval, et sans autre suite que quatre personnes, dont faisait partie don Andrès de Cabréra, il se mit en chemin, sans aucune marque extérieure qui indiquât son haut rang, vers le palais de Juan de Vivéro. L'archevêque de Tolède, prélat actif et belliqueux qui était du parti de la princesse, se tenait prêt à recevoir le roi de Sicile et à le conduire en présence d'Isabelle.

Isabelle, n'ayant auprès d'elle que Béatrix de Bobadilla, attendait don Ferdinand dans l'appartement dont il a été parlé; et par un de ces grands efforts dont la femme la plus timide est capable dans les occasions importantes, elle accueillit son futur époux avec la dignité d'une princesse et la réserve d'une femme. Ferdinand avait été préparé à trouver en elle autant de grâce que de beauté; mais le mélange d'une modestie angélique et d'un air d'amabilité qui surpassait presque celle de son sexe, formait un tableau tellement ressemblant plutôt à ce qui doit se trouver dans le ciel qu'à ce qu'on espère rencontrer sur la terre, que le prince, quoique accoutumé à se conduire avec circonspection et à voiler toutes ses émotions, ne put s'empêcher de tressaillir, et que ses pieds parurent un instant enracinés au plancher, dans le premier moment où cette vision glorieuse se montra à ses yeux. Revenant promptement à lui, il s'avança avec empressement, et prenant la petite main qui ne venait pas au-devant de la sienne, mais qui ne se retirait pas, il y appuya ses lèvres avec une ardeur qui accompagne rarement la première entrevue de ceux dont les passions sont ordinairement factices.

— Cet heureux moment est enfin venu, mon illustre et belle cousine, dit-il avec un accent de vérité qui alla directement au cœur tendre et pur d'Isabelle; car nulle science du langage des cours ne peut jamais donner à la voix du mensonge la force et l'emphase qui appartiennent à la véracité. — J'ai cru qu'il n'arriverait jamais; mais grâce à saint Jacques, dont je n'ai cessé d'implorer l'intercession, il me dédommage amplement de toutes mes inquiétudes.

— Je remercie le prince d'Aragon, et il est le bienvenu à Valladolid, dit Isabelle avec modestie. Les difficultés qu'il a fallu aplanir pour arriver à cette entrevue ne sont que l'emblème de celles que nous aurons à surmonter en avançant dans la vie.

Elle lui témoigna ensuite l'espoir qu'il n'avait manqué de rien depuis son arrivée en Castille, et après une réponse convenable, don Ferdinand la conduisit à un fauteuil et prit pour lui le tabouret sur lequel Béatrix de Bobadilla avait coutume de s'asseoir dans ses moments d'intimité avec sa maîtresse. Mais Isabelle, sachant quelles étaient les prétentions des Castillans pour proclamer la supériorité de leur pays sur l'Aragon, ne voulut pas consentir à cet arrangement, et refusa de s'asseoir avant que le prince eût pris lui-même le fauteuil qui lui avait été préparé.

— Il ne conviendrait pas, dit-elle, à une femme qui ne possède guère que le sang royal qui coule dans ses veines, et sa confiance en Dieu, d'occuper un fauteuil, tandis que le roi de Sicile serait à une place si indigne de lui.

— Permettez que cela soit ainsi, répondit Ferdinand ; toutes ces considérations de rang disparaissent en votre présence. Daignez ne voir en moi qu'un chevalier prêt à vous prouver sa foi dans tous les champs clos et dans toutes les cours de la chrétienté, et traitez-moi comme tel.

Isabelle, qui avait assez de tact pour savoir où doit finir la politesse à moins de voir commencer les grands airs, rougit, sourit, et ne refusa plus de s'asseoir. C'étaient moins les paroles de son cousin qui pénétraient son cœur, que l'admiration ouvertement exprimée par ses regards, le feu de ses yeux et la franche sincérité de ses manières. Avec l'instinct d'une femme, elle s'aperçut qu'elle avait produit une impression favorable, et avec la sensibilité d'une femme, son cœur, en faisant cette découverte, fut prêt à se pénétrer de tendresse. Une demi-heure ne s'était pas encore écoulée quand l'archevêque, qui, quoique censé par état ne pas connaître le langage et les désirs des amants, les connaissait suffisamment en théorie, emmena deux ou trois courtisans, qui avaient été présents à cette entrevue, dans une salle voisine, dont la porte demeura ouverte, et où il les plaça de manière à ce qu'ils ne pussent ni voir ni entendre rien de ce qui se passait ou se disait dans l'autre appartement. Quant à Béatrix de Bobadilla, dont l'étiquette exigeait la présence dans la même chambre que sa maîtresse, elle était tellement occupée à écouter don Andrès de Cabréra, qu'Isabelle et Ferdinand auraient pu disposer d'une douzaine de trônes sans qu'elle entendît un seul mot.

Sans perdre cette douce réserve et cette modestie féminine qui entourèrent sa personne d'une grâce si attrayante jusqu'à l'heure de sa mort, Isabelle devint peu à peu plus calme à mesure que l'entretien se prolongea; elle se replia sur sa dignité et son respect pour elle-même, et puisant dans les trésors de connaissances qu'elle avait amassés avec soin, tandis que tant d'autres, dans la même situation, avaient perdu leur temps dans les vanités des cours, elle fut bientôt à son aise, sinon tout à fait dans cet état de tranquillité d'esprit auquel elle était habituée.

— J'espère qu'à présent il ne peut plus y avoir aucun délai à la célébration de notre mariage par la sainte église, dit le roi de Sicile, continuant une conversation commencée. On a observé toutes les formalités qui peuvent être exigées de nous, comme étant chargés du soin et des intérêts de ces royaumes, et je puis avoir le droit de songer à mon propre bonheur. Nous ne sommes pas étrangers l'un à l'autre, doña Isabelle, car nos grands-pères étaient frères, et, dès mon enfance, j'ai appris à révérer vos vertus, et à chercher à vous imiter dans l'accomplissement de nos devoirs envers Dieu.

— Ce n'est pas sans réflexion que j'ai consenti à vous épouser, don Ferdinand, répondit la princesse en rougissant, et avec l'air de majesté d'une reine; et après que le sujet a été si pleinement discuté, que la sagesse de notre union a été si complètement établie, et que la nécessité d'une prompte solution est si évidente, je ne serai personnellement cause d'aucun délai inutile. J'ai pensé que la cérémonie pourrait avoir lieu le quatrième jour après celui-ci, ce qui nous donnera le temps de nous y préparer, comme l'exige une occasion si solennelle, en assistant aux offices de l'église.

— Ce sera comme il vous plaira, dit le roi en la saluant avec respect; il ne vous reste que peu de préparatifs à faire, et l'on ne nous reprochera pas d'avoir rien oublié. Mais vous savez, doña Isabelle, combien mon père est serré de près par ses ennemis, et je n'ai pas besoin de vous dire que ses coffres sont vides. De bonne foi, ma belle cousine, rien que le plus vif désir de me mettre en possession le plus tôt possible du précieux joyau que la Providence et votre bonté.....

— Ne mêlez pas, don Ferdinand, dit Isabelle d'un ton grave, les desseins de Dieu et de sa providence avec les petits expédients de la prudence de ses créatures.

— Eh bien! je dirai donc le joyau précieux que la Providence semblait vouloir m'accorder, reprit le roi en faisant un signe de croix et en inclinant la tête, autant peut-être par déférence pour les sentiments de piété de sa fiancée, que par respect pour une puissance bien supérieure. Je ne voulus admettre aucun délai, et nous quittâmes Saragosse, mal pourvus d'or, mais avec des cœurs pleins de loyauté pour le trésor que nous devions trouver à Valladolid. La seule bourse que nous eussions parmi nous n'a même servi, par suite de négligence ou d'accident, qu'à enrichir quelque valet d'auberge.

— Doña Béatrix de Bobadilla m'en avait déjà informée, dit Isabelle en souriant ; et véritablement nous commencerons à vivre, après notre mariage, en gens qui ont peu des biens de ce monde en leur possession actuelle, car je n'ai guère à vous offrir, Ferdinand, qu'un cœur sincère et sur lequel je crois qu'on peut compter pour la fidélité.

— En vous obtenant, belle cousine, j'obtiens tout ce qu'il faut pour satisfaire les désirs de tout être raisonnable. Cependant il est dû quelque chose à notre rang et à notre perspective future. Il ne sera pas dit que vos noces se sont célébrées comme celles d'une sujette ordinaire de cette couronne.

— Dans des circonstances ordinaires, il pourrait paraître peu convenable qu'une personne de mon sexe fît les frais de ses propres noces, répondit Isabelle, le sang lui montant au visage de manière à colorer son front et ses tempes, mais conservant d'ailleurs ce calme sévère qui la caractérisait ; — mais le bonheur de deux États dépendant de notre union, il faut bannir une vaine délicatesse. Je ne suis pas sans joyaux, et les juifs ne manquent pas dans Valladolid : vous me permettrez de m'en défaire pour fournir à cet objet.

— Pourvu que vous me conserviez le joyau dans lequel cette âme pure est enchâssée, répondit galamment le roi de Sicile, je consens à ne jamais en voir un autre. Mais cela ne sera pas nécessaire. Nos amis, dont l'âme est plus généreuse que leur coffre n'est bien rempli, peuvent donner aux prêteurs des garanties qui me procureront les fonds nécessaires. C'est moi que ce soin regarde ; car désormais, ma cousine..... ne puis-je dire ma fiancée ?

— Ce titre est plus cher qu'aucun de ceux qui appartiennent au sang, Ferdinand, répondit la princesse avec un ton de sincérité bien supérieur à l'affectation ordinaire et aux sentiments artificiels de son sexe, tandis qu'il inspirait le plus profond respect pour sa modestie, — et l'on peut nous excuser d'employer cette expression. J'espère que Dieu bénira notre union, et qu'elle fera non seulement notre propre bonheur, mais celui de tout notre peuple.

— En ce cas, je puis donc dire, ma fiancée, que désormais nous n'aurons qu'une fortune commune, et que vous vous fierez à moi pour pourvoir à tous vos besoins.

— Imaginons tout ce qu'il nous plaira, Ferdinand, répondit Isabelle, nous ne pouvons nous imaginer que nous soyons les enfants de deux hidalgos sur le point de s'établir dans le monde, chacun avec un faible apport en mariage. Vous êtes roi dès à présent, et moi je suis solennellement reconnue par le traité de Toros de Guisando comme héritière du royaume de Castille. Nous devons donc avoir des ressources séparées, comme des devoirs distincts, quoique j'espère que nos intérêts seront toujours les mêmes.

— Vous ne me verrez jamais manquer au respect dû à votre rang, ni à ce que je vous dois comme chef de notre ancienne maison, après le roi votre frère.

— Vous avez bien examiné le traité de mariage, don Ferdinand? j'espère que vous en avez approuvé cordialement les différentes conditions?

— Autant que l'exigeaient l'importance de l'affaire et le prix de la faveur que je vais recevoir.

— Je voudrais qu'elles vous fussent aussi agréables qu'utiles; car, quoique je doive être votre épouse dans si peu de temps, je ne puis oublier que je serai un jour reine de Castille.

— Vous pouvez être sûre, ma belle fiancée, que Ferdinand d'Aragon sera le dernier à l'oublier.

— Je regarde mes devoirs comme venant de Dieu même, et je me tiens responsable envers lui de leur strict accomplissement. Les sceptres ne sont pas des jouets, Ferdinand, ni des objets dont on doive plaisanter. Nul homme ne porte un fardeau plus pesant que celui qui porte une couronne.

— Les maximes de notre maison n'ont pas été oubliées en Aragon, ma fiancée; et je me réjouis de voir qu'il en est de même dans les deux royaumes.

— En contractant notre engagement, ce n'est pas à nous-mêmes que nous devons principalement songer, continua Isabelle avec chaleur, car ce serait substituer les sentiments des amants aux devoirs des princes. — Vous avez lu sans doute, à plusieurs reprises, les articles du traité de mariage, et vous y avez suffisamment réfléchi?

— J'en ai eu tout le loisir, cousine, car il y a neuf mois qu'ils ont été signés.

— Si je vous ai paru exigeante sur certains points, ajouta Isabelle avec cette aimable simplicité qui marquait sa conduite en toute occasion, c'est parce qu'il ne faut pas négliger les devoirs de la souveraineté. Vous savez, Ferdinand, quelle influence le mari a coutume d'obtenir sur sa femme, et vous sentirez la nécessité où je me trouve de protéger complètement mes Castillans contre ma propre faiblesse.

— Si vos Castillans n'ont à souffrir que par suite de cette cause, doña Isabelle, ils seront véritablement bien heureux.

— C'est un propos galant, Ferdinand, et je ne puis approuver que vous m'en adressiez quand il s'agit d'un sujet si sérieux. Je suis plus âgée que vous de quelques mois, et j'userai des droits d'une sœur aînée jusqu'à ce que je les perde en me soumettant aux devoirs d'une épouse. Vous avez vu dans ces articles avec quel soin j'ai protégé mes Castillans contre toute suprématie étrangère. Vous savez qu'un bon nombre de grands de ce royaume sont opposés à notre union de peur de tomber sous la domination de l'Aragon; et vous avez remarqué avec quel zèle j'ai cherché à calmer leurs craintes.

— Vos motifs ont été compris, doña Isabelle; et vos désirs à cet égard, comme à tout autre, seront respectés.

— Je désire être votre épouse fidèle et soumise, continua la princesse en le regardant d'un air grave, mais plein de douceur, mais je désire aussi que la Castille conserve ses droits et son indépendance. Quelle sera votre influence sur celle qui vous accorde volontairement sa main, c'est ce que je ne puis dire; mais nous devons maintenir la séparation qui existe entre les deux couronnes.

— Fiez-vous à moi, ma cousine; ceux qui vivront dans cinquante ans diront que Ferdinand a su respecter ses obligations et s'acquitter de ses devoirs.

— Il y a aussi la stipulation de faire la guerre aux Maures; il ne me semblera jamais que les chrétiens d'Espagne ont été fidèles à leur foi, tant qu'il y restera un sectateur de l'imposteur de la Mecque.

— Vous et votre archevêque vous n'auriez pu m'imposer un

devoir plus agréable que de mettre la lance en arrêt contre les infidèles. J'ai déjà gagné mes éperons dans une guerre semblable ; et dès que nous aurons été couronnés, vous verrez si je suis prêt à contribuer à repousser ces mécréants sur les sables d'où ils sont venus.

— Il ne me reste à vous parler que d'une seule chose, mon cousin. — Vous savez de quelle funeste influence mon frère est entouré, et que c'est ce qui a mécontenté une grande partie de ses nobles et de ses villes. Nous serons tous deux fortement tentés de lui faire la guerre, et de prendre le sceptre avant qu'il plaise à Dieu de nous l'accorder par le cours ordinaire de la nature. Je désire que vous respectiez don Henri, non seulement comme le chef de notre maison, mais comme mon frère, mon maître et mon roi. Si de mauvais conseillers le portent à faire quelques tentatives contre nos personnes ou nos droits, il nous sera permis d'y résister ; mais, je vous en prie, Ferdinand, ne prenez les armes sous aucun prétexte contre mon souverain légitime.

— Que don Henri prenne donc garde à sa Beltraneja ! s'écria vivement le prince. — Par le ciel ! j'ai, de mon propre chef, des droits qui passent avant ceux de cette bâtarde. Toute la maison de Transtamare a intérêt à arracher cette branche illégitime, frauduleusement entée sur sa noble souche.

— Vous parlez avec chaleur, Ferdinand, et l'œil de Béatrix de Bobadilla vous en fait lui-même un reproche. L'infortunée Joanna ne peut jamais nuire à nos droits au trône, car il y a bien peu de nobles en Castille assez indignes de leur naissance pour vouloir en placer la couronne sur la tête d'une femme dans les veines de laquelle on croit que le sang de Pélage ne coule point.

— Don Henri vous a manqué de foi, Isabelle, depuis le traité de Toros de Guisando.

— Mon frère est entouré de mauvais conseillers, Ferdinand ; et d'ailleurs nous n'avons pas nous-mêmes strictement exécuté ce traité, dont une des conditions était que je ne disposerais pas de ma main sans le consentement du roi.

— Il nous a forcés à cette mesure, et si le traité n'a pas été exécuté en ce point, il doit se le reprocher à lui-même.

— Je cherche à me le persuader, quoique j'aie fait bien des prières pour obtenir du ciel le pardon de cette apparence de manque de foi. Je ne suis pas superstitieuse, Ferdinand, sans quoi je pourrais croire que Dieu ne verrait pas de bon œil une alliance contractée en contravention aux conditions formelles d'un traité. Mais il est juste de faire une distinction entre les motifs, et nous avons le droit de croire que celui qui lit dans les cœurs ne jugera pas sévèrement ce qui est fait dans de bonnes intentions. Si don Henri n'avait pas tenté de s'emparer de ma personne, dans le dessein évident de me forcer au mariage contre ma volonté, cette démarche décisive n'aurait pas été nécessaire, et elle n'aurait pas eu lieu.

— J'ai à rendre grâces à mon saint patron, belle cousine, de ce que votre caractère a été moins souple que vos tyrans ne se l'étaient imaginé.

— Je ne pouvais engager ma foi ni au roi de Portugal, ni à monsieur de Guyenne, ni à aucun de ceux qu'on me proposait pour époux, répondit Isabelle ingénument; il ne convient pas aux filles de race royale ou noble d'opposer les caprices de leur inexpérience aux sages avis de leurs amis, et ce n'est pas une tâche difficile pour une femme vertueuse d'apprendre à aimer son mari, quand la nature et son opinion ne sont pas trop ouvertement violées par le choix qu'on a fait pour elle; mais j'ai trop à cœur le salut de mon âme pour vouloir l'exposer à une pareille épreuve en me soumettant aux devoirs du mariage.

— Je sens que je ne suis que trop indigne de vous, Isabelle; mais il faut que vous m'appreniez à votre tour ce que vous désirez. Tout ce que je puis vous promettre, c'est que vous trouverez en moi un disciple attentif et de bonne volonté.

La conversation roula alors sur des objets plus généraux. Isabelle, cédant à sa curiosité naturelle et à son caractère affectueux, fit diverses questions sur les parents qu'elle avait en Aragon. Après une entrevue de deux heures et plus, le roi de Sicile retourna à Duéñas dans le même incognito qu'il en était venu. Isabelle et lui se séparèrent avec un redoublement d'estime et de respect, la princesse se livrant à ces douces anticipations de bonheur domestique qui appartiennent plus particulièrement aux sentiments de tendresse qui caractérisent une femme.

Le mariage fut célébré avec toute la pompe convenable dans la matinée du 19 octobre 1469, dans la chapelle du palais de don Juan de Vivéro, et deux mille personnes au moins, de haute condition pour la plupart, assistèrent à cette cérémonie. A l'instant où le prêtre allait commencer l'office du mariage, l'œil d'Isabelle laissa voir quelque inquiétude, et, se tournant vers l'archevêque de Tolède, elle lui dit:

— Vous m'avez promis que rien ne manquerait au consentement de l'Eglise en cette occasion solennelle : on sait que don Ferdinand et moi, nous sommes parents à un degré prohibé.

— Vous avez raison, Señora, répondit le prélat d'un air calme et avec un sourire paternel ; heureusement notre saint père Pie a écarté cet empêchement, et l'Eglise sourit à cette union heureuse sous tous les rapports.

L'archevêque tira alors de sa poche une bulle de dispense qu'il lut d'une voix ferme et sonore. Cette lecture fit disparaître toute ombre d'inquiétude du front d'Isabelle qui reprit sa sérénité, et la cérémonie commença. Quelques années se passèrent avant que cette princesse chrétienne, pieuse et soumise, découvrit qu'elle avait été trompée, la bulle qui avait été lue étant fausse ; ce qui avait été concerté entre le vieux roi d'Aragon et l'archevêque, peut-être même, comme on le soupçonna, avec la connivence de don Ferdinand, parce qu'ils étaient convaincus que le roi de Castille avait trop d'influence sur le souverain pontife pour que celui-ci accordât une dispense contre le gré de ce monarque. Il se passa plusieurs années avant que Sixte IV prît les mesures nécessaires pour obvier à ce manque de formalités.

Ce fut ainsi que Ferdinand et Isabelle devinrent époux. Maintenant il faut glisser légèrement sur ce qui se passa dans les vingt années suivantes, au lieu d'en faire le récit. Le roi de Castille, irrité, fit de vains efforts pour substituer sa fille supposée, la Beltraneja, à la place de sa sœur, et en faire l'héritière du trône. Il s'ensuivit une guerre civile, pendant laquelle Isabelle refusa constamment de prendre la couronne, quoiqu'on l'en eût souvent priée, et elle borna tous ses efforts à maintenir ses droits comme héritière présomptive du trône. En 1474, cinq ans après le mariage de sa sœur, Henri mourut, et elle devint alors reine de Castille ; mais sa prétendue nièce fut aussi proclamée par une faible partie de ses sujets. Il en résulta une autre guerre civile qu'on appela la guerre de la succession ; elle se termina au bout de cinq ans, Joanna, ou la Beltraneja, ayant alors pris le voile, et les droits d'Isabelle furent universellement reconnus. Vers ce même temps, le roi d'Aragon mourut aussi, et Ferdinand monta sur le trône de ce royaume. Ces événements réduisirent au nombre de quatre les souverainetés de la Péninsule, qui avait été si longtemps divisée en beaucoup de petits Etats, savoir : — les possessions de Ferdinand et d'Isabelle, qui comprenaient la

Castille, l'Aragon, Léon, Valence et plusieurs autres des plus belles provinces d'Espagne; — la Navarre, petit royaume dans les Pyrénées; — le Portugal, qui était à peu près ce qu'il est aujourd'hui, — et Grenade, dernière possession des Maures au nord du détroit de Gibraltar.

Ni Ferdinand ni la reine son épouse n'oublièrent l'article de leur contrat de mariage qui obligeait le premier à entreprendre une guerre pour détruire le pouvoir des Maures en Espagne. Cependant le cours des événements occasionna un délai de bien des années avant qu'ils pussent mettre à exécution un plan conçu depuis si longtemps; mais quand le moment en fut enfin arrivé, cette providence, qui semblait disposée à conduire la pieuse Isabelle, par une suite d'incidents importants, de la condition où nous l'avons vue réduite à Valladolid, au sommet de la puissance humaine, n'abandonna pas sa favorite. Les succès suivirent les succès, — les victoires succédèrent aux victoires; les Maures perdirent toutes leurs forteresses, toutes leurs villes, et se trouvèrent enfin assiégés dans leur capitale, seule place qui leur restât dans toute la Péninsule. La réduction de Grenade était, aux yeux des chrétiens, un événement qui ne le cédait en importance qu'à la conquête du Saint Sépulcre sur les infidèles, et elle fut distinguée par des traits singuliers qui ne se présentèrent probablement jamais dans le cours d'aucun siège. Cette ville se rendit le 25 novembre 1491, vingt-deux ans après le mariage d'Isabelle; et l'on peut remarquer ici que la date de ce jour et de ce mois est devenue célèbre, trois siècles plus tard, dans les annales de l'Amérique, comme étant précisément l'époque à laquelle les Anglais évacuèrent à contre-cœur leur dernière possession sur les côtes des Etats-Unis.

Pendant le cours de l'été précédent, tandis que les forces espagnoles étaient campées devant Grenade, et qu'Isabelle et ses enfants suivaient de leurs propres yeux le cours des événements, il arriva un accident qui fut sur le point d'être fatal à la famille royale et aux progrès des armes des chrétiens. Le feu prit au pavillon de la reine, qui fut entièrement consumé, ce qui mit tout le camp dans un grand danger, car l'incendie se communiqua à beaucoup de tentes des nobles, et leur causa une perte considérable en joyaux et en vaisselle d'argent. Cependant le mal n'alla pas plus loin. Ferdinand et Isabelle, pour éviter le retour d'un accident semblable, et regardant probablement la conquête de

Grenade comme le grand événement qui devait marquer leur règne, — car le temps couvrait encore l'avenir de son voile, et il n'existait qu'un seul homme qui prévît le plus grand de tous les événements de ce siècle, et que la Providence tenait en réserve, — les deux souverains, disons-nous, résolurent de tenter une entreprise qui suffirait seule pour rendre ce siége à jamais mémorable. On fit le plan d'une ville régulière, et des ouvriers commencèrent à construire des édifices solides pour y loger l'armée, changeant ainsi le siége en une sorte de guerre d'une ville contre une autre. En trois mois de temps cette œuvre merveilleuse fut achevée, et la nouvelle ville, ayant ses rues et ses places, reçut le nom de *Santa-Fé*, ou *Sainte-Foi*, nom aussi conforme au zèle qui avait pu exécuter cet immense travail au milieu d'une campagne, qu'à cette confiance générale en la Providence qui soutenait tous les chrétiens pendant cette guerre. La construction de la ville porta la terreur dans le cœur des Maures, car ils y virent une preuve que leurs ennemis ne renonceraient à leurs projets qu'avec la vie; et il est très-probable qu'elle eut une influence directe et immédiate sur la soumission de Boabdil, roi de Grenade, qui rendit l'Alhambra quelques semaines après que les Espagnols eurent pris possession de leur nouvelle ville.

Santa-Fé existe encore, et le voyageur va la voir comme une place dont l'origine est curieuse, et qui est rendue remarquable par le fait, réel ou supposé, que c'est la seule ville tant soit peu considérable en Espagne qui n'ait jamais été au pouvoir des Maures.

Les principaux incidents de notre histoire vont maintenant nous transporter à cette époque et sur cette scène; tout ce qui a été dit jusqu'ici n'étant qu'une sorte d'introduction pour préparer le lecteur aux événements qui vont suivre.

MERCÉDÈS DE CASTILLE.

CHAPITRE IV.

> Les savants n'ignorent pas ce que c'est qu'une ligne droite; mais à quoi cela sert-il à celui qui veut marcher droit dans le chemin de la vie et du monde? Que sont alors toutes les connaissances et toutes les lumières des hommes? Des océans d'erreur, dans les profondeurs desquels ceux qui veulent sonder ne trouvent que des ombres et point de fond.
> *Les Connaissances humaines.*

La matinée du 2 janvier 1492 commença avec une solennité et une pompe qui étaient inusitées, même dans une cour et un camp où se trouvaient des souverains aussi adonnés que Ferdinand et Isabelle aux observances religieuses et à une magnificence royale. Le soleil se montrait à peine, qu'un sentiment de triomphe mettait déjà tout en mouvement dans la petite et extraordinaire ville de Santa-Fé. Les négociations pour la reddition finale de Grenade, qui avaient été tenues secrètes pendant plusieurs semaines, étaient terminées; l'armée et la nation avaient été formellement informées de leur résultat, et cette journée avait été fixée pour l'entrée des vainqueurs dans la ville.

La cour portait le deuil de don Alonzo de Portugal, époux de la princesse royale de Castille, lequel était mort peu de temps après son mariage. Mais, dans une occasion si joyeuse, on mit à l'écart tous les symboles du chagrin, et chacun se couvrit de ses vêtements les plus élégants et les plus magnifiques. Il était encore de bonne heure quand le grand cardinal se mit en marche, à la tête d'un corps de troupes considérable, pour aller prendre possession de ce qu'on appelle *la Montagne des Martyrs*. Tout en y montant, ils rencontrèrent un détachement de cavaliers maures, à la tête duquel se trouvait un homme en qui, à son port plein de dignité, et à l'angoisse qu'exprimaient tous ses traits, il était facile de reconnaître Boabdil, ou Abdallah, et les souffrances mentales qu'il éprouvait. Le cardinal leur montra la position qu'occupait Ferdinand, qui, avec ce mélange de piété et de politique mondaine qui s'unissaient si intimement en lui, avait refusé d'entrer dans la ville conquise avant que le symbole du christianisme eût remplacé les bannières de Mahomet, et qui s'était placé à quelque distance des portes avec une affectation d'humilité qui était parfaitement d'accord avec le fanatisme particulier de cette époque. Comme l'entrevue qui eut lieu entre eux a été souvent décrite, et deux fois tout récemment par des écrivains anglais distingués, il est inutile de nous étendre sur ce sujet. Abdallah se rendit ensuite en présence d'Isabelle, dont l'âme plus pure et pleine de douceur lui fit un accueil qui sentait moins l'affectation du christianisme, mais qui respirait davantage la charité réelle et la compassion véritable du chrétien. Il se mit alors en marche vers ce défilé des montagnes qui a été célèbre depuis ce temps comme étant le point d'où il vit pour la dernière fois les palais et les tours de ses ancêtres, ce qui lui fit donner le nom touchant et poétique de *El Ultimo suspiro del Moro*, ou *le Dernier soupir du Maure*.

Quoique le passage du dernier roi de Grenade n'eût souffert aucun délai, il prit pourtant quelque temps. Une foule immense eut donc le loisir de couvrir les grands chemins et les champs voisins de la ville, et tous les yeux étaient fixés sur les tours de l'Alhambra, où tous les bons catholiques, témoins du triomphe de leur religion, attendaient avec impatience le moment de voir paraître le signe de prise de possession.

Isabelle, qui avait fait de cette conquête un des articles de son traité de mariage, et dont cette victoire était réellement l'ouvrage, s'abstint, avec sa modestie naturelle, de se mettre en avant en cette occasion. Elle s'était placée à quelque distance en arrière de la position prise par Ferdinand. Cependant, à moins qu'on n'en excepte les tours si longtemps convoitées de l'Alhambra, elle était le point central d'attraction. Sa mise était d'une magnificence vraiment royale, comme l'exigeait une circonstance si glorieuse ; sa beauté la rendait toujours un objet d'admiration ; sa douceur, sa justice inflexible, sa véracité imperturbable, avaient gagné tous les cœurs : et elle était par le fait la personne qui devait profiter le plus de la victoire, car le royaume de Grenade était annexé à la Castille et non à l'Aragon, ce pays n'ayant point ou presque point de territoire qui y fût limitrophe.

Avant l'arrivée d'Abdallah, la foule courait à son gré de côté et d'autre, un grand nombre d'habitants des environs étant accourus dans le camp pour voir l'entrée triomphale dans la ville.

Il y avait, entre autres, beaucoup de moines et de prêtres, cette guerre ayant pris le caractère d'une croisade. Les curieux se pressaient surtout autour de la personne de la reine, et, dans le fait, c'était le point que la magnificence de la cour rendait le plus imposant. La plupart des religieux s'y étaient rassemblés, car ils sentaient que la piété d'Isabelle créait autour d'elle une sorte d'atmosphère morale, qui convenait particulièrement à leurs habitudes, et qui était favorable pour leur attirer de la considération. On pouvait distinguer parmi eux un moine dont la physionomie était prévenante, et qui, de fait, était de noble naissance. Plusieurs grands d'Espagne lui avaient adressé respectueusement la parole sous le nom de père Pédro, tandis qu'il s'écartait de la présence immédiate de la reine pour gagner un endroit où la circulation était plus facile. Il était accompagné d'un jeune homme qui avait l'air si supérieur à tous ceux qui n'étaient pas en selle dans cette journée, qu'il attirait l'attention générale : quoiqu'il n'eût pas plus de vingt ans, on voyait à ses muscles prononcés et à son teint brun, quoique fleuri, qu'il avait été exposé aux éléments ; et son port faisait penser que, quoiqu'il ne fût pas couvert d'une armure, dans une circonstance si particulièrement militaire, l'habitude de la guerre devait avoir été favorable à sa tournure et à la vigueur de son corps. Son costume était fort simple, comme s'il eût voulu éviter les regards, au lieu de les attirer ; et cependant il était d'un genre que les nobles seuls portaient. Plusieurs de ceux qui l'examinaient quand il se trouva dans un lieu où la foule était moins serrée, avaient vu la reine lui faire un accueil gracieux ; et elle lui avait même permis de lui baiser la main, faveur que l'étiquette pointilleuse de la cour de Castille n'accordait qu'à un mérite transcendant, ou à la noblesse la plus illustre. Quelques uns disaient que c'était un Guzman, famille presque royale ; d'autres pensaient que ce pouvait être un Ponce, nom qui était devenu un des premiers de l'Espagne, par suite des hauts faits du marquis, duc de Cadix, dans cette guerre même ; enfin, quelques uns prétendaient reconnaître dans son front élevé, sa démarche ferme et son œil animé, le port et la physionomie d'un Mendoza.

Il était évident que celui qui était le sujet de toutes ces conjectures ne se doutait pas de l'attention qu'attiraient ses membres vigoureux, ses beaux traits et son pas élastique ; car, comme ceux qui sont habitués à être observés par leurs inférieurs, il ne songeait qu'aux objets qui plaisaient à ses yeux, ou qui souriaient à son imagination; mais il était toujours disposé à prêter l'oreille aux remarques que faisait de temps en temps son révérend compagnon.

— Quelle heureuse et glorieuse journée pour la chrétienté! s'écria le père Pédro, après un intervalle de silence un peu plus long que de coutume; une impie domination qui avait duré sept cents ans, vient d'expirer; l'orgueil du Maure est enfin abattu, et la croix est élevée au-dessus des bannières du faux prophète! Tu as eu des ancêtres, mon fils, qui pourraient presque sortir de leurs tombeaux et se promener avec joie sur la terre, si la nouvelle d'un si grand changement pouvait arriver aux âmes des chrétiens qui ont quitté ce monde depuis si longtemps.

— Que la bienheureuse Marie intercède pour eux, mon père, afin qu'ils ne se dérangent pas, même pour voir le Maure chassé de chez lui; car, quelque agréable que l'infidèle ait rendu Grenade, ces âmes saintes ne trouveraient pas cette ville comparable au paradis.

— Mon fils don Luis, tes discours ont pris un ton de légèreté peu convenable depuis tes derniers voyages, et je doute fort que tu penses autant à tes *Pater* et à tes *Confiteor*, que lorsque tu étais sous les yeux de ton excellente mère, de sainte mémoire.

Ces mots furent prononcés, non seulement d'un ton de reproche, mais avec une chaleur voisine de la colère.

— Ne me grondez pas si sévèrement, mon père, pour un ton de légèreté qui vient de l'inconséquence de la jeunesse, et non d'un manque de respect pour la sainte Eglise. Vous me réprimandez vertement, et vous-même pourtant, quand je viens près de vous en pénitent pour vous faire l'aveu de mes fautes et vous en demander l'absolution, vos yeux sont fixés sur je ne sais quoi, avec la même attention que si quelqu'un des esprits dont vous venez de parler était arrivé pour voir le Maure sentir son cœur se briser en quittant son cher Alhambra.

— Vois-tu cet homme, Luis? demanda le moine, les yeux dirigés du même côté, mais sans aucun geste qui pût faire distinguer au milieu de la foule l'individu dont il parlait.

— Par ma véracité, mon père, j'en vois mille; mais je n'en aperçois pas un seul qui attire mes regards, comme s'il descendait du paradis. Puis-je sans indiscrétion vous demander quel est celui qui fixe ainsi les vôtres?

— Vois-tu là-bas cet homme d'une taille élevée et imposante, chez qui la gravité et la dignité se mêlent si étrangement à un air de pauvreté? — Je ne veux pas dire une pauvreté absolue, car il est mieux mis et paraît être dans une situation plus prospère que je ne me souviens de l'avoir jamais vu. Cependant il est aisé de voir qu'il n'est ni riche ni noble, quoique son port et sa tournure pussent le faire prendre pour un monarque.

— Je crois à présent apercevoir celui dont vous parlez. C'est un homme dont l'aspect est grave et vénérable, quoiqu'il y joigne un air de simplicité. — Je ne vois rien d'extraordinaire ni de déplacé dans sa mise ou dans ses manières.

— Ce n'est pas ce que je voulais dire. — Il y a dans sa physionomie une dignité, une fierté qu'on n'est pas accoutumé à trouver dans un homme qui n'a pas l'habitude du pouvoir.

— A mes yeux, il a l'air d'un navigateur de première classe, — d'un pilote, d'un homme qui a fait des voyages sur mer. — Oui ; il porte sur lui des symboles qui l'annoncent.

— Tu ne te trompes pas, don Luis ; telle est sa profession. Il vient de Gênes, et il se nomme Christoval Colon, ou, comme on l'appelle en Italie, Christoforo Colombo.

— Je me souviens d'avoir entendu parler d'un amiral de ce nom, qui rendit de signalés services dans les guerres du sud, et qui conduisit autrefois une flotte bien loin à l'est.

— Ce n'est pas celui-là. C'est un homme dont les fonctions ont été plus humbles, quoiqu'il puisse être du même sang, puisqu'ils sont nés tous deux dans la même ville. Non, il n'est pas amiral, mais il aimerait à le devenir ; — oui, et même roi.

— Cet homme a donc l'esprit faible, ou il est dévoré d'une ambition absurde?

— Ni l'un ni l'autre. Son esprit surpasse celui de beaucoup de nos ecclésiastiques les plus savants; et ce n'est que rendre justice à sa piété de dire qu'il n'existe pas un meilleur chrétien en Espagne. On voit, mon fils, que tu as passé beaucoup de temps en pays étranger et fort peu à la cour, sans quoi tu aurais su l'histoire de cet être extraordinaire, en entendant prononcer son nom, nom qui, depuis bien des années, a prêté à la gaieté inconsidérée des courtisans frivoles, mais qui a fait naître dans l'esprit des hommes prudents et réfléchis plus de doutes que beaucoup de fatales hérésies.

— Ce langage pique ma curiosité, mon père. Qu'est donc cet homme? Qui est-il?

— Une énigme que ni mes prières à la sainte Vierge, ni la science du cloître, ni le désir ardent d'arriver à la vérité, n'ont pu me mettre en état de deviner. — Viens ici, Luis; nous pouvons nous asseoir sur ce rebord de rocher, et je te dirai quelles sont les opinions qui rendent cet homme si extraordinaire. — Il faut que tu saches, mon fils, qu'il y a maintenant sept ans qu'il s'est montré parmi nous pour la première fois. Il demandait à être employé à faire des découvertes, et il prétendait qu'en avançant sur l'Océan vers l'occident jusqu'à une distance immense et inouïe, il arriverait aux Indes, à la grande île de Cipango, et au royaume de Cathay, dont un certain Marco-Polo nous a laissé quelques légendes fort extraordinaires...

— Par saint Jacques, de bienheureuse mémoire! s'écria don Luis en riant, il faut qu'il ait perdu l'esprit. Comment pourrait-il y réussir, à moins que la terre ne fût ronde? Nous avons les Indes à l'orient et non à l'occident.

— On lui a fait souvent cette objection; mais il a des réponses toutes prêtes à des arguments plus puissants.

— Peut-on en trouver un plus fort? Nos yeux nous disent que la terre est plate.

— C'est en quoi son opinion diffère de celle de la plupart des hommes; et pour avouer la vérité, mon fils, ce n'est pas sans quelque apparence de raison. C'est un navigateur, comme tu l'avais deviné, et il répond que, sur l'Océan, quand on voit un navire de très-loin, on n'aperçoit d'abord que les voiles hautes, et qu'à mesure qu'il approche, on distingue les voiles basses, et enfin le bâtiment tout entier. — Mais tu as été sur mer, et tu as dû remarquer quelque chose de semblable.

— Cela est vrai, mon père. Tandis que nous montions la mer d'Angleterre, nous rencontrâmes un beau croiseur du roi, et, comme vous le disiez, nous ne vîmes d'abord que la plus haute voile, formant un point blanc sur l'eau. Les autres voiles se montrèrent ensuite l'une après l'autre, et enfin nous vîmes un navire gigantesque armé de bombardes et de canons, — au nombre de vingt, tout au moins.

— Tu es donc d'accord avec lui, et tu crois que la terre est ronde?

— Par saint George d'Angleterre, non, vraiment! J'ai trop vu le monde pour en calomnier la belle surface d'une manière si inconsidérée. L'Angleterre, la France, la Bourgogne, l'Allemagne et toutes les contrées lointaines du nord, sont des pays plats et unis aussi bien que notre Castille.

— Pourquoi as-tu vu la plus haute voile du bâtiment anglais avant les autres?

— Pourquoi, mon père? — parce que..... parce qu'elle fut la première à se montrer; — parce qu'elle fut visible avant les autres.

— Les Anglais mettent-ils leurs plus grandes voiles au haut de leurs mâts?

— Ils seraient fous, s'ils agissaient ainsi, quoiqu'ils ne soient pas grands navigateurs, — car nos voisins, les Portugais et les Génois, l'emportent à cet égard sur toute autre nation; — quoiqu'ils ne soient pas grands navigateurs, les Anglais ne sont pas assez stupides pour commettre une telle faute. Songez à la force des vents, et vous comprendrez que plus la voile est grande, plus elle doit être placée bas.

— Comment se fait-il que le plus petit objet ait été visible avant le plus grand?

— En vérité, père Pédro, vous n'avez pas conversé pour rien avec ce Christoforo. Mais une question n'est pas une raison.

— Socrate aimait à faire des questions, mon fils, mais il aimait aussi qu'on y répondît.

— *Peste!* comme on le dit à la cour du roi Louis. — Mais je ne suis pas Socrate, mon bon père; je suis votre ancien élève et votre parent, Luis de Bobadilla, neveu fainéant de la marquise de Moya, favorite de la reine, et aussi noble qu'aucun cavalier d'Espagne, quoique enclin un peu à vagabonder, s'il faut en croire mes ennemis.

— Tu n'as pas besoin de m'apprendre ni ta généalogie, ni ton caractère, ni tes fredaines, don Luis de Bobadilla, puisque je te connais et que je sais tout ce que tu as fait depuis ton enfance. Tu as du moins un mérite que personne ne te contestera, celui de respecter la vérité, et jamais tu n'en as donné une meilleure preuve qu'en avouant que tu n'es pas un Socrate.

Le sourire et l'air de bonne humeur du digne père rendirent cette saillie moins piquante, et le jeune homme en rit lui-même, connaissant trop bien ses folies pour se fâcher de ce qu'il venait d'entendre.

— Père Pédro, lui dit-il, oubliez un instant que vous avez été mon précepteur, et abaissez-vous jusqu'à causer raisonnablement avec moi d'un sujet si extraordinaire. *Vous*, sûrement, vous ne prétendrez pas que la terre soit ronde?

— Je ne vais pas aussi loin que certaines personnes sur ce point, Luis; car je trouve dans l'Ecriture Sainte des difficultés qui s'y opposent. Cependant cette affaire des voiles m'embarrasse beaucoup, et j'ai souvent désiré d'aller par mer d'un port à un autre, afin d'en juger par mes propres yeux. Sans les malheureuses nausées que j'éprouve toujours, même sur un bateau, je crois que j'en ferais l'épreuve.

— Ce serait un exploit digne de toute votre sagesse! s'écria le jeune homme en riant. — Le père Pédro de Carrascal changé en voltigeur, comme son ancien élève, et à cheval sur une fantaisie! Mais ne vous inquiétez pas, mon honorable parent et excellent maître, car je puis vous épargner cette peine. Dans tous mes voyages par terre et par mer, — et vous savez que, pour mon âge, je n'ai pas mal voyagé, — j'ai toujours trouvé partout la terre plate, et la mer plus plate encore, sauf quelques vagues turbulentes et rebelles.

— Cela a paru ainsi à tes yeux, je n'en doute point; mais ce Colon, qui a voyagé beaucoup plus que toi, pense différemment. Il soutient que la terre est une sphère, et qu'en faisant voile à l'ouest, on peut atteindre des points auxquels on est déjà arrivé en voguant à l'est.

— Par saint Laurent! c'est une idée hardie! — et se propose-t-il sérieusement de se hasarder dans l'immense mer Atlantique, et même de la traverser pour chercher quelque terre éloignée et inconnue?

— C'est précisément son projet; et depuis sept ans il ne cesse de solliciter la cour de lui en fournir les moyens. J'ai même entendu dire qu'il avait déjà passé beaucoup de temps, — peut-être sept autres années, — à faire la même demande en différents pays.

— Si la terre est ronde, dit don Luis ayant l'air de réfléchir, qui empêche toute l'eau de couler vers la partie qui est la plus basse? comment se fait-il même que nous ayons des mers? Et si, comme vous me l'avez dit, il croit que les Indes sont en-dessous de nous, comment leurs habitants peuvent-ils se tenir debout? il faut qu'ils marchent la tête en bas.

— Cette objection a été faite à Colon, mais il n'y attache pas une grande importrnce. Dans le fait, un grand nombre de nos ecclésiastiques commencent à croire qu'il n'y a ni dessus ni dessous à la terre, si ce n'est en ce qui concerne la surface; ainsi il n'y a pas une grande difficulté sur ce point.

— Vous ne voudrez pas me faire croire, mon père, qu'un homme puisse marcher la tête en bas? Par saint François, il faut que vos habitants du Cathay aient des griffes comme les chats? sans quoi ils tomberaient sur-le-champ.

— Où tomberaient-ils, don Luis?

— Où, père Pédro? — Dans Tophet, — dans le puits sans fond. — Il est impossible que des hommes marchent la tête en bas et les pieds en haut, sans autre appui que l'atmosphère. — Les caravelles doivent donc aussi voguer sur leurs mâts, et ce serait un singulier mode de navigation. Mais qui empêcherait la mer de sortir de son lit, de tomber sur les feux de l'enfer et de les éteindre?

— Mon fils Luis, dit le moine d'un ton grave, vous portez trop loin la légèreté de vos discours. Mais puisque l'opinion de Colon vous paraît si ridicule, quelle idée vous faites-vous de la forme de la terre, que Dieu a honorée de son esprit et de sa présence?

— Qu'elle est aussi plate que le bouclier du Maure que j'ai tué dans la dernière sortie; et il est aussi plat que l'acier peut rendre le fer.

— Crois-tu qu'elle ait des limites?

— Oui, sans doute, — et s'il plaît à Dieu et à doña Mercédès de Volverde, je les verrai avant de mourir.

— Tu t'imagines donc qu'il y a un bord, un précipice tout le long des quatre côtés de la terre, que l'homme peut y atteindre, et que lorsqu'il y est arrivé, son œil peut plonger dans l'abîme comme du haut d'une plate-forme prodigieusement élevée?

— Votre pinceau ne fait rien perdre à ce tableau, mon père; je n'y ai jamais songé jusqu'ici, et pourtant on croirait qu'il doit y avoir quelque endroit semblable. Par saint Ferdinand, ce serait une place capable de mettre à l'épreuve la fermeté de don Alonzo de Ojeda lui-même! Il pourrait, debout à l'extrémité de la terre, mettre le pied sur un nuage et jeter une orange à la lune.

— Je crains que tu n'aies pensé que bien rarement aux choses sérieuses, Luis; quant à moi, l'opinion et le projet de Colon ne me semblent pas sans mérite. Je n'y vois que deux objections sérieuses : l'une est la difficulté tirée de l'Ecriture Sainte ; l'autre, c'est l'étendue immense, incompréhensible et même inutile de l'Océan qui doit nous séparer du Cathay ; sans quoi nous aurions entendu parler depuis longtemps de cette partie du monde.

— Les savants embrassent-ils les idées de cet homme ?

— Cette question a été sérieusement discutée dans un concile tenu à Salamanque, et les opinions ont été partagées. Un des plus grands obstacles, c'est la crainte que si le monde était réellement rond, et qu'un bâtiment pût réussir à arriver au Cathay en faisant voile à l'ouest, il ne lui fût très-difficile d'en revenir, car, de manière ou d'autre, il doit y avoir à monter comme à descendre. Je crois qu'en général on rit des idées de ce Colon, et je crains qu'il ne voie jamais son île de Cipango, car il me paraît encore bien loin de pouvoir commencer son voyage. Je suis surpris qu'il soit encore ici ; on avait dit qu'il était parti pour le Portugal.

— Ne m'avez-vous pas dit, mon père, qu'il est depuis longtemps en Espagne ? demanda don Luis d'un air grave, ses yeux attachés sur Christophe Colomb, qui, à peu de distance de l'endroit où le moine et le jeune homme étaient assis, regardait le spectacle pompeux du triomphe avec un air de dignité calme.

— Il y a déjà passé sept années à solliciter des riches et des grands les moyens nécessaires pour entreprendre son voyage favori.

— A-t-il donc l'argent nécessaire pour de si longues sollicitations ?

— D'après les apparences, je le croirais pauvre ; je sais même qu'il a travaillé, pour gagner son pain, à faire des cartes géographiques ; il passait une heure à discuter avec les philosophes et à solliciter les princes, et celle d'après à travailler pour la nourriture indispensable à son existence.

— Vos discours, mon père, ont tellement aiguisé ma curiosité, que je voudrais m'entretenir avec ce Colon. Je vois qu'il reste là-bas debout au milieu de la foule ; je vais aller le trouver, je lui dirai que, moi aussi, je suis un peu navigateur, et je tirerai de lui quelque chose de ses idées particulières.

— Et de quelle manière feras-tu connaissance avec lui, mon fils ?

— En lui disant que je suis don Luis de Bobadilla, neveu de doña Béatrix, marquise de Moya, et issu d'une des plus nobles familles d'Espagne.

— Et tu crois que cela suffira pour ton dessein, Luis ? dit le moine en souriant. — Non, non, mon fils; cela serait bon avec la plupart des marchands de cartes géographiques, mais cela ne réussira pas auprès de ce Christoval Colon. Cet homme est tellement rempli de ses vastes desseins ; son esprit est tellement exalté par la grandeur des résultats qu'il attend du projet auquel il songe jour et nuit, et il semble avoir tant de confiance en ses moyens, que les princes et même les rois ne peuvent lui faire rien perdre du sentiment intime de sa dignité. Don Ferdinand lui-même, notre souverain respecté, pourrait à peine essayer ce que tu te proposes de faire, sans s'exposer à quelque dédain, sinon dans ses paroles, du moins dans ses manières.

— Par tous les bienheureux saints, père Pédro, tout ce que vous me dites de cet homme extraordinaire ne fait qu'augmenter mon désir de le connaître. Voulez-vous vous charger de me présenter à lui?

— Très-volontiers, car je désire savoir ce qui l'a ramené à la cour, qu'on m'avait dit qu'il avait quittée récemment dans le dessein de porter ailleurs ses projets. Laissez-moi le choix des moyens, mon fils, et je verrai ce que je puis faire.

Le moine et son jeune compagnon se levèrent, et, rentrant dans la foule, ils prirent la direction nécessaire pour s'approcher de l'homme qui avait été le sujet de leur entretien, et qui était encore celui de leurs pensées. Quand ils furent assez près pour lui parler, le moine s'arrêta, et attendit patiemment l'instant où ses yeux pourraient rencontrer ceux du navigateur. Plusieurs minutes se passèrent ainsi, car les regards de Colon étaient fixés sur le haut des tours de l'Alhambra, où l'on s'attendait à voir paraître à chaque instant le signe de prise de possession. Luis de Bobadilla, léger, vif, impatient, et n'oubliant jamais sa naissance illustre et les distinctions attachées par l'usage à un rang élevé, commençait à s'ennuyer d'attendre ainsi le loisir d'un pilote, d'un faiseur de cartes géographiques. Ce fut pourtant en vain qu'il pressa son compagnon d'avancer ; mais un de ses mouvements d'impatience ayant enfin attiré l'attention de Colomb, les yeux de celui-ci rencontrèrent ceux du moine, et étant d'anciennes connaissances, ils se saluèrent avec toute la courtoisie de ce siècle.

— Nous avons à nous féliciter, señor Colon, dit le moine, de la fin glorieuse de ce siége, et je me réjouis de vous en voir témoin ; car j'avais entendu dire que des affaires importantes vous avaient appelé dans un autre pays.

— La main de Dieu se montre en toutes choses, mon père. Vous voyez dans ce succès la victoire de la croix ; moi, j'y trouve une leçon de persévérance. C'est une voix qui me dit, aussi clairement que les événements peuvent parler, que ce que Dieu a décidé doit enfin arriver.

— J'aime l'application que vous en faites, Señor ; comme j'aime la plupart de vos pensées sur notre sainte religion. Il est très-vrai que la persévérance est nécessaire pour le salut, et je ne doute pas que la manière dont nos pieux souverains ont conduit cette guerre n'en soit un symbole convenable.

— Vous avez raison, mon père, et c'est aussi un symbole applicable à la fortune de toutes les entreprises qui ont pour objet la gloire de Dieu et le bien de l'Eglise, répondit Colon, ou Columbus, nom latinisé, ou Colomb, comme on l'appelle également. Son œil était animé de ce feu secret qui brûle si vivement dans le cœur du visionnaire et de l'enthousiaste. — Il peut vous paraître déraisonnable, à vous, mon père, de faire une pareille application de ce grand événement ; mais le triomphe obtenu aujourd'hui par leurs altesses m'encourage merveilleusement à persévérer sans faiblesse dans mon fatigant pèlerinage, car il conduit aussi au triomphe de la croix.

— Puisque vous faites allusion à vos projets, señor Colon, — répondit le moine avec adresse, — je ne suis pas fâché qu'il soit question de ce sujet entre nous en ce moment, car voici un jeune homme de mes parents, qui a lui-même un peu voyagé par suite d'une fantaisie de jeunesse dont ni ses amis ni l'amour même n'ont pu le guérir. Ayant entendu parler de vos nobles projets, il brûle du désir d'en apprendre quelque chose de plus de votre propre bouche, si vous aviez la bonté de lui accorder cette faveur.

— Je me trouve toujours heureux de pouvoir satisfaire les désirs louables des jeunes gens aventureux, et je communiquerai volontiers à votre jeune parent tout ce qu'il peut désirer de savoir, répondit Colomb avec un air de simplicité et de dignité qui mit en déroute à l'instant toutes les idées de supériorité et de condescendance que don Luis s'était promis d'apporter dans la conversation, et qui produisit l'effet immédiat de le convaincre qu'il devait se regarder comme la partie obligée et honorée dans la conversation qui allait avoir lieu. — Mais, Señor, continua Colomb, vous avez oublié de m'apprendre le nom du jeune cavalier.

— Il se nomme don Luis de Bobadilla, jeune homme dont les meilleurs droits à votre attention sont peut-être un esprit aventureux et aimant à courir le monde, et le fait qu'il a pour tante votre honorable amie la marquise de Moya.

— L'un ou l'autre suffirait, mon père. J'aime un esprit entreprenant dans les jeunes gens. Il y est implanté sans doute par la main de Dieu pour qu'ils servent d'instruments aux desseins de sa haute sagesse et de sa bienfaisance, et c'est dans de pareils hommes que je dois trouver mon principal soutien en ce monde.

— Ensuite, après le père Juan Pérez de Marchéna et le señor Alonzo de Quintanilla, je compte doña Béatriz parmi mes plus fermes appuis : son neveu doit donc être certain de mon estime et de tous mes égards.

Ce langage sonnait d'une manière assez extraordinaire aux oreilles de don Luis ; car si le costume et tout l'extérieur de cet homme qui parlait bon castillan, quoique avec un accent étranger, étaient respectables, il avait appris, lui, que c'était un pilote, un navigateur, qui gagnait son pain par son travail ; et la noblesse de Castille n'était pas habituée à être regardée avec un air de faveur et de condescendance par des hommes qui n'avaient pas l'honneur d'être issus du sang des princes. Il se sentit disposé d'abord à se fâcher du langage de l'étranger, puis à lui rire au nez ; mais voyant que le père Pédro le traitait avec beaucoup de déférence, et l'extérieur de l'homme à projets lui imposant malgré lui, non seulement il réussit à se comporter convenablement, mais il lui répondit avec une courtoisie digne de son rang et de son savoir-vivre. Tous trois se retirèrent alors un peu à l'écart de la plus grande foule, et trouvèrent à s'asseoir sur le rebord d'un rocher, car il y en avait un assez grand nombre dans les environs.

— Don Luis a voyagé dans des pays étrangers, à ce que vous me dites, mon père, dit Colomb, qui ne manqua pas de prendre le dé dans la conversation, en homme qui semble croire que son rang ou sa personne lui en donne le droit, et il désire connaître les merveilles et les périls de l'Océan ?

— Tel a été son mérite ou son défaut, Señor. S'il avait écouté les désirs de doña Béatrix ou suivi mes conseils, il n'aurait pas quitté sa carrière chevaleresque pour en suivre une qui est si peu d'accord avec son éducation et sa naissance.

— Vous traitez ce jeune homme avec une sévérité qu'il ne mérite pas, mon père. On ne peut dire que celui qui passe sa vie sur l'Océan, l'emploie d'une manière ignoble ou inutile. Si Dieu a séparé différents pays par de vastes masses d'eau, ce n'est pas dans le dessein d'en rendre les habitants étrangers les uns aux autres ; c'est sans doute pour qu'ils pussent se rencontrer au milieu des merveilles dont il a paré l'Océan, et glorifier d'autant plus son nom et sa puissance. Nous avons tous nos moments d'irréflexion dans notre jeunesse, époque où nous suivons nos impulsions plutôt que notre raison ; et comme j'avoue que j'ai eu les miens, je suis peu disposé à faire un sujet de reproche au señor don Luis d'avoir eu aussi les siens.

— Vous avez probablement combattu les infidèles sur mer, señor Colon ? demanda Luis, ne sachant trop comment en venir au sujet qu'il désirait.

— Oui, mon fils. — Ce ton de familiarité fit tressaillir le jeune seigneur, mais il ne pouvait s'en offenser. — Oui, et sur terre aussi. J'ai vu le temps où j'avais du plaisir à raconter les périls que j'ai courus tant dans la guerre que dans les tempêtes, — et ils ont été nombreux, — et la manière dont j'y ai échappé. Mais depuis que la puissance de Dieu m'a inspiré de plus grandes choses, pour que sa volonté soit faite et que sa parole se répande sur toute la terre, ma mémoire cesse d'y songer. — Le père Pédro fit un signe croix, et don Luis sourit en levant les épaules, en homme qui entend un propos qui lui paraît extravagant ; mais le navigateur continua avec le ton grave et sérieux qui semblait faire partie de son caractère : — Bien des années se sont écoulées depuis que j'ai pris part au combat remarquable que soutint mon parent Colombo le jeune, comme on l'appelait pour le distinguer de son oncle, l'ancien amiral du même nom, combat qui eut lieu un peu au nord du cap Saint-Vincent. Les ennemis que nous avions à combattre en cette occasion étaient des Vénitiens, dont les bâtiments étaient richement chargés. L'action dura depuis le matin jusqu'au soir, et cependant Dieu permit que je ne reçusse pas une seule blessure. Une autre fois, la galère à bord de laquelle je combattais fut brûlée, et je réussis à gagner la terre, qui était assez éloignée, sans autre aide qu'une rame. Il me sembla que la main de Dieu m'avait sauvé, et qu'il n'aurait pas pris un soin si tendre et si manifeste d'une de ses plus insignifiantes créatures, si ce n'eût été pour la faire servir à son honneur et à sa gloire.

Quoique l'œil du navigateur devînt plus étincelant et que ses joues brillassent d'une sorte de saint enthousiasme pendant qu'il prononçait ces paroles, il était impossible de confondre un homme si grave, si plein de dignité, si mesuré même dans ses exagérations, s'il s'en trouvait dans ce qu'il venait de dire, avec ces êtres légers et frivoles qui prennent les impulsions du moment pour des impressions indélébiles, et des vanités passagères pour des convictions énergiques. Le père Pédro, au lieu de sourire, ou de montrer de quelque autre manière qu'il faisait peu de cas des opinions du navigateur, fit encore un signe de croix, et ses traits firent voir avec quelle sincérité il partageait ses sentiments religieux.

— Les voies de Dieu sont souvent des mystères pour ses créatures, dit le moine, mais nous avons appris qu'elles conduisent toujours à l'exaltation de son nom et à la gloire de ses attributs.

— C'est précisément ce que je pense, mon père, dit Colomb, et c'est toujours sous ce point de vue que j'ai considéré mes humbles efforts pour honorer Dieu. Nous ne sommes dans ses mains que des instruments, et des instruments inutiles, quand on fait attention aux faibles résultats qu'obtiennent toutes nos forces et tout notre pouvoir.

— Voici le bienheureux symbole qui est notre salut et notre guide ! s'écria le père Pédro étendant les deux bras vers le ciel, comme pour embrasser un objet éloigné; et, se jetant à genoux, il baissa jusqu'à terre sa tête nue, avec une humilité profonde.

Colomb tourna les yeux du côté qu'indiquaient les gestes du moine, et vit la grande croix d'argent que les souverains avaient portée avec eux pendant toute cette guerre, comme un gage des motifs qui la leur avaient fait entreprendre, briller au haut de la principale tour de l'Alhambra. L'instant d'après on vit les bannières de Castille et de Saint-Jacques déployées sur le sommet d'autres tours. Un chant de triomphe se mêla alors aux chants de l'Eglise. On chanta le *Te Deum*, et les chœurs de la chapelle royale entonnèrent les louanges du Dieu des armées. Il s'ensuivit une scène magnifique de pompe, moitié religieuse, moitié martiale; mais la description en appartient à l'histoire générale plutôt qu'à la relation d'incidents privés qui nous occupe.

CHAPITRE V.

> Qui n'a éprouvé combien sont faibles les paroles pour fixer une seule étincelle du rayon céleste de la beauté? Qui ne sent, jusqu'à ce que sa vue défaillante s'éteigne de plaisir, le feu de ses joues et le trouble de son cœur proclamer le pouvoir — la majesté de la beauté?
>
> BYRON.

Cette nuit-là, la cour de Castille et d'Aragon coucha au palais de l'Alhambra. Dès que la cérémonie religieuse dont il a été dit un mot dans le chapitre précédent fut terminée, la foule se précipita dans la ville, où les princes entrèrent ensuite avec une dignité et une pompe plus convenables à leur rang. Les jeunes seigneurs chrétiens étaient accompagnés de leurs épouses et de leurs sœurs; car la présence d'Isabelle et le délai qui avait suivi la reddition avait attiré au camp beaucoup de dames, indépendamment de celles dont le devoir était d'accompagner la reine. Tous s'empressèrent de visiter les cours célèbres et les appartements richement décorés de cette résidence remarquable, et la curiosité n'était pas encore satisfaite quand la nuit vint y mettre momentanément des bornes. La cour des Lions surtout, place encore célèbre dans toute la chrétienté par ses restes de beauté orientale, avait été laissée par Boabdil dans toute sa splendeur, et quoiqu'on fût alors au milieu de l'hiver, l'art des hommes la montrait encore décorée de fleurs. Les salles adjacentes, celle des Deux Sœurs et celle des Abencerrages, étaient illuminées et remplies de guerriers, de courtisans, de prêtres, et de beautés attrayantes.

Quoique les grâces légères, particulières à l'architecture mauresque, fussent nécessairement familières aux yeux de tous les Espagnols, l'Alhambra surpassait tellement à cet égard tous les palais élevés jusques alors par les dynasties musulmanes qui régnèrent sur cette contrée, que tous ceux qui le voyaient étaient aussi frappés de son air de fraîcheur et de nouveauté que de sa magnificence royale. Les riches ornements en stuc, art d'origine orientale et peu connu alors dans la chrétienté, les gracieuses arabesques, — qui, perfectionnées par l'imagination de quelques uns des plus grands génies que le monde ait jamais vus, sont arrivées jusqu'à nous, et devenues si familières en Europe, — décoraient toutes les murailles, tandis que de superbes fontaines faisaient jaillir leurs eaux, qui retombaient en pluie de diamants.

Parmi ceux qui admiraient cette scène d'une beauté presque magique, on distinguait Béatrix de Bobadilla : elle avait depuis longtemps épousé don Andrès de Cabréra, et portait alors le nom de marquise de Moya. L'amie constante et la confidente de la reine, elle continua de l'être jusqu'à la mort de sa maîtresse. Sur son bras s'appuyait légèrement une jeune personne d'un extérieur si remarquable, que peu d'étrangers auraient passé auprès d'elle sans se retourner pour regarder une seconde fois des traits et un aspect qu'il était difficile d'oublier lorsqu'on les avait vus. C'était doña Mercédès de Valverde, une des plus nobles et des plus riches héritières de Castille; parente, pupille et fille adoptive de l'amie de la reine, titre qui convenait mieux que celui de favorite aux relations qui existaient entre doña Béatrix et Isabelle. Une beauté extraordinaire n'était pourtant pas ce qui rendait doña Mercédès si remarquable et si attrayante ; car quoiqu'elle fût remplie de grâces, bien faite, et que ses traits fussent agréables, il y avait dans cette cour brillante beaucoup de femmes qui pouvaient passer pour plus belles. Mais nulle autre Castillane n'avait une physionomie où se peignît si bien l'âme qui l'animait; nulle autre n'avait des traits qui portassent une empreinte si profonde de sensibilité; et le physionomiste de profession aurait été enchanté de trouver en elle les preuves extérieures d'un enthousiasme vif et réel, mais qui ne cherchait pas à se montrer et qui jetait même une ombre de mélancolie sur un front que la nature et la fortune avaient également destiné à être gai et serein. La sérénité n'en était pourtant point bannie, car l'ombre légère qui y siégeait semblait en adoucir l'expression et la rendre plus intéressante, plutôt qu'en troubler le repos ou en voiler l'amabilité.

A l'autre côté de la noble dame était Luis de Bobadilla, qui se tenait un peu en avant de sa tante, de manière à permettre à ses yeux noirs et ardents de rencontrer les beaux yeux bleus expressifs de Mercédès, quand la délicatesse et la modestie de celle-ci le permettaient. Tous trois conversaient librement, car les souverains s'étaient retirés dans leurs appartements privés, et les curieux composant différents groupes étaient tellement émerveillés de la nouveauté de leur situation, et si occupés de leur conversation, qu'ils ne songeaient guère à écouter celle des autres.

— C'est une merveille, Luis, dit doña Béatrix, continuant un entretien auquel il était évident qu'ils prenaient intérêt tous trois, que vous qui avez tant couru le monde, vous n'ayez entendu parler de ce Colon qu'aujourd'hui pour la première fois. Il y a bien des années qu'il sollicite Leurs Altesses de l'aider à exécuter ses projets. Ils ont été solennellement discutés dans un concile à Salamanque ; et il n'a pas été sans trouver des croyants à la cour même.

— Et il faut compter dans ce nombre doña Béatrix de Cabréra, dit Mercédès avec ce sourire mélancolique qui avait la vertu de laisser entrevoir un instant le sentiment profond mais secret qui était caché en elle sous la surface ;—j'ai souvent entendu Son Altesse déclarer que Colon n'avait pas un ami plus sincère dans toute la Castille.

— Son Altesse se trompe rarement, et cela ne lui arrive jamais quand elle juge de mon cœur, mon enfant. Oui, je suis l'appui de Colon, parce qu'il me semble un homme fait pour quelque grande et honorable entreprise ; et certainement l'esprit humain n'en a jamais proposé ou imaginé une plus grande que celle dont il a conçu le projet. Faire connaissance avec les peuples qui habitent de l'autre côté de la terre, trouver des moyens faciles et directs de communication avec eux, et leur procurer les consolations de la sainte Église ! Songez à tout cela !

— Oui, oui, ma tante, dit Luis en riant, et au plaisir de se promener en leur délicieuse compagnie, la tête en bas et les pieds en haut. J'espère que ce Colon n'a pas oublié d'acquérir quelque pratique dans cet art ; car, en marchant de cette manière, il faut du temps pour avoir le pied sûr. Il pourrait commencer à s'exercer sur les rampes de nos montagnes, jetant hardiment sa tête en bas : ce serait l'A B C de cette science ; après quoi, les murailles et les tours de cet Alhambra lui fourniraient une grammaire pour faire de nouveaux progrès.

Sans s'en apercevoir, Mercédès avait pressé fortement le bras de sa tutrice tandis que doña Béatrix avouait l'intérêt qu'elle prenait aux succès du projet de Colomb; mais à cette saillie de don Luis, elle prit un air sérieux et lui jeta un regard dans lequel il lut lui-même un reproche. Gagner l'affection de la pupille de sa tante était le plus ardent désir de ce jeune homme, et un regard de mécontentement de Mercédès suffisait en tout temps pour réprimer en lui cette gaieté excessive qui lui donnait souvent un air de légèreté qui empêchait de rendre justice aux excellentes qualités de son cœur et de son esprit. L'influence de ce regard le porta à vouloir réparer le tort qu'il s'était fait à lui-même, et il se hâta d'ajouter aussitôt :

— Doña Mercédès paraît être aussi du parti des découvertes. Ce Colon semble avoir eu plus de succès auprès des dames de Castille qu'avec les nobles.

— Est-il extraordinaire, don Luis, dit Mercédès d'un air pensif, que les femmes aient plus de confiance dans le mérite, plus d'impulsions de générosité, plus de zèle pour Dieu que les hommes?

— Cela doit être, puisque vous et ma tante Béatrix, vous avez pris parti pour ce navigateur. Mais il ne faut pas toujours entendre mes paroles dans le sens qu'elles paraissent avoir. — En ce moment Mercédès sourit, mais pour cette fois c'était un sourire malin. — Je n'ai jamais étudié avec les ménestrels, et, pour dire la vérité, guère plus avec les hommes d'église. Pour vous parler franchement, je dois vous dire que j'ai été frappé du noble projet du séñor Colon, et s'il part réellement pour aller à la découverte du Cathay et des Indes, je prierai Leurs Altesses de me permettre de l'accompagner ; car, à présent que les Maures sont chassés d'Espagne, un noble n'a plus rien à y faire.

— Si vous partez véritablement pour cette expédition, dit doña Béatrix avec une gravité ironique, et que vous arriviez dans le Cathay, il s'y trouvera du moins un homme dont la tête sera tournée à l'envers. — Mais voici un messager de la cour. Je suppose que Son Altesse désire ma présence.

La marquise de Moya ne se trompait pas : le messager venait lui annoncer que la reine la demandait. Les usages du temps et du pays ne permettaient pas que doña Mercédès continuât sa promenade seule avec don Luis. Doña Béatrix les conduisit donc dans le logement qui lui avait été choisi parmi les nombreux et splendides appartements de rois maures : il s'y trouvait un salon convenable à son rang et à la faveur dont elle jouissait auprès de la reine. Là elle s'arrêta un moment, réfléchissant si elle devait laisser son neveu seul avec sa pupille.

— Quoiqu'il ait mené une vie errante, dit-elle à la dernière, il n'est pas troubadour, et je n'ai pas à craindre qu'il vous charme l'oreille par de mauvaises rimes, je ferais peut-être mieux de l'envoyer avec sa guitare sous votre balcon ; mais je connais la lourdeur de son esprit, et je m'y fierai en le laissant vous tenir compagnie pendant le petit nombre de minutes que durera sans doute mon absence. Un cavalier qui a une si forte répugnance à renverser l'ordre naturel des choses ne daignera sûrement pas se mettre à genoux, quand il s'agirait d'obtenir un sourire de la plus jolie bouche de toute la Castille.

Don Luis se mit à rire ; doña Béatrix embrassa sa pupille en souriant, tandis que doña Mercédès rougissait, les yeux baissés. Luis de Bobadilla était l'amant et le chevalier déclaré de Mercédès de Valverde ; mais quoiqu'il fût tellement favorisé par son rang, sa naissance, sa fortune, les liens de l'affinité et tous les dons qu'il avait reçus de la nature, il existait de sérieux obstacles à son mariage avec elle. Pour tout ce qui a rapport aux considérations qui décident ordinairement en pareil cas, cette union était désirable ; mais il y avait à vaincre les scrupules de doña Béatrix. Professant les principes les plus élevés, accoutumée aux vues pleines de justesse de la reine sa maîtresse, et trop fière pour rien faire qui pût paraître indigne d'elle, les avantages mêmes que son neveu devait retirer d'un mariage avec sa pupille la faisaient hésiter. Il s'en fallait de beaucoup que don Luis eût la gravité du caractère castillan, et bien des gens prenaient mal à propos sa gaieté pour une preuve de légèreté d'esprit. Sa mère sortait d'une famille française très-illustre, et la fierté nationale avait porté un grand nombre d'observateurs à s'imaginer que le fils avait hérité d'une disposition naturelle à la frivolité, qu'ils regardaient comme le faible caractéristique de la nation dont la mère faisait partie. C'était peut-être même parce qu'il savait que ses concitoyens le considéraient sous ce point de vue, que Luis s'était décidé à voyager. Comme tous les hommes doués d'un esprit d'observation, il avait doublement reconnu, en voyageant, les défauts de l'état de société dans son pays ; lorsqu'il y était revenu, une sorte d'éloignement mutuel s'était établi entre lui et ceux qui auraient dû être sa compagnie habituelle, et il avait fait de nouveaux voyages dans divers pays étrangers. Rien que l'amour constant et toujours croissant qu'il avait conçu de bonne heure pour Mercédès n'avait pu l'y ramener, et heureusement pour lui, il était arrivé assez à temps pour coopérer à la réduction de Grenade. Malgré ces traits qui, dans un pays comme la Castille, pouvaient passer pour des singularités, don Luis de Bobadilla était un chevalier digne de son nom et de son lignage. Ses prouesses sur les champs de bataille et dans les tournois avaient été de nature à lui donner une haute réputation de bravoure, en dépit de ce qu'on appelait ses défauts; et il passait plutôt pour un jeune homme inconsidéré, et sur qui l'on ne pouvait compter, que pour un homme avili et corrompu. Les qualités guerrières, dans ce siècle, rachetaient mille défauts, et l'on avait vu don Luis désarçonner dans un tournoi Alonzo de Ojéda, qui était alors la meilleure lance d'Espagne. Un tel homme pouvait inspirer la méfiance, mais non le mépris. Les scrupules qui retenaient sa tante venaient autant de son propre caractère que de celui de son neveu. Strictement consciencieuse, quoiqu'elle connût les véritables qualités de son neveu mieux que des observateurs superficiels, elle doutait qu'il fût convenable d'accorder la main de la riche héritière confiée à ses soins à un si proche parent, quand ce choix n'aurait pas l'approbation générale. Elle craignait aussi que sa partialité pour lui ne l'aveuglât, et que Luis ne fût véritablement l'être léger et frivole que les Castillans supposaient. Elle tremblait de sacrifier le bonheur de sa pupille à l'indiscrétion de son neveu. Au milieu de tous ces doutes, elle désirait secrètement cette union, mais en public elle avait l'air de ne pas favoriser les prétentions de Luis, et quoiqu'elle n'eût pu, sans une dureté que les circonstances n'auraient pas justifiée, empêcher toute communication entre eux, non seulement elle avait souvent saisi l'occasion de faire part de sa méfiance à doña Mercédès, mais elle avait soin de la laisser le moins possible seule avec un amant si bien fait et qui habitait souvent chez elle.

Quant aux sentiments de Mercédès, elle seule les connaissait. Elle était belle, d'une famille honorable, et héritière d'une grande fortune; et comme les faiblesses humaines étaient aussi communes sous la gravité imposante du quinzième siècle qu'elles le sont de nos jours, elle avait souvent entendu des gens qui étaient jaloux de la bonne mine de don Luis et des fréquentes occasions qu'il avait de la voir, parler en ricanant des défauts supposés de son caractère. Peu de jeunes personnes, en pareille circonstance, auraient eu le courage de montrer une préférence marquée, à moins qu'elles ne fussent disposées à avouer hautement leur choix et à prendre contre le monde entier le parti de celui qui en était l'objet, et l'enthousiasme profond mais tranquille qui dominait dans le système moral de la belle Castillane était modéré par une prudence qui l'empêchait de tomber dans les plus légers des excès auxquels il peut porter. Les formalités et l'étiquette qui entourent ordinairement les jeunes personnes d'un rang distingué, venaient à l'aide de cette prudence naturelle ; et don Luis lui-même, quoiqu'il eût épié longtemps, avec la jalousie et l'instinct d'un amant, les émotions qui pouvaient se peindre sur les traits de celle à qui il avait déclaré si souvent sa passion, doutait encore s'il avait réussi le moins du monde à toucher son cœur. Par un de ces concours de circonstances inattendues qui décident si souvent de la fortune des hommes, soit en amour, soit dans la poursuite d'objets plus matériels, ces doutes allaient disparaître tout à coup.

Le triomphe des armes des chrétiens, la nouveauté de la situation, et l'entraînement causé par la scène qu'elle avait eue sous les yeux, tout avait préparé les sentiments de doña Mercédès à sortir des ténèbres sous lesquelles les cachait le voile de la réserve. Pendant toute la soirée, son sourire avait été plus franc, son œil plus brillant, ses joues plus animées, qu'on ne le remarquait même dans une jeune personne dont le sourire était toujours plein de douceur, dont l'œil n'était jamais sans expression, et dont la physionomie répondait si bien aux mouvements secrets de son âme.

Dès que sa tante eut quitté l'appartement, la laissant seule avec son neveu pour la première fois depuis son retour de son dernier voyage, don Luis se plaça sur un tabouret, presque aux pieds de Mercédès : elle s'était assise sur un divan somptueux qui, vingt-quatre heures auparavant, était à l'usage d'une princesse de la famille d'Abdallah.

— Quoique j'honore et que je respecte beaucoup Son Altesse, dit le jeune homme à la hâte, mon respect et ma vénération pour elle viennent de s'élever dix fois plus haut. Plût au ciel qu'elle eût besoin de ma chère tante trois fois au lieu d'une, et que la présence de celle-ci devînt si nécessaire à la souveraine, qu'aucune affaire en Castille ne pût marcher sans son avis, si son obéissance aux ordres d'Isabelle devait être suivie d'occasions aussi favorables que celle-ci pour vous exprimer tous mes sentiments.

— Ce ne sont pas ceux qui parlent avec le plus de facilité ou de véhémence qui sentent toujours le plus profondément, don Luis !

— Mais ce ne sont pas non plus ceux qui sentent le moins, doña Mercédès. Vous ne pouvez douter de mon amour; il a crû, il s'est développé avec tout mon être, enfin il s'est tellement identifié avec moi, que je ne puis user d'aucune de mes facultés sans y retrouver votre chère image. — Je vous vois dans tout ce qui est beau. — Si j'entends le chant d'un oiseau, c'est votre voix que votre luth accompagne. — Si je sens le doux vent du sud venant des îles parfumées effleurer ma joue, je crois que c'est un soupir qui vous échappe.

— Vous avez vécu trop longtemps au milieu de la légèreté de la cour de France, don Luis, et vous semblez avoir oublié que le cœur d'une Castillane aime trop la franchise et la vérité pour écouter avec plaisir de semblables rapsodies.

Si don Luis eût été plus âgé ou qu'il eût mieux connu le beau sexe, il aurait été flatté de ce reproche, car il aurait découvert dans le ton de celle qui lui parlait un sentiment plus doux que celui qu'exprimaient ses paroles et un tendre regret.

— Si vous appelez rapsodies ce que je vous dis, doña Mercédès, vous me faites une grande injustice; je puis ne pas bien exprimer mes pensées et mes sentiments, mais jamais ma bouche ne vous a adressé un seul mot que mon cœur ne le lui eût dicté. — Ne vous ai-je pas aimée depuis l'époque où nous étions enfants tous deux ? — Ai-je jamais manqué, dans notre jeunesse, de vous montrer la préférence que je vous donnais sur toute autre dans les jeux et les amusements de ce temps d'innocence ?

— Oui, vrai temps d'innocence; répéta Mercédès, les joues animées par une foule d'agréables souvenirs qui firent plus en un instant pour abattre les barrières de sa réserve que des années de leçons n'avaient fait pour les élever. — Alors du moins, Luis, vous étiez sincère, et j'avais une entière confiance en votre amitié et en votre désir de me plaire.

— Dieu vous récompense, Mercédès, Dieu vous récompense de ces mots précieux ! Pour la première fois depuis deux ans vous m'avez parlé comme vous le faisiez autrefois; vous m'avez appelé Luis sans y joindre ce maudit don.

— Un noble Castillan ne doit jamais parler avec légèreté des distinctions qui l'honorent, et il doit à son rang de veiller à ce que les autres le respectent comme lui, répondit notre héroïne en baissant les yeux comme si elle se fût déjà à demi repentie de sa familiarité; vous avez été prompt à me rappeler mon oubli, don Luis de Bobadilla.

— Ma malheureuse langue ne peut jamais prendre la voie que je voudrais la voir suivre! N'avez-vous pas vu dans tous mes regards, dans toutes mes actions et dans tous leurs motifs, le désir de vous plaire et de plaire à vous seule, aimable Mercédès? Quand Son Altesse donna son approbation au succès que j'obtins dans le dernier tournoi, ne cherchai-je pas vos yeux pour voir si vous l'aviez entendue? Avez-vous jamais exprimé un souhait sans que j'aie montré le plus vif désir de le voir accompli?

— Maintenant, Luis, vous me donnez la hardiesse de vous dire que je vous ai exprimé le désir de vous voir renoncer au projet de votre dernier voyage dans le nord, et que cependant vous n'en êtes pas moins parti. Je sentais que cela déplairait à doña Béatrix, votre penchant à courir le monde lui ayant fait craindre que vous n'en prissiez l'habitude au risque de perdre les bonnes grâces de la reine.

— C'est pour cela que vous m'avez fait cette demande, et ma fierté s'est trouvée blessée en pensant que Mercédès de Valverde connaissait assez peu mon caractère pour croire qu'un noble Castillan de mon nom et de mon lignage oubliât assez ses devoirs pour s'abaisser à devenir le compagnon de pilotes et d'aventuriers.

— Vous ne saviez pas que j'eusse cette opinion de vous?

— Si vous m'aviez demandé de rester pour l'amour de vous, Mercédès, — si vous m'aviez imposé les devoirs les plus difficiles à remplir, comme votre chevalier ou comme un homme qui jouissait d'une part quelconque dans vos bonnes grâces, j'aurais renoncé à la vie plutôt que de quitter la Castille. Mais je n'ai pas même pu obtenir un regard de bonté en récompense de toute la peine que vous m'avez fait éprouver.

— De la peine, Luis?

— N'est-ce pas une peine que d'aimer au point de pouvoir baiser la terre qui a reçu l'empreinte de l'objet aimé, sans aucun encouragement de sa bouche, sans un regard amical de ses yeux, sans un signe, un gage, qui prouve que celle qu'on a enchâssée dans son cœur pense à celui qui l'aime autrement qu'à un vagabond insoucieux et à un aventurier écervelé?

— Luis de Bobadilla, quiconque connaît véritablement votre caractère ne pourra jamais penser ainsi de vous.

— Un million de remerciements pour ce peu de paroles, chère Mercédès; et dix millions pour le doux sourire qui les a accompagnées. — Vous pourriez faire de moi tout ce que vous désirez...

— Ce que je désire, Luis?

— Me refondre dans le moule de vos sévères opinions de circonspection et de dignité, si vous preniez seulement assez d'intérêt à moi pour me laisser savoir que mes actions peuvent vous causer peine ou plaisir.

— Peut-il en être autrement? pourriez-vous, Luis, voir avec indifférence la conduite de quelqu'un que vous auriez connu dès l'enfance et estimé comme un ami?

— Estimé! Quoi, Mercédès, daignez-vous avouer même ce faible sentiment pour moi?

— Estimer n'est pas peu de chose, Luis, c'est beaucoup; ceux qui font cas de la vertu, n'accordent jamais leur estime à ceux qui en sont indignes; et il n'est pas possible de connaître votre excellent cœur et votre noble caractère sans vous estimer. Je n'ai jamais caché mon estime pour vous, ni à vous, ni à personne.

— Et avez-vous caché quelque chose? — Ah! Mercédès, ne restez pas au milieu d'un si beau chemin! Avouez, — aussi faiblement que vous le voudrez, — qu'un autre sentiment, — un sentiment plus doux, — s'est quelquefois mêlé à cette estime.

Mercédès rougit, mais elle ne voulut pas faire l'aveu sollicité. Il se passa quelques instants avant qu'elle fît aucune réponse, et lorsqu'elle prit la parole, ce fut en hésitant, et en s'interrompant fréquemment, comme pour réfléchir si la discrétion et les convenances permettaient ce qu'elle allait dire.

— Vous avez beaucoup voyagé et vous avez été bien loin, Luis; ce penchant vous a fait perdre les bonnes grâces de quelques personnes : pourquoi ne pas regagner la confiance de votre tante par les mêmes moyens qui vous l'ont fait perdre?

— Je ne vous comprends pas. C'est un singulier conseil, venant de vous qui êtes la prudence même.

— Les personnes prudentes et discrètes pensent à ce qu'elles font et à ce qu'elles disent, et n'en méritent que plus de confiance.

— Vous paraissez avoir été frappé des opinions hardies du señor

Colon, et quoique vous en ayez fait un sujet de risée, je vois qu'elles ont un grand poids dans votre esprit.

— Je vous regarderai désormais avec dix fois plus de respect, Mercédès, car vous avez su pénétrer au-delà de ma sotte affectation de mépris et de la légèreté de mes paroles, et vous avez découvert le véritable sentiment qu'elles cachaient. Depuis l'instant où j'ai entendu parler de ce vaste projet, il n'a cessé d'être présent à mon imagination, et l'image du Génois a constamment été à côté de la vôtre dans mon esprit, sinon dans mon cœur. Je serais surpris qu'il n'y eût pas quelque vérité dans ses opinions. Une idée si grande et si noble ne peut être entièrement fausse.

Les beaux yeux de Mercédès étaient fixés avec attention sur la physionomie de Luis, et ils prenaient un nouvel éclat à mesure qu'une portion de l'enthousiasme secret qui existait dans son cœur venait à s'enflammer et prenait cette voie pour se rendre visible.

— La vérité s'y trouve, — elle *doit* s'y trouver! s'écria-t-elle avec foi. — Les sublimes pensées du Génois lui ont été inspirées par le ciel, et il vivra assez pour en prouver tôt ou tard la vérité. Figurez-vous un bâtiment faisant le tour de cette terre, des relations plus sûres et plus promptes établies entre le pays des païens et le nôtre, et la croix jetant son ombre sous le soleil brûlant du Cathay! Ce sont des prévisions glorieuses et célestes, Luis; et n'obtiendrait-il pas un éternel renom, celui qui coopérerait à une si grande découverte?

— De par le ciel! je verrai demain le Génois, dès que le soleil sera levé, et lui demanderai la grâce de prendre part à son entreprise. S'il ne lui faut que de l'or, l'or ne lui manquera pas.

— Vous parlez en Castillan généreux, magnanime et intrépide, s'écria dona Mercédès avec un enthousiasme qui lui fit oublier sa réserve et sa discrétion habituelles; — comme il convient à Luis de Bobadilla de parler. Mais l'or n'est commun chez aucun de nous en ce moment, et il est hors du pouvoir d'un sujet de fournir la somme nécessaire pour l'exécution d'un pareil projet. Il ne convient même pas qu'un autre qu'un souverain entreprenne une expédition dont le résultat, si elle réussit, peut être de vastes territoires à gouverner. Mon puissant parent, le duc de Médina Céli, a réfléchi sérieusement à cette affaire, et il en a jugé favorablement, comme le prouvent ses lettres à la reine ; mais il a regardé lui-même cette entreprise comme trop importante pour être tentée par un autre qu'une tête couronnée, et il a employé son influence sur notre maîtresse pour tâcher de lui faire partager son opinion sur la sagacité du Génois. Il est donc inutile de songer à seconder efficacement cette noble entreprise, à moins que ce ne soit par le moyen de Leurs Altesses.

— Vous savez, Mercédès, que je ne puis rien pour Colon à la cour. Le roi est ennemi de tout ce qui n'est pas circonspect, froid et artificieux comme lui.

— Luis! vous êtes dans son palais, sous son toit, — vous jouissez en ce moment même de sa protection et de son hospitalité.

— Point du tout, répondit le jeune homme avec chaleur. Ce palais est celui de ma maîtresse la reine Isabelle; Grenade étant une conquête faite par la Castille, et non par l'Aragon. Quant à la reine, Mercédès, vous ne m'en entendrez jamais parler qu'avec un profond respect, car elle réunit, comme vous, tout ce qu'il y a de meilleur, de plus doux et de plus vertueux dans la femme, au lieu que le roi a un grand nombre des défauts de nous autres hommes, intéressés et corrompus. Vous ne pourriez me citer, même parmi les Aragonnais, un jeune cavalier généreux et ardent qui aime véritablement et du fond du cœur don Ferdinand, tandis que toute la Castille adore doña Isabelle.

— Cela peut être vrai en partie, Luis; mais il est imprudent de le dire. D'après ce que j'ai vu depuis le peu de temps que je suis à la cour, je crois que ceux qui administrent les affaires des hommes doivent fermer les yeux sur un grand nombre de leurs défauts, sans quoi la dépravation humaine contrecarrera les plus sages mesures qu'on puisse prendre. D'ailleurs peut-on aimer véritablement la femme et ne pas respecter le mari? Quant à moi, il me semble que le nœud qui les unit est si étroit, si serré, qu'il ne fait qu'un seul faisceau de leurs qualités et de leurs vertus.

— Sûrement vous n'avez pas dessein de comparer la piété modeste, la sainte véracité, et la vertu sincère de notre maîtresse, à la politique rusée et astucieuse de Ferdinand.

— Je désire ne pas faire de comparaisons entre eux, Luis. Notre devoir est de les honorer l'un et l'autre, et de leur obéir également. Si doña Isabelle possède la franchise confiante et la pureté du cœur de son sexe à un plus haut degré que son mari, n'est-ce pas ce qui se voit toujours entre l'homme et la femme?

— Si je pouvais réellement croire que vous me compariez au roi d'Aragon, qui n'est qu'intrigue et fausseté, malgré tout mon amour pour vous, Mercédès, la honte me ferait fuir d'ici pour toujours.

— Personne ne vous comparera jamais, Luis, à un homme fourbe et dissimulé, car votre défaut est de dire la vérité quand il vaudrait mieux garder le silence, comme le prouve tout ce que vous venez de dire; et de regarder ceux qui vous déplaisent comme si vous étiez prêt à mettre votre lance en arrêt, et à faire sentir l'éperon à votre coursier, pour les attaquer.

— Mes regards ont été bien malheureux, belle Mercédès, s'ils vous ont laissé de tels souvenirs, répondit le jeune homme d'un ton de reproche.

— Je ne parle pas d'après moi-même, Luis, car je n'ai jamais trouvé en vous que douceur et bonté, dit la jeune Castillane avec une hâte et un empressement qui firent monter le sang à ses joues un moment après; j'ai parlé ainsi pour que vous mettiez plus de réserve dans vos remarques sur le roi.

— Vous avez commencé par dire que j'étais un vagabond, un...

— Je n'ai pas employé un pareil terme, don Luis; votre tante peut s'en être servie, mais certainement sans avoir intention de vous blesser. J'ai seulement dit que vous avez beaucoup voyagé et que vous avez été bien loin.

— Bien, bien; je mérite le titre que ma tante m'a donné, et je ne me plaindrai pas des honneurs qu'elle m'accorde. Mais vous avez dit que j'avais beaucoup voyagé et que j'avais été bien loin, et vous avez parlé en termes d'approbation du projet de ce Génois; dois-je en conclure, Mercédès, que vous désirez que je coure cette aventure?

— Oui, c'est ce que je voulais dire, Luis, car je pense que c'est une tentative qui convient à votre esprit entreprenant et à votre lance éprouvée; et la gloire du succès ferait oublier mille petites erreurs causées par le feu et l'irréflexion de la jeunesse.

Don Luis regarda en silence, mais avec une vive attention, pendant près d'une minute, les joues animées et les yeux étincelants de la belle enthousiaste, car un doute, inspiré par la jalousie, s'était présenté à son esprit; et avec la défiance de lui-même, qui naît d'une véritable affection, il se demanda jusqu'à quel point il était digne d'intéresser un être si aimable, et s'il n'y avait pas quelque motif secret qui lui fît désirer son départ.

— Je voudrais pouvoir lire dans votre cœur, doña Mercédès, continua-t-il, car quoique la modestie enchanteresse et la réserve timide de votre sexe ne fassent que river d'autant mieux les chaînes qui nous attachent à vous, elles embarrassent l'esprit des hommes plus accoutumés à la rencontre d'un adversaire dans un champ clos qu'au labyrinthe de l'adresse des dames. Désirez-vous que je m'embarque dans une aventure que la plupart des hommes, — le sage et prudent don Ferdinand, que vous estimez tant, à leur tête, — regardent comme un projet visionnaire, qui ne peut que conduire à leur perte ceux qui y prendront part ? Si je le croyais, je partirais dès demain, quand ce ne serait que pour que ma présence haïssable ne trouble plus votre bonheur.

— Don Luis, vous ne pouvez vous justifier d'avoir conçu un soupçon si cruel, dit Mercédès cherchant à punir la méfiance de son amant par une apparence de ressentiment, quoique ses larmes, en dépit de sa fierté, coulassent le long de ses joues. — Vous savez que votre présence n'est haïssable pour personne, ni ici ni ailleurs ; vous savez, au contraire, que vous êtes généralement aimé, quoique la prudence et la réserve des Castillans puissent ne pas donner à votre vie errante la même approbation qu'aux soins d'un courtisan ou aux devoirs d'un chevalier.

— Pardon, chère, très-chère Mercédès ; mais vos marques de froideur et d'aversion me font quelquefois perdre la raison.

— Froideur ! aversion ! Luis de Bobadilla, Mercédès de Valverde vous a-t-elle jamais montré l'une ou l'autre ?

— Je crains que doña Mercédès de Valverde, en ce moment même, ne soit occupée à m'en fournir quelque preuve.

— Vous connaissez donc bien peu ses motifs, et vous appréciez bien mal son cœur. Non, Luis, je n'ai pas d'aversion pour vous, et je ne voudrais même pas vous traiter avec froideur. Si des idées si étranges vous dominent à ce point et vous causent tant de peine, je tâcherai de m'expliquer plus clairement. Oui, plutôt que de vous voir emporter cette fausse idée, et peut-être vous précipiter encore dans quelque aventure insensée sur mer, je surmonterai ma fierté et j'oublierai la réserve et la prudence qui conviennent à mon sexe et à mon rang, pour mettre votre esprit plus à l'aise. En vous conseillant de vous attacher à ce Colon et d'entrer de tout cœur dans ses nobles projets, j'avais en vue votre propre bonheur, puisque vous m'avez bien des fois juré que votre bonheur ne pouvait être assuré que...

— Mercédès, que voulez-vous dire? — Mon bonheur ne peut être assuré que par mon union avec vous.

— Et vous ne pouvez assurer votre union avec moi qu'en ennoblissant votre penchant à courir le monde par quelque entreprise digne de renom, qui autorise doña Béatrix à confier la main de sa pupille à son neveu *vagabond*, en même temps qu'elle puisse vous valoir les bonnes grâces de doña Isabelle.

— Et vous? — Cette entreprise me fera-t-elle aussi gagner les vôtres?

— Puisqu'il faut tout vous dire, Luis, vous les avez déjà gagnées. — Calmez votre impétuosité, et écoutez tout ce que j'ai à vous dire : même quand je vous avoue plus que ne devrait le faire une jeune fille, vous ne devez pas supposer que je puisse m'oublier plus encore. Sans le consentement de ma tutrice, et sans l'approbation de la reine, je ne me marierai jamais, — non; pas même avec vous, Luis de Bobadilla, quoique j'avoue que vous êtes cher à mon cœur. — Une émotion dont elle ne fut pas maîtresse fit couler ses larmes et étouffa sa voix un instant. — Je ne me marierai jamais sans être sûre des sourires et des félicitations de tous ceux qui ont le droit de sourire ou de pleurer pour quelqu'un de la famille de Valverde. Vous et moi, nous ne pouvons nous marier comme un pâtre et une laitière; il faut que nous nous présentions devant un prélat, au milieu d'un cercle de parents et d'amis qui approuvent notre union. Ah! Luis, vous m'avez reproché de la froideur et de l'indifférence; — ici ses larmes recommencèrent à couler; — mais tout le monde n'a pas été aussi aveugle. — Ne m'interrogez pas! en ce moment où mon cœur ne peut plus renfermer ses sentiments, souffrez qu'il s'épanche sans contrainte devant vous, car je crains que la honte et le regret n'arrivent assez tôt pour me faire repentir de l'aveu que je fais aujourd'hui. — Non, tout le monde n'a pas été aussi aveugle que vous. Notre gracieuse souveraine connaît parfaitement le cœur d'une femme, et ce que vous avez été si lent à découvrir, elle l'a aperçu depuis longtemps : la pénétration de ses yeux et de son esprit, voilà le seul motif qui m'ait empêché de vous dire plus tôt au moins une partie de ce que je viens d'avouer presque malgré moi.

— Quoi! doña Isabelle est-elle aussi mon ennemie? Ai-je à surmonter les scrupules de Son Altesse aussi bien que ceux d'une tante froide et prude?

— Que votre impétuosité ne vous rende pas injuste, Luis. Doña Béatrix de Moya n'est ni froide ni prude; elle est tout le contraire. Jamais esprit plus vrai et plus généreux ne s'est sacrifié à l'amitié, et son caractère n'est que franchise et générosité. Une grande partie de ce que j'aime tant en vous vient de sa famille, et vous ne devriez pas lui en faire un reproche. Quant à Son Altesse, certes, il serait inutile de faire l'éloge de ses qualités. Vous savez qu'elle est regardée comme la mère de son peuple; qu'elle veille aux intérêts de tous ses sujets sans distinction, autant du moins qu'elle peut les connaître; et ce qu'elle fait pour qui que ce soit part toujours d'une si véritable affection et d'une telle prudence, que j'ai entendu le cardinal dire qu'elle semble inspirée par la sagesse infinie.

— Oui, oui, Mercédès; mais il n'est pas difficile de paraître prudente, bienveillante et inspirée, quand on a la Castille pour trône, et le Léon avec d'autres riches provinces pour marchepied.

— Don Luis, dit doña Mercédès avec une gravité qui n'avait rien de la faiblesse de son sexe, quoiqu'elle en eût la sincérité, ne parlez pas légèrement de doña Isabelle, si vous voulez conserver mon estime. Quoi qu'elle puisse avoir fait dans cette affaire, elle l'a fait avec les sentiments et la bonté d'une mère; et votre injustice me fait presque craindre qu'elle ne l'ait fait aussi avec une sagesse maternelle.

— Pardon, chère Mercédès; pardon, ô vous mille fois plus aimée et plus adorée que jamais, à présent que vous m'avez montré une confiance si généreuse. Mais je ne puis être tranquille jusqu'à ce que je sache ce que la reine a dit et ce qu'elle a fait, en tout ce qui nous concerne, vous et moi.

— Vous savez combien elle a toujours été bonne et gracieuse pour moi, Luis, et combien je lui dois de reconnaissance pour toutes les faveurs que j'ai reçues d'elle. Je ne sais comment cela se fait, mais tandis que votre tante n'a jamais paru découvrir mes sentiments, et que tous ceux à qui je tiens par les liens du sang ont semblé partager son aveuglement, l'œil de la reine a pénétré un mystère que je ne crois pas que je connusse encore moi-même à cette époque. Vous vous rappelez le tournoi qui eut lieu presque à l'instant où vous alliez partir pour votre dernière et folle excursion?

— Si je m'en souviens! N'est-ce pas la froideur que vous m'avez témoignée après le succès que j'avais obtenu dans ce tournoi, dans lequel je portais vos couleurs, qui m'a chassé d'Espagne et presque du monde?

— Si le monde pouvait attribuer toute votre conduite à une pareille cause, tous les obstacles disparaîtraient à l'instant. — Mais, ajouta Mercédès avec un sourire malin, quoique sa voix et ses regards exprimassent la tendresse, je crains que vous ne soyez très-sujet à ces accès de folie, et que vous ne cessiez jamais de désirer d'aller jusqu'aux dernières limites du monde, sinon d'en sortir tout à fait.

— Il est en votre pouvoir de me rendre aussi stable que les tours de cet Alhambra. Un seul sourire semblable à celui-ci, chaque jour, m'enchaînerait à vos pieds comme un Maure captif, et écarterait de moi tout désir de voir autre chose que votre beauté. — Mais la reine! vous avez oublié de me dire ce que Son Altesse a dit et fait.

— Vous fûtes vainqueur dans ce tournoi, Luis. En cette journée glorieuse, tous les chevaliers castillans étaient en selle, et aucun ne put vous résister. Votre lance fit vider les arçons à Alonzo de Ojéda lui-même. Vos louanges étaient dans toutes les bouches; — toutes les mémoires... peut-être serait-il plus exact d'ajouter à l'exception d'une seule, oubliaient toutes vos folies.

— Et cette mémoire était la vôtre, cruelle Mercédès!

— Vous ne le croyez pas, méchant Luis? — Ce jour-là, je ne me rappelais que votre cœur noble et généreux, votre port mâle dans le champ clos, et toutes vos excellentes qualités. La meilleure mémoire fut celle de la reine. Elle me fit venir dans son cabinet quand la fête fut terminée, et pendant une heure elle me parla de différents objets du ton le plus doux et le plus affectueux, avant d'en venir au véritable sujet pour lequel elle m'avait mandée près d'elle. Elle me parla de nos devoirs comme chrétiens, de nos devoirs comme femmes, et surtout des obligations solennelles que le mariage nous impose, et de toutes les peines qui accompagnent les unions les plus heureuses. Quand elle m'eut émue jusqu'aux larmes en me donnant des marques d'une affection qui égalait l'amour d'une mère, elle me fit promettre, — et je confirmai cette promesse par un vœu respectueux, — que je ne paraîtrais jamais à l'autel, tant qu'elle vivrait, sans que sa présence annonçât l'approbation qu'elle donnait à mon mariage, ou, si une maladie ou quelque devoir à remplir l'en empêchait, sans son consentement par écrit, revêtu de son seing royal.

— Par saint Denis de Paris! Son Altesse a voulu exercer contre moi son influence sur votre âme pure et généreuse!

— Votre nom n'a pas même été prononcé, Luis, et ce discours n'aurait paru y avoir aucun rapport, si mes pensées ne se fussent d'elles-mêmes portées sur vous. Je ne sais pas même encore quel était le but de Son Altesse, mais ce fut la manière dont mon cœur ému me présenta sur-le-champ votre image, qui me fit penser, peut-être mal à propos, que le motif de ce qui venait de se passer pouvait être de m'empêcher de vous épouser sans le consentement de doña Isabelle. Mais, connaissant, comme je le fais, son cœur maternel et affectueux, comment puis-je douter qu'elle ne cède à mes désirs quand elle saura que le choix que j'ai fait n'est pas indigne de moi, quoiqu'il puisse paraître indiscret jusqu'à un certain point aux personnes d'une prudence sévère?

— Mais, vous pensez, — vous sentez, — Mercédès, que c'est par crainte de moi que Son Altesse vous extorqua un tel serment.

— Je l'ai craint, — comme je l'ai avoué avec plus de franchise qu'il ne convenait peut-être à ma situation, — parce que vous étiez en ce moment présent à mon esprit par-dessus toute chose; car le triomphe que vous aviez remporté dans cette journée, et la manière dont votre nom était dans toutes les bouches, pouvaient bien tenter les pensées de se fixer sur vous.

— Mercédès, vous ne pouvez nier que vous ne pensiez que c'est par crainte de moi que la reine vous a extorqué ce serment.

— Je n'ai dessein de nier rien de ce qui est vrai, don Luis, et vous m'apprenez bien vite à me repentir de l'aveu indiscret que je viens de faire. Que ce soit *par crainte de vous* que Son Altesse m'a parlé comme elle l'a fait, c'est ce que je nie, car je ne puis croire qu'elle ait un pareil sentiment *à votre égard*. Elle éprouvait une affection maternelle *pour moi*, et je crois, — car je ne vous cacherai rien de ce que je pense réellement, — que la connaissance de vos moyens de plaire, Luis, peut lui avoir fait appréhender qu'une orpheline comme moi n'écoutât un caprice plutôt que la prudence, et n'épousât un homme qui semblait tellement préférer les dernières limites de la terre à ses domaines et au domicile qui lui convient.

— Et vous avez dessein de respecter cet engagement?

— Luis! vous réfléchissez à peine à vos paroles, sans quoi vous ne me feriez pas une pareille question. Quelle fille chrétienne oublie jamais un vœu soit de pèlerinage, soit de pénitence, soit de toute autre chose? Pourquoi serais-je la première à commettre un crime si honteux? D'ailleurs, quand je n'aurais fait aucune promesse, le simple désir de la reine, exprimé par elle-même, aurait suffi pour m'empêcher d'épouser qui que ce soit. Elle est ma souveraine, ma maîtresse, et je pourrais dire ma mère. Doña Béatrix elle-même montre à peine plus d'intérêt pour mon bonheur. — Il faut m'écouter, Luis, quoique je vous voie prêt à vous récrier et à protester. Je vous ai écouté patiemment pendant plusieurs années ; aujourd'hui c'est mon tour de parler et le vôtre d'écouter. Je crois que la reine songeait à vous lorsqu'il a été question de ce vœu, que *j'ai offert* volontairement, et que Son Altesse ne m'a pas *extorqué*, comme vous semblez le croire; *je crois*, dis-je, que doña Isabelle supposa qu'il pouvait être à craindre que je ne cédasse à vos instances, et qu'elle doutait qu'un homme qui aimait tant à courir le monde pût apporter ou maintenir le bonheur dans le sein d'une famille. Mais, Luis, si Son Altesse n'a pas rendu justice à la noblesse et à la générosité de votre cœur ; si elle a été trompée par les apparences, comme la plupart de ceux qui l'entourent; si elle ne vous a pas connu, en un mot, n'est-ce pas votre faute? N'avez-vous pas été fréquemment absent de ce pays? Et quand vous y étiez, vous voyait-on à la cour aussi souvent que l'exigeaient votre rang et votre naissance? Il est vrai que la reine a été témoin, ainsi que toute sa cour, des succès que vous avez obtenus dans le dernier tournoi, et que, dans la guerre qui vient de se terminer, vous avez acquis du renom par vos exploits contre les Maures ; mais si l'imagination d'une femme accorde aisément son admiration à l'intrépidité, le cœur d'une femme désire des vertus plus douces et des penchants plus stables dans le cercle domestique. Doña Isabelle sait tout cela ; elle l'a reconnu, elle l'a senti, quelque heureux qu'ait été son mariage avec le roi d'Aragon. Est-il donc étonnant qu'elle ait eu cette crainte pour moi? Non, Luis, votre sensibilité vous a rendu injuste envers Son Altesse, et il est évidemment de votre intérêt de vous la rendre propice, si, comme vous le dites, vous désirez sincèrement obtenir ma main.

— Et que faut-il faire pour cela, Mercédès? Les Maures sont vaincus, et je ne sais pas si quelque chevalier voudrait me disputer vos bonnes grâces les armes à la main.

— Ni la reine ni moi, nous ne désirons rien de semblable. Nous vous connaissons déjà comme un chevalier chrétien accompli ; et comme vous venez de le dire, aucun chevalier ne voudrait mettre sa lance en arrêt contre la vôtre, parce qu'aucun n'a reçu à cet égard un encouragement qui pourrait justifier cette folie. C'est par le moyen du señor Colon que vous devez chercher à obtenir le consentement de la reine.

— Je crois comprendre à peu près ce que vous voulez dire, mais j'aimerais à vous entendre parler plus clairement.

— Je m'exprimerai donc en termes aussi clairs que ma langue en pourra trouver, répondit la jeune Castillane, le feu d'un saint enthousiasme donnant une teinte plus foncée à la rougeur que la tendresse avait appelée sur ses joues. Vous savez déjà en général quelles sont les opinions du señor Colon, et par quels moyens il se propose de parvenir à son but. J'étais encore enfant quand il arriva en Castille pour presser la cour de le mettre en état de commencer cette grande entreprise, et j'ai vu que doña Isabelle a été souvent disposée à lui accorder son aide ; mais la froideur de don Ferdinand et les vues étroites de ses ministres l'en ont toujours détournée. Je crois pourtant qu'elle regarde encore ce projet d'un œil favorable, car Colon, qui tout récemment avait fait ses adieux à toute la cour dans l'intention de quitter l'Espagne et de porter ailleurs ses sollicitations, a été rappelé par l'influence du père Juan Perez, ancien confesseur de la reine ; il est maintenant ici, vous l'avez vu, il attend impatiemment une audience, et il n'est besoin que d'éveiller les souvenirs de la reine pour lui faire obtenir cette faveur. Si on lui accorde les caravelles qu'il demande, il n'y a nul doute que plusieurs nobles castillans ne désirent prendre part à une entreprise qui couvrira d'une gloire éternelle tous ceux qui y auront coopéré, si elle réussit ; et vous pourriez être de ce nombre.

— Je ne sais trop que penser de ce discours, Mercédès. Il semble étrange de presser ceux qu'on paraît estimer de partir pour une expédition dont il est possible qu'ils ne reviennent jamais.

— Dieu vous protégera ! s'écria-t-elle le visage rayonnant d'une pieuse ardeur ; l'entreprise sera tentée pour sa gloire ; sa main toute-puissante guidera les caravelles, et les mettra à l'abri de tout péril.

Don Luis de Bobadilla sourit, ayant moins de foi religieuse que la belle Castillane, et connaissant mieux les obstacles physiques qui semblaient s'opposer à cette tentative; il rendait pleine justice à ses motifs, malgré les doutes qu'il avait exprimés à la hâte; et l'aventure en elle-même était de nature à éveiller son goût naturel pour courir le monde et son désir de trouver des dangers à surmonter. Il savait aussi bien que Mercédès qu'il n'avait que trop mérité ce manque de confiance en la stabilité de son caractère qui était le seul obstacle à leur union. Doué d'une grande vivacité d'intelligence, il comprit sur-le-champ par quels moyens et de quelle manière il devait obtenir le consentement d'Isabelle. Il lui restait pourtant encore quelques doutes, et il les énonça par la question suivante :

— Si la reine est disposée à favoriser l'entreprise de Colon, pourquoi a-t-elle attendu si longtemps?

— La guerre contre les Maures, son trésor épuisé, et la froide prudence du roi, en ont été cause.

— Mais, doña Isabelle ne regardera-t-elle pas tous ceux qui auront accompagné le Génois comme autant de fous et de songe-creux, si nous revenons sans avoir obtenu de succès, comme cela est assez probable, — pourvu toutefois que nous revenions jamais?

— Ce n'est point là le caractère d'Isabelle. Si elle entre dans ce projet, elle y entrera pour l'honneur de Dieu, et elle regardera tous ceux qui suivront volontairement le señor Colon comme autant de croisés ayant droit à son estime. — Vous ne reviendrez pas sans succès, Luis; nous vous reverrons couvert d'une gloire qui rendra votre épouse fière de son choix et heureuse de porter votre nom.

— Chère enthousiaste! s'écria Luis, si je pouvais vous emmener avec moi, je m'embarquerais dans cette aventure sans autre compagnon.

Mercédès répondit convenablement à ce propos galant, qui était certainement sincère dans le moment, et ils discutèrent ensuite cette affaire avec plus de calme et de raison. Don Luis réussit à réprimer son impatience, et la généreuse confiance avec laquelle la jeune Castillane lui laissa voir peu à peu tout l'intérêt qu'elle prenait à lui, se joignant à la douce et sainte ardeur avec laquelle elle lui peignait la probabilité du succès, fit qu'il regarda enfin ce projet comme un des objets les plus élevés que l'ambition pût se proposer, plutôt que comme favorisant son désir de courir les aventures.

Les amants restèrent deux heures tête à tête, la reine ayant retenu tout ce temps doña Béatrix. Peu de temps après son retour, son neveu, qu'elle appelait léger et vagabond, mais dont elle connaissait le cœur noble et généreux, quitta les deux dames, qui ne se séparèrent pourtant qu'après minuit. Mercédès ouvrit son cœur à la marquise et lui expliqua les espérances qu'elle fondait sur l'entreprise de Colon. Cet aveu fit peine et plaisir à doña Béatrix, qui ne put s'empêcher de sourire de l'adresse avec laquelle l'amour avait su associer les grands projets du Génois à l'accomplissement de ses désirs. Au total, elle ne fut pas mécontente de ce qui s'était passé. Luis de Bobadilla était fils unique d'un frère qu'elle avait beaucoup aimé, et elle avait reporté sur le fils l'affection qu'elle avait eue pour le père. Dans le fait, tous ceux qui le connaissaient aimaient ce jeune et vaillant cavalier, quoique les hommes prudents se crussent obligés de blâmer ses indiscrétions, et il aurait pu se choisir une femme parmi les plus nobles et les plus belles Castillanes, sauf le petit nombre d'exceptions qui auraient été le résultat de principes de circonspection et de réserve plus stricts que d'ordinaire et qui auraient annoncé une prévoyance allant bien au-delà des considérations d'usage en affaire de mariage. La marquise de Moya écouta donc sa pupille avec intérêt ; et avant qu'elles se séparassent pour la nuit, les aveux modestes et ingénus, la vive éloquence et la tendresse naïve de Mercédès avaient presque fait une prosélyte de doña Béatrix.

CHAPITRE VI.

> Jetez un regard sur les siècles passés, vous à qui cela peut plaire, et demandez-vous ce que sont devenus ceux qu'ils ont vus vivre. Où sont ces esprits savants, ces anciens sages, qui savaient parfaitement en quoi consistait toute sagesse ? Où sont ces guerriers illustres qui ont parcouru le monde en conquérants, et dont la puissance n'a connu d'autres bornes que celles de la terre ?
> *Les ruines du temps.*

PLUSIEURS jours se passèrent avant que les chrétiens se sentissent bien établis dans l'ancien siége du pouvoir des musulmans. L'ordre finit pourtant par régner dans l'Alhambra et dans la ville, mieux que pendant le tumulte de la prise de possession, de la joie des vainqueurs et du chagrin des vaincus. Le politique Ferdinand, qui d'ailleurs n'était pas cruel, ayant donné les ordres les plus stricts pour que les Maures fussent traités non seulement avec bonté, mais avec égards, la tranquillité se rétablit peu à peu dans la ville, et chacun commença à reprendre ses anciennes habitudes et à s'occuper de ses travaux ordinaires.

Don Ferdinand était, comme de raison, fort occupé de nouveaux soins; mais son illustre épouse, qui se réservait pour les grandes occasion, exerçait ses facultés de la manière douce et tranquille qui convenait à son sexe, à son caractère et à sa piété. Autant que le permettaient son haut rang et son autorité, elle s'était soustraite aux scènes martiales et splendides d'une cour militaire, et elle se livrait, avec le même plaisir que jamais, au commerce de l'amitié intime, qui a un charme si naturel pour les douces affections d'une femme. Elle avait avec elle ceux de ses enfants qui avaient survécu, et ils étaient l'objet de ses soins maternels; mais elle avait aussi ses heures pour l'amitié et pour cette affection qui semblait comprendre tous ses sujets dans ses liens de famille.

Le matin du troisième jour qui suivit l'entrevue rapportée dans le chapitre qui précède, doña Isabelle avait réuni autour d'elle quelques unes de ces personnes privilégiées qu'on pouvait dire avoir leurs entrées chez elle dans ses heures d'intimité; car, quoique la cour de Castille se fût rendue célèbre parmi toutes celles de la chrétienté par la rigidité de son étiquette, ce qui était probablement venu des usages orientaux des graves musulmans ses voisins, le caractère affectueux de la reine avait jeté autour de son cercle privé comme une auréole qui le rendait agréable et délicieux à tous ceux qui avaient l'honneur d'en faire partie. A cette époque les ecclésiastiques jouissaient d'une sorte de faveur exclusive. Ils se mêlaient de toutes les affaires de la vie et les dirigeaient même assez souvent. Les habitants des États-Unis sont prompts à découvrir des taches de cette sorte parmi les nations étrangères, et portés surtout à déclamer sur les maux qui ont résulté de l'intervention des prêtres catholiques dans les affaires intérieures de famille : mais ils ne font par là que prouver la vérité de ce vénérable adage qui nous apprend qu'il est beaucoup plus facile de découvrir les fautes des autres que les siennes propres, car aucun peuple ne fournit des preuves plus fortes de ce genre d'intervention, surtout dans des contrées où des religionnaires ont été les premiers à s'établir et qui continuent à rester sous l'influence de la secte particulière qui y dominait dans l'origine; et peut-être le trait le plus marqué d'esprit national qui y existe en ce moment — une disposition à étendre le pouvoir de la société au-delà des limites fixées par les institutions et les lois sous le nom spécieux d'opinion publique — a son origine dans la constitution politique d'églises démocratiques qui ont aspiré à être *imperium in imperio*, et a été confirmé et fortifié par leur mode d'administration et par les coutumes provinciales. Quoi qu'il en soit, on ne peut douter de l'ascendant que le clergé catholique exerçait dans toute la chrétienté avant la réformation, et Isabelle était trop sincèrement dévote et trop pieuse sans affectation pour ne pas accorder à ses membres toutes les prérogatives qui étaient d'accord avec ses idées de justice, et notamment la liberté d'approcher de sa personne et une certaine influence sur toutes les mesures qu'elle prenait.

Dans le moment dont nous parlons, il se trouvait chez la reine, entre autres personnes distinguées, Fernando de Talavéra, qui venait d'être nommé archevêque de Grenade, et le père Pédro de Carrascal, qui avait été précepteur de Luis de Bobadilla, prêtre sans bénéfice, qui devait à la grande simplicité de son caractère et à la haute naissance la faveur dont il jouissait. Isabelle, assise devant une petite table, travaillait à l'aiguille, et l'objet de sa tâche n'était rien autre qu'une chemise pour le roi; humble devoir dont elle aimait à s'acquitter aussi scrupuleusement que si elle eût été l'épouse d'un marchand de sa capitale. C'était une des habitudes du siècle, si ce n'était pas une partie de la politique des princes; car beaucoup de voyageurs ont vu la célèbre selle de la duchesse de Bourgogne, sur laquelle une place était arrangée pour sa quenouille, afin que, lorsqu'elle sortait en public, elle pût donner l'exemple du travail à ses sujets plongés dans l'admiration; et même aujourd'hui, dans ce temps de luxe, où peu de dames daignent toucher à un ouvrage aussi utile que celui dont s'occupait l'aiguille d'Isabelle de Castille, nos yeux ont vu une reine, assise au milieu des princesses ses filles, travailler à l'aiguille avec le même soin que si son existence eût dépendu de son travail[1]. Mais doña Isabelle était sans

---

1. Cooper veut sans doute désigner ici la reine des Français Marie-Amélie.

affectation. Dans ses pensées, dans ses discours, dans ses actions, elle était la vérité même; et la tendresse conjugale lui faisait éprouver un double plaisir en s'occupant ainsi pour un mari qu'elle aimait tendrement comme homme, quoiqu'il fût impossible qu'elle se dissimulât entièrement tous ses défauts comme monarque. Auprès d'elle était assise la compagne de sa jeunesse, son amie éprouvée et dévouée, Béatrix de Cabréra; Mercédès occupait un tabouret aux pieds de l'infante Isabelle; deux ou trois dames de la maison de la reine se tenaient à sa portée, avec ces légères distinctions de rang qui annonçaient la présence de la royauté, mais tout en conservant cet air de liberté qui rendait leur service agréable plutôt que fatigant. Le roi lui-même écrivait sur une table, dans un coin éloigné de ce vaste appartement, et personne, pas même le nouvel archevêque, n'avait la présomption d'en approcher. La conversation avait lieu d'un ton un peu plus bas que de coutume, et la reine elle-même, dont la voix était toujours mélodieuse, en modulait les sons de manière à ne pas déranger la suite des pensées dont son illustre époux semblait profondément occupé. Dans le moment où nous la présentons au lecteur, Isabelle avait aussi été quelque temps plongée dans ses réflexions, et un silence général régnait dans le cercle de dames assises devant les petites tables de travail.

— Marquise ma fille, dit enfin la reine, car c'était ainsi qu'elle nommait ordinairement doña Béatrix, avez-vous vu depuis peu le señor Colon, ce pilote qui a fait tant de sollicitations relativement à ce voyage à l'ouest, ou en avez-vous entendu parler?

Un coup d'œil d'intelligence et de satisfaction que se jetèrent à la hâte la marquise et sa pupille révéla l'intérêt qu'elles prenaient à cette question, et la première y répondit comme l'exigeaient son devoir et son respect pour sa maîtresse.

— Vous vous rappelez, Señora, qu'il lui a été écrit par le père Juan Pérez, ancien confesseur de Votre Altesse, qui est venu de son couvent de Santa Maria de Rabida en Andalousie, pour intercéder en sa faveur, afin que ses grands desseins ne fussent pas perdus pour la Castille.

— Vous croyez donc qu'il y a quelque chose de grand dans ses desseins?

— Quelqu'un peut-il en juger autrement, Señora? ils semblent raisonnables et naturels; et, si Colon ne se trompe pas, n'est-ce pas une grande et louable entreprise que celle qui a pour objet d'étendre les bornes de l'Eglise, et de procurer à son pays de l'honneur et des richesses? Ma pupille, cette jeune enthousiaste, Mercédès de Valverde, est animée d'un si beau zèle en faveur du projet de ce navigateur, qu'il semble qu'après ses devoirs envers Dieu et son respect pour ses souverains, ce soit la grande affaire de sa vie.

La reine se tourna en souriant vers la jeune fille, qui rougit en entendant cette remarque, et fixa les yeux sur elle un instant avec cet air d'affection qui animait ses traits aimables quand elle regardait une de ses filles.

— En convenez-vous, doña Mercédès? lui dit-elle; Colon vous a-t-il assez bien convaincue pour vous inspirer tant de zèle en sa faveur?

Mercédès se leva avec respect quand la reine lui adressa la parole, et fit un pas ou deux vers elle avant de lui répondre.

— Je dois parler avec modestie en votre présence, Señora; mais je ne nierai pas que je ne prenne un vif intérêt au succès du señor Colon. La pensée est si noble, que ce serait bien dommage qu'elle ne fût pas juste.

— C'est le raisonnement des jeunes gens dont l'âme est généreuse; et je vous avoue, marquise ma fille, qu'à cet égard je suis presque aussi jeune que qui que ce soit. — Colon est sans doute encore ici?

— Oui certainement, répondit Mercédès avec une hâte dont elle se repentit aussitôt, car ce n'était pas à elle que la question avait été adressée; je connais quelqu'un qui l'a vu le jour où les troupes ont pris possession de cette ville.

— Et qui est ce quelqu'un? demanda la reine d'un ton grave; mais qui n'avait rien de sévère, car ses yeux se fixèrent de nouveau sur Mercédès avec un intérêt qui semblait croître à mesure qu'elle la regardait.

Mercédès regretta vivement son indiscrétion, et, en dépit de ses efforts, le sang lui monta au visage avant qu'elle eût pu trouver assez de résolution pour répondre.

— Don Luis de Bobadilla, neveu de ma tutrice doña Béatrix, Señora, répondit-elle enfin; car l'amour de la vérité était plus fort en elle que la crainte de la honte.

— Vous entrez dans de grands détails, Señorita, dit Isabelle avec calme, car elle prenait rarement un ton de sévérité avec ceux dont elle croyait l'âme pure et innocente. — Don Luis sont d'une maison trop illustre pour avoir besoin qu'un héraut proclame ses titres et ses alliances. Cela n'est nécessaire qu'aux gens obscurs dont le monde se met peu en peine.—Marquise ma fille, ajouta-t-elle, délivrant Mercédès d'une sorte de torture en se tournant vers son amie, ce neveu dont on me parle est un coureur déterminé ; mais je doute qu'il se décidât à entreprendre une expédition semblable à celle de Colon, et qui a pour but la gloire de Dieu et le bien du royaume.

— En vérité, Señora... s'écria Mercédès ; mais elle réprima son zèle par un effort qui en triompha.

— Vous alliez parler, doña Mercédès, dit la reine avec gravité.

— Je demande pardon à Votre Altesse ; j'avais tort, car ce n'était pas à moi que vous aviez adressé la parole.

— Ce n'est pas ici la cour de la reine de Castille, mon enfant, c'est l'appartement privé d'Isabelle de Transtamare, dit la reine voulant adoucir l'effet qu'avait produit sur Mercédès ce qui s'était déjà passé. Le sang de l'amiral de Castille coule dans vos veines, vous êtes même parente de notre seigneur le roi. Parlez librement.

— Je connais toutes vos bontés pour moi, Señora, et c'est ce qui fait que je me suis presque oubliée. Tout ce que j'avais à dire, c'est que don Luis désire excessivement que le señor Colon obtienne les caravelles qu'il sollicite, et qu'il lui soit accordé à lui-même la permission de l'accompagner.

— Cela est-il possible, Béatrix ?

— Luis aime à courir le monde, Señora, on ne peut le nier ; mais ce n'est pas par des motifs ignobles. Je l'ai entendu exprimer vivement le désir d'être un des compagnons de Colon, si Votre Altesse jugeait à propos d'envoyer ce Génois à la recherche du Cathay.

Isabelle ne répondit rien, mais elle laissa tomber son ouvrage sur ses genoux, et passa quelques minutes dans un silence passif. Pendant cet intervalle, personne ne se permit de parler, et Mercédès se replaça doucement sur son tabouret aux pieds de l'infante. Enfin la reine se leva, et, traversant l'appartement, s'approcha de Ferdinand, qui était encore occupé à écrire. Elle s'arrêta un instant devant lui, comme si elle eût hésité à l'interrompre ; mais bientôt elle lui appuya doucement une main sur l'épaule pour attirer son attention. Le roi, comme s'il eût su de qui pouvait partir un tel acte de familiarité, se retourna sur-le-champ, se leva, et lui parla le premier.

— Il faut avoir l'œil sur ces mauricauds, dit-il laissant voir que ses pensées se portaient déjà vers l'agrandissement de son pouvoir. — Je vois que nous avons laissé à Abdallah, dans les Apulxaras, plusieurs forts qui peuvent en faire un voisin gênant, à moins que nous ne puissions le repousser au-delà de la Méditerranée.

— Nous en parlerons dans quelque autre occasion, Ferdinand, dit la reine, dont l'âme pure répugnait à tout ce qui approchait même d'un manque de foi. Il est assez difficile à ceux qui gouvernent les hommes d'obéir toujours à Dieu et à leur conscience, sans chercher encore les occasions de violer leurs promesses. Je viens te parler d'autre chose. Les embarras du temps et l'importance de nos affaires nous ont fait oublier la promesse faite à Colon le navigateur, qui...

— Toujours ton aiguille en main, Isabelle, et c'est pour moi que tu travailles, dit le roi touchant à l'ouvrage de la reine, qu'elle avait apporté avec elle sans y faire attention; bien peu de mes sujets ont une femme aussi attentive et aussi affectueuse.

— Tout ce qui peut te plaire et contribuer à ton bonheur est ce que j'ai le plus à cœur après mes devoirs envers Dieu et le soin que je dois prendre de mes sujets, répondit Isabelle, satisfaite de l'attention que le roi d'Aragon venait d'accorder à son travail, quoiqu'elle soupçonnât qu'il fallait l'attribuer en partie au désir qu'il avait d'écarter le sujet de conversation qu'elle avait entamé, et qui tenait en ce moment la première place dans ses pensées. Je ne voudrais rien faire dans cette affaire importante sans ton entière approbation, si je puis l'obtenir, et je crois que notre parole royale exige que nous n'attendions pas plus longtemps. Sept ans sont une épreuve cruelle; et à moins que nous ne nous pressions, nous verrons quelques jeunes nobles ardents de nos Etats faire cette tentative comme par divertissement.

— Tu as raison, Isabelle, répondit le roi, et nous soumettrons cette affaire à Fernando de Talavéra, qui est un homme d'une prudence reconnue et en qui l'on peut avoir toute confiance. — En parlant ainsi, il fit un signe à l'individu dont il venait de parler, et celui-ci s'approcha de lui sur-le-champ. — Archevêque de Grenade, continua le prince astucieux, dont la politique était aussi artificieuse que celle d'un patriote moderne songeant à son avancement, notre épouse royale désire qu'il soit fait immédiatement une enquête sur cette affaire de Colon. Notre volonté à tous deux est que vous en soyez chargé, que vous la preniez en mûre considération, et que vous nous fassiez connaître votre opinion sous vingt-quatre heures. Nous allons vous donner les noms de ceux qui vous sont adjoints dans cette mission.

Tandis que Ferdinand donnait ces instructions au prélat, celui-ci lisait dans l'expression des yeux du monarque et dans la froideur de sa physionomie, des intentions sur lesquelles son esprit et son expérience ne lui laissèrent aucun doute; il accepta la mission, reçut du roi les noms de ceux qu'il devait s'adjoindre, et dont Isabelle désigna un ou deux, et resta ensuite pour prendre part à la conversation.

— Ce projet de Colon mérite une sérieuse attention, dit le roi quand ces préliminaires furent terminés; et nous veillerons à ce qu'il soit complètement examiné. On assure que cet honnête navigateur est un excellent chrétien.

— J'en suis très-convaincue, Ferdinand. Si Dieu permet que son entreprise réussisse, il a dessein de tenter un nouvel effort pour reprendre le saint sépulcre aux infidèles.

— Oh! oh! c'est un dessein très-méritoire; mais nous prenons de meilleurs moyens pour servir la foi. Par la conquête que nous venons de faire, Isabelle, nous avons arboré la croix où l'on voyait flotter naguère les bannières de l'infidélité, et Grenade est si près de la Castille, qu'il ne nous sera pas difficile d'y maintenir nos saints autels. Telle est du moins l'opinion d'un laïque, digne prélat.

— Et c'est une opinion aussi juste que sage, Señor, répondit l'archevêque. Il est à propos de chercher à posséder ce qu'on peut conserver, car nous perdons nos peines en nous occupant de choses que la Providence a placées si loin de nous, qu'elle ne semble pas nous les avoir destinées.

— Il y a, dit la reine, des gens qui, en entendant énoncer cette opinion par une autorité aussi haute que la vôtre, archevêque de Grenade, en concluraient qu'on ne doit faire aucune tentative pour recouvrer le saint sépulcre.

— En ce cas, Señora, ils comprendraient mal mes paroles, répondit à la hâte le politique prélat. Toute la chrétienté doit désirer de chasser les infidèles de la terre sainte, mais il vaut mieux pour la Castille les chasser de Grenade. Cette distinction est claire, et tout bon casuiste doit l'admettre.

— Cette vérité est aussi évidente pour notre raison, dit Ferdinand en regardant par une croisée avec un air de satisfaction, qu'il est clair que ces tours appartenaient à Abdallah il y a quelques jours, et que nous en sommes maîtres aujourd'hui.

— Il vaut mieux pour la Castille, répéta Isabelle du ton de quelqu'un qui réfléchit ;—peut-être oui pour ses intérêts temporels, peut-être non pour les âmes de ceux qui y travaillent, mais certainement non pour la gloire de Dieu !

— Ma chère épouse ! ma bien-aimée Isabelle ! dit Ferdinand.
— Señora ! ajouta le prélat.

Mais Isabelle se retira à pas lents, réfléchissant à ces principes, tandis que les yeux des deux mondains qu'elle laissait derrière elle se rencontraient avec cette sorte de franc-maçonnerie à l'usage de ceux qui sont portés à préférer ce qui est utile à ce qui est juste. La reine n'alla pas reprendre sa place ; elle se promena dans la partie de la salle que l'archevêque avait quittée quand Ferdinand l'avait appelé. Elle y resta seule plusieurs minutes, le roi lui-même ayant trop de respect pour elle pour l'interrompre dans ses réflexions. Elle jeta plusieurs fois les yeux sur Mercédès, et finit par l'appeler auprès d'elle.

— Ma fille, lui dit-elle, car elle donnait souvent ce nom d'affection à celles qu'elle aimait, vous n'avez sans doute pas oublié le vœu que vous avez fait volontairement ?

— Mes devoirs envers Dieu passent seuls avant ce que je dois à ma souveraine.

Mercédès prononça ces mots avec fermeté, et de ce ton qui trompe rarement. Isabelle fixa ses yeux sur les traits pâles de la belle Castillane, et quand celle-ci eut ainsi parlé, une tendre mère n'aurait pu regarder une fille chérie avec plus d'affection.

— Vos devoirs envers Dieu, ma fille, laissent dans l'ombre tout autre sentiment, et cela doit être. Ce que vous me devez n'est qu'au second rang. Cependant, vous et tous mes autres sujets vous avez un devoir solennel à accomplir envers votre souveraine, et je ne serais pas propre à remplir les hautes fonctions dont le ciel m'a chargée, si je n'exigeais pas que chacun s'acquittât de cette obligation. Ce n'est pas moi qui règne en Castille ; c'est la Providence, dont je ne suis que l'humble et indigne instrument. Mes sujets sont mes enfants ; et je demande souvent à Dieu un cœur assez grand pour les contenir tous. Si les princes sont quelquefois obligés de frapper de leur disgràce ceux qui se montrent indignes de leurs bontés, ils ne font qu'imiter cette Providence divine qui ne peut sourire au mal.

— J'espère, Señora, dit Mercédès avec timidité, voyant que la reine avait cessé de parler, que je n'ai pas été assez malheureuse pour vous déplaire. Perdre les bonnes grâces de Votre Altesse serait vraiment un malheur.

— Vous, ma fille! non. Je voudrais que toutes les filles de Castille, nobles et autres, fussent aussi vraies, aussi modestes et aussi soumises que vous. Mais nous ne pouvons permettre que vous deveniez victime de vos sens. Vous êtes trop instruite, doña Mercédès, pour ne pas savoir distinguer ce qui n'est que brillant de ce qui est véritablement vertueux...

— Señora! s'écria Mercédès avec empressement; mais elle se tut sur-le-champ, sentant qu'interrompre la reine, c'était lui manquer de respect.

— J'écoute ce que vous vouliez dire, ma fille, dit Isabelle après avoir attendu un instant que la jeune fille effrayée continuât sa phrase. Parlez librement, vous êtes devant une mère.

— J'allais dire, Señora, que, si tout ce qui est brillant n'est pas vertueux, tout ce qui déplaît à la vue, tout ce que la prudence peut condamner, n'est pas essentiellement vicieux.

— Je vous comprends, Señorita, et cette remarque n'est pas sans vérité. A présent, parlons d'autre chose. Vous paraissez envisager favorablement les projets de Colon, de ce navigateur ?

— L'opinion d'une jeune fille sans expérience ne peut avoir que bien peu de poids pour la reine de Castille, qui peut demander des conseils aux prélats et aux savants ecclésiastiques de son royaume, et consulter en outre sa propre prudence.

— Mais vous avez une bonne opinion de ses projets, ou je vous ai mal comprise?

— Vous ne vous êtes pas trompée, Señora; je pense favorablement des projets de Colon. Ils me semblent avoir une noblesse et une grandeur qui obtiendraient la protection de la Providence pour le bien des hommes et l'avantage de l'Eglise.

— Et vous croyez qu'il se trouverait de nobles cavaliers disposés à s'embarquer avec cet obscur Génois dans une entreprise si hardie ?

La reine sentit trembler la main qu'elle tenait affectueusement dans les siennes, et quand elle leva les yeux sur sa compagne, elle remarqua qu'elle rougissait et qu'elle tenait les siens baissés. Mais la généreuse Castillane pensa que c'était le moment critique pour la fortune de son amant, et elle s'arma de toute son énergie pour plaider sa cause.

— Oui, Señora, je le crois, répondit-elle avec une fermeté qui surprit la reine et qui lui plut en même temps, car Isabelle entrait dans toutes ses pensées et appréciait ses sentiments, — je pensé que don Luis de Bobadilla l'accompagnera; car depuis que sa tante lui a parlé de la nature et de la grandeur de cette entreprise, il semble ne plus songer à autre chose. Il serait même disposé à fournir de l'or pour cette expédition, si ses tuteurs voulaient y consentir.

— Ce que tout tuteur aurait grand tort de faire. Nous pouvons disposer de ce qui nous appartient, mais il ne nous est pas permis de hasarder le bien d'autrui. Si don Luis de Bobadilla persiste dans cette intention et agit en conséquence, j'aurai une idée plus favorable de son caractère que les circonstances ne me l'ont permis jusqu'à présent.

— Señora !

— Ecoutez, ma fille, nous ne pouvons converser plus longtemps sur ce sujet. Le conseil m'attend, et le roi est déjà parti. Votre tutrice et moi, nous conférerons ensemble, et nous ne vous laisserons pas longtemps inutilement en suspens. — Mais, Mercédès de Valverde, souvenez-vous de votre vœu; il a été prononcé librement, et il ne doit pas être inconsidérément oublié.

Isabelle baisa la joue de la jeune fille, et se retira, suivie de toutes ses dames, laissant Mercédès, partagée entre la crainte et l'espoir, seule au centre de ce vaste appartement, semblable à une belle statue de l'Incertitude.

CHAPITRE VII.

> Lui, qui a élevé son esprit à une telle hauteur, et donné une telle force à l'habileté de ses pensées, que ni la crainte ni l'espoir ne peuvent ébranler ses résolutions.
>
> DANIEL.

Le lendemain l'Alhambra était rempli de courtisans comme à l'ordinaire ; les uns demandant des faveurs, les autres réclamant justice, plusieurs sollicitant la réparation de torts imaginaires. On se pressait dans toutes les antichambres, et les individus qui attendaient se regardaient les uns les autres avec inquiétude, comme pour voir jusqu'à quel point leurs voisins pouvaient nuire à leurs désirs ou y être utiles. On se saluait en général avec froideur et méfiance, et ceux qui ne se bornaient pas à un simple salut s'abordaient avec cette civilité contrainte qui caractérise le commerce des hommes dans les palais.

Tandis que la curiosité s'occupait avec activité à deviner les motifs qui amenaient chacun en cet endroit, et que les chuchottements, les signes, les haussements d'épaules et les coups d'œil expressifs, s'échangeaient entre les anciens habitués de la cour, qui se communiquaient les uns aux autres le peu qu'ils savaient ou qu'ils croyaient savoir sur tel ou tel sujet, il y avait dans un coin du principal appartement un homme qu'on pouvait distinguer de tous ceux qui l'entouraient, par sa haute taille, son air grave et plein de dignité, et le genre d'attention qu'il attirait. Peu de personnes s'approchaient de lui, et ceux qui le faisaient ne lui avaient pas plus tôt tourné le dos, qu'ils prenaient cet air de suffisance et de mépris qui caractérise le commun des hommes quand ils croient qu'en ricanant et en tournant quelqu'un en ridicule ils auront pour eux l'opinion populaire. C'était Colomb, qu'on regardait généralement comme un homme à projets, un visionnaire, et qui par conséquent était exposé à ce genre de mépris et de sarcasmes dont ceux à qui l'on donne ces noms sont ordinairement l'objet. Les quolibets et les plaisanteries de la foule sur ce sujet étaient déjà épuisées, et ceux qui étaient depuis longtemps des piliers d'antichambre commençaient à s'impatienter de jouer ce rôle, quand un léger mouvement du côté de la porte annonça l'arrivée d'un nouveau courtisan. L'empressement qu'on mit à lui faire place prouvait que c'était un homme d'un rang distingué, et l'on vit bientôt don Luis de Bobadilla au centre de l'appartement.

— C'est le neveu de la favorite de la reine, dit quelqu'un à demi-voix.

— Et issu d'une des plus illustres familles de Castille, ajouta un autre; mais il est digne d'être le compagnon de ce Colon, car ni l'autorité de ses tuteurs, ni les désirs de la reine, ni ce qu'il doit à son rang, ne peuvent l'empêcher de mener une vie errante et dissipée.

— Une des meilleures lances d'Espagne, dit un troisième. Il est dommage qu'il n'ait ni la prudence ni la sagesse nécessaires pour profiter de cet avantage.

— C'est le jeune chevalier qui s'est si bien comporté dans cette campagne, murmura un officier d'infanterie d'un grade inférieur, et qui a fait vider les arçons à don Alonzo de Ojéda; mais si sa lance est bonne quand elle est en arrêt, elle n'a pas un but constant. On assure qu'il n'aime qu'à courir le monde.

Comme s'il eût voulu soutenir sa réputation, Luis regarda un instant autour de lui, puis il s'avança du côté de Colomb. Les sourires, les signes, les regards, les demi-mots, prouvèrent le sentiment général; mais une porte s'étant entr'ouverte un moment après, tous les yeux se portèrent de ce côté, et l'on oublia tout le reste.

— Je vous salue, Señor, dit Luis à Colomb en s'inclinant avec respect. Depuis notre conversation d'hier soir, je n'ai pu songer à autre chose, et je suis venu ici pour en reprendre le fil.

Les yeux de Colomb, son sourire, et la manière dont il se redressa, comme plein de la grandeur de ses projets, montrèrent que cet hommage lui plaisait. Mais il fut obligé de différer le plaisir qu'il avait toujours à entrer dans le détail de ses plans.

— J'ai reçu ordre de venir ici, noble señor, répondit-il d'un ton cordial, à la requête de l'archevêque de Grenade, qui paraît avoir été chargé par Leurs Altesses de conduire promptement à fin mon affaire, et qui a fixé ce jour pour m'entendre. Nous sommes à la veille de grands événements. Le jour n'est pas éloigné où l'on ne songera plus à cette conquête de Grenade, au milieu des choses importantes que Dieu tient en réserve.

— Par saint Pédro, mon nouveau patron ! je vous crois, señor. Le Cathay doit se trouver à l'endroit que vous avez indiqué, ou bien près; et vos yeux ne verront pas ce pays et toutes les richesses qu'il contient, avant les miens. — Souvenez-vous de Pédro de Muños, je vous en prie, señor Colon.

— Il ne sera pas oublié, je vous le promets, Señor ; et tous les exploits de vos ancêtres seront éclipsés par la gloire qui couvrira leur descendant.—Mais j'entends qu'on m'appelle,—nous reprendrons plus tard cet entretien.

— Le señor Christoval Colon ! — cria un page à voix haute et d'un ton d'autorité; et le navigateur s'avança plein de joie et d'espérance.

La manière dont un homme si généralement regardé avec indifférence, pour ne pas dire avec mépris, avait été appelé de préférence à toute cette foule de courtisans, causa quelque surprise; mais comme les affaires allèrent leur train ordinaire, et que des employés subalternes entrèrent en ce moment dans l'antichambre, pour écouter les réclamations et y répondre, cet incident fut bientôt oublié. Luis se retira désappointé, car il avait espéré avoir un long entretien avec Colomb sur un sujet qui, se rattachant à ses plus chères espérances, occupait alors presque toutes ses pensées. Nous le laisserons pourtant, ainsi que tous ceux qui se trouvaient dans les antichambres, pour suivre le grand navigateur dans l'intérieur du palais.

Fernando de Talavéra n'avait pas oublié sa mission ; mais au lieu de lui adjoindre des hommes connus pour être disposés à écouter les propositions de Colomb, le roi et la reine avaient commis la méprise de choisir sept à huit de leurs courtisans, hommes de probité et jouissant d'une bonne réputation, mais trop peu habitués aux recherches scientifiques pour apprécier convenablement l'importance des découvertes à faire. C'est en présence de ces seigneurs laïques et ecclésiastiques d'un rang distingué que Colomb fut conduit, et le lecteur le supposera assis au milieu d'eux. Nous omettrons tous les détails du cérémonial d'usage, et nous en viendrons sans autre délai à la partie essentielle de notre relation. L'archevêque de Grenade parla au nom de tous les membres de la commission.

— Nous comprenons, señor Colon, dit le prélat, que, si vous étiez soutenu par le pouvoir et l'autorité de Leurs Altesses, votre dessein serait d'entreprendre un voyage dans la partie inconnue de l'Atlantique, pour y chercher le pays de Cathay et l'île célèbre de Cipango.

— Tel est mon projet, saint et illustre prélat. Il a été si souvent question de cette affaire entre les agents des deux souverains et moi, qu'il est presque inutile de développer mes vues en ce moment.

— Je sais que l'affaire a été pleinement discutée à Salamanque, que plusieurs doctes ecclésiastiques ont adopté votre opinion, mais que la majorité a été d'un avis contraire. Cependant le roi notre maître et la reine notre maîtresse sont disposés à envisager favorablement ce dessein, et nous avons reçu ordre d'en régler toutes les conditions préliminaires, et de déterminer les droits respectifs des parties. Quelle force demandez-vous donc en navires et en équipements pour arriver au grand but qu'avec la grâce de Dieu vous espérez atteindre?

— Vous avez raison, señor archevêque, c'est par la grâce de Dieu et sous sa protection spéciale que j'espère réussir; car le succès tournera à sa gloire et augmentera le nombre des chrétiens. Avec un appui si puissant, je n'ai besoin que de peu de secours en ce monde. Deux légères caravelles sont tout ce que je demande, avec la permission d'arborer le pavillon des souverains, et un nombre suffisant de marins.

Les commissaires se regardèrent avec surprise, et tandis que les uns voyaient dans une demande si modeste l'enthousiasme inconsidéré d'un visionnaire, les autres y découvraient la ferme confiance de la certitude.

— Ce n'est certainement pas trop demander, dit le prélat, qui était du nombre des premiers, et quoique la guerre n'ait laissé à la Castille qu'un trésor épuisé, nous pourrions satisfaire à cette demande sans l'aide d'un miracle. On pourrait donc trouver les caravelles et lever les marins, mais il y a d'autres points qu'il faut régler présentement. Vous entendez sans doute que le commandement de l'expédition vous soit confié?

— Sans cela, je ne pourrais être responsable du succès. Je demande la pleine et entière autorité d'un amiral ou d'un commandant des forces navales de Leurs Altesses. Les moyens employés seront peu de chose en apparence, mais les risques seront grands, et la puissance des deux couronnes doit appuyer complètement celle de l'homme qui sera chargé de tout le poids de la responsabilité.

— Rien n'est plus juste, et personne ne s'y opposera ; mais, Señor, avez-vous réfléchi mûrement aux avantages que pourront trouver les souverains à vous soutenir dans cette entreprise ?

— Señor archevêque, ce sujet domine toutes mes pensées depuis dix-huit ans, et je m'en suis occupé nuit et jour. Pendant ce long espace de temps, je n'ai presque rien fait qui n'eût un rapport direct au succès de cette grande entreprise. Il n'est donc pas probable que les avantages qui en résulteront pour toutes les parties intéressées, aient été oubliés.

— Faites-nous-en le détail, Señor.

— D'abord, gloire sera rendue au Très-Haut, comme cela est dû à sa toute-puissante protection et à son œil ouvert sur tout, par la propagation de son évangile et par l'augmentation du nombre de ses adorateurs. — Fernando de Talavéra et les autres ecclésiastiques firent, à ces mots, le signe de la croix, et Colomb en fit autant. — Ensuite Leurs Altesses y trouveront l'avantage de voir s'étendre leur empire, et leurs sujets devenir plus nombreux ; un fleuve rapide d'immenses richesses coulera dans la Castille et dans l'Aragon, car Sa Sainteté accordera volontiers aux souverains chrétiens les trônes et les domaines des princes infidèles dont les territoires pourront être découverts ; et les peuples convertis à la foi.

— Cela est plausible, Señor, et fondé sur de justes principes. Sa Sainteté possède bien certainement ce pouvoir, et on l'a vue l'exercer pour la gloire de Dieu. Vous savez, sans doute, señor Colon, que don Juan de Portugal a déjà donné beaucoup d'attention à ce genre d'affaires, et que lui et ses prédécesseurs ont probablement poussé les découvertes jusqu'à leurs dernières limites. Cette entreprise a obtenu du saint père certains priviléges que nous sommes obligés de respecter.

— Je connais les entreprises des Portugais, saint prélat, et l'esprit dans lequel don Juan a usé de son pouvoir. Ses bâtiments voyagent le long de la côte occidentale de l'Afrique, et dans une direction toute différente de celle que je me propose de suivre. Mon plan est de me lancer sur-le-champ à travers l'Atlantique, et, en suivant le soleil vers les lieux où il se couche tous les soirs, d'atteindre les bornes orientales des Indes par une route qui abrégera le voyage de plusieurs mois.

Quoique l'archevêque et la plupart des autres commissaires appartinssent à la classe nombreuse de ceux qui regardaient Colomb comme un visionnaire dont le cerveau était échauffé, l'air de dignité avec lequel il parlait de ses vastes projets d'un ton si simple mais si relevé, la manière calme avec laquelle il passa une main sur ses cheveux blancs après avoir parlé, et l'enthousiasme qui ne manquait jamais de briller dans ses yeux quand il expliquait ses nobles desseins, firent une profonde impression sur tous ses auditeurs, et pendant un moment l'opinion générale fut de l'aider par tous les moyens possibles. Une preuve singulière de l'existence de ce sentiment passager, c'est qu'un des commissaires lui demanda sur-le-champ :

— Vous proposez-vous, señor Colon, de chercher la cour du Prestre Jean?

— Je ne sais pas même, noble señor, s'il existe un tel potentat, répondit Colomb, dont toutes les idées se concentraient sur un point fixe, comme c'est l'usage des philosophes et des savants, et qui ne donnait guère dans les erreurs populaires du jour, quoiqu'il ne fût pas tout à fait exempt de l'ignorance de son siècle; — je ne vois rien qui établisse la vérité de l'existence d'un tel monarque ou de ses territoires.

Cet aveu ne servit pas la cause du navigateur, car affirmer que la terre était une sphère, et le Prestre Jean un être imaginaire, c'était abandonner le merveilleux pour se livrer à la démonstration et aux probabilités, marche que l'esprit humain encore inculte n'aime pas à suivre.

— Il y a des gens, dit un des commissaires qui devait sa nomination à la politique du roi Ferdinand, qui seront disposés à croire à la vérité de l'existence du Prestre Jean et de ses territoires, et qui nieront positivement que la terre soit ronde, puisque nous savons tous qu'il y a des rois, des territoires et des chrétiens, et que nous voyons que la terre et l'océan ont une surface plate.

Cette opinion fut accueillie par un sourire d'assentiment général, quoique Fernando de Talavéra doutât qu'elle fût juste.

— Señor, répondit Colomb avec douceur, si tout sur la terre était véritablement ce qu'il paraît, on aurait moins besoin de confession, et les pénitences seraient plus légères.

— Je vous regarde comme un bon chrétien, señor Colon, dit l'archevêque d'un ton un peu sec.

— Je suis ce que la grâce de Dieu et la faiblesse de ma nature m'ont fait, señor archevêque ; quoique j'espère humblement que, lorsque j'aurai mis à fin cette grande entreprise, je pourrai être jugé plus digne de la protection et de la faveur du ciel.

— J'ai entendu dire que vous vous croyez spécialement choisi par la Providence pour cette œuvre.

— Je sens en moi, saint prélat, de quoi encourager cet espoir ; mais je ne le fonde pas sur des mystères qui excèdent mon intelligence.

Il serait difficile de dire si cette réponse fit gagner ou perdre quelque chose à Colomb dans l'esprit de ses auditeurs. L'opinion religieuse de ce siècle était d'accord avec l'idée qu'il venait d'exprimer ; mais il parut aux commissaires ecclésiastiques qu'il était présomptueux à un laïque étranger et inconnu de se regarder comme un vase d'élection, tandis que tant de gens qui semblaient avoir de plus hauts droits étaient rejetés. Cependant aucun d'eux ne se permit d'exprimer cette opinion ; car, alors comme aujourd'hui, celui qui semblait compter sur le pouvoir de Dieu portait avec lui un poids et une influence qui n'admettaient pas la censure.

— Vous vous proposez, continua l'archevêque, d'arriver au Cathay en traversant l'Atlantique, et pourtant vous niez l'existence du Prestre Jean !

— Je vous demande pardon, saint prélat ; je me propose d'arriver au Cathay et à Cipango de la manière que vous mentionnez, mais je ne nie pas positivement l'existence du monarque dont vous parlez. A l'appui de la probabilité du succès de mon entreprise, j'ai déjà employé des preuves et des raisonnements qui ont satisfait beaucoup de savants ecclésiastiques ; mais rien ne démontre l'existence du Prestre Jean.

— On dit pourtant que Giovanni di Montecorvino, pieux évêque de notre sainte Église, convertit à la vraie foi un prince de ce nom, il y a près de deux siècles.

— Le pouvoir de Dieu peut tout faire, señor archevêque, et je ne suis pas homme à mettre en question les mérites des ministres qu'il s'est choisis. Tout ce que je puis dire sur ce point, c'est que je ne connais aucune raison plausible ou scientifique qui me justifierait si je tentais une entreprise qui peut être aussi trompeuse que la lumière qui s'éloigne de la main qui croit pouvoir la toucher. Quant au Cathay, à sa situation et à ses merveilles, nous avons le témoignage bien établi des célèbres Vénitiens Marco et Nicolo Polo, qui non seulement y arrivèrent, mais séjournèrent plusieurs années à la cour du monarque de ce pays. Au surplus, qu'il existe un Prestre Jean ou un royaume de Cathay, l'Atlantique a certainement des limites du côté de l'occident, et ce sont ces limites que je suis disposé à chercher.

L'archevêque montra son incrédulité en levant les yeux au ciel ; mais ayant reçu les ordres de personnages habitués à être obéis, et sachant que la théorie de Colomb, après avoir été gravement écoutée à Salamanque quelques années auparavant, avait été l'objet d'un rapport aux souverains, il résolut prudemment de se renfermer dans sa sphère et de continuer l'enquête dont il avait été chargé.

— Vous avez fait le tableau des avantages que vous croyez que les souverains pourraient recueillir en cas de réussite, Señor, et certainement ce ne serait pas peu de chose, si toutes vos brillantes espérances peuvent se réaliser ; mais il reste à savoir ce que vous attendez pour vous-même, en récompense des risques que vous aurez à courir, et de plusieurs années de travaux et d'inquiétudes.

— Tout cela a été duement considéré, illustre archevêque, et vous trouverez sur ce papier l'exposition de mes désirs, quoiqu'il reste à y ajouter quelques dispositions moins importantes.

En parlant ainsi, Colomb remit à Fernando de Talavéra le papier dont il parlait. L'archevêque le parcourut d'abord, et le relut une seconde fois avec plus d'attention. Il serait difficile de dire ce que ses traits exprimaient le plus fortement, de l'indignation ou de la dérision lorsque, après cette lecture, il jeta cette pièce sur une table d'un air de dédain, en se tournant vers Colomb et en le regardant comme pour s'assurer s'il n'était pas fou.

— Est-ce bien sérieusement que vous proposez de pareilles conditions, Señor ? lui demanda-t-il d'un ton sévère, en lui lançant un regard qui aurait décidé la plupart des hommes, dans l'humble position du navigateur, à se désister de leurs prétentions.

— Señor archevêque, répondit Colomb avec un air de dignité qui ne l'abandonnait pas aisément, cet objet occupe mon esprit depuis dix-huit ans ; durant ce long intervalle de temps, je n'ai songé sérieusement presque à aucune autre chose, et je puis dire qu'il a été présent à mon imagination pendant mon sommeil comme pendant mes veilles. J'ai vu de bonne heure briller la vérité; mais chaque jour semble la présenter à mes yeux de plus en plus brillante. Je sens une confiance du succès, qui vient de ma confiance en Dieu. Je me regarde comme un agent qu'il a choisi pour l'exécution de grands desseins, qui ne seront pas décidés par le succès de cette seule entreprise. L'avenir en couvre de plus grands encore, et je dois conserver la dignité et les moyens nécessaires pour l'accomplir. Je ne puis rien changer à la nature et à l'importance de mes conditions.

Quoique la manière dont il prononça ces mots leur donnât du poids, le prélat s'imagina que l'esprit du navigateur s'était dérangé par suite d'une trop longue contemplation d'un seul objet. La seule chose qui lui laissât quelque doute sur la justesse de cette opinion, c'était la méthode et la science avec lesquelles il avait souvent fait valoir devant lui le caractère raisonnable de ses suppositions géographiques; arguments qui, s'ils n'avaient pu convaincre un homme déterminé à ne voir dans le Génois qu'un visionnaire, l'avaient du moins embarrassé. Cependant, les demandes contenues dans l'écrit qu'il venait de lire lui paraissaient si extravagantes que la pitié retint l'élan d'indignation qui était sur le point de l'entraîner.

— Que dites-vous, nobles seigneurs? s'écria-t-il d'un ton de sarcasme en s'adressant à deux ou trois des commissaires qui s'étaient emparés avec empressement du papier remis par Colomb, et qui le lisaient tous ensemble; — que dites-vous des prétentions modestes du señor Christoval Colon, le célèbre navigateur auquel le concile de Salamanque n'a pu répondre? Ne sont-elles pas de nature à être acceptées par Leurs Altesses avec reconnaissance, et à genoux devant lui?

— Lisez-les, señor archevêque, s'écrièrent plusieurs voix. — Sachons d'abord quelles sont ses prétentions.

— Je passe plusieurs demandes secondaires, qui pourraient être accordées comme ne méritant pas une discussion, répondit l'archevêque en reprenant le papier; mais en voici deux qui doivent donner à nos souverains une satisfaction infinie. Le señor Colon veut bien se contenter du rang d'amiral et de vice-roi de tous les pays qu'il pourra découvrir; et pour tout salaire, il ne demande qu'un dixième, la part de l'Eglise, mes révérends frères, l'humble dîme des revenus et des douanes de ces mêmes contrées. — Oui, il ne désire rien de plus.

Le murmure général qui se fit entendre parmi les commissaires prouva leur mécontentement, et en ce moment Colomb n'avait pas dans la salle un seul individu pour lui servir d'appui.

— Ce n'est pourtant pas tout, illustres seigneurs et saints prêtres, continua l'archevêque dès qu'il vit ses auditeurs disposés à l'écouter ; — non, ce n'est pas tout. — De peur que ces hautes dignités ne fatiguent les épaules de Leurs Altesses et celles de leur postérité royale, ce Génois libéral consent à les transmettre à sa postérité à perpétuité, faisant ainsi de l'empire du Cathay un royaume pour la maison de Colon, tandis que, pour en maintenir la dignité, il garde le dixième des revenus du pays.

Cette saillie aurait été suivie d'un éclat de rire général si le noble maintien de Colomb ne l'eût réprimé ; Fernando de Talavéra lui-même, lisant un reproche sévère dans le regard fier et sur le front grave du navigateur, commença à croire qu'il avait été trop loin.

— Pardon, señor Colon, dit-il aussitôt d'un ton plus courtois, — mais vos demandes sont si exorbitantes, qu'elles m'ont déconcerté. Vous ne pouvez avoir sérieusement le dessein d'y persister ?

— Je n'en rabattrai pas la moindre chose, señor prêtre ; ce que je demande me sera dû, et celui qui consent à moins qu'il ne mérite devient l'instrument de son humiliation. Si je donne aux souverains un empire dont la valeur excédera de beaucoup celle de toutes leurs autres possessions, j'ai droit de réclamer ma récompense. Je vous dis en outre, révérend prélat, que de grandes choses sont en réserve dans l'avenir, et que ces conditions sont nécessaires pour arriver à ce que cet avenir promet.

— Ce sont vraiment des propositions modestes pour un aventurier génois ! s'écria un courtisan qui ne put contenir plus longtemps son indignation et son mépris. — Le señor Colon sera certain d'avoir un commandement au service de Leurs Altesses ; quand même il ne réussirait pas, il aura eu cet honneur sans qu'il en coûte rien ; et si ses projets, dont le succès est si peu probable, ont quelque résultat utile, il deviendra vice-roi, et se contentera humblement du même revenu que l'Église.

Cette remarque parut déterminer ceux qui hésitaient encore. Tous les commissaires se levèrent en masse, comme s'ils eussent jugé que l'affaire ne méritait pas une plus ample discussion. Cependant, afin de conserver du moins une apparence d'impartialité, l'archevêque se tourna encore une fois vers Colomb, et, certain alors d'arriver à son but, il lui parla d'un ton plus doux.

— Je vous demande pour la dernière fois, Señor, lui dit-il, si vous insistez encore sur des conditions si inouïes.

— Je ne consentirai à aucune autre, répondit Colomb avec fermeté. Je sais quelle est la grandeur des services que je rendrai, et je n'en affaiblirai pas l'importance en acceptant d'autres propositions. — Mais, señor archevêque, et vous aussi, noble señor qui traitez si légèrement mes prétentions, je suis prêt à ajouter au risque de ma vie et de ma réputation celui de ma fortune, et je fournirai le huitième de la somme nécessaire pour l'expédition, si l'on veut augmenter mes bénéfices dans la même proportion.

— Suffit, suffit, dit le prélat se préparant à quitter la chambre, nous ferons notre rapport aux souverains à l'instant même, et vous connaîtrez bientôt leur bon plaisir.

Ainsi se termina la conférence. Les commissaires sortirent de l'appartement, causant ensemble avec vivacité, en hommes qui s'inquiétaient peu de laisser paraître leur indignation. Colomb, plein du noble caractère de ses desseins, disparut d'un autre côté avec l'air d'un homme qui se respectait assez lui-même pour mépriser les clameurs, et qui appréciait trop bien l'ignorance et les vues étroites de ceux à qui il avait affaire pour qu'ils pussent rien changer à ses grands projets.

Fernando de Talavéra tint sa parole. Il était confesseur de la reine, et, en cette qualité, il avait le droit d'entrer à toute heure dans ses appartements. Plein du résultat de la conférence qui venait d'avoir lieu, il se rendit sans délai près d'Isabelle, et, suivant l'usage, fut admis sur-le-champ en sa présence. La reine entendit son rapport avec regret et mortification, car elle commençait à prendre à cœur cette expédition extraordinaire. Mais l'archevêque jouissait d'une grande influence, et Isabelle savait qu'il lui était sincèrement dévoué.

— C'est porter la présomption jusqu'à l'insolence, Señora, continua le prélat irrité après avoir fait son rapport. N'avons-nous pas ici un mendiant, un aventurier, prétendant à des honneurs et à une autorité qui n'appartiennent qu'à Dieu, et aux princes qui ont reçu l'onction sainte? Qui est ce Colon? un Génois inconnu, aussi peu noble que peu modeste, n'ayant rendu aucun service; et il ose montrer des prétentions qu'un Guzman même hésiterait à élever.

— C'est un bon chrétien, saint prélat, répondit Isabelle avec douceur ; il paraît ne songer qu'au service et à la gloire de Dieu, et ne vouloir que travailler à l'accroissement de son Eglise visible et catholique.

— C'est la vérité, Señora ; mais il peut y avoir en cela quelque artifice.

— Je ne crois pas que le défaut du señor Colon soit d'être artificieux, car on ne rencontre pas souvent un langage plus franc, un maintien plus noble, même parmi les hommes les plus puissants. Il nous sollicite depuis bien des années, et pourtant on ne saurait l'accuser avec justice d'aucun acte de bassesse.

— Je ne veux pas juger avec trop de sévérité le cœur de cet homme, doña Isabelle ; mais il nous est permis de juger librement ses actes et ses prétentions, et de reconnaître jusqu'à quel point elles peuvent s'accorder avec la dignité de vos deux couronnes. J'avoue qu'il a l'air grave, que ses discours sont plausibles, qu'on ne remarque point de légèreté dans sa conversation ni dans ses manières, et c'est une vertu, d'après ce que nous voyons dans les cours... — Isabelle sourit, mais ne répondit rien, car son guide spirituel avait coutume de blâmer avec liberté, et elle de l'écouter avec humilité... — dans les cours, où ce monde ne montre point ses plus purs modèles de désintéressement et de dévotion ; cependant cette vertu même peut se montrer au dehors sans exister au fond de notre âme et nous rendre dignes du ciel. Qu'est-ce qu'un air de décorum et de gravité, s'il a pour principe un orgueil excessif et une cupidité désordonnée ? car l'ambition est un terme trop relevé pour peindre des désirs si démesurés. Réfléchissez bien à la nature des demandes de ce Colon, Señora. Il exige que vous lui accordiez à perpétuité le rang élevé de vice-roi, non seulement pour lui-même, mais pour tous ses descendants, avec le titre et l'autorité d'amiral sur toutes les mers voisines de ces terres dont il parle tant, s'il en découvre quelqu'une ; et cela, même avant de consentir à accepter le commandement de certains navires de Vos Altesses, grade qui ne serait déjà que trop honorable pour un homme de si peu d'importance. Si ses espérances les plus extravagantes se réalisaient, — et toutes les probabilités sont qu'il n'en sera rien, — la récompense qu'il exige serait fort au-dessus de ses services ; au lieu que, s'il vient à échouer, la Castille et l'Aragon seront couverts de ridicule, et l'on reprochera à Vos Altesses de s'être laissées duper par un aventurier. Une grande partie de la gloire de la prise de Grenade serait ternie par un événement si malheureux.

— Marquise ma fille, dit la reine en se tournant vers l'amie dont la fidélité était depuis si longtemps éprouvée, et qui travaillait à l'aiguille à son côté, les prétentions de Colon paraissent réellement excéder les bornes de la raison.

— Mais l'entreprise elle-même, Señora, dépasse aussi toutes les bornes connues, répondit doña Béatrix en jetant un coup d'œil sur Mercédès; de nobles efforts méritent de nobles récompenses.

L'œil d'Isabelle suivit le regard de son amie, et se fixa quelques instants sur les traits pâles de la pupille, sa favorite. La belle Castillane ne se doutait pas de l'attention dont elle était l'objet; mais une femme qui avait su pénétrer son secret pouvait aisément découvrir la vive inquiétude avec laquelle elle attendait le résultat de cet entretien. L'opinion de son confesseur avait paru si raisonnable à Isabelle, qu'elle était sur le point de donner son assentiment au rapport des commissaires, et de renoncer entièrement aux espérances secrètes qu'elle commençait à fonder sur le succès des projets du navigateur, quand un sentiment plus doux, un sentiment qui appartenait particulièrement à son cœur et à son sexe, la porta à accorder une autre chance au Génois. Il est rare qu'une femme soit insensible à la sympathie qui naît des sentiments du cœur, et les désirs formés par l'amour de Mercédès de Valverde furent la cause déterminante de la résolution que prit la reine de Castille en ce moment critique.

— Nous ne devons agir à l'égard de ce Génois ni avec dureté ni avec précipitation, señor archevêque, dit-elle en se retournant vers le prélat. Il a de la piété et de la franchise, et ce sont des vertus que des souverains doivent apprendre à apprécier. Ses demandes sont exagérées sans doute; mais cette exagération est le résultat des longues années qu'il a passées à réfléchir à un grand projet, unique objet de toutes ses pensées : le langage de la douceur et de la raison peut encore le ramener à plus de modération. Qu'on lui fasse donc d'autres propositions de notre part, et la nécessité, sinon un sentiment de justice, le portera sans doute à les accepter. Je conviens que la vice-royauté est un rang que la politique des princes n'accorde pas ordinairement; et comme vous le dites avec raison, saint prélat, la dîme est une prérogative du clergé; mais il peut réclamer avec justice le titre d'amiral. Proposez-lui donc le quinzième du revenu au lieu du dixième, et le rang de vice-roi pour lui-même, sous mon bon plaisir et celui de don Ferdinand; mais qu'il renonce à cette prétention pour sa postérité.

Fernando de Talavéra trouvait ces concessions trop considérables, mais quoiqu'il exerçât ses fonctions de confesseur avec pleine autorité, il connaissait trop bien le caractère d'Isabelle pour oser répliquer à un ordre qu'elle avait une fois donné, quoiqu'elle l'eût fait avec le ton de douceur qui lui était habituel. Après avoir reçu quelques autres instructions, et le consentement du roi, qui était à travailler dans un cabinet voisin, le prélat partit pour s'acquitter de cette nouvelle mission.

Deux ou trois jours se passèrent avant que cette négociation fût terminée. Enfin, un matin que la reine était entourée de son cercle domestique, son confesseur fit demander la permission de se présenter devant elle. Il avait les joues échauffées, l'air agité, et tout son extérieur semblait si troublé, que le spectateur le plus indifférent s'en serait aperçu.

— Qu'y a-t-il donc, señor archevêque? demanda la reine; votre nouveau troupeau est-il pour vous une source de vexation d'esprit? Est-il si difficile d'avoir affaire à des infidèles?

— Ce n'est rien de semblable, Señora, — rien qui ait rapport à mes nouvelles ouailles. Je trouve que les sectateurs du faux prophète eux-mêmes sont moins intraitables que certaines gens qui prétendent professer la religion de Jésus-Christ. Ce Colon est un fou; il est plus fait pour devenir un saint aux yeux des musulmans que pour être seulement pilote au service de Vos Altesses.

A ce transport d'indignation, la reine, la marquise de Moya, et doña Mercédès de Valverde, laissèrent tomber en même temps leur ouvrage, et regardèrent le prélat avec le même air d'intérêt. Elles avaient espéré que les difficultés qui s'opposaient encore à un arrangement définitif s'aplaniraient, et qu'elles allaient voir arriver le moment où l'être qui, en dépit de la hardiesse et de la nature extraordinaire de ses projets, avait réussi à leur inspirer tant d'intérêt, partirait pour son voyage, afin de résoudre les problèmes qui avaient embarrassé leur raison et excité leur curiosité. Mais ce que l'archevêque venait de dire semblait mettre un terme subit et imprévu à leur attente; et tandis que Mercédès sentait une sorte de désespoir lui glacer le cœur, la reine et doña Béatrix montraient du mécontentement.

— Avez-vous bien expliqué au señor Colon la nature de nos propositions, señor archevêque? demanda la reine, dont le ton avait plus de sévérité que de coutume; insiste-t-il encore sur ses prétentions à la vice-royauté, avec la condition offensante de la transmettre à ses descendants?

— Oui, Votre Altesse. Quand Isabelle de Castille aurait à traiter avec Henri d'Angleterre ou Louis de France, ces deux monarques ne pourraient prendre un ton plus haut, ni montrer tant d'inflexibilité dans leurs prétentions que cet aventurier génois. Il ne veut absolument rien en rabattre. Cet homme se regarde comme l'élu de Dieu pour arriver à certaines fins, et ses discours et ses prétentions sont d'une nature qui conviendrait à peine à un être qui se sentirait soutenu dans sa conduite par l'impulsion du ciel.

— Cette constance a son mérite, dit la reine, mais il y a des bornes aux concessions. Je n'ai plus rien à dire en faveur du señor Colon. Je l'abandonne au sort qui suit ordinairement une opinion trop élevée de soi-même et des prétentions extravagantes.

Ces mots parurent mettre le sceau au destin de Colomb en Castille. L'archevêque prit un air plus calme, et après avoir eu quelques instants d'entretien privé avec la reine, il sortit de l'appartement. Bientôt après Christoval Colon, comme les Espagnols le nommaient, — Colomb, comme il s'appela lui-même par la suite, — reçut, pour réponse définitive, l'avis que ses demandes étaient rejetées, et que la négociation relative à son voyage projeté était rompue.

CHAPITRE VIII.

> Oh! c'est ainsi que depuis ma première enfance, j'ai toujours vu se flétrir mes plus chères espérances! Je n'ai jamais aimé une fleur, un arbrisseau, sans qu'ils fussent les premiers à périr.
> F. Moore. *Lalla Rookh.*

On était aux premiers jours de février, et, sous cette latitude, le temps commençait à devenir doux et ressemblait au printemps. Dans l'entrevue rapportée à la fin du chapitre précédent, sept ou huit individus, attirés par la beauté de la journée, et moralement entraînés par un motif plus élevé, étaient réunis devant la porte d'une de ces maisons de Santa-Fé qui avaient été construites pour loger l'armée pendant le siége de Grenade. La plupart de ces Espagnols étaient des hommes graves d'un certain âge; cependant le jeune Luis de Bobadilla en faisait partie, et l'on distinguait aussi dans ce groupe la haute taille et le maintien plein de dignité de Colomb. Ce dernier était équipé comme pour se mettre en voyage, et un mulet andalous vigoureux, prêt à lui servir de monture, était à deux pas. A côté du mulet, on voyait un beau coursier, qui prouvait que celui qui monterait le premier devait avoir un compagnon de voyage. Parmi ces Espagnols on pouvait distinguer Alonzo de Quintanilla, maître général des comptes du royaume de Castille, ami constant du navigateur, et Luis de Saint-Angel, receveur des revenus ecclésiastiques du royaume d'Aragon, un des plus fermes appuis de Colomb, qui l'avait converti à ses opinions en le convainquant de leur exactitude philosophique et de la justesse de ses idées.

Ces deux derniers avaient eu un entretien animé avec le navigateur, mais la discussion était terminée, et le señor de Saint-Angel, qui avait des sentiments généreux et une imagination ardente, s'écria avec chaleur :

— Par le lustre des deux couronnes! cela ne devait pas se terminer ainsi. Mais, adieu, señor Colon; que Dieu vous ait en sa sainte garde, et qu'il vous accorde par la suite des juges plus sages et moins prévenus! Le passé ne peut nous causer, à nous, que honte et chagrin ; mais pour vous, l'avenir est encore un secret du destin.

Tous prirent alors congé de Colomb, à l'exception de Luis de Bobadilla. Dès que les autres furent partis, le Génois monta sur son mulet, don Luis l'accompagna sur son coursier, et ils traversèrent ainsi les rues de la ville, remplies d'un grand concours de peuple. Ils ne prononcèrent pas un seul mot avant d'être arrivés dans la plaine, quoique Colomb soupirât souvent, en homme accablé de chagrin. Cependant le calme régnait sur son front, son attitude était pleine de dignité, et ses yeux brillaient de ce feu inextinguible qui trouve son aliment dans l'âme.

Lorsqu'ils eurent dépassé les portes, Colomb se tourna vers don Luis, et le remercia de sa compagnie ; mais avec une attention qui faisait honneur à son cœur, il ajouta :

— Quoique je sois reconnaissant de l'honneur que me fait un jeune homme de si haute naissance et ayant de si grandes espérances, je ne dois pas oublier ce qui vous est dû à vous-même. Avez-vous remarqué, pendant que nous traversions les rues, certains Espagnols qui me montraient au doigt avec un air de mépris?

— Oui, Señor, répondit Luis tandis qu'un sentiment d'indignation se peignait sur ses joues ; et si je n'eusse craint votre mécontentement, je leur aurais fait passer mon cheval sur le corps, faute de lance pour les embrocher.

— Vous avez agi très-sagement en montrant de la patience. Mais ce sont des hommes, et leurs opinions individuelles forment l'opinion publique. Je ne remarque même pas que la naissance ou les circonstances établissent entre eux des distinctions bien marquées, quoiqu'ils puissent varier dans l'expression. Il se trouve des esprits vulgaires parmi les nobles, et des esprits nobles dans les rangs les plus infimes. La preuve d'estime que vous me donnez en ce moment sera pour bien des gens un sujet de mépris et de dérision, à la cour des deux souverains.

— Qu'il prenne garde à lui, Señor, celui qui se hasardera à parler de vous avec légèreté en présence de Luis de Bobadilla! Nous ne sommes pas une race qui se distingue par la patience, et les Castillans ont ordinairement le sang chaud.

— Je serais fâché qu'un autre que moi tirât l'épée pour me défendre. Mais si nous nous regardions comme offensés par tous ceux qui pensent ou qui parlent follement, autant vaudrait passer notre vie le fer à la main. Laissez plaisanter les jeunes nobles, si cela leur fait plaisir, mais ne me donnez pas lieu de regretter mon amitié pour vous.

Luis lui fit les plus belles promesses; mais à l'instant même, et comme si ses pensées rebelles voulaient revenir au même sujet malgré lui, il ajouta :

— Vous parlez des nobles comme s'ils étaient d'une classe différente de la vôtre; — sûrement, señor Colon, vous êtes noble?

— En résulterait-il une différence dans vos opinions et vos sentiments, jeune homme, si je vous répondais négativement?

Les joues de don Luis se couvrirent de rougeur, et il se repentit un instant de sa question; mais, retombant sur-le-champ dans son caractère de franchise et de générosité, il répondit sans réserve et sans duplicité :

— Par saint Pédro, mon nouveau patron! je voudrais que vous fussiez noble, Señor, quand ce ne serait que pour l'honneur qui en rejaillirait sur tout notre ordre. Il y a parmi nous tant de gens qui ne font nul honneur à leurs éperons, que vous seriez une acquisition à laquelle nous ne saurions attacher trop de prix.

— Il n'y a que changements dans le monde, Señor, répondit Colomb en souriant. Les saisons changent tour à tour; le jour fait place à la nuit; les comètes vont et viennent; des monarques deviennent sujets, et des sujets monarques; des nobles ne savent plus ce qu'ont été leurs ancêtres, et des plébéiens s'élèvent à la noblesse. Il y a parmi nous une tradition que nous étions autrefois de la classe privilégiée, mais le temps et la mauvaise fortune nous ont fait descendre à d'humbles emplois. Perdrai-je l'honneur de la compagnie de don Luis de Bobadilla dans mon grand voyage, si je suis plus heureux en France qu'en Castille, parce qu'il arrive que son commandant a perdu ses preuves de noblesse?

— Ce serait un motif indigne de moi, Señor, et je me hâte de détruire votre méprise. Mais, comme nous sommes sur le point de nous séparer pour quelque temps, je vous demande la permission de vous ouvrir entièrement mon âme. Lorsque j'entendis pour la première fois parler de ce voyage, je fus frappé de l'idée que ce ne pouvait être que le projet d'un fou....

— Ah! don Luis, s'écria Colomb en secouant la tête d'un air mélancolique, cette opinion n'est que trop répandue, et je crains bien que Ferdinand d'Aragon et ce fier prélat qui a tout récemment décidé la question ne pensent de la même manière.

— Je vous demande pardon, Señor, si j'ai dit quelque chose qui a pu vous rappeler un souvenir pénible; mais si j'ai naguère été injuste à votre égard, je suis prêt aujourd'hui à vous faire réparation, comme vous le verrez tout à l'heure. — Quand j'ai cherché à faire votre connaissance et commencé à écouter vos discours, c'était dans le dessein de m'amuser des idées extravagantes d'un fou. Je n'ai pas changé d'opinion sur-le-champ au point d'admettre la justesse de votre théorie; mais j'ai bientôt reconnu qu'un grand philosophe, un homme doué d'un jugement profond, avait réfléchi sur cette affaire. J'aurais pu en rester là sans une circonstance d'un grand intérêt pour moi. Il faut que vous sachiez, Señor, que, quoique issu du sang le plus ancien de l'Espagne et ayant d'assez belles possessions, je puis n'avoir pas toujours répondu à l'espoir qu'avaient conçu de moi ceux qui étaient chargés du soin de ma jeunesse, et...

— Ces détails ne sont pas nécessaires, noble Señor.

— Pardonnez-moi. De par saint Luc! il faut que je vous dise tout.—Or, j'ai deux grandes passions,—deux passions dans lesquelles toutes mes idées se concentrent. — L'une est un désir effréné de courir le monde, de voir les pays étrangers, et les voir libre du joug de toute étiquette, et enfin de voyager sur la mer et de visiter les ports qui l'entourent. — L'autre est mon amour pour Mercédès de Valverde, la plus belle, la plus douce, la plus aimable de toutes les filles de la Castille.

— Et de plus très-noble, dit Colomb en souriant.

— Señor, répondit Luis d'un ton grave, je ne plaisante pas quand je parle de mon ange gardien. Non seulement elle est noble et faite à tous égards pour honorer ma maison, mais encore le sang des Guzmans coule dans ses veines. Mais j'ai perdu les bonnes grâces de beaucoup de gens, sinon celles de mon aimable maîtresse, en cédant à mon penchant pour voir le monde. Ma propre tante même, qui est sa tutrice, ne me voit pas de très-bon œil faire la cour à sa pupille. Doña Isabelle, dont le moindre mot est une loi pour les nobles vierges de sa cour, a aussi ses préjugés; et il m'est devenu nécessaire de regagner sa bonne opinion pour obtenir la main de doña Mercédès. J'ai donc pensé (Luis, pour rien au monde, n'aurait voulu trahir sa maîtresse en avouant que c'était elle qui lui avait suggéré cette pensée),—j'ai donc pensé que, si mon goût pour les aventures se montrait dans quelque noble entreprise, comme celle que vous proposez, ce qui a paru un défaut aux yeux de la reine pourrait lui paraître un mérite, et que tous les autres yeux en jugeraient certainement d'après les siens. Ce fut dans cet espoir que je cherchai à vous voir fréquemment, et enfin la force de vos arguments acheva ma conversion. En ce moment, nul ecclésiastique n'est plus convaincu de l'infaillibilité du chef de l'Eglise que je ne le suis que la route la plus courte pour arriver au Cathay est de traverser l'Atlantique; et nul Lombard n'est plus persuadé que sa Lombardie est plate, que je ne le suis que cette bonne terre est une sphère.

— Parlez avec respect des ministres de l'autel, Señor, dit Colomb en faisant le signe de la croix; un ton de légèreté n'est pas convenable quand on parle de leurs saintes fonctions. Il semble, ajouta-t-il en souriant, que je dois mon disciple à deux agents puissants, l'amour et la raison; que l'amour, comme le plus puissant, a surmonté les premiers obstacles, et que la raison a pris enfin le dessus, comme c'est l'usage : car, en général, l'amour triomphe d'abord, et la raison ne vient qu'ensuite.

— Je ne nierai pas la puissance de l'amour, Señor; je la sens trop bien pour me révolter contre elle. Vous connaissez maintenant mon secret, et quand je vous aurai fait connaître mes intentions, vous saurez tout.—Don Luis se découvrit la tête, leva les yeux vers le ciel, et ajouta : — Je fais vœu solennel de vous accompagner dans ce voyage, avis m'en étant dûment donné, de quelque part que vous partiez, quelque bâtiment que vous preniez, et quelque époque que vous choisissiez.—En agissant ainsi, j'espère d'abord servir Dieu et son Eglise,—ensuite voir le Cathay et tous ces pays lointains et merveilleux, — et enfin obtenir la main de doña Mercédès de Valverde.

— J'accepte votre parole, Señor, répondit Colomb frappé de son enthousiasme et charmé de sa franchise; mais vous auriez, je crois, reproduit plus fidèlement vos pensées si vous aviez changé l'ordre de vos motifs, et mis au premier rang celui que vous avez placé au dernier.

— Dans quelques mois je serai maître de ma fortune, dit le jeune homme, trop occupé de ses pensées pour avoir fait attention à ce que le navigateur venait de dire, et alors rien que les ordres solennels de doña Isabelle elle-même ne pourra nous empêcher d'avoir au moins une caravelle, et il faudra que ma fortune ait été bien mal administrée pendant ma minorité, si elle ne nous permet pas d'en avoir deux. Je ne suis pas sujet de Ferdinand, je suis serviteur de la branche aînée de la maison de Transtamare, et le froid jugement du roi n'aura aucune influence sur moi.

— C'est parler avec générosité, et ces sentiments sont ceux qui conviennent à un esprit jeune, noble et entreprenant ; mais votre offre ne peut être acceptée. Il ne siérait pas à Colomb de se servir de l'or offert par un cœur si confiant et par une tête si inexpérimentée. Mais des obstacles plus grands encore s'y opposent. Il faut que mon entreprise ait l'appui de quelque puissant prince. Guzman lui-même n'a pas cru avoir une autorité suffisante pour se charger d'un si vaste projet. Si nous faisions nos découvertes sans la sanction d'un grand monarque, nous aurions travaillé pour les autres ; nous n'aurions aucune garantie pour nous-mêmes ; le Portugal ou quelque autre puissance nous ravirait tout le fruit de notre entreprise. Je sens que je suis destiné à cette grande œuvre ; mais elle doit être faite d'une manière convenable à la majesté de la pensée qui l'inspira, et à la grandeur du sujet. — Mais ici, don Luis, il faut nous séparer. Si mes sollicitations réussissent à la cour de France, vous recevrez de mes nouvelles, car je ne demande pas mieux que d'avoir pour soutenir mon entreprise, un cœur et des bras comme les vôtres. Cependant vous ne devez pas nuire inconsidérément à votre fortune, et je suis aujourd'hui un homme disgracié en Castille. Il peut vous être désavantageux qu'on sache que vous avez encore quelques rapports avec moi. Je vous le répète donc, il faut nous séparer ici.

Luis protesta qu'il était parfaitement indifférent à tout ce qu'on pourrait penser de lui ; mais Colomb avait plus d'expérience, et quoiqu'il s'élevât si haut au-dessus des clameurs populaires en ce qui le concernait personnellement, il éprouvait une généreuse répugnance à souffrir que ce jeune homme plein de confiance sacrifiât ses espérances à son amitié pour lui. Ils se firent l'un à l'autre l'adieu le plus cordial, et le navigateur fut touché au fond du cœur en voyant l'émotion sincère dont le jeune homme ne put se défendre en le quittant. Ils se séparèrent à environ un demie-lieue de la ville, et chacun d'eux marcha dans une direction opposée ; le cœur de don Luis rempli d'indignation en songeant à la manière indigne dont son nouvel ami avait été traité, comme il n'avait que trop de raisons de le penser.

D'autres idées occupaient Colomb tandis qu'il voyageait de son côté. Pendant sept longues années il avait sollicité les monarques et les nobles d'Espagne de l'aider dans son entreprise. Pendant tout ce temps, quelle pauvreté, combien de mépris, de ridicule et même de haine, n'avait-il pas supportés avec patience, plutôt que de renoncer à tâcher de profiter de la légère impression favorable qu'il avait faite sur quelques-uns des esprits les plus libéraux et les plus éclairés de cette nation. Il avait travaillé pour gagner son pain, tandis qu'il sollicitait les grands de l'aider à les rendre plus puissants encore qu'il ne l'étaient ; il avait saisi avec joie chaque rayon d'espérance, quelque faible qu'il fût, et il avait supporté chaque désappointement avec une constance dont l'esprit le plus exalté est seul capable. Mais il avait maintenant à endurer la plus cruelle de toutes ses afflictions. Son rappel par Isabelle avait éveillé en lui une confiance qu'il n'avait pas éprouvée depuis longtemps, et il avait attendu la fin du siége de Grenade avec une dignité calme qui convenait à ses projets comme à sa philosophie. L'heure du loisir était arrivée, et qu'avait-elle amené ? le renversement de toutes ses espérances. Il avait cru que ses motifs étaient compris, que son caractère était apprécié, et que l'importance de ses projets était sentie ; mais en ce moment il se voyait regardé comme un visionnaire, on se méfiait de ses intentions, on rejetait avec mépris ses offres de service. En un mot, l'espoir brillant qui l'avait soutenu durant tant d'années venait de s'évanouir en un seul jour, et l'espérance aussi courte que trompeuse qu'avait fait naître un instant de faveur ne servait qu'à rendre plus pénible son désappointement.

Il n'est donc pas surprenant que, lorsqu'il se trouva seul sur le grand chemin, le courage de cet homme extraordinaire l'ait presque abandonné, et qu'il ait été obligé d'implorer le secours d'un pouvoir supérieur à celui des hommes. Sa tête tomba sur sa poitrine, et il éprouva un de ces moments pleins d'amertume, où l'imagination s'occupe du passé pour se rappeler des souffrances, et de l'avenir sans y trouver un seul motif d'espoir. Le temps qu'il avait perdu en Espagne lui semblait une tache à son existence, puis venait la probabilité d'un nouveau temps d'épreuve peut-être aussi long que le premier, et dont il était possible que le résultat ne fût pas plus satisfaisant. Il était déjà entré dans sa soixantième année, et la vie lui paraissait glisser sous lui, pendant que ce qui en avait été le grand objet n'était pas accompli.

Cependant la force de sa résolution ne se démentit point. Il ne songea pas un instant à se relâcher le moins du monde de ce qu'il croyait lui être dû ; et il ne conçut pas le plus léger doute sur la possibilité de réussir dans la grande entreprise qui était un sujet de dérision pour tant d'autres. Autant son cœur était déchiré, autant il y puisait de courage. — Il existe un Dieu sage, miséricordieux et tout-puissant, s'écria-t-il en levant les yeux au ciel ; il sait ce qui convient à sa gloire, et c'est en lui que je mets ma confiance. — Un instant de silence suivit ces paroles. Ses yeux brillèrent, un sourire presque imperceptible se dessina sur ses traits graves, et il ajouta : — Oui, Dieu choisit son temps ; mais l'infidèle recevra la lumière, et le Saint Sépulcre sera délivré.

Après cet élan d'enthousiasme, cet être extraordinaire aux cheveux duquel les soucis et les fatigues avaient déjà donné la couleur de la neige, poursuivit son chemin avec la dignité calme d'un homme qui croyait qu'il n'avait pas été créé pour rien, et qui comptait sur Dieu pour l'accomplissement de sa destinée. Si quelques soupirs s'échappaient de temps en temps de sa poitrine, ils ne troublaient pas la tranquillité de sa physionomie vénérable. Si le chagrin et le désappointement pesaient encore sur son cœur, ils y trouvaient une base qui était en état de les soutenir.

Laissant Colomb suivre le chemin ordinaire à travers la Véga, nous retournerons à Santa-Fé, où Ferdinand et Isabelle avaient de nouveau établi leur cour après avoir passé quelques jours dans leur nouvelle conquête.

Luis de Saint-Angel était un homme qui sentait vivement, et qui suivait volontiers l'impulsion de la générosité. C'était un de ces esprits rares qui prennent l'avance sur leur siècle, et qui permettent à leur raison de se laisser éclairer par leur imagination, mais non de l'éblouir. Après avoir quitté Colomb, comme nous l'avons déjà dit, avec son ami Alonzo de Quintanilla, ils s'avancèrent vers le pavillon des souverains, en causant de ce grand homme, de ses vastes projets, de la manière dont il avait été traité, et de la honte qui couvrirait l'Espagne si l'on souffrait qu'il en partît ainsi pour toujours. Franc dans tous ses discours, le receveur des revenus ecclésiastiques mesurait rarement ses termes, et en cette occasion chaque mot qu'il prononçait trouvait un écho dans le cœur du maître-général des comptes, qui était un ami à toute épreuve du célèbre navigateur. Lorsqu'ils arrivèrent au pavillon, ils avaient résolu de faire un vigoureux effort pour déterminer la reine à accorder à Colomb toutes ses demandes et à le rappeler en sa présence.

Isabelle était toujours d'un abord facile pour ceux de ses serviteurs qu'elle estimait et dont elle connaissait le zèle. Dans ce siècle de cérémonial exagéré sous bien des rapports, une étiquette rigide dominant la cour de Castille était comme dans toutes les autres : mais l'esprit pur de la reine jetait sur tout ce qui l'entourait une grâce naturelle qui rendait inutile et presque impraticable tout ce qui n'était que de simples formes, à moins qu'elles ne se rattachassent aux bienséances et à la délicatesse. Les deux amis qui sollicitaient une audience jouissaient de ses bonnes grâces, elle leur accorda sur-le-champ leur demande avec cet air de simplicité qu'elle se plaisait à prendre toutes les fois qu'elle croyait pouvoir obliger quelqu'un qu'elle estimait.

Lorsque Luis de Saint-Angel et Alonzo de Quintanilla se présentèrent devant la reine, elle était entourée du petit nombre de dames qui formaient son cercle privé, et dont faisaient partie la marquise de Moya et doña Mercédès de Valverde. Le roi était en ce moment dans son cabinet, occupé, suivant son usage, à faire des calculs et à donner des ordres. Le travail du cabinet était le délassement de Ferdinand, et il paraissait rarement plus heureux que lorsqu'il venait de mettre à fin une foule d'affaires qui auraient paru un lourd fardeau à la plupart des hommes. C'était un héros quand il était en selle, un guerrier à la tête des armées, un sage dans le conseil, enfin un prince respectable, sinon grand en toutes choses, si ce n'est dans les motifs qui le faisaient agir.

— Qu'ont donc à me demander le señor de Saint-Angel et le señor Quintanilla, pour venir de si bonne heure en ma présence? dit Isabelle en souriant de manière à les assurer que leur demande leur serait accordée ; vous n'avez pas l'habitude de demander, et l'heure est un peu inusitée.

— Toutes les heures sont convenables, doña Isabelle, quand on vient, non pour demander une faveur ; mais pour en accorder une, répondit don Luis de Saint-Angel sans cérémonie. Nous ne venons rien solliciter pour nous-mêmes, nous venons montrer à Votre Altesse la manière dont elle peut enrichir la couronne de Castille de joyaux plus brillants qu'aucun de ceux dont elle est ornée maintenant.

Isabelle parut surprise du discours du señor Luis, du ton qu'il avait pris et de la liberté de ses paroles. Mais comme elle était accoutumée à ses manières, son calme n'en fut pas troublé, et elle ne donna aucun signe de mécontentement. — Reste-t-il encore un royaume à conquérir sur les Maures? demanda-t-elle; ou le receveur des revenus de l'Eglise veut-il que nous fassions la guerre au Saint-Siége?

— Je voudrais que Votre Altesse acceptât avec reconnaissance les bienfaits que le ciel est disposé à lui accorder, au lieu de les rejeter avec ingratitude, répondit Saint-Angel en baisant avec un respect et une affection qui faisaient oublier la liberté de ses discours, la main que la reine lui présentait. Votre Altesse sait-elle que le señor Christoval Colon, dont les grands projets avaient inspiré de si hautes espérances aux Espagnols, a déjà pris un mulet et quitté Santa-Fé?

— Je m'y attendais, Señor, quoique je n'eusse pas encore appris qu'il fût parti. Le roi et moi nous avons remis cette affaire entre les mains de l'archévêque de Grenade et de quelques autres de nos fidèles conseillers, et ils ont trouvé les demandes du Génois si extravagantes, et une arrogance si excessive et si déraisonnable dans ses prétentions, qu'il ne convenait ni à notre dignité ni à nos devoirs d'accepter de pareilles conditions. Un homme qui a formé un projet dont les résultats sont si douteux, doit montrer de la modération dans les préliminaires. Bien des gens le regardent même comme un visionnaire.

— Ce n'est pas un homme qui cherche à tromper, Señora, que celui qui renonce à toutes ses espérances, plutôt que de sacrifier sa dignité. Colon sent qu'il propose des empires, et il négocie en homme plein de l'importance d'une telle entreprise.

— Celui qui fait peu de cas de lui-même dans une affaire grave, ajouta Alonzo de Quintanilla, ne doit pas s'attendre à une place bien haute dans l'estime des autres.

— Et d'ailleurs, ma gracieuse et chérie souveraine, reprit Saint-Angel, sans laisser à Isabelle le temps de répondre, le caractère de cet homme et la valeur de ses projets peuvent s'apprécier par le prix qu'il met à ses services. S'il réussit, la découverte qu'il aura faite n'éclipsera-t-elle pas toutes celles qui ont eu lieu depuis le commencement du monde? N'est-ce rien de faire le tour de la terre, et de prouver par ce fait la sagesse de Dieu, — de suivre le soleil dans sa marche journalière, et d'imiter les mouvements de cet astre glorieux? Et les avantages qui en résulteront pour la Castille et l'Aragon ne sont-ils pas incalculables? Je suis surpris qu'une princesse qui a fait preuve d'un esprit si rare et si élevé en toute autre occasion, recule devant une aussi grande entreprise que celle-ci.

— Vous parlez avec feu, mon bon Saint-Angel, répondit Isabelle avec un sourire qui prouvait qu'elle était loin d'être en colère; et quand on parle avec feu, on est quelquefois sujet à s'oublier. Si le succès de Colon nous promet honneur et profit, à quoi serons-nous exposés s'il échoue? Supposez que le roi et moi nous fassions partir Colon avec la qualité de vice-roi à perpétuité des terres qu'il découvrirait, et qu'il n'en découvre aucune, la sagesse de nos conseils pourrait être mise en question, et la dignité des deux couronnes se trouverait compromise sans aucun fruit.

— Je reconnais là la main de l'archevêque. Ce prélat n'a jamais cru à la justesse des théories du navigateur génois, et il est aisé de trouver des objections à une entreprise contre laquelle on est prévenu. Mais on n'obtient jamais de gloire sans courir quelque risque. Que Votre Altesse voie nos voisins les Portugais. — Que n'ont pas fait pour eux les découvertes, et combien plus encore ne peuvent-elles pas faire pour nous? — Nous savons que la terre est ronde...

— Sommes-nous bien certains de ce fait important, Señor? demanda le roi, qui, attiré par le ton animé de Saint-Angel, avait quitté son cabinet et s'était avancé sans être vu. Cette vérité est-elle bien établie? Nos docteurs à Salamanque étaient divisés sur cette grande question; et, par saint Jacques, elle ne me paraît pas très-claire.

— Si elle n'est pas ronde, Votre Altesse, dit Saint-Angel se retournant pour faire face à Ferdinand, comme un corps d'infanterie bien exercé fait un quart de conversion pour présenter un autre front, quelle peut en être la forme? Quelque docteur, qu'il soit de Salamanque ou d'ailleurs, prétendra-t-il que la terre est une vaste plaine qui a ses limites, et qu'on peut arriver à ces limites et sauter par dessus le soleil quand il y passe à la nuit tombante? — Cela est-il raisonnable? Cela est-il conforme à la Sainte-Écriture?

— Quelque docteur, de Salamanque ou d'ailleurs, répliqua Ferdinand, quoiqu'il fût évident qu'il prenait peu d'intérêt à cette discussion, soutiendra-t-il qu'il y a des nations qui marchent toujours la tête en bas, où la pluie tombe de bas en haut, et où la mer reste dans son lit, quoiqu'elle n'ait d'appui qu'au-dessus d'elle et rien en dessous ?

— C'est parce que je désire avoir l'explication de ces grands mystères, señor don Ferdinand, que je voudrais que Colon fît sur-le-champ son voyage. Nous pouvons voir, il nous est même démontré que la terre est une sphère; et pourtant nous ne voyons pas que l'eau tombe nulle part de sa surface. La coquille d'un navire est un objet plus considérable que ses mâts, et pourtant les mâts sont ce qu'on aperçoit d'abord, ce qui prouve que la coquille est cachée par la forme de l'eau. Cela étant reconnu, et tous ceux qui ont voyagé sur l'Océan en ayant été témoins, pourquoi, si la terre est une plaine, l'eau ne prend-elle pas son niveau ici, sur nos côtes mêmes ? Mais si elle est ronde, il doit y avoir des moyens d'en faire le tour par eau aussi bien que par terre;
— de faire la totalité du voyage aussi bien qu'une partie. Colon propose d'ouvrir la voie à cet exploit, et le monarque qui lui en fournira les moyens vivra dans la mémoire de nos descendants comme un prince bien plus grand qu'un conquérant. Songez aussi, illustre Señor, que tout l'Orient est peuplé d'infidèles, et que le chef de l'Eglise octroie leurs territoires à tout souverain chrétien qui les retire des ténèbres en faisant briller sur eux les lumières de la foi. — Croyez-moi, doña Isabelle, si quelque autre monarque accorde à Colon ses demandes, et recueille les avantages que doivent procurer de telles découvertes, les ennemis de l'Espagne feront retentir le monde entier de leurs chants de triomphe, et tout notre pays déplorera cette funeste erreur.

— Où est allé le señor Colon? demanda vivement le roi, sa jalousie politique prenant l'alarme subitement à ces remarques de Saint-Angel; il n'est pas retourné en Portugal ?

— Non, señor mon maître; il va s'adresser à Louis, roi de France, dont l'amour pour l'Aragon est si généralement connu.

Le roi murmura quelques mots entre ses dents, et se mit à marcher dans l'appartement en long et en large avec un air d'humeur; car si personne ne se souciait moins de faire un sacrifice sans être sûr d'y trouver du profit, l'idée qu'un autre recueillerait un avantage qu'il avait négligé d'obtenir le mettait tout à coup sous l'empire des sentiments qui influaient toujours sur sa politique froide et calculatrice. A l'égard d'Isabelle, le cas était tout différent. Ses pieux désirs avaient toujours penché pour l'accomplissement des grands projets de Colomb, et son caractère généreux avait sympathisé avec la noble conception, les vastes résultats moraux et la gloire de l'entreprise qu'il projetait. Son imagination et ses idées religieuses, entièrement occupées par la guerre contre Grenade, l'avaient seules empêchée d'examiner plus tôt et plus complètement les vues du navigateur; et ce n'était qu'avec une répugnance difficile à surmonter qu'elle avait cédé aux conseils de son confesseur en refusant les demandes de Colomb. Les plus doux sentiments de son sexe avaient aussi leur influence sur elle, car, tout en réfléchissant sur ce qu'elle venait d'entendre, ses yeux se promenaient autour de la chambre, et ils se fixèrent enfin sur Mercédès, qui gardait le silence par défiance d'elle-même, mais dont la physionomie expressive brillait de toute l'éloquence que l'enthousiasme et l'amour le plus pur peuvent inspirer à une femme.

— Marquise ma fille, dit la reine s'adressant à son amie éprouvée, comme elle le faisait toujours quand elle était dans le doute, que pensez-vous de cette grande affaire? Devons-nous nous humilier au point de rappeler ce hautain Génois?

— Ne dites pas hautain, Señora, car il me semble trop supérieur à un pareil sentiment; regardez-le plutôt comme un homme qui sait apprécier toute la valeur de ses projets. Je suis parfaitement d'accord avec le señor de Saint-Angel, et je pense comme lui que ce serait un déshonneur pour la Castille si un nouveau monde venait à être découvert, et que ceux qui y auraient contribué pussent montrer au doigt cette cour, en disant qu'elle a tenu dans sa main la gloire de cet événement, et qu'elle l'a laissée inconsidérément échapper.

— Et tout cela, ajouta Saint-Angel, pour un simple point de dignité, — pour un morceau de parchemin, — pour le son d'un titre qui...

— Non, non, répliqua la reine; il y a des gens qui pensent que les honneurs auxquels Colon prétend excéderaient de beaucoup ses services, quand même il réussirait aussi complètement qu'il se le figure.

— En ce cas, Señora, ces gens-là ne savent pas quel est le but du Génois. Songez que ce ne sera pas un de ces exploits qu'on peut voir tous les jours, de prouver par le fait que cette terre est une sphère, quoique nous puissions le savoir par théorie. Réfléchissez aussi à tous les avantages que vous retireriez de ces possessions en Orient, contrée d'où viennent toutes les richesses, les épices, les perles, la soie et les métaux les plus précieux. — Et enfin la gloire de Dieu viendra couronner et surpasser tout le reste.

Isabelle fit le signe de la croix, ses joues se couvrirent de rougeur, ses yeux étincelèrent, et sa belle taille sembla encore grandir par la majesté des sentiments que ce tableau fit naître en elle.

— Je crains, Ferdinand, dit-elle, que nos conseillers n'aient agi avec trop de précipitation. Il me semble que la grandeur du projet pouvait justifier des concessions plus qu'ordinaires.

Mais le roi entra peu dans les idées libérales d'Isabelle; car il sentait beaucoup plus vivement l'aiguillon de la jalousie politique que l'émotion d'un zèle libéral pour les intérêts de l'Eglise ou de la science. Ferdinand passait généralement pour un prince sage, ce qui ne semble une preuve ni de générosité ni même de justice : il sourit de l'enthousiasme de la reine, mais continua de lire un papier qu'un secrétaire venait de lui remettre.

— Votre Altesse pense comme doña Isabelle de Castille doit penser quand il s'agit de la gloire de Dieu et de l'honneur de sa couronne, dit doña Béatrix usant de la liberté que sa maîtresse lui permettait dans leur commerce privé. J'aimerais mieux vous entendre prononcer le rappel de Colon, que d'avoir de nouveau les oreilles frappées d'acclamations de triomphe pour une victoire remportée sur les Maures.

— Je sais que vous m'aimez, Béatrix, dit la reine. Si la sincérité n'était pas dans votre cœur, il faudrait que la condition déchue de l'homme ne permit plus de trouver un tel joyau sur la terre.

— Nous vous aimons et nous vous respectons tous, reprit Saint-Angel, et nous ne désirons que la gloire de Votre Altesse. Quelle page brillante dans l'histoire, Señora, que celle où l'on verrait ce grand exploit de la réduction des Maures suivi du fait plus important encore de la découverte d'une voie de communication prompte et facile avec les Indes, la propagation de la foi chrétienne dans des pays lointains, et une source inépuisable de richesses ouverte à l'Espagne! Les froids et égoïstes calculs de l'homme ne peuvent suffire aux nobles projets de Colon; il faut que son entreprise ait le généreux appui de celle qui peut courir beaucoup de risques pour la gloire de Dieu et le bien de l'Eglise.

— Señor de Saint-Angel, vous me flattez et vous m'offensez en même temps.

— C'est un cœur honnête qui laisse voir son désappointement, Señora ; c'est une langue qui puise sa hardiesse dans un zèle ardent pour la renommée de Vos Altesses. Hélas! si le roi Louis accorde à Colon ce que nous lui avons refusé, la honte ne permettra jamais à la pauvre Espagne de relever la tête!

— Saint-Angel, demanda tout à coup le roi avec son ton d'autorité, êtes-vous bien certain que le Génois soit parti pour la France?

— Je le tiens de sa propre bouche, Votre Altesse. — Oui, oui, il cherche en ce moment à oublier notre dialecte castillan, et tâche d'habituer sa langue à l'idiome des Français. Ce sont des bigots, des gens irréfléchis et opiniâtrément attachés à des préjugés surannés, Señora, ceux qui refusent de reconnaître la justesse des théories de Colon. Les anciens philosophes ont raisonné de la même manière ; et quoiqu'il puisse paraître aux âmes timides que c'est une aventure audacieuse et même malavisée de vouloir traverser le vaste océan Atlantique, si les Portugais ne s'y étaient hasardés, ils n'auraient pas découvert les îles. — Vérité de Dieu! le sang me bout dans les veines, quand je songe à ce que ces Lusitaniens ont fait pendant que nous autres, habitants de l'Aragon et de la Castille, nous disputions aux infidèles la possession de quelques vallées et de quelques montagnes, que nous assiégions leur capitale!

— Señor, vous oubliez ce qui est dû à l'honneur des souverains et à la gloire de Dieu, s'écria la marquise de Moya, qui avait trop de tact pour ne pas s'apercevoir que, dans l'ardeur de son zèle, le receveur des revenus ecclésiastiques oubliait la réserve ordinaire. — La conquête de Grenade est une victoire de l'Eglise, et elle ajoutera au lustre des deux couronnes dans tous les siècles à venir. Le chef de l'Eglise l'a reconnu lui-même, et tous les bons chrétiens en doivent faire autant.

— Si j'ai parlé ainsi, doña Béatrix, ce n'est pas que je veuille rabaisser ce succès, mais je pense à tant de millions d'hommes qu'il est probable que l'entreprise de Colon fera entrer dans le giron de l'Eglise.

La marquise, dont l'esprit avait autant de vivacité que son cœur éprouvait d'affection pour la reine, lui répliqua avec feu, et pendant quelques minutes, elle, Luis de Saint-Angel et Alonzo de Quintanilla continuèrent seuls la discussion, pendant qu'Isabelle s'entretenait avec le roi, personne n'ayant la présomption de prendre part à leur entretien particulier. La reine semblait parler avec force, et montrait évidemment de l'agitation, mais Ferdinand conservait la froideur et la circonspection qui lui étaient ordinaires, quoique toutes ses manières annonçassent le profond respect qu'Isabelle lui avait inspiré de bonne heure, et qu'elle réussit à conserver jusqu'à sa mort. C'était là un tableau familier aux courtisans; le roi étant aussi remarquable par sa prudence astucieuse que la reine par son ardeur généreuse et sincère, toutes les fois qu'un motif louable l'inspirait. Cette double conversation dura une demi-heure, Isabelle s'interrompant de temps en temps pour écouter ce qui se disait dans l'autre groupe, et reprenant ensuite le fil de ses arguments avec Ferdinand.

Enfin la reine quitta son époux, qui prit un papier et se mit froidement à le lire ; elle s'avança lentement vers le groupe d'interlocuteurs, qui exprimaient alors unanimement leurs regrets à voix haute, même en ayant égard à l'indulgence d'Isabelle. L'intention qu'elle avait de réprimer cette ardeur par sa présence fut pourtant momentanément détournée par un coup d'œil qu'elle jeta sur Mercédès, qui était assise, séparée des autres, son ouvrage restant oublié sur ses genoux, tandis qu'elle écoutait avec attention les discours qui avaient engagé toutes ses compagnes à former un cercle autour des trois principaux personnages de ce groupe.

— Vous ne prenez aucune part à cette chaude discussion, mon enfant? dit la reine s'arrêtant un instant devant la chaise de notre héroïne et fixant les yeux sur sa physionomie éloquemment expressive ; ne prenez-vous donc plus aucun intérêt à Colon?

— Je garde le silence, Señora, parce que la modestie convient à la jeunesse et à l'ignorance, mais je n'en sens pas moins vivement.

— Et quels sont vos sentiments, ma fille? Pensez-vous aussi qu'on ne peut payer trop cher les services du Génois?

— Puisque votre Altesse me fait l'honneur de m'interroger, répondit l'aimable fille, le sang dissipant peu à peu la pâleur de ses joues, à mesure qu'elle s'animait en parlant, je n'hésiterai point à lui répondre. Je crois que le ciel a voulu offrir cette grande entreprise aux souverains de Castille et d'Aragon, en récompense de tout ce qu'ils ont fait et enduré pour la religion et pour l'Eglise; je crois qu'une main divine a conduit Colon dans cette cour, et l'y a retenu pendant une longue servitude de sept ans, plutôt que de permettre qu'il abandonnât son projet, et je crois que ce dernier appel en sa faveur émane d'un pouvoir qui doit l'emporter.

— Vous êtes une enthousiaste, ma fille, et surtout dans cette cause. Vos désirs contribuent grandement à me donner envie d'accorder mon aide à cette entreprise.

Ainsi parla Isabelle, dans un moment où elle n'avait ni le loisir ni la pensée d'analyser ses propres sentiments, qui étaient influencés par une multitude de motifs plutôt que par une seule considération. Cette touche passagère d'affection féminine eut pourtant quelque effet pour donner à ses idées un cours plus favorable à Colon, et elle rejoignit le groupe qui s'ouvrit avec respect quand elle s'avança, bien décidée à céder aux instances de Saint-Angel, qui avait parlé dans les meilleures intentions, quoique avec un peu trop de chaleur. Cependant elle hésitait encore, car Ferdinand avait eu l'adresse de lui rappeler que leurs trésors étaient épuisés par suite de la dernière guerre.

— Marquise ma fille, dit Isabelle rendant légèrement les saluts et les révérences que lui adressait tout le cercle, croyez-vous encore que Dieu ait expressément choisi ce Colon pour accomplir les grands desseins qu'il a en vue?

— Je ne dis pas tout à fait cela, Señora, quoique je croie que le Génois lui-même a conçu une idée à peu près semblable; mais je pense que le ciel n'oublie pas ses fidèles serviteurs, et que, lorsqu'il veut exécuter de grandes œuvres, il choisit les instruments qui y sont propres. Nous savons que l'Église doit un jour dominer sur toute la terre, et pourquoi le temps où nous vivons n'en serait-il pas le moment aussi bien que tout autre? Les voies de Dieu sont mystérieuses, et l'entreprise qui a été un sujet de dérision pour tant de savants est peut-être destinée à accélérer le triomphe de l'Église. Nous ne devons pas oublier ses humbles commencements, combien peu de ces hommes qui paraissent sages lui ont prêté leur aide, et à quelle élévation de gloire elle est parvenue. Cette conquête faite sur les Maures semble annoncer l'accomplissement des temps, et la fin de leur règne de sept siècles peut être le commencement d'un avenir plus glorieux.

Isabelle regarda son amie en souriant, car elle retrouvait ses secrètes pensées dans ce que la marquise venait de dire avec tant de chaleur; mais ses connaissances plus étendues donnaient plus de discrétion à son zèle.

— Il est imprudent de placer le sceau de la Providence sur telle ou telle entreprise, marquise ma fille, répondit-elle, et l'Eglise seule peut dire ce qu'on doit regarder comme miracle et ce qu'on peut attribuer aux œuvres des hommes. — Señor de Saint-Angel, quelle somme faut-il à Colon pour qu'il puisse tenter cette aventure d'une manière qui le contente?

— Il ne demande que deux légères caravelles, Votre Altesse, et trois mille couronnes, somme qu'un jeune extravagant dépenserait en quelques semaines pour ses plaisirs.

— La somme n'est pas forte, j'en conviens, dit Isabelle, qui était de moment en moment plus frappée de la noblesse de cette entreprise; mais, toute modique qu'elle est, le roi mon époux doute que nos coffres réunis puissent la fournir en ce moment.

— Quel dommage si l'on perdait une telle occasion de servir Dieu, de reculer les bornes de la chrétienté, et d'ajouter à la gloire de l'Espagne faute d'une si faible somme! s'écria Béatrix.

— Oui, sans doute, dit Isabelle, dont les joues brillaient alors d'un enthousiasme presque aussi vif que celui qui colorait les joues de Mercédès. — Señor de Saint-Angel, don Ferdinand ne peut se décider à entrer dans cette affaire comme roi d'Aragon, mais je la prends sur moi comme reine de Castille, et pour l'avantage de mes sujets chéris, en tant qu'elle peut être utile à leurs intérêts dans ce monde. Si le trésor royal est épuisé, mes joyaux, en les donnant en garantie, suffiront pour me procurer cette somme. Je le ferai avec plaisir plutôt que de laisser partir Colon sans mettre à l'épreuve la justesse de ses théories. Le résultat est d'une trop grande importance pour admettre une plus longue discussion.

Une exclamation d'admiration et d'enthousiasme échappa à tous ceux qui étaient présents, car il n'était pas ordinaire de voir une princesse se dépouiller de ses ornements personnels par intérêt pour l'Eglise ou pour ses sujets. Mais le receveur des revenus ecclésiastiques aplanit toutes les difficultés relatives à l'argent, en disant que ses coffres pouvaient avancer cette somme sous la garantie de la couronne de Castille, et qu'ainsi les joyaux offerts avec tant de générosité resteraient en la possession de la reine.

— Maintenant il s'agit de rappeler Colon, dit la reine dès que ces préliminaires furent réglés. Vous dites qu'il est déjà en route ; il ne faut donc pas perdre de temps pour l'informer de cette nouvelle résolution.

— Votre Altesse a ici un courrier tout prêt, et déjà équipé pour se mettre en route, en la personne de don Luis de Bobadilla, dit Alonzo de Quintanilla, qui avait été attiré près d'une fenêtre par le bruit de la marche d'un cheval, et vous ne pourriez trouver dans Santa-Fé un homme qui portât cette nouvelle au Génois avec plus de plaisir.

— C'est un service qui convient à peine à un homme de son rang, répondit Isabelle en hésitant, et pourtant nous devons regarder chaque instant de délai comme une injustice faite à Colon.

— N'épargnez pas mon neveu, Señora, s'écria vivement doña Béatrix ; il n'est que trop heureux d'être employé au bon plaisir de Votre Altesse.

— Qu'on l'appelle donc en notre présence sans un moment de retard. On dirait à peine que j'ai décidé la question, tandis que le principal personnage de cette grande entreprise s'éloigne de ma cour.

Un page fut dépêché sur-le-champ pour aller chercher don Luis, et quelques minutes après on entendit les pas de celui-ci dans l'antichambre. Il entra, le teint animé, l'air agité, et courroucé au fond du cœur du départ forcé de son nouvel ami. Il ne manqua pas d'en accuser ceux qui auraient eu le pouvoir de le retenir, et quand ses yeux noirs et expressifs rencontrèrent ceux de sa souveraine, Isabelle, si elle avait eu le don de lire dans ses pensées, aurait compris qu'il la regardait comme une femme qui avait détruit ses espérances en plus d'une occasion. Cependant l'influence du caractère aimable de la reine et de ses manières pleines de douceur manquait rarement de se faire sentir à quiconque avait la permission de l'approcher, et il lui adressa la parole avec respect, sinon avec affection.

— Il a plu à Votre Altesse de m'ordonner de me rendre en sa présence, dit-il après avoir salué la reine.

— Je vous remercie de cette promptitude, don Luis, ayant besoin de vos services en ce moment. Pouvez-vous nous dire ce qu'est devenu le señor Christoval Colon, le navigateur génois ? On dit que vous avez fait connaissance avec lui.

— Pardonnez-moi, Señora, s'il m'échappe quelque chose qui ne soit pas convenable ; mais mon cœur est trop plein pour n'avoir pas besoin de s'épancher. Le Génois secoue de ses souliers la poussière d'Espagne, et il est en chemin pour aller offrir à une autre cour des services qui n'auraient dû être refusés nulle part.

— On voit, don Luis, que vous n'avez pas passé tout votre loisir dans les cours, répondit la reine en souriant ; mais nous trouvons en ce moment l'occasion d'employer votre penchant à courir. Montez à cheval, et portez au señor Colon la nouvelle que toutes ses demandes lui sont accordées, et qu'il est invité à venir sur-le-champ. Je lui donne ma parole royale de le faire partir pour son entreprise dans un aussi court délai que le permettront les préparatifs nécessaires et la prudence convenable.

— Señora — doña Isabelle — ma gracieuse souveraine — vous ai-je bien entendue ?

— En gage de la fidélité de vos sens, don Luis, voici ma main.

Isabelle prononça ces mots avec un ton de bonté, et la manière agréable dont elle lui présenta la main fit rentrer dans le cœur de l'amant un espoir qui en avait été banni depuis qu'il avait appris que la bonne opinion de la reine était indispensable pour assurer son bonheur. Fléchissant un genou avec respect, il baisa la main de sa souveraine, après quoi, sans changer d'attitude, il lui demanda s'il devait partir à l'instant pour s'acquitter de la mission dont elle venait de le charger.

— Levez-vous, don Luis, et ne perdez pas un moment pour aller soulager le cœur du Génois : — je pourrais presque dire aussi pour soulager le mien ; car, marquise ma fille, depuis que cette entreprise s'est présentée à mon esprit sous un jour soudain et presque miraculeux, il me semble qu'une montagne pèsera sur ma poitrine jusqu'à ce que le señor Christoval soit instruit de ce qui se passe.

Don Luis n'attendit pas un second ordre, mais il se précipita hors de la chambre aussi vite que l'étiquette le permettait. Une minute après, il était en selle. Quand il était arrivé, Mercédès s'était retirée dans l'embrasure d'une croisée, qui heureusement donnait sur la cour. Son amant l'aperçut, et quoiqu'il eût déjà fait usage de ses éperons, son coursier hennissant plia tout à coup sur ses hanches. Les sentiments de la jeunesse sont si élastiques, les espérances de ceux qui aiment ont quelque chose de si flatteur, quoiqu'elles trompent souvent, que les regards qu'ils échangèrent, exprimaient un transport mutuel de plaisir. Ni l'un ni l'autre ne songeaient aux chances du voyage à entreprendre, — à la probabilité qu'il ne réussirait pas, — aux divers motifs qui pouvaient encore porter la reine à refuser son consentement à leur union. Mercédès sortit la première de cette courte extase, car elle fut alarmée du retard indiscret de Luis, et elle se hâta de lui faire signe de partir. Il fit de nouveau sentir ses éperons à son noble coursier, qui en partant fit jaillir le feu sous ses pieds; et une minute après don Luis de Bobadilla avait disparu.

Pendant ce temps, Colomb continuait tristement son voyage à travers la Véga. Il marchait lentement, et plusieurs fois, même après que son compagnon l'eut quitté, il retint son mulet par la bride, et s'arrêta, la tête penchée sur sa poitrine, perdu dans ses pensées, image vivante du chagrin. Voyageant avec cette lenteur, il était à peine arrivé au fameux pont de Piños, scène de plus d'un combat sanglant, quand le bruit du galop d'un cheval frappa son oreille. Il tourna la tête, et reconnut Luis de Bobadilla, dont le coursier avait les flancs teints de sang et le poitrail couvert d'une écume blanche.

— Joie, joie, mille fois joie, señor Colon! s'écria le jeune homme, avant même qu'il fût assez près pour être entendu distinctement. Bénie soit la bienheureuse Marie! Joie, Señor, joie! ne pensez qu'à la joie!

— J'étais loin de m'attendre à vous voir, don Luis, dit le navigateur; que signifie votre retour?

Luis essaya de lui expliquer sa mission; mais son empressement mit le trouble dans ses idées, et la rapidité de sa course lui ayant fait perdre haleine, il ne pouvait s'exprimer d'une manière intelligible. Colomb ne comprit qu'à demi ce qu'il lui disait.

— Et pourquoi retournerais-je dans une cour dont je fus froidement accueilli, qui hésite toujours et ne se décide jamais? N'ai-je pas perdu assez d'années en cherchant à la déterminer à faire ce qui était son propre avantage? Voyez ces cheveux blancs, Señor, et songez que j'ai passé un temps presque égal à toute votre vie à faire de vains efforts pour convaincre les gouvernements de cette Péninsule que mon projet est basé sur la vérité.

— Vous avez enfin réussi. — Doña Isabelle, — la reine de Castille, dont le cœur pur n'a jamais trompé, — a reconnu l'importance de votre projet, et donné sa parole royale de vous accorder son appui.

— Cela est-il bien vrai, don Luis? — Cela *peut-il* être vrai?

— Je suis envoyé tout exprès pour presser votre retour immédiat à Santa-Fé.

— Par qui, Señor?

— Par doña Isabelle, ma gracieuse souveraine. — J'en ai reçu l'ordre de sa propre bouche.

— Songez que je ne puis renoncer à aucune de mes demandes.

— Il n'en est plus question, Señor. Notre excellente et généreuse reine vous les accorde toutes. J'ai même appris qu'elle a noblement offert de mettre en gage ses propres joyaux plutôt que de laisser manquer l'entreprise.

Ce trait toucha Colomb jusqu'au fond du cœur. Il ôta son chapeau et le plaça un moment devant son visage, comme s'il eût eu honte de laisser voir son émotion. Quand il l'eut remis sur sa tête, sa physionomie était radieuse de bonheur, et aucun doute ne semblait rester dans son esprit. Ce moment de joie lui fit oublier ses longues années de souffrances, et il déclara à don Luis qu'il était prêt à retourner avec lui à Santa-Fé.

CHAPITRE IX.

> Qu'il est beau le génie quand il est joint à la sainteté! Quelle douceur divine ont les sons de la harpe terrestre, quand les cordes en sont touchées par la douce main de la piété; qu'elle est suspendue sur l'autel de la religion, et qu'il en sort des vibrations qui sont une harmonie solennelle pour l'oreille de Dieu!
>
> JOHN WILSON.

COLOMB fut accueilli par ses amis Luis de Saint-Angel et Alonzo de Quintanilla avec une satisfaction qu'ils trouvèrent difficile d'exprimer. Ils donnèrent de grandes louanges à Isabelle, et ajoutèrent aux assurances de don Luis de telles preuves des intentions sérieuses de la reine, qu'ils bannirent jusqu'au moindre doute de l'esprit du navigateur. Il fut alors, sans plus de délai, conduit en présence de la reine.

— Señor Colon, dit Isabelle au Génois pendant qu'il fléchissait un genou devant elle, je suis charmée de vous voir de retour. Nous nous entendons enfin sur tous les points, et j'espère que désormais nous travaillerons de concert et avec ardeur pour arriver au même but. Levez-vous, Señor, voici ma main en gage de mon appui et de mon amitié.

Colomb baisa la main qui lui était offerte, et se releva. Parmi les témoins de cette scène, il ne se trouvait probablement personne dont le cœur en ce moment ne s'ouvrît à l'espérance ; car une chose remarquable dans l'origine et l'exécution de cette grande entreprise, c'est qu'après de si longues sollicitations, au milieu des doutes, des sarcasmes et de la dérision, elle fut enfin adoptée avec une sorte d'enthousiasme.

— Señora, répondit Colomb, dont l'air noble et la physionomie grave ne contribuèrent pas peu à la réussite de son dessein, je vous remercie du fond du cœur de vos bontés. J'y suis d'autant plus sensible, que je m'y attendais moins ce matin. Dieu vous en récompensera. Il nous réserve de grandes choses, et je désire que nous soyons tous en état de nous acquitter de nos différents devoirs. J'espère que Son Altesse le roi ne refusera pas à mon entreprise l'honneur de sa gracieuse protection.

— Vous êtes au service de la Castille, señor Colon, quoiqu'on fasse peu de chose, même en ce royaume, sans l'approbation et le consentement du roi d'Aragon. Nous avons réussi à faire entrer don Ferdinand dans nos vues, quoique sa prudence supérieure et sa plus haute sagesse n'aient pas adopté vos projets aussi aisément qu'une femme plus accessible à la confiance et à l'espoir.

— La sagesse et la confiance d'Isabelle me suffisent, et c'est tout ce que je demande, répondit le navigateur avec une gravité qui rendait ce compliment d'autant plus agréable qu'elle en prouvait la sincérité ; — sa prudence bien connue me mettra à l'abri de la dérision des esprits légers et des oisifs, et je place toutes mes espérances sur sa parole royale. Désormais, et j'espère pour toujours, je suis le sujet et le serviteur de Votre Altesse.

La reine fut frappée de l'air de vérité qui régnait dans les expressions et dans les manières du Génois. Jusqu'alors elle le connaissait très-peu, et elle ne l'avait jamais vu dans des circonstances qui la missent aussi à portée d'éprouver l'influence de ses discours et de sa physionomie. Les manières de Colomb n'avaient pas ce raffinement qu'on s'imagine que les cours seules peuvent donner, et qu'il serait plus juste d'attribuer aux habitudes d'une vie entièrement occupée à chercher les moyens de plaire; mais son caractère brillait dans tout son extérieur, et son noble aspect, soutenu par ses projets élevés, laissait bien loin tous les avantages qu'on peut devoir à l'art. A une taille imposante et à une gravité que la grandeur de ses projets rehaussait encore, il joignait un enthousiasme réel et profond, mais calme, qui ornait des grâces de la vérité et de la probité toutes ses paroles et toutes ses actions. Nulle qualité de son esprit ne se faisait mieux remarquer que sa droiture,—qualité rare dans ce siècle;—et c'est une circonstance singulière, que la plus grande entreprise des temps modernes ait été confiée par la Providence, à ce qu'on croirait dans un but spécial, aux soins d'une reine et d'un chef également distingués par une vertu si caractéristique.

— Je vous remercie de cette preuve de confiance, Señor, répondit Isabelle, surprise et satisfaite; et tant que Dieu me laissera assez de connaissance pour bien juger, et de pouvoir pour commander, rien de ce qui concerne vos intérêts et ceux d'un projet conçu depuis si longtemps ne sera oublié. Mais nous ne devons pas exclure le roi de nos conseils, puisque nous l'avons enfin fait entrer dans nos projets, et je suis sûre qu'il en désire la réussite aussi vivement que nous-mêmes.

Colomb inclina la tête en signe d'assentiment, et l'affection conjugale d'Isabelle fut satisfaite de cette concession faite au caractère de Ferdinand; car, quoiqu'il fût impossible qu'une femme aussi pure, aussi ardente pour la cause de la vertu, et ayant autant de désintéressement que la reine, ne découvrît pas quelques symptômes d'égoïsme dans la politique circonspecte de Ferdinand, ses sentiments, comme épouse, l'emportaient tellement dans son cœur sur sa sagacité comme souveraine, qu'ils l'aveuglaient sur des défauts que les ennemis du roi d'Aragon aimaient à faire remarquer. Tout le monde admirait la véracité d'Isabelle, mais les contemporains de Ferdinand étaient bien loin d'avoir la même confiance dans la bonne foi de ce prince et dans les motifs qui le faisaient agir. On aurait pourtant pu le placer parmi les plus justes des princes régnant en Europe; mais ses défauts devenaient plus saillants, parce qu'ils se trouvaient en contact avec les vertus de la reine, et y faisaient contraste d'une manière frappante. En un mot, ces deux souverains, si intimement unis par leurs intérêts personnels et politiques, offraient sur le trône un tableau qu'on peut voir à chaque instant, à tous les degrés inférieurs de l'échelle sociale, — c'est-à-dire les vues mondaines et les motifs intéressés de l'homme, servant à faire valoir le cœur plus pur, le caractère plus franc et la conduite plus irréprochable de la femme.

Don Ferdinand arrivait en ce moment; il prit part à la conversation, de manière à montrer qu'il se croyait obligé de confirmer tout ce qu'Isabelle venait de dire. Les historiens disent qu'il avait été gagné par l'intercession d'un favori; mais il paraîtrait plus probable que la déférence qu'il avait toujours pour la reine, dont le zèle pur pour la cause de la vertu le détournait souvent d'une politique plus égoïste, fut la véritable cause de cet acte de condescendance. Au surplus, quel qu'ait été son motif pour agir ainsi en ce moment, il est certain que le roi d'Aragon n'entra jamais dans l'esprit de cette entreprise avec ce désir ardent d'en assurer le succès, qui, à compter de cet instant, se montre dans toute la conduite de son épouse.

— Nous avons retrouvé notre déserteur, dit Isabelle en voyant Ferdinand s'approcher, tandis qu'un pieux enthousiasme brillait dans ses yeux et colorait ses joues, aussi bien que celles de Mercédès, qui voyait avec ravissement tout ce qui se passait; — nous avons retrouvé notre déserteur, et il faut, dans le plus court délai possible, le mettre en état de partir pour ce grand voyage. S'il peut arriver au Cathay et aux Indes, ce sera pour l'Église un triomphe plus grand encore que la conquête même que nous venons de faire du pays occupé par les Maures.

— Je suis charmé de revoir le señor Colon à Santa-Fé, dit le roi avec politesse. S'il accomplit seulement la moitié de ce que tu parais espérer, Isabelle, nous aurons lieu de nous applaudir de ne pas lui avoir refusé notre appui. Il peut ne pas réussir à rendre la couronne de Castille plus puissante qu'elle ne l'est en ce jour, mais il peut, comme sujet, s'enrichir au point de ne savoir que faire de son or.

— Un chrétien saura toujours comment employer son or, dit le navigateur, tant que l'infidèle restera maître du Saint-Sépulcre.

— Que voulez-vous dire? s'écria vivement Ferdinand; songez-vous à une croisade, en même temps qu'à la découverte de nouvelles contrées?

— Tel a été mon espoir depuis longtemps, Votre Altesse; et ce serait le premier emploi à faire des richesses que produira sans aucun doute la découverte d'une nouvelle et plus courte route pour arriver aux Indes. N'est-ce pas une honte pour la chrétienté, de souffrir que le musulman élève ses autels profanes sur la partie de la terre que Jésus-Christ a sanctifiée par sa présence, où il est né, et où ses restes ont été déposés jusqu'à sa résurrection glorieuse? Bien des cœurs, bien des glaives sont prêts à venger cet outrage ; il ne manque que de l'or. Si le premier désir de mon cœur est de devenir l'instrument du ciel pour ouvrir la route des Indes par une voie directe à l'ouest, le second est de voir les richesses qui suivront certainement cette découverte, employées au service de Dieu en relevant ses autels et en faisant revivre son culte dans les lieux où il a supporté une douloureuse agonie et rendu le dernier soupir pour racheter les péchés des hommes.

Isabelle sourit de l'enthousiasme du navigateur ; mais, pour dire la vérité, les sentiments qu'il exprimait trouvaient un écho dans son cœur, quoique le siècle des croisades fût passé. Il n'en était pas tout à fait de même de Ferdinand. Il sourit aussi, mais le feu d'un saint zèle ne s'alluma pas dans son sein. Au contraire, il douta fort qu'il fût sage de confier deux misérables caravelles et la modique somme de trois mille couronnes à un visionnaire qui, commençant à peine une entreprise dont le résultat paraissait plus que douteux, laissait s'égarer ses pensées vers une autre tentative dans laquelle, à plusieurs reprises, avaient échoué les efforts réunis et la pieuse constance de l'Europe entière. La découverte d'une route aux Indes par l'ouest, et la conquête du Saint-Sépulcre, étaient à ses yeux deux tentatives également problématiques ; et croire à la possibilité de l'une ou de l'autre aurait suffi pour éveiller sa méfiance. Il avait pourtant sous les yeux un homme qui allait s'embarquer pour exécuter la première de ces deux entreprises, et qui gardait la seconde en réserve, comme devant être la conséquence du succès de l'autre.

Pendant quelques minutes, Ferdinand songea sérieusement à déjouer les projets du Génois ; et si la conversation se fût terminée en ce moment, on ne saurait dire jusqu'à quel point sa politique froide et calculatrice aurait pu l'emporter sur la bonne foi, l'intégrité sincère et l'enthousiasme nouvellement éveillé de son épouse.

Heureusement l'entretien avait continué pendant qu'il méditait profondément sur ce sujet, et quand il rejoignit le petit cercle, il trouva la reine et le navigateur discutant le grand projet avec une ardeur qui ne leur avait pas permis de remarquer qu'il s'était retiré à quelques pas.

— Je dirai à Votre Altesse tout ce qu'elle désire savoir, répondit Colomb à une question d'Isabelle. J'espère atteindre les terres du Grand-Khan, descendant du monarque que les Polo ont vu en ce pays; et à cette époque, toute la cour, en y comprenant le souverain lui-même, montrait un grand désir d'embrasser la religion de Jésus-Christ. Les saints livres des prophètes nous annoncent que le temps doit arriver où toute la terre adorera le vrai Dieu vivant; et d'après des signes et des indices qui sont visibles pour ceux qui les cherchent, il paraît que ce temps est proche, ce qui remplit d'espérance ceux qui honorent Dieu et qui veulent sa gloire. Pour réunir tant et de si vastes contrées dans le giron de l'Eglise, il ne faut qu'une foi constante, soutenue par les efforts des prêtres et par la main des princes.

— Cela semble assez probable, dit la reine, et puisse la Providence nous guider dans cette grande entreprise de manière à ce que tel en soit le résultat! — Ces Polo étaient-ils de pieux missionnaires, Señor?

— Ils n'étaient que des voyageurs, Señora; des hommes qui cherchaient leur propre avantage, mais qui pourtant n'oubliaient pas leurs devoirs de religion. Il peut être à propos de commencer par planter la croix dans les îles, pour répandre ensuite la vérité sur tout le continent. L'île de Cipango est située très-favorablement pour le commencement de cette œuvre glorieuse, qui, sans doute, s'accomplira avec la rapidité d'un miracle.

— Sait-on si ce Cipango produit des épices, ou quelque chose qui puisse servir à remplir un trésor épuisé, et à nous indemniser de tant de dépenses et de risques? demanda le roi assez mal à propos pour le zèle des deux autres interlocuteurs.

Cette question parut faire quelque peine à Isabelle, car le trait dominant du caractère de Ferdinand lui faisait souvent sentir ce qu'éprouve une femme pleine d'affection pour son mari, quand elle le voit penser, parler ou agir autrement que ne le désireraient son cœur ardent et ses penchants vertueux; mais il ne lui échappa aucun autre signe de cette émotion passagère.

— Votre Altesse, répondit Colomb, d'après la relation de Marco Polo, le monde entier ne contient pas une île plus riche. Il s'y trouve surtout de l'or en abondance, et ni les pierres précieuses ni les perles n'y sont rares. Mais cette riche contrée n'est habitée que par des infidèles : la Providence semble lui avoir départi ces richesses pour servir de récompense au monarque chrétien qui emploiera son pouvoir à en convertir les habitants. La mer des environs est couverte de petites îles. Marco Polo nous dit qu'on en a compté jusqu'à sept mille quatre cent quarante, et il n'y en a pas une seule qui ne produise des arbres odoriférants et des plantes d'un parfum délicieux. C'est donc là, Señor et Señora, mes gracieux souverains, que j'ai dessein de me rendre d'abord, laissant de côté toutes vues secondaires, pour ne songer qu'à servir vos deux royaumes et l'Eglise. Si nous arrivons en sûreté à Cipango, comme nous le ferons, je l'espère, avec la grâce de Dieu et le secours d'un zèle qui ne se laisse pas facilement ébranler, après deux mois d'une heureuse navigation, mon projet est de passer ensuite sur le continent, et de chercher le Khan lui-même dans son royaume de Cathay. Le jour où mes pieds toucheront le sol de l'Asie, sera un jour glorieux pour l'Espagne et pour tous ceux qui auront pris part à l'exécution d'une si grande entreprise.

Les yeux pénétrants de Ferdinand étaient fixés sur le navigateur, tandis que celui-ci énonçait ses espérances avec ce profond et sincère enthousiasme; et en ce moment le monarque lui-même aurait pu trouver assez difficile d'analyser ses propres sentiments à ce sujet. Le tableau des richesses que Colomb venait d'offrir à son imagination, n'avait pas moins d'attraits pour lui, quoique sa méfiance et sa circonspection habituelles le lui fissent envisager avec quelque incrédulité. L'attention et les pensées d'Isabelle ne furent occupées que de pieuses aspirations pour la conversion et le salut des infidèles, car son esprit était la pureté même. Ainsi les deux souverains, chacun par une impulsion différente, se trouvaient alors portés à être favorables à ce voyage.

On descendit ensuite dans les détails du projet; on récapitula toutes les demandes de Colomb, et elles furent accordées par ceux qui avaient le plus grand intérêt dans cette affaire. Il ne fut plus question de l'archevêque de Grenade ni de ses objections. Eût-il été un monarque traitant avec des monarques, le Génois n'aurait pu être plus satisfait des égards avec lesquels on écouta ses prétentions. On accueillit même sa proposition de payer le huitième des frais de l'expédition et de toutes celles qui pourraient avoir lieu par la suite, à la charge de lui abandonner le huitième des profits. Il se trouva donc associé aux deux souverains, avec toutes les chances de perte ou de gain, dans les entreprises dont on espérait que celle-ci serait suivie.

Luis de Saint-Angel et Alonzo de Quintanilla quittèrent les souverains en même temps que Colomb. Ils le reconduisirent chez lui, et le quittèrent avec des marques de respect et d'affection qui achevèrent de guérir les plaies d'un cœur froissé depuis si longtemps. Comme ils s'en retournaient, Luis de Saint-Angel, qui, quoique partisan prononcé du navigateur, n'était pas habitué à déguiser ses sentiments, commença ainsi la conversation.

— De par tous les saints, mon ami Alonzo, ce Colon emporte tout ici haut la main, et de manière à me faire quelquefois douter que notre intervention ait été très-prudente. Il a traité en monarque avec nos deux souverains, et en monarque qui l'a emporté.

— Qui l'y a aidé plus que vous, Luis? Sans l'assaut hardi que vous avez donné à la patience de doña Isabelle, l'affaire aurait été décidée contre lui, et le Génois serait encore en chemin pour se rendre à la cour du roi Louis.

— Je ne le regrette pas : pour maintenir le Français dans de certaines bornes, je ferais bien plus encore. Son Altesse, — que tous les saints se réunissent pour bénir ses bonnes intentions et ses généreuses pensées! — Son Altesse, ayant en vue un but si élevé, ne regrettera jamais la modique somme que coûtera cette entreprise, quand même elle ne réussirait pas. Mais à présent que l'affaire est faite, je suis moi-même surpris qu'une reine de Castille et un roi d'Aragon aient accordé de pareilles demandes à un navigateur inconnu et sans nom, — à un homme que ni services, ni famille, ni argent ne peuvent recommander.

— N'avait-il pas pour lui Luis de Saint-Angel?

— Oui, sans doute, — vigoureusement — et pour d'excellentes raisons. — Mais ce qui m'étonne, c'est le succès que nous avons obtenu et la manière dont ce Colon s'est comporté dans toute cette affaire. Je craignais fort que le haut prix qu'il mettait à ses services ne détruisît toutes nos espérances.

— Et cependant vous avez raisonné avec la reine comme si toutes ses prétentions n'eussent été qu'une bagatelle en comparaison des avantages qui résulteraient de son entreprise.

— Qu'y a-t-il d'étonnant à cela, mon digne ami? Nous nous épuisons en efforts pour arriver à notre but, et à peine l'avons-nous atteint que nous commençons à envisager l'autre côté de la question. Ce qui m'étonne le plus, c'est d'avoir réussi. Quant à ce Génois, c'est vraiment un homme très-extraordinaire, et au fond du cœur, je crois qu'il a eu raison d'élever si haut ses prétentions. S'il réussit, qui sera aussi grand que lui ? et s'il échoue, tout ce qu'il a demandé ne lui fera aucun bien, et ne fera pas grand mal à la Castille.

— J'ai remarqué, Saint-Angel, que lorsqu'un homme grave attache lui-même peu de valeur à son mérite, le monde est souvent porté à le prendre au mot, quoique assez disposé à rire des prétentions exagérées de la médiocrité. Au surplus, les hautes prétentions de Colon ont pu lui être utiles; car elles ont dû faire sentir à Leurs Altesses qu'elles négociaient avec un homme qui a pleine confiance dans ses projets.

— Vous avez raison, Quintanilla; les hommes nous estiment souvent à proportion de ce que nous paraissons nous estimer nous-mêmes, tant que nous agissons conformément à nos prétentions. Mais il y a dans ce Colon un mérite véritable qui le soutient dans tout ce qu'il dit, comme dans tout ce qu'il fait. Sagesse dans ses discours, gravité et dignité dans sa physionomie, noblesse dans sa démarche comme dans ses sentiments, il réunit tout; en l'écoutant parler, il m'a paru quelquefois inspiré.

— Eh bien ! il a maintenant une bonne occasion pour faire voir si cette inspiration est véritable ou non. Sur ma foi, Saint-Angel, je me méfie quelquefois de la sagesse de nos déductions.

C'était ainsi que les deux amis que nous avons vus si zélés pour Colomb discutaient son caractère et ses chances de succès. Quoiqu'ils fussent du nombre de ses partisans les plus prononcés, et qu'ils eussent montré le plus vif empressement à soutenir sa cause quand elle paraissait sans espoir, maintenant qu'il allait probablement avoir les moyens de prouver la justesse de ses opinions, des doutes et des pressentiments fâcheux assiégeaient leur esprit. Telle est notre humaine nature : l'opposition éveille notre zèle, aiguise notre intelligence, stimule notre raison, et enhardit nos opinions ; tandis que, lorsque nous avons à nous demander à nous-mêmes les preuves de ce que nous avons fermement soutenu tant que nous ressentîmes une forte résistance, nous commençons à douter de la vérité de nos théories, et à craindre de trouver des preuves que nous nous sommes trompés. Même parmi les premiers disciples du Fils de Dieu, il s'en trouva dont la foi fut chancelante à l'instant où ses prédictions allaient s'accomplir ; et la plupart des réformateurs ne prennent jamais un ton si positif et si assuré que lorsqu'ils combattent pour leurs principes, de même qu'ils ne sont jamais si incertains et si timides que lorsqu'ils sont sur le point de mettre à exécution les plans qu'ils ont conçus depuis longtemps. Nous pouvons voir en tout cela une sage disposition de la Providence, qui nous donne du zèle pour surmonter les difficultés, et de la prudence quand la modération et la circonspection deviennent des vertus plutôt que des défauts.

Quoique Luis de Saint-Angel et son ami se communiquassent ainsi leurs opinions avec toute liberté, ils n'en conservèrent pas moins leurs anciens sentiments. Leurs doutes étaient passagers, et ils y attachaient peu d'importance. Quand ils se trouvaient en présence de Colomb, l'enthousiasme calme, mais ferme et profond, de cet homme extraordinaire, ne manquait jamais de les ramener à ses opinions, comme il y entraînait la plupart de ceux qui l'écoutaient.

CHAPITRE X.

> O douces et mélancoliques mélodies d'Espagne qui bercèrent mon enfance ! comme votre souvenir fait tressaillir le cœur de l'exilé, et y éveille de pénibles regrets !
>
> *Le sanctuaire de la forêt.*

Dès qu'Isabelle eut donné sa parole royale d'accorder son appui à Colomb dans sa grande entreprise, il ne put exister aucun doute raisonnable que l'expédition ne mît à la voile, quoique peu de personnes en attendissent des résultats importants. La conquête du royaume de Grenade paraissait alors quelque chose de bien plus glorieux que ne pouvait l'être aucune des suites probables de cette aventure, et le puissant intérêt qu'inspirait la chute de la domination des Maures en Espagne faisait presque oublier la merveille bien plus grande qui se préparait.

Il y avait pourtant un jeune cœur, plein de générosité, dont toutes les espérances se concentraient sur le succès de ce grand voyage, et il est à peine nécessaire d'ajouter que ce cœur était celui de Mercédès de Valverde. Elle avait suivi tous les événements qui venaient de se passer avec une anxiété que la jeunesse ardente, innocente et sans expérience, peut seule être capable d'éprouver. Au moment de voir toutes ses espérances se réaliser, elle était pénétrée d'une joie pure et tendre, elle se sentait heureuse. Quoiqu'elle aimât si véritablement et avec un dévouement si complet, la nature l'avait douée d'une sagacité et d'une intelligence trop supérieure pour ne pas reconnaître combien grande avait été la prudence de la reine et de sa tutrice, et ne pas s'expliquer leur hésitation. Elle savait trop ce qu'elle devait à sa réputation, à son nom, à sa famille, et au rang élevé qu'elle occupait auprès de la personne et dans la confiance de sa souveraine, pour désirer que sa main fût donnée à tout autre qu'à un époux digne d'elle; et tandis qu'avec la dignité et la discrétion de son rang et de son sexe, elle déférait à tout ce que l'opinion et la prudence avaient droit d'exiger d'elle, une confiance sans bornes en son amant l'assurait qu'il saurait justifier son choix. Sa tante l'avait habituée à croire que le voyage du Génois devait amener de grands changements, et son enthousiasme religieux, semblable à celui de la reine, la portait à espérer tout ce qu'elle désirait avec une telle ardeur.

Tous ceux qui approchaient de la personne d'Isabelle savaient déjà qu'on s'occupait de rédiger par écrit les conditions convenues entre les souverains et Colomb, en les revêtissant des formes consacrées par l'usage. Pendant ce temps dont Luis ne chercha pas à avoir une entrevue avec sa maîtresse, et le hasard ne lui en procura pas l'occasion; mais dès qu'il eut apprit que Colomb avait terminé tout ce qu'il avait jugé nécessaire à cet égard et avait quitté la cour pour se rendre sur la côte, il implora la générosité de sa tante, et la supplia de lui être favorable à l'instant où il allait quitter l'Espagne pour prendre part à une entreprise que tant de monde regardait comme désespérée. Tout ce qu'il demandait, était une promesse d'être accueilli avec bienveillance par sa maîtresse et sa famille, s'il revenait ayant réussi.

— Je vois que vous avez pris une leçon de votre nouveau maître, répondit la magnanime mais bonne Béatrix, en souriant, et vous voulez aussi faire vos conditions. Mais vous savez, Luis, que doña Mercédès de Valverde n'est pas la fille d'un paysan, et qu'on ne peut disposer légèrement de sa main. Le sang le plus noble d'Espagne coule dans ses veines, puisqu'elle a eu pour mère une Guzman, et qu'elle compte parmi ses parents une longue suite de Mendozas. En outre, c'est une des plus riches héritières de toute la Castille, et il conviendrait mal à sa tutrice de se relâcher de sa vigilance en faveur d'un jeune homme qui n'a fait que courir dans toute la chrétienté, uniquement parce que ce jeune homme est fils d'un frère qu'elle chérissait.

— Et si doña Mercédès est tout ce que vous dites, Señora, — et vous avez même oublié la plupart de ses dons les plus précieux, son excellent cœur, sa beauté, sa véracité et ses mille autres vertus ; — mais si elle est tout ce que vous dites, doña Béatrix, un Bobadilla est-il donc indigne d'elle?

— Quoi! si à tous ces avantages elle unit les perfections dont vous parlez vous-même, don Luis, l'excellent cœur, la véracité, et mille autres vertus, il me semble qu'un si grand coureur pourrait se contenter d'une liste plus courte, de peur de perdre le souvenir de quelques-unes de ces qualités dans un de ses nombreux voyages.

Le sérieux affecté de sa tante fit sourire Luis en dépit de lui-même, et ayant réussi à surmonter un léger ressentiment causé par ses paroles, il lui répondit de manière à ne pas compromettre la réputation de bonne humeur qu'il s'était faite.

— Je ne puis vous appeler, comme Son Altesse, marquise ma fille, dit-il avec un sourire si semblable à celui qu'on remarquait sur les traits de son père quand il cherchait à obtenir une concession, que doña Béatrix ne put s'empêcher de tressaillir ; mais je puis dire, avec plus de vérité, marquise ma tante, — et tante bien chère en même temps, — voulez-vous punir si sévèrement une légère indiscrétion de jeunesse? A présent que Colon est sur le point de partir, j'avais espéré que le noble but que nous avons tous en vue vous avait fait tout oublier.

— Luis, répondit la tante avec l'air de résolution sévère qu'elle montrait si souvent dans ses actions comme dans ses discours, croyez-vous qu'un trait isolé de courage suffira pour gagner Mercédès, — pour endormir la vigilance de ses parents, — obtenir l'approbation de sa tutrice? Apprenez, jeune homme trop confiant, que Mercédès de Guzman fut la compagne de mon enfance et l'amie la plus chère que j'aie jamais eue après Son Altesse, et qu'elle mit toute sa confiance en moi pour agir à l'égard de sa fille comme l'aurait fait une mère. La mort ne s'approcha d'elle qu'à pas lents, et le destin de celle qu'elle allait laisser orpheline fut le sujet de bien des discussions entre nous. Qu'elle devînt la femme de tout autre que d'un noble chrétien, c'est ce que ni elle ni moi nous ne regardâmes jamais comme possible. Mais tant de caractères différents se cachent sous un même extérieur, que les noms ne nous trompèrent pas. Je crois que la pauvre femme pensait plus à la situation future de sa fille dans le monde qu'à ses propres péchés, et qu'elle fit plus de prières pour le bonheur de l'orpheline que pour le pardon des fautes qu'elle avait pu commettre elle-même. Vous ne connaissez pas toute la force de la tendresse d'une mère, Luis, et vous ne pouvez comprendre toutes les craintes dont son cœur est assiégé quand elle est à l'instant de laisser une tendre plante comme Mercédès au milieu d'un monde dur et égoïste.

— Je puis aisément me figurer la mère de celle que j'aime, doña Béatrix, comme digne d'arriver au ciel sans avoir besoin de messes et de *pater*, comme c'est l'usage. Mais les tantes n'ont-elles pas de la tendresse pour leurs neveux aussi bien que les mères pour leurs enfants?

— C'est un lien bien étroit et bien fort, mon cher Luis ; mais il n'est pas comparable à l'amour maternel. D'ailleurs vous n'êtes pas non plus à comparer à une jeune fille sensible, enthousiaste, douée d'un cœur sincère, plein de confiance dans sa pureté, et ouvert aux sentiments qui distinguent les femmes lorsqu'elles sont devenues mères.

— Par saint Jacques! ne suis-je pas précisément tout ce qu'il faut pour rendre heureuse une pareille créature? Et moi aussi je suis sensible, — beaucoup trop, sur ma foi, pour ma propre tranquillité. — J'ai aussi un cœur sincère, ce qui se prouve par le fait que je n'ai jamais aimé qu'une seule fois, quand cela aurait pu m'arriver cinquante. Si je n'ai pas tout à fait une confiance aveugle dans ma pureté de cœur, j'ai la confiance que donnent la jeunesse, la santé, la force et le courage, ce qui est tout aussi utile pour un cavalier. Enfin je suis loin d'être dépourvu de cette affection qui fait les bons pères, et c'est tout ce qu'on peut raisonnablement exiger d'un homme.

— Et ainsi, vaurien que vous êtes, vous vous croyez, sous tous les rapports, digne de devenir l'époux de Mercédès de Valverde?

— Vous avez une manière embarrassante de poser vos questions, ma tante. Qui est, qui peut être exactement digne de ce qui est l'excellence même ? Il peut se faire que je ne le mérite pas entièrement, mais je n'en suis pas non plus complètement indigne. Ma naissance vaut la sienne ; sa fortune n'est guère plus considérable que la mienne ; mon âge ne s'éloigne pas du sien ; je possède les talents convenables à un chevalier, et je l'aime... plus que mon âme. Il me semble que ce dernier point devrait compter pour quelque chose, car l'homme qui aime à un tel degré, avec un tel dévouement, fera sûrement tous ses efforts pour rendre heureuse celle qui est l'objet de son amour.

— Mon neveu, vous êtes un jeune fou sans expérience, ayant un heureux enjouement, un excellent cœur et une tête faite pour contenir de meilleures pensées que celles qui s'y trouvent d'ordinaire, s'écria doña Béatrix cédant à un mouvement d'affection naturelle, tout en fronçant les sourcils. — Mais écoutez-moi, et, pour cette fois du moins, réfléchissez mûrement à ce que je vous dis. — Je vous ai parlé de la mère de Mercédès, des craintes et des inquiétudes qu'elle avait en mourant, et de la confiance qu'elle a mise en moi. Son Altesse et moi nous étions seules avec elle le matin du jour où son âme prit son essor vers le ciel : à cet instant suprême, elle nous peignit tous ses sentiments d'une manière qui fit sur nos cœurs une impression qui ne s'effacera que lorsque Son Altesse et moi nous aurons fait tout ce qu'il faut pour assurer le bonheur de sa fille. Vous avez nourri des pensées injustes à l'égard de la reine ; je ne sais même pas si vos discours imprudents ne l'ont point accusée de porter ses soins pour le bonheur de ses sujets au-delà des droits légitimes d'un monarque.

— Vous me faites en cela une grande injustice, doña Béatrix, s'écria don Luis avec précipitation ; — j'ai pu sentir, — *j'ai senti* vivement, cruellement, les conséquences des doutes que doña Isabelle avait conçus de ma constance ; mais jamais une pensée rebelle ne m'est venue à l'esprit, jamais un doute ne s'est élevé dans mon cœur sur le droit qu'elle possède de nous demander nos services et même le sacrifice de notre vie : c'est ce que tous ses sujets doivent à son autorité sacrée. Mais nous qui connaissons si bien le cœur et les intentions de la reine, nous savons que loin de rien faire par caprice ou par le désir de faire sentir son pouvoir, toutes ses actions n'ont d'autre mobile que son affection pour son peuple.

Don Luis prononça ces mots d'un ton grave ; la sincérité éclatait sur son visage, et il était impossible de ne pas voir qu'il pensait ce qu'il disait. Si les hommes réfléchissaient sur les suites qu'ont souvent leurs moindres paroles, ils mettraient moins de légèreté dans leurs discours, et la race des rapporteurs, depuis la classe la plus basse jusqu'au rang le plus élevé, finirait par s'éteindre, faute d'occupation. Peu de gens s'inquiétaient moins des conséquences de ce qu'ils disaient et y songeaient moins souvent que Luis de Bobadilla ; et pourtant cette réponse faite à la hâte, mais sincère, produisit un effet favorable pour lui, sur l'esprit de plus d'une des personnes qui exerçaient une influence directe sur son sort. Les éloges donnés à la reine avec tant de franchise, allèrent au cœur de la marquise de Moya, qui idolâtrait sa maîtresse plutôt qu'elle ne l'aimait, car la longue et étroite intimité qui existait entre elles lui avait fait connaître parfaitement le caractère pur et presque saint d'Isabelle. Quand elle répéta à la reine les paroles de don Luis, sa réputation bien établie de véracité lui valut une croyance implicite. Quelque droites que puissent être nos vues en général, une des voies les plus sûres pour arriver au cœur d'un autre, c'est de lui donner l'assurance qu'il est estimé et respecté, tandis que celui de tous les commandements divins auquel il est le plus difficile d'obéir, est celui qui nous ordonne d'aimer ceux qui nous haïssent. Isabelle, malgré ses hautes destinées et ses grandes qualités, était essentiellement femme, et quand elle apprit qu'en dépit de la froideur qu'elle avait quelquefois montrée à ce jeune homme, il avait pour elle une si profonde déférence et appréciait les sentiments dont elle était animée et les motifs qui la faisaient agir, d'une manière que sa conscience lui disait qu'elle méritait, elle fut plus disposée à regarder avec indulgence les défauts qui lui étaient particuliers, et à attribuer à la vivacité de son âge ce qui, vu sous un jour moins favorable, aurait pu passer pour un penchant ignoble.

Mais n'anticipons pas sur les événements.

Le premier résultat du discours de Luis fut qu'une expression plus douce se peignit sur la physionomie de sa tante, et qu'elle se trouva disposée à écouter avec plus d'indulgence ses sollicitations pour avoir un entretien particulier avec doña Mercédès.

— Je puis avoir été injuste envers vous sur ce point, Luis ; dit doña Béatrix, ses manières laissant apercevoir le changement qui venait de s'opérer dans ses idées, car je crois que vous sentez ce que vous devez à Son Altesse, et que vous rendez hommage au sentiment presque céleste de justice qui, régnant dans son cœur, se répand sur toute la Castille. Vous n'avez rien perdu dans mon estime en manifestant ainsi votre respect et votre attachement pour la reine; car il est impossible d'avoir de l'estime pour les vertus d'une femme, sans en montrer pour celle qui les réunit toutes en sa personne.

— N'en est-il pas de même de mon attachement pour votre pupille, ma chère tante? Le choix que j'ai fait n'est-il pas, en quelque sorte, un gage de la justice et de la vérité de mes sentiments.

— Ah! Luis de Bobadilla! il n'est pas difficile d'ouvrir l'entrée de son cœur à un penchant pour la plus noble et la plus riche des filles de l'Espagne, surtout quand elle en est en même temps la plus belle.

— Suis-je donc un hypocrite, marquise? Accusez-vous le fils de votre frère de feindre un sentiment qu'il n'éprouve pas? Le croyez-vous soumis à l'influence d'une passion aussi vile que l'amour de l'or et des terres?

— Des terres étrangères, jeune inconsidéré, répliqua doña Béatrix en souriant, mais non des terres des autres. — Non, Luis, aucun de ceux qui vous connaissent ne vous accusera d'hypocrisie. Nous croyons à la vérité et à l'ardeur de votre attachement, et c'est pour cela même que nous le redoutons.

— Quoi! la reine et vous, faites-vous donc plus de cas d'un sentiment faux que d'un sentiment véritable? d'un amour imaginaire et mensonger, que d'une passion honnête, franche et loyale?

— C'est cet amour véritable, cette passion honnête, franche et loyale, comme vous l'appelez, qui peut le plus aisément éveiller un sentiment semblable dans le sein d'une jeune fille. Il n'y a pas de pierre de touche plus sûre que le cœur, pour éprouver la sensibilité, quand la tête n'est pas tournée par la vanité; et plus la passion est véritable, plus il est facile à l'être qui en est l'objet de la découvrir. Deux gouttes d'eau ne se réunissent pas plus naturellement que deux cœurs qui éprouvent la force d'une attraction réciproque. Si vous n'aimiez pas véritablement Mercédès, vous pourriez comme mon proche parent, et un parent chéri, rire et chanter avec elle, toutes les fois que cela ne dérogerait pas à la dignité de son rang, sans me causer un moment d'inquiétude.

— Votre proche parent! votre parent chéri! Quel miracle, ma tante! comment se fait-il donc qu'il me soit plus difficile de voir votre pupille.....

— Qui est l'objet spécial des soins de la reine de Castille.

— Soit. Mais pourquoi un Bobadilla serait-il proscrit, même par une reine de Castille?

Luis eut alors recours à tous ses moyens de persuasion, et, profitant d'un petit avantage qu'il avait remporté à force de prières et d'importunités, il réussit enfin à obtenir de doña Béatrix la promesse qu'elle demanderait à la reine la permission de lui accorder un entretien particulier avec doña Mercédès. Car, il est utile de le savoir, Isabelle, craignant l'influence que les liens du sang pourraient avoir sur la marquise, lui avait donné ses instructions à ce sujet : il avait été convenu entre elles, comme mesure de prudence, qu'on ne laisserait les deux jeunes gens se voir que le moins souvent possible. S'acquittant donc de la promesse qu'elle avait faite à son neveu, doña Béatrix fit part à la reine de la conversation qu'elle avait eue avec don Luis, et n'oublia pas de parler des sentiments qu'il avait manifestés en parlant d'elle. Cette communication fut favorable aux vues du jeune amant, et un des premiers fruits qu'il en retira fut la permission d'avoir l'entrevue qu'il désirait avec sa maîtresse.

— Ce ne sont pas des souverains, dit la reine avec un sourire dans lequel sa favorite remarqua quelque chose de mélancolique, quoique sa pénétration fût en défaut pour décider si quelque tristesse véritable en était la cause, ou si ce n'était que la conséquence d'une sorte de regard jeté en arrière sur un genre d'émotions qu'on sait ne pouvoir s'éveiller dans le cœur qu'une seule fois; — ce ne sont pas des souverains, marquise ma fille, et il ne sont pas obligés de se faire la cour par procuration et de s'épouser sans se connaître : il pourrait ne pas être prudent de leur permettre de se voir trop souvent ; mais il serait cruel de refuser à votre neveu, qui va partir pour une expédition dont le résultat est si douteux, une seule occasion de déclarer sa tendresse et de faire des promesses de constance. Si Mercédès a véritablement quelque penchant pour lui, le souvenir de cette entrevue lui rendra moins pénible l'absence de don Luis.

— Et fournira de nouveaux aliments à sa flamme, dit la marquise d'un ton grave.

— Je n'en sais trop rien, ma bonne Béatrix; car, si le pouvoir de Dieu peut amener le cœur de l'homme à sentir l'importance de ses devoirs religieux, sa main bienfaisante ne peut-elle pas le guider et le protéger aussi quand il est soumis à l'influence de sentiments plus mondains? Mercédès n'oubliera jamais son devoir; et comme l'imagination s'alimente d'elle-même, ce n'est peut-être pas le parti le plus sage de laisser une jeune enthousiaste comme notre pupille, si entièrement livrée aux idées qu'elle y puise. La réalité est souvent moins dangereuse que tout ce qui n'a d'autre base que l'imagination. D'une autre part, une telle entrevue ne fera rien perdre à votre neveu, parce qu'en lui remettant sans cesse sous les yeux le but qu'il semble avoir sérieusement en vue, elle le portera à faire plus d'efforts pour mériter d'y arriver.

— Je crois, Señora, que dans tout ce qui a rapport aux caprices des passions les meilleurs raisonnements ne sont pas les plus solides.

— Cela peut être vrai, Béatrix; mais je ne vois pas que nous puissions raisonnablement refuser à don Luis cette entrevue, à l'instant où il va quitter ce pays. Dites-lui donc que je lui accorde ce qu'il désire, et rappelez-lui en même temps qu'un grand de ce royaume ne doit jamais quitter la Castille sans prendre congé de sa souveraine.

— Je crains, Votre Altesse, répondit la marquise en riant, que ce dernier ordre, quelque agréable et gracieux qu'il soit par le fait, ne paraisse à Luis une réprimande sévère, car il l'a déjà fait plus d'une fois, sans prendre congé même de sa tante.

— En ces occasions, il partait follement et sans réflexion; mais cette fois il va prendre part à une honorable et noble entreprise, et nous lui ferons voir que nous sentons cette différence.

La conversation se porta alors sur d'autres objets; mais il était bien entendu que la demande de don Luis lui était accordée. En cette occasion, Isabelle s'était écartée d'une règle que ses sentiments comme femme la portaient à s'imposer, sentiments qui lui faisaient souvent oublier qu'elle était reine, quand de graves devoirs ne le lui rappelaient pas. En effet, il eût été difficile de décider sous quel rapport cette excellente femme méritait le plus l'estime générale, soit sous le caractère élevé d'une souveraine juste et consciencieuse, soit quand elle agissait d'après l'impulsion plus directe de son sexe. Quant à la marquise, elle tenait peut-être plus que la reine elle-même à ce qu'elle regardait comme son devoir envers sa pupille; car une plus grande responsabilité pesait sur elle, qui était exposée au soupçon de chercher à augmenter les richesses de sa famille et à la fortifier par une alliance avec une maison puissante, en favorisant l'union de son neveu avec sa pupille. Cependant tout désir d'Isabelle était une loi pour doña Béatrix, et elle ne tarda pas à informer Mercédès de son intention de permettre, pour une fois, à son neveu, de plaider sa cause devant elle avant de partir pour une entreprise incertaine et dangereuse.

Notre héroïne apprit cette nouvelle avec ces émotions, mélange de joie et de crainte, d'espoir et de pressentiments fâcheux, qu'on trouve si souvent dans le cœur d'une femme quand des sentiments nouveaux pour elle viennent se mêler à la passion dominatrice. Elle n'avait jamais cru possible que Luis partît pour une expédition du genre de celle qui allait avoir lieu sans faire tous ses efforts pour la voir seul à seule; mais à présent qu'elle était assurée que la reine et sa tutrice consentaient à cette entrevue, elle regrettait presque qu'elles y eussent donné leur approbation. Ces émotions contradictoires firent pourtant bientôt place à une douce mélancolie qui s'empara d'elle de plus en plus, à mesure que le moment du départ de don Luis approchait. Ses pensées relativement à l'empressement que Luis avait montré pour faire partie de l'expédition n'étaient pas plus d'accord entre elles. Tantôt elle se félicitait de la noble résolution de son amant et de son dévouement à la gloire de Dieu et aux intérêts de l'Église, songeant avec fierté que, parmi la haute noblesse de Castille, il était le seul qui eût voulu risquer sa vie et braver les sarcasmes en accompagnant le Génois; tantôt, tourmentée d'inquiétudes, elle craignait que le désir de courir le monde et de chercher les aventures n'eût autant d'empire sur son cœur que son amour pour elle. Il n'y avait rien de bien nouveau dans tout cela : plus les sentiments de ceux qui se soumettent véritablement à l'influence de l'amour sont purs et ingénus, plus leur méfiance devient active, et plus leurs pressentiments les tourmentent.

Ayant une fois pris son parti, doña Béatrix agit loyalement avec les deux amants. Sitôt que don Luis parut devant elle, le matin du jour fixé pour son départ, elle lui dit que Mercédès l'attendait dans le salon qui faisait partie de l'appartement que sa pupille occupait chez elle. Prenant à peine le temps de baiser la main de sa tante et de lui donner les autres marques de respect que la coutume de ce siècle exigeait des jeunes gens à l'égard des personnes plus avancées en âge, et surtout quand il existait entre eux un lien de parenté aussi proche que celui qui unissait la marquise de Moya à Luis de Bobadilla, comte de Llera, le jeune homme partit comme un éclair et fut bientôt auprès de sa maîtresse. Préparée à cette entrevue, Mercédès ne montra son émotion que par le coloris plus vermeil de ses joues et par l'éclat plus vif de deux yeux toujours brillants, quoique souvent l'expression en fût douce et mélancolique.

— Luis! s'écria-t-elle; et alors, comme si elle eût été honteuse de l'émotion que trahissait le son même de sa voix, elle retira le pied qui s'était involontairement avancé pour aller à sa rencontre; mais sa main resta étendue vers lui avec une confiance amicale.

— Mercédès! s'écria Luis, et la main qu'il tenait fut retirée, pour mettre fin aux baisers dont il la couvrait; depuis quelque temps il est plus difficile de vous voir que de découvrir le Cathay du Génois; car, grâce à la reine et à doña Béatrix, vous êtes gardée de plus près par vos protectrices, que le paradis terrestre le fut jamais par les anges.

— Et cela est-il donc inutile, Luis, quand c'est vous qui êtes le danger qu'on craint?

— S'imaginent-elles que je vous enlèverai, comme une jeune fille maure emportée en croupe par un chevalier chrétien, pour vous placer à bord de la caravelle de Colon, afin d'aller chercher ensemble le Prestre-Jean ou le Grand-Khan?

— Elles peuvent vous croire capable d'un tel acte de folie, Luis; mais je doute qu'elles m'en soupçonnent.

— Non, car vous êtes vraiment un modèle de prudence, en tout ce qui exige de la sensibilité pour votre amant.

— Luis! s'écria Mercédès, les larmes lui venant aux yeux malgré elle.

— Pardon, Mercédès, — pardon, chère Mercédès. — C'est ce délai, ce sont toutes ces froides et cruelles précautions qui font que je m'oublie. Au lieu d'être un noble chevalier castillan, suis-je donc un aventurier inconnu, un mendiant, pour qu'on me traite ainsi?

— Vous oubliez, Luis, que les jeunes Castillanes de sang noble n'ont pas coutume de voir même les nobles chevaliers castillans en tête-à-tête. Sans l'indulgence de Son Altesse et la bonté de ma tutrice, qui est aussi votre tante, cette entrevue n'aurait pu avoir lieu.

— Tête-à-tête ! — Et vous appelez cela un tête-à-tête, — une grande faveur de Son Altesse, — quand vous voyez que nous sommes épiés par deux yeux, sinon par deux oreilles ? J'ose à peine parler autrement que tout bas, de crainte que le son de ma voix ne trouble cette vénérable dame dans ses méditations.

Tandis qu'il parlait ainsi, Luis de Bobadilla avait les yeux fixés sur la duègne de sa maîtresse, qu'on voyait assise dans une chambre voisine dont la porte était ouverte, et où la bonne femme s'occupait avec attention à lire des homélies.

— Vous voulez parler de la pauvre Pépita, répondit Mercédès en riant ; car la présence d'une femme qu'elle était accoutumée à voir près d'elle depuis son enfance n'imposait pas plus de contrainte à l'innocence de ses pensées et de ses discours que ne l'aurait fait une autre elle-même, si un tel être avait pu exister. Elle a fait bien des protestations contre cette entrevue, qu'elle déclare contraire à l'étiquette de la noblesse, et à laquelle elle assure que ma sainte mère n'aurait jamais consenti si elle vivait encore.

— Oui, son extérieur suffirait pour mettre aux prises avec elle toute âme généreuse. On peut voir l'envie contre votre jeunesse et contre votre beauté empreinte au fond de chaque ride de sa figure repoussante.

— Vous connaissez bien peu mon excellente Pépita. Elle ne porte envie à rien, et je ne lui connais qu'une faiblesse, qui est trop d'affection et d'indulgence pour moi.

— Je déteste une duègne ; — oui, autant que je déteste un infidèle.

— Señor, dit Pépita, dont les oreilles vigilantes, malgré l'homélie qu'elle lisait, avaient tout entendu, c'est un sentiment qui est commun à tous les jeunes cavaliers, à ce que je crois ; mais j'ai entendu dire que la même duègne, dont la physionomie paraît si repoussante aux yeux de l'amant, devient ensuite agréable à ceux du mari. Cependant, puisque mes traits et mes rides vous déplaisent, et sans doute vous font peine à voir, je fermerai cette porte, et, par ce moyen, vous ne me verrez plus, et nous ne pourrons entendre, vous le bruit désagréable de ma toux, et moi vos protestations d'amour.

La duègne prononça ces mots d'un ton qui n'était nullement celui des femmes de sa classe, et avec une bonne humeur qui semblait difficile à ébranler, puisque les remarques peu galantes de don Luis n'y avaient porté aucune atteinte.

— Vous ne fermerez pas la porte, Pépita, s'écria Mercédès en rougissant, et s'avançant pour l'en empêcher. Que peut avoir à me dire le comte de Llera que vous ne puissiez entendre?

— Le noble cavalier a à vous parler d'amour, ma chère enfant.

— Et est-ce là ce qui vous effraie, vous qui connaissez si bien le langage de l'affection? Tous vos discours n'ont-ils pas respiré ce sentiment depuis que je vous connais et que je suis confiée à vos soins?

— C'est un mauvais présage pour vous, Señor, dit Pépita en souriant, tandis qu'elle suspendait le mouvement de la main qui tenait la porte pour la fermer, si doña Mercédès ne voit votre affection que sous le même point de vue que la mienne. — Sûrement, ma chère enfant, vous ne pouvez m'envisager comme un jeune et galant cavalier venu à vos pieds pour ouvrir son âme, ni croire que le langage de simple affection dont je me sers avec vous puisse ressembler à ce qui découlera des lèvres d'un Bobadilla désirant gagner le cœur de la plus belle fille de Castille.

Mercédès baissa les yeux, car, quoique innocente comme la pureté même, son cœur lui disait qu'il devait y avoir une différence entre le langage d'une duègne et celui d'un amant, même quand ils ne voulaient l'un et l'autre qu'exprimer leur affection. Sa main droite laissa échapper la porte qu'elle avait saisie pour empêcher Pépita de la fermer, et elle l'employa ainsi que la gauche à se cacher le visage, couvert d'une vive rougeur. Pépita profita de ce moment pour fermer la porte. Un sourire de triomphe brilla sur les beaux traits de Luis, et après avoir fait une douce violence à sa maîtresse pour la reconduire au fauteuil qu'elle avait quitté lorsqu'il était arrivé, il s'assit à ses pieds sur un tabouret, et se plaçant en face de celle qu'il révérait comme son idole, il reprit la parole :

— Voilà le modèle des duègnes! s'écria-t-il ; j'aurais dû savoir qu'aucune femme de l'école déraisonnable et malavisée de cette engeance ne pouvait être tolérée près de votre personne. — Cette Pépita est un véritable joyau, et elle peut se regarder comme établie dans sa place pour toute sa vie, si, par suite de l'adresse de ce Génois, de ma propre résolution, du repentir de la reine et de vos bonnes grâces, Mercédès, je suis assez heureux pour devenir votre époux.

— Vous oubliez, Luis, dit Mercédès tremblante, mais riant de l'idée qu'elle exprimait; vous oubliez que si le mari estime la duègne que l'amant ne pouvait souffrir, l'amant peut estimer la duègne qui déplaît au mari.

— *Peste !* il y a trop de raffinement là-dessous pour la philosophie de Luis de Bobadilla, qui va toujours droit devant lui. Il n'y a qu'une chose que je prétende savoir, dont je ne permets à personne de douter, et que je suis prêt à soutenir en face de tous les docteurs de Salamanque, et de toute la chevalerie de la chrétienté, en y comprenant celle des infidèles : c'est que vous êtes la plus belle, la plus douce, la plus aimable, la plus vertueuse, et en toutes choses la plus attrayante fille de toute l'Espagne, et que nul chevalier vivant n'aime et n'honore sa maîtresse comme je vous aime et je vous honore.

Le langage de l'admiration est toujours flatteur pour les oreilles d'une femme, et Mercédès, accordant aux paroles de son amant un mérite de sincérité que son ton et ses manières garantissaient pleinement, oublia sa duègne et l'observation maligne qu'elle venait de faire elle-même, pour ne songer qu'au plaisir d'écouter des assurances d'affection qui lui étaient si agréables. Cependant la timidité de son sexe et la date encore récente de leur confiance mutuelle firent qu'elle y répondit avec une certaine réserve.

— On m'a dit que vous autres jeunes cavaliers qui aspirez après des occasions de montrer votre adresse et votre courage dans les tournois, la lance au poing, vous faites sans cesse de semblables protestations en l'honneur de quelque noble damoiselle, afin d'engager les autres à vous contredire, de montrer ainsi votre prouesse comme chevalier, et de gagner du renom.

— Cela vient de ce que vous êtes si souvent enfermée dans les appartements privés de doña Béatrix, de peur que les yeux de quelque audacieux Espagnol ne profanent votre beauté en l'admirant. Nous ne sommes plus dans ce siècle des chevaliers errants et des troubadours, temps où les hommes commettaient mille folies pour paraître encore plus faibles que la nature ne les avait faits. Dans ce siècle, vos chevaliers *discouraient* beaucoup d'amour, mais dans le nôtre, *ils le sentent*. — En vérité, je crois que cela rappelle un peu la moralité profonde de Pépita.

— Ne dites rien contre Pépita, Luis; songez qu'elle s'est montrée votre amie aujourd'hui, sans quoi votre langue et vos yeux auraient subi la contrainte causée par sa présence. Mais ce que vous appelez la moralité de la bonne duègne est dans le fait celle de l'excellente et noble doña Béatrix de Cabréra, marquise de Moya, née Bobadilla, à ce que je crois.

— Eh bien! eh bien! j'ose dire qu'il n'y a pas une grande différence entre les leçons d'une duchesse et celles d'une duègne, dans le secret du cabinet, quand il s'agit de garder une créature belle, riche et vertueuse comme vous. On fait accroire aux jeunes filles, dit-on, que nous autres cavaliers nous sommes des ogres, et que le seul moyen de gagner le paradis, c'est de penser beaucoup de mal de nous. Aussi, quand les parents ont arrangé un mariage sortable, la pauvre jeune créature est alarmée tout à coup en recevant l'ordre de se montrer en public pour épouser un de ces monstres.

— Et c'est de cette manière que vous avez été traité! Il me semble qu'on se donne beaucoup de peine pour porter les jeunes gens des deux sexes à mal penser les uns des autres. — Mais à quoi pensons-nous, Luis? Nous perdons des momens précieux, des moments qui ne reviendront peut-être jamais. — Que fait Colon? — Quand doit-il quitter la cour?

— Il est déjà parti. La reine ayant accédé à toutes ses demandes, il a quitté Santa-Fé, investi de tous les pouvoirs qui appartiennent à l'autorité royale. Si vous entendez parler d'un certain Pédro de Muños, ou Pédo Gutierrez, comme étant à la cour de Cathay, vous saurez à quoi vous devez attribuer ses folies.

— J'aimerais mieux, Luis, que vous fissiez ce voyage sous votre nom véritable que sous un nom supposé; les déguisements de ce genre sont rarement sages, et sûrement vous ne prenez point part à cette entreprise, — ici le sang monta aux joues de Mercédès, — par des motifs dont vous ayez à rougir.

— C'est le désir de ma tante. Quant à moi, j'aurais attaché vos couleurs à mon casque, vos emblèmes sur mon bouclier, et j'aurais fait savoir, et auprès et au loin, que don Luis de Llera se rendait à la cour du Cathay pour défier toute la chevalerie du pays de montrer une jeune fille aussi belle et aussi vertueuse que vous.

— Nous ne sommes plus dans le siècle des chevaliers errants, sire chevalier, répondit Mercédès en riant, quoique chaque mot qui tendait à prouver le sincère et entier dévouement de son amant allàt directement à son cœur, y affermît le pouvoir de l'amour, et augmentât la flamme qui y brûlait, en lui fournissant les aliments les plus propres à l'entretenir; — nous ne sommes plus dans le siècle des chevaliers errants, comme vous le disiez vous-même tout à l'heure, don Luis de Bobadilla : nous vivons dans un siècle de raison et de vérité, dans un temps où l'amant lui-même réfléchit, et où il est aussi en état de découvrir les défauts de sa maîtresse que de vanter ses perfections. J'attends mieux de vous que d'apprendre que vous avez couru sur tous les grands chemins du Cathay, cherchant des géants et les défiant au combat en l'honneur de ma beauté, et excitant les autres à la dénier, quand ce ne serait que par esprit d'opposition à vos éloges exagérés. Ah ! Luis, vous êtes engagé dans une noble entreprise, — qui joindra votre nom à ceux des hommes les plus illustres, — et qui sera un jour pour vous un objet de gloire et de triomphe, quand l'âge aura terni nos yeux et que nous chercherons dans le passé quelque action dont nous puissions être fiers.

Avec quelle émotion délicieuse le jeune amant entendit sa maîtresse, dans l'innocence et la plénitude de son cœur, parler de leurs destins futurs en les réunissant sous un seul et même point de vue ! Et lorsqu'elle eut cessé de parler, sans se douter du sens qu'il pouvait attacher à ce qu'elle venait de dire, il écoutait avec la même attention que s'il eût encore pu entendre les sons qui avaient cessé de frapper ses oreilles.

— Quelle entreprise peut être plus noble, plus digne d'exciter toute ma résolution, que celle qui doit m'obtenir votre main ? s'écria-t-il enfin; je n'ai pas d'autre but en partant avec Colon. Je partagerai ses dangers, afin d'ôter tout prétexte aux objections d'Isabelle, et je le suivrai jusqu'à l'extrémité de la terre plutôt que de ne pas faire honneur à votre choix. — Vous êtes mon grand-khan, chère Mercédès, et vos sourires sont les seuls trésors du Cathay que je désire.

— Ne parlez pas ainsi, mon cher Luis; car vous ne rendez pas justice à la noblesse de votre âme et à la générosité de vos intentions. Ce projet de Colon est d'une grandeur prodigieuse; et quoique je sois enchantée qu'il en ait conçu l'idée et qu'il ait eu le courage de vouloir l'exécuter lui-même, à cause de l'utilité qu'en retireront les païens et de la manière dont il contribuera nécessairement à la gloire de Dieu, je sens que je n'en suis pas moins charmée en songeant que votre nom vivra aussi longtemps que le souvenir de cette grande entreprise, et que vous ferez rougir vos détracteurs par la résolution et le courage que vous aurez montrés pour coopérer à sa réussite.

— Tout cela n'est que la vérité, Mercédès, si nous arrivons aux Indes : mais si les saints nous retirent leur protection et que notre projet échoue, je crains que vous-même vous n'ayez honte d'avouer l'intérêt que vous prenez à un malheureux aventurier, s'il revenait sans avoir réussi et après s'être rendu un objet de dérision et de sarcasmes, au lieu d'avoir acquis cette distinction honorable que vous semblez attendre avec tant de confiance.

— En ce cas, Luis de Bobadilla, répondit vivement Mercédès avec un accent de tendresse qui appela de nouvelles couleurs sur ses joues, tandis que ses yeux brillaient d'un éclat qui, augmentant à mesure qu'elle parlait, devint presque surnaturel ; — en ce cas, vous ne me connaissez pas. Je désire que vous partagiez la gloire de cette entreprise, parce que votre jeunesse n'a pas été tout à fait à l'abri de la censure et de la calomnie, et que, je le sens, vous n'en parviendrez que plus facilement à obtenir les bonnes grâces de Son Altesse. Mais si vous croyez que le courage de partir avec Colon était nécessaire pour me porter à penser favorablement du neveu de ma tutrice, vous ne connaissez pas le sentiment qui m'entraîne vers vous, et vous appréciez mal les heures que j'ai passées dans le chagrin à cause de vous.

— Chère Mercédès ! votre âme est trop noble et trop généreuse ! je suis indigne d'une sincérité si pure, d'un dévouement si vrai. Chassez-moi de votre présence, pour que je ne puisse plus vous causer un seul instant de chagrin.

— Je craindrais, Luis, que le remède ne fût pire que le mal, répondit la belle Castillane souriant et rougissant tout ensemble, et fixant sur lui des yeux éloquents qui avouaient combien il y avait de tendresse dans son cœur. — Il faut que je sois heureuse ou malheureuse avec vous, suivant que la Providence en décidera, ou misérable sans vous.

La conversation des deux amants prit alors un cours moins régulier, mais plus large, comme c'est la coutume entre gens qui sentent autant qu'ils raisonnent, et il y fut question de plus d'intérêts, de sentiments et d'événements que les limites de cet ouvrage ne nous permettent d'en rapporter. Luis, comme c'est l'ordinaire, fut tour à tour inconséquent, jaloux, repentant, plein de passion et prodigue de protestations : tantôt son imagination ne lui peignait que malheurs, tantôt il se figurait un paradis sur la terre. Mercédès se montra enthousiaste, généreuse, et unissant à un dévouement sans bornes les principes les plus élevés et un oubli complet d'elle-même : écoutant avec une tendresse qui semblait concentrer tout son être dans son amour les vœux ardents que lui exprimait son amant, elle repoussait ses protestations avec la réserve de son âge et la dignité de son sexe quand elles devenaient exagérées ou indiscrètes.

Cette entrevue dura une heure, et il est inutile de dire combien de promesses de constance furent échangés, et combien de fois furent répétées celles de n'avoir jamais d'autre époux ou d'autre épouse. Lorsque le moment où ils devaient se séparer approcha, Mercédès ouvrit un coffret qui contenait ses bijoux, et en choisit un qu'elle offrit à son amant comme un gage de sa foi.

— Je ne vous donnerai pas un gant pour le porter sur votre casque dans les tournois, Luis, dit-elle, mais je vous offre ce symbole sacré qui pourra vous rappeler en même temps le grand but que vous avez aujourd'hui sous les yeux, et celle qui attendra le résultat de votre voyage avec une inquiétude presque aussi vive que celle que ressent Colon lui-même. Vous n'aurez pas besoin d'autre crucifix auquel vous adressiez vos prières, et ces pierres sont des saphirs, qui, comme vous le savez, sont un emblème de fidélité, — sentiment qui doit toujours vivre dans votre cœur, en tant qu'il a rapport à votre bonheur éternel, et que je ne serais pas fâchée d'y savoir également lorsque vous penserez à celle qui vous a donné cette bagatelle.

Elle prononça ces mots d'un ton moitié mélancolique, moitié enjoué ; car, à l'instant de se séparer de son amant, Mercédès sentait déjà le chagrin peser lourdement sur son cœur ; mais le sentiment auquel elle venait de faire allusion lui donnait une telle force, qu'elle avait presque le sourire sur les lèvres : sa voix avait cet accent séducteur qui se trouve chez la jeunesse quand elle avoue ses tendres émotions et que son cœur est accablé par des pensées d'absence et de danger. Son présent, la petite croix en saphirs, était d'une grande valeur, mais non moins précieux encore par l'intention et le caractère de celle qui l'offrait.

— Vous avez eu soin de mon âme en me faisant un pareil don, Mercédès, dit Luis en souriant, après avoir baisé la petite croix à plusieurs reprises ; vous avez voulu que, si le souverain du Cathay refuse de se convertir à notre foi, nous ne nous laissions pas convertir à la sienne. Auprès d'un présent si précieux, je crains que le mien ne paraisse frivole et sans prix.

— Une boucle de vos cheveux est tout ce que je désire, Luis. Vous savez que je ne manque pas de joyaux.

— Si je pouvais le croire, tous mes cheveux tomberaient à l'instant, et je partirais d'Espagne la tête aussi nue que celle d'un moine ou d'un infidèle. Mais les Bobadillas ont aussi leurs bijoux, et la future épouse d'un Bobadilla en portera un. — Ce collier a appartenu à ma mère, et l'on dit qu'il avait d'abord appartenu à une reine. Mais de toutes celles qui l'ont porté, Mercédès, aucune n'y aura fait autant d'honneur que vous.

— Je l'accepte, Luis; car, offert par vous, je ne saurais le refuser; mais je ne l'accepte qu'en tremblant, parce que je vois dans ces présents mutuels les emblèmes de nos deux caractères. Vous avez choisi ce qui brille, ce qui avec le temps devient indifférent à tous les yeux, ce qui cause de loin en loin quelque plaisir; et moi, avec le cœur d'une femme, j'ai choisi ce qui peint la constance. Je crains que quelque beauté brillante de l'Orient ne réussisse à gagner votre admiration durable, mieux qu'une pauvre fille castillane qui n'a guère pour elle que sa confiance et sa tendresse.

Le jeune amant fut prodigue de protestations de fidélité, et Mercédès lui permit un long embrassement avant leur séparation. Elle pleura sur le sein de don Luis, et à l'instant où il allait la quitter, la passion, comme c'est l'usage chez les femmes, l'emporta sur les formes, et son âme avoua toute sa faiblesse. Don Luis s'arracha enfin de sa présence, et dès la nuit suivante il était en chemin vers la côte, sous un nom supposé, et portant le costume le plus simple. — Colomb l'y avait déjà précédé.

CHAPITRE XI.

> Mais où est Harold? Oublierai-je donc de suivre sur les flots ce sombre voyageur? Il pensait fort peu à tout ce que les hommes regrettent; nulle maîtresse chérie ne fit retentir les airs de fausses lamentations; nul ami ne lui tendit la main avant qu'il partît pour d'autres climats.
>
> LORD BYRON.

Le lecteur ne doit pas supposer que toute l'Europe eût les yeux ouverts sur nos aventuriers. La vérité et le mensonge, compagnons inséparables, à ce qu'il paraît, n'étaient point alors répandus sur toute la terre, au moyen des journaux, avec une promptitude intéressée. Il n'y avait qu'un petit nombre de favoris du ciel qui apprenaient de bonne heure la nouvelle d'entreprises semblables à celles dont Colomb s'occupait alors. Luis de Bobadilla s'était donc retiré de la cour sans qu'on y fît attention, et ceux qui s'aperçurent de son absence supposèrent qu'il était parti pour aller dans un de ses domaines, ou qu'il avait commencé un autre de ces voyages de fantaisie qu'on regardait comme une dérogation à son rang de chevalier, et comme indignes de sa naissance. Quant au Génois, à peine s'aperçut-on de son départ, quoique les courtisans sussent en général qu'Isabelle avait pris avec lui quelques arrangements qui donnaient à cet aventurier un rang plus élevé et de plus grands avantages que ses services futurs ne le mériteraient probablement jamais. Les autres de ses compagnons étaient trop peu connus pour attirer beaucoup d'attention, et ils étaient partis, chacun de son côté, pour la côte, sans que personne s'inquiétât de leurs mouvements, hors du cercle étroit de leurs connaissances. Et cette expédition, si audacieuse dans son but, si importante dans ses résultats, n'était pas destinée à partir d'un des premiers ports de l'Espagne; l'ordre de fournir les moyens de départ nécessaires avait été envoyé à un port d'une importance tout à fait secondaire, et qui ne semblait avoir d'autre recommandation pour ce service particulier que de posséder de bons marins et d'être situé en deçà du détroit de Gibraltar, que les pirates africains rendaient quelquefois dangereux. On dit pourtant que cet ordre avait été envoyé au port en question parce que, par suite de quelque contravention aux lois, il avait été condamné à fournir à la couronne, pendant un an, deux caravelles armées. Il paraît que de pareilles punitions faisaient partie de la politique d'un siècle où les équipages des navires ne se composaient guère que de levées faites dans les ports, et où les vaisseaux étaient montés par des soldats de l'armée de terre.

Palos de Moguer, nom du port qui devait payer cette sorte d'amende, était une ville de peu d'importance, même à la fin du quinzième siècle, et n'est plus aujourd'hui qu'un petit village habité par des pêcheurs. Comme la plupart des places qui sont peu favorisées par la nature, cette ville était habitée par une population hardie et aventureuse, — autant qu'on peut être aventureux dans un siècle d'ignorance. Ce port ne possédait pas d'importantes caraques; sa pauvreté et le genre de commerce qu'il faisait ne lui rendaient nécessaires que la légère caravelle et la felouque plus humble encore. Toute l'aide que Colomb avait pu obtenir des deux couronnés, après de si longues sollicitations, avait donc été l'ordre d'équiper ces deux caravelles, et d'y placer les hommes et les officiers qui faisaient inévitablement partie d'une expédition royale. Le lecteur ne doit pourtant pas conclure de ce fait qu'Isabelle eût été coupable d'une lésinerie sordide, ou d'un manque de foi envers Colomb. Cette circonstance avait pour cause l'épuisement du trésor de la reine, par suite de la dernière guerre contre les Maures, et peut-être encore plus l'expérience et le génie du grand navigateur lui-même, qui savait fort bien que, pour un voyage de découverte, des caravelles seraient plus utiles et plus sûres que de plus grands bâtiments.

Sur le haut d'un promontoire rocailleux, à moins d'une lieue de Palos, était le couvent de la Rabida, devenu depuis si célèbre par l'hospitalité qu'y reçut Colomb. Sept ans avant l'époque où notre récit nous amène, le grand navigateur, conduisant par la main son fils fatigué, s'était présenté à la porte de cet édifice pour solliciter quelque nourriture pour cet enfant. Cette anecdocte est trop connue pour qu'il soit utile de la répéter; nous ajouterons seulement que son long séjour dans ce couvent, les amis qu'il s'était faits tant parmi les pieux franciscains qui l'occupaient que dans le voisinage, furent probablement aussi des motifs qui l'engagèrent à suggérer à la reine le choix de ce port. Colomb avait propagé ses idées, non seulement parmi les moines, mais aussi dans les environs, et c'était là que se trouvaient les premiers prosélytes qu'il eût faits en Espagne.

Malgré toutes ces circonstances, l'ordre d'équiper deux caravelles répandit la consternation parmi les marins de Palos. On regardait comme un exploit très-remarquable de longer la côte d'Afrique en descendant vers l'équateur. L'esprit du peuple se formait les idées les plus étranges sur ces régions inconnues, et il y avait même des gens qui se figuraient qu'en continuant à avancer vers le sud, il était possible d'arriver à une partie de la terre où toute vie animale et végétale devait s'anéantir, par suite de la chaleur intense du soleil. Les révolutions des planètes, le mouvement journalier de la terre, et les causes du changement des saisons, étaient encore de profonds mystères, même pour les savants ; ou si quelque étincelle de la vérité se laissait entrevoir, c'était comme la première lueur de l'aurore, qui annonce faiblement et comme en hésitant l'approche du jour. Il n'est donc pas étonnant que les marins de Palos, simples et illettrés, aient regardé l'ordre de la couronne comme une sentence de mort rendue contre tous ceux qui seraient forcés d'y obéir. Ils s'imaginaient que l'Océan, quand on était arrivé à une certaine distance, était, comme le firmament, une sorte de vide ou de chaos, et, dans leur ignorance, supposaient qu'à partir de ce point, des courants et des trombes conduisaient à des climats de feu et à des scènes de destruction épouvantable. Quelques uns même croyaient qu'il était possible d'arriver jusqu'à l'extrémité de la terre, et d'être ensuite entraîné dans le vide par des courants rapides et invisibles.

Tel était l'état des choses vers le milieu de janvier. Colomb était dans le couvent de la Rabida avec son ami le père Juan Pérez, son fidèle partisan, quand un frère vint lui annoncer qu'un étranger était à la porte, et demandait le señor Christoval Colon.

— A-t-il l'air d'un messager de la cour? demanda le navigateur; car, puisque la mission de Juan de Peñalosa a été infructueuse, il faut de nouveaux ordres de Leurs Altesses pour faire exécuter leurs intentions.

— Je ne le crois pas, Señor, répondit le frère lai, car ces messagers de la cour arrivent toujours sur des coursiers écumants, ont l'air pressé et le verbe haut ; ce jeune cavalier, au contraire, paraît fort modeste, et est monté sur un vigoureux mulet andalous.

— Vous a-t-il dit son nom, bon Sancho ?

— Il m'en a dit deux, Señor ; Pédro de Muños, ou Péro Gutierrez, sans *don*.

— Fort bien, dit Colomb se tournant rapidement vers la porte, mais conservant d'ailleurs tout son sang-froid ; j'attendais ce jeune homme, et il est le bien-venu. Faites-le entrer sur-le-champ, Sancho, et sans aucune cérémonie inutile.

— Une connaissance de la cour, Señor ? dit le père prieur, du ton dont on fait une question indirecte.

— Mon père, c'est un jeune homme qui a le courage de hasarder sa vie et sa réputation pour la gloire de Dieu et le bien de son Eglise, en s'embarquant dans notre entreprise. Il sort d'une famille respectable, et n'est pas dépourvu des dons de la fortune. S'il n'était encore mineur, l'or ne nous manquerait pas au besoin.

A l'instant où Colomb venait de parler, la porte s'ouvrit, et Luis de Bobadilla entra. Le jeune comte s'était dépouillé de tous les signes extérieurs qui pouvaient faire connaître son haut rang, et parut sous le costume modeste d'un voyageur appartenant à une classe dans laquelle il semblait qu'on eût trouvé plus facilement des recrues pour l'expédition que dans celle dont il faisait partie. Il salua Colomb avec une cordialité sincère et respectueuse, et le franciscain avec un air d'humble déférence. Le Génois reconnut sur-le-champ que cet ardent et intrépide jeune homme entrait dans son entreprise avec la ferme résolution d'employer tous les moyens en son pouvoir pour la conduire à une heureuse issue.

— Vous êtes le bienvenu, Pédro, dit Colomb dès que Luis l'eut salué. Vous arrivez sur la côte au moment où votre présence et votre appui peuvent m'être de la plus grande utilité. Le premier ordre de Son Altesse qui mettait à ma disposition deux caravelles pour le service de la couronne a été complètement méconnu ; un second, qui m'autorisait à saisir tels bâtiments qui pourraient nous convenir, n'a pas été plus respecté, quoique le señor de Peñalosa eût été envoyé tout exprès par la cour pour le faire exécuter, sous peine pour la ville de payer une amende de deux cents maravédis par jour de retard. Les idiots se sont rempli l'imagination de tous les maux qui peuvent causer l'épouvante, eux et leurs voisins ; et il me semble que je suis aussi loin de voir mes espérances s'accomplir, que je l'étais avant d'avoir obtenu l'amitié de ce bon père et la protection de la reine Isabelle. C'est une chose cruelle, Pédro, de consumer sa vie en espérances déçues, quand on a en vue un aussi grand objet que l'accroissement des connaissances humaines et la propagation de la foi.

— Je vous apporte de bonnes nouvelles, Señor. En venant de la ville de Moguer ici, j'ai eu pour compagnon de route un nommé Martin Alonzo Pinzon, marin, avec qui j'ai fait autrefois un voyage sur mer, et nous avons beaucoup causé de votre projet et des difficultés que vous avez éprouvées. Il m'a dit qu'il est connu de vous, señor Colon, et, d'après ses discours, je pense qu'il juge favorablement des chances que vous avez pour réussir.

— Oui, Pédro, oui ; et il a souvent écouté mes raisonnements en navigateur sensé et habile, comme je ne doute pas qu'il ne le soit. Mais ne m'avez-vous pas dit qu'il *vous connaissait ?*

— Oui, Señor ; nous avons fait ensemble le voyage d'Espagne à l'île de Chypre, et de là en Angleterre. Dans ces voyages de long cours, on parvient aisément à connaître le caractère et les dispositions les uns des autres, et j'ai conçu une opinion favorable du señor Pinzon sous ce double rapport.

— Vous êtes bien jeune, mon fils, dit le prieur, pour porter un jugement sur un marin qui a l'âge et la prudence de Martin Alonzo. Il jouit d'une grande réputation dans ces environs, et il passe pour être riche. Cependant, j'apprends avec plaisir qu'il pense comme autrefois relativement à votre grand voyage, car depuis quelque temps je croyais qu'il chancelait.

Don Luis avait parlé du grand homme de ce voisinage plutôt comme un Bobadilla, que de la manière qui convenait au nom supposé de Muñoz qu'il avait pris. Un regard de Colomb l'avertit d'oublier son rang et de songer à son déguisement.

— Cela est vraiment encourageant, et nous présente le Cathay sous un jour plus brillant, dit le navigateur. Je crois que vous m'avez dit que c'est en venant de Moguer à Palos que vous avez causé ainsi avec notre connaissance le bon Martin Alonzo ?

— Oui, Señor ; et c'est lui qui m'a dit de venir chercher ici l'amiral, car il vous donnait ce titre que la faveur de la reine vous a accordé ; ce que je ne regarde pas comme une faible preuve d'amitié, attendu que beaucoup d'autres avec qui j'ai conversé dans ces environs semblent disposés à vous donner des noms bien différents.

— Personne, répondit le navigateur d'un ton grave, comme s'il eût voulu avertir Luis qu'il pouvait encore se dispenser d'y prendre part s'il le jugeait à propos ; personne ne doit s'embarquer dans cette entreprise s'il n'est disposé à entrer dans toutes mes vues, s'il n'a pleine confiance en mes connaissances.

— Par saint Pédro mon patron, señor amiral, dit Luis en riant, on parle tout différemment à Palos et à Moguer ; car j'y ai entendu dire que nul homme, ayant la peau tant soit peu brûlée par le soleil de l'Océan, n'ose se montrer sur les grands chemins, de peur d'être envoyé au Cathay par une route que personne ne connaît qu'en imagination ! Il y a pourtant un volontaire qui se présente à vous librement, señor Colon, et qui est disposé à vous suivre jusqu'à l'extrémité de la terre, si elle est plate, et à en faire le tour avec vous si elle est ronde ; et ce volontaire est Pédro de Muños, qui prend part à votre entreprise, non par un amour sordide de l'or, ou de quoi que ce soit dont les hommes font ordinairement le plus de cas, mais par un esprit d'aventure, peut-être un peu excité par son amour pour la plus belle et la plus pure de toutes les filles de la Castille.

Le père Juan Pérez avait les yeux fixés sur Luis, dont l'air aisé et le ton de franchise l'étonnaient au plus haut point ; car Colomb avait réussi à lui inspirer tant de respect, que peu de personnes se permettaient de parler avec légèreté en sa présence, même avant l'époque toute récente où Isabelle lui avait conféré le titre et le rang d'amiral. Le bon prieur était bien loin de soupçonner qu'il avait devant lui, en la personne du prétendu Pédro de Muñoz, un homme dont le rang personnel était plus élevé encore, quoiqu'il ne fût investi d'aucunes fonctions officielles ; et il ne put s'empêcher de lui témoigner quelque mécontentement de la liberté de son ton et de ses manières à l'égard de personnes qu'il était habitué lui-même à respecter.

— Il me semble, señor Pedro de Muñoz, dit-il, si tel est votre nom, car le titre de duc, de marquis ou de comte, conviendrait mieux à votre manière d'agir ; — il me semble que vous traitez Son Excellence l'amiral avec autant de liberté, pour le moins, que vous traitiez tout à l'heure ce digne Martin Alonzo, notre voisin. Un homme de votre condition doit être plus modeste, et ne pas se permettre de plaisanter ou de parler avec légèreté des opinions de celui qui doit être son chef.

— Je vous demande pardon, mon père, si je vous ai offensé, et j'en dis autant à l'amiral, qui, j'espère, m'a mieux compris. Tout ce que je voulais dire, c'est que je connais ce Martin Alonzo, votre voisin, comme un ancien compagnon de voyage; que nous avons fait quelques lieues ensemble ce matin, et qu'après un long entretien il m'a montré le désir de pousser à la roue pour faire sortir l'expédition, sinon d'un bourbier, du moins des sables de votre port, et qu'il a promis de venir ici dans ce louable dessein. Quant à moi, tout ce que j'ai à ajouter, c'est que me voici prêt à suivre le respectable señor Colon partout où il voudra me conduire.

— Fort bien, Pédro, fort bien, dit l'amiral. Je crois pleinement à votre sincérité et à votre ardeur, et cela doit vous suffire jusqu'à ce que vous ayez occasion d'en convaincre les autres. — Je suis charmé d'apprendre ces nouvelles de Martin Alonzo, père prieur; car il peut nous rendre de grands services, et son zèle avait assurément commencé à se refroidir.

— Oui, il peut vous servir, et il vous servira, s'il s'intéresse sérieusement à cette affaire. Martin est le premier navigateur de toute cette côte; car, quoique j'ignorasse qu'il eût jamais été en Chypre, comme cela paraît être d'après ce que ce jeune homme vient de nous dire, je savais qu'il avait fréquemment remonté au nord jusqu'aux côtes de France, et descendu au sud jusqu'aux Canaries. — Croyez-vous que le Cathay soit beaucoup plus loin que l'île de Chypre, señor amirante?

Colomb sourit à cette question, et secoua la tête en homme qui désire préparer à un ami un désappointement.

— Quoique l'île de Chypre, répondit-il, ne soit pas très-loin de la Terre-Sainte et du siége principal du pouvoir des infidèles, le Cathay doit être à une distance beaucoup plus considérable, et je n'espère, ni ne veux faire espérer à ceux qui sont disposés à me suivre, de pouvoir y arriver avant d'avoir fait huit cents à mille lieues.

— C'est une distance prodigieuse et effrayante! s'écria le franciscain, tandis que Luis souriait avec un air d'insouciance, s'inquiétant fort peu d'avoir à faire mille ou dix mille lieues sur l'Océan, pourvu que le voyage produisît des aventures et que son union à Mercédès en fût le dénouement; — oui, une distance prodigieuse et effrayante; et pourtant, señor amirante, je ne doute pas que vous ne soyez choisi par la Providence pour surmonter tous les obstacles et ouvrir le chemin à ceux qui pourront vous suivre pour élever dans cette contrée la croix de Jésus-Christ et y faire connaître les promesses de la rédemption.

— Espérons-le, dit Colomb, en faisant avec respect le signe du saint emblème auquel son ami venait de faire allusion; et pour preuve que nous avons quelque motif humain pour nous en flatter, voici le señor Pinzon qui arrive tout affairé.

Martin Alonzo Pinzon, dont le nom est si familier au lecteur comme celui d'un homme qui aida puissamment le célèbre Génois dans sa vaste entreprise, entra en ce moment : il paraissait être venu à la hâte, et avoir l'esprit entièrement occupé d'une seule affaire, comme l'œil de Colomb s'en aperçut sur-le-champ. Le franciscain ne fut pas peu surpris de voir que Martin Alonzo, le grand homme du voisinage, salua en arrivant, d'abord Pédro, puis l'amiral, et enfin lui-même. Mais le digne prieur, qui était assez porté à faire une mercuriale sitôt qu'il apercevait quelque infraction au décorum, n'eut pas le temps d'exprimer ce qui se passait en lui; car Martin entra en matière avec un empressement qui prouvait qu'il n'était pas venu pour faire une simple visite d'amitié ou de cérémonie.

— Je suis très-fâché, señor amirante, dit-il, d'apprendre avec quelle obstination nos marins de Palos ont refusé d'obéir aux ordres de la reine. Quoique je demeure habituellement dans ce port, et que j'aie toujours regardé votre opinion sur ce voyage à l'occident avec respect, sinon avec une entière confiance, je n'ai appris toute l'étendue de cette insubordination qu'en rencontrant par hasard, en revenant ici, une ancienne connaissance en la personne de don... je veux dire du señor Pedro de Muños que voici, et qui, quoique venant de plus loin, était mieux instruit de nos fautes que moi-même qui étais sur les lieux. Mais, Señor, vous n'en étiez pas à apprendre de quel bois sont faits les hommes : on nous dit que ce sont des êtres doués de raison; cependant, malgré cette vérité incontestable, il n'y en a pas un sur cent qui veuille se donner la peine de se former une opinion; il est donc possible de trouver des moyens pour changer celles d'un nombre d'hommes suffisant pour tous vos besoins, sans même qu'ils s'en doutent.

— Cela est vrai, voisin Martin Alonzo, dit le prieur ; si vrai qu'on pourrait le mettre dans une homélie, sans nuire à la religion. L'homme est un animal raisonnable et comptable de ses actions, mais il ne convient pas qu'il soit un animal *pensant*. En ce qui concerne l'Eglise, dont les intérêts sont confiés à ses ministres, que peuvent avoir à dire de ses affaires les gens ignorants ou mal instruits? Et en ce qui concerne la navigation, il me semble qu'un seul pilote vaut mieux que cent. Quoique l'homme soit un animal doué de raison, il y a beaucoup d'occasions où il est tenu d'obéir sans raisonner ; et il s'en trouve fort peu où il doive lui être permis de raisonner sans obéir.

— Tout cela est vrai, digne père et excellent voisin ; si vrai que vous ne trouverez personne, du moins dans Palos, qui voulût le nier. Et puisque nous en sommes sur ce sujet, je puis vous dire que l'Eglise seule a suscité plus d'obstacles au succès du señor amirante que tout ce qui a pu lui nuire d'ailleurs. Toutes les vieilles femmes du port crient que c'est une hérésie de dire que la terre est ronde, et que cela est contraire à la Bible ; et s'il faut dire toute la vérité, il y a plusieurs frères de ce couvent même qui les soutiennent dans cette opinion. Il paraît contre nature à un homme qui n'a jamais quitté la terre, et qui a été plus souvent dans les vallées que sur les montagnes, qu'on lui dise que la terre est ronde ; et quoique j'aie eu bien des occasions de voir l'Océan, c'est une idée que je n'adopte pas aisément moi-même, si ce n'était le fait que lorsqu'on est sur mer, la première chose qu'on voit d'un navire ou d'une ville dans l'éloignement, ce sont les hautes voiles de l'un et les croix qui surmontent les clochers de l'autre, quoique ces voiles et ces croix soient les plus petits objets d'un navire ou d'une église. Nous autres marins, nous avons une manière d'inspirer du courage à nos compagnons, et vous autres, hommes d'église, vous en avez une toute différente : maintenant j'ai dessein de m'employer à faire entrer des idées plus sages dans la tête des marins de Palos, et j'espère, révérend prieur, que vous mettrez en œuvre ceux de l'Eglise pour faire taire les femmes, comme pour calmer les scrupules des plus zélés de vos frères.

— Dois-je conclure de cela, señor Pinzon, demanda Colomb, que vous ayez dessein de prendre un intérêt direct et plus sérieux qu'auparavant au succès de mon entreprise ?

— Oui, Señor, c'est mon intention, si nous pouvons nous entendre sur les conditions aussi bien que vous paraissez l'avoir fait avec notre souveraine doña Isabelle de Transtamare. J'ai eu une conversation avec don... morbleu! mon excès de politesse finira par devenir un défaut; — je veux dire avec le señor Pédro de Muños que voici; et comme c'est un jeune homme prudent, et qu'il m'a fait part de son intention de partir avec vous, il m'a monté l'imagination au point que je serais volontiers de la partie. Le señor de Muños et moi nous avons si longtemps voyagé ensemble, que j'aimerais à me trouver encore une fois en sa compagnie sur l'Océan.

— Ce sont de bonnes nouvelles, Martin Alonzo, s'écria le prieur, et votre âme recueillera le fruit de cette pieuse et courageuse résolution, ainsi que les âmes de tous ceux qui vous appartiennent. C'est quelque chose, señor amirante, d'avoir Leurs Altesses de votre côté dans une place comme Palos; mais c'en est une autre d'avoir pour vous notre digne voisin Pinzon ; car, s'ils sont souverains par la loi, il est roi par l'opinion. Je ne doute pas à présent que les caravelles ne soient bientôt prêtes.

— Puisque vous paraissez réellement résolu à entrer dans notre entreprise, señor Martin Alonzo, dit Colomb avec son air de dignité grave, vous avez, sans doute, réfléchi aux conditions, et vous arrivez préparé à me les faire connaître. Sont-elles à peu près semblables à celles que nous avons déjà discutées?

— Oui, Señor amirante. Cependant ma bourse en ce moment est un peu plus légère qu'elle ne l'était la dernière fois que nous avons discouru sur ce sujet. Il peut exister quelques obstacles sur ce point; mais sur tous les autres je ne doute point qu'une courte explication ne nous mette parfaitement d'accord.

— Quant au huitième des frais que je dois fournir, d'après mes conventions avec Leurs Altesses, il y aura moins à insister sur ce point que la dernière fois que nous nous sommes vus, attendu que d'autres moyens peuvent se présenter pour me mettre en état de m'acquitter de cette promesse. — En parlant ainsi, les yeux de Colomb se portèrent involontairement vers le prétendu Pédro, et ceux de Pinzon prirent la même direction avec un air expressif. — Mais il y aura bien des difficultés à surmonter à l'égard de ces sots marins qui se sont laissé épouvanter, et qui pourront céder à votre influence. Si vous voulez entrer avec moi dans cette chambre, nous discuterons sur-le-champ les bases de notre traité, et, pendant ce temps, nous confierons ce jeune homme à l'hospitalité de notre révérend ami.

Le prieur Juan Pérez n'ayant fait aucune objection à cette proposition, Colomb et Pinzon passèrent dans une chambre voisine, et le laissèrent avec notre héros.

— Vous pensez donc sérieusement, mon fils, à coopérer à cette grande entreprise de l'amiral? dit le franciscain dès que la porte de l'autre chambre eut été fermée; et tout en parlant, il examinait don Luis avec plus d'attention qu'il ne l'avait encore fait. Vous avez vraiment une tournure presque semblable à celle des jeunes seigneurs de la cour. Vous aurez besoin de prendre un air moins imposant dans l'étroit espace d'une de nos caravelles.

— Je connais les naos, les caraques, les fustas, les pinasses, les carabélons et les felouques, saint prieur; et je me comporterai avec l'amiral, comme je me comporterais devant don Ferdinand d'Aragon, s'il était mon compagnon de voyage, ou en face de Boabdil de Grenade, si ce malheureux monarque était assis de nouveau sur le trône dont il a été renversé si récemment, et qu'il ordonnât à ses chevaliers de charger ceux de l'Espagne chrétienne.

— Ce sont de belles paroles, mon fils, et prononcées comme dans un tournoi, s'il faut dire la vérité; mais elles ne vous serviront à rien avec ce Génois, dont la fermeté ne se démentirait pas même en présence de notre gracieuse souveraine doña Isabelle.

— Connaissez-vous la reine, prieur? demanda Luis, qui oublia son déguisement en faisant cette question avec tant de liberté.

— Je dois la connaître, mon fils, et jusqu'au fond de son cœur, dont la pureté s'est plus d'une fois dévoilée à moi dans le secret du confessionnal. Quelque chérie qu'elle soit de tous les Castillans, pour bien connaître toute l'élévation d'esprit de cette pieuse princesse, de cette femme exemplaire, il faut avoir pu l'entendre au tribunal de la pénitence.

Don Luis toussa, joua avec la poignée de sa rapière, et, suivant son usage, laissa échapper la première pensée qui se présenta à lui :

— Par suite de vos fonctions comme prêtre, prieur, avez-vous jamais eu occasion d'entendre la confession d'une jeune fille de la cour, très-estimée de la reine, et dont je réponds que le cœur est aussi pur que celui de la reine elle-même.

— Mon fils, cette question annonce que vous feriez mieux de

vous rendre à Salamanque pour y apprendre l'histoire, la doctrine et les usages de l'Eglise, que d'entrer dans une entreprise aussi louable que celle du señor Colomb. Ignorez-vous donc qu'il ne nous est pas permis de trahir les secrets du confessionnal et de faire des comparaisons entre nos divers pénitents ? Ne savez-vous pas aussi que nous ne prenons pas même doña Isabelle, — que la bienheureuse Marie ne cesse de veiller sur elle ! — comme le modèle de la sainteté à laquelle tous les chrétiens doivent tâcher d'arriver ? La jeune fille dont vous parlez peut être vertueuse suivant les idées du monde, en même temps qu'une pécheresse insigne aux yeux de notre sainte mère l'Eglise.

— Je voudrais bien, avant de quitter l'Espagne, entendre un Guzman ou un Mendoza qui ne portât pas la tonsure, tenir un pareil langage, révérend prieur !

— Vous avez trop de chaleur, et vous parlez inconsidérément, mon fils. Qu'aurait à dire un homme de votre condition à un Guzman, à un Mendoza, ou même à un Bobadilla, s'il affirmait ce que vous niez ? Mais quelle est la jeune fille à qui vous prenez tant d'intérêt, quoique je doute que cet intérêt soit partagé ?

— J'ai parlé avec trop de légèreté : sa situation et la mienne ont tracé entre elle et moi une telle ligne de séparation, qu'il est invraisemblable que nous venions jamais à nous parler, et mon mérite n'est pas assez grand pour qu'elle oublie en ma faveur tous les avantages qu'elle a sur moi.

— Quoi qu'il en soit, elle a un nom ?

— Sans doute, prieur, sans doute, et un nom très-noble ; j'avais doña Maria de las Mercédès de Valverde présente à la pensée, quand je vous ai fait cette question avec un peu trop de légèreté. Peut-être connaissez-vous cette illustre héritière ?

Le père Juan Pérez, prêtre d'une grande simplicité d'âme, tressaillit en entendant prononcer ce nom. Il regarda le jeune homme attentivement et avec une sorte de pitié ; après quoi, baissant les yeux vers le plancher, il sourit, puis enfin, secouant la tête en homme dont les pensées s'éveillent tout à coup :

— Oui, je la connais, dit-il ; et même la dernière fois que j'allai à la cour pour les affaires de Colon, je la confessai ainsi que la reine sa maîtresse, leur confesseur étant malade. Il est très-vrai qu'elle est digne de l'estime de doña Isabelle ; mais votre admiration pour elle doit être quelque chose de semblable à celle que nous éprouvons pour un beau nuage qui flotte bien haut au-dessus de notre tête ; car elle ne peut être fondée sur aucun espoir raisonnable.

— Qu'en savez-vous, mon père ? si cette expédition se termine comme nous l'espérons, tous ceux qui y auront pris part recevront des honneurs et de l'avancement. — Et pourquoi pas moi aussi bien qu'un autre ?

— Tout cela peut être vrai, mais quant à doña..... — A ces mots, le prieur se tut tout à coup, car il vit qu'il était sur le point de trahir le secret de la confession. L'amour de Mercédès pour Luis faisant naître quelque scrupule dans son jeune cœur, elle en avait avoué le secret à son confesseur, en lui demandant ses avis ; et le prieur, par une sorte de pieuse fraude, qui n'avait rien de criminel à ses yeux, lui avait suggéré le premier l'idée de faire servir au profit de son amour le penchant de son amant à courir le monde. Son esprit était encore si plein de la pureté ingénue du cœur de sa jeune pénitente, qu'il avait eu peine à retenir l'expression de l'intérêt qu'elle lui avait inspiré ; mais l'habitude et le devoir étaient intervenus à temps, et il s'était arrêté au moment où il allait prononcer le nom de Mercédès. Cependant ses pensées continuèrent à rouler sur le même sujet, et il le prouva par une question qui y avait rapport, mais qu'il crut pouvoir faire sans indiscrétion. — D'après ce que Martin Alonzo nous a dit, continua-t-il, il paraît que vous avez beaucoup vu le monde ; avez-vous jamais rencontré un cavalier castillan nommé don Luis de Bobadilla, qui porte aussi le titre de comte de Llera ?

— Je connais peu ses espérances, et je m'embarrasse moins encore de ses titres, répondit Luis, qui crut devoir montrer une indifférence magnanime sur l'opinion du franciscain ; mais j'ai vu ce cavalier. C'est un écervelé, un rôdeur, un jeune homme dont on ne peut attendre rien de bon.

— Je crains que cela ne soit que trop vrai, dit le prieur, secouant la tête d'un air mélancolique ; et pourtant on dit que c'est un vaillant chevalier et la meilleure lance de toute l'Espagne.

— Il peut être tout cela, répondit Luis, toussant plus fort que la bienséance ne le permettait, car il sentait que son gosier commençait à se resserrer ; il peut être tout cela ; mais à quoi sert une bonne lance sans une bonne réputation ? J'entends dire peu de bien de ce jeune comte de Llera.

— J'espère qu'il n'est pas ce qu'on le croit assez généralement, répondit le père Juan Pérez, ne soupçonnant pas encore le déguisement de son compagnon ; et je sais qu'il y a des personnes qui pensent bien de lui, qui le regardent comme le pivot de leur existence, je pourrais dire de leur âme.

— Et pourquoi, mon père, ne me nommeriez-vous pas une ou deux de ces personnes? demanda Luis avec une impétuosité qui fit tressaillir le prieur.

— Et pourquoi vous les nommerais-je plutôt qu'à tout autre, jeune homme?

— Pourquoi, mon père? pour beaucoup d'excellentes raisons auxquelles il n'y a rien à répondre. — D'abord je suis jeune moi-même, comme vous le voyez, et l'exemple, dit-on, vaut mieux que le précepte. — Ensuite, j'ai aussi quelque penchant à courir le monde, et il peut m'être utile de savoir comment ont réussi ceux qui ont la même inclination. — De plus, je serais enchanté au fond du cœur de savoir que..... Mais deux raisons suffisantes en valent bien trois, et j'ai atteint le premier de ces nombres.

Le père Juan Pérez, pieux chrétien, homme d'église instruit et libéral, était simple comme un enfant dans toutes les affaires qui concernaient le monde et ses passions. Cependant il avait trop de jugement pour ne pas avoir fait attention à la conduite étrange et aux discours encore plus singuliers de son compagnon. Lorsque le nom de notre héroïne eut retenti à son oreille, ses pensées prirent une direction de ce côté; et comme il avait lui-même ouvert la voie à Luis, la vérité se présenta tout à coup à son imagination.

— Jeune cavalier, s'écria-t-il, vous êtes don Luis de Bobadilla!

— Après cette découverte, mon père, je ne dénierai jamais le don de prophétie à un ecclésiastique. — Oui, je suis Luis de Bobadilla, et je suis entré dans cette entreprise dans l'espoir d'obtenir la main de Mercédès de Valverde.

— C'est ce que je pensais, et pourtant, Señor, vous auriez pu vous dispenser de prendre notre pauvre couvent par surprise. Permettez que j'ordonne aux frères lais de vous servir quelques rafraîchissements.

— Excusez-moi, prieur. Pédro de Muños, ou même Péro Gutierrez, n'a pas besoin de nourriture en ce moment. — Mais à présent que vous me connaissez, vous aurez moins de motifs pour ne point me parler de doña Mercédès.

— A présent que je vous connais, señor comte, j'en aurai davantage pour garder le silence. Votre tante, l'estimable et vertueuse marquise de Moya, peut vous procurer les occasions de faire votre cour à sa charmante pupille, et il ne conviendra pas à un ecclésiastique de s'exposer à déconcerter ses mesures de prudence.

Cette explication fut le commencement d'une longue conversation confidentielle, mais dans laquelle le digne prieur, qui était alors sur ses gardes, tout en conservant les secrets du confessionnal, encouragea le jeune homme à ne pas perdre espoir, et à persister dans son dessein de s'attacher à la fortune de Colomb. Pendant ce temps le grand navigateur était enfermé avec son nouveau conseiller, et lorsqu'ils reparurent ensemble, ils annoncèrent que Martin Alonzo prenait part à l'entreprise avec tant de zèle, qu'il avait formé la résolution de s'embarquer lui-même à bord d'une des caravelles.

CHAPITRE XII.

> Cependant, celui pour qui chaque danger est devenu un sombre plaisir, et chaque lieu sauvage une habitation, va toujours en avant, marchant sans crainte là où ceux qui tiennent à la vie reculeraient d'effroi.
>
> **L'ABENCERRAGE.**

La nouvelle que Martin Alonzo Pinzon devait être un des compagnons de Colomb s'étant répandue dans Palos avec la rapidité de l'éclair, bientôt on ne manqua plus de volontaires, l'exemple d'un homme connu et respecté dans tous les environs agissant plus efficacement sur l'esprit des marins que les ordres de la reine et les raisonnements de Colomb. Ils connaissaient Martin Alonzo; ils étaient habitués à céder à son influence, ils pouvaient donc le suivre avec confiance; mais l'ordre d'une reine qu'ils n'avaient jamais vue, quoiqu'ils l'aimassent, leur paraissait un jugement sévère, plutôt que l'avis d'une entreprise généreuse; et quant à Colomb, quoique son air de dignité grave imposât à la plupart d'entre eux, on le regardait à Palos comme un aventurier, de même qu'il l'avait été à Santa-Fé.

Les Pinzons s'acquittèrent de leur tâche dans les préparatifs de l'expédition, en hommes plus habitués à exécuter qu'à concevoir un projet. Plusieurs membres de cette famille prirent part avec empressement à cette entreprise ; un frère de Martin Alonzo, nommé Vincent Yanez, marin de profession, accepta le commandement d'un des bâtiments, et un autre entra dans l'expédition en qualité de pilote. En un mot, le mois qui suivit les incidents que nous venons de rapporter, fut activement employé, et pendant ce court espace de temps on fit plus pour arriver à la solution pratique du grand problème de Colomb, que pendant les dix-sept ans qu'il avait été l'objet de toutes ses pensées et de toutes ses actions.

Malgré l'influence locale des Pinzons, il existait encore une forte opposition dans la petite ville où devaient être équipés les bâtiments nécessaires. Cette famille avait ses ennemis aussi bien que ses partisans ; et comme cela arrive dans toutes les entreprises des hommes, il se forma à Palos deux partis qui s'occupaient avec une égale activité, l'un à contrecarrer les plans du navigateur, l'autre à les faire réussir. Un bâtiment avait été saisi pour ce service, d'après les ordres de la cour ; et ceux à qui il appartenait devinrent les chefs de la faction des mécontents. Plusieurs matelots, suivant l'usage du temps, avaient été pris par voie de presse pour ce voyage extraordinaire et mystérieux, et, comme de raison, eux et leurs amis ne tardèrent pas à grossir les rangs de l'opposition. La plupart des travaux nécessaires avaient été faits imparfaitement ; et quand on chercha des ouvriers pour y remédier, ils se cachèrent tous. A mesure que le moment de mettre à la voile approchait, la lutte devenait plus violente, et les Pinzons eurent même la mortification de découvrir que plusieurs de ceux qui s'étaient présentés volontairement pour suivre leur fortune commençaient à chanceler dans leur résolution, et que quelques uns avaient même déserté.

Telle était la situation des choses vers la fin de juillet, quand Martin Alonzo se rendit au couvent de la Rabida, où Colomb passait la plus grande partie du temps qu'il n'employait pas à surveiller personnellement les travaux d'armement de ses navires, et où Luis de Bobadilla, qui ne pouvait être d'aucune utilité dans l'état actuel des affaires, soupirait sans cesse après un service plus actif, et songeait aux attraits, aux qualités et aux vertus de Mercédès de Valverde. Le père Juan Pérez faisait tous ses efforts pour faciliter les projets de ses amis, et il était résolu, sinon à imposer tout à fait silence à ceux de ses moines qui se montraient ignorants et opiniâtres, du moins à les empêcher de faire connaître leur opinion autrement qu'avec précaution et en secret.

Quand Colomb et le prieur furent avertis que le señor Pinzon demandait à les voir, ils le reçurent à l'instant même. Plus le moment du départ approchait, mieux ils sentaient l'importance des efforts de cet habile marin; et ils savaient que la protection de la reine même, en ce moment et dans cette ville, était moins essentielle que celle de cet homme plein de zèle et d'activité. On ne le fit donc point attendre, et on le conduisit dans la chambre que le prieur occupait ordinairement, presque à l'instant même où il arriva.

— Vous êtes le bienvenu, digne Martin Alonzo, s'écria le franciscain dès qu'il aperçut son ancienne connaissance. Comment vont les choses à Palos? Quand cette sainte entreprise sera-t-elle en bon train?

— Par saint François, révérend prieur, c'est plus que personne n'oserait dire. J'ai cru vingt fois que nous étions à la veille de pouvoir mettre à la voile, et il s'est toujours élevé quelque obstacle inattendu. Cependant il ne manque plus rien à l'équipement de la *Santa-Maria*, à bord de laquelle l'amiral doit s'embarquer avec le señor Gutierrez ou de Muñoz, comme il lui plaira de se nommer. On peut la regarder comme un bon navire, et elle est du port d'un peu plus de cent tonneaux. J'espère donc que Son Excellence et tous les dignes cavaliers qui pourront l'accompagner s'y trouveront aussi bien logés que vos moines le sont à la Rabida, — d'autant plus que la bonne caravelle est complètement pontée.

— Ce sont vraiment de bonnes nouvelles, dit le prieur en se frottant les mains de plaisir. Et cet excellent navire a réellement un pont! — Señor amirante, vous pourrez être sur un bâtiment qui n'est pas tout à fait digne de vos grands projets; mais, au total, vous y serez en sûreté et commodément, surtout à cause de ce pont qui vous servira d'abri.

— Il ne faut parler ni de ma sûreté, ni de ce qui peut m'être commode, ami prieur, quand nous avons à nous occuper d'objets bien plus graves. — Je suis charmé que vous soyez venu ce matin au couvent, señor Martin Alonzo, car j'ai à écrire à la cour par un courrier spécial, et je désire connaître l'état actuel des choses.

Croyez-vous que *la Santa-Maria* soit prête à la fin de ce mois?

— Je le crois, Señor; le bâtiment a été préparé avec toute la diligence possible, et il pourra porter environ soixante hommes, si la terreur panique qui s'est emparée de tant de fous à Palos nous en laisse un pareil nombre qui soit disposé à s'embarquer. J'espère que tous les saints voient nos efforts d'un œil favorable, et qu'ils récompenseront notre zèle quand nous en viendrons à partager les profits d'une entreprise qui n'a pas son égale dans les annales de la navigation.

— Ces profits, honnête Martin Alonzo, dit le prieur d'un ton expressif, se trouveront dans l'accroissement des domaines de l'Eglise, et dans la plus grande gloire de Dieu.

— Sans contredit, père Juan Pérez; c'est là notre but commun : mais je crois qu'il est permis à un marin laborieux de songer à sa femme et à ses enfants, quoique dans une vue subordonnée à ces grandes fins : j'ai mal compris le señor amiral lui-même, s'il n'espère pas retirer quelque petit avantage, sous la forme d'or, de la visite que nous allons faire au Cathay.

— Vous ne m'avez pas mal compris, brave Martin Alonzo, dit Colomb d'un ton grave. J'espère certainement voir les richesses des Indes couler dans les coffres de la Castille, par suite de ce voyage. Dans le fait, digne prieur, la recouvrance du Saint-Sépulcre dépend principalement du succès de notre entreprise, en tant qu'elle peut dépendre d'efforts humains.

— Fort bien, señor amiral, dit Martin Alonzo avec un peu de vivacité; c'est un projet qui doit nous honorer infiniment aux yeux de tous les bons chrétiens, et surtout des moines de la Rabida. Mais il est assez difficile de persuader aux marins de ce port d'obéir aux ordres de la reine, et de remplir leurs engagements avec nous, sans leur prêcher une croisade comme le meilleur moyen de se débarrasser du peu de maravédis qu'ils auront pu amasser à force de courage et de fatigues. Les dignes pilotes Francisco Martin Pinzon, mon propre frère, Sancho Ruiz, Pédro Alonzo Niño et Barthélemi Roldan, viennent de signer un engagement positif avec nous; mais s'ils s'apercevaient qu'il s'agit d'une croisade, tous les saints du paradis ne les détermineraient pas à le remplir.

— Je ne regarde personne autre que moi comme obligé à l'exécution de ce projet, ami Pinzon, répondit Colomb avec calme. Chacun sera jugé selon ses propres œuvres. On ne demandera rien à celui qui n'a rien promis ; mais rien ne lui sera donné au jour du grand compte que doit rendre toute l'espèce humaine. Mais que nous direz-vous de votre bâtiment, *la Pinta?* Est-il enfin en état de lutter contre les flots de l'Atlantique?

— Comme cela arrive toujours à l'égard des bâtiments mis en réquisition pour le service de la couronne, Señor, le travail s'y est fait lentement, et non avec cette activité joyeuse qui accompagne l'ouvrage qu'on entreprend librement et pour son propre profit.

— Ces idiots ont travaillé pour leur propre avantage sans le savoir, dit Colomb. Il est du devoir de l'homme ignorant de se laisser conduire par l'homme plus éclairé, et d'être reconnaissant des avantages qu'il retire des connaissances d'un autre, quoique ce soit contre ses propres désirs.

— Vous avez bien raison, ajouta le prieur, autrement nos fonctions, à nous autres prêtres, se réduiraient à bien peu de chose. La foi, la foi en l'Eglise, c'est là le premier et le dernier devoir du chrétien.

— Cela paraît raisonnable, dit Pinzon, mais les ignorants trouvent difficile de croire ce qu'ils ne comprennent pas. Quand un homme s'imagine qu'il est condamné à une mort ignorée, il ne voit guère l'utilité qu'il en tirera au-delà du tombeau. Au surplus *la Pinta* est celui de nos bâtiments qui est le plus près d'être en état de mettre à la voile; son équipage est au complet, et tous ses hommes ont signé devant notaire des engagements qui ne leur permettront guère de se rétracter.

— Il ne reste donc que *la Niña*, dit Colomb. Quand elle sera prête, et que nous aurons rempli nos devoirs religieux, nous pouvons espérer de commencer l'exécution de notre entreprise.

— Oui, Señor. Mon frère Yañez a enfin consenti à se charger de ce petit bâtiment; et ce qu'un Pinzon promet, un Pinzon l'exécute : il sera prêt à partir en même temps que *la Santa-Maria* et *la Pinta;* et il faudra que le Cathay soit bien éloigné, si nous n'y arrivons pas avec l'un ou l'autre de nos navires.

— Voilà qui est encourageant, dit le prieur en se frottant les mains, et je ne doute pas que tout ne finisse bien. Que disent à présent les commères et les bavards de Moguer et des autres ports, sur la forme de la terre, et sur les chances de l'amirante pour arriver aux Indes?

— Ils continuent à parler à peu près comme ils le faisaient, père Juan Pérez. Quoiqu'il n'existe pas un seul marin qui ne convienne que les voiles les plus hautes, quoique les plus petites d'un navire, sont celles qu'on aperçoit les premières sur l'Océan, ils prétendent que cela vient, non de la forme de la terre, mais du mouvement des eaux.

— Aucun d'eux n'a-t-il jamais observé l'ombre jetée par la terre sur la lune dans les éclipses de cette planète? demanda Colomb avec ce ton calme qui lui était ordinaire, quoiqu'il sourît, en faisant cette question, de l'air d'un homme qui, ayant approfondi un problème de la nature, en donne avec insouciance l'explication la plus populaire à ceux qui ne sont pas disposés à pénétrer plus avant. Ne voient-ils pas que cette ombre est ronde? et ne savent-ils pas qu'une ombre ronde ne peut être produite que par un corps rond?

— Voilà qui est concluant, Martin Alonzo! dit le prieur, et cela devrait suffire pour dissiper les doutes de la plus sotte commère de toute la côte. Dites-leur de faire le tour de leurs maisons en commençant par la droite, et de voir si, en suivant les murailles, ils ne se retrouveront pas au point d'où ils étaient partis, en y arrivant par la gauche.

— Si nous pouvions rabaisser notre grande œuvre jusqu'à des exemples si familiers, révérend prieur, il n'y a pas une vieille femme à Moguer, pas un courtisan à Séville, à qui l'on ne pût faire comprendre ce mystère. Mais c'est une chose d'établir convenablement un problème, et une autre de trouver des gens en état de le comprendre. J'ai employé quelques raisonnements semblables pour convaincre l'alguasil de Palos, et le digne señor me demanda si je comptais revenir par la ville de Grenade récemment prise. Je crois que le moyen le plus facile de convaincre les bonnes gens qu'on peut arriver au Cathay en voguant à l'ouest, sera d'y aller et d'en revenir.

— Ce que nous ne tarderons pas à faire, Martin Alonzo, dit Colomb avec gaieté. Mais le temps de notre départ approche, et il convient qu'aucun de nous ne néglige les devoirs de la religion. Je vous recommande de voir votre confesseur, señor Pinzon; et j'espère que tous ceux qui prendront part à cette grande entreprise recevront la sainte communion avec moi avant de sortir du port. Le digne prieur recevra ma confession et celle de Pédro de Muños; et que chacun de nos hommes s'adresse au prêtre qu'il a coutume de consulter sur ses affaires spirituelles.

Colomb ayant annoncé ainsi son intention d'accomplir les rites de l'Eglise avant son départ, rites qu'on négligeait rarement à cette époque, la conversation roula pendant quelques instants sur les détails des préparatifs qui restaient à faire. Les trois amis se séparèrent ensuite, et quelques jours se passèrent encore à préparer avec activité tout ce qui était nécessaire pour mettre à la voile.

Dans la matinée du jeudi 2 août 1492, Colomb, couvert de l'habit de pénitent, entra dans l'appartement du père Juan Pérez avec l'air d'une piété si humble, mais si calme, qu'il était évident qu'en songeant à ses fautes il n'oubliait pas la bonté infinie de Dieu. Le franciscain l'attendait, le grand navigateur se mit à genoux aux pieds du prêtre devant qui Isabelle s'était agenouillée elle-même pour accomplir le même devoir. La religion de cet homme extraordinaire portait l'empreinte des habitudes et des opinions de son siècle, et il doit en être de même plus ou moins de la religion de chacun. Sa confession offrit donc ce mélange d'une piété sincère et d'erreurs inconséquentes que le moraliste rencontre si souvent dans ses recherches philosophiques sur l'esprit humain. Nous démontrerons la vérité de cette assertion en rapportant un ou deux des aveux que le grand navigateur fit au tribunal de la pénitence en s'y accusant de ses fautes.

Après avoir fait l'aveu des faiblesses les plus ordinaires à la race humaine : — Je crains, mon père, dit Colomb, que mon esprit ne se soit trop exalté au sujet de ce voyage : je me suis regardé comme spécialement choisi de Dieu pour quelque grande fin, plus que son infinie sagesse ne le voulait peut-être.

— Vous tombiez là dans une dangereuse erreur, mon fils; et je vous engage à vous mettre en garde contre cet esprit de pharisaïsme. Dieu choisit ses agents, c'est une vérité incontestable; mais prendre les impulsions de l'amour-propre pour les mouvements de l'esprit divin, c'est une funeste aberration chez l'homme. Il est dangereux pour quiconque n'a pas reçu l'ordination de l'Eglise, de se regarder comme un vase d'élection.

— Je fais tous mes efforts pour penser ainsi, mon père; et pourtant je sens au fond de mon âme quelque chose qui me reporte constamment à cette opinion, qu'elle me soit inspirée par le ciel, ou que je doive la regarder comme une illusion. Je fais mes efforts pour dompter ce sentiment, mon père, et surtout pour lui faire prendre une direction convenable à la gloire de Dieu et aux intérêts de son Eglise visible.

— Fort bien, mon fils; cependant il est de mon devoir de vous avertir de ne pas accorder trop de confiance à ces impulsions intérieures. Tant qu'elles ne tendent qu'à augmenter votre amour pour notre Père suprême et à glorifier son essence divine et sa sainteté, vous pouvez être sûr qu'elles partent du principe de tout bien; mais lorsqu'elles semblent avoir pour but votre propre élévation, méfiez-vous-en, comme vous vous méfieriez des tentations du père de tout mal.

— J'en ai la même idée. — Et maintenant, que je me suis déchargé la conscience, en tant qu'il est en moi, avec franchise et vérité, puis-je espérer les consolations de l'Eglise et votre absolution, mon père?

— Ne vous rappelez-vous rien autre chose, de ce qui ne peut rester caché à l'être qui connaît le fond de toutes les consciences?

— J'ai commis beaucoup de fautes, mon père, et je ne puis me les entendre trop souvent et trop fortement reprocher; mais je crois qu'elles sont toutes comprises sous les chefs généraux de la confession que je viens de faire.

— N'avez-vous rien à vous reprocher relativement à ce sexe dont le démon se sert si souvent pour induire au mal, et dont les anges eux-mêmes aimeraient à se servir pour remplir leur ministère de grâce?

— J'ai erré comme homme, mon père; mais mes confessions passées ne couvrent-elles pas ces fautes?

— Songez-vous à doña Béatrix Enriquez et à votre fils Fernando, qui est en ce moment dans notre couvent de la Rabida?

Colomb baissa la tête avec soumission, et le profond soupir qui sortit de sa poitrine, semblable à un gémissement, indiquait combien grande était sa contrition.

— Vous avez raison, mon père; c'est une faute qui ne doit jamais être oubliée, quoique j'en aie reçu l'absolution, dit-il. Imposez-moi la pénitence que je sens avoir bien méritée, et vous verrez qu'un chrétien peut se courber et baiser la verge dont il se trouve frappé avec justice.

— Un tel repentir est tout ce que l'Eglise exige, mon fils, et vous entreprenez une affaire qui importe trop à ses intérêts pour en être distrait par des considérations secondaires. Cependant un ministre des autels ne peut passer légèrement sur une telle faute. Vous direz chaque matin un *Pater*, pendant vingt jours, en expiation de ce grand péché, et pour le bien de votre âme. L'Eglise n'étend pas au-delà de ce terme cet acte de pénitence spéciale, attendu que vous approcherez alors du Cathay, et qu'il vous sera nécessaire de consacrer toutes vos pensées et tous vos efforts à la réussite de votre entreprise.

Le digne franciscain imposa ensuite à son pénitent quelques légères observances qui n'étaient que de courtes prières ajoutées aux prières qu'il faisait chaque jour, puis lui donna l'absolution. Le tour de Luis vint ensuite, et le bon prieur sourit involontairement plus d'une fois en écoutant la confession de ce jeune homme ardent et impétueux, dont le langage faisait un contraste si frappant avec celui qu'il avait entendu de la bouche de Mercédès. La pénitence qu'il lui imposa ne fut pas sans quelque sévérité; mais le jeune homme, qui se présentait rarement au confessional, pensa qu'à tout prendre, attendu la longueur du compte qu'il avait à rendre, il en était quitte à bon marché.

Les deux principaux aventuriers s'étant acquittés de ce devoir, Martin Alonzo Pinzon et tous les marins qui devaient faire partie de l'expédition, allèrent aussi faire, suivant l'usage, l'aveu de leurs fautes à différents prêtres. Vint ensuite une scène strictement caractéristique de ce siècle, mais qui serait imposante dans tous les temps, et qui n'étonnera pas de la part d'hommes prêts à s'embarquer dans une entreprise dont le résultat est douteux.

Une grand'messe fut célébrée dans l'église du couvent, et Colomb y reçut le pain consacré des mains du père Juan Pérez, avec une humble confiance dans la Providence de Dieu et dans sa protection toute-puissante. Tous ceux qui devaient partir avec l'amiral suivirent cet exemple et communièrent avec lui. Bien des marins grossiers dont la vie n'avait été ni sainte, ni même à l'abri d'un blâme sévère, s'agenouillèrent ce jour-là devant l'autel, avec des sentiments de pieuse confiance en Dieu, qui, du moins en ce moment, les mettaient sur la voie de la grâce, et il serait présomptueux de supposer que l'être qui voit le fond des cœurs, et à qui leurs prières étaient offertes, ne regardait pas leur ignorance avec commisération, leur superstition même avec pitié. On tourne en dérision les prières de ceux qui sont en danger, sans réfléchir que c'est là un hommage rendu au pouvoir de Dieu; et l'on est porté à traiter de momerie ces pratiques de dévotion passagère, parce que, dans la vie ordinaire, l'esprit n'est pas toujours élevé au même degré de piété et de pureté. Se rappeler les infirmités communes à l'espèce humaine, — ne pas oublier que, nul homme n'étant parfait, la question se réduit à distinguer celui qui approche plus ou moins de la perfection, — avoir sans cesse présent à l'esprit que l'être qui sait tout peut accueillir une ardente prière, même lorsqu'elle lui est adressée par un cœur peu habitué à observer ses commandements, serait beaucoup plus sage. Ces pieuses quoique passagères émotions sont l'œuvre de l'Esprit Saint, puisque le bien ne peut découler d'aucune autre source; et il est aussi déraisonnable que peu respectueux de s'imaginer que Dieu dédaignera les effets de sa propre grâce, quelque faibles qu'ils soient en eux-mêmes.

Quelles que pussent être les dispositions générales de la plupart de ceux qui dans cette circonstance reçurent le pain consacré, on ne saurait guère douter que parmi les individus agenouillés dans l'église de la Rabida, il ne se trouvât un homme qui, autant que l'œil pouvait en juger, professait un grand respect pour les dogmes de la religion, et en observait assidûment tous les rites. Colomb n'était pas un dévot dans toute l'acception du terme; mais un enthousiasme tranquille et profond, qui avait pris un caractère tout à fait religieux, s'était emparé de toutes ses facultés, et le disposait toujours à invoquer la main protectrice de la Divinité et à compter sur son aide. Nous avons déjà parlé des grands desseins qu'il formait pour l'avenir, et il paraît plus probable qu'il se persuadait avoir été choisi par la Providence comme l'instrument dont elle voulait se servir pour la grande découverte qui occupait si complètement son esprit, aussi bien que pour accomplir d'autres desseins ultérieurs. Et puisqu'un pouvoir suprême dirige tous les événements qui se passent dans ce monde, qui oserait dire que cette conviction de Colomb était erronée, aujourd'hui que l'événement l'a justifiée? Ce sentiment intime soutenait son courage et le poussait constamment en avant; et c'est une preuve de plus en faveur de l'impression produite sur son esprit; car, dans de telles circonstances, il est plus que probable qu'une ferme croyance en sa destinée serait un des moyens qu'emploierait une puissance surnaturelle pour porter celui qui est son agent sur la terre à accomplir l'œuvre pour laquelle il a été véritablement choisi.

Quoi qu'il en soit, on ne peut douter que Colomb, avant son départ, n'accomplît les rites de l'église avec une pieuse confiance en la vérité de sa mission, et avec la plus vive espérance de la terminer heureusement. Mais il n'en était pas de même de tous ceux qui devaient le suivre. Leur esprit avait quelquefois chancelé, à mesure que les préparatifs du départ avançaient, et le dernier mois les avait vus tantôt impatients de partir, tantôt accablés de doutes et d'inquiétudes. Il y avait des jours que l'espoir rendait brillants, mais le plus grand nombre étaient marqués par le découragement, d'autant plus que les appréhensions des mères, des femmes, et de celles qui prenaient aux marins sur le point de partir un intérêt non moins tendre, quoiqu'elles ne l'avouassent pas aussi ouvertement, se joignaient à la méfiance qui les agitait eux-mêmes. L'or était sans contredit le grand objet de leurs désirs, et dans certains moments les mines inépuisables et tous les trésors de l'Orient s'offraient comme des visions à leur imagination; et l'on n'aurait trouvé personne plus empressé qu'eux-mêmes à prendre part à cette entreprise mystérieuse, plus disposé à risquer sa vie pour la faire réussir. Mais ces dispositions n'étaient que passagères, et, comme nous venons de le dire, le découragement était le sentiment le plus commun parmi ceux qui allaient s'embarquer. Ce sentiment augmentait la dévotion de ces hommes agenouillés devant l'autel, tout en jetant sur les cérémonies de l'Eglise quelque chose de lugubre qui pesait sur presque tous les cœurs.

— Nos gens ne paraissent pas très-enjoués, señor amiral, dit Luis en quittant l'église avec Colomb, et, s'il faut dire la vérité, on désirerait partir, pour une expédition si importante, entouré de cœurs joyeux et de physionomies riantes.

— Vous imaginez-vous donc, Señor, que celui qui a le visage le plus joyeux soit doué du courage le plus ferme, ou que le cœur soit faible parce que les traits sont sérieux? Ces honnêtes marins pensent à leurs péchés, et désirent sans doute qu'une si sainte entreprise ne soit pas souillée par la corruption de leur cœur, mais qu'au contraire elle soit purifiée par leur désir d'obéir à la volonté de Dieu. J'espère, Luis, — car l'habitude d'être ensemble avait inspiré à Colomb pour le jeune comte une sorte d'intérêt paternel qui rapprochait la distance que le rang mettait entre eux;—j'espère, Luis, que vous sentez aussi quelques uns de ces pieux désirs?

— Par saint Pédro mon nouveau patron! señor amiral, je pense plus à Mercédès de Valverde qu'à toute autre chose de cette grande affaire. Elle est mon étoile polaire, mon grand but et mon Cathay. Marchez, au nom du ciel! découvrez telle contrée qu'il vous plaira, que ce soit les Indes ou Cipango; tirez par sa barbe le Grand-Khan sur son trône; je vous suivrai avec ma faible lance, je proclamerai que Mercédès n'a point d'égale, et je ravagerai tout l'Orient, uniquement pour prouver à la face de l'univers qu'aucune rivale ne pourrait lui être comparée, en quelque pays que ce soit.

Quoique Colomb parût se dérider un peu en entendant cette rapsodie amoureuse, il n'en crut pas moins devoir blâmer l'esprit qui l'avait inspirée.

— Je suis fâché, mon jeune ami, dit-il, de voir que vous n'ayez pas les sentiments qui conviennent à quiconque est occupé d'une œuvre qu'on pourrait dire ordonnée par le ciel même. Ne pouvez-vous prévoir la longue suite de grands et merveilleux événements qui seront probablement la suite de ce voyage?— la propagation de la religion avec l'autorité de la sainte Eglise, la découverte d'empires éloignés et leur assujettissement à la Castille; — la solution de problèmes contestés dans la science et la philosophie; — la possession de richesses inépuisables; — enfin, et ce qui en sera la conséquence la plus honorable, la conquête, sur les infidèles, du sépulcre du Fils de Dieu!

— Sans doute, señor Colomb, sans doute; je vois tout cela, mais je vois aussi un autre but, et ce but est doña Mercédès.— Qu'ai-je besoin d'or! J'en possède déjà ou j'en possèderai bientôt plus qu'il ne m'en faut. — Que m'importe l'agrandissement du pouvoir de la Castille? je ne puis en être roi. — Et quant au Saint-Sépulcre, donnez-moi seulement Mercédès, et je suis prêt à rompre une lance, comme l'ont fait mes ancêtres, avec l'infidèle le plus intrépide qui ait jamais porté un turban, soit dans cette querelle, soit dans toute autre. En un mot, señor amiral, marchez en avant, et quoique nous soyons animés par un espoir et par des motifs différents, ne doutez pas qu'ils ne nous conduisent au même but. Je sens que vous devez être appuyé dans votre grand et noble dessein, et peu importe ce qui m'a placé à votre suite.

— Vous êtes un jeune écervelé, Luis; mais il faut se prêter à votre humeur, quand ce ne serait que par égard pour la bonne et pieuse jeune fille qui semble s'être rendue maîtresse de toutes vos pensées.

— Vous l'avez vue, Señor, et vous pouvez dire si elle n'est pas digne d'occuper celles de toute la jeunesse d'Espagne.

— Elle est belle, vertueuse, noble, et elle désire ardemment la réussite de notre voyage : c'est là un rare mérite, et l'on peut vous pardonner votre enthousiasme pour elle; mais n'oubliez pas que pour l'obtenir il faut d'abord voir le Cathay.

— Vous voulez dire qu'il faut le voir en réalité, señor amiral; car, en imagination, je le vois déjà parfaitement, constamment; je ne vois presque que cela. Mercédès est debout sur le rivage, nous faisant un signe de bon accueil, et, par saint Paul ! je la vois même m'adresser un sourire assez séduisant pour ensorceler, tandis qu'il impose par sa modestie. Puisse la bienheureuse Marie nous envoyer bientôt un vent favorable, afin que nous puissions quitter cette désagréable rivière et ce triste couvent !

Colomb ne lui répondit rien; car, malgré les égards qu'il pouvait avoir pour l'impatience d'un amant, son esprit était occupé de pensées trop graves pour s'amuser longtemps des folies de l'amour.

CHAPITRE XIII.

> Ce n'est pas seulement Zéide qui la pleure, mais tout ce qui demeure entre les murailles du grand palais de l'Alhambra et les sources d'Albalein.
> BRYANT.

L'INSTANT du départ arriva enfin. Le Génois touchait au jour si longtemps désiré, et ce bonheur lui faisait oublier tant d'années écoulées au sein de la pauvreté, de l'attente et de l'oubli; ou, si tous ces maux se représentaient à sa mémoire, ce n'était plus avec l'amertume de l'espoir différé. Le navigateur se voyait en possession des moyens de mener à fin la grande, l'unique entreprise à laquelle depuis quinze ans il avait voué sa vie, et en perspective l'espoir qu'elle le conduirait à la conquête du Saint-Sépulcre. Tandis que ceux qui l'entouraient regardaient avec surprise les faibles moyens à l'aide desquels il devait arriver à de si nobles fins, ou étaient frappés de la témérité apparente d'une entreprise qui semblait défier les lois de la nature et vouloir s'élever au-dessus des volontés de la Providence, l'esprit de Colomb était devenu plus tranquille : à mesure que le moment de mettre à la voile approchait, il n'était plus oppressé que par un sentiment de joie dont il cherchait à modérer l'intensité. Le père Juan Pérez dit à l'oreille de don Luis qu'il ne pouvait comparer la joie de l'amiral qu'à la douce extase d'un chrétien prêt à quitter un monde de peines et de chagrins pour entrer dans la jouissance inconnue mais certaine d'une bienheureuse immortalité.

Cette situation d'esprit était loin d'être celle de tous les habitants de Palos. L'embarquement eut lieu dans le cours de l'après-midi du 2 août, l'intention des pilotes étant de conduire les bâtiments, dans la soirée, près d'une pointe à la hauteur de la ville de Puelva, position plus favorable pour mettre à la voile que celle où ils étaient à l'ancre en face de Palos. La distance était courte ; mais, pour bien des gens, exécuter ce petit mouvement, c'était couper les amarres de la vie. Colomb se rendit à bord un des derniers, ayant à envoyer une lettre à la cour, et quelques autres devoirs importants à remplir. Enfin il quitta le couvent, et, accompagné de Luis et du prieur, il prit le chemin du rivage. Ce court trajet se fit en silence, car chacun d'eux était plongé dans de profondes réflexions. Jamais l'entreprise n'avait paru au digne franciscain si incertaine ni si périlleuse qu'en ce moment. Colomb récapitulait tous les détails de ses préparatifs. Luis pensait à la fille de la Castille, comme il avait pris l'habitude de nommer Mercédès, et calculait le nombre de jours qui devaient s'écouler avant de pouvoir seulement espérer de la revoir.

Ils s'arrêtèrent sur le rivage, attendant dans un endroit éloigné de toute habitation qu'on leur envoyât une embarcation. Là, le père Juan Pérez fit ses adieux aux deux aventuriers. Le long silence qu'ils avaient gardé faisait mutuellement sur chacun d'eux plus d'impression que n'aurait pu en faire toute conversation ordinaire ; mais il ne pouvait durer plus longtemps. Le prieur était vivement affecté, et il se passa quelques instants avant qu'il osât articuler un seul mot.

— Señor Christoval, dit-il enfin, depuis le jour où vous vous êtes montré pour la première fois à la porte du couvent de Santa-Maria de la Rabida, bien des années se sont écoulées; elles ont été pour moi une source de plaisir et de véritable affection.

— Il y en a sept, père Juan Pérez, — sept années bien longues pour moi, et pendant lesquelles je sollicitais de l'emploi ; — mais, en tout ce qui vous concerne, elles ont été des années de satisfaction. Ne croyez pas que je puisse jamais oublier le moment où, conduisant mon fils par la main, sans asile, sans argent, je frappai à la porte de votre couvent pour y demander des aliments au nom de la charité. L'avenir est entre les mains de Dieu, mais le passé est gravé dans mon cœur en caractères ineffaçables. — Vous avez été mon ami constant, digne prieur, et cela dans un temps où ce n'était pas un honneur de protéger un Génois inconnu : si les hommes prennent de moi une opinion différente…

— Cette opinion a déjà changé, señor amirante, s'écria le prieur; n'avez-vous pas pour vous la commission de la reine, — l'appui de don Ferdinand, — la présence de ce jeune seigneur, quoiqu'il garde l'incognito, — et les souhaits de tous les gens instruits? N'emportez-vous pas, dans ce grand voyage, nos espérances plutôt que nos craintes?

— Cela peut être, en ce qui vous concerne, mon cher prieur ; je sais que j'emporte vos vœux pour la réussite de mon entreprise, et que j'aurai aussi l'aide de vos prières. Mais peu de personnes en Espagne respecteront Colomb, ou fonderont sur lui quelque espérance, tant que nous voguerons sur les solitudes de l'Océan. Oui, le nombre en sera bien petit. Même en ce moment où nous avons entre les mains les moyens d'apprendre si nos théories sont fausses ou vraies; où nous mettons, en quelque sorte, le pied sur le seuil du grand portail qui doit nous donner entrée dans les Indes, je crains bien que peu de personnes ne croient à nos chances de succès.

— Vous avez pour vous doña Isabelle, Señor.

— Et doña Mercédès, ajouta Luis, sans parler de ma tante, dont le cœur est aussi franc que son esprit est décidé.

— Je ne demande que quelques mois, Señor, reprit Colomb, la tête découverte et levée vers le ciel, ses cheveux gris flottant au gré du vent, et ses yeux animés par l'enthousiasme;— quelques mois qui ne paraîtront qu'un instant aux heureux du monde, que les malheureux même pourront trouver supportables, mais qui seront des siècles pour nous, doivent décider la question. Bon prieur, je me suis souvent éloigné du rivage sentant que je tenais ma vie entre mes mains, connaissant tous les dangers de l'Océan, et m'attendant à la mort aussi bien qu'à un heureux retour; mais en ce moment glorieux, je n'éprouve aucun doute : je sais que ma vie est sous la garde de Dieu, et que le succès est caché dans les profondeurs de sa sagesse.

— Ces pensées sont consolantes dans une circonstance tellement sérieuse, Señor, et j'espère que la fin de votre entreprise en prouvera la justesse.—Mais j'aperçois votre barque qui s'approche, et il faut nous séparer. Adieu, mon fils; vous savez que je vous accompagne en esprit dans ce grand voyage.

— Saint prieur, souvenez-vous de moi dans vos prières; je suis faible, et j'ai besoin de cet appui. J'ai beaucoup de confiance en l'efficacité de votre intercession, aidée de celle de vos pieux frères. — Vous ferez dire pour nous quelques messes?

— N'en doutez pas, mon fils. Tout ce que le couvent de la Rabida peut obtenir de la bienheureuse Marie et des saints, sans cesse il le demandera pour vous. Mais il n'est pas donné à l'homme de prévoir les événements, ils dépendent de la Providence; et quoique nous regardions votre entreprise comme aussi infaillible que raisonnable, elle peut pourtant échouer.

— Elle ne peut échouer, mon père. Dieu l'a amenée au point où elle est aujourd'hui, et il ne permettra pas qu'elle échoue.

— C'est ce que nous ignorons, señor Colon; auprès de ses desseins impénétrables, notre sagesse n'est qu'un grain perdu au milieu des sables de ce rivage. J'allais dire que, comme il est possible que vous reveniez ici déçu dans vos espérances, vous trouverez toujours la porte du couvent de Santa-Maria ouverte pour vous; car il est aussi méritoire à nos yeux de tenter une noble entreprise, qu'il l'est souvent à ceux des autres d'y réussir.

— Je vous comprends, digne prieur, et cette preuve de votre amitié ne m'inspire pas moins de reconnaissance que les secours que vous avez donnés à mon fils. — Je voudrais, avant de partir, recevoir votre bénédiction.

— Mettez-vous donc à genoux, Señor; car ce n'est pas Juan Pérez de Marchena qui va parler, mais le ministre de Dieu même.

Les yeux de Colomb et ceux du prieur se remplirent de larmes, car le cœur de l'un et de l'autre était touché d'une émotion bien naturelle dans un moment si solennel. Le navigateur aimait le franciscain, parce qu'il avait éprouvé son amitié dans un temps où il n'avait qu'un petit nombre d'amis timides; et le digne prieur avait pour Colomb cet attachement que l'on conçoit souvent pour ceux à qui l'on a rendu service. Chacun d'eux appréciait et respectait les motifs de l'autre, et il existait entre eux un autre lien d'union dans leur entier dévouement à la religion chrétienne. Colomb se mit à genoux sur le sable et reçut la bénédiction de son ami avec l'humble soumission de la foi et avec un sentiment presque égal au respect qu'un fils aurait montré en recevant une bénédiction prononcée par son père.

— Et vous, jeune homme, reprit le père Juan Pérez d'une voix presque étouffée, vous ne vous en trouverez pas plus mal pour recevoir la bénédiction d'un vieux moine.

De même que la plupart des jeunes gens de ce siècle, Luis, au milieu de ses sentiments impétueux et de ses penchants de jeunesse, portait dans son cœur l'image du fils de Dieu, et avait un respect habituel pour les choses saintes; il s'agenouilla sans hésiter, et reçut la bénédiction du prêtre avec humilité et reconnaissance.

— Adieu, saint prieur, dit Colomb en serrant la main du bon Franciscain. Vous avez été mon ami lorsque tout le monde s'éloignait de moi; mais Dieu fera, j'espère, qu'on verra bientôt arriver le jour où ceux qui ont eu confiance en mes prédictions n'auront pas à rougir quand ils entendront prononcer mon nom. Oubliez-nous complètement, si ce n'est dans vos prières, d'ici à quelques mois; et alors attendez des nouvelles qui véritablement élèveront la Castille à un tel degré de renom, que cette conquête de Grenade ne sera qu'un incident d'intérêt passager au milieu de la gloire du règne de Ferdinand et d'Isabelle.

Il prononça ces mots, non avec un ton de fanfaronnade, mais de l'air sérieux et tranquille d'un homme qui voyait une vérité cachée aux yeux des autres, et qui la voyait si clairement que l'effet de cette vision morale était de produire en lui une confiance qui égalait celle que les hommes ordinaires accordent au témoignage de leurs sens. Le prieur le comprit ainsi, et son cœur conserva cette assurance longtemps encore après le départ de son ami. Ils s'embrassèrent et se quittèrent.

Cependant l'embarcation qui venait prendre Colomb avait touché au rivage. Tandis que le navigateur et Luis s'en approchaient à pas lents, une jeune femme se précipita en avant, et sans faire attention à leur présence se jeta dans les bras d'un jeune marin qui avait quitté le canot pour courir à sa rencontre. Elle sanglota une minute ou deux sur son sein, dans un accès irrésistible d'agonie, ou comme les femmes pleurent dans le premier transport d'une forte émotion.

— Viens, Pépé, s'écria-t-elle de ce ton dont on parle quand on cherche à se persuader que ce qu'on demande ne peut être refusé; suis-moi, Pépé, ton enfant pleure ton absence. Tu n'en as déjà que trop fait.

— Tu sais, Monica, répondit son mari en jetant un coup d'œil sur l'amiral, qui était déjà assez près d'eux pour pouvoir les entendre; tu sais que ce n'est pas volontairement que j'entreprends ce voyage pour un pays inconnu. Je voudrais bien pouvoir y renoncer; mais les ordres de la reine sont trop rigoureux pour qu'un pauvre marin comme moi ose y désobéir.

— C'est de la folie, Pépé, reprit la femme tirant son mari par le collet de son habit pour l'entraîner loin du bord de la mer; j'ai déjà assez souffert, — assez pour me briser le cœur; — viens, viens revoir ton enfant!

— Tu ne vois pas que l'amiral est là, Monica. Nous manquons au respect qui lui est dû.

La déférence d'instinct que les hommes de basse condition ressentent pour les grands fit que Monica se tut un instant. Elle jeta un coup d'œil suppliant sur Colomb; ses beaux yeux noirs s'animèrent de tous les sentiments d'une épouse et d'une mère, et enfin elle s'adressa à l'amiral lui-même.

— Señor, s'écria-t-elle, vous ne devez plus avoir besoin de Pépé. Il a aidé à conduire vos bâtiments à Huelva; et maintenant sa femme et son enfant le réclament.

Colomb fut touché des manières de cette femme en qui tout annonçait ce commencement d'égarement de raison qui accompagne quelquefois une douleur excessive, et il lui répondit avec plus de douceur qu'il n'aurait pu être tenté de le faire dans ce moment critique en s'adressant à une femme qui excitait à la désobéissance.

— C'est un honneur pour ton mari d'avoir été choisi pour m'accompagner dans ce grand voyage, lui dit-il, et, au lieu de déplorer son destin, tu agirais plutôt comme la femme d'un brave marin, si tu te réjouissais de sa bonne fortune.

— Ne le crois pas, Pépé! il parle par l'inspiration du malin esprit, pour t'entraîner à ta perte. Il a blasphémé; il a donné un démenti à la parole de Dieu en disant que la terre est ronde et qu'on peut arriver à l'est en gouvernant à l'ouest, pour te conduire à la mort, toi et tous ceux qui l'accompagneront.

— Et pourquoi agirais-je ainsi, bonne femme? qu'ai-je à gagner à la destruction de ton mari et de ses camarades?

— Je n'en sais rien, je m'en soucie fort peu. — Pépé est tout pour moi. Il ne partira pas avec vous pour ce voyage impie et insensé. Nul bien ne peut résulter d'un voyage qui commence par donner un démenti aux vérités divines.

— Et quel malheur particulier crains-tu dans ce voyage plutôt que dans tout autre, que tu veuilles ainsi retenir ton mari, et que tu tiennes un pareil langage à un homme qui est revêtu de l'autorité de la reine en tout ce qu'il entreprend? Tu savais qu'il était marin, quand tu l'as épousé; et cependant tu cherches à l'empêcher de servir la reine comme c'est son métier et son devoir de le faire.

— Qu'il la serve contre les Maures, contre les Portugais, contre le peuple d'Angleterre, j'y consens; mais je ne veux pas qu'il voyage pour le service du prince des ténèbres. Pourquoi nous dire que la terre est ronde, Señor, quand nos yeux voient qu'elle est plate? Si elle était ronde, comment un navire qui serait descendu d'un côté, pourrait-il jamais remonter de l'autre? La mer ne coule pas de bas en haut, et une caravelle ne peut remonter une cataracte. Quand vous aurez erré des mois entiers sur l'Océan, comment, vous et ceux qui vous accompagneront, pourrez-vous trouver le chemin pour revenir à l'endroit d'où vous allez partir? Palos est une petite ville, Señor, et une fois que vous l'aurez perdue de vue, avec vos idées confuses, vous ne pourrez jamais la retrouver.

— Quelque puérils, quelque absurdes que ces propos puissent paraître, dit Colomb tranquillement en se tournant vers don Luis, ils sont aussi raisonnables que les discours des savants que j'ai été condamné à entendre depuis seize ans. Quand la nuit de l'ignorance couvre l'esprit, il évoque des arguments mille fois plus vains et plus frivoles que les phénomènes de la nature qui lui semblent si déraisonnables. J'essaierai l'influence de la religion sur cette femme : en changeant ses idées sur ce point, je puis d'une ennemie en faire une alliée. Monica, dit-il avec douceur, es-tu chrétienne?

— Sainte Marie, señor amirante! que voulez-vous donc que je sois? Croyez-vous que Pépé aurait épousé la fille d'un Maure?

— Ecoute-moi donc, et tu verras combien peu tu te conduis en chrétienne. Le Maure n'est pas le seul infidèle; il en existe beaucoup d'autres; et la terre gémit sous le poids de leur nombre et de leurs péchés. Les grains de sable que tu vois sur ce rivage sont moins nombreux que les infidèles du seul royaume de Cathay; car jusqu'à présent Dieu n'a accordé qu'une petite partie de la terre à ceux qui ont foi en la médiation de son Fils. Le tombeau de Jésus-Christ est même encore entre les mains des infidèles.

— Je l'ai entendu dire, Señor. Il faut que la foi soit bien faible dans ceux qui ont fait vœu d'obéir à la loi de Dieu, pour qu'ils n'aient pas encore fait cesser un mal si criant : c'est grand dommage.

— Et n'as-tu pas aussi entendu dire que tel doit être pendant un certain temps le destin du monde ; mais que la lumière paraîtra quand la parole divine entrera, comme le son d'une trompette, dans l'oreille des infidèles ; et qu'alors la terre ne sera plus qu'un vaste temple rempli des louanges de Dieu, de la gloire de son nom, et d'obéissance à sa volonté ?

— Les bons pères de la Rabida, Señor, et les prêtres de notre paroisse nous consolent souvent par de telles espérances.

— Mais toi-même n'as-tu rien vu récemment qui doive encourager cet espoir, et qui te porte à penser que Dieu n'a pas oublié son peuple, et qu'une nouvelle lumière commence à dissiper les ténèbres en Espagne?

— Pépé, Son Excellence veut sans doute parler du miracle qui a eu lieu il n'y a pas longtemps au couvent, où l'on dit qu'on a vu couler de véritables larmes des yeux de l'image de la sainte Vierge ; tandis qu'elle regardait l'enfant appuyé sur son sein ?

— Ce n'est pas ce dont je voulais parler, dit Colomb d'un ton grave, quoiqu'il fît un signe de croix, même en laissant voir son peu de satisfaction de cette allusion à un miracle que son esprit éclairé ne pouvait guère admettre ; je ne parle pas des merveilles qu'il nous est permis de croire ou de ne pas croire jusqu'à ce que la vérité en soit appuyée sur l'autorité de l'Eglise. Ta foi et ton zèle doivent suffire pour t'indiquer dans quelque succès signalé des armes de nos souverains une preuve donnée aux fidèles de l'exercice du pouvoir de Dieu pour l'avancement de la foi.

— Il veut parler de l'expulsion des Maures, Pépé, dit Monica lançant à son mari un coup d'œil de plaisir, ce qui, dit-on, a eu lieu tout récemment par la conquête de la ville de Grenade, où l'on dit que la reine Isabelle est entrée en triomphe.

— Tu vois dans cette conquête le commencement des grands événements de notre temps. Grenade a maintenant ses églises, et il en sera bientôt de même du royaume lointain du Cathay. Telles sont les œuvres du Seigneur, femme insensée; et en cherchant à empêcher ton mari de prendre part à cette grande entreprise, tu l'empêches de s'assurer une récompense signalée dans le ciel; et tu peux, sans le vouloir, faire tomber la malédiction du ciel, au lieu de sa bénédiction, sur cet enfant dont l'image remplit en ce moment tes pensées plus que celle de son Créateur et de son Rédempteur.

Monica regarda d'un air égaré, d'abord l'amiral, puis son mari; puis, baissant la tête, elle fit avec dévotion le signe de la croix. Enfin, levant une seconde fois les yeux sur Colomb, elle demanda :

— Et vous, Señor, partez-vous avec le désir et l'espoir de servir Dieu?

— C'est mon premier but, bonne femme, et je prends le ciel à témoin de la vérité de ce que je te dis. Puisse mon voyage n'être heureux qu'autant que ce que je te dis est vrai!

— Et vous aussi, Señor, ajouta Monica, se tournant rapidement vers Luis; c'est pour servir Dieu que vous faites ce voyage extraordinaire?

— Si ce n'est par son ordre direct, bonne femme, c'est du moins par celui d'un ange.

— Crois-tu tout cela, Pépé? avons-nous été trompés? N'a-t-on dit tant de choses contre l'amiral que parce que ses motifs étaient mal interprétés?

— Qu'a-t-on dit de moi? demanda Colomb avec calme ; parle librement, ne crains pas mon déplaisir.

— Vous avez des ennemis tout comme un autre, Señor; les mères, les femmes et les jeunes filles de Palos ne se sont pas gênées pour dire ce qu'elles pensaient. En premier lieu elles disent que vous êtes pauvre.

— Cela est si manifeste et si vrai, bonne femme, que ce serait une folie de le nier. Mais la pauvreté est-elle donc un crime à Palos?

— Les pauvres sont peu respectés dans tous ces environs, Señor; et je ne sais pourquoi, mais il me semble à moi que nous ne le sommes pas plus que les autres, et que cependant on ne nous respecte guère. Ensuite elles disent que vous êtes Génois et non Castillan.

— Cela est encore vrai. Est-ce aussi un crime aux yeux des marins de Palos? Ils devraient faire cas d'un peuple aussi renommé par ses exploits sur mer que les habitants de cette république.

— Je n'en sais rien, Señor; mais bien des gens pensent que c'est un désavantage de ne pas appartenir à l'Espagne, et surtout à la Castille, qui est le pays de doña Isabelle. Et comment peut-il être aussi honorable d'être Génois qu'Espagnol? J'aimerais mieux que Pépé fît voile avec un Espagnol, et surtout s'il était de Palos ou de Moguer.

— Ton argument est ingénieux, s'il n'est pas concluant, dit Colomb en souriant, seule marque extérieure qu'il donnât du sentiment qu'il éprouvait. Mais un homme qui est pauvre et Génois ne peut-il donc servir Dieu?

— Je ne dis pas cela, Señor; et je pense mieux de votre voyage depuis que j'en ai appris le motif, que je vous ai vu et que vous m'avez parlé. Mais ce n'en est pas moins un grand sacrifice pour une jeune femme de laisser partir son mari pour une expédition qui inspire si peu de confiance, et de rester seule avec son enfant.

— Vous voyez ici un jeune seigneur, un fils unique, impétueux dans tous ses désirs, aimant une des plus belles filles de la Castille, riche, comblé d'honneurs, libre d'aller où bon lui semble, et qui pourtant s'embarque avec moi, je ne dirai pas avec le consentement de sa maîtresse, mais par son ordre.

— Cela est-il bien vrai, Señor? demanda Monica avec vivacité à don Luis.

— Si vrai, bonne femme, que l'accomplissement de mes plus grandes espérances dépend de ce voyage. Ne vous ai-je pas dit que je partais par ordre d'un ange?

— Ah! ces jeunes seigneurs ont la langue si séduisante! Mais, señor amirante, — puisque telle est votre qualité, — on dit encore que ce voyage ne peut vous rapporter qu'honneur et profit, tandis qu'il peut causer la ruine et la mort de ceux qui vous acompagnent. De pauvre et inconnu que vous étiez, vous voilà grand-officier de la reine, et l'on dit que la cargaison des galères de Venise pourra devenir plus légère si vous les rencontrez en pleine mer.

— Et en quoi tout cela peut-il nuire à ton mari? J'irai où il ira ; je partagerai ses périls, s'il en court; ma vie sera exposée comme la sienne ; s'il y a de l'or à gagner dans cette aventure, il ne sera pas oublié lors du partage ; et si nos dangers et nos fatigues nous rendent plus facile l'entrée du ciel, Pépé n'y aura rien perdu. Dans le grand compte que nous aurons à rendre, on ne demandera à personne s'il était pauvre ou Génois.

— Cela est vrai, Señor, et cependant il est dur pour une jeune femme de se séparer de son mari. — Désires-tu réellement partir avec l'amiral, Pépé ?

— Peu m'importe, Monica ; il m'est ordonné de servir la reine, et nous autres marins, nous n'avons pas le droit de résister à son autorité. A présent que j'ai entendu parler Son Excellence, j'y suis plus porté que je ne l'étais.

— S'il s'agit vraiment du service de Dieu dans ce voyage, tu ne dois pas rester en arrière plus qu'un autre, Pépé. — Señor, voulez-vous permettre à mon mari de passer cette nuit avec sa famille, à condition qu'il se rendra à bord de *la Santa-Maria* demain matin ?

— Quelle certitude ai-je qu'il accomplira cette condition ?

— Señor, nous sommes tous deux chrétiens ; nous servons le même Dieu ; nous avons été rachetés par le même Sauveur.

— Cela est vrai, et je me fierai à vous. — Pépé; tu peux rester à terre, mais je t'attends demain matin à ton poste. Il y a sur le canot assez de rameurs sans toi.

Les yeux de la femme exprimèrent à Colomb ses remerciements, et il vit dans ses regards un air de fierté espagnole qui l'assura de sa bonne foi. Comme il restait quelques légers préparatifs à faire avant que l'embarcation pût quitter le rivage, l'amiral et Luis se promenèrent sur le sable en causant.

— Voilà un échantillon de ce que j'ai eu à endurer et à surmonter pour obtenir même de si faibles ressources dans l'exécution des grands desseins de la Providence, dit Colomb d'un ton mélancolique quoique sans aigreur. C'est un crime d'être pauvre, — d'être Génois, — d'être autre chose que ce que s'imaginent être ceux qui sont nos juges et nos maîtres ! Le jour viendra, comte de Llera, où Gênes ne se croira pas déshonorée d'avoir donné le jour à Christophe Colomb, et où votre fière Castille sera disposée à partager cette honte avec elle. Vous ne savez guère, Señor, combien vous êtes déjà avancé sur la route qui conduit à la renommée et à de grands exploits, en naissant noble, et maître de riches possessions. Vous me voyez, moi, déjà avancé en âge, les cheveux blanchis par les années et par les souffrances, et cependant je ne suis que sur le seuil de l'entreprise qui doit donner à mon nom une place parmi ceux des hommes qui ont servi Dieu et qui se sont rendus utiles à leurs semblables.

— N'est-ce pas le cours ordinaire des choses sur toute la terre, Señor? Ceux qui se trouvent placés au-dessous du niveau de leur mérite, n'ont-ils pas à faire de grands efforts pour s'élever au rang auquel la nature les a destinés, tandis que ceux que la fortune a favorisés en leur donnant d'illustres ancêtres, se contentent souvent d'honneurs qu'ils ne doivent pas à eux-mêmes? Je ne vois en cela que la nature de l'homme et la marche du monde.

— Vous avez raison, Luis, mais la théorie et le fait sont des choses bien différentes. On peut discuter les principes avec calme, mais souvent leur application devient bien pénible. Vous avez un naturel franc et généreux, jeune homme, un caractère qui ne craint ni le sarcasme du chrétien ni la lance du Maure, et vous répondrez à qui que ce soit, sans crainte et avec vérité. Castillan vous-même, croyez-vous réellement aussi qu'un homme né en Castille vaille mieux qu'un Génois?

— Non, Señor, répondit le jeune homme en riant, quand le Génois est Christoval Colon, et que le Castillan n'est que Luis de Bobadilla.

— Ne cherchez pas à m'échapper. Avez-vous quelque idée semblable à celle que la femme de Pépé vient d'avouer si clairement?

— Que voulez-vous, Señor? l'homme est le même en Espagne qu'en Italie et en Angleterre. N'est-ce pas son péché favori de penser bien de lui et mal des autres?

— On ne doit pas répondre à une question toute simple, faite loyalement, par une maxime générale dont la vérité est incontestable.

— Ni confondre une réplique civile et honnête avec une réponse évasive. Nous autres Castillans, nous sommes d'humbles et très-pieux chrétiens, par la même raison que nous nous croyons sans défaut, et que nous regardons tout le reste des hommes comme d'insignes pécheurs. Par saint Jacques de bienheureuse foi et de sainte mémoire! pour donner de la vanité à tout un peuple, il lui suffit d'avoir produit une reine comme doña Isabelle, et une fille comme Mercédès de Valverde.

— C'est une double loyauté, car c'est être fidèle à votre reine et à votre maîtresse. — Je vois qu'il faut me contenter de cette réponse, quoique ce n'en soit pas une. — Ainsi donc, je ne suis pas Castillan, et j'entreprends un voyage au Cathay; ce que les Guzmans eux-mêmes ne se sont pas hasardés à faire : la maison de Transtamare pourra être charmée un jour d'avoir à reconnaître ce qu'elle doit à un Génois. Dans le choix de ses instruments, Dieu n'a égard ni à la condition ni au pays, car la plupart des premiers saints étaient des Hébreux méprisés, et Jésus lui-même vint de Nazareth. Nous verrons, Señor, nous verrons ce que trois mois révéleront à l'admiration des hommes.

— Señor amiral, j'espère que ce sera l'île de Cipango et le royaume de Cathay. Mais si cela n'est pas, nous saurons supporter ce désappointement comme nous aurons supporté les fatigues.

— Je ne redoute aucun désappointement dans cette affaire, don Luis, car j'ai la parole royale d'Isabelle, et ces bonnes caravelles pour me porter. Le bâtiment qui va de Madère à Lisbonne n'est pas plus sûr d'entrer dans le port, que je ne le suis d'arriver au Cathay.

— Nul doute, Señor, que vous ne puissiez faire et que vous ne fassiez tout ce qui est possible à un navigateur. Néanmoins le désappointement est souvent le sort de l'homme, et il serait convenable de nous préparer à le supporter.

— Le soleil, qui commence à descendre derrière cette montagne, Luis, n'est pas plus clairement visible à mes yeux que ne l'est la route des Indes. Je l'ai sous les yeux depuis dix-sept ans, aussi distincte que les bâtiments qui sont sur la rivière, aussi brillante que l'étoile polaire, et non moins sûre, à ce que j'espère. Il est sage de prévoir des désappointements, car c'est le sort des hommes d'y être exposés ; et qui peut le savoir mieux que moi, qui ai été bercé de fausses espérances pendant les plus belles années de ma vie, tantôt encouragé par des princes, des hommes d'Etat et des ministres de Dieu, tantôt montré au doigt et bafoué comme un visionnaire insensé qui n'avait ni raisonnements ni faits à alléguer en sa faveur.

— Par mon nouveau patron saint Pédro, señor amiral, vous avez pendant un siècle, ou peu s'en faut, mené une vie bien pénible ; mais les trois mois qui vont s'écouler auront pour vous une grande importance.

— Vous connaissez bien peu le calme de la conviction et de la confiance, Luis, si vous vous imaginez qu'au moment de l'exécution quelques doutes puissent m'arrêter. Ce jour est le plus heureux de tous ceux que j'ai vus depuis bien des années ; car, quoique nos préparatifs soient peu considérables, et nos bâtiments petits et légers, ces moyens nous suffiront pour faire luire sur le monde une lumière qui lui a été cachée jusqu'à présent, et pour élever la Castille à une hauteur qui surpassera celle de tout autre royaume chrétien.

— Vous devez regretter, Señor, que ce ne soit pas Gênes, votre patrie, qui soit sur le point de jouir d'un si grand avantage, faute de l'avoir mérité par des dons libres et généreux en faveur de votre grande entreprise.

— Ce n'a pas été le moindre de mes chagrins, Luis. Il est cruel d'abandonner son pays et de chercher de nouveaux liens, quand la vie tire vers sa fin, quoique nous autres hommes de mer nous sentions peut-être la force du nœud qui attache l'homme à sa patrie, moins que ceux qui n'ont jamais quitté le sol natal. Mais Gênes ne voulut pas de moi ; et si l'enfant est tenu d'aimer et honorer son père, le père l'est également de nourrir et de protéger son enfant. Si le père manque à ce devoir, on ne peut blâmer l'enfant de chercher de l'appui partout où il peut en trouver. Les devoirs respectifs des hommes ont des bornes : nos devoirs envers Dieu sont les seuls imprescriptibles, les seuls auxquels nous ne puissions jamais nous soustraire. Gênes n'a été pour moi qu'une marâtre ; et quoique rien ne pût me déterminer à lever la main contre elle, elle n'a plus droit à mes services. D'ailleurs, quand l'objet qu'on a en vue est le service de Dieu, peu importe lesquelles de ses créatures s'unissent à nous pour devenir ses instruments. Il n'est pas facile de haïr le pays où l'on a reçu le jour ; mais l'injustice peut faire cesser de l'aimer. Le lien est réciproque : quand le pays cesse de protéger la personne et la réputation, les propriétés et les droits d'un citoyen, le citoyen est dégagé de tous ses devoirs envers lui ; si la fidélité doit suivre la protection, la protection doit suivre la fidélité. Doña Isabelle est maintenant ma maîtresse, et après Dieu c'est elle et elle seule que je servirai. La Castille est désormais mon pays.

On vint leur annoncer que l'embarcation était prête, et les deux aventuriers y prirent place aussitôt.

Il fallait toute la conviction profonde et complète de son caractère ardent pour que Colomb pût se réjouir d'avoir enfin obtenu les moyens de satisfaire son désir de faire des découvertes, quand il en vint à considérer avec sang-froid en quoi ces moyens consistaient. Nous avons déjà fait connaître les noms de ses trois bâtiments, qui étaient *la Santa-Maria*, *la Pinta* et *la Niña*, et fait quelques allusions à leur construction et à leur tonnage. Cependant, pour aider le lecteur à se former une idée du caractère de cette grande entreprise, nous tracerons une courte esquisse de ces navires, et particulièrement de celui à bord duquel s'embarquèrent Colomb et Luis de Bobadilla. Ce navire était, comme de raison, *la Santa-Maria*, dont le tonnage était presque double de celui du plus grand des deux autres. C'était celui qui avait été équipé avec le plus de soin, eu égard à sa destination, devant être monté par l'amiral en personne. Non seulement il avait été complètement ponté, mais on avait construit sur son gaillard d'arrière une dunette ou un rouffle, où était son logement. Il serait impossible de se faire une juste idée de *la Santa-Maria*, d'après nos bâtiments actuels, si ras sur l'eau, si propres et si légers dans leur grément, si commodes dans leurs distributions; car, quoique *la Santa-Maria* eût une dunette et un gaillard d'avant, comme cela s'appellerait aujourd'hui, elle ne ressemblait en rien aux constructions de notre temps. La dunette, ou le rouffle, s'appelait château-gaillard d'arrière, parce qu'on y voyait une ressemblance imaginaire avec un château; tandis que le gaillard d'avant, où logeait la plus grande partie de l'équipage, d'une grandeur hors de toute proportion, s'élevait comme une construction séparée sur l'avant du bâtiment, et sa longueur était environ le tiers de celle du pont. Ceux qui n'ont jamais vu les bâtiments dont on se servait encore en Europe, il y a un siècle, concevront difficilement que de si petits navires aient pu tellement s'élever hors de l'eau sans danger; mais nous pouvons répondre à cette difficulté, beaucoup d'anciens navires qui avaient quelques unes des singularités de ce mode de construction ayant existé de mémoire d'homme, et quelques uns ayant même passé sous nos yeux. La plus grande largeur de ce bâtiment se trouvait à la ligne d'eau en charge, ou très-peu au-dessus, et de ce point au pont supérieur, la rentrée des côtés du bâtiment était si forte qu'elle réduisait ce dernier pont d'environ le quart de la largeur du grand bau. Au moyen de ces précautions, la grande hauteur à laquelle ils s'élevaient hors de l'eau était moins dangereuse qu'elle ne l'aurait été sans cela. De plus, ces navires étant généralement courts, et ayant l'avantage de s'élever aisément sur l'eau, et leurs côtés étant en outre peu élevés au-dessus de l'eau, on pouvait les considérer comme sûrs à la mer plutôt que comme dangereux. Quoique si courts, ils étaient cependant d'une grande largeur, afin d'avoir un tonnage suffisant; ce qui pouvait nuire à la vitesse, mais augmentait la sécurité. Quoiqu'on leur donnât le nom de vaisseaux, ces bâtiments n'étaient pas gréés comme nos vaisseaux actuels; leurs bas mâts étaient comparativement plus longs que ceux en usage aujourd'hui, tandis que leurs mâts supérieurs étaient moins nombreux et moins élevés que ceux dont nous nous servons, et qui pointent vers les nuages comme des aiguilles. Un trois-mâts d'ailleurs n'avait pas nécessairement, dans le quinzième siècle, le nombre de mâts supérieurs qu'il a reçus dans le dix-neuvième. Le nom de *nao*, qu'on lui donnait dans le midi de l'Europe, venant directement du mot latin *navis*[1], était employé comme un terme général plutôt que comme un nom distinctif, et il ne désignait ni un genre de construction particulière, ni un mode de grément différent. La caravelle était un trois-mâts dans ce sens, quoique, si l'on avait égard à la classification plus rigoureuse de nos marins actuels, il fût peut-être possible de lui contester ce titre.

On a beaucoup insisté, et avec raison, sur le fait que deux des bâtiments employés à cette entreprise n'étaient pas pontés. Mais comme à cette époque la plupart des voyages sur mer se faisaient dans une direction parallèle aux principales côtes; que même, lorsqu'ils s'étendaient jusqu'aux îles et ne prenaient que quelques jours, les bâtiments s'éloignaient rarement de la terre, les marins avaient coutume,—coutume qui s'est perpétuée jusqu'à nos jours dans les mers méridionales de l'Europe, — de chercher à entrer dans un port quand ils étaient menacés par le mauvais temps. Dans de telles circonstances, les ponts n'étaient pas aussi essentiels, soit pour la sûreté du bâtiment et la conservation de la cargaison, soit pour loger convenablement l'équipage, que dans le cas où il faut s'exposer à toute la fureur des éléments. Le lecteur

---

1. Ou plutôt du mot grec ναῦς.

ne doit pourtant pas supposer qu'un bâtiment fût dépourvu de tout abri par cela seul qu'il n'était pas ponté. Les caravelles dont on se servait en pleine mer avaient ordinairement des gaillards d'arrière et des gaillards d'avant, joints par des passe-avants, et employaient des toiles goudronnées ou prenaient d'autres précautions semblables, pour empêcher l'eau de la mer d'avarier leur cargaison.

Après toutes ces explications, il faut pourtant avouer que, si l'imagination des hommes qui ne sont pas habitués à la mer s'exagère l'insuffisance des préparatifs ordonnés pour la grande entreprise de Colomb, l'œil expérimenté d'un marin reconnaît qu'ils n'étaient nullement proportionnés à la grandeur de son projet. Mais il n'est pas probable que les marins de ce temps les aient regardés comme insuffisants, car des hommes aussi habitués à l'Océan que les Pinzons n'auraient pas volontairement risqué leur bâtiment, leur argent et leur personne, dans une expédition qui ne leur aurait pas offert les garanties ordinaires de sûreté.

CHAPITRE XIV.

> Sur les eaux joyeuses d'une mer d'un bleu foncé, nos pensées, sans bornes comme elle, et non moins libres partout où la brise peut nous conduire sur les vagues écumantes, observent notre empire et contemplent notre domicile.
> LORD BYRON.

COMME Colomb se retira dans sa chambre bientôt après être arrivé à bord de *la Santa-Maria*, don Luis n'eut pas d'autre occasion ce soir-là de converser avec lui. Il est vrai qu'il occupait une partie de la même chambre, sous le titre supposé de son secrétaire; mais le grand navigateur était tellement occupé d'une foule de choses qu'il lui restait à faire avant de mettre à la voile, qu'on ne pouvait l'interrompre. Le jeune homme se promena donc dans les étroites limites du pont, jusqu'à près de minuit, pensant à Mercédès et à son retour, suivant son usage.

Enfin, descendant dans la chambre, il y trouva Colomb déjà profondément endormi.

Le lendemain était un vendredi ; et il est remarquable que le plus grand et le plus heureux voyage qui ait jamais été entrepris sur ce globe ait commencé le jour de la semaine que depuis longtemps les marins sont dans l'usage de considérer comme si malencontreux pour les entreprises, qu'ils ont souvent différé de mettre à la voile pour éviter les suites terribles, quoique inconnues, que pourrait avoir leur hardiesse. Luis fut un des premiers qui arrivèrent sur le pont ; en levant les yeux, il vit que l'amiral était déjà debout et sur la dunette, ou château-d'arrière, dont les étroites limites étaient alors réservées pour les privilégiés, comme l'est encore de nos jours la promenade plus étendue du gaillard d'arrière. C'était là que celui qui dirigeait les mouvements d'une escadre se plaçait pour en suivre les évolutions, faire ses signaux et ses observations astronomiques, et se délasser en respirant l'air frais. Cet espace, à bord de *la Santa-Maria*, pouvait avoir environ quinze pieds dans un sens, et un peu moins dans l'autre. Au total c'était un poste commode pour une vigie, mais plutôt par sa position et son isolement que par ses dimensions.

Dès que l'amiral, — ou don Christoval, comme l'appelaient les Espagnols depuis qu'il avait été élevé à un grade qui lui donnait les droits et prérogatives de la noblesse, — dès que l'amiral eut aperçu Luis, il lui fit signe de venir le joindre. Quoique les bâtiments qu'il commandait n'eussent que des équipages peu nombreux et qu'ils n'égalassent pas la force d'une seule corvette de nos jours, l'autorité de la reine, l'air de dignité grave de Colomb, et surtout le but extraordinaire et mystérieux de son voyage, donnaient à cette expédition un caractère imposant qui était hors de proportion avec ses ressources apparentes. Accoutumé à maîtriser les passions d'hommes turbulents, et sachant combien il lui importait d'inspirer aux hommes placés sous ses ordres du respect pour son rang et pour son influence à la cour, il s'était abstenu de tout contact familier avec eux, et le plus communément il leur faisait donner ses ordres par les Pinzons et par ses autres officiers, afin de leur imposer plus facilement quand les circonstances l'exigeraient, comme il le prévoyait. Sa longue expérience n'était pas nécessaire pour lui apprendre que des hommes rassemblés dans un si petit espace ne peuvent être maintenus chacun à la place qui lui convient dans sa profession que par l'observation la plus rigide de la discipline, et il avait pourvu avec soin au maintien de sa dignité en prescrivant la manière dont devait se faire son service personnel. C'est un des grands secrets de la discipline à bord d'un bâtiment; car ceux qui sont incapables de raisonner, peuvent être amenés à sentir; et personne n'est porté à mépriser celui qui est retranché derrière les usages de la déférence et de la réserve. On voit tous les jours quelle est l'influence d'un titre ou d'un grade; les hommes les plus indisciplinés cèdent à cette autorité, tandis qu'ils pourraient résister à des ordres aussi légitimes, s'ils partaient d'une source moins élevée.

— Vous vous tiendrez autant que possible près de ma personne, señor Gutierrez, — dit Colomb, employant à dessein un nom supposé que don Luis feignait de cacher sous celui de Pédro de Muños; car l'amiral savait qu'il y a toujours des oreilles au guet à bord d'un bâtiment, et il voulait que Luis passât pour un gentilhomme de la chambre du roi; — c'est ici notre poste, et nous devons y passer une grande partie de notre temps, jusqu'à ce que Dieu, dans sa sainte et sage providence, nous ouvre le chemin du Cathay et nous conduise près du Grand-Khan. — Voici notre route, et de quelle manière j'ai intention de traverser cet océan inconnu.

Tout en parlant ainsi, Colomb lui montrait une carte étendue sur une caisse contenant des armes, et y désignait du doigt la ligne qu'il comptait suivre. Les côtes de l'Europe étaient tracées sur cette carte, dans leurs contours généraux, avec autant d'exactitude que le permettaient les connaissances géographiques de ce temps, et la terre s'étendait ensuite vers le sud jusqu'à la Guinée : au-delà tout était alors *terra incognita* pour le monde savant. Les Canaries et les Açores, qui avaient été découvertes quelques générations auparavant, occupaient sur la carte leur véritable place, tandis que la partie occidentale de l'Atlantique était bornée par la côte orientale supposée de l'Inde ou du Cathay, ayant pour arc-boutant l'île de Cipango ou le Japon, et un archipel représenté principalement d'après les relations de Marco Polo et de ses parents. Par une heureuse erreur, Cipango avait été placée sous une latitude qui était à peu près la même que celle de Washington, c'est-à-dire à environ deux mille lieues à l'est de la position réellement occupée par le Japon. Cette erreur sur l'étendue de la circonférence du globe, fut probablement ce qui empêcha Colomb d'échouer dans son audacieuse entreprise.

Pour la première fois depuis qu'il prenait part à cette expédition, Luis jeta les yeux sur cette carte avec quelque curiosité, et il sentit le noble désir de résoudre le grand problème dont un seul coup d'œil lui fit voir et les vastes résultats et les phénomènes intéressants que sa solution expliquerait.

— Par saint Janvier de Naples! s'écria-t-il, — car la seule habitude d'affectation qu'il eût contractée était d'invoquer les saints particulièrement révérés dans les pays étrangers où il avait voyagé, et d'employer les interjections et les exclamations qui y étaient usitées; moyen sommaire de faire savoir à ceux devant qui il parlait combien il avait voyagé, et de montrer une partie de ce qu'il avait appris dans ses voyages. — Par saint Janvier! don Christoval, ce voyage aura un mérite surprenant, si nous trouvons notre route à travers cette immense ceinture d'eau, et surtout si nous pouvons la traverser une seconde fois pour revenir.

— Cette dernière difficulté, répondit Colomb, est celle qui, en ce moment, occupe principalement l'esprit de la plupart des hommes qui sont avec nous sur ce bâtiment. Ne voyez-vous pas l'air grave et consterné de nos matelots, et n'entendez-vous pas les gémissements qui partent du rivage?

A cette question, don Luis leva les yeux de dessus la carte, et les jeta sur la scène qui se passait autour de lui. *La Niña*, légère felouque, était déjà sous voiles, et dépassa rapidement *la Santa-Maria*, sous une voile latine de misaine; plusieurs barques remplies de gens dont la plus grande partie étaient des femmes et des enfants qui se tordaient les bras et poussaient des cris de désespoir voguaient autour d'elle. *La Pinta* faisait son abattée, et était également assiégée par un certain nombre de barques, quoique l'autorité de Martin Alonzo Pinzon y rendît le chagrin moins bruyant. Un cortége semblable entourait *la Santa-Maria*; mais le respect inspiré par l'air de dignité de l'amiral tenait les barques à quelque distance. Evidemment la plupart de ces malheureux s'imaginaient voir pour la dernière fois leurs parents et leurs amis, et le plus grand nombre de ceux-ci se figuraient aussi qu'ils allaient quitter l'Espagne pour ne la revoir jamais.

— Avez-vous vu Pépé ce matin? demanda Colomb à don Luis, l'aventure du jeune marin se représentant pour la première fois à son esprit. S'il manque à sa parole, ce sera un mauvais présage, et nous ferons bien de surveiller tous nos matelots tant qu'ils auront quelque chance pour s'échapper.

— Si son absence eût été un mauvais présage, señor amiral, sa présence doit en être un favorable. Le brave homme est sur cette vergue au-dessus de nos têtes, et s'occupe à déferler la voile.

Colomb leva les yeux, et vit le jeune marin en question, placé en équilibre tout au bout de l'antenne que les bâtiments portaient dès lors à leurs mâts d'artimon, et balancé par le vent tandis qu'il larguait les rabans qui retenaient la voile. De temps en temps il regardait au-dessous de lui, comme pour voir si son retour avait été remarqué, et une ou deux fois ses mains, ordinairement si agiles, mirent plus de lenteur à leur tâche lorsqu'il jeta un coup d'œil sur l'arrière du bâtiment, comme si quelqu'un eût attiré son attention de ce côté. L'amiral lui fit un signe pour lui annoncer qu'il le reconnaissait, et le jeune marin satisfait laissa aussitôt tomber la voile. Colomb s'avança ensuite de ce côté afin de s'assurer s'il n'y avait pas quelque barque auprès de son bâtiment, et en vit une dans laquelle se trouvait une femme que l'on avait laissée approcher plus près que les autres, par égard pour le sexe de celle qui la conduisait. C'était Monica, la femme de Pépé; et dès qu'elle aperçut l'amiral, elle se leva et tendit vers lui ses mains jointes, désirant mais n'osant lui parler. S'apercevant qu'elle était intimidée par le bruit et la foule et peut-être par la proximité du bâtiment qu'elle aurait presque pu toucher de la main, Colomb lui adressa la parole avec douceur, et sa physionomie, ordinairement si grave et quelquefois même sévère, prit un air de bonté que Luis n'avait pas encore remarqué.

— Je vois que ton mari a été fidèle à sa promesse, bonne femme, lui dit-il, et je ne doute pas que tu lui aies dit qu'il est plus sage et meilleur de servir honorablement la reine que de vivre dans la honte comme un déserteur.

— Oui, Señor, je le lui ai dit. A présent que je sais que votre voyage a pour but le service de Dieu, je laisse sans murmurer, sinon avec plaisir, mon mari remplir ses devoirs envers doña Isabelle. Je connais l'injustice de mes plaintes, et je prie le ciel que Pépé se montre toujours à la tête des autres, jusqu'à ce que les oreilles des infidèles s'ouvrent à la véritable foi.

— C'est parler en femme espagnole et en épouse chrétienne.

Notre vie est sous la garde de Dieu. Ne doute pas que tu ne revoies ton mari sain et sauf et en bonne santé, lorsqu'il aura vu le Cathay et coopéré à la découverte de ce pays.

— Ah, Señor! quand cela arrivera-t-il? s'écria Monica, qui, en dépit de son courage factice et de ses sentiments religieux, ne pouvait résister à l'impulsion de sa tendresse.

— Quand Dieu le permettra, ma bonne. Quel est ton nom?

— Monica, señor amirante — et celui de mon mari est Pépé, — et notre enfant, ce pauvre enfant qui va se trouver sans père, a reçu au baptême le nom de Juan. Car nous n'avons pas de sang maure dans nos veines, nous sommes de pur sang espagnol, et je prie Votre Excellence de s'en souvenir dans les occasions qui pourront exiger un service plus dangereux que de coutume.

— Tu peux compter que je veillerai à la sûreté du père de Juan, répondit l'amiral en souriant, quoique une larme brillât dans ses yeux. Et moi aussi je laisse derrière moi des êtres qui me sont aussi chers que mon âme, et entre autres un fils qui n'a plus de mère. S'il arrivait quelque malheur à notre bâtiment, il serait orphelin, tandis qu'il resterait du moins à ton Juan les soins et l'affection de celle qui lui a donné le jour.

— Mille pardons, Señor, dit Monica, touchée de l'émotion qu'annonçait le son de la voix de Colomb; nous sommes égoïstes, et nous oublions que les autres ont aussi leurs chagrins, quand nous sentons les nôtres trop vivement. Partez, au nom de Dieu, et exécutez sa sainte volonté. — Emmenez mon mari avec vous; je voudrais seulement que le petit Juan fût assez âgé pour l'accompagner.

Monica n'en put dire davantage. Elle essuya les larmes qui coulaient de ses yeux, et reprit les rames. Le petit esquif s'éloigna lentement, comme s'il eût pu sentir la répugnance avec laquelle les mains de sa conductrice le dirigeaient vers la terre. Le court dialogue qui vient d'être rapporté avait eu lieu à voix assez haute pour être entendu de tous ceux qui étaient peu éloignés des interlocuteurs; et quand Colomb détourna ses yeux de la barque, il vit que beaucoup d'hommes de son équipage étaient montés sur les agrès et sur les vergues pour écouter avec attention tout ce qui se disait. Précisément en cet instant on levait l'ancre de *la Santa-Maria*, et le cap du navire commença à prendre la direction du vent. Un instant après on entendit battre la grande voile carrée de misaine, que les caravelles portaient alors; et cinq minutes plus tard ces trois bâtiments descendaient lentement l'Odiel, dans un des bras duquel ils avaient été ancrés, et s'avançaient vers la barre qui est près de l'embouchure. Le soleil n'était pas encore levé, ou pour mieux dire il commençait à se montrer par dessus les montagnes d'Espagne, à l'instant où les voiles furent établies, comme un globe de feu répandant une splendeur mélancolique sur une côte que beaucoup de ceux qui se trouvaient à bord des trois bâtiments craignaient de voir pour la dernière fois. Un grand nombre de barques suivirent les deux plus petits bâtiments jusqu'à la barre de Saltes, où ils arrivèrent une heure ou deux après, et quelques-uns persistèrent à les accompagner jusqu'au moment où ils rencontrèrent les longues vagues de l'Océan. Alors, le vent étant vif et soufflant de l'ouest, elles s'en retournèrent successivement et comme à regret au milieu d'un concert de soupirs et de lamentations, pendant que les trois bâtiments flottaient avec assurance sur les eaux bleues de l'Océan sans rivages, comme des êtres humains silencieusement poussés par le destin vers un sort qu'ils ne peuvent ni prévoir, ni maîtriser, ni éviter.

Le jour était beau, et le vent fort et favorable. Jusqu'alors tous les augures semblaient donc propices ; mais l'avenir ignoré jetait un nuage sur l'esprit d'une grande partie de ceux qui quittaient ainsi, dans une sombre incertitude, tout ce qu'ils avaient de plus cher. On savait que l'amiral avait dessein de toucher aux Canaries, pour se lancer ensuite dans le désert de cet Océan inconnu dont aucun navire n'avait encore fendu les vagues. Ceux qui continuaient à douter considéraient donc ces îles comme le point où leurs dangers réels devaient commencer, et attendaient qu'elles se montrassent à l'horizon, avec un sentiment à peu près semblable à celui avec lequel le coupable attend le jour de son jugement, le condamné l'heure de son exécution, et le pécheur l'instant de la mort. Cependant plusieurs d'entre eux étaient supérieurs à cette faiblesse, ayant trempé l'acier de leurs nerfs et préparé leur esprit à braver tous les dangers ; mais les sentiments du plus grand nombre étaient en état de fluctuation perpétuelle : dans certains moments, l'attente et l'espoir du succès semblaient animer les trois équipages ; dans d'autres, la disposition à douter et à craindre devenait générale, le découragement presque universel.

Un voyage aux Canaries ou aux Açores devait très-probablement se compter parmi les exploits les plus audacieux des marins. La distance n'était certainement pas aussi grande que celles de leurs excursions ordinaires, car des navires allaient souvent dans la même direction jusqu'aux îles du Cap-Vert. Mais dans tous leurs autres voyages, les Européens longeaient les côtes ; et dans la Méditerranée, ils sentaient qu'ils naviguaient entre des limites connues, et se considéraient comme étant dans l'enceinte des bornes des connaissances humaines. Au contraire, en voguant sur l'immense Atlantique, ils étaient en quelque sorte dans la même situation que l'aéronaute qui, en flottant dans les courants plus élevés de l'atmosphère, voit sous lui la terre comme la seule place qu'il puisse atteindre, et n'aperçoit autour de lui, de tous les autres côtés, que le vide et l'espace.

Les îles Canaries étaient connues des anciens. Juba, roi de Mauritanie, contemporain de César, en fit, dit-on, une description assez exacte sous le nom des îles Fortunées. Son ouvrage est perdu pour nous, mais le fait est attesté par le témoignage d'autres écrivains, et c'est par eux qu'on sait que, même dans ce siècle reculé, il s'y trouvait une population qui avait fait de très-grands progrès vers la civilisation. Mais avec le temps, et durant les siècles de ténèbres qui succédèrent à l'éclat de la domination romaine, les Européens oublièrent jusqu'à la position de ces îles, et ils ne les retrouvèrent qu'après la moitié du quatorzième siècle, quand elles furent découvertes par quelques Espagnols fugitifs poursuivis par les Maures. Bientôt après, les Portugais, qui étaient alors les navigateurs les plus hardis du monde connu, prirent possession d'une ou deux de ces îles, et en firent leur point de départ pour leurs voyages de découvertes le long de la côte de Guinée. A mesure qu'ils détruisaient le pouvoir des musulmans dans la Péninsule, et y reprenaient peu à peu leur ancienne puissance, les Espagnols tournèrent de nouveau leur attention de ce côté et convertirent à la foi les naturels de quelques autres de ces îles : à l'époque dont nous parlons, elles se trouvaient partagées entre ces deux nations chrétiennes.

Luis de Bobadilla, qui avait fait plusieurs voyages dans les mers plus septentrionales, et qui avait parcouru la Méditerranée dans différentes directions, ne connaissait ces îles que de nom : assis sur la dunette avec l'amiral, celui-ci lui indiqua la position de chacune d'elles, lui en expliqua et les caractères distinctifs et les avantages qu'elles offraient comme point de départ et de ravitaillement.

— Ces îles ont été fort utiles aux Portugais, dit Colomb ; elles fournissent à leurs navires de l'eau, du bois et des vivres, et je ne vois pas pourquoi la Castille ne suivrait pas aujourd'hui cet exemple et n'en retirerait pas les mêmes avantages. Vous voyez comme nos voisins se sont avancés du côté du sud, et combien de richesses leurs nobles entreprises et leur commerce ont fait couler vers Lisbonne. Tout cela n'est pourtant qu'un seau d'eau puisé dans l'Océan, auprès des immenses richesses du Cathay et des résultats importants que doit avoir notre voyage.

— Croyez-vous, don Christoval, demanda Luis, que les domaines du Grand-Khan ne soient pas à une plus grande distance que le point le plus éloigné que les Portugais aient atteint du côté du sud ?

Colomb regarda avec soin autour de lui, pour s'assurer que personne n'était à portée de l'entendre ; lorsqu'il eut reconnu que le son de sa voix ne pouvait arriver à aucun des hommes placés sur le navire, il eut la précaution de parler le plus bas possible, et répondit d'une manière qui flatta son jeune compagnon en lui prouvant que l'amiral était disposé à le traiter avec la franchise et la confiance de l'amitié.

— Don Luis, lui dit-il, vous connaissez le caractère des esprits auxquels nous avons affaire. Je ne me croirai pas même sûr de leurs services, tant que nous serons dans le voisinage des côtes de l'Europe ; car rien n'est plus facile à un de ces petits bâtiments que de m'abandonner pendant la nuit et de chercher un port sur quelque côte connue, sauf à alléguer pour excuse quelque nécessité supposée.

— Martin Alonzo n'est pas homme à commettre une action si indigne et si ignoble ! s'écria Luis.

— Non, sans doute, mon jeune ami, non par un motif aussi vil que la crainte, répondit Colomb avec un sourire pensif qui prouvait avec quelle sagacité il avait déjà su observer le véritable caractère de ses nouveaux compagnons. Martin Alonzo est un navigateur aussi hardi qu'intelligent, et nous pouvons attendre de lui de bons services en tout ce qui demande de la résolution et de la persévérance. Mais les yeux des Pinzons ne peuvent être toujours ouverts, et les connaissances de tous les philosophes de la terre ne pourraient résister à l'impétueuse détermination d'un équipage inquiet et en pleine révolte. Je ne me sens pas assuré des hommes qui composent le nôtre, tant qu'ils pourront conserver l'espoir d'un retour facile, je dois donc l'être bien moins encore de ceux qui ne sont pas directement sous mes ordres et sous mes yeux. Vous le voyez, Luis, je ne puis répondre publiquement à la question que vous venez de me faire; car la distance que nous avons à parcourir effraierait nos marins, qui s'alarment aisément. Mais vous, Luis, vous êtes un noble cavalier, un chevalier dont le courage est connu et sur qui l'on peut compter, et il m'est permis de vous dire, sans craindre de faire naître en votre cœur aucun sentiment indigne de vous, que le voyage que nous venons de commencer n'a jamais eu son semblable pour la longueur et l'isolement du chemin.

— Et cependant, Señor, vous l'entreprenez avec la confiance d'un homme certain d'entrer dans le port où il veut arriver.

— Vous appréciez parfaitement mes sentiments, Luis. Quant à ces craintes vulgaires, d'avoir à monter et à descendre, d'éprouver des difficultés pour notre retour, d'arriver aux limites de la terre et de glisser dans le vide, elles ne nous tourmenteront guère, ni vous ni moi.

— Par saint Jacques, don Christoval, mes idées ne sont pas très-fixes sur tout cela : je n'ai jamais connu personne qui ait glissé de la terre dans le vide, il est vrai, et je ne crois pas très-probable qu'il puisse nous arriver à nous et à nos bons navires de faire une telle glissade; mais, d'un autre côté, nous n'avons encore que la théorie pour nous prouver que la terre est ronde, et qu'il est possible d'arriver à l'est en gouvernant à l'ouest; sur ces questions, je reste neutre. Mais vous pouvez gouverner en droite ligne vers la lune, et Luis de Bobadilla sera toujours à côté de vous.

— Vous vous représentez comme moins savant que vous ne l'êtes et qu'il n'est nécessaire de le dire, jeune évaporé. Mais nous ne parlerons pas davantage de ce sujet quant à présent; j'aurai tout le loisir, pendant notre voyage, de vous faire comprendre mes raisons et mes motifs. — Et n'est-ce pas une vue céleste, Luis, que celle qui s'offre en ce moment à mes yeux? Me voici sur le grand Océan, honoré par nos deux souverains du titre de vice-roi et d'amiral, et commandant une flotte chargée par Leurs

Altesses de porter dans les parties les plus reculées de la terre la connaissance de leur pouvoir et de leur autorité, et surtout d'élever la croix de notre Rédempteur aux yeux d'infidèles qui n'ont jamais entendu prononcer son nom, ou qui, s'ils l'ont entendu, ne le respectent pas plus qu'un chrétien ne respecterait les idoles des païens!

Ces mots furent prononcés avec le calme mais profond enthousiasme qui distinguait le grand navigateur, et qui le rendit tour à tour un objet de méfiance ou de respect. — Sur Luis, comme sur la plupart de ceux qui vivaient assez familièrement avec Colomb pour être en état d'apprécier ses motifs et de juger sainement de la droiture de ses vues, cet enthousiasme produisait toujours un effet favorable, et il en aurait été probablement de même si Mercédès n'eût pas existé. Ce jeune homme n'était pas lui-même dépourvu d'enthousiasme, et, comme il arrive toujours aux caractères francs et généreux, il n'en savait que mieux juger des impulsions de ceux qui en étaient également animés. Luis fit donc une réponse qui s'accordait avec les sentiments de l'amiral, et ils restèrent plusieurs heures sur la dunette, discourant de l'avenir avec l'ardeur de gens qui plaçaient là toutes leurs espérances, mais d'une manière trop générale et trop décousue pour qu'il soit facile ou nécessaire de rapporter leur conversation.

Il était huit heures du matin quand les bâtiments passèrent la barre des Saltes, et le jour était fort avancé lors que les navigateurs perdirent tout à fait la vue des hauteurs qui entourent Palos et celle des autres points remarquables de la côte. Ils faisaient route vers le sud, et comme les bâtiments, à cette époque, avaient des mâts légers et de petites voiles comparativement à ceux qu'emploie l'art nautique devenu plus hardi, leur marche était lente et bien loin de promettre une prompte issue à un voyage que chacun savait devoir être d'une longueur sans exemple, et qu'on craignait de voir ne jamais finir. Deux lieues marines, de trois milles d'Angleterre chaque, par heure, semblaient alors une vitesse raisonnable pour un navire, même avec un vent favorable, quoique Colomb lui-même ait mentionné comme particulièrement remarquables certaines journées dans lesquelles ils firent près de cent soixante milles, ce qu'il ne cite évidemment que comme exemple d'une marche assez rapide pour qu'un marin pût en être fier. Il est à peine nécessaire de dire au lecteur que, dans notre siècle où l'on a tant de moyens d'exécuter de longs voyages, ce ne serait guère plus que moitié de la distance qu'un bâtiment bon voilier peut parcourir dans les mêmes circonstances données.

Quand le soleil se coucha, à la fin de la première journée de marche, nos aventuriers avaient fait voile, suivant les propres termes de Colomb, avec une forte brise pendant onze heures, depuis qu'ils avaient passé la barre. Ils n'étaient pas encore à cinquante milles au sud du lieu de leur départ; la terre avait entièrement disparu de ce côté dans les environs de Palos, ainsi que la partie de la côte qui se prolongeait à l'est; et il n'y avait que les yeux expérimentés des plus anciens marins qui pussent encore distinguer les cimes de quelques-unes des montagnes de Séville, à l'instant où le disque radieux du soleil se plongeait dans la mer au couchant. Colomb et Luis étaient revenus se placer sur la dunette, et contemplaient avec intérêt les dernières ombres jetées par les terres d'Espagne, tandis que deux marins travaillaient à peu de distance à épisser un cordage usé par le frottement. Ces deux hommes étaient assis sur le pont, et comme ils se tenaient un peu à l'écart par respect pour l'amiral, celui-ci ne s'aperçut pas aussitôt de leur présence.

— Voilà le soleil qui se couche derrière les vagues de l'Atlantique, señor Gutierrez, dit Colomb, qui avait toujours soin de donner à don Luis un de ses noms supposés, quand il avait à craindre que quelqu'un ne pût l'entendre; le soleil nous quitte en ce moment, et dans sa course journalière je trouve une preuve de la forme sphérique de la terre et de la justesse de la théorie qui nous apprend qu'on peut arriver au Cathay en voguant à l'ouest.

— Je suis toujours prêt à admettre la sagesse de vos pensées, de vos plans et de vos espérances, don Christoval, répondit Luis dont les discours et les manières annonçaient toujours un véritable respect pour l'amiral; mais j'avoue que je ne puis voir ce que la course journalière du soleil a de commun avec la position du Cathay et la route qui y conduit. Nous savons que ce grand astre voyage sans interruption dans les cieux, qu'il sort de la mer tous les matins et qu'il y rentre tous les soirs; mais il le fait sur les côtes de la Castille aussi bien que sur celles du Cathay, pour ou contre le succès de notre voyage.

Tandis qu'il parlait ainsi, les deux marins interrompirent leur travail et levèrent les yeux sur l'amiral, curieux d'entendre sa réponse. Luis s'aperçut en ce moment que l'un d'eux était Pépé, et il lui fit un signe de reconnaissance; l'autre lui était inconnu. Ce dernier avait tout l'extérieur d'un vrai marin de cette époque, ou de ce qu'on aurait appelé en anglais et dans les langues du nord de l'Europe, un vrai loup de mer, terme qui exprime l'idée d'un homme si complètement identifié avec l'Océan par ses habitudes, que son air, ses pensées, son langage et même sa moralité s'en ressentent. Il semblait approcher de la cinquantaine; sa taille était peu élevée; ses membres annonçaient la vigueur, mais ses traits lourds et grossiers avaient cette apparence moitié brute, moitié intelligente, qu'offre assez souvent la physionomie des hommes doués d'une gaieté et d'un bon sens naturel, mais qui n'ont connu que les jouissances terrestres et sensuelles. Colomb reconnut du premier coup d'œil un marin d'élite, non seulement à son air, mais au travail dont il s'occupait, travail qui ne pouvait être bien exécuté que par les marins les plus habiles de chaque équipage.

— Voici comme je raisonne, Señor, répondit l'amiral : Le soleil n'a pas reçu la loi de voyager ainsi autour de la terre sans un motif suffisant, car la providence de Dieu agit d'après une sagesse infinie. Il n'est pas probable qu'un astre si généreux et si utile ait été destiné à répandre sans fruit une partie de ses bienfaits. Nous sommes déjà certains que le jour et la nuit marchent de l'est à l'ouest au-dessus de cette terre, aussi loin qu'elle nous est connue, et j'en conclus qu'il règne, dans l'ensemble de ce système, une harmonie en vertu de laquelle cet astre glorieux répand sans interruption ses bienfaits sur les hommes, ne quittant une portion de la terre que pour arriver à une autre. Le soleil, qui vient de nous abandonner, est encore visible dans les Açores, et il éclairera Smyrne et les îles de la Grèce une heure au moins avant que nos yeux le revoient. La nature n'a rien fait qui n'ait son utilité : je crois donc que le Cathay recevra la lumière de l'astre qui vient de disparaître, pendant que les ténèbres les plus épaisses de la nuit nous envelopperont, et que cet astre, revenant par l'est au-dessus du grand continent de l'Asie, viendra se montrer de nouveau à nos yeux demain matin. En un mot, ami Pédro, ce que le soleil exécute maintenant avec tant de rapidité dans les cieux, nous l'exécutons, nous, mais dans de moindres proportions, avec nos caravelles. Donnez-nous le temps nécessaire, et, après avoir fait le tour de la terre, nous reviendrons à notre point de départ en traversant le pays des Tartares et celui des Persans.

— D'où vous concluez que la terre est ronde et que dès lors le succès de notre voyage est assuré?

— Cela est si vrai, señor de Muños, que je serais fâché de croire qu'il y ait un seul homme faisant voile en ce moment sous mes ordres qui ne le pensât aussi. Mais voici deux marins qui ont entendu notre entretien, et nous les questionnerons afin de connaître les opinions d'hommes habitués à la mer. — Jeune homme, n'es-tu pas le mari de la femme avec qui j'ai causé hier soir sur les sables, et ne te nommes-tu pas Pépé?

— Señor amirante, la mémoire de Votre Excellence me fait trop d'honneur en se rappelant une figure qui ne mérite pas qu'on la remarque et qu'on s'en souvienne.

— Ta figure est honnête, l'ami, et sans doute elle répond de ton cœur. Quoi qu'il puisse arriver, je compterai sur toi comme sur un solide appui.

— Votre Excellence a le droit de me commander comme amiral de la reine; et, à présent qu'il a pour lui Monica, il est bien sûr d'avoir aussi son mari.

— Je te remercie, brave Pépé, et je compterai certainement sur toi à l'avenir. — Et toi, camarade, tu as l'air d'un homme à qui la vue de l'eau trouble ne fera pas peur. Tu as sans doute un nom?

— Oui, noble amiral, répondit le marin en le regardant avec cet air de liberté particulier à un homme qui ne s'intimide pas aisément; mais ce nom ne traîne à la remorque ni un *don* ni un *señor*. Mes amis m'appellent le plus ordinairement Sancho, c'est-à-dire quand ils sont pressés; mais lorsque le temps et la civilité le leur permettent, ils y ajoutent Mundo; ce qui fait Sancho Mundo pour la totalité du nom d'un homme fort pauvre.

— Mundo est un grand nom pour un homme de petite taille, dit l'amiral en souriant; car il prévoyait qu'il lui serait utile d'avoir des amis dans son équipage, et il connaissait assez les hommes pour savoir que, si trop de familiarité nuit au respect, un peu de cordialité tend à gagner les cœurs; je suis surpris que tu te hasardes à porter un nom si imposant [1].

— Je dis à mes camarades, Votre Excellence, que Mundo est mon titre, et non mon nom, et que je suis plus grand que les

---

1. *Mundo*, en espagnol, signifie *le monde*.

rois mêmes, puisqu'ils se contentent de tirer leur titre d'une petite partie de ce qui me donne le mien.

— Et ton père et ta mère s'appelaient-ils aussi Mundo, ou as-tu pris ce nom pour avoir l'occasion de montrer ton esprit à tes officiers, quand ils t'adressent des questions à ce sujet?

— Quant aux bonnes gens dont vous avez la bonté de parler, señor amirante, je leur laisse le soin de répondre eux-mêmes, et cela pour une bonne raison qui est que je ne sais ni comment ils s'appelaient, ni même s'ils avaient un nom. On m'a dit qu'on m'avait trouvé, quelques heures après ma naissance, dans un vieux panier, à la porte du chantier de construction à...

— Ne t'inquiète pas de préciser l'endroit, ami Sancho. On t'a trouvé ayant un panier pour berceau, et voilà le premier tome de ton histoire.

— C'est que je ne voudrais pas que l'endroit devînt un sujet de contestation par la suite, Votre Excellence; mais il en sera ce qu'il vous plaira. On dit que personne ici ne sait bien exactement où nous allons, et il convient assez qu'on ne sache pas plus d'où nous venons. Mais comme j'avais le monde devant moi, ceux qui m'ont baptisé m'en ont donné autant qu'un nom est capable de produire.

— Tu as été longtemps marin, Sancho Mundo, — si tu veux être Mundo?

— Si longtemps, Señor, que j'ai des nausées et que je perds l'appétit quand je me trouve à terre. — Ayant été laissé si près de la porte, il n'a pas été bien difficile de me faire entrer dans le chantier, et un beau jour je fus lancé à la mer à bord d'une caravelle, personne ne sait comment. Depuis ce temps, je me suis soumis à mon destin, et je me remets en mer le plus promptement possible, lorsque je suis revenu à terre.

— Et par quelle heureuse chance, bon Sancho, suis-je favorisé de tes services dans cette expédition?

— Les autorités de Moguer m'ont envoyé ici en vertu des ordres de la reine, Votre Excellence, pensant que ce voyage me conviendrait mieux que tout autre, attendu qu'il est probable qu'il ne finira jamais.

— Es-tu donc venu ici contre ton gré?

— Moi, señor don amirante! non vraiment, quoique ceux qui m'y ont envoyé se l'imaginent. Il est naturel à un homme de vouloir voir ses domaines une fois dans sa vie; et comme on dit que notre voyage doit nous conduire de l'autre côté du monde, j'aurais été bien fâché de manquer une si bonne occasion.

— Tu es chrétien, Sancho, et tu désires contribuer à planter la croix dans les pays des païens?

— Señor, — Votre Excellence, — don amirante, — peu importe à Sancho quelle est la cargaison du navire, pourvu qu'il n'exige pas souvent le service des pompes et qu'il soit pourvu de bon ail. Si je ne suis pas un chrétien très-dévot, la faute en est à ceux qui m'ont trouvé à la porte du chantier, car l'église n'était qu'à deux pas. Je sais que Pépé que voilà est chrétien, car je l'ai vu entre les bras du prêtre sur les fonts baptismaux; et je ne doute pas qu'il ne se trouve à Moguer des vieillards qui peuvent en dire autant de moi. Dans tous les cas, noble amiral, je puis prendre sur moi de dire que je ne suis ni juif ni musulman.

— Sancho, tu as en toi ce qui annonce un marin aussi hardi qu'habile.

— Quant à ces deux qualités, señor don Colon, que les autres en parlent! quand la tempête viendra, vos propres yeux pourront juger si je possède la seconde; et quand cette caravelle arrivera sur les limites de la terre, port pour lequel bien des gens pensent qu'elle est frétée, vous verrez qui est en état ou non de regarder le vide sans trembler.

— C'en est assez! je vous compte, toi et Pépé, au nombre de mes plus fidèles compagnons.

En prononçant ces paroles, Colomb se retira, reprenant l'air de dignité grave qui était l'expression ordinaire de ses traits, et qui assurait son autorité en imprimant le respect. Au bout de quelques instants, il descendit avec Luis dans sa chambre.

— Je suis surpris, Sancho, dit Pépé quand il se trouva sur la dunette seul avec son compagnon, que tu donnes tant de liberté à ta langue, en présence d'un homme à qui la reine a confié son autorité? Ne crains-tu pas d'offenser l'amiral?

— Voilà ce que c'est que d'avoir une femme et un enfant! Ne peux-tu sentir la différence qu'il y a entre ceux qui ont eu des ancêtres et qui ont des descendants, et un homme qui ne possède rien au monde que son nom? Le señor amirante est, ou un très-grand homme, choisi par la Providence pour frayer une route dans les mers inconnues dont il parle, ou un Génois affamé, qui nous conduit il ne sait où, afin de pouvoir manger, boire et dormir avec honneur, tandis que nous autres, nous marchons sur ses talons, travaillant comme l'humble mulet qui porte le fardeau que le noble cheval refuse. Dans le premier cas, il est trop grand, trop élevé pour s'inquiéter de quelques paroles oiseuses ; dans le second, qu'y a-t-il qu'un Castillan n'ose lui dire ?

— Oui, tu aimes à te dire Castillan, en dépit du panier et de la porte du chantier, et quoique Moguer dépende de Séville.

— Ecoute, Pépé : la reine de Castille n'est-elle pas notre maîtresse ? Ne sommes-nous pas ses sujets ? — et de véritables et légitimes sujets comme toi et moi ne sont-ils pas dignes d'être les compatriotes de leur reine ? — Ne te rabaisse jamais, Pépé ; tu trouveras assez de gens disposés à te rendre ce service. Quant à ce Génois, il sera l'ami ou l'ennemi de Sancho : dans le premier cas, j'en attends beaucoup de consolation ; dans le second, qu'il cherche son Cathay jusqu'au jour du jugement dernier, il n'en sera jamais plus savant.

— Eh bien ! Sancho, que les paroles soient ou nuisibles ou utiles à un voyageur, tu n'en es pas moins un excellent marin, car personne ne sait mieux discourir que toi.

Ayant fini leur ouvrage, ils descendirent de la dunette et allèrent rejoindre le reste de l'équipage. Colomb ne s'était pas trompé dans son calcul ; ses paroles et sa condescendance avaient produit un très-heureux effet sur l'esprit de Sancho Mundo, car c'était le nom véritable de ce marin ; et en gagnant un partisan dont l'esprit était si délié et la langue si bien pendue, il trouva un auxiliaire nullement à dédaigner. Souvent, c'est à l'aide de pareils moyens et de tels instruments que l'on arrive au succès ; car il est possible que même la découverte d'un monde dépende d'un mot favorable prononcé par un homme moins fait que Sancho Mundo pour influer sur l'opinion.

CHAPITRE XV.

> Tandis que vous êtes ici à ronfler, la conspiration aux yeux ouverts choisit son temps. Si vous tenez à la vie, chassez le sommeil et prenez garde à vous. Réveillez-vous ! réveillez-vous !
> *Ariel.*

Le vent continuant à être favorable, les trois bâtiments avancèrent assez rapidement vers les Canaries. Le dimanche surtout fut un jour prospère, car l'expédition fit cent vingt milles dans les vingt-quatre heures. Dans la matinée du lundi 6 août, Colomb causait gaiement sur la dunette avec don Luis et une ou deux autres personnes, quand on vit *la Pinta* carguer tout à coup ses voiles de l'avant, et venir au vent vivement, pour ne pas dire gauchement. Cette manœuvre annonçait quelque avarie, et comme par bonheur *la Santa-Maria* avait l'avantage du vent, elle s'avança rapidement vers ce navire.

— Comment donc, señor Martin Alonzo, s'écria l'amiral dès que les deux caravelles furent assez près l'une de l'autre pour qu'on pût se parler ; pour quelle raison vous êtes-vous arrêté si soudainement dans votre marche ?

— La fortune l'a voulu ainsi, don Christoval. Le gouvernail de la bonne caravelle est démonté, il faut le remettre en place avant que nous puissions de nouveau nous fier à la brise.

Le front du grand navigateur prit un air sévère, et ayant ordonné à Martin Alonzo de faire de son mieux pour réparer cette avarie, il se promena quelques minutes sur le pont avec agitation. Voyant combien l'amiral prenait à cœur cet accident, tout l'équipage descendit sous le pont et le laissa seul avec le prétendu gentilhomme de la chambre du roi.

— J'espère, Señor, que ce n'est pas un accident sérieux, et qu'il n'est pas de nature à retarder notre marche, dit Luis après quelques instants d'un silence dicté par le respect que ressentaient pour l'amiral tous ceux qui approchaient de sa personne ; je sais que l'honnête Martin Alonzo est un excellent marin, et il découvrira sans doute quelque expédient pour atteindre les Canaries, où l'on trouvera le moyen de réparer cette avarie, et même de plus considérables.

— Vous avez raison, Luis, et il faut l'espérer ainsi. Je regrette que la mer soit trop forte pour nous permettre de donner du secours à *la Pinta*. Mais Martin Alonzo est un très-habile marin, et il faut compter sur ses talents. Cependant ce gouvernail démonté, quoique ce soit un accident sérieux en pleine mer, n'est pas la principale source de mon inquiétude ; elle a une cause qui m'occupe beaucoup plus. Vous savez que *la Pinta* a été fournie pour le service de la reine, qui a ordonné l'armement des deux caravelles que devaient fournir les délinquants de Palos, et c'est au grand mécontentement des propriétaires de ce bâtiment qu'il a été choisi. Or, ces individus, Gomez Rascon et Christoval Ruintero, sont à bord de leur caravelle, et je ne doute pas qu'ils n'aient préparé cet accident. Ils ont eu recours à mille manœuvres pour retarder notre départ, et il paraît qu'ils veulent les continuer en pleine mer pour nuire à notre expédition.

— Par la fidélité que je dois à doña Isabelle, señor amiral, j'aurais bientôt puni une telle trahison, si l'on me chargeait de ce soin. Permettez-moi de prendre le canot ; je me rendrai à bord de *la Pinta*, et je déclarerai à ce Rascon et à ce Quintero que, si leur gouvernail ose encore se démonter, ou qu'il arrive quelque autre accident à la caravelle, le premier sera pendu à la vergue de son propre bâtiment, et le second jeté à la mer pour en examiner la quille.

— Il ne faut pas en venir à de tels actes d'autorité sans un motif très-important et sans être bien sûr que le châtiment soit mérité. Je crois qu'il sera plus sage de chercher à nous procurer une autre caravelle aux Canaries ; car cet accident me fait voir que nous serons exposés aux menées de ces deux individus, jusqu'à ce que nous soyons débarrassés de leur bâtiment. Il serait dangereux de mettre le canot à la mer ; sans quoi je me rendrais moi-même à bord de *la Pinta*. Quoi qu'il en soit, ayons confiance en Martin Alonzo et en son expérience.

Colomb continua à encourager au travail l'équipage de *la Pinta*, et au bout d'une heure ou deux les trois bâtiments marchaient de conserve dans la direction des Canaries. Malgré le délai qu'ils avaient éprouvé, ils firent dans ces vingt-quatre heures près de quatre-vingt-dix milles; mais le lendemain matin, le gouvernail fût démonté de nouveau, et comme il se trouva plus endommagé que la première fois, le mal fut plus difficile à réparer. Ces accidents réitérés causèrent beaucoup d'inquiétude à l'amiral, car il les regarda comme les indices de la malveillance de ceux qui l'accompagnaient. Il résolut donc bien décidément de se débarrasser de *la Pinta*, s'il pouvait trouver aux Canaries un autre bâtiment qui lui convînt. La marche de la flottille ayant éprouvé un grand retard par suite de cet accident, quoique le vent continuât à être favorable, ils n'avancèrent pendant cette journée que d'environ soixante milles vers leur destination.

Le lendemain matin, les trois bâtiments étaient assez près les uns des autres pour qu'on pût se parler, et l'on fit la comparaison des observations nautiques des différents navigateurs ou pilotes, comme c'était alors l'usage de les appeler, chacun d'eux donnant son opinion sur la position des bâtiments.

Ce ne fut pas le moindre mérite de Colomb, d'avoir réussi dans sa grande entreprise avec l'aide imparfaite des instruments alors en usage. Il est vrai que la boussole était connue depuis au moins un siècle; mais ses variations, qu'il est presque aussi important de connaître que l'instrument lui-même, dans un long voyage, étaient alors ignorées des marins, qui se hasardaient rarement à s'éloigner assez de la terre pour remarquer ces mystères de la nature, et qui en général comptaient presque autant sur la position ordinaire des corps célestes pour s'assurer de leur route que sur les résultats d'un calcul plus exact. Cependant Colomb faisait une exception frappante : il avait eu soin d'acquérir toutes les connaissances qui pouvaient lui être utiles dans sa profession, ou l'aider à accomplir le grand projet qui semblait être le seul but de son existence.

Comme on devait s'y attendre, le résultat de cette comparaison fut entièrement en faveur de l'amiral, et les autres pilotes furent bientôt convaincus que lui seul connaissait la véritable position des bâtiments, — fait qui fut incontestablement prouvé bientôt après par l'apparition de la cime des montagnes des Canaries, qu'on vit sortir de l'Océan au sud-est, et qui semblaient un amas de nuages sombres rassemblés à l'horizon. Comme de semblables objets se voient de très-loin sur la mer, surtout dans une atmosphère transparente, et que le vent devint plus léger et variable, les bâtiments n'arrivèrent pourtant à la grande Canarie que le jeudi 8 août, près d'une semaine après leur départ de Palos. Ils entrèrent tous trois dans le port ordinaire et y jetèrent l'ancre. Le premier soin de Colomb, après y être arrivé, fut de se procurer une caravelle; ne pouvant y parvenir, il se rendit à Gomère, où il se flattait de trouver plus aisément un bâtiment tel qu'il le désirait. Pendant qu'il s'occupait de ce soin avec *la Santa-Maria* et *la Niña*, Martin Alonzo resta dans le port, ne pouvant voguer de conserve avec eux dans l'état où se trouvait *la Pinta*. Mais les recherches de Colomb furent encore infructueuses, et il retourna à la grande Canarie. En faisant réparer *la Pinta*, on découvrit qu'elle avait été mal calefatée, subterfuge employé pour la mettre hors d'état de faire le service auquel elle était destinée. Lorsque ces réparations furent terminées, Colomb repartit pour Gomère, d'où il devait mettre à la voile.

Cependant le mécontentement commençait à s'accroître et à se répandre parmi les matelots de classe inférieure, et quelques uns même d'un grade plus élevé n'étaient pas tout à fait exempts de sombres appréhensions sur l'avenir. Dans la courte traversée de la grande Canarie à Gomère, Colomb était à son poste sur la dunette, avec don Luis et ses compagnons ordinaires, quand son attention fut éveillée par une conversation qui s'était établie dans un groupe de matelots rassemblés auprès du grand mât. Il faisait nuit; et comme le vent était fort léger, les voix des interlocuteurs animés se faisaient entendre plus loin qu'ils ne le pensaient.

— Je te dis, Pépé, s'écria celui des orateurs qui vociférait avec le plus d'ardeur, que la nuit n'est pas plus obscure que la destinée future de cet équipage. Regarde à l'ouest, et dis-moi ce que tu y vois? Qui a jamais entendu dire qu'il existe de la terre au-delà des Açores? Qui est assez ignorant pour ne pas savoir que la Providence a entouré d'eau tous les continents, et encore quelques îles destinées à servir de relâche aux marins, puis étendu le vaste Océan, dans l'intention de réprimer la trop grande curiosité de pénétrer dans un ordre de choses qui tiennent du miracle plutôt qu'elles n'appartiennent à l'arrangement régulier de ce monde.

— Cela est fort bien, Péro, répondit Pépé, mais je sais que Monica pense que l'amiral est un envoyé de Dieu, et que, sous sa conduite, nous pouvons nous attendre à faire de grandes découvertes et à répandre la religion parmi les païens.

— Oui, oui, ta Monica aurait dû être à la place de doña Isabelle, tant elle est savante et opiniâtre en toutes choses, qu'il s'agisse ou de ses devoirs comme femme, ou des tiens comme marin. C'est elle qui est ta reine, Pépé, comme tout Moguer en ferait serment, et il y a même des gens qui disent qu'elle voudrait gouverner le port comme elle te gouverne toi-même.

— Ne dis rien contre la mère de mon enfant, Péro, s'écria Pépé avec colère. Je puis souffrir que tu dises de moi tout ce que tu voudras; mais celui qui parlera mal de Monica trouvera en moi un ennemi dangereux.

— Tu es hardi dans tes discours, Péro, quand tu es à cent lieues de ceux qui valent dix fois mieux que toi, dit une voix que Colomb reconnut à l'instant pour celle de Sancho Mundo; et tu te mêles de railler Pépé relativement à Monica, quoique nous sachions tous qui a le commandement dans une certaine cabane, où tu es aussi doux qu'un dauphin mort, quel que tu puisses être ici. Mais c'est assez de folies en parlant de femmes, raisonnons d'après nos connaissances comme marins, si cela te convient; et au lieu de faire des questions à un homme comme Pépé, qui est encore trop jeune pour avoir beaucoup d'expérience, interroge-moi, et je te répondrai.

— Eh bien, qu'as-tu à dire, toi, de cette terre inconnue qu'on nous dit être au-delà du grand Océan, où l'homme n'a jamais été, et où il n'est pas probable qu'il aille jamais avec un équipage comme celui-ci?

— Je te dirai, idiot et bavard, qu'il fut un temps où l'on ne connaissait pas même les Canaries, — où les marins n'osaient passer le détroit, — où les Portugais ne connaissaient pas leurs mines de Guinée. J'ai été dans tous ces pays, et le noble don Christoval y a été aussi, comme je le sais par le témoignage de mes yeux.

— Et qu'ont de commun les mines du Portugal et la Guinée avec ce voyage à l'ouest? Tout le monde sait qu'il y a un pays nommé l'Afrique, et qu'y a-t-il d'étonnant que des marins arrivent dans un pays dont on connaît l'existence? Mais qui peut dire si l'Océan a d'autres continents, plus que le ciel n'a d'autres terres?

— C'est bien parler, Péro, dit un autre matelot, et Sancho aura à se creuser la tête pour répondre à cela.

— C'est bien parler pour ceux qui, comme les femmes, remuent la langue sans penser à ce qu'ils disent, reprit Sancho fort tranquillement ; mais tout cela ne sera que des paroles en l'air pour doña Isabelle et don l'amirante. Je te dirai, Péro, que tu as l'air d'avoir fait si souvent le chemin entre Palos et Moguer, que tu ne doutes pas qu'il n'y ait une route pour aller à Séville et à Grenade. Il faut qu'il y ait un commencement à tout, et ce voyage est le commencement des voyages au Cathay. Nous y allons par l'ouest, parce que c'est le chemin le plus court, et en outre, parce qu'il n'y en a pas d'autre. — Répondez-moi, camarades, est-il possible qu'un bâtiment, n'importe quels soient son tonnage et son grément, passe par-dessus les montagnes et les vallées d'un continent? — j'entends à l'aide de ses voiles.

Un assentiment général reconnut l'impossibilité du fait.

— Eh bien ! jetez les yeux quelque matin sur la carte de l'amiral, quand il la tient étendue devant lui sur la dunette, et vous verrez que la terre s'étend d'un pôle à l'autre de chaque côté de l'Atlantique, ce qui rend la navigation impossible dans toute autre direction que celle que nous suivons. Les idées de Péro sont donc contre nature.

— Cela est si vrai, Péro, que ta bouche devrait être fermée, s'écria un autre matelot ; et personne ne prit la parole pour le contredire.

Mais la bouche de Péro ne se fermait pas aisément, et il est probable qu'il aurait fait une réplique aussi ingénieuse et aussi concluante que l'observation de Sancho, si tous ceux qui l'entouraient n'eussent poussé en ce moment un cri général d'horreur et d'alarme. La nuit était assez claire pour qu'on pût entrevoir les noirs contours du pic de Ténériffe, même à la distance où l'on en était encore, et précisément en cet instant il sortit de son cratère un jet de flamme, qui tantôt illuminait toute la montagne, tantôt la laissait dans l'obscurité, objet mystérieux de terreur. La plupart des matelots se jetèrent à genoux, plusieurs prirent leur chapelet, et tous, comme par un mouvement instinctif, firent le signe de la croix. Un murmure général s'éleva bientôt, et au bout de quelques minutes, ceux qui dormaient furent éveillés, et vinrent joindre leurs compagnons, spectateurs effrayés et consternés de ce phénomène. Il fut décidé sur-le-champ qu'on appellerait l'attention de l'amiral sur cet événement étrange, et Péro fut choisi pour orateur.

Pendant tout ce temps, Colomb et ses compagnons étaient

restés sur la dunette; et comme on peut aisément le supposer, l'éruption du volcan n'avait pas échappé à leur attention. Trop instruits pour être alarmés, ils examinaient les effets de ce phénomène, quand Péro, suivi de presque tout l'équipage, monta sur le gaillard d'arrière. Le silence ayant été obtenu, il exposa l'objet de sa mission avec un zèle que la crainte ne stimulait pas faiblement.

— Señor amirante, dit-il, nous venons prier Votre Excellence de jeter les yeux sur le sommet de l'île de Ténériffe, où nous croyons tous voir un avis solennel de ne pas persister à faire voile sur un Océan inconnu. Il est temps que les hommes se rappellent leur faiblesse et ce qu'ils doivent à la bonté de Dieu, quand les montagnes vomissent de la fumée et des flammes.

— Y a-t-il ici quelqu'un qui ait jamais navigué sur la Méditerranée, ou visité l'île qui reconnaît pour maître don Ferdinand, époux de notre illustre reine? demanda Colomb d'un ton calme.

— J'ai eu ce double avantage, señor don amirante, répondit Sancho, tout indigne que je puisse en paraître; j'ai vu l'île de Chypre, Alexandrie, et même Stamboul, où réside le Grand-Turc.

— En ce cas tu peux avoir aussi vu l'Etna, autre montagne qui vomit continuellement des flammes, au milieu d'une contrée à laquelle la Providence paraît sourire avec une bonté plus qu'ordinaire, bien loin que, comme vous paraissez vous l'imaginer, elle la regarde avec un œil courroucé.

Colomb expliqua ensuite à son équipage les causes des volcans, et en appela aux officiers qui l'entouraient pour attester l'exactitude et la vérité de cette explication; il dit qu'il regardait cette éruption comme un événement naturel, et que si l'on voulait la considérer comme un présage, c'était un présage heureux, puisque la Providence semblait disposée à éclairer leur chemin pendant la nuit. Luis et les officiers descendirent de la dunette, se mêlèrent parmi les gens de l'équipage, et employèrent toute la force des raisonnements pour calmer une alarme qui avait d'abord menacé d'avoir des suites sérieuses. Ils y réussirent pour le moment, peut-être même serait-il plus exact de dire qu'ils y réussirent complètement, en tant qu'il s'agissait de l'éruption du volcan; mais il faut avouer que les arguments des officiers les plus instruits y contribuèrent moins que le témoignage de Sancho et de deux ou trois autres matelots qui avaient vu de pareilles scènes en d'autres contrées.

Ce fut contre de semblables difficultés que le grand navigateur eut à lutter après un si grand nombre d'années employées à solliciter les faibles secours au moyen desquels il préludait à une des plus sublimes découvertes qui aient jamais couronné les entreprises des hommes.

Arrivés à Gomère le 2 septembre, les trois bâtiments y restèrent quelques jours pour achever de se radouber, et pour prendre des provisions avant de quitter définitivement les demeures de l'homme civilisé et ce qu'on pouvait considérer alors comme les limites du monde connu. Dans un siècle où les moyens de communication étaient si rares, qu'en général les événements s'annonçaient d'eux-mêmes, l'arrivée d'une telle expédition avait produit une forte sensation parmi les habitants des îles où nos aventuriers avaient touché. Colomb était reçu partout avec de grands honneurs, non seulement à cause du rang auquel les deux souverains l'avaient élevé, mais encore à cause de la grandeur et du caractère romanesque de son entreprise.

Dans toutes les îles de ces parages, Madère, les Açores, les Canaries, une croyance générale s'était répandue qu'il existait un continent à l'ouest. C'était une illusion singulière, commune à tous les habitants; et l'amiral eut occasion de la découvrir pendant sa seconde visite à Gomère. Parmi les personnes les plus distinguées qui se trouvaient alors dans cette île, était doña Inez Péraza, mère du comte de Gomère. Elle recevait beaucoup de monde, non seulement parmi les habitants de cette île, mais encore une foule de personnes venues de plusieurs autres lieux pour lui faire honneur. Elle accueillit Colomb d'une manière conforme à son rang d'amiral, et admit dans sa société ceux de ses compagnons qu'il lui présenta comme étant dignes de cet honneur. Bien entendu que le prétendu Pédro de Muños ou Péro Gutierrez, comme on l'appelait alors indifféremment, était de ce nombre.

— Je suis charmée, don Christophe, lui dit un jour doña Inez, que Leurs Altesses aient enfin accédé à votre désir de résoudre ce grand problème, non seulement pour notre sainte Église, qui, comme vous le dites, a un si grand intérêt à votre succès, — pour l'honneur de nos deux souverains, — les avantages que l'Espagne en retirera, — enfin pour les nombreuses et si importantes considérations dont nous avons parlé dans nos entretiens, — mais encore à cause des dignes habitants des îles Fortunées, chez qui se conserve une tradition relative à l'existence d'une terre située à l'ouest, et dont plusieurs même croient l'avoir vue plus d'une fois dans le cours de leur vie.

— J'en ai entendu parler, noble dame; et puisque la conversation est tombée sur un objet qui nous intéresse tous si vivement, j'aimerais à recevoir quelques détails de la bouche d'un témoin oculaire.

— En ce cas, Señor, je prierai ce digne cavalier de nous servir d'interprète, et de vous rapporter ce que croient tous les habitants de ces îles, et ce qu'un grand nombre d'eux s'imaginent avoir vu. — Señor Dama, informez, je vous prie, l'amiral de quelle manière singulière vous voyons tous les ans une terre inconnue bien loin dans l'Atlantique.

— J'y consens, doña Inez, et d'autant plus volontiers que c'est vous qui me le demandez, répondit le señor Dama, qui, avec cet empressement que les amateurs du merveilleux sont si prompts à montrer quand ils trouvent une occasion favorable de se livrer à leur penchant favori, se disposa à faire le récit de cette histoire. — L'illustre amiral a probablement entendu parler de l'île de Saint-Brandan, qui est située à quatre-vingts ou cent lieues à l'ouest de l'île de Fer, qui a été vue si souvent, mais à laquelle aucun navigateur n'a encore été en état d'arriver, du moins de nos jours.

— J'ai souvent entendu parler de cette île fabuleuse, Señor, répondit Colomb d'un ton grave; mais vous m'excuserez si je dis qu'il n'a jamais existé une terre qu'un marin ait vue, et à laquelle un marin n'ait pu arriver.

— Pardon, noble amiral, s'écrièrent une douzaine de voix, parmi lesquelles celle de doña Inez se faisait distinctement entendre; — qu'on ait vu cette île, c'est ce que savent la plupart de ceux qui sont ici; et qu'on n'ait jamais pu y arriver, c'est ce que bien des pilotes désappointés peuvent certifier.

— Ce qu'on a vu, on le connaît; et ce que l'on connaît, on peut le décrire, répondit Colomb avec fermeté. Qu'on me dise sous quel méridien ou quel parallèle est située cette île de Saint-Brandan ou Saint-Barandon, et dans une semaine je saurai certainement si elle existe.

— Je ne me connais ni en méridiens ni en parallèles, don Christophe, répliqua le señor Dama, mais j'ai quelque idée des choses visibles. J'ai vu plusieurs fois cette île plus ou moins distinctement; je l'ai vue sous le ciel le plus serein, et dans des circonstances ou il n'est pas possible de se méprendre beaucoup sur sa forme et ses dimensions. Je me souviens d'avoir vu un soir le soleil se coucher derrière une de ses montagnes.

— C'est un témoignage direct, et de nature à devoir être respecté par un navigateur. Cependant, Señor, je pense que ce que vous croyez avoir vu n'est qu'une illusion atmosphérique.

— Impossible! impossible! s'écria-t-on comme en chœur; des centaines de personnes voient l'île de Saint-Brandan paraître tous les ans, et disparaître ensuite d'une manière aussi soudaine et aussi merveilleuse.

— C'est en cela que consiste votre méprise, nobles dames et braves cavaliers. Vous voyez le pic de Ténériffe toute l'année; et quiconque veut faire une croisière d'une centaine de milles au nord ou au sud, à l'est ou à l'ouest de cette montagne, continuera à la voir tous les jours, à l'exception de ceux où l'état de l'atmosphère pourra l'en empêcher. La terre que Dieu a créée stationnaire, restera éternellement immobile, à moins qu'elle ne soit arrachée de sa place par quelque grande convulsion également ordonnée par les lois de sa providence.

— Tout cela peut être vrai, et l'est sans doute, Señor; mais toutes les règles ont des exceptions. Vous ne nierez pas que Dieu ne gouverne le monde par des voies mystérieuses, et que ses fins ne soient pas toujours visibles aux yeux des hommes. S'il en était autrement, pourquoi a-t-il été permis aux Maures d'être si longtemps maîtres de l'Espagne? pourquoi les infidèles sont-ils encore en ce moment en possession du Saint-Sépulcre? pourquoi nos souverains sont-ils restés si longtemps sourds à vos demandes et à vos prières pour qu'il vous fût permis de porter la croix et leurs bannières dans le Cathay où vous allez en ce moment? Qui sait si ces apparitions de l'île de Saint-Brandan ne sont pas un signe destiné à encourager un homme tel que vous, un homme décidé à exécuter des desseins plus grands encore que celui d'y aborder?

Colomb était naturellement enthousiaste; mais son enthousiasme prenait sa source dans les mystères reconnus de la religion, et dans les choses incompréhensibles, il ne cherchait d'autre raison de croire que celle qui les attribue à l'exercice d'une sagesse infinie. Comme la plupart de ses contemporains, il ajoutait foi aux miracles modernes, et comptait sur l'efficacité des offrandes, des pénitences, et des prières faites aux saints, avec la confiance qui caractérisait son siècle et surtout sa profession; mais sa mâle intelligence rejetait la croyance aux prodiges qui n'avaient pour base qu'une crédulité vulgaire, et quelque persuadé qu'il fût d'avoir été choisi par le ciel pour accomplir le grand œuvre auquel il s'était consacré, il n'était nullement disposé à croire qu'en faisant apparaître une île du côté de l'ouest, Dieu eût voulu entraîner les navigateurs sur cette route pour les conduire jusqu'aux contrées plus lointaines du Cathay.

— Que je sente en moi l'assurance que la divine Providence m'a choisi comme son humble instrument pour rendre plus faciles les communications entre l'Europe et l'Asie au moyen d'un voyage en ligne directe, je l'avoue hautement, répondit l'amiral d'un ton grave, quoique ses yeux brillassent du feu de l'enthousiasme; mais je regarderais comme une faiblesse de croire qu'elle voulût employer les prodiges et les miracles pour me guider et me montrer le chemin. Il est plus conforme à la marche éternelle de la sagesse divine, et certainement plus flatteur pour mon amour-propre, que les moyens mis à ma disposition soient ceux qu'un pilote prudent et le philosophe le plus expérimenté peuvent être appelés à mettre en usage. Mon esprit s'est livré à de longues méditations; toutes les études, toutes les observations qui pouvaient éclairer ma raison, je les ai faites; en un mot, c'est la science qui m'a donné toute la conviction nécessaire pour me faire chercher les moyens d'exécuter mon projet, et engager d'autres personnes à se joindre à moi dans cette entreprise.

— Et tous ceux qui vous accompagnent, noble amiral, partagent-ils la même conviction? demanda doña Inez en jetant un coup d'œil sur Luis; dont la grâce et l'air martial avaient fait une impression favorable sur la plupart des dames de cette île; le señor Gutierrez a-t-il été éclairé de même que vous? A-t-il aussi consacré ses nuits à l'étude dans le dessein d'aller planter la croix dans un pays païen, et d'opérer un rapprochement entre la Castille et le Cathay?

— Le señor Gutierrez est un volontaire dans cette expédition, Señora. Quant à ses motifs, ce n'est qu'à lui qu'il appartient de les expliquer.

— C'est donc à lui que je demanderai une réponse à ma question; car ces dames désirent savoir quel motif a pu engager à prendre part à cette expédition un jeune homme qui devait être sûr de réussir à la cour de doña Isabelle et dans les guerres contre les Maures.

— Les guerres contre les Maures sont terminées, Señora, répondit don Luis en souriant ; et doña Isabelle et toutes les dames de la cour voient d'un œil favorable un jeune homme qui montre le désir de servir les intérêts et l'honneur de la Castille. Je connais fort peu la philosophie, et j'ai encore moins de prétention au savoir des ecclésiastiques ; cependant je crois voir le Cathay briller à mes yeux comme un astre dans le ciel, et je suis disposé à risquer mon âme et ma vie pour le chercher.

Les belles dames qui l'écoutaient poussèrent des exclamations d'admiration, car il est facile au courage d'obtenir des applaudissements quand il se présente appuyé par les dons extérieurs dont la nature avait favorisé le jeune Luis. Que Colomb, vétéran sur l'Océan, voulût bien risquer une vie qui avançait déjà vers sa fin, dans une tentative téméraire pour découvrir les mystères de l'Atlantique, cela ne paraissait ni si louable ni si audacieux. Mais on découvrit des qualités du premier mérite dans le caractère d'un jeune homme dont la carrière commençait à peine, sous des auspices qui semblaient si flatteurs, et qui plaçait toutes ses espérances dans les chances incertaines du succès d'un projet si extraordinaire. Don Luis était homme, il jouissait complètement de l'admiration que son audace avait évidemment fait naître dans l'esprit de plusieurs dames jeunes et belles, quand doña Inez vint à contre-temps interrompre son bonheur et blesser son amour-propre.

— C'est avoir des sentiments plus honorables, dit-elle, que ceux que des lettres que je viens de recevoir de Séville attribuent à un jeune homme qui appartient pourtant à une des plus nobles maisons de Castille, et dont les titres seuls devraient l'engager à ajouter un nouveau lustre à un nom dont la Castille a longtemps été si fière. On dit qu'il aime aussi à voir le monde, mais c'est d'une manière indigne de son rang, et qui ne peut être utile ni à ses souverains, ni à son pays, ni à lui-même.

— Et qui peut être ce jeune homme malavisé, Señora? demanda Luis avec empressement, trop fier de l'admiration qu'il venait d'obtenir pour prévoir la réponse qu'il allait recevoir ; — un cavalier dont on parle ainsi doit être averti de la réputation qu'il se fait, afin de l'exciter à des exploits plus dignes de lui.

— Son nom n'est pas un secret, car on parle publiquement à la cour de sa conduite singulière et malavisée, et l'on dit même qu'elle lui a causé des contrariétés en amour. Ce cavalier n'est rien moins que don Luis de Bobadilla, comte de Llera.

On dit que les écouteurs aux portes entendent rarement faire leur éloge; Luis était destiné à reconnaître en ce moment la vérité de cet axiome. Il sentit le sang lui monter au visage, et eut besoin de faire un grand effort sur lui-même pour ne pas se laisser emporter à des exclamations qui auraient probablement renfermé des invocations à la moitié des saints dont il n'avait jamais entendu les noms; heureusement il réussit à réprimer ce mouvement soudain. Retenant avec peine les paroles qui étaient sur ses lèvres, il regarda fièrement autour de lui pour voir si la physionomie de quelque cavalier oserait applaudir par un sourire à ce qui venait d'être dit. Par bonheur ils étaient tous en ce moment groupés autour de Colomb, et discutaient chaudement avec lui la question de l'existence probable de l'île de Saint-Brandan. Luis ne put donc apercevoir nulle part un sourire qui lui aurait permis de chercher querelle à toute personne de la société qui eût la moindre trace de barbe au menton. Toutefois ces douces impulsions qui agissent toujours sur une femme, portèrent en ce moment une des belles compagnes de doña Inez à prendre la parole, et elle le fit d'une manière qui contribua puissamment à calmer l'agitation de notre héros.

— Il est vrai, Señora, dit la jeune et jolie avocate, dont la douce voix apaisa sur-le-champ la tempête qui s'élevait dans le sein du jeune homme; — il est vrai, Señora, qu'on dit que don Luis aime à courir le monde, et a des goûts et des habitudes volages; mais on assure aussi qu'il a un excellent cœur, qu'il est généreux comme la rosée du ciel, qu'il est la meilleure lance de toute la Castille, et qu'il obtiendra probablement la plus jolie fille de ce royaume.

— Ah! señor Gutierrez, dit doña Inès en souriant, aussi longtemps que la jeunesse et la beauté feront plus de cas du courage, des exploits et de la libéralité, que des vertus plus modestes que nous enjoint notre religion, vertus que ses ministres cherchent à nous inculquer avec tant de zèle, ce sera en vain que les prêtres prêcheront, que les parents feront entendre le blâme. Désarçonner un chevalier ou deux dans un tournoi, rallier un escadron enfoncé par une charge des infidèles, cela compte beaucoup plus que des années de prudence, que des semaines passées dans la pénitence et les prières.

— Comment pouvons-nous savoir, Señora, si le cavalier dont vous parlez n'a pas eu ses semaines de pénitence et ses heures de prière? demanda Luis qui avait enfin recouvré l'usage de la voix. S'il a été assez heureux pour avoir un confesseur consciencieux, il ne peut guère y avoir échappé, la prière étant si souvent prescrite en forme de pénitence. Il semble véritablement être un misérable, et je ne suis pas surpris que sa maîtresse ne fasse pas grand cas de lui. Le nom de cette dame est-il mentionné dans votre lettre?

— Oui, Señor. Elle se nomme doña Maria de las Mercédès de Valverde. Elle est alliée de très-près aux Guzmans et à d'autres grandes maisons, et elle passe pour une des premières beautés de l'Espagne.

— Et c'est avec raison, s'écria Luis; — et elle est aussi vertueuse que belle, et aussi prudente que vertueuse.

— Comment, Señor! Est-il possible que vous connaissiez assez bien cette dame pour parler si positivement de sa beauté et de ses qualités?

— Je l'ai vue, et par conséquent je puis juger de sa beauté. Quant à ses qualités, on peut en parler par ouï-dire. — Mais votre correspondant, Señora, vous dit-il ce qu'est devenu son amant maladroit?

— On dit qu'il a de nouveau quitté l'Espagne, et l'on suppose qu'il est parti, chargé du déplaisir de nos deux souverains; car on a remarqué que la reine ne prononce plus son nom. Personne ne sait où il est allé; mais il n'y a guère de doute qu'il ne soit encore sur mer, et qu'il ne cherche de peu nobles aventures dans les ports du Levant.

La conversation changea d'objet, et bientôt l'amiral et ceux qui l'avaient accompagné se retirèrent pour retourner à bord de leurs bâtiments respectifs.

— En vérité, don Christoval, dit Luis en regagnant le rivage, seul avec le grand navigateur; on obtient souvent de la renommée sans s'en douter. Quoique assez mauvais marin, et nullement pilote, je vois que mes exploits sur l'Océan font déjà du bruit dans le monde. Si Votre Excellence gagne par cette expédition seulement la moitié de la réputation dont je jouis déjà, il y a tout lieu de croire que votre nom ne sera pas oublié par la postérité.

— Toutes les actions des grands sont un texte pour les commentaires, Luis, répondit l'amiral, et ils ne peuvent presque rien faire qui puisse rester caché ou échapper aux remarques. C'est un tribut qu'ils paient à leur rang.

— Autant vaudrait, Señor, jeter en même temps dans le plateau les médisances, les calomnies et les mensonges, car il faut ajouter tout cela à votre liste. N'est-il pas singulier qu'un jeune homme ne puisse voyager dans quelques pays étrangers pour augmenter ses connaissances et perfectionner ses talents, sans que toutes les commères de Castille remplissent leurs lettres aux commères des Canaries de bavardages sur ses mouvements et ses méfaits? Par les martyrs de l'Orient! si j'étais reine de Castille, je rendrais une loi qui défendrait de rien écrire de ce que font les autres; et je ne sais trop s'il n'y en aurait pas une qui défendrait aux femmes d'écrire des lettres.

— Auquel cas, señor de Muños, vous n'auriez jamais la satisfaction de recevoir une missive écrite par la plus belle main de toute la Castille.

— Je ne veux parler que du commerce épistolaire de femme à femme, Señor. Quant aux lettres écrites par de nobles filles pour consoler le cœur et animer le courage de cavaliers qui les adorent, elles sont très-utiles, sans aucun doute; et puissent tous les saints être sourds aux prières du mécréant qui voudrait les interdire ou les intercepter! Non, Señor, je me flatte que mes voyages m'ont du moins donné un esprit libéral, en m'élevant au-dessus des préjugés étroits des petites villes de province, et je suis très-loin de vouloir prohiber les lettres d'une maîtresse à son chevalier, d'une mère à son fils, et même d'une femme à son mari. Mais quant aux épîtres d'une commère à une commère, avec votre permission, señor amiral, je les déteste autant que le père du péché déteste notre expédition.

— Et il n'a certainement pas lieu de l'aimer beaucoup, répondit Colomb, puisque la lumière de la révélation et le triomphe de la croix marchent à sa suite. — Mais que me veux-tu, l'ami? Tu as l'air de m'attendre ici pour décharger ton cœur de quelque poids qui l'oppresse. Ton nom est Sancho Mundo, si je me rappelle bien ta physionomie?

— Señor don amirante, votre mémoire ne vous a pas trompé. Je suis Sancho Mundo, comme le dit Votre Excellence, et l'on m'appelle quelquefois aussi Sancho de la Porte du Chantier. Je désire vous dire quelques mots relativement à la réussite de notre voyage, quand vous aurez le loisir de m'écouter, noble Señor, et qu'il n'y aura autour de vous aucune oreille dont vous ayez à vous méfier.

— Tu peux me parler librement à l'instant même : ce cavalier est mon secrétaire, et a toute ma confiance.

— Il n'est pas nécessaire que je dise à un aussi grand pilote que Votre Excellence, qui est le roi de Portugal, et à quoi ont été occupés les marins de Lisbonne depuis bien des années, puisque vous savez tout cela mieux que moi. J'ajouterai seulement qu'ils découvrent toutes les terres inconnues qu'ils peuvent, pour s'en emparer, et qu'ils tâchent, autant qu'il leur est possible, d'empêcher les autres d'en faire autant.

— Don Juan de Portugal est un prince éclairé, l'ami ; et tu ferais bien de parler de lui avec le respect dû à son rang et à son caractère. Son Altesse est un souverain libéral, et il a fait partir de ses ports de nobles expéditions.

— Oui, Señor, et cette dernière n'est pas la moindre dans ses desseins et ses intentions, répondit Sancho en regardant l'amiral avec un air d'ironie qui indiquait que le drôle avait en réserve des choses qu'il ne voulait dire qu'à bon escient. Personne ne doute que don Juan ne soit disposé à faire partir des expéditions.

— Tu as appris quelque nouvelle qu'il est à propos que je sache, Sancho. Parle librement, et sois sûr que je paierai un service de cette importance le prix qu'il méritera.

— Si Votre Excellence veut avoir la patience de m'écouter, je lui raconterai toute l'histoire avec tous ses détails les plus minutieux, de manière à n'omettre aucune circonstance, enfin à les lui faire connaître toutes aussi fidèlement qu'un prêtre pourrait le désirer dans le confessional.

— Parle ! personne ne t'interrompra, et la récompense sera proportionnée à ta franchise.

— Eh bien donc, señor amirante, il faut que vous sachiez qu'il y a environ onze ans, je fis un voyage de Palos en Sicile sur une caravelle appartenant à la famille Pinzon : je ne veux pas dire Martin Alonzo qui commande *la Pinta* sous les ordres de Votre Excellence, mais un parent de feu son père, qui faisait construire de bien meilleurs bâtiments que ceux que nous voyons à présent, dans ce temps de cordages pourris et de mauvais calfatage, pour ne rien dire de la manière dont les voiles...

— Ami Sancho, s'écria avec impatience don Luis encore piqué des remarques du correspondant de doña Inez, tu oublies que la nuit arrive et que le convoi attend l'amiral.

— Comment pourrais-je l'oublier, Señor, puisque je vois le soleil descendre dans la mer, et que moi-même je fais partie de l'équipage du canot, l'ayant quitté pour venir informer le noble amiral de ce que j'ai à lui apprendre.

— Je vous en prie, señor de Muños, dit Colomb, permettez-lui de raconter son histoire à sa manière. On ne gagne rien à faire perdre sa route à un marin.

— Non, Votre Excellence, ni à ruer contre un mulet. — Ainsi donc, comme je vous le disais, je fis ce voyage en Sicile, et j'avais parmi mes camarades un nommé José Gordo, Portugais de naissance, mais qui préférait les vins d'Espagne aux vins frelatés de son pays, et c'est pourquoi il servait fréquemment à bord de bâtiments espagnols. Je n'ai pourtant jamais pu bien savoir si, au fond du cœur, José était Portugais ou Espagnol; mais ce qui était bien certain, c'est qu'il était assez mauvais chrétien.

— Espérons qu'il a changé sur ce point, dit Colomb d'un ton calme; mais comme je prévois que ce que tu as à me dire sera basé sur le témoignage de ce José, je te dirai qu'un mauvais chrétien est pour moi un mauvais témoin. Dis-nous donc sur-le-champ ce qu'il t'a communiqué, afin que je juge par moi-même quelle peut en être la valeur.

— Eh bien ! celui qui doute que Votre Excellence découvre le Cathay, est un hérétique, puisque vous avez découvert mon secret avant que je vous aie rien dit. — José vient d'arriver sur la felouque qui est à l'ancre près de *la Santa-Maria*, et ayant appris que nous faisions une expédition, et qu'un certain Sancho Mundo faisait partie de l'équipage, il est venu sur notre bord pour voir son ancien camarade.

— Tout cela est si simple que je suis surpris que tu prennes la peine de le raconter, Sancho ; mais à présent que le voici à bord de *la Santa-Maria*, nous pouvons en arriver sans plus de retard à la communication qu'il t'a faite.

— Oui, sans doute, Señor ; et ainsi, sans aucun délai inutile, je vous dirai que cette communication a rapport à don Juan de Portugal, à don Ferdinand d'Aragon, à doña Isabelle de Castille, à Votre Excellence, señor don amirante, au señor de Muños que voici, et à moi-même.

— C'est une étrange compagnie, s'écria Luis en riant : et, glissant une pièce de huit réaux dans la main du marin, il ajouta : — Ceci t'aidera peut-être à abréger l'histoire de cette réunion si singulièrement variée.

— Une autre pièce semblable, Señor, amènerait tout d'un coup l'histoire à sa fin. Pour vous dire la vérité, José est derrière cette muraille, et comme il m'a dit qu'il croyait que sa nouvelle valait bien un doublon, il sera fort désappointé quand il saura que j'en ai reçu ma part, et que la sienne est encore en arrière

— Voici de quoi mettre son esprit en repos, dit Colomb, mettant un doublon dans la main du malin drôle, dont les manières le portaient à penser qu'il avait réellement quelque chose d'important à lui communiquer; mais appelle José à ton aide, et décharge-toi sur lui de ton fardeau.

Sancho obéit, et en une minute José arriva, reçut le doublon, le pesa sur le bout de son doigt, le mit dans sa poche, et commença son histoire. Il n'eut pas recours à des circonlocutions comme le rusé Sancho, mais il la conta clairement, et se tut dès qu'il n'eut plus rien à dire. On peut en donner la substance en peu de mots. José arrivait de l'île de Fer, et il avait vu trois caravelles armées, portant le pavillon de Portugal, croiser dans les parages de ces îles, ce qui laissait peu de doute que leur but ne fût d'intercepter l'expédition castillane. Comme José, à l'appui de son récit, avait indiqué deux passagers de la felouque qui avaient débarqué à Gomère, Colomb et Luis les cherchèrent sur-le-champ pour voir ce qu'il serait possible de tirer d'eux relativement à cette affaire, et le compte qu'ils en rendirent prouva que José n'avait dit que la vérité.

— Dans toutes nos difficultés et dans tous nos embarras, Luis, dit Colomb tandis qu'ils retournaient vers le rivage, cette circonstance est ce que je trouve de plus sérieux. Nous pouvons être retenus ici par ces perfides Portugais, ou ils peuvent nous suivre dans notre voyage pour nous dérober les lauriers que nous avons mérités; et nous verrons ainsi usurper, ou du moins contester, tous les avantages qui seront si justement dus à nos fatigues et aux risques que nous avons courus, par des hommes qui n'ont eu ni assez de connaissances, ni un esprit assez entreprenant pour tenter cette aventure quand je la leur ai proposée.

— Don Juan de Portugal doit avoir envoyé pour cet exploit des chevaliers beaucoup plus vaillants que les Maures de Grenade, reprit don Luis, qui avait un dédain tout à fait espagnol pour ses voisins de la Péninsule. On dit que c'est un prince savant et hardi; mais la commission et la bannière de la reine de Castille ne sont pas à mépriser, et surtout ici, au milieu des îles qui lui appartiennent.

— Nous ne sommes pas en forces suffisantes pour résister à celles qui ont probablement été envoyées contre nous. Les Portugais doivent connaître le nombre et le port de nos bâtiments, et ils ont sans doute pris les moyens nécessaires pour arriver à leur but, quel qu'il puisse être.—Ah! Luis, mon destin a été bien cruel, quoique j'espère humblement que la fin me dédommagera de tout ceci. Pendant bien des années, j'ai supplié les Portugais d'entreprendre ce voyage, et de chercher à faire avec honneur ce que la reine Isabelle vient de commencer si glorieusement. Ils ont écouté avec froideur mes raisonnements et mes prières, ils les ont rejetés avec dédain et dérision; et à peine commencé-je à exécuter les projets dont ils se sont si souvent moqués, qu'ils cherchent à les déjouer par la violence et la trahison!

— Noble amiral, nous mourrons jusqu'au dernier avant que cela arrive.

— Notre seul espoir est un prompt départ. Grâce aux soins et au zèle de Martin Alonzo, *la Pinta* est en état de partir, et nous pouvons quitter Gomère demain au lever du soleil. Je doute qu'ils aient la hardiesse de nous suivre dans les déserts inconnus de l'Atlantique, sans autres guides que leurs faibles connaissances, et nous partirons au premier rayon du jour. L'important est de pouvoir quitter les Canaries sans être aperçus.

En parlant ainsi ils arrivèrent auprès du canal, et bientôt ils furent à bord de *la Santa-Maria*. Déjà les pics des îles s'élevaient comme des ombres dans l'atmosphère, et quelques minutes plus tard, les caravelles ne parurent que comme des points noirs dont on ne pouvait distinguer la forme au milieu de l'élément agité qui battait leurs flancs.

CHAPITRE XVI.

> Ils ne songeaient guère quelle lumière pure, avec le temps, se répandrait sur cette journée, — à quel point l'amour éterniserait leur mémoire, — sur quel vaste empire leurs fils régneraient.
> BRYANT.

Les sentiments qui occupèrent nos aventuriers la nuit suivante différèrent considérablement entre eux. Dès que Sancho eut reçu sa récompense, il ne se fit plus scrupule de faire part de tout ce qu'il savait à quiconque était disposé à l'écouter, et longtemps avant que Colomb fût de retour à son bord, la nouvelle s'était répandue de bouche en bouche, et toute la petite escadre était informée des desseins des Portugais. Cette rumeur fit naître chez un grand nombre de matelots l'espoir que ceux qui s'étaient mis à la poursuite de la flottille réussiraient à faire avorter l'expédition; car tout leur semblait préférable au destin dont ils se figuraient qu'un tel voyage les menaçait. Mais tel est l'effet de la rivalité, que la plus grande partie des équipages attendaient avec impatience qu'on mît à la voile, quand ce n'eût été que pour montrer la supériorité de leurs navires.

Colomb était en proie à la plus vive inquiétude, car on eût dit qu'après tant de souffrances et de délais la fortune s'apprêtait à lui arracher la coupe des mains à l'instant où il l'approchait de ses lèvres. Il passa la nuit dans une anxiété cruelle et fut le premier levé le lendemain matin.

Chacun fut sur le qui vive dès le point du jour; et comme les préparatifs avaient été achevés la nuit précédente, lorsque le soleil fut levé, les trois bâtiments prenaient de l'aire, *la Pinta* en tête, comme à l'ordinaire. Il faisait peu de vent, et la petite escadre avait à peine un sillage suffisant pour gouverner; mais chaque instant devenait très-précieux, et l'on mit le cap à l'ouest. Dans le cours de la matinée, une caravelle passa près de la flottille espagnole, après avoir été en vue durant plusieurs heures, et l'amiral la héla. Elle venait de l'île de Fer, l'île du groupe située le plus au sud-ouest, et elle avait suivi à peu près la route que Colomb comptait suivre tant qu'il serait dans les parages connus de l'Atlantique.

— Avez-vous des nouvelles de l'île de Fer ? demanda Colomb tandis que ce bâtiment passait lentement près de *la Santa-Maria*, chacun des deux navires ne faisant guère plus d'un mille par heure ; — se passe-t-il quelque chose d'intéressant de ce côté?

— Est-ce à don Christophe Colomb le Génois, à qui Leurs Altesses ont accordé de si grands honneurs, que je vais répondre? Si j'en étais sûr, je dirais plus volontiers ce que j'ai vu et entendu, Señor.

— C'est moi qui suis don Christophe, nommé par Leurs Altesses amiral et vice-roi des mers et des terres que nous pourrons découvrir, et Génois de naissance, comme vous venez de le dire, quoique Castillan par devoir et par amour pour la reine.

— En ce cas, noble amiral, je puis vous dire que les Portugais déploient de l'activité, car trois de leurs caravelles sont en ce moment à la hauteur de l'île de Fer, dans l'espoir d'intercepter votre expédition.

— Comment le savez-vous? Quelles raisons puis-je avoir de supposer que les Portugais osent envoyer des caravelles pour molester des marins qui font voile comme officiers d'Isabelle-la-Catholique? — Vous savez sans doute que le Saint-Père a conféré ce titre aux deux souverains, en reconnaissance du service qu'ils ont rendu à l'Eglise en chassant les Maures de la chrétienté?

— Ce bruit court dans les îles, Señor, mais les Portugais ne s'inquiéteront guère d'une circonstance semblable, s'ils pensent que leur or soit en danger. En partant de l'île de Fer, j'ai parlé à ces caravelles, et j'ai tout lieu de croire qu'on ne leur fait aucune injustice en leur prêtant les intentions dont je viens de vous parler.

— Sont-elles armées? prétendent-elles avoir le droit de s'opposer à notre voyage?

— Les Portugais ne nous ont rien dit qui puisse faire croire à cette intention; ils nous ont seulement demandé en ricanant si nous avions à bord l'illustre don Christoval Colon, le grand vice-roi de l'est. Quant à leurs préparatifs de guerre, ils avaient un grand nombre de bombardes, et d'hommes portant des casques et des cuirasses. Je doute qu'il y ait aujourd'hui autant de soldats aux Açores que lorsqu'ils en sont partis.

— Se tiennent-ils sur les côtes de l'île, ou s'avancent-ils en pleine mer?

— Ils prennent le large le matin et s'avancent vers l'ouest, Señor ; le soir, ils reviennent vers la terre. Croyez-en un vieux pilote, don Christophe, ces goujats ne sont là pour rien de bon.

A peine entendit-on cette dernière réponse, car pendant ce court entretien les caravelles s'éloignaient l'une de l'autre.

— Croyez-vous, don Christophe, demanda Luis, que le nom castillan soit assez méprisé pour que ces chiens de Portugais osent faire une telle insulte au pavillon de la reine ?

— Je ne crains certainement pas qu'ils emploient la force, si ce n'est pour nous retenir sous quelque faux prétexte, ce qui, en ce moment, serait pour moi aussi cruel que la mort. Mais ce que je crains surtout, c'est que ces caravelles, sous prétexte de protéger les droits de don Juan, n'aient reçu ordre de nous suivre au Cathay, auquel cas le mérite de la découverte nous serait contesté, et l'honneur en serait partagé. Il faut que nous évitions les Portugais, s'il est possible; et pour y réussir mon dessein est de passer à l'ouest, sans nous approcher de l'île de Fer plus qu'il ne sera absolument indispensable.

Malgré l'impatience dont brûlaient alors l'amiral et la plupart des hommes de ses équipages, les éléments semblaient s'opposer à ce qu'il quittât les Canaries pour entrer dans le grand Océan. Le vent tomba peu à peu, un calme s'ensuivit, les voiles furent mises sur les cargues, et les trois bâtiments restèrent immobiles, ballottés par la houle, tantôt les flancs enfoncés dans le creux des lames, tantôt s'élevant sur leur sommet, semblables à des animaux gigantesques se reposant nonchalamment, pendant les chaleurs de l'été, dans une paresse indolente

Les marins murmurèrent tout bas plus d'un *Pater* et d'un *Ave*, et firent bien des vœux de prières futures pour obtenir une brise. De temps en temps la Providence semblait vouloir se montrer favorable, car l'air soufflait sur leurs joues, et ils laissaient tomber les voiles dans l'espérance d'avancer ; mais chaque fois c'était un nouveau désappointement. Enfin l'on reconnut généralement à bord qu'il régnait un calme plat dont il fallait attendre la fin avec patience. Un vent léger s'éleva pourtant à la nuit tombante, et pendant quelques heures on entendit le bruit de l'eau qui glissait le long des bâtiments, quoiqu'ils eussent à peine assez d'aire pour pouvoir gouverner. Mais vers minuit, ce mouvement presque imperceptible cessa tout à fait, et les trois bâtiments furent encore une fois indolemment bercés par la houle que les vents avaient envoyée de la vaste étendue de l'Océan occidental.

Quand le jour reparut, l'amiral se trouva entre Gomère et Ténériffe, dont le pic élevé étendait son ombre, comme celle jetée par une planète, bien loin sur la surface des eaux, qui, par une faible imitation, en réfléchissaient jusqu'à la pointe. Colomb craignit alors que les Portugais n'envoyassent leurs canots, ou ne fissent avancer une felouque légère, à l'aide de ses avirons, pour découvrir sa position, et il ordonna prudemment que toutes les voiles fussent serrées, afin de dérober ses bâtiments autant que possible aux regards de ceux qui seraient à leur recherche. On était au 7 de septembre, et telle était la situation de cette célèbre expédition cinq semaines, jour pour jour, après son départ d'Espagne; car ce calme malencontreux eut lieu un vendredi, jour de la semaine où elle avait mis à la voile.

La pratique prouve qu'en mer il n'y a d'autre ressource que la patience contre un tel calme. Colomb avait trop d'expérience comme navigateur pour ne pas sentir cette vérité; et après avoir pris la précaution dont nous venons de parler, lui et les pilotes sous ses ordres prirent toutes les mesures nécessaires pour entretenir la confiance. Le peu d'instruments nautiques connus dans ce siècle furent tirés publiquement de leurs étuis, dans la double vue de s'assurer s'ils étaient en bon état et d'en faire étalage devant les matelots, afin d'augmenter leur respect pour leurs officiers en ajoutant à leur confiance dans l'habileté de ceux-ci. L'amiral avait déjà acquis une haute réputation parmi ses équipages, par ce fait qu'en approchant des Canaries ses calculs sur la situation des bâtiments s'étaient trouvés plus exacts que ceux de tous les pilotes; lors donc que ses matelots le virent examiner ses boussoles, puis l'instrument dont on se servait alors et qui de nos jours est remplacé par le sextant, ils attachèrent sur tous ses mouvements des regards où se peignaient l'admiration et la vigilance, quelques uns exprimant ouvertement leur confiance en ses talents et leur croyance qu'il était en état d'aller partout où il voudrait; d'autres laissant percer ce degré de connaissance critique qui accompagne ordinairement le préjugé, l'ignorance et la méchanceté.

Don Luis n'avait jamais pu comprendre les mystères de la navigation; sa noble tête semblait repousser la science comme un genre de talent qui ne s'accordait ni avec ses besoins ni avec ses goûts. Il ne manquait pourtant pas d'intelligence, et parmi les seigneurs de son âge aucun ne se faisait plus d'honneur dans les cercles de la cour par le genre de connaissances qui, à cette époque, étaient l'objet des études parmi les hommes du monde. Heureusement il avait la plus parfaite confiance dans les talents de l'amiral; et comme il était presque étranger à toute crainte personnelle, Colomb n'avait pas, parmi tous ses compagnons, un seul homme qui lui fût plus aveuglément dévoué.

Avec son intelligence, sa raison, et toute sa philosophie si vantée, l'homme est la dupe de son imagination et de son ignorance, aussi bien que des intrigues et de l'astuce des autres. Même quand il croit avoir le plus de vigilance et de circonspection, il se laisse aussi fréquemment égarer par les apparences que guider par les faits et par son jugement; aussi la moitié de ceux qui contemplaient Colomb livré à ses importants calculs attribuèrent-ils peut-être aux inductions tirées de leur propre science le renouvellement de leur confiance en lui, tandis qu'ils n'en étaient redevables qu'à l'impression que ce spectacle faisait sur leurs sens sans éclairer en rien leur intelligence.

Ainsi se passa la journée du 7 septembre. La nuit trouva encore la petite escadre, ou la flotte, comme on l'appelait dans le langage pompeux de ce temps, immobile au milieu des eaux entre Ténériffe et Gomère. La matinée du lendemain n'amena aucun changement, car un soleil brûlant, dont aucun souffle de vent ne tempérait l'ardeur, dardait ses rayons sur la surface d'une mer qui brillait comme de l'argent fondu. Cependant l'amiral fit monter quelques matelots au haut des mâts; et quand il eut l'assurance que nul bâtiment portugais n'était en vue, il se sentit fort soulagé, ne doutant pas que ceux qui s'étaient mis à sa poursuite ne fussent arrêtés par le même calme à l'ouest de l'île de Fer.

Après avoir fait sa sieste, Luis monta sur la dunette où Colomb avait passé plusieurs heures à examiner l'horizon et le firmament.

— Par toutes les espérances des marins, don Christophe, dit-il, les démons semblent ligués contre nous. Depuis trois jours que ce calme règne, nous avons devant nous le pic de Ténériffe, semblable à une pierre milliaire que l'on aurait placée pour apprendre aux marsouins et aux dauphins combien ils font de milles à l'heure. Des gens qui auraient foi dans les présages pourraient s'imaginer que les saints ne veulent pas que nous partions, quoique la religion soit un des motifs de notre voyage.

—Nous ne devons pas regarder comme un présage ce qui n'est que la suite des lois de la nature, répondit l'amiral d'un ton grave. Nous verrons bientôt la fin de ce calme, car je vois se rassembler dans l'atmosphère des vapeurs qui nous promettent un vent d'est, et le mouvement de ce bâtiment doit vous dire que les vents n'ont pas été oisifs bien loin à l'ouest.—Maître pilote, ajouta-t-il en s'adressant à l'officier de quart, vous ferez bien de larguer les voiles et de tout préparer pour profiter d'une brise favorable, car nous ne tarderons pas à avoir un bon vent du nord-est.

Cette prédiction s'accomplit au bout d'une heure, ou environ, et les trois bâtiments se remirent en route; mais la brise contraria la marche encore plus que ne l'avait fait le calme, car prenant la lame debout, et le vent étant faible, ils n'avançaient que très-lentement.

Cependant on continuait à épier l'apparition des caravelles portugaises, quoiqu'on les craignît moins qu'auparavant, car on les supposait à une distance considérable sous le vent. Colomb et ses habiles aides, les frères Pinzons, Martin Alonzo et Vincent Yañez, qui commandaient *la Pinta* et *la Niña*, mettaient en usage pour avancer tous les moyens que pouvait leur suggérer une longue expérience. Cependant la marche était non seulement lente, mais pénible, car chaque nouvelle impulsion donnée par la brise faisait plonger l'avant des bâtiments dans le creux des lames avec une violence qui menaçait de devenir funeste aux mâts et à tous les agrès. Dans le fait, on marchait avec une telle lenteur, qu'il fallait tout le jugement de Colomb pour remarquer que le cône formé par le pic de Ténériffe semblait ne s'abaisser que pouce à pouce. La superstition des matelots prenant plus d'activité que jamais, plusieurs d'entre eux commencèrent alors à murmurer tout bas que les éléments se déclaraient contre le voyage, et que, quelque avancé que l'on fût déjà, l'amiral ferait bien de ne pas méconnaître des signes et des présages que la nature ne manifestait pas sans un puissant motif. Ils n'exprimaient pourtant cette opinion qu'avec réserve, car l'air grave et sérieux de Colomb imprimait trop de respect pour que l'on osât élever la voix sur son bord, et les marins des deux autres bâtiments suivaient tous les mouvements de leur amiral avec cette sorte de déférence aveugle qui marque la soumission de l'inférieur envers son supérieur dans de telles circonstances.

Quand Colomb se fut retiré dans sa chambre pour la nuit, et après avoir calculé la route qu'on avait faite pendant cette journée, Luis remarqua que sa physionomie était encore plus grave que de coutume.

— J'espère que tout va au gré de vos désirs, don Christophe, lui dit-il avec gaieté. Nous voici enfin tout de bon en route, et mes yeux croient déjà voir le Cathay.

— Vous avez en vous, don Luis, un enthousiasme qui vous rend distinct ce que vous désirez voir, et qui n'emprunte que des couleurs gaies pour tout ce qui se peint à vos yeux. Quant à moi, mon devoir est de voir les choses telles qu'elles sont ; et quoique le Cathay soit visible aux yeux de mon esprit, — toi seul, ô mon Dieu, toi qui, pour accomplir tes vues impénétrables, as fait naître dans mon cœur le désir de voir ce pays éloigné, tu sais jusqu'à quel point mon esprit me le montre ; — cependant je dois tenir compte des obstacles physiques qui peuvent nous empêcher d'y arriver.

— Et ces obstacles deviennent-ils plus sérieux que nous ne le voudrions, Señor?

— Ma confiance est toujours en Dieu. — Regardez ici, ajouta Colomb en mettant un doigt sur sa carte ; voilà le point d'où nous sommes partis ce matin, et voici celui où nous sommes arrivés après le travail de toute la journée et du commencement de cette nuit. Tout l'espace que nous avons parcouru n'occupe que la largeur d'une ligne sur ce papier, et vous voyez quel vaste désert d'eau il nous reste à traverser avant de parvenir au terme de notre voyage. D'après mes calculs, malgré tous nos efforts, et en ce moment critique, — critique, non seulement en ce qui concerne les Portugais, mais encore relativement aux dispositions de nos équipages, — nous n'avons fait aujourd'hui que neuf lieues, ce qui est bien peu de chose relativement au nombre de celles que nous avons à faire. Si cela dure, nous avons à craindre de manquer d'eau et de vivres.

— Don Christophe, j'ai toute confiance dans les ressources de vos connaissances et de votre expérience.

— Et moi, j'ai toute confiance dans la protection de Dieu, et j'espère qu'il n'abandonnera pas son serviteur dans le moment où il a le plus grand besoin de son appui.

Colomb se prépara à prendre quelques minutes de repos, mais

sans quitter ses vêtements, l'inquiétude que lui faisait éprouver la position de ses bâtiments ne lui permettant pas de se déshabiller. Cet homme célèbre vivait dans un siècle où une fausse philosophie et l'exercice d'une insuffisante quoique orgueilleuse raison, n'empêchaient que peu de personnes d'avouer franchement et tout haut leur confiance dans une puissance divine : nous disons tout haut, car nul homme, quelle que soit l'étendue de ses illusions sur ce sujet, ne croit réellement être complètement en état de se protéger lui-même. Une loi de la nature défend cette confiance absolue en soi-même, la conscience de chacun l'avertissant de sa véritable insuffisance, et lui démontrant tous les jours, à toute heure et même à chaque minute, qu'il n'est qu'un faible agent chargé par un pouvoir supérieur d'accomplir ses grands et mystérieux desseins pour les motifs sublimes et bienfaisants qui lui ont fait créer le monde et tout ce qu'il contient. En conformité à l'usage de ce temps, Colomb se mit à genoux et fit une prière fervente avant de se coucher, et Luis de Bobadilla n'hésita pas à suivre son exemple, et à faire également ce que peu de personnes croyaient alors au-dessous de leur intelligence et de leur raison. Si, dans le XVe siècle, la religion était entachée de superstition, si l'on se fiait trop à l'efficacité d'impulsions momentanées et passagères, il faut convenir aussi qu'elle avait un caractère de soumission à la volonté divine, et il est permis de se demander si le monde a gagné quelque chose à ce qu'elle ait perdu de cet aimable caractère.

La première lueur du jour amena l'amiral et Luis sur le pont. Ils montèrent sur la dunette, et s'y mirent à genoux pour faire de nouveau leurs prières; après quoi, cédant à un sentiment bien naturel dans leur position, ils se levèrent avec empressement pour voir ce que leur révélerait la clarté naissante. L'approche de l'aurore et le lever du soleil sur mer ont été si souvent décrits, qu'il serait inutile d'en faire ici une nouvelle description. Cependant nous dirons que Luis admira les brillantes couleurs dont l'horizon se parait à l'orient; et qu'avec l'enthousiasme d'un amant il s'imagina trouver une ressemblance entre celles qu'appelaient sur les joues ingénues de Mercédès les émotions qui l'agitaient, et les teintes douces et passagères qui précèdent une belle matinée de septembre, surtout dans les basses latitudes. Quant à l'amiral, ses regards étaient fixés dans la direction de l'île de Fer, et il attendait l'accroissement de la lumière pour voir quels changements avaient pu s'opérer pendant qu'il dormait. Plusieurs minutes se passèrent dans une attention profonde, et enfin Colomb appela Luis auprès de lui..

— Voyez-vous, lui dit-il, cette masse noire qui sort des ténèbres au sud-ouest, et qui prend à chaque instant une forme plus distincte, quoiqu'elle soit à huit ou dix lieues? c'est l'île de Fer ; et, sans aucun doute, les Portugais sont là, attendant avec impatience notre apparition. Pendant ce calme, nous ne pouvons nous approcher les uns des autres, et à cet égard nous sommes en sûreté : toutefois il est nécessaire de savoir si les caravelles lancées à notre poursuite sont ou ne sont pas entre la terre et nous. Dans le dernier cas, nous n'aurons que peu de choses à craindre, n'approchant pas davantage de cette île, et nous pourrons, comme hier, conserver l'avantage du vent. Voyez-vous quelque voile dans cette partie de l'Océan, Luis?

— Je n'en vois aucune, Señor ; et il fait déjà assez jour pour qu'on aperçoive les voiles blanches d'un bâtiment, s'il s'en trouvait quelqu'un.

Colomb fit une exclamation en actions de grâces, et ordonna sur-le-champ aux hommes qui étaient en vigie au haut des mâts d'examiner tout l'horizon. Leur rapport fut favorable. Les caravelles portugaises si redoutées ne se montraient d'aucun côté. Cependant, au lever du soleil, une brise s'éleva au sud-ouest, plaçant l'île de Fer et tous les bâtiments qui pourraient croiser de ce côté, directement au vent de l'escadre espagnole. On fit route sans perdre un instant, et l'amiral gouverna au nord-ouest, espérant que les caravelles portugaises étaient en ce moment au sud de l'île, car il lui semblait très-probable que, ne connaissant qu'imparfaitement ses desseins, ses rivaux l'attendaient de ce côté. Les lames, venant de l'ouest, avaient alors beaucoup perdu de leur force, et quoique la marche des bâtiments fût loin d'être rapide, elle était régulière, et promettait de durer. Les heures s'écoulèrent lentement ; mais, à mesure que le jour avança, les objets devinrent de moins en moins distincts sur les côtes de l'île de Fer ; toute la surface de cette île prit ensuite l'apparence d'un nuage obscur ; enfin elle commença à disparaître sous l'eau. A l'instant où l'on ne voyait plus que le sommet des montagnes, l'amiral et ses compagnons privilégiés étaient assemblés sur la dunette pour examiner le temps et la mer. L'observateur le moins attentif aurait remarqué en ce moment la différence qui se trouvait dans les sentiments de nos aventuriers, à bord de *la Santa-Maria*. Sur la dunette, tout était joie et espérance; le plaisir d'avoir échappé aux Portugais faisant que ceux-là même qui conservaient encore quelque méfiance oubliaient momentanément l'incertitude de l'avenir; les pilotes étaient à leur occupation ordinaire, soutenus par une espèce de stoïcisme naval; au contraire, les matelots se montraient atteints d'une mélancolie aussi profonde que s'ils eussent été assemblés autour d'un cercueil. A peine se trouvait-il sur le bâtiment un seul homme qui ne fît partie de quelqu'un des groupes formés sur le pont, et tous les yeux étaient fixés, comme par un charme invincible, sur les hauteurs de l'île de Fer, qui bientôt allaient disparaître. Tandis que les choses étaient dans cet état, Colomb s'approcha de Luis; il le vit plongé dans une rêverie profonde, dont il le tira en lui appuyant légèrement un doigt sur l'épaule.

— Il est impossible que le señor de Muños éprouve les mêmes sentiments que nos matelots, dit l'amiral d'un ton où se trouvait un léger mélange de surprise et de reproche; et cela dans un moment où tous ceux qui ont assez d'intelligence pour prévoir les suites glorieuses de notre entreprise remercient le ciel de nous avoir envoyé une brise qui nous conduit à une distance où nous n'aurions rien à craindre des caravelles qu'une basse jalousie a fait mettre à notre poursuite. Pourquoi vos yeux sont-ils fixés ainsi sur les matelots groupés sur le pont? Vous repentez-vous de vous être embarqué; ou seulement êtes-vous à réfléchir aux charmes de votre maîtresse?

— Par Saint-Jacques! don Christophe, votre sagacité, pour cette fois, est en défaut. Je ne me repens de rien, et mes réflexions n'ont pas le but que vous leur supposez. Je regarde ces pauvres diables, parce que leurs craintes me font pitié.

— L'ignorance est une maîtresse impérieuse, señor Pedro, et elle exerce en ce moment son pouvoir tyrannique sur l'imagination de nos matelots. Ils craignent le pire, uniquement parce qu'ils n'ont pas assez de connaissance pour prévoir le mieux. La crainte est une passion plus forte que l'espérance, et toujours l'alliée la plus sûre de l'ignorance. Aux yeux du vulgaire, ce qui n'a pas encore été — ou même ce que l'usage n'a pas encore rendu familier—est jugé impossible; car les hommes suivent dans leurs raisonnements un cercle que bornent les limites même de leurs connaissances. Ces matelots regardent l'île qui va disparaître, en hommes qui font leurs derniers adieux aux choses de ce monde. L'anxiété qu'ils manifestent va même plus loin que je ne l'aurais cru.

— Elle est profonde, Señor, et elle se manifeste même extérieurement. J'ai vu couler des larmes sur des joues que je n'aurais jamais cru pouvoir être mouillées autrement que par l'eau qui jaillit du haut des lames.

— Voilà nos deux connaissances, Sancho et Pépé. Ils ne semblent pas plongés dans un chagrin bien violent, quoique le second ait l'air un peu mélancolique. Quant au premier, c'est un drôle qui montre toute l'indifférence d'un vrai marin. Il n'est jamais plus heureux que lorsqu'il est le plus loin des dangers que font courir les rochers et les bas-fonds. La disparition d'une île et l'apparition d'une autre sont des choses également indifférentes à un homme comme lui. Il ne voit autour de lui que l'Océan visible, et pour le moment regarde comme rien tout le reste du monde. J'attends de ce Sancho de bons services, quoiqu'un peu intéressés, et je le regarde comme un de mes plus fidèles partisans.

En ce moment, l'amiral fut interrompu par un cri presque général qui partit du pont. Il regarda autour de lui, et d'un œil aussi vif qu'expérimenté reconnut aussitôt que l'horizon, du côté du sud, comme de tous les autres, n'offrait plus rien à la vue que le vaste Océan. L'île de Fer avait entièrement disparu. Quelques matelots opiniâtres prétendaient l'apercevoir encore. Mais quand on ne put plus douter du fait de sa disparition, les lamentations devinrent moins équivoques et plus bruyantes; les larmes coulèrent sans honte et sans chercher à se cacher, on se tordit les bras avec un désespoir insensé, et il s'ensuivit une scène de clameurs qui menaçait l'expédition d'un nouveau danger. Dans une telle circonstance, Colomb ordonna que tout l'équipage se réunît au bas de la dunette, et avançant sur le pont de manière à pouvoir examiner toutes les physionomies, il chercha à dissiper les craintes. Le ton de gravité et de conviction avec lequel il s'adressait à son équipage ne pouvait permettre de douter que le grand navigateur ne fût pleinement convaincu lui-même de la vérité de ses arguments.

— Lorsque don Ferdinand et doña Isabelle, nos souverains respectés et chéris, m'ont élevé au rang d'amiral et de vice-roi sur ces mers, inconnues jusqu'ici, vers lesquelles nous gouvernons, j'ai regardé cet événement comme le plus glorieux et le plus heureux de toute ma vie, et je considère le moment actuel, qui paraît si pénible à quelques uns de vous, comme ne le cédant qu'au premier en motifs d'espérances et de félicitations. Dans la disparition de l'île de Fer, je vois aussi la disparition des Portugais ; car à présent que nous sommes dans le grand Océan, et au-delà des limites de toute terre connue, je me flatte que la Providence nous a placés hors de l'atteinte et des manœuvres de nos ennemis. — Soyons fidèles à nous-mêmes et aux grands desseins que nous avons en vue, et nous n'aurons plus aucun motif de crainte. — Si quelqu'un de vous conserve quelque inquiétude relativement à cette entreprise, qu'il parle librement ; nous sommes armés de trop forts arguments pour vouloir employer l'autorité afin de réduire les doutes au silence.

— En ce cas, señor don amirante, dit Sancho, dont la langue était toujours prête à se mouvoir quand il en trouvait l'occasion, ce qui cause tant de joie à Votre Excellence est précisément ce qui rend si chagrins ces braves gens. S'ils pouvaient toujours garder en vue l'île de Fer, ou toute autre terre connue, ils vous suivraient jusqu'au Cathay aussi tranquillement qu'un esquif suit une caravelle sur une belle mer avec une légère brise ; mais laisser en quelque sorte tout derrière eux, la terre, leurs femmes, leurs enfants, c'est là ce qui leur attriste le cœur, et renverse les digues de leurs larmes.

— Quoi ! Sancho, toi, vieux marin, né sur mer...

— Non pas, Votre Excellence, s'écria Sancho, le regardant avec un air de simplicité affectée ; non pas tout à fait sur mer, quoique à portée de sentir l'odeur du goudron ; car, ayant été trouvé à la porte d'un chantier, il n'est pas probable qu'un bâtiment fût entré dans le port pour mettre à terre une si petite partie de sa cargaison.

— Eh bien ! né près de la mer, si tu le veux ; mais j'attends de toi quelque chose de mieux que des lamentations indignes d'un homme parce qu'une île vient de disparaître à l'horizon.

— Et vous avez raison, Votre Excellence. La moitié des îles qui existent pourraient tomber au plus profond de la mer, que Sancho ne s'en inquiéterait guère. Il y a les îles du Cap-Vert, par exemple, que je désire ne revoir de ma vie, et Lampedouse et Stromboli, et beaucoup d'autres dans les mêmes parages, qui, pour le bien qu'elles font à nous autres marins, feraient mieux de disparaître que de rester où elles sont. Mais si Votre Excellence avait la bonté de dire à ces braves gens pour quel port nous sommes frétés, ce que vous comptez y trouver, et surtout quand nous en reviendrons, cela les rassurerait à un degré inexprimable.

— Comme je crois que le devoir des hommes chargés de l'autorité est de faire connaître les motifs de leurs actions, quand il n'en peut résulter aucun mal, je répondrai très-volontiers à toutes ces questions, demandant l'attention de tous ceux qui sont ici, et surtout de ceux qui sont inquiets de notre position présente et de nos mouvements futurs. Notre voyage a pour but d'arriver au Cathay, pays qu'on sait être situé à l'extrémité orientale de l'Asie, et que plus d'un voyageur chrétien a déjà visité. La différence qui se trouve entre notre voyage et ceux qui ont déjà été faits dans ce pays, c'est que nous y allons par par l'ouest, au lieu que les voyageurs qui nous ont précédés y ont été par l'est. Mais ce dessein ne peut être exécuté que par des marins courageux, des pilotes habiles, des matelots obéissants et actifs, qui savent traverser les mers sans autres guides que la connaissance des astres, des courants, des vents, et des autres phénomènes de l'Atlantique, et sans autre aide que celle qu'on peut obtenir de la science. La raison d'après laquelle j'agis, c'est d'abord la conviction que la terre est ronde, d'où il suit que l'Atlantique que nous savons être bornée par la terre du côté de l'est, doit l'être aussi du côté de l'ouest; puis encore par certains calculs qui donnent la presque certitude que ce continent, qui se trouvera, je crois, être l'Inde, ne peut être à une plus grande distance de notre Europe que vingt-cinq à trente journées de traversée. Après vous avoir ainsi appris quand et où je compte trouver le pays que nous cherchons, je vous dirai un mot des avantages que nous pouvons tous espérer retirer de cette découverte. D'après le compte qu'ont rendu de ce pays un certain Marco Polo et ses parents, Vénitiens, hommes dignes de foi et jouissant d'une bonne réputation, le royaume de Cathay est non seulement un des plus grands empires connus, mais celui de tous le plus riche en or, en argent et en pierres précieuses. Vous pouvez juger des avantages que vous procurera la découverte d'un tel pays, par ceux que j'en retire moi-même. Comptant sur le succès de notre entreprise, Leurs Altesses m'ont accordé par anticipation le titre de vice-roi avec celui d'amiral; par une constante persévérance dans vos efforts, vous pouvez donc tous, jusqu'au dernier, compter sur quelque marque signalée de leur faveur.

Vous serez récompensés en proportion des services que vous aurez rendus ; celui qui aura le mieux mérité recevra plus que celui qui aura mérité moins. Mais il y aura de quoi satisfaire tout le monde. Marco Polo et ses parents passèrent dix-sept ans à la cour du Grand-Khan ; ils étaient donc, sous tous les rapports, en état de rendre un compte véritable des richesses et des ressources de cette contrée. Or ces Vénitiens, sans autre moyen de transport que des bêtes de somme, furent bien récompensés de leurs fatigues et de leur courage. Les joyaux qu'ils rapportèrent suffirent seuls pour enrichir leur race et pour établir une famille honorable dans l'état de splendeur dont elle était déchue ; enfin, leur courage et leur véracité leur firent honneur aux yeux des hommes.

Comme on sait que l'Océan, de ce côté du continent de l'Asie et du royaume de Cathay, est couvert d'îles, nous pouvons nous attendre à les rencontrer d'abord, et ce serait faire injure à la nature si nous ne supposions pas que nous y trouverons les épices odoriférantes et les autres denrées précieuses dont on sait que cette partie favorisée de la terre est enrichie. Dans le fait, l'imagination peut à peine se figurer la grandeur des résultats que doit amener le succès de notre entreprise, tandis que nous n'en retirerions que dérision et mépris si nous nous pressions inconsidérément de retourner en Espagne sans l'avoir mise à fin. Arrivant, non comme envahisseurs, mais comme chrétiens et comme amis, nous avons lieu d'attendre l'accueil le plus cordial, et je ne doute pas que les dons et les présents qu'on fera naturellement à des étrangers venant de si loin, et par une route que personne n'avait suivie avant eux, ne vous indemnisent au centuple, beaucoup plus qu'au centuple, de toutes vos peines et de toutes vos fatigues.

Je ne parle pas de l'honneur d'être du nombre de ceux qui ont été les premiers à porter la croix dans un pays païen, continua l'amiral en se découvrant la tête et en regardant autour de lui d'un air grave et solennel, quoique nos pères aient cru que ce n'était pas une faible distinction d'avoir fait partie des armées qui ont disputé aux infidèles la possession du Saint-Sépulcre. Mais ni l'Eglise ni celui qui en est le chef invisible n'oublient le serviteur qui épouse de si grands intérêts, et nous pouvons être sûrs d'obtenir de lui une récompense dans ce monde et dans l'autre.—

En prononçant ces dernières paroles, Colomb fit le signe de la croix avec dévotion, et se retira avec ses amis à l'autre extrémité de la dunette. Ce discours produisit pour le moment un effet salutaire, et les matelots virent disparaître les nuages amoncelés du côté de la terre, comme la terre elle-même avait disparu, sans montrer la même consternation qu'auparavant. Cependant ils n'en conservèrent pas moins leur tristesse et leur méfiance. La nuit suivante, les uns revirent dans leurs rêves le tableau séduisant que Colomb avait tracé des richesses de l'Orient ; les autres virent des démons qui les entraînaient dans des mers inconnues, sur lesquelles ils étaient condamnés à errer éternellement en punition de leurs péchés ; car dans toutes les situations, et surtout dans les moments d'incertitude et de méfiance, la conscience fait valoir ses droits.

Un peu avant le coucher du soleil, l'amiral ordonna que les trois bâtiments missent en panne, et fit venir sur son bord les deux Pinzons, auxquels il donna ses instructions et ses ordres, dans le cas où ils viendraient à être séparés de lui.

— Vous me comprenez bien, Señores, ajouta-t-il après leur avoir détaillé toutes ses vues. — Votre premier devoir sera de vous maintenir près de l'amiral, par tous les temps et dans toutes les circonstances, aussi longtemps que vous le pourrez ; mais si cela devient impossible, vous gouvernerez directement à l'ouest sur le même parallèle de latitude que nous suivons, jusqu'à ce que vous soyez à sept cents lieues des Canaries ; après quoi, il faudra mettre en panne toutes les nuits, car il est probable que vous vous trouverez alors au milieu des îles de l'Asie, et à compter de ce moment il sera prudent et nécessaire à nos projets d'être sur le qui-vive pour faire des découvertes. Cependant vous continuerez à avancer à l'ouest, et nous nous retrouverons à la cour du Grand-Khan, si la Providence ne nous permet pas de nous rejoindre plus tôt.

— Cela est fort bien, señor amirante, répondit Martin Alonzo, dont les yeux avaient été fixés jusqu'alors sur la carte de Colomb ; mais il vaudra beaucoup mieux que nous restions tous ensemble, et surtout pour nous qui ne sommes pas habitués à nous trouver en présence des princes. Il me semble donc plus convenable d'attendre que nous soyons sous l'abri de votre protection avant de nous présenter inconsidérément devant un monarque aussi puissant que le Grand-Khan.

— Vous montrez votre prudence ordinaire, Martin Alonzo, et

je vous en félicite. Dans le fait, il vaut mieux que vous m'attendiez, car ce potentat de l'Orient peut se regarder comme traité avec plus d'égards s'il reçoit d'abord la visite, non d'un officier de second rang, mais du vice-roi qui représente les souverains d'Espagne, et qui est porteur des lettres qui lui sont directement adressées par Leurs Altesses. Examinez donc bien les îles et leurs produits, señor Pinzon, si vous les découvrez avant moi, et attendez que j'y sois arrivé avant d'avancer plus loin. — Et comment votre monde s'est-il conduit en prenant congé de la terre?

— Assez mal, Señor; — si mal, que j'ai craint une mutinerie. Il se trouve à bord de *la Pinta* des hommes qui, si ce n'était la crainte salutaire de Leurs Altesses, pourraient en venir à la violence pour retourner de suite à Palos.

— Vous ferez bien de surveiller de près cet esprit, afin de le réprimer. Employez la douceur à l'égard de ces mécontents, aussi longtemps qu'il sera possible; encouragez-les en leur faisant toutes les promesses qui seront justes et raisonnables; mais prenez garde que le mal ne devienne plus fort que votre autorité. Et maintenant, Señores, comme la nuit s'approche, retournez à votre bord, afin que nous puissions profiter de la brise.

Colomb rentra dans sa chambre avec Luis, et y resta quelque temps assis, la tête appuyée sur une main, comme un homme abîmé dans ses réflexions.

— Don Luis de Bobadilla, dit-il enfin, laissant voir par cette question le cours que ses pensées avaient pris, vous avez longtemps connu ce Martin Alonzo?

— Longtemps, Señor, eu égard à la manière dont les jeunes gens comptent le temps; mais ce ne serait qu'un jour si je calculais comme le font les vieillards.

— Il peut avoir une grande influence sur le résultat de notre voyage. J'espère le trouver homme d'honneur. Jusqu'à présent, il s'est montré libéral, entreprenant et courageux.

— Il est homme, don Christophe, et par conséquent sujet à l'erreur. Mais en prenant les hommes pour ce qu'ils sont, je regarde Martin Alonzo comme bien loin d'être un des plus mauvais échantillons de l'espèce. Il ne s'est point embarqué dans cette expédition par suite d'un vœu chevaleresque, ni par un zèle ardent pour l'Eglise; mais donnez-lui la chance d'être bien payé des risques qu'il court, et vous le trouverez aussi fidèle que l'intérêt le permet à un homme quand il se présente une occasion pour mettre à l'épreuve son égoïsme.

— C'est donc à vous seul que je confierai mon secret, Luis. — Regardez ce papier. Vous voyez que j'y ai calculé la route que nous avons faite depuis ce matin, et je trouve qu'elle est de dix-neuf lieues, quoique ce ne soit pas en ligne directe vers l'ouest. Si j'informais l'équipage du chemin que nous avons véritablement fait, et qu'après avoir parcouru une grande distance nulle terre ne se montrât encore, la crainte s'emparerait des esprits, et l'on ne saurait dire quelles seraient les conséquences. Je n'inscrirai donc que quinze lieues sur la table de loch destinée à tous les yeux, et mes véritables calculs ne seront vus que de vous et de moi. En opérant chaque jour une légère déduction, nous pourrons ainsi faire mille lieues sans causer plus d'alarmes que pour sept à huit cents.

— C'est réduire le courage d'après une échelle à laquelle je ne songeais guère, Señor, répondit Luis en riant. Par Saint-Jacques! nous penserions mal du chevalier qui trouverait nécessaire de soutenir son courage par un calcul de lieues !

— Tous les dangers inconnus sont redoutés. La distance offre un sujet de terreur à l'ignorant, et elle peut même en inspirer justement à l'homme instruit, quand elle est mesurée sur un océan qui n'a encore vu aucun bâtiment ; car ici s'élève une autre question relativement à deux grands besoins de la vie, l'eau et les vivres.

Après avoir adressé ce reproche amical à la légèreté de son jeune compagnon, l'amiral se prépara à se coucher, en se mettant à genoux et en faisant sa prière du soir.

CHAPITRE XVII.

Au milieu de la rosée qui tombe, et tandis que les derniers pas du jour font briller les cieux, où te conduit ton chemin solitaire à travers leurs profondeurs vermeilles ?

BRYANT.

LE sommeil de Colomb fut de courte durée. Ce sommeil était profond comme celui d'un homme qui a assez d'empire sur sa volonté pour forcer les fonctions animales à obéir à ses ordres ; cependant il en sortait régulièrement à courts intervalles, afin d'examiner le temps et la position de ses bâtiments. En cette occasion, l'amiral était sur le pont un peu après une heure du matin, et tout y semblait plongé dans ce calme complet qui sur mer caractérise le quart de nuit par un beau temps. La plupart des hommes qui étaient sur le pont sommeillaient ; la tête du pilote tombait sur sa poitrine ; le timonier et une couple de vigies étaient seuls debout et éveillés. Le vent avait fraichi, et la caravelle avançait rapidement, laissant de plus en plus loin derrière elle l'île de Fer et ses dangers. On n'entendait d'autre bruit que celui du vent qui soupirait entre les cordages, de l'eau qui battait les flancs du navire, et de temps à autre le craquement d'une vergue, à mesure que le vent, qui prenait plus d'intensité, sifflait avec plus de force dans le grément.

La nuit était obscure, et il fallut un moment pour que l'œil de l'amiral pût distinguer les objets à une lueur si douteuse. La première chose qu'il remarqua ensuite fut que son bâtiment n'était pas au plus près du vent, comme il l'avait ordonné. S'étant approché du gouvernail, il s'aperçut qu'on s'était tellement écarté de la route, qu'on portait le cap au nord-est, ce qui était, dans le fait, la direction de l'Espagne.

— Vous êtes un marin, et c'est ainsi que vous gouvernez à la route qui vous a été donnée ? s'écria l'amiral d'un ton sévère, en s'adressant au timonier. N'es-tu donc qu'un muletier qui s'imagine suivre un sentier circulaire dans les montagnes ? Ton cœur est en Espagne, et tu t'imagines, par ce sot artifice, donner quelque pâture à ton vain désir d'y retourner.

— Hélas ! señor amirante, Votre Excellence ne se trompe pas en croyant que mon cœur est en Espagne, et il doit y être puisque j'ai laissé derrière moi, à Moguer, sept enfants qui n'ont plus de mère.

— Ne sais-tu pas, drôle, que moi aussi je suis père, et que moi aussi j'ai laissé derrière moi le plus cher objet des espérances d'un père ? En quoi donc diffères-tu de moi, puisque mon fils se trouve également privé des soins d'une mère ?

— Il est fils d'un amiral, Votre Excellence, au lieu que mes enfants n'ont pour père qu'un timonier.

— Et qu'importe à don Diego, dit Colomb, qui aimait à appuyer sur les honneurs qu'il avait reçus des deux souverains, quoiqu'il s'y trouvât une petite irrégularité; qu'importe à don Diego que son père ait eu le titre d'amiral, si son père vient à périr? Y gagnera-t-il quelque chose de plus que tes enfants, puisqu'il se trouvera orphelin tout aussi bien que les tiens?

— Señor, il gagnera d'être protégé par le roi et la reine; d'être honoré comme votre fils, d'être nourri et élevé comme fils d'un vice-roi, au lieu d'être laissé à l'abandon comme l'enfant d'un marin inconnu.

— L'ami, il y a quelque raison en cela, et à cet égard je respecte tes sentiments, répondit Colomb, qui, comme Washington, paraît avoir toujours cédé à un sentiment pur et élevé de justice; mais tu ferais bien de songer à l'influence que ta bonne conduite, dans tout le cours de ce voyage, peut avoir sur le sort futur de tes enfants, au lieu de t'abandonner à la faiblesse de prévoir des malheurs qui probablement n'arriveront pas. Aucun de nous n'a beaucoup à attendre, si nous échouons dans notre entreprise de découvertes, au lieu que nous avons tout à espérer si nous y réussissons. — A présent, puis-je me fier à toi pour maintenir ce bâtiment en sa route, ou faut-il que j'appelle un autre marin pour prendre la barre?

— Il peut être plus à propos, noble amiral, de prendre le dernier parti. Je songerai à vos conseils, et je combattrai mon désir de me retrouver auprès de mes enfants: mais il serait plus sûr de charger un autre de ce devoir, tant que nous serons si près de l'Espagne.

— Connais-tu un nommé Sancho Mundo, qui fait partie de l'équipage?

— Tout le monde le connaît, Señor; il passe pour le meilleur marin de Moguer.

— Est-il de ton quart, ou de celui qui est couché?

— Il est de notre quart, Señor, et il ne dort jamais en bas, attendu qu'il se couche toujours sur le pont. Nulle inquiétude, nul danger ne peuvent ébranler la confiance de Sancho; la vue de la terre lui déplaît à un tel point, que je doute qu'il se réjouisse si nous arrivons jamais à ces pays éloignés que Votre Excellence semble espérer de trouver.

— Va chercher ce Sancho, et dis-lui de venir ici. En attendant je remplirai moi-même tes fonctions.

Colomb saisit le gouvernail, et après avoir fait jouer la barre un instant, il ramena le bâtiment au plus près possible du vent.

L'effet s'en fit promptement sentir par des tangages plus vifs et plus prolongés, la dérive fut plus forte, et un nouveau craquement des vergues et du grément indiqua que la nouvelle route se rapprochait du lit du vent. Au bout de quelques minutes, Sancho arriva, se frottant les yeux et bâillant.

— Charge-toi de cette fonction, lui dit l'amiral dès qu'il le vit près de lui, et songe à t'en acquitter fidèlement; ceux qui en ont été chargés avant toi ont manqué à leur devoir en laissant arriver le bâtiment dans la direction des côtes d'Espagne. J'attends mieux de toi, ami Sancho, car je crois pouvoir compter sur toi comme sur un fidèle et véritable marin, même dans un moment de crise.

Sancho prit la barre et la fit jouer un instant pour s'assurer si le bâtiment y obéissait, comme un cocher habile s'assure de la soumission de son attelage en prenant les rênes.

— Señor don amirante, répondit-il en même temps, je suis un serviteur de la couronne, votre inférieur et votre subordonné, et prêt à remplir toutes les fonctions dont je suis capable.

— Ce voyage ne t'épouvante point, — tu n'éprouves point ce pressentiment puéril d'être destiné à errer perpétuellement sur une mer inconnue, sans espoir de revoir jamais ni femme ni enfants?

— Señor, vous semblez connaître nos cœurs aussi bien que si Votre Excellence les avait pétris de ses propres mains, et placés ensuite dans nos misérables corps.

— Tu n'as donc aucune de ces craintes si indignes d'un marin?

— Non, Señor, pas même ce qu'il en faudrait pour obtenir un *Ave* d'un prêtre de paroisse, ou arracher un soupir à une vieille femme. Je puis avoir mes pressentiments fâcheux, car nous avons tous nos faiblesses; mais ils n'ont rapport ni à aucune crainte de faire voile sur l'Océan, puisque c'est tout mon bonheur, ni à aucun regret d'avoir quitté ma famille, puisque je n'ai jamais eu de femme, et que j'aime à penser que je n'ai point d'enfants.

— Si tu as de fâcheux pressentiments, dis-moi en quoi ils consistent; je voudrais me faire un ami sûr d'un homme aussi ferme que toi.

— Je ne doute pas, Señor, que nous n'arrivions au Cathay, ou dans tel pays qu'il peut plaire à Votre Excellence de chercher. Je ne doute pas non plus que vous ne soyez en état de tirer le Grand-Khan par la barbe, et même d'arracher les joyaux de son turban, car il doit porter un turban, puisque c'est un infidèle; —

je ne doute pas non plus de la grandeur et de la richesse de nos découvertes et de nos profits ; car je crois, señor don amirante, que vous êtes assez habile pour prendre les caravelles à un bout du monde et les ramener à l'autre avec une cargaison d'escarboucles à défaut de diamants.

— Si tu as tant de confiance en ton commandant, quelle crainte peux-tu donc avoir ?

— J'ai de fâcheux pressentiments sur la valeur de la part, soit d'honneur, soit de profit, qui sera accordée à un certain Sancho Mundo, pauvre marin, inconnu et presque sans chemise, qui a plus besoin de l'un et de l'autre que n'ont jamais pu s'en douter notre gracieuse souveraine doña Isabelle et le roi son époux.

— Sancho, tu es une preuve que nul homme n'est sans défauts, et je crains que tu n'aies un esprit mercenaire. On dit que tout homme a son prix, il me paraît clair que tu as le tien.

— Ce n'est pas tout à fait par désintéressement que Votre Excellence a fait voile sur toutes les mers, sans quoi vous ne pourriez dire si aisément à chacun quelles sont ses faiblesses. J'ai toujours soupçonné que j'avais l'esprit mercenaire, et pour vaincre ce penchant j'ai accepté tous les présents qu'on m'a faits ; rien ne calme une telle disposition comme les dons et les récompenses. Quant au prix, j'ai fait tous mes efforts pour tenir le mien le plus haut possible, de peur de m'attirer le mépris et de passer pour un homme bas et ignoble. Donnez-moi un bon prix et force présents, et je serai aussi désintéressé qu'un frère mendiant.

— Je te comprends, Sancho, tu es un homme que rien ne peut effrayer, mais qu'on peut acheter. Tu penses qu'un doublon était trop peu pour être partagé entre toi et ton ami le Portugais. Eh bien ! je ferai un marché avec toi d'après tes propres conditions. Voici une autre pièce d'or ; songe à m'être fidèle pendant tout le voyage.

— Je suis à vous sans scrupule, señor don amirante, et même avec scrupule, s'il m'en survenait quelqu'un. Votre Excellence n'a pas dans toute sa flotte un ami plus désintéressé que moi ; j'espère seulement que lorsqu'on fera la liste des parts du profit, le nom de Sancho Mundo y aura une place honorable, comme cela conviendra à sa fidélité. A présent, Señor, vous pouvez aller dormir en paix ; soyez sûr que *la Santa-Maria* fera route vers le Cathay, autant que le permettra cette brise du sud-ouest.

Colomb retourna se coucher, mais il se leva encore une ou

deux fois pendant la nuit pour voir quel temps il faisait et s'assurer si ses hommes faisaient leur devoir. Tant que Sancho fut au gouvernail, il fut fidèle à sa parole; mais quand son quart fut fini, ceux qui lui succédèrent imitèrent la trahison du timonier qu'il avait remplacé. Quand Luis se leva, Colomb était déjà à l'ouvrage, calculant la distance qui avait été parcourue pendant la nuit. Ses yeux rencontrant ceux de Luis, qui semblaient le questionner, il lui dit d'un ton grave et même un peu mélancolique :

— Nous avons fait une bonne route, mais plus au nord que je ne l'aurais voulu; je trouve que nos bâtiments sont à trente lieues plus loin de l'île de Fer que lorsque le soleil s'est couché, et vous voyez que je n'en ai marqué que vingt-quatre sur la table de loch destinée à tous les yeux. Mais il y a eu cette nuit parmi les timoniers beaucoup de négligence, sinon de la trahison; ils ont gouverné, pendant une partie du temps, de manière à faire suivre au bâtiment une route presque parallèle aux côtes de l'Europe, de sorte qu'ils ont travaillé à me tromper sur le pont, tandis que je croyais nécessaire de chercher à les tromper dans cette chambre. Il est pénible, don Luis, de voir recourir à de pareilles ruses, ou de trouver nécessaire d'y avoir recours soi-même, quand on est occupé d'une entreprise qui surpasse toutes celles que l'homme ait jamais tentées, et cela dans la vue de la gloire de Dieu, de l'avantage de la race humaine, et de l'intérêt spécial de l'Espagne.

— Les saints ecclésiastiques eux-mêmes, don Christophe, sont obligés de se soumettre à ce mal, répondit Luis avec un ton de légèreté; et, puisqu'ils l'endurent, il ne convient pas à des laïques d'en être révoltés. On dit que la moitié des miracles qu'ils font sont, dans le fait, des miracles de médiocre qualité; ce qui vient de ce que les doutes et le manque de foi de nous autres pécheurs endurcis rendent ces petites inventions nécessaires pour le bien de nos âmes.

— Je ne doute guère, Luis, qu'il n'y ait parmi les ecclésiastiques, comme parmi les laïques, des hommes faux et traîtres, et c'est la suite de la chute de l'homme et de sa nature perverse. Mais il y a aussi de véritables miracles qui viennent du pouvoir de Dieu, et dont le but est de soutenir la foi et d'encourager ceux qui aiment et honorent son saint nom. Je ne crois pas qu'il nous soit encore rien arrivé qui appartienne très-distinctement à cette classe; et je n'ose espérer que nous serons secondés de cette manière par une intervention spéciale en notre faveur; mais il est au-dessus de toutes les manœuvres du démon de me persuader que nous ne soyons pas indirectement et secrètement conduits dans notre voyage par un esprit et des connaissances qui viennent de la grâce de Dieu et de sa sagesse infinie.

— Cela peut être en ce qui vous concerne, don Christophe; quant à moi, je n'ai pas la prétention d'avoir un guide d'un rang plus élevé qu'un ange. C'est la pureté, et j'espère pouvoir ajouter, l'amour d'un ange qui me conduisent en aveugle sur cet océan inconnu.

— Cela vous paraît ainsi, Luis, mais vous ne pouvez savoir si doña Mercédès n'est pas un instrument dont se sert un pouvoir plus élevé. Quoique nul miracle ne le rende évident aux yeux du vulgaire, je sens en moi, pour conduire cette entreprise, une impulsion supérieure à laquelle je regarderais comme un péché de résister. Dieu soit loué! nous n'avons plus à craindre les Portugais, et nous sommes enfin en bonne route. Nous n'avons plus d'obstacle à combattre que ceux qui peuvent naître des éléments ou de nos propres craintes. Mon cœur se réjouit en voyant que les deux Pinzons me restent fidèles, et qu'ils maintiennent leurs caravelles dans les eaux de *la Santa-Maria*, en hommes décidés à ne me pas manquer de foi et à voir la fin de cette aventure.

Tout en causant ainsi, Luis s'était habillé, et il monta sur la dunette avec l'amiral. Le soleil était levé, et la vaste étendue de l'Océan en réfléchissait les rayons. Le vent avait fraîchi, et il passait peu à peu au sud, de sorte que les bâtiments suivaient à peu de chose près leur route, et la mer n'étant pas forte, la petite flotte faisait comparativement des progrès considérables. Tout semblait être propice, et les transports de chagrin qui avaient éclaté lorsqu'on avait perdu de vue la dernière terre connue s'étant calmés, l'esprit des matelots était plus tranquille, quoique la crainte de l'avenir, semblable au feu intérieur d'un volcan, y fût étouffée plutôt qu'éteinte. L'aspect de la mer était favorable; elle n'offrait à la vue rien qui fût extraordinaire pour des marins; et comme il y a toujours quelque chose d'agréable dans une brise un peu forte, quand elle n'est accompagnée d'aucun danger, l'équipage se trouva probablement encouragé en ne voyant que ce qu'il avait coutume de voir, ce qui répandit la gaieté et l'espérance dans tous les cœurs. Pendant ces vingt-quatre heures, la flottille fit cent quatre-vingts milles dans les déserts inconnus de l'Océan, sans que les matelots ressentissent la moitié des craintes qu'ils avaient éprouvées en perdant de vue la terre. Cependant Colomb, d'après le système de prudence qu'il avait adopté, en donnant publiquement le résultat de ses calculs, réduisit à cent cinquante milles la distance parcourue.

Le mardi, 11 septembre, amena un changement de vent plus favorable encore. Pour la première fois depuis leur départ des Canaries, le cap des bâtiments fut mis directement à l'ouest ; alors, ayant derrière eux l'ancien monde, et devant eux l'Océan inconnu, nos marins avancèrent avec une brise du sud-est. Ils faisaient environ cinq milles par heure. Ce n'était pas une grande vitesse, mais ils en étaient dédommagés, puisqu'ils suivaient une ligne directe et régulière.

Les observations qu'on fait ordinairement sur mer quand le soleil passe au méridien étaient terminées, et Colomb venait d'annoncer à ses compagnons que les bâtiments étaient un peu vers le sud, par suite de quelque courant invisible, quand un cri parti du haut du grand mât annonça le voisinage d'une baleine. L'apparition d'un de ces monstres de l'Océan rompt la monotonie de la vie sur mer, et aussitôt chacun le chercha des yeux, les uns montant sur les vergues, les autres sur les lisses, afin de pouvoir suivre tous ses mouvements.

— Aperçois-tu une baleine, Sancho ? demanda l'amiral à Mundo qui se trouvait près de lui en ce moment ; à mes yeux la mer ne présente aucune apparence de la proximité d'un tel animal.

— La vue de Votre Excellence, señor don amirante, est plus perçante que celle du bavard qui est là-haut. Aussi sûr que nous sommes sur l'Atlantique, et que le sommet des vagues est couvert d'écume, il n'y a point de baleine dans les environs.

— La queue ! la queue de la baleine ! s'écrièrent en même temps une douzaine de voix ; chacun montrant du doigt un endroit où l'on voyait s'élever au-dessus de l'écume dont la mer était couverte quelque chose de pointu ayant comme deux bras courts qui s'étendaient en ligne droite de chaque côté. — Elle a la tête sous l'eau, et la queue au-dessus.

— Hélas, hélas ! s'écria Sancho avec le dédain d'un vrai marin, ce que ces braillards appellent la queue d'une baleine n'est autre chose que le mât de quelque malheureux bâtiment qui a laissé ses os avec sa cargaison et son équipage dans les profondeurs de l'Océan.

— Tu as raison, Sancho, dit l'amiral; je vois à présent l'objet dont tu parles. C'est véritablement un mât, ce qui est sans doute la preuve d'un naufrage.

Ce fait passa rapidement de bouche en bouche, et la tristesse qui suit toujours les preuves d'un tel désastre se montra bientôt sur toutes les physionomies. Les pilotes seuls montrèrent de l'indifférence, et tinrent conseil entre eux pour savoir s'ils devaient tâcher de s'emparer de ce mât pour s'en faire une ressource en cas de besoin ; mais ils y renoncèrent, attendu que la mer était agitée et le vent favorable, avantage qu'un bon marin n'aime jamais à perdre.

— C'est un avertissement pour nous, s'écria un des mécontents, pendant que *la Santa-Maria* s'éloignait du mât flottant. Dieu nous a envoyé ce signe pour nous avertir de ne pas nous hasarder là où il n'a jamais eu dessein que des navigateurs se montrassent.

— Dites plutôt, répliqua Sancho, qui, depuis qu'il avait reçu ses honoraires, avait été invariablement l'avocat de l'amiral, dites plutôt que c'est un signe d'encouragement que le ciel nous envoie. Ne voyez-vous pas que la partie de ce mât qui est visible a la forme d'une croix, et que la vue de ce symbole sacré doit nous inspirer l'espoir du succès ?

— C'est la vérité, Sancho, dit l'amiral. — Une croix a été en quelque sorte élevée du milieu de l'Océan pour notre édification, et nous devons regarder ce signe comme une preuve que la Providence nous accompagne dans la tentative que nous faisons pour porter aux païens de l'Asie les secours et les consolations de notre sainte religion.

Comme la ressemblance du mât avec le symbole de la croyance des chrétiens était loin d'être imaginaire, cette heureuse idée de Sancho produisit quelque effet. Le lecteur comprendra mieux cette ressemblance quand il saura que les barres traversières des hunes donnent au sommet d'un mât à peu près l'apparence d'une croix ; et que, comme cela arrive souvent, ce mât flottait perpendiculairement, quelque chose de pesant étant attaché à son pied, en laissant le haut saillir de quinze à vingt pieds au-dessus de la surface de l'eau. Au bout d'un quart d'heure, ce dernier reste de l'Europe et de la civilisation disparut aux yeux de nos marins, diminuant graduellement d'élévation, et ne paraissant plus enfin que comme des fils déliés qui offraient encore la forme de l'emblème respecté du christianisme.

Après ce petit incident, la route des trois bâtiments, pendant deux jours et deux nuits, ne fut interrompue par aucun événement qui mérite d'être rapporté. Pendant tout ce temps, le vent était favorable et nos aventuriers s'avançaient en droite ligne vers l'ouest, d'après la boussole, ce qui, par le fait, était pourtant dévier un peu au nord de la direction qu'ils voulaient suivre, vérité à laquelle les connaissances de cette époque n'étaient pas encore arrivées. Entre la matinée du 10 septembre et la soirée du 13, la flotte avait fait près de quatre-vingt-dix lieues en ligne presque directe sur le grand Océan, et se trouvait par conséquent aussi loin, sinon plus loin, à l'ouest, que la position des Açores, qui étaient alors les terres les plus occidentales connues des navigateurs européens. Le 13, on rencontra des courants contraires, et comme ils portaient au sud-est, ce qui tendait à faire dériver les bâtiments vers le sud, ceux-ci approchaient successivement de la lisière septentrionale des vents alisés.

L'amiral et Luis étaient à leur poste ordinaire, sur la dunette, dans la soirée du 13, à l'instant où Sancho quittait le gouvernail, son quart venant de finir. Au lieu de se rendre sur l'avant pour rejoindre les autres matelots, il hésita, leva les yeux vers la dunette comme s'il eût eu le désir d'y monter; voyant que l'amiral y était seul avec Luis, il y monta enfin, de l'air d'un homme qui désire annoncer quelque chose.

— Que me veux-tu, Sancho? lui demanda l'amiral après s'être assuré que personne ne pouvait les entendre; parle librement, je t'ai donné ma confiance.

— Señor don amirante, Votre Excellence sait fort bien que je ne suis pas un poisson d'eau douce pour que la vue d'un requin ou d'une baleine me fasse peur, ni un homme à m'effrayer parce qu'un bâtiment fait route à l'ouest plutôt qu'à l'est; et cependant je viens vous dire que ce voyage ne se fait pas sans signes merveilleux qu'il peut être convenable qu'un marin respecte comme extraordinaires, sinon comme de mauvais augure.

— Comme tu le dis, Sancho, tu n'es pas un fou qui se laisserait épouvanter par le vol d'un oiseau, ou par la vue d'un mât flottant sur l'eau, et tu éveilles en moi la curiosité d'en savoir davantage.

Le señor de Muños est mon secrétaire confidentiel, et je n'ai rien à lui cacher. Parle donc librement et sans aucun délai. Si l'or est ton but, tu en auras, sois-en assuré.

— Non, Señor. Ma nouvelle ne vaut pas un maravedi, ou l'or ne peut la payer. Quoi qu'il en soit, Votre Excellence peut la savoir, et ne pas s'inquiéter du paiement. — Vous savez que nous autres vieux marins nous avons nos pensées, quand nous sommes au gouvernail. Tantôt nous pensons au sourire, à la bonne mine d'une drôlesse que nous avons laissée à terre, tantôt à la saveur d'une épaule de mouton rôtie, et quelquefois aussi, par grand hasard, à nos péchés.

— Je sais parfaitement tout cela ; mais ce n'est pas de pareilles choses qu'il convient d'entretenir un amiral.

— Je n'en sais rien, Señor. J'ai connu des amiraux qui mangeaient du mouton avec plaisir après une longue croisière ; et qui, s'ils ne songeaient pas alors à leurs péchés, faisaient bien pire encore en ajoutant un item au grand compte qu'ils avaient à rendre. Or, il y avait.....

— Permettez-moi de jeter ce vagabond par-dessus le bord, don Christophe, s'écria Luis avec impatience, en faisant un mouvement comme pour exécuter cette menace. Mais la main de Colomb l'ayant arrêté, il ajouta : Tant qu'il restera sur notre bord, nous n'entendrons jamais une histoire commencer par le commencement.

— Je vous remercie, comte de Llera, répondit Sancho avec un sourire ironique ; si vous vous entendez à noyer les marins aussi bien qu'à désarçonner des chevaliers chrétiens dans un tournoi, ou à pourfendre des infidèles sur un champ de bataille, j'aimerais mieux que tout autre se chargeât de mes bains.

— Tu me connais donc, drôle ? — Tu m'as vu dans quelqu'un de mes précédents voyages sur mer ?

— Un chat peut regarder un roi, señor comte ; pourquoi un marin ne pourrait-il pas regarder un passager ? Mais épargnez-vous ces menaces ; votre secret est en mains sûres. Si nous arrivons au Cathay, aucun de nous ne sera honteux d'avoir fait ce voyage ; et si nous n'y arrivons pas, il est probable qu'aucun de nous n'ira raconter en Espagne comment le señor amirante a été noyé, ou est mort de faim ; en un mot, de quelle manière précise il est allé reposer dans le sein d'Abraham.

— En voilà assez ! dit Colomb d'un ton sévère. Raconte ce que tu as à me dire, et songe à être discret relativement à ce jeune seigneur.

— Vos désirs sont une loi pour moi, Señor. — Eh bien! don Christophe, une de nos habitudes à nous autres vieux marins, sur le pont pendant la nuit, c'est de contempler une ancienne et constante amie, l'étoile polaire; et pendant que je m'en occupais il y a une heure, je remarquai que ce guide fidèle et la boussole d'après laquelle je gouvernais, contaient deux histoires différentes.

— En es-tu bien certain? demanda Colomb avec une promptitude et une énergie qui prouvaient l'intérêt qu'il prenait à cette circonstance.

— Aussi certain qu'on peut l'être, Señor, lorsque l'on a passé cinquante ans à examiner l'étoile polaire, et quarante à consulter la boussole. — Mais Votre Excellence n'a pas besoin de s'en rapporter à mon ignorance. L'etoile est encore où Dieu l'a placée; vous avez une boussole à côté de vous, et vous pouvez comparer l'une avec l'autre.

Colomb avait déjà songé à faire cette comparaison, et à l'instant où Sancho cessa de parler, lui et Luis examinèrent la boussole avec une vive curiosité. La première idée de l'amiral, — et c'était la plus naturelle, — fut de croire que l'aiguille de l'instrument qu'il avait sous les yeux était défectueuse, ou du moins influencée par quelque cause étrangère; mais une observation attentive l'eut bientôt convaincu que la remarque de Sancho était juste. Il vit avec surprise et intérêt que l'exactitude habituelle et l'œil expérimenté du vieux marin avaient découvert si promptement un changement si extraordinaire. Il était tellement commun aux marins de comparer leurs boussoles avec l'étoile polaire, — que l'on supposait ne jamais changer de position dans les cieux, en tant que cette position avait rapport à l'homme, — qu'aucun marin expérimenté tenant le gouvernail à l'arrivée de la nuit ne pouvait manquer de remarquer ce phénomène.

Après des observations réitérées faites avec ses deux boussoles, — car il en avait deux pour son usage particulier, l'une sur la dunette, et l'autre dans sa chambre, — et après avoir eu recours aux deux qui étaient dans l'habitacle, Colomb fut obligé de s'avouer à lui-même que les quatre boussoles variaient également de près de six degrés de leur direction ordinaire. Au lieu de se diriger vers le vrai nord, ou du moins vers un point de l'horizon immediatement au-dessous de l'étoile polaire, les quatre aiguilles en déviaient de cinq à six degrés à l'ouest. C'était un renversement aussi nouveau qu'inconcevable des lois de la nature, telles qu'on les comprenait à cette époque, et il menaçait de rendre les résultats du voyage plus difficiles à obtenir, puisque nos marins ne pourraient plus compter avec pleine confiance sur leur principal guide, et gouverner avec certitude de suivre leur route quand les nuits seraient sombres ou le temps couvert. Quoi qu'il en soit, la première pensée de l'amiral en ce moment fut de prévenir le mauvais effet qu'une pareille découverte produirait probablement sur [des hommes déjà disposés à envisager tous les événements du plus mauvais côté.

— Tu auras soin de ne parler de tout ceci à personne, Sancho, dit-il. Voici un autre doublon à ajouter à ton magot.

— Votre Excellence pardonnera la désobéissance d'un pauvre marin, si ma main refuse de s'ouvrir pour recevoir votre présent. On dirait que des moyens surnaturels ont été employés dans cette affaire; et comme le diable peut avoir mis la main à ce miracle pour nous empêcher d'aller convertir ces païens dont vous parlez si souvent, je préfère garder mon âme aussi pure qu'elle peut l'être à cet égard; car personne ne sait de quelles armes nous pouvons être forcés de nous servir, s'il faut que nous en venions aux prises avec le père du péché.

— Du moins tu me promets d'être discret?

— Fiez-vous à moi pour cela, señor don amirante. Pas un mot de cette affaire ne passera par mes lèvres jusqu'à ce que Votre Excellence m'ait accordé la permission de parler.

Colomb le congédia et leva les yeux sur Luis, qui avait écouté en silence mais avec attention tout ce qui venait de se dire.

— Don Christophe, dit le jeune homme avec gaieté, vous semblez déconcerté de l'interruption survenue dans les lois ordinaires de la boussole. Quant à moi, je serais porté à penser que le mieux est de nous en remettre entièrement à la Providence. C'est pour accomplir ses vues qu'elle nous a conduits ici au milieu de l'Atlantique, et il est peu présumable qu'elle veuille nous abandonner au moment où nous avons plus besoin que jamais de son aide.

— Dieu fait naître dans le cœur de ses serviteurs le désir d'exécuter ses desseins, don Luis; mais ses agents, n'étant que des hommes, sont obligés d'employer des moyens naturels, et, pour les employer avec avantage, il est nécessaire de les comprendre. Je regarde ce phénomène comme une preuve que notre voyage aura pour résultat des découvertes d'une grandeur inouïe, et parmi lesquelles se trouvera peut-être un fil qui conduira à l'explication des mystères de l'aiguille aimantée. Les richesses minérales de l'Espagne diffèrent, à certains égards, des richesses minérales de la France, car, quoique certaines choses soient communes à toute la terre, il en est qui sont particulières à certains pays. Nous pouvons trouver des régions où la pierre d'aimant abonde ; ou peut-être sommes-nous en ce moment dans le voisinage de quelque île qui exerce sur nos boussoles une influence que nous ne pouvons expliquer.

— Sait-on si quelque île a jamais produit cet effet sur l'aiguille ?

— Non, et je ne crois même pas que cela soit très-probable, quoique tout soit possible. Mais nous attendrons avec patience de nouvelles preuves que ce phénomène est réel et permanent, avant de raisonner davantage sur une chose si difficile à comprendre.

Il ne fut plus question de ce sujet, mais une circonstance si extraordinaire fit que le grand navigateur passa la nuit dans l'inquiétude et les réflexions. Il dormit peu, et son œil fut souvent fixé sur la boussole ou le compas renversé qui était dans sa chambre ; — car tel est le nom que donnent les marins à l'instrument qui apprend au commandant la route de son bâtiment, même quand le timonier ne se doute pas qu'il est sous l'inspection de son officier.

Colomb se leva d'assez bonne heure pour revoir l'étoile polaire avant que son éclat fût terni par le retour de la lumière, et il fit avec soin une nouvelle comparaison de la position d'un corps céleste qui lui était si familier avec la direction des aiguilles aimantées. Cet examen lui donna la preuve d'un léger accroissement de la variation, et tendit à confirmer les observations de la nuit précédente. Le résultat de ses calculs fut que ses bâtiments avaient fait près de cent milles dans les dernières vingt-quatre heures ; et il crut alors être à environ six fois cette distance à l'ouest de l'île de Fer, quoique les pilotes eux-mêmes ne s'en crussent pas à beaucoup près si loin.

Comme Sancho garda son secret, et que les yeux des autres timoniers n'étaient pas aussi vigilants que les siens, cette circonstance importante échappa pour le moment à l'attention générale. Ce n'était que la nuit qu'on pouvait observer la variation par le moyen de l'étoile polaire, et elle était si légère, qu'il fallait un œil très-expérimenté pour la remarquer. La journée et la nuit du 14 se passèrent donc sans que l'équipage prît l'alarme, d'autant plus que, le vent étant tombé, les bâtiments n'avaient avancé que d'environ soixante milles à l'ouest. Cependant Colomb prit note de la différence, quelque léger que fût le changement, et avec la précision d'un navigateur aussi habile qu'éclairé, il s'assura que l'aiguille variait graduellement de plus en plus vers l'ouest, quoique presque d'une manière imperceptible.

CHAPITRE XVIII.

> Le marin à demi naufragé et ayant perdu sa boussole, fixe ses regards sur ton éclat immuable, et se dirige sans hésiter vers la côte amie ; et ceux qui errent pendant la nuit dans des lieux solitaires et dangereux, se réjouissent quand tu brilles pour guider sûrement leurs pas.
> *Hymne à l'étoile polaire.*

Le lendemain, samedi 15 septembre, la petite flotte était à dix journées de Gomère, et c'était le sixième jour depuis que les aventuriers avaient perdu de vue la terre. La semaine avait été remplie de pressentiments fâcheux, quoique l'habitude commençât à faire sentir son influence, et les matelots montraient moins d'inquiétudes qu'ils ne l'avaient fait depuis trois ou quatre jours. Leurs craintes semblaient s'assoupir faute de stimulant, mais elles n'en existaient pas moins, et elles étaient prêtes à s'éveiller au premier événement malencontreux. Le vent continuait à être favorable, quoique léger, et le calcul de la route des dernières vingt-quatre heures n'annonçait pas une avance de cent milles vers l'ouest. Pendant tout ce temps, Colomb porta presque toute son attention sur les boussoles, et il s'aperçut que tandis que les bâtiments faisaient lentement route à l'ouest, les aiguilles se dirigeaient de plus en plus du même côté, quoique par des changements à peine visibles.

L'amiral et Luis avaient tellement contracté l'habitude d'une constante intimité qu'ils se levaient et se couchaient ordinairement en même temps l'un que l'autre. Quoiqu'il ne connût pas assez exactement les risques qu'il courait pour éprouver des inquiétudes sérieuses, et qu'il fût, par tempérament comme par caractère, fort au-dessus de toute alarme frivole, le jeune comte commençait à prendre au résultat de l'aventure un intérêt à peu près semblable à celui qu'éprouve un chasseur qui poursuit un gibier : lors même que Mercédès n'eût pas existé, il lui en aurait alors autant coûté qu'à Colomb de retourner en Espagne sans avoir vu le Cathay. Ils s'entretenaient sans cesse de leur situation et de leurs espérances, et Luis prenait tellement à cœur sa position présente, qu'il devenait peu à peu capable de juger des circonstances qui pouvaient influer sur la durée et le succès du voyage.

Dans la soirée de ce samedi, Colomb et son secrétaire supposé étaient seuls sur la dunette, et s'entretenaient, suivant leur usage, des signes des temps et des événements du jour.

— *La Niña* avait quelque chose à vous dire hier soir, don Christophe, dit Luis; j'étais dans notre chambre, occupé à écrire mon journal, et j'ai manqué l'occasion d'apprendre de quoi il s'agissait.

— Son équipage avait vu un oiseau ou deux d'une espèce qu'on croit ne jamais s'éloigner beaucoup de la terre; il est possible qu'il se trouve des îles à peu de distance, car l'homme n'a jamais traversé une grande étendue de mer sans en rencontrer; mais nous ne pouvons perdre notre temps à les chercher : la découverte d'un groupe d'îles serait une faible compensation de la perte d'un continent.

— Remarquez-vous encore ces inexplicables changements dans la direction des aiguilles ?

— Les choses sont toujours dans le même état, et ne tendent qu'à confirmer la réalité du phénomène. Ce que je crains surtout, c'est l'effet que cette circonstance pourra produire sur nos équipages, quand ils la connaîtront.

— Ne pourrait-on leur persuader que, si l'aiguille incline vers l'ouest, c'est un signe que la Providence veut nous donner que nous devons persévérer dans notre voyage, et avancer de ce côté?

— L'idée pourrait être bonne, Luis, répondit l'amiral en souriant; mais la crainte leur a ouvert l'esprit, et leur première question serait pour nous demander pourquoi la Providence nous prive des moyens de savoir où nous allons, si elle désire tellement que nous avancions dans une certaine direction.

Un grand cri poussé sur le pont par les hommes de quart interrompit cette conversation, et une clarté aussi vive que subite dissipa tout à coup l'obscurité de la nuit, et illumina les trois bâtiments et l'Océan, comme si des millions de lampes eussent répandu leur éclat sur cette partie de la sphère. Une boule de feu traversa les cieux, et parut tomber dans la mer à quelques lieues de distance, ou aux limites de l'Océan visible. Sa disparition fut suivie de ténèbres aussi profondes que cette lumière extraordinaire et momentanée avait été brillante. Ce n'était que le passage d'un météore, mais d'un météore comme on n'en voit qu'un par génération, si même il ne se présente pas plus rarement. Les superstitieux matelots ne manquèrent pas de compter cet incident parmi les présages qui accompagnaient leur voyage, les uns le regardant comme favorable, les autres comme de mauvais augure.

— Par Saint-Jacques! s'écria don Luis dès que cette lumière eut disparu, notre voyage, don Christophe, ne paraît pas destiné à se terminer sans que les éléments et autres puissances non moins redoutables y fassent attention. Que ces prodiges nous soient favorables ou non, ils nous signalent comme tout autre chose que des hommes livrés à une occupation ordinaire.

— Il en est ainsi de l'esprit humain, Luis : qu'il sorte du cercle de ses habitudes et de ses devoirs journaliers, et il voit des merveilles dans les plus simples changements de temps, — dans la lueur d'un éclair,— dans le passage d'un météore, — ne songeant pas que tous ces phénomènes n'ont aucun rapport avec les lois ordinaires de la nature, et ne sont des miracles que pour leur imagination. Ces météores ne sont pas rares, surtout dans les basses latitudes, et ils ne sont ni un présage heureux ni un présage malheureux pour notre entreprise.

— Si ce n'est, señor amiral, en ce qu'ils peuvent influer sur l'esprit et l'imagination de nos matelots. Sancho me dit qu'un mécontentement toujours croissant couve parmi eux, et que, tandis qu'ils paraissent si tranquilles, leur répugnance pour ce voyage est de plus en plus forte.

Malgré l'opinion de l'amiral, et la peine qu'il prit ensuite d'expliquer ce phénomène à son équipage, il est certain que le passage de ce météore avait non seulement produit une forte impression sur ceux qui en avaient été témoins, mais que l'histoire se répandit de quart en quart, et fut un objet de discussion animée pendant toute la nuit. Cependant cet incident ne produisit pas une manifestation ouverte de mécontentement; quelques uns le regardaient même comme un présage favorable; mais la grande majorité y voyait un avis donné par le ciel de renoncer à une tentative impie dont le but était de pénétrer dans les mystères de la nature que Dieu, suivant eux, n'avait pas jugé à propos de révéler à l'homme.

Cependant la flottille avançait toujours à l'ouest. Le vent avait souvent changé de force et de direction, mais jamais de manière à forcer les bâtiments à diminuer de voiles, ni à dévier de la route que l'amiral jugeait convenable. Ils croyaient gouverner directement à l'ouest, mais, attendu la déclinaison de la boussole, ils avançaient à l'ouest quart sud-ouest, et ils approchaient graduellement des vents alisés, la force des courants contribuant beaucoup à les pousser de ce côté. Pendant les 15 et 16 de ce mois, l'escadre s'éloigna encore de deux cents milles des côtes de l'Europe; mais Colomb continuait à prendre la précaution de diminuer la distance parcourue dans le résultat de ses calculs destiné à être rendu public. Ce dernier jour était un dimanche, et le service religieux, qu'on négligeait rarement alors à bord d'un bâtiment chrétien, produisit un effet profond et sublime sur l'esprit des aventuriers. Jusqu'alors le temps avait été ce qu'il est ordinairement dans cette saison, et quelques nuages avaient laissé tomber une pluie fine qui modérait la chaleur; un vent doux venant du sud-est y succéda, et il semblait imprégné d'une odeur parfumée qui rappelait la terre. Les équipages se réunirent pour l'office du soir, dans ces circonstances propices, les trois bâtiments s'étant rapprochés comme pour former un même temple en l'honneur de Dieu au milieu des vastes solitudes d'un océan qui n'avait probablement encore vu aucune voile flotter sur son sein. La gaieté et l'espérance succédèrent à cet acte de dévotion, et ces deux sentiments s'accrurent encore quand on entendit un cri poussé par l'homme placé en vigie au grand mât, et qui allongeait un bras en avant et un peu sous le vent, comme s'il eût vu de ce côté quelque chose qui méritât particulièrement l'attention. Sur chaque bord, on fit faire au gouvernail un léger mouvement, et au bout de quelques minutes la flottille entra dans un champ d'herbes marines qui couvraient la surface de la mer à plusieurs milles de distance. Les matelots accueillirent ce signe du voisinage de la terre avec de grandes acclamations, et ceux même qui, si peu de temps auparavant, avaient été sur le point de s'abandonner au désespoir, se livrèrent à des transports de joie.

Dans le fait, ces herbes étaient de nature à faire naître l'espérance dans le cœur du marin le plus expérimenté. Quoique quelques unes eussent perdu leur fraîcheur, la plupart étaient encore vertes, et semblaient récemment détachées des rochers ou de la terre où elles avaient crû; les pilotes mêmes ne doutèrent plus du voisinage de la terre. On vit aussi un grand nombre de gros poissons de la famille du thon, et l'équipage de *la Niña* fut assez heureux pour en harponner un. Les matelots s'embrassaient les uns les autres les larmes aux yeux; et plus d'une main qui, la veille, se serait brusquement retirée, se laissait presser en signe de félicitation.

— Partagez-vous toutes ces espérances, don Christophe? demanda Luis. — Devons-nous réellement croire que ces herbes marines annoncent la proximité des Indes, ou n'est-ce qu'un espoir frivole?

— Notre équipage se trompe en supposant que notre voyage touche à sa fin, Luis. Le Cathay doit être encore très-loin de nous; nous n'avons fait que trois cent soixante lieues depuis que nous avons perdu de vue l'Ile de Fer; et d'après mes calculs, ce ne peut être beaucoup plus que le tiers du voyage. Aristote dit que quelques bâtiments de Cadix ayant été poussés à l'ouest par de grands coups de vent, rencontrèrent une mer couverte d'herbes, et dans laquelle il se trouvait un grand nombre de thons. Il est bon que vous sachiez que les anciens s'imaginaient que ce poisson voyait mieux de l'œil droit que du gauche, attendu qu'en traversant le Bosphore pour aller vers l'Euxin, les thons longent toujours la côte à droite, au lieu qu'ils suivent celle de gauche quand ils en reviennent.

— Par saint François! s'écria Luis en riant, il n'est pas étonnant que des créatures dont la vue n'est bonne que d'un côté, se soient égarées si loin de leur domicile ordinaire. Aristote ou les autres anciens nous disent-ils aussi comment ils regardaient la beauté, et si leurs idées sur la justice étaient semblables à celles d'un juge payé par les deux parties adverses?

— Aristote ne parle que de la présence de ces poissons dans les herbes de l'Océan, comme nous les avons en ce moment sous les yeux. Les marins de Cadix s'imaginèrent qu'ils étaient dans les environs de quelques îles submergées, et le vent le leur permettant, ils retournèrent chez eux. Suivant moi, nous sommes dans les mêmes parages, mais je ne m'attends pas à y trouver la terre, à moins que quelque île n'ait été placée ici dans l'Océan, comme un lieu de relâche entre les côtes de l'Europe et celles de l'Asie. Sans doute la terre d'où viennent ces herbes n'est pas très-éloignée, mais j'attache peu d'importance à la voir ou à la découvrir. Le Cathay est mon but, don Luis, et je cherche des continents et non des îles.

On sait maintenant que, si Colomb ne se trompait pas en croyant qu'il ne trouverait pas un continent à si peu de distance de l'Europe, il se trompait du moins en supposant qu'il existait quelque île dans les parages où il se trouvait alors. Ces herbes sont-elles rassemblées par la force des courants, ou poussent-elles au fond de la mer, d'où elles seraient arrachées par l'action des eaux ? c'est ce dont on n'a pas encore la parfaite certitude, quoique la dernière opinion soit la plus généralement adoptée, des bas-fonds très-étendus existant dans cette partie de l'Océan. D'après cette dernière supposition, les marins de Cadix étaient plus près de la vérité qu'on ne le croirait d'abord; une île submergée ayant tous les caractères d'un bas-fond, exception faite de ceux qu'on peut supposer inhérents au mode de sa formation.

On n'aperçut aucune terre. Les bâtiments continuaient de faire route à raison de cinq milles par heure ou à peu près, rejetant à droite et à gauche les herbes quelquefois accumulées en masse devant eux, mais sans opposer aucun obstacle sérieux à leur marche. Quant à l'amiral, l'immense élévation de ses vues, son opinion bien prononcée sur le grand problème géographique qu'il se proposait de résoudre; enfin, son invincible résolution de persévérer dans ses projets jusqu'à ce qu'il les eût accomplis, tout le portait à désirer ne pas rencontrer les îles qu'il croyait à peu de distance, plutôt qu'à les découvrir. Ces vingt-quatre heures portèrent la flottille à plus de cent milles à l'ouest, et la placèrent presque à égale distance des méridiens qui bornent les côtes occidentale et orientale des deux continents, quoique beaucoup plus près de l'Afrique que de l'Amérique, d'après le parallèle de latitude sur lequel on avançait. Comme le vent continuait à être favorable, et l'eau de la mer aussi lisse que celle d'une rivière, les trois bâtiments se maintinrent à peu de distance les uns des autres, *la Pinta*, qui était supérieure à la marche, ayant diminué de voiles à cet effet.

Le lendemain du jour où l'on avait rencontré les herbes marines, c'est-à-dire le lundi 17 septembre, ou le huitième jour après qu'ils eurent perdu de vue de l'île de Fer, Martin Alonzo Pinzon héla *la Santa-Maria* pendant le quart de midi à quatre heures, et informa le timonier alors sur le pont, qu'il était dans l'intention de prendre l'amplitude du soleil aussitôt que cet astre serait descendu assez bas vers le couchant, afin de s'assurer jusqu'à quel point les aiguilles de ses boussoles conservaient leur vertu. On pensa qu'il valait mieux que cette observation, usitée parmi les marins, fût faite simultanément sur les trois bâtiments, afin que l'erreur que l'un pourrait commettre fût rectifiée par les calculs plus exacts des autres.

Colomb et Luis faisaient la sieste dans leur chambre, profondément endormis, quand le premier se sentit secouer par l'épaule, genre de signal que les marins se plaisent assez à donner, et qu'ils ne sont jamais fâchés de recevoir. Il ne fallait jamais plus d'une minute au grand navigateur pour passer du plus profond sommeil à la pleine possession de toutes ses facultés, et il fut éveillé en un instant.

— Señor don amirante, dit Sancho, car c'était lui qui venait de l'éveiller ainsi, il est temps de vous lever. Tous les pilotes sont sur le pont, et se préparent à prendre l'amplitude du soleil, aussitôt que les corps célestes se montreront à la place convenable. Le couchant commence déjà à briller comme un dauphin mourant, et dans quelques minutes il sera doré comme le heaume d'un sultan maur.

— L'amplitude du soleil! s'écria Colomb se levant à l'instant. C'est une nouvelle, sur ma foi! Nous pouvons nous attendre à voir dans l'équipage plus de fermentation qu'il n'y en a encore eu depuis notre départ de Palos.

— C'est ce que j'ai pensé, Votre Excellence, car le marin a presque autant de foi en l'aiguille que le prêtre en la bonté du fils de Dieu. Nos gens sont en bonne humeur en ce moment, mais les saints savent seuls ce qui va arriver.

L'amiral éveilla Luis, et cinq minutes après ils étaient tous deux à leur poste ordinaire sur la dunette. Colomb avait acquis une si haute réputation par son habileté en navigation, — ses calculs étant invariablement corrects, même quand ils étaient opposés à ceux de tous les pilotes de la flotte, — que ceux-ci ne furent pas fâchés de voir qu'il n'avait pas dessein de prendre un instrument en main, mais qu'il paraissait disposé à abandonner à leurs connaissances et à leur expérience le soin de faire l'observation. Le soleil descendit lentement ; on épia l'instant convenable, et alors les pilotes commencèrent leur travail de la manière usitée à cette époque. Martin Alonzo, le plus habile et le plus instruit de tous les pilotes de l'expédition, fut le premier à terminer la sienne. Du haut de la dunette, l'amiral dominait le château-gaillard d'arrière de *la Pinta*, qui n'était qu'à environ cinquante toises de *la Santa-Maria*, et il remarqua bientôt que Martin Alonzo allait d'une boussole à l'autre avec l'air d'un homme qui ne sait que penser. Au bout d'une minute ou deux, l'esquif de *la Pinta* fut mis à la mer ; on fit un signal au bâtiment amiral de diminuer de voiles, et l'esquif se fraya un chemin à travers les herbes qui couvraient encore la surface des eaux. A l'instant où Martin Alonzo montait d'un côté sur *la Santa-Maria*, son frère Vincent Yañez, commandant de *la Niña*, en faisait autant de l'autre. Un moment après ils étaient tous deux à côté de Colomb, sur la dunette où Sancho Ruiz et Barthélemy Roldan, pilotes de l'amiral, les avaient suivis.

— Que signifie cette hâte, Martin Alonzo ? demanda Colomb d'un ton calme. Pourquoi votre frère, vous, et ces honnêtes pilotes, venez-vous à moi avec autant de précipitation que si vous aviez de bonnes nouvelles à nous donner du Cathay ?

— Señor amirante, Dieu seul peut savoir s'il sera permis à aucun de nous de voir ce pays éloigné, ou toute autre côte à laquelle des marins ne peuvent arriver qu'à l'aide d'une boussole, répondit Martin Alonzo pouvant à peine respirer. Nous avons comparé nos astrolabes, et nous les trouvons tous, sans exception, s'écartant d'un bon quart du vrai nord.

— Ce serait vraiment une merveille ! Vous avez fait quelque erreur dans vos observations, ou omis quelque chose dans vos calculs.

— Pardonnez-moi, noble amiral, dit Vincent Yañez, venant en aide à son frère ; les aiguilles même commencent à nous manquer de foi ; et comme je mentionnais cette circonstance au plus ancien timonier de mon bâtiment, il me dit que, la nuit dernière, l'étoile polaire n'était pas d'accord avec son astrolabe.

— D'autres disent la même chose ici, ajouta Ruiz ; et il en est même qui sont prêts à faire serment que cette merveille a été remarquée depuis que nous sommes entrés dans cette mer couverte d'herbes.

— Tout cela peut être vrai sans qu'il en résulte aucun malheur, Señores, répondit Colomb l'œil calme et le front serein. — Nous savons tous que les corps célestes ont leurs révolutions, dont quelques-unes sont sans doute irrégulières, tandis que les autres sont plus conformes à certaines règles établies. Il en est ainsi du soleil même, qui tourne autour de la terre dans le court espace de vingt-quatre heures; tandis qu'il a sans doute d'autres mouvements moins sensibles et que la distance prodigieuse à laquelle il est de notre globe nous empêche de saisir et d'apprécier. Bien des astronomes ont cru avoir découvert ces variations, ayant quelquefois vu sur le disque de son orbe des taches qui ont disparu ensuite, comme si elles se fussent cachées derrière le corps de ce grand astre. Je crois que l'on reconnaîtra que l'étoile polaire a subi quelque légère déviation, et continuera à se mouvoir ainsi pendant un temps assez court, après quoi on la verra sans doute reprendre sa position ordinaire. Nous verrons alors que son excentricité temporaire n'a dérangé en rien son harmonie habituelle avec l'aiguille. Observez bien, cette nuit, l'aiguille polaire; prenez une nouvelle amplitude du soleil demain matin, et je crois que l'exactitude de ma conjecture sera prouvée par la régularité du mouvement du corps céleste. Bien loin de nous laisser décourager par ce signe, nous devrions plutôt nous féliciter d'avoir fait une découverte qui agrandira le domaine de la science.

Les pilotes furent obligés de se contenter de cette manière de résoudre la difficulté, à défaut d'autres moyens pour l'expliquer: ils restèrent longtemps sur la dunette à s'entretenir d'une circonstance si étrange; et comme les hommes, même dans leur plus grand aveuglement, finissent presque toujours, à force de raisonnements, par se tranquilliser ou par céder à la crainte, leur entretien les conduisit à ce premier résultat. Cela était heureux; mais en ce qui concernait les matelots, la difficulté subsistait encore dans toute sa force. En effet, sitôt que les équipages des trois bâtiments eurent appris que les aiguilles commençaient à dévier de leur direction ordinaire, un sentiment voisin du désespoir s'était emparé d'eux presque sans exception.

Dans cette occurrence, les services de Sancho Mundo furent

d'une grande utilité. La frayeur panique était arrivée au plus haut point, et tout l'équipage de *la Santa-Maria* se disposait à se présenter devant l'amiral, et à exiger qu'à l'instant même le cap des caravelles fût mis au nord-est, lorsqu'il intervint auprès d'eux et employa ses connaissances et son influence pour calmer le tumulte. Le premier moyen auquel ce fidèle marin eut recours pour ramener ses camarades à la raison, fut de jurer, sans aucune restriction, qu'il arrivait assez souvent que l'étoile polaire et l'aiguille cessaient d'être d'accord ensemble, ce dont il avait été témoin oculaire en vingt occasions différentes, et sans qu'il en fût jamais résulté aucun malheur. Il engagea ensuite les marins les plus anciens et les plus expérimentés à faire une observation exacte de la différence qui existait déjà, afin de voir, le lendemain matin, si cette différence n'avait pas augmenté dans la même direction.

— Si elle a augmenté, mes amis, continua-t-il, ce sera un signe que l'étoile est en mouvement, puisque tous nous pouvons voir que les boussoles sont précisément dans la même position que lorsque nous sommes partis de Palos. Or, quand de deux objets l'un est en mouvement, et qu'on sait positivement lequel est immobile, il n'est pas bien difficile de dire quel est celui qui change de place. Viens ici, Martin Martiñez. — C'était un des factieux les plus mutins. — Les paroles servent à peu de chose, quand on peut prouver par le fait ce qu'on veut dire. Tu vois ces deux pelotes de bitord qui sont sur les guinderesses. Eh bien! on veut savoir laquelle des deux y reste, et laquelle en a été retirée. Je prends la plus petite, comme tu vois, et j'y laisse la plus grosse. Or comme il n'en reste qu'une, et que c'est la plus grosse, il en résulte bien clairement que c'est la plus petite que j'ai prise. Je soutiens que celui qui niera une chose dont la preuve est si simple et si facile, n'est pas fait pour gouverner une caravelle à l'aide de l'aiguille aimantée ou de l'étoile polaire.

Martin Martiñez, quoique mutin de premier ordre, n'était nullement logicien; et comme Sancho appuyait sa démonstration de force serments, son parti devint bientôt le plus nombreux. S'il n'y a rien de plus encourageant pour un factieux à tête stupide que de se voir du côté le plus fort, rien non plus ne le déconcerte antant que de se trouver dans la minorité : Sancho réussit donc à amener la très-grande partie de ses compagnons à penser qu'il était à propos d'attendre qu'on sût quel serait l'état des choses le lendemain matin avant de se compromettre par un acte de témérité.

— Tu as bien agi, Sancho, lui dit Colomb quand le vieux marin, une heure après cette scène, vint secrètement dans sa chambre pour lui rendre compte de la situation dans laquelle il avait laissé les esprits ; — tu as bien agi en tout, excepté en jurant que tu avais déjà vu ce phénomène. J'ai navigué sur toutes les mers connues. J'ai fait toutes mes observations avec soin, et j'ai eu de nombreuses occasions d'en faire ; cependant, jamais je n'ai vu l'aiguille varier dans sa direction vers l'étoile polaire. Or, je crois que ce qui a échappé à mon attention n'aurait pas attiré la tienne.

— Vous me faites injure, señor don amirante, et vous faites à mon honneur une blessure qu'un doublon seul peut guérir.

— Tu sais, Sancho, que personne n'a été plus alarmé que toi, la première fois que la déclinaison de l'aiguille a été remarquée. Tes craintes ont été si fortes qu'elles t'ont fait refuser une pièce d'or, faiblesse que tu n'as pas souvent lieu de te reprocher.

— Quand la déclinaison fut remarquée pour la première fois, Votre Excellence, tout cela était assez vrai ; car pour ne pas chercher à tromper quelqu'un qui a plus de pénétration qu'il n'en est accordé aux hommes ordinaires, j'avouerai que je croyais alors que notre espoir de revoir l'Espagne et Moguer était si faible, qu'il n'importait guère qui était amiral et qui était simple timonier.

— Et pourtant, tu veux faire le brave à présent, et nier que tu aies été effrayé. N'as-tu pas juré à tes camarades que tu avais déjà vu une semblable déviation de l'aiguille, et cela une vingtaine de fois ?

— Et bien ! ce que dit Votre Excellence est une preuve qu'un cavalier peut faire un excellent vice-roi et un amiral parfait, et savoir tout ce qui se passe au Cathay, sans avoir des idées bien claires en histoire. — J'ai dit cette nuit à mes camarades, señor don amirante, que j'avais déjà vu cette déviation ; et si j'étais attaché au poteau pour être brûlé comme un martyr, — je pense quelquefois que tel sera un jour le destin de tous ceux qui veulent être honnêtes gens jusqu'au scrupule, — j'en appellerais au témoignage de Votre Excellence, pour confirmer la vérité de mes paroles.

— Ce serait fort mal choisir un témoin, Sancho ; car je n'ai jamais ni fait un faux serment, ni encouragé personne à le faire.

— En ce cas, je m'adresserais à don Luis de Bobadilla y Pedro de Muños, que voici, répondit l'imperturbable Sancho ; car un homme accusé mal à propos a droit de prouver son innocence, et les preuves ne me manqueront pas. — Votre Excellence voudra bien se souvenir que ce fut dans la nuit du samedi 15 que je lui révélai pour la première fois ce changement, et que nous sommes en ce moment dans la nuit du lundi 17. Or, j'ai juré que j'avais déjà observé ce phénomène, comme on l'appelle, une vingtaine de fois, et pour être plus près de la vérité j'aurais dû dire deux cents, car pendant ces quarante-huit heures je n'ai fait presque rien autre chose.

— Assez ! assez ! Sancho ; je vois que ta conscience a sa latitude et sa longitude ; cependant, toi, tu as ton utilité. Quoi qu'il en soit, tâche de maintenir tes camarades dans leur disposition d'esprit actuelle.

— Je ne doute pas que ce ne soit l'étoile qui change de place, comme Votre Excellence l'a dit ; et il m'est venu à l'esprit qu'il est possible que nous soyons plus près du Cathay que nous ne le pensons, et que quelque mauvais esprit lui ait imprimé ce mouvement pour nous faire perdre la route de ce pays.

— Va te coucher, drôle, et songe à tes péchés. — Voici un doublon, et souviens-toi d'être discret.

Le lendemain matin, tout l'équipage de chacun des bâtiments attendait avec impatience le résultat des nouvelles observations. Quoique le vent ne fût pas très-fort, il continuait à être favorable, et comme on avait rencontré un courant qui portait à l'ouest, on avait fait dans ces vingt-quatre heures plus de cent cinquante milles, ce qui rendit plus sensible l'accroissement de la déclinaison, circonstance qui confirma la prophétie que Colomb s'était hasardé à faire d'après ses observations précédentes. L'ignorance se laisse si aisément tromper par ce qui lui paraît plausible, que cette circonstance fit disparaître pour le moment tous les doutes, et l'on crut généralement que l'étoile avait changé de place, et que l'aiguille avait conservé toute sa vertu.

Jusqu'à quel point Colomb fut-il égaré par ses propres raisonnements dans cette circonstance, c'est ce qui est encore un sujet de doute aujourd'hui. Qu'il ait quelquefois cherché à tromper ses compagnons par des ruses qu'on peut regarder comme innocentes, puisque elles avaient pour but de soutenir leur courage, c'est ce que prouve le faux calcul de la route journalière destiné par lui à passer sous les yeux de tout le monde à bord, tandis qu'il gardait devers lui le véritable ; mais il n'existe aucune preuve que la circonstance dont il vient d'être question fût une de celles où il eut recours à de pareils moyens. Même à l'époque où la variation de la boussole était encore inconnue, nul homme ayant quelque science ne croyait que l'aiguille magnétique se dirigeât nécessairement vers l'étoile polaire, la coïncidence de la direction de cette aiguille et de la position de ce corps céleste étant regardée comme accidentelle. On peut donc raisonnablement supposer que l'amiral, fort en état de s'assurer que la boussole qui était entre ses mains n'avait visiblement rien perdu de sa vertu, tandis qu'il ne pouvait raisonner sur les évolutions de l'étoile que d'après une analogie supposée, ne pouvait penser qu'un ami qu'il avait toujours trouvé si fidèle l'eût tout à coup abandonné, et se trouvait disposé à rejeter tout le mystère du phénomène sur un corps placé bien plus loin dans l'espace. Il a été émis deux opinions contradictoires sur le degré de conviction du célèbre navigateur relativement à la théorie qu'il tendait à établir dans cette circonstance : la première, qu'il était de bonne foi ; la seconde, qu'il se trompait sciemment. Quoi qu'il en soit, les partisans de cette seconde opinion paraissent eux-mêmes raisonner d'une manière peu concluante, car leur principal argument repose sur l'invraisemblance qu'un homme tel que Colomb adoptât une erreur si grossière dans la science nautique, à une époque où cette science ne faisait pas plus connaître l'existence du phénomène en question qu'elle n'en explique aujourd'hui la cause. Il est possible cependant que l'amiral n'ait pas eu des idées bien arrêtées à cet égard, même en supposant qu'il ait été disposé à croire à la justesse de son explication ; car il est certain qu'au milieu de l'ignorance de son siècle en astronomie et en géographie, cet homme extraordinaire entrevit plusieurs vérités exactes et sublimes, qui n'avaient pas encore été développées et démontrées par des arguments positifs.

Heureusement la lumière du jour, en fournissant le moyen de s'assurer d'une manière indubitable de la variation de l'aiguille, permit aussi de voir la mer encore couverte d'herbes, et quelques autres signes qui semblaient encourageants en ce qu'ils annonçaient la proximité de la terre. D'ailleurs, comme le courant suivait alors la même direction que le vent, la surface de la mer était littéralement aussi lisse que l'eau d'un lac, et les bâtiments pouvaient sans danger se tenir à quelques brasses l'un de l'autre.

— Señor amirante, dit Martin Alonzo Pinzon, ces herbes ressemblent à celles qui croissent sur les bords des rivières, et je crois que nous ne sommes pas éloignés de l'embouchure de quelque grand fleuve.

— Cela peut être, répondit Colomb, et nous ne pouvons en trouver un indice plus certain qu'en goûtant l'eau. — Qu'on en puise un seau, afin d'en faire l'épreuve !

Tandis que Pépé attendait, pour exécuter cet ordre, que *la Santa-Maria* eût traversé une grande masse d'herbes, l'œil actif de l'amiral découvrit sur la surface de celles qui étaient encore fraîches un crabe qui cherchait à s'en débarrasser, et il ordonna au timonier de varier légèrement sa route pour qu'on pût prendre cet animal.

— Voici une prise très-précieuse, Martin Alonzo, dit Colomb, tenant le crabe entre le pouce et l'index pour le lui montrer ; on ne voit jamais ces animaux s'éloigner de la terre à plus de quatre-vingts lieues. — Regardez, Señor, voilà là-bas un de ces oiseaux blancs des tropiques, qui, dit-on, ne dorment jamais sur l'eau. Dieu nous favorise véritablement ; et ce qui rend tous ces signes plus satisfaisants encore, c'est la circonstance qu'ils viennent de l'ouest, — de cet ouest caché, inconnu, mystérieux.

Une acclamation générale s'éleva sur les trois bâtiments à la vue de ces différents signes ; et ces hommes qui, si peu de temps auparavant, avaient été sur le point de se livrer au désespoir, ouvrirent de nouveau leurs cœurs à l'espérance et se sentirent disposés à prendre pour des présages propices les incidents les plus ordinaires sur l'Océan. On avait puisé de l'eau à bord des trois bâtiments ; cinquante bouches la goûtèrent en même temps, et l'exaltation était si générale, que chacun déclara que cette eau était moins salée que de coutume. L'illusion causée par une attente si agréable fut si complète, et le sophisme de Sancho avait tellement dissipé toutes les craintes qui avaient rapport aux mouvements de l'étoile polaire, que Colomb lui-même, habituellement si prudent, si calme, si judicieux, céda à son enthousiasme naturel, et se figura qu'il était sur le point de découvrir quelque grande île placée à mi-chemin entre l'Asie et l'Europe, honneur qui n'était pas à mépriser, quoiqu'il fût bien peu de chose en comparaison de ses hautes espérances.

— En vérité, Martin Alonzo, dit-il, cette eau semble avoir la saveur de celle de la mer moins qu'il n'est ordinaire loin de l'embouchure de grands fleuves.

— Mon palais me dit la même chose, señor amirante ; et pour nouveau signe, l'équipage de *la Niña* vient encore de harponner un thon, et on le hisse à bord en ce moment.

Les acclamations se succédaient à mesure qu'on trouvait quelque nouveau motif d'encouragement ; et l'amiral, cédant à l'ardeur des matelots, ordonna qu'on mît toutes les voiles au vent, et que chacun des trois bâtiments cherchât à devancer les deux autres, afin d'être le premier à découvrir l'île qu'on s'attendait à rencontrer. Cette lutte établit bientôt entre tous une assez longue distance, *la Pinta* ayant aisément pris l'avance, tandis que *la Santa-Maria* et *la Niña* la suivaient plus lentement. Il n'y eut qu'enjouement et gaieté tout le jour à bord de ces trois bâtiments alors isolés, qui flottaient au centre de l'Atlantique sans que personne à bord s'en doutât, de nouveaux horizons succédant à d'autres horizons sans que l'on vit de toutes parts autre chose que l'eau ; tels des cercles se formeraient au-delà d'autres cercles à la surface de la mer, si une vaste masse de matière solide tombait tout à coup au milieu du liquide élément.

CHAPITRE XIX.

> Les voiles étaient gonflées, et le souffle des vents était favorable, comme s'ils eussent été charmés de le porter loin de son pays natal. Les rochers blancs disparurent rapidement à sa vue, et se perdirent bientôt sous l'écume qui les entourait. Alors, il se repentit peut-être de son désir de voyages ; mais cette pensée silencieuse dormit dans son sein, et il ne sortit de sa bouche aucune parole de plainte, tandis que d'autres pleuraient et accompagnaient de leurs lâches plaintes le sifflement des vents.
>
> LORD BYRON.

Aux approches de la nuit, *la Pinta* diminua ses voiles, pour que les deux autres bâtiments pussent la rejoindre. Tous les yeux se dirigèrent alors avec empressement vers l'ouest, où l'on s'attendait à chaque instant à découvrir la terre. Cependant les dernières teintes du soir s'éteignirent à l'horizon, et les ténèbres couvrirent l'Océan, sans amener aucun changement matériel. Une brise agréable soufflait encore du sud-est, et la surface de l'eau n'était pas plus ridée que ne l'est ordinairement celle d'une grande rivière. La dissidence entre les aiguilles et l'étoile polaire continuait à augmenter légèrement, et personne ne doutait plus qu'elle ne fût attribuée à ce corps céleste. Cependant les bâtiments avançaient vers le sud, gouvernant, de fait, à l'est quart sud-ouest, tandis qu'ils croyaient gouverner à l'ouest; circonstance qui empêcha seule Colomb d'arriver sur les côtes de la Géorgie ou des Carolines, car, quand même il eût manqué les Bermudes, le courant du détroit de Bahama l'aurait infailliblement porté au nord, quand il se serait approché du continent.

La nuit se passa comme de coutume; et à midi, c'est-à-dire à la fin du jour nautique, la flotte avait laissé un nouvel et long espace entre elle et l'ancien monde. Les herbes marines disparaissaient, et avec elles les thons, qui, dans le fait, se nourrissaient du produit des bas fonds situés à plusieurs milliers de pieds plus près de la surface de l'eau qu'ils ne le sont ordinairement dans le lit de l'Atlantique. Les bâtiments avaient coutume de se tenir près l'un de l'autre à midi, afin de comparer leurs observations; mais *la Pinta*, qui, comme un coursier fougueux, était difficile à retenir, resta en avant jusqu'au milieu de l'après-midi. Alors elle mit en panne, suivant l'usage, pour donner à l'amiral le temps d'arriver. Lorsque *la Santa-Maria* approcha, Martin Alonzo Pinzon resta debout le chapeau à la main, attendant que la caravelle fût à portée de sa voix pour parler à l'amiral.

— Señor don Christophe, s'écria-t-il d'un ton joyeux, tandis que *la Pinta* établissait ses voiles de manière à ce que l'amiral se maintînt dans son sillage, Dieu nous accorde de nouveaux signes annonçant la terre, de nouveaux motifs d'encouragement. Nous avons vu voler de grandes troupes d'oiseaux en avant de nous; et les nuages, du côté du nord, paraissent lourds et épais, comme s'ils flottaient sur quelque île ou sur un continent.

— Vos nouvelles sont bonnes, digne Martin Alonzo; mais je vous prie de vous rappeler que tout ce que je puis espérer de rencontrer sous cette longitude, c'est quelque groupe de belles îles, car l'Asie est encore à plusieurs journées devant nous. A mesure que la nuit approchera, vous verrez ces nuages prendre davantage encore la forme de la terre, et je suis porté à croire que nous avons en ce moment quelques groupes d'îles à notre droite et à notre gauche. Mais le Cathay est notre destination, et des hommes qui ont un tel but devant eux ne peuvent se détourner de leur route pour aucune considération subalterne.

— Ai-je votre permission, noble amiral, de pousser en avant avec *la Pinta*, afin que nos yeux soient les premiers à jouir de la vue agréable de l'Asie? Je ne doute pas que nous ne la voyions avant le jour.

— Allez, brave pilote, allez, au nom du ciel, si vous pensez ainsi; mais je vous avertis que vos yeux ne peuvent pas encore voir le continent. Cependant, comme toute terre, dans ces mers inconnues et lointaines, doit être une découverte, et faire honneur à la Castille et à nous-mêmes, celui qui l'apercevra le premier méritera une récompense. Vous avez donc, vous et tout autre, pleine permission de découvrir des îles et des continents par milliers.

Cette saillie fit rire les équipages, car on rit aisément quand on a le cœur gai; et *la Pinta* reprit l'avance. Au coucher du soleil, on la revit de nouveau, car elle avait mis en panne pour attendre ses deux bâtiments de conserve. Ce n'était alors qu'un point noir en avant d'un horizon brillant des teintes glorieuses du soleil couchant. Du côté du nord, l'horizon présentait des masses de nuages dans lesquels l'imagination pouvait aisément se représenter des sommets de montagnes escarpées, des vallées retirées, des caps et des promontoires que la distance montrait en raccourci.

Le lendemain, pour la première fois depuis qu'ils avaient rencontré les vents alizés, le vent fut faible et variable. Les nuages se rassemblèrent sur la tête des navigateurs et laissèrent échapper une pluie fine. Très-peu de distance séparait alors les trois bâtiments, et des esquifs passaient et repassaient sans cesse de l'un à l'autre.

— Señor amirante, dit Martin Alonzo en montant sur le pont de *la Santa-Maria*, je viens, à la demande unanime des hommes de mon équipage, vous prier de faire gouverner au nord pour y chercher la terre, continent ou îles, qui s'y trouve sans aucun doute, et assurer ainsi à cette grande entreprise la gloire due à nos illustres souverains, et à vous-même qui avez conçu l'idée de cette découverte.

— La demande est juste, mon cher Martin Alonzo, et faite en termes convenables; cependant je ne puis l'accorder. Il est très-probable qu'en gouvernant de ce côté nous ferions des découvertes honorables; mais en agissant ainsi nous n'arriverions pas à notre but. Le Cathay et le Grand-Khan sont à l'ouest, et nous sommes ici, non pour ajouter aux connaissances des hommes un autre groupe d'îles semblables aux Canaries ou aux Açores, mais pour compléter le cercle de la terre, et pour ouvrir le chemin à la croix de Jésus-Christ dans les contrées habitées depuis si longtemps par des infidèles.

— Señor de Muños, n'avez-vous rien à dire en faveur de notre demande? Vous avez du crédit auprès de l'amiral, et vous pourrez peut-être obtenir de lui qu'il nous accorde notre requête.

— Pour vous dire la vérité, Martin Alonzo, répondit Luis, plutôt avec le ton d'insouciance d'un grand d'Espagne parlant à un pilote, qu'avec l'air de respect du secrétaire d'une expédition, répondant à l'officier qui l'a commandé en second, — j'ai tellement pris à cœur la conversion du Grand-Khan, que je désire ne me détourner ni à droite ni à gauche jusqu'à ce que cette grande œuvre soit bien assurée. J'ai remarqué en outre que Satan n'a que peu de pouvoir sur ceux qui suivent le droit chemin, tandis qu'il obtient tant de victoires sur ceux qui s'en détournent, que c'est avec eux qu'il peuple ses domaines.

— N'y a-t-il aucune espérance, noble amiral? Faut-il que nous abandonnions tous ces signes encourageants, sans chercher à les suivre pour arriver à une fin avantageuse?

— Je ne vois rien de mieux à faire, mon digne ami. — Cette pluie indique la terre; ce calme l'indique aussi, — et voici un visiteur qui nous l'annonce encore mieux. — Regardez du côté de *la Pinta*, il paraît disposé à y reposer ses ailes fatiguées.

Pinzon et tous ceux qui étaient près de lui tournèrent la tête du côté indiqué, et virent avec autant de plaisir que de surprise un pélican, dont les ailes étendues pouvaient avoir dix pieds d'envergure, voler à quelques brasses au-dessus de la mer, et paraissant se diriger vers *la Pinta*. Cependant l'oiseau aventureux, comme s'il eût dédaigné un bâtiment de rang inférieur, passa par-dessus cette caravelle et vint s'abattre sur une vergue de *la Santa-Maria*.

— Si ce n'est pas là un signe certain du voisinage de la terre, dit Colomb d'un ton grave, c'est un sûr présage que Dieu est avec nous, ce qui vaut beaucoup mieux encore ; c'est un appel encourageant qu'il nous fait, pour nous confirmer dans notre intention de continuer à le servir jusqu'à la fin. Voici la première fois, Martin Alonzo, que je vois un oiseau de cette espèce à plus d'une journée du rivage.

— Je puis en dire autant, noble amiral, et, comme vous, je regarde cette visite comme un présage favorable. Mais n'est-ce pas un avis d'avancer vers le nord, et de chercher la terre de ce côté?

— Je ne l'interprète pas ainsi, et je le regarde plutôt comme un motif pour continuer notre route. A notre retour des Indes, nous pourrons faire une reconnaissance plus exacte de cette partie de l'Océan ; mais je croirai n'avoir rien fait, tant que nous ne serons pas arrivés dans l'Inde, et l'Inde est encore à plusieurs centaines de lieues de distance. Cependant, comme le temps est favorable, appelons nos pilotes, et voyons où chacun placera son bâtiment sur la carte.

Tous les pilotes s'assemblèrent autour de *la Santa-Maria*, et chacun d'eux, après avoir fait ses calculs, piqua une épingle sur la carte informe, — informe quant à l'exactitude, mais très-belle quant à l'exécution, — que l'amiral, à l'aide des connaissances qu'il possédait alors, avait faite de l'Océan Atlantique. Vincent Yañez et ses compagnons piquèrent leur épingle fort en avant, à quatre cent quarante lieues marines de l'île de Gomère. Martin Alonzo s'en éloigna un peu, et plaça son épingle environ vingt lieues plus à l'est. Quand ce fut le tour de Colomb, il piqua la sienne vingt lieues encore en arrière de celle de Martin ; ses compagnons, suivant toute apparence, calculateurs moins habiles, ayant dépassé la distance véritable. Quand on eut décidé ce qu'on annoncerait aux équipages, les pilotes retournèrent chacun sur leur bord.

Il paraît que Colomb crut réellement qu'il passait alors entre des îles ; et son historien, Las Casas, affirme qu'il ne se trompait pas dans cette conjecture. Mais s'il a jamais existé des îles dans cette partie de l'Océan, elles en ont disparu depuis longtemps ; phénomène qui, s'il n'est pas impossible, peut à peine être regardé comme probable. On dit que, même dans le siècle actuel, on a vu des brisants dans ces parages, et il n'est pas invraisemblable qu'il y existe des bancs étendus, quoique Colomb n'ait pas trouvé de fond avec une ligne de sonde de deux cents brasses.

Le grand amas d'herbes dans ces parages est un fait rendu authentique par quelques-uns des plus anciens monuments des recherches humaines, et cette circonstance est probablement due à quelque effet des courants qui tend à les accumuler ainsi. Quant aux oiseaux, on doit les considérer comme des individus isolés, attirés loin de leurs demeures ordinaires par la nourriture que peut leur procurer la réunion des herbes et des poissons. Les oiseaux aquatiques peuvent toujours se reposer sur l'eau, et l'oiseau qui peut fendre l'air à raison de trente et même de cinquante milles par heure, n'a besoin que d'une force suffisante pour traverser l'Océan atlantique en quatre jours.

Malgré tous ces signes favorables, les différents équipages sentirent bientôt de nouveau le poids du découragement. Sancho, qui était en communication constante mais secrète avec l'amiral, eut soin de l'informer de cette disposition des esprits, et lui dit un jour que les matelots murmuraient plus que jamais, une réaction soudaine les ayant fait passer d'une espérance trop vive à un désespoir presque absolu. Colomb apprit cette nouvelle à l'instant où le soleil se couchait, le 20 septembre, onzième jour depuis qu'ils avaient perdu de vue la terre, tandis que le vieux marin feignait d'être occupé sur la dunette, où il faisait ordinairement ses rapports à son commandant.

— Ils se plaignent de ce que l'eau est trop lisse, continua Sancho, et ils disent que, lorsque le vent se promène sur ces mers, il vient toujours de l'est, n'ayant pas le pouvoir de souffler d'un autre côté; ils pensent que les calmes prouvent que nous arrivons dans une partie de l'Océan où le vent nous manquera tout à fait, et que les vents d'est sont envoyés par la Providence pour y pousser des gens qui ont déplu au ciel par une curiosité qui n'a jamais été destinée à être le partage d'un être portant barbe.

— Tâche d'encourager ces pauvres diables, Sancho, en leur rappelant qu'en tout temps il règne des calmes dans toutes les mers; et quant aux vents d'est, ne sait-on pas qu'ils soufflent de la côte d'Afrique, dans les basses latitudes, en toute saison, et qu'ils suivent le soleil dans sa course journalière autour de la terre? J'espère que tu n'as aucune de ces sottes craintes?

— Je cherche à conserver un cœur ferme, señor don amirante, n'ayant personne devant moi à qui je puisse causer de la honte, et ne laissant après moi personne qui puisse me regretter. Cependant j'aimerais à entendre parler un peu des richesses de ces contrées lointaines, car je trouve que la pensée de l'or et des pierres précieuses qui s'y trouvent exerce une sorte de charme religieux sur ma faiblesse, quand je viens à songer à Moguer et à la bonne chère qu'on y fait.

— Je t'entends, drôle; ton appétit pour l'argent est insatiable : prends encore ce doublon, et en le regardant imagine-toi ce que tu voudras de la monnaie du Grand-Khan ; car il est bien certain qu'un si grand monarque ne peut être dépourvu d'or, et il est sans doute disposé à en faire part aux autres quand l'occasion s'en présente.

Sancho reçut cet argent et laissa Colomb et notre héros en possession de la dunette.

—Il faudrait, Señor, dit Luis avec impatience, mettre un terme à ces changements perpétuels dans les dispositions de ces misérables, par l'application du plat de sabre, ou, au besoin, du tranchant.

— On ne peut avoir recours à de pareils actes de sévérité, mon jeune ami, sans de plus fortes raisons que nous n'en avons encore. Ne pensez pas que j'aie passé tant d'années de ma vie à solliciter les moyens d'accomplir un si grand projet, et que je me sois avancé si loin sur ces mers inconnues, pour me laisser aisément détourner de l'exécution de mes desseins. Mais Dieu n'a pas jeté tous les hommes dans le même moule; il n'a pas donné au paysan et au noble les mêmes facilités pour acquérir des connaissances. Je me suis trop souvent fatigué l'esprit en argumentant sur ce sujet avec les grands et les savants pour ne pas être en état de supporter avec quelque patience l'ignorance du vulgaire. Figurez-vous combien la crainte aurait aiguisé l'esprit des sages de Salamanque, si nos discussions avaient eu lieu au milieu de l'Atlantique, dans des parages où nul homme n'a jamais été, et où nuls yeux que ceux de la science et du raisonnement ne pourraient découvrir un passage sûr pour en sortir.

—Cela est très-vrai, señor amirante, et pourtant il me semble que les chevaliers que vous aviez pour antagonistes ne devaient pas être tout à fait énervés par la crainte. Quel danger courons-nous ici? Il est vrai que nous sommes sur le vaste Océan, et sans aucun doute à quelques centaines de lieues de toute terre connue, mais nous n'en sommes pas moins en sûreté. Par saint Pédro! j'ai vu périr plus d'hommes dans une seule charge des

Maures, qu'il n'en tiendrait sur ces caravelles, et couler assez de sang pour les mettre à flot.

— Les dangers que craignent nos matelots, don Luis, frappent moins les yeux que ceux d'un combat contre les Maures, mais ils n'en sont pas moins terribles. Où est la source qui fournira de l'eau à nos lèvres desséchées, quand notre provision sera épuisée? où est le champ qui nous donnera du pain et des vivres? Il est cruel de mourir de faim et peut-être de soif sur la surface de ce vaste océan, de quitter la vie pouce à pouce, souvent sans les consolations de l'Eglise, et toujours sans avoir la sépulture chrétienne. Telles sont les idées que nourrit l'esprit des marins, et il ne faut les en arracher violemment que lorsque le devoir exige des remèdes extrêmes à ce mal.

— Il me semble, don Christophe, qu'il sera assez temps de raisonner ainsi quand nos barriques seront vides et que nous aurons cassé notre dernier biscuit; jusqu'alors, je demande à Votre Excellence la permission d'appliquer la logique nécessaire à l'extérieur de la tête de ces drôles, au lieu de chercher à la faire entrer dans l'intérieur, car je doute qu'il soit en état de garder quelque chose de bon.

Colomb connaissait trop bien le naturel bouillant du jeune homme pour lui faire une réponse sérieuse, et tous deux restèrent appuyés quelque temps contre le mât d'artimon, examinant la scène qu'ils avaient sous les yeux, et réfléchissant sur les incertitudes de leur situation. Il faisait nuit, et la figure des hommes de quart n'était visible que sous une clarté qui ne permettait pas de distinguer leur physionomie. Ils formaient différents groupes sur le pont, et, d'après le ton animé quoique bas de leur conversation, il était évident que l'objet de leur discussion était le calme qui continuait à régner, et les risques qu'ils couraient. On discernait les contours de *la Pinta* et de *la Niña* sous un firmament orné de toutes ses splendeurs; leurs voiles indolentes tombaient en festons comme une draperie de rideaux, et leurs coques noires étaient aussi immobiles que si elles eussent été amarrées dans une des rivières de l'Espagne. La nuit était belle et douce, mais la solitude immense et le calme profond de l'Océan endormi, et même de temps en temps le craquement d'une vergue, rappelaient à l'esprit la situation des bâtiments, et donnaient à cette scène un air de solennité presque sublime.

— Ne voyez-vous rien voler à travers les cordages, Luis?

demanda l'amiral avec précaution. Mon oreille me trompe, ou j'entends un bruit d'ailes. Mais ce son est léger comme celui que produiraient de petits oiseaux.

— Vous ne vous trompez pas, don Christophe; j'en aperçois qui viennent de se percher sur les plus hautes vergues, et ils sont de la même taille que les plus petits oiseaux de terre.

— Ecoutez leur chant joyeux, Luis. C'est une mélodie semblable à celle qu'on pourrait entendre dans un des bosquets d'orangers des environs de Séville. Dieu soit loué! C'est un signe qu'il nous donne de l'unité et de l'étendue de son empire, car la terre ne peut être bien éloignée puisque des oiseaux si faibles et de si petite taille ont pris leur vol pour venir s'établir ici.

La présence de ces oiseaux fut bientôt connue de tous ceux qui étaient sur le pont, et leurs chants rendirent aux marins plus d'assurance que n'aurait pu le faire la démonstration mathématique la plus complète, eût-elle été fondée sur les principes des connaissances modernes.

— Je te disais bien que la terre n'était pas loin, s'écria Sancho d'un ton de triomphe, en s'adressant à Martin Martiñez, son constant antagoniste. — Tu en as la preuve ici, et une preuve que personne ne peut nier à moins d'être un traître. Tu entends le chant des oiseaux sur les vergues, — chants qui ne sortiraient jamais du gosier d'oiseaux fatigués, et qui semblent aussi joyeux que si ces chers petits coquins emplumés becquetaient une figue ou une grappe de raisin dans un champ d'Espagne.

— Sancho a raison, s'écrièrent les matelots; — l'air nous apporte une odeur qui vient de terre; — la mer elle-même a quelque chose qui annonce le voisinage de la terre. — Dieu est avec nous, que son saint nom soit béni! — Honneur à notre seigneur le roi et à notre gracieuse maîtresse doña Isabelle!

En ce moment, toute inquiétude disparut. L'amiral lui-même pensa que la présence d'une troupe de si petits oiseaux, et dont les ailes paraissaient si faibles, était une preuve certaine du voisinage de la terre, — d'une terre généreuse par ses productions, et placée sous un climat doux et favorable; car ces oiseaux qui chantent, comme le sexe le plus doux de la race humaine, aiment les scènes qui sont d'accord avec leurs goûts, leurs penchants et leurs habitudes.

L'expérience a prouvé depuis ce temps que Colomb se trompait à cet égard, quelque plausibles que fussent les motifs de son erreur. Les hommes se méprennent souvent sur les facultés physiques des animaux inférieurs de la création, et en d'autres occasions exagèrent l'étendue de leur instinct. En fait, un oiseau de peu de poids serait moins sujet à périr sur l'Océan dans cette basse latitude, qu'un oiseau plus lourd, ni l'un ni l'autre ne fût-il nageur. Les herbes marines elles-mêmes offriraient des lieux de repos sans nombre pour de petits oiseaux, et dans certains cas elles leur fourniraient probablement la nourriture. Certes, il est peu vraisemblable que des oiseaux qui vivent uniquement sur terre, prennent au loin leur vol sur la mer; mais, sans parler de la force des vents qui entraînent souvent le hibou, cet oiseau à lourdes ailes, à des centaines de milles de la terre, l'instinct n'est pas infaillible, car on trouve fréquemment des baleines échouées dans des bas-fonds, et il n'est pas rare de rencontrer des oiseaux au-delà des limites de leurs courses ordinaires.

Quelle que pût avoir été la cause de l'heureuse apparition de ces petits habitants des vergers sur les vergues de *la Santa-Maria*, elle n'en produisit pas moins le meilleur effet sur l'esprit de l'équipage de cette caravelle. Aussi longtemps qu'ils chantèrent, nul amateur n'aurait pu écouter avec plus d'enthousiasme les plus brillants morceaux exécutés par un orchestre, que ces grossiers matelots ne prêtèrent l'oreille à leurs gazouillements; et quand les équipages s'endormirent, ce fut avec un sentiment de sécurité qui prenait sa source dans la vénération et la reconnaissance. Les chants recommencèrent au lever de l'aurore, et bientôt tous les oiseaux partirent en masse, prenant leur vol vers le sud-ouest. Le lendemain amena un calme; lorsque le vent se reprit à souffler, ce fut avec si peu de force, que les bâtiments ne pouvaient avancer que difficilement à travers les masses d'herbes qui donnaient à l'Océan l'apparence de vastes prairies inondées. On vit alors que le courant venait de l'ouest, et peu de temps après le lever du soleil, Sancho vint faire part à Colomb d'une nouvelle cause d'alarme.

—Señor amirante, dit-il, nos gens se sont mis dans la tête une idée qui tient tellement du merveilleux qu'elle trouve aisément croyance parmi ceux qui aiment les miracles plus qu'ils n'aiment Dieu. Martin Martiñez, qui est un philosophe en matière de terreur, soutient que cette mer dans laquelle nous semblons nous enfoncer de plus en plus, couvre des îles submergées; et que ces herbes, dont le nombre, comme on ne peut le nier, semble augmenter à mesure que nous avançons, seront bientôt en si grande quantité sur la surface de l'eau, que les caravelles ne pourront plus ni avancer ni reculer.

— Et Martin trouve-t-il quelqu'un qui veuille ajouter foi à cette sotte idée?

— Oui, señor don amirante, et par la raison toute simple qu'il est plus facile de trouver des gens prêts à croire une absurdité que des gens qui ne veuillent croire que la vérité. Mais cet homme est appuyé par quelques malheureuses chances qui doivent venir des puissances des ténèbres, qui ne peuvent avoir un grand désir de voir Votre Excellence arriver au Cathay pour faire du Grand-Khan un chrétien et planter dans ses domaines l'arbre de la croix. D'ailleurs ce calme donne des inquiétudes à bien du monde, et l'on commence à regarder ces oiseaux comme des créatures envoyées par Satan pour nous conduire là d'où nous ne reviendrons jamais. Plusieurs croient même que nous sommes sur des bas-fonds, et que nous resterons pour toujours échoués au milieu de ce vaste Océan.

— Allez ordonner qu'on se prépare à sonder; je leur démontrerai du moins la folie de cette idée. Faites assembler tout l'équipage, pour qu'il soit témoin du résultat de l'opération.

Colomb répéta cet ordre aux pilotes, et le plomb de la grande ligne de sonde fut jeté de la manière accoutumée. La ligne fila rapidement par-dessus la lisse, et le plomb continua à descendre vers le fond, jusqu'à ce qu'il restât si peu de corde qu'il fallut s'arrêter.

— Vous voyez, mes amis, dit-il alors, que nous sommes à deux cents brasses des bas-fonds que vous craignez, et je suis sûr que la mer a ici le double de la profondeur que nous venons de mesurer. — Et regardez là-bas! voyez-vous cette baleine qui fait jaillir de l'eau? c'est un animal qu'on ne voit jamais qu'à peu de distance des côtes des grandes îles et des continents.

Cette dernière partie du discours de Colomb, qui était conforme aux opinions du jour, ne laissa pas que de produire son effet, son équipage étant naturellement sous l'influence des idées généralement répandues à cette époque. On sait pourtant aujourd'hui que les baleines fréquentent les parties de l'Océan où leur nourriture est la plus abondante, et l'un des parages où l'on en trouve le plus depuis un certain temps, est ce qu'on appelle le Faux-Banc du Brésil, qui se trouve presque au centre de l'Océan. En un mot, tous ces signes qui avaient rapport aux mouvements des oiseaux et des poissons, et qui paraissent avoir produit tant d'effet non seulement sur les matelots employés dans cette grande entreprise, mais sur Colomb lui-même, avaient beaucoup moins d'importance réelle qu'on ne le croyait alors; les navigateurs étant si peu accoutumés à se hasarder loin de la terre, qu'ils ne connaissaient pas les mystères du grand Océan.

Toutefois, malgré ces rapides et rares moments de joie et d'espérance, la méfiance et la crainte commençaient de nouveau à prendre l'ascendant parmi les matelots. Ceux qui avaient été mécontents dès l'origine saisissaient chaque occasion d'augmenter ces craintes; et quand, le samedi 22 septembre, le soleil levant éclaira de ses rayons une mer calme, il se trouvait à bord des trois bâtiments bon nombre d'hommes disposés à former une coalition pour demander formellement à l'amiral de mettre à l'est le cap de ses caravelles, en lui disant :

— Nous avons fait quelques centaines de lieues avec un vent favorable sur une mer entièrement inconnue à l'homme; enfin nous voici arrivés dans une partie de l'Océan où le vent semble nous manquer tout à fait, et où nous courons le danger d'être enfermés entre des masses d'herbes immobiles, ou d'échouer sur des îles submergées, sans aucun moyen de nous procurer de l'eau et des vivres.

De tels arguments ne manquaient pas de force dans un siècle où les hommes les plus savants étaient obligés de chercher à tâtons le chemin pour arriver à des connaissances plus exactes, à travers les brouillards de la superstition et de l'ignorance, et où la faiblesse dominante était d'ajouter foi, d'une part aux preuves visibles du pouvoir miraculeux de Dieu, et de l'autre à celles presque aussi irrécusables de l'ascendant des mauvais esprits auxquels il était permis d'influer sur les affaires temporelles de ceux qu'ils persécutaient.

Il fut donc fort heureux pour le succès de l'expédition qu'il s'élevât une légère brise du sud-ouest dans la matinée du jour dont nous venons de parler, car elle permit aux caravelles de prendre de l'aire et de sortir enfin de ces vastes champs d'herbes qui gênaient leur marche, et qui éveillaient les craintes des matelots. Comme il importait de se débarrasser des obstacles flotfants qui entouraient les bâtiments, on les fit entrer dans la première ouverture suffisamment large qui s'offrit, puis on les mit au plus près du vent, le cap, autant qu'il était possible, dans la direction que l'on voulait suivre. L'amiral croyait alors gouverner à l'ouest-nord-ouest, quand, par le fait, il suivait une ligne beaucoup plus voisine de sa véritable route que lorsque ses bâtiments avaient le cap à l'ouest, suivant la boussole, déviation causée par la variation de l'aiguille. Cette circonstance seule semblerait établir le fait que Colomb croyait à sa théorie du changement de place de l'étoile polaire, puisqu'il n'aurait pas gouverné plusieurs jours consécutifs à l'ouest-sud-ouest demi-ouest avec un vent favorable, comme on sait qu'il le fit, quand son plus grand désir était d'avancer en droite ligne à l'ouest. Il gouvernait alors à un demi-quart de la route précédente, quoiqu'il se figurât, comme tous ceux qui étaient avec lui, que leur route était de près de deux quarts sous le vent de la direction si désirée.

Mais ces légères variations n'étaient que des bagatelles auprès de la victoire que Colomb avait remportée sur les craintes de son équipage quand le calme avait cessé et que ses bâtiments avaient été dégagés des herbes. D'une part, les matelots virent que le vent ne soufflait pas toujours du même côté; de l'autre ils eurent la preuve qu'ils n'étaient pas arrivés à un point où l'Océan n'était plus navigable. Quoique le vent fût alors favorable pour retourner aux Canaries, personne ne demandait plus qu'on prît ce parti, tant nous sommes portés à désirer ce qui nous est refusé, et prêts à mépriser ce qui est entièrement à notre disposition. Les sentiments des matelots étaient devenus aussi variables que les vents eux-mêmes.

Le samedi se passa de cette manière, et au moment où le soleil se coucha, les bâtiments entrèrent de nouveau dans un champ d'herbes. Au retour du jour, le vent les portait au nord-ouest et quart-d'ouest d'après la boussole, ce qui était dans la réalité gouverner à l'ouest-nord-ouest-demi-nord. Les oiseaux reparurent en grand nombre, et parmi eux l'on remarquait une tourterelle; on vit aussi plusieurs crabes ramper parmi les herbes. Tous ces signes auraient encouragé les matelots, s'ils n'avaient pas été si souvent trompeurs.

— Señor, dit Martin Martiñez à l'amiral, quand celui-ci se rendit sur le pont pour ranimer le courage abattu de son équipage, nous ne savons plus que penser. Pendant plusieurs jours, le vent a soufflé dans la même direction, nous conduisant, à ce qu'il paraissait, à notre perte, et ensuite il nous a abandonnés sur une mer telle qu'aucun marin à bord de *la Santa-Maria* n'en a jamais vu,— une mer qui a l'air d'une prairie sur le bord d'une rivière, et où il ne manque que des vaches et un vacher pour qu'on la prenne pour un champ que l'eau a couvert en se débordant. C'est une chose effrayante!

— Tes prairies sont des herbes de l'Océan, et elles prouvent la richesse de la nature qui les a produites, répondit Colomb; et les brises de l'est sont ce que tous ceux qui ont fait un voyage en Guinée savent qui existe toujours dans de si basses latitudes. Je ne vois rien dans tout cela qui doive alarmer un brave marin. Quant au fond, vous savez tous qu'on ne l'a pas trouvé avec une ligne de deux cents brasses. — Pépé, tu n'as aucune de ces faiblesses, j'espère? Tu es bien décidé à voir le Cathay et le Grand-Khan?

— Señor amirante, je fais à Votre Excellence le même serment que j'ai fait à Monica, qui est de vous être fidèle et soumis. S'il s'agit d'arborer la croix au milieu des infidèles, ma main ne sera pas la dernière à faire sa tâche dans cette sainte œuvre. Cependont, Señor, aucun de nous n'aime ce long calme; il est contre nature. Nous sommes sur un océan qui n'a point de vagues et dont la surface est si unie, que nous doutons beaucoup que ses eaux suivent les mêmes lois que celles qui baignent les côtes d'Espagne, car jamais je n'ai vu une mer qui ait tellement l'air d'être morte. N'est-il pas possible, Señor, que Dieu ait fait de cette eau calme et stagnante une ceinture dont il a enveloppé les limites de la terre pour empêcher les imprudents de pénétrer dans ses saints secrets?

— Ton raisonnement a du moins une teinte de religion, et, quoiqu'il ne soit pas juste, on peut à peine le condamner. Dieu a placé l'homme sur cette terre, Pépé, pour en être le maître et pour le servir en étendant le domaine de son Église, et en faisant le meilleur usage possible des nombreux bienfaits dont il accompagne le présent qu'il nous fait de la vie. Quant aux limites dont tu parles, elles n'existent que dans l'imagination, la terre étant une sphère ou une boule, qui n'a d'autres limites que celles que tu vois partout.

— Et quant à ce que dit Martin sur les vents, les herbes et les calmes, dit Sancho qui n'était jamais en défaut quand il s'agissait d'alléguer un fait ou une raison, je ne sais sur quelles mers a pu naviguer un marin de son âge pour que tout cela soit du nouveau pour lui. Quant à moi, tout cela est aussi commun que la lavure d'écuelles à Moguer, et si ordinaire, que je n'en aurais rien remarqué sans les lamentations de Martin et de ses amis. Quand *la Santa-Catalina* fit un voyage dans cette île si éloignée qu'on appelle l'Irlande, nous débarquâmes sur des herbes marines à environ une demi-lieue de la côte; et quant au vent, il souffla régulièrement quatre mois d'un côté et quatre mois de l'autre, et les habitants de l'île nous dirent qu'il soufflerait ensuite transversalement et à mêmes intervalles des deux autres points; mais nous ne restâmes pas assez longtemps dans ces parages pour que je puisse prêter serment de la vérité de ces deux derniers faits.

— Et n'as-tu jamais entendu parler de bas-fonds si étendus, qu'une caravelle ne pourrait jamais s'en tirer si elle venait à s'y engager? s'écria Martiñez avec emportement; car étant porté lui-même aux exagérations les plus grossières, il ne voulait se laisser surpasser par personne; — et ces herbes n'annoncent-elles pas que nous sommes à deux pas d'un pareil danger, puisque nous les voyons souvent en masse si compactes, que peu s'en faut qu'elles n'arrêtent le bâtiment?

— En voilà bien assez sur ce sujet, dit l'amiral; tantôt nous rencontrons des herbes, tantôt nous n'en voyons plus. Ces changements sont causés par les courants, et quand aurons passé ce méridien, nous retrouverons sans doute une eau libre.

— Mais ce calme, señor amirante, ce calme! s'écrièrent en même temps une douzaine de voix. Cette immobilité contre nature de l'Océan nous effraie. Jamais nous n'avons vu l'eau de la mer si stagnante!

— Appelez-vous cela une eau stagnante? s'écria l'amiral. La nature elle-même sort de son repos pour vous reprocher vos craintes puériles, et pour donner un démenti à vos raisonnements insensés par des signes certains.

Tandis qu'il parlait ainsi, *la Santa-Maria* s'élevait sur la houle, et à mesure que les lames se succédaient et passaient sous le bâtiment, il éprouvait de si violents coups de roulis et de tangage, que toutes les parties de la mâture craquaient. Pas le moindre souffle d'air ne se faisait sentir, et les matelots regardaient autour d'eux avec une surprise que la frayeur portait à son comble. A peine le bâtiment plongeait-il lourdement dans le creux d'une lame, qu'une nouvelle lame le relevait sur-le-champ. Les vagues se succédaient aussi en augmentant toujours de hauteur, et toute la mer ne fut bientôt plus qu'une vaste plaine liquide ayant un mouvement d'ondulation. Cependant on distinguait encore des lames à des intervalles éloignés, mais marqués par l'écume dont leur sommet se couvrait en déferlant. Il fallut une demi-heure pour donner toute sa force à ce phénomène, et alors les trois bâtiments plongeaient dans l'eau, comme disent les marins, jusqu'à ce que soulevés par une lame plus forte, l'eau qu'ils avaient embarquée s'écoulât par les dalots.

Regardant cette circonstance comme devant être une source de nouvelle alarme ou un moyen de calmer celle qui régnait déjà, Colomb prit aussitôt ses mesures pour en tirer ce dernier parti. Il fit assembler tout son équipage au bas de la dunette, et lui parla en ces termes :

— Vous le voyez, mes amis, les craintes que vous conceviez relativement à une eau stagnante viennent d'être détruites tout à coup, et, en quelque sorte, par la main de Dieu même, ce qui prouve incontestablement que vous n'avez aucun danger de ce genre à redouter. Je pourrais en imposer à votre ignorance, et prétendre que le mouvement soudain qui vient d'être imprimé à la mer est un miracle que Dieu a permis pour me soutenir contre des alarmes insensées et contre des murmures d'insubordination ; mais ma cause est trop bonne pour que j'aie besoin d'un appui de cette nature, et qui ne vînt pas réellement du ciel. Les calmes, la stagnation de l'eau, et même les herbes marines, dont vous vous plaignez, ont pour cause le voisinage de quelque grande terre ; cette terre, je ne crois pas que ce soit un continent, il doit être plus à l'ouest ; ce sont plus probablement des îles, ou assez grandes ou assez nombreuses pour produire un effet si étendu, et cette agitation subite de la mer n'est probablement due qu'à un vent éloigné qui amène sur l'Océan ces lames gigantesques comme nous en voyons souvent, lames qui font sentir leurs derniers efforts au-delà même des limites du vent qui les a soulevées. Je ne veux pas dire par là qu'un phénomène qui est venu si à propos dissiper vos craintes ne soit pas produit par la main de Dieu, entre les mains de qui je ne suis qu'un instrument ; au contraire, je le crois pleinement, j'en suis reconnaissant envers lui : cependant il est du nombre des événements naturels, et ne peut être attribué à la Providence qu'en tant qu'elle nous prouve ainsi la continuation de ses soins et de son extrême bonté. Soyez donc tout à fait rassurés ; si l'Espagne est bien loin derrière vous, le Cathay est maintenant à une moindre distance en avant ; chaque heure diminue cette distance, et nous rapproche du but de notre voyage. Celui qui restera fidèle et obéissant ne se repentira pas de sa confiance ; mais celui qui troublera son esprit ou celui des autres par des doutes absurdes peut s'attendre à me voir déployer une autorité qui maintiendra les droits de Leurs Altesses à la soumission de leurs serviteurs.

Nous rapportons avec d'autant plus de plaisir ce discours du grand navigateur, qu'il prouve évidemment que Colomb ne croyait pas que la cessation subite du calme fût due à un miracle direct, comme quelques uns de ses biographes et historiens paraissent le supposer, mais qu'il la regarda comme une intervention de la puissance divine, par des moyens naturels, pour le mettre à l'abri des dangers qui pouvaient résulter des craintes puériles de ses équipages. Dans le fait, il n'est pas facile de supposer qu'un marin ayant l'expérience de Colomb pût ignorer la cause naturelle d'un événement si commun sur l'Océan, et dont ceux qui en habitent les côtes ont souvent occasion d'être témoins.

CHAPITRE XX.

> *Ora pro nobis, Mater !* — Quel charme exerçaient ces paroles, à l'instant où la dernière gloire du jour expirait sur les ondes ! Ne semblaient-elles pas venir de bien loin et sortir du milieu de la poussière des tombeaux où mes ancêtres reposaient sur leur crucifix et leur épée ? Chaque vague semblait répéter *Ora !* et toutes les visions de ma jeunesse se représentaient à mon esprit.
> *Le sanctuaire de la forêt.*

Il n'est peut-être pas inutile de montrer au lecteur jusqu'à quel point la petite escadre s'était avancée sur les eaux inconnues de l'Atlantique, et quelle était, au moment actuel, sa situation réelle ou supposée. Comme on l'a déjà vu, l'amiral, depuis son départ de Gomère, avait tenu deux tables de loch, l'une destinée pour son gouvernement, et qui approchait de la vérité autant que le permettaient les ressources imparfaites de la science nautique; l'autre, qui était exposée à la vue de tout l'équipage, et sur laquelle la distance parcourue était diminuée à dessein, afin de prévenir les alarmes. Comme Colomb se croyait employé au service de Dieu, cette supercherie pouvait passer, dans ce siècle superstitieux, pour une fraude pieuse, et il n'est nullement probable qu'elle ait troublé sa conscience, les ecclésiastiques eux-mêmes n'hésitant pas toujours à soutenir les remparts de la foi par des moyens moins excusables encore.

Les longs calmes et les vents légers et variables avaient empêché les bâtiments de faire beaucoup de chemin pendant les derniers jours; et en évaluant la distance parcourue ensuite dans une direction qui ne déviait de l'ouest que de très-peu vers le sud, il paraît, malgré tous ces signes favorables, les oiseaux, les poissons, les herbes et les calmes, que, dans la matinée du lundi 24 septembre, ou le quinzième jour après qu'on eut perdu de vue l'île de Fer, l'expédition se trouvait dans l'Atlantique, à peu près à égale distance des deux continents, sur le parallèle d'environ 31 à 32 degrés. Que les bâtiments se trouvassent tellement au nord des Canaries, quand on sait que Colomb avait gouverné la plupart du temps à l'ouest, en inclinant un peu vers le sud, c'est une circonstance qu'il faut attribuer à la route parcourue à l'aide de vents très-légers, et peut-être à la direction générale des courants. Après cette courte explication, nous en reviendrons aux progrès journaliers des caravelles.

L'influence des vents alisés se fit sentir de nouveau, quoique très-faiblement, pendant les vingt-quatre heures qui suivirent le jour des — lames miraculeuses, — et le cap des bâtiments fut encore mis à l'ouest d'après la boussole. On vit des oiseaux, comme à l'ordinaire, et entre autres un pélican. Les bâtiments ne firent pourtant que cinquante milles, distance qui fut encore diminuée sur la table de loch destinée à l'équipage.

La matinée du 25 fut calme, mais, vers le soir, une brise douce et constante souffla du sud-est. Tant qu'il fit jour, les caravelles restèrent à peu de distance les unes des autres, flottant nonchalamment sur l'eau, qu'elles sillonnaient à peine, et avançant tout au plus d'un mille par heure.

La Pinta se tenait près de *la Santa-Maria*, et les officiers et matelots des deux bâtiments s'entretenaient librement ensemble de leurs espérances et de leur situation. Colomb écouta longtemps ces conversations, cherchant à connaître l'opinion la plus généralement suivie d'après les expressions employées par les interlocuteurs, quoique la nécessité de parler haut et publiquement les forçât à y mettre plus de circonspection. Enfin il jugea l'occasion favorable pour produire un bon effet sur l'esprit de ses équipages.

— Que pensez-vous de la carte que je vous ai envoyée il y a trois jours, Martin Alonzo ? s'écria-t-il ; voyez-vous quelque chose qui vous fasse croire que nous approchons des Indes, et que notre temps d'épreuve tire à sa fin ?

Dès que le son de la voix de l'amiral se fit entendre, le silence régna partout ; car, quoique la plupart des matelots fussent mécontents, et même disposés à s'insurger contre lui, Colomb avait réussi à leur inspirer à tous un profond respect pour son jugement et pour sa personne.

— C'est une carte précieuse et bien dessinée, don Christophe, répondit don Alonzo, et elle fait honneur à celui qui l'a copiée et augmentée, comme à celui qui l'a tracée le premier. Je pense que c'est l'ouvrage de quelque savant qui a réuni sur la carte les opinions de tous les plus grands navigateurs.

— La carte originale a pour auteur un nommé Paul Toscanelli, savant Toscan, qui habite Florence ; homme qui possède de grandes connaissances, et met dans ses recherches un soin qui fait honte à la paresse. Il a joint à cette carte une lettre remplie d'observations les plus profondes relativement aux Indes, et ces îles que vous voyez placées avec tant d'exactitude. Il y parle aussi de différentes villes qu'il cite comme des exemples merveilleux du pouvoir de l'homme, particulièrement du port de Zaiton, d'où il part tous les ans plus de cent bâtiments uniquement chargés des produits du poivrier. Il dit en outre qu'un ambassadeur fut envoyé au saint-père, du temps d'Eugène IV, de bienheureuse mémoire, pour exprimer le désir du Grand-Khan, — ce qui signifie roi des rois dans la langue de ce pays, — d'être lié d'amitié avec les chrétiens de l'ouest, comme on nous appelait alors, mais qu'on appellera bientôt les chrétiens de l'est, dans cette partie du monde.

— Voilà qui est surprenant, Señor, dit Pinzon. Et comment sait-on cela ? En a-t-on acquis la certitude ?

— Il n'y a pas le moindre doute, puisque Paul, dans sa missive, dit qu'il vit beaucoup cet ambassadeur, et qu'il était souvent dans sa société. Or ce n'est qu'en 1477 qu'Eugène mourut. Cet ambassadeur était sans contredit un homme grave et prudent, car on ne pouvait charger qu'un homme de ce caractère d'une mission pour le chef de l'Eglise. C'est donc de lui que Toscanelli apprit beaucoup de détails intéressants sur l'immense population et la vaste étendue de ces contrées lointaines, la magnificence des palais et la beauté des villes. Il parle en particulier d'une cité qui surpasse toutes celles du monde connu, et d'une rivière qui a sur ses bords deux cents villes, et qu'on traverse sur des ponts de marbre. La carte qui est sous vos yeux, Martin Alonzo, prouve que la distance de Lisbonne à la ville de Quisay est exactement de trois mille neuf cents milles d'Italie, ou environ mille lieues, en gouvernant toujours à l'ouest[1].

— Et ce savant Toscan dit-il quelque chose des richesses de ce pays?

Cette question d'Alonzo fit dresser les oreilles à tous ceux qui purent l'entendre.

— Oui, sans doute, et voici précisément dans quels termes le docte Paul en parle dans son épître : — « C'est un noble pays, et nous devrions y faire des voyages à cause de ses grandes richesses, et de la quantité d'or, d'argent et de pierres précieuses qu'on peut en tirer. » — Il dit que Quisay a trente-cinq lieues de circonférence, et que le nom de cette ville, traduit en castillan, signifie la cité du ciel.

— En ce cas, murmura Sancho d'un ton si bas que Pépé seul put l'entendre, ce n'est guère la peine que nous y portions la croix ; car la croix a été destinée pour la terre, et non pour le paradis.

— Je vois ici deux grandes îles, señor amirante, dit Pinzon les yeux fixés sur la carte. L'une est nommée Antilla, l'autre est le Cipango dont Votre Excellence parle si souvent.

— Oui, Martin Alonzo ; et vous voyez aussi qu'elles sont placées sur cette carte avec une précision qui doit permettre à tout navigateur habile d'y arriver aisément. Ces deux îles sont exactement à deux cent vingt-cinq lieues l'une de l'autre.

— D'après les calculs que nous avons faits à bord de *la Pinta*,

---

[1]. Il est digne de remarque que Philadelphie se trouve à peu près dans la position que l'honnête Toscanelli suppose avoir été celle de la fameuse ville de Quisay.

noble amiral, nous ne pouvons être bien loin de Cipango en ce moment.

— Les calculs peuvent le faire paraître ainsi, mais je doute qu'ils soient justes. L'erreur ordinaire des pilotes est de se trouver plus avancés qu'ils ne le supposent d'après les calculs, mais je crois qu'en cette occasion le contraire est arrivé. Cipango est à plusieurs journées du continent de l'Asie, et par conséquent cette île ne peut être très-loin de l'endroit où nous sommes; mais les courants ont été contraires, et je doute que nous en soyons aussi près que vous et vos compagnons vous vous l'imaginiez. Renvoyez-moi cette carte; j'y tracerai notre position actuelle, et nous pourrons voir tous si nous avons sujet de nous décourager ou de nous réjouir.

Pinzon prit la carte, la roula avec soin, y joignit un petit poids, et attachant le tout au bout d'une ligne de loch, il le jeta à bord de *la Santa-Maria*, de la même manière qu'on jette la sonde, ce qui fut très-facile, tant les deux bâtiments étaient près l'un de l'autre. *La Pinta*, déployant alors une ou deux voiles de plus, prit peu à peu l'avance sur les deux autres, cette caravelle continuant d'être la meilleure voilière, surtout quand le vent était léger.

Colomb étendit cette carte sur une table placée sur la dunette, et invita tous ceux qui le voudraient à s'en approcher pour voir de leurs propres yeux l'endroit précis de l'Océan où il croyait son escadre en ce moment. L'amiral y avait marqué avec trop d'exactitude le chemin fait chaque jour, en diminuant seulement le calcul des distances, pour ne pas réussir à montrer à son équipage, aussi exactement que possible, sous quels degrés de longitude et de latitude les bâtiments se trouvaient alors. Et comme cet endroit se trouvait près des îles qu'on croyait à l'est du continent de l'Asie, cette preuve palpable du chemin déjà parcouru produisit plus d'impression sur l'esprit des matelots que n'aurait pu le faire aucune démonstration fondée sur des raisonnements abstraits, quand même ils auraient été basés sur des prémisses incontestables : car la plupart des hommes se soumettent plus aisément au témoignage de leurs sens qu'à l'influence du raisonnement. Aucun matelot ne songea à demander comment il était prouvé que l'île de Cipango se trouvait réellement à l'endroit où elle était marquée sur la carte; mais, l'y voyant figurer en noir et en blanc, tous furent disposés à croire qu'elle devait réellement y être ; et comme la réputation de Colomb pour calculer la marche journalière d'un bâtiment surpassait de beaucoup celle de tous les autres pilotes de la flotte, ce fait fut regardé comme tout à fait démontré. On se livra donc à des transports de joie, et l'on passa de nouveau du découragement à l'espérance : mais cette illusion devait encore être bientôt suivie de désappointement.

On ne peut douter que Colomb ne fût sincère en tout ce qui avait rapport à cette nouvelle illusion, à l'exception de la réduction journalière qu'il faisait sur la distance parcourue. De même que tous les cosmographes de ce siècle, il croyait la circonférence de la terre beaucoup plus petite qu'elle ne l'est réellement, comme l'ont démontré les calculs qui ont été faits depuis ce temps, et il en retranchait d'un seul trait presque toute la largeur de l'océan Pacifique. Ses idées à cet égard étaient fort naturelles, et l'on s'en convaincra en jetant un coup d'œil sur les faits géographiques que les savants possédaient alors comme autant de données pour leurs théories.

On savait que le continent de l'Asie était bordé à l'est par un vaste océan, et qu'une semblable étendue d'eau bordait l'Europe du côté de l'ouest ; d'où l'on tirait la conséquence plausible, dans la supposition que la terre fût une sphère, qu'il n'existait que de l'eau et des îles entre ces deux limites extrêmes de la terre. Or il se trouve moins de la moitié de la véritable circonférence du globe entre les bornes de l'ancien continent à l'orient et à l'occident, tel qu'il était connu à la fin du quinzième siècle ; dans l'état des connaissances humaines à cette époque c'eût donc été un effort d'esprit trop hardi de se faire une idée quelconque d'un fait si étonnant. Les théories se contentaient donc de resserrer les bornes de l'est et de l'ouest dans un cercle beaucoup trop étroit, faute de données pour en tracer un plus étendu, croyant que c'était déjà assez de hardiesse de soutenir que la terre avait une forme sphérique. Il est vrai que cette théorie remontait jusqu'à Ptolémée et probablement beaucoup plus loin : mais l'antiquité même d'un système devient un argument contre lui, quand il s'est écoulé des siècles sans que l'expérience en ait démontré la vérité. Colomb supposait que son île de Cipango, ou le Japon, était à environ cent quarante degrés de longitude à l'est de sa position véritable ; et comme un degré de longitude, sous le trente-cinquième degré de latitude septentrionale, qui est celle du Japon, en supposant la surface de la terre parfaitement sphérique, est d'environ cinquante-six milles géographiques, il s'ensuit que Colomb avait avancé cette île sur la carte de plus de sept mille milles d'Angleterre du côté de l'est, distance qui excède considérablement deux mille lieues marines.

Tout cela était pourtant un mystère non seulement pour les matelots des trois caravelles, mais pour le grand navigateur lui-même, dont les pensées les plus hardies n'auraient jamais osé aller si loin. Toutefois un fait de cette nature ne saurait diminuer en rien la gloire des vastes découvertes qu'il fit ensuite, puisqu'il prouve dans quelles circonstances défavorables il conçut le plan de son expédition, et avec quel degré limité de connaissances il réussit à l'exécuter.

Tandis qu'on s'occupait ainsi de la carte dont il vient d'être question, il était curieux de voir la manière dont les marins surveillaient ses moindres mouvements, étudiaient l'expression de sa physionomie toujours grave, et cherchaient à lire leur destin dans la contraction ou la dilatation de ses yeux. Les officiers et les pilotes de *la Santa-Maria* étaient à ses côtés, et quelques vieux marins s'étaient hasardés à s'approcher de la table pour suivre des yeux la marche lente de la plume de l'amiral, ou entendre l'explication de quelque figure de géomérie. De ce nombre était Sancho Mundo, qui passait généralement pour un des meilleurs marins de la flottille, en tout ce qui n'exigeait pas ce genre de connaissances qu'on n'acquiert que par l'étude et dans les écoles. Colomb adressait la parole avec bonté même à ces derniers, cherchant à leur faire comprendre certaines parties de leur profession qu'ils voyaient pratiquer tous les jours sans en connaître les motifs; et il leur faisait particulièrement remarquer la distance déjà parcourue et celle qui restait encore à franchir. Les plus jeunes et les moins expérimentés ne prenaient pas moins d'intérêt que les autres à ce qui se passait; et, montés sur les agrès, on les voyait regarder avec attention la scène qu'ils avaient sous les yeux, écoutant la démonstration de théories que leur intelligence n'était pas plus en état de comprendre que leurs yeux ne pouvaient voir cette Inde si vivement désirée. A mesure que les hommes deviennent plus intelligents, ils s'occupent davantage d'abstractions, abandonnant le domaine des sens pour se réfugier dans celui de la pensée. Mais jusqu'à ce que ce changement arrive, ils sont tous singulièrement soumis à l'influence des choses positives. La parole parlée produit rarement autant d'effet que la parole écrite ; et l'éloge ou le blâme qui entre par une oreille pour sortir par l'autre, pourrait faire une forte impression s'il parvenait à l'esprit par l'intermédiaire des yeux. Ainsi ceux des matelots qui ne pouvaient comprendre les raisonnements de Colomb s'imaginaient qu'ils comprenaient sa carte, et croyaient assez facilement que des îles et des continents devaient exister dans les endroits où ils les voyaient si bien dessinés.

Après cette opération, la gaieté reprit le dessus à bord de *la Santa-Maria*, et Sancho, qu'on regardait généralement comme un des partisans de l'amiral, eut à répondre à bien des questions de ses camarades qui désiraient avoir des explications plus détaillées sur quelques points relatifs à la carte qu'ils venaient de voir.

— Sancho, lui demanda l'un d'eux, qui venait de passer tout à coup du découragement à l'extrémité contraire, crois-tu que l'île de Cipango soit aussi grande que l'amiral l'a faite sur sa carte ? Qu'elle existe où il l'a placée, il ne faut que des yeux pour le voir, car elle paraît tout aussi naturelle que l'île de Fer ou celle de Madère.

— Oui, sans doute, répondit Sancho d'un ton positif, et l'on peut le voir à sa forme. N'y as-tu pas remarqué des caps, des baies et des promontoires, aussi clairement que sur toutes les côtes que nous connaissons ? Ah ! ces Génois sont d'habiles navigateurs ; et le señor Colon, notre noble amiral, n'est pas venu de si loin sans savoir dans quelle rade de cette île il jettera l'ancre.

Les esprits les plus bornés de l'équipage trouvaient de grandes consolations dans des arguments si concluants, et il ne se trouvait pas un seul matelot qui n'espérât avec plus de confiance que le voyage se terminerait heureusement, depuis que ses yeux avaient vu ce qui lui paraissait une preuve sans réplique de l'existence de la terre dans cette partie de l'Océan.

Lorsque la conversation entre l'amiral et Pinzon fut terminée, *la Pinta*, qui était déjà à une cinquantaine de toises en avant de *la Santa-Maria*, s'en éloigna un peu plus, quoique aucun de ces deux bâtiments ne filât guère plus d'un nœud par heure. Tout à coup, et tandis que les matelots s'entretenaient encore des nouvelles espérances auxquelles ils se livraient, un cri qui s'éleva à bord de *la Pinta* attira tous les yeux vers ce bâtiment. Pinzon était debout sur l'arrière, agitant son chapeau en l'air, et donnant tous les signes d'un transport de joie.

— Terre! Señor, terre! s'écria-t-il; je réclame ma récompense. Terre! terre!

— De quel côté, Martin Alonzo? demanda Colomb avec un empressement qui rendait sa voix tremblante; — de quel côté apercevez-vous une vue si heureuse?

— Là — au sud-ouest, répondit Pinzon en étendant un bras de ce côté. On voit une chaîne sombre de nobles montagnes qui promettent de satisfaire les pieux désirs du saint-père lui-même.

Tous les yeux se tournèrent vers le sud-ouest, et chacun crut y trouver la preuve si désirée du succès de l'expédition. On voyait à l'horizon une masse, couverte de vapeurs, — dont les contours, sans être bien distincts, étaient plus marqués que ne le sont ordinairement les nuages, mais si confuse, qu'il fallait un œil bien exercé pour la saisir au milieu de l'obscurité du vide. C'est ainsi que la terre se montre souvent aux marins, quand l'atmosphère se trouve dans un certain état qui ne permet que rarement aux yeux des autres de la distinguer. Colomb connaissait si bien tous les phénomènes de l'Océan, qu'après que chacun eut jeté un coup d'œil sur le point de l'horizon indiqué, tous les regards se fixèrent sur lui pour savoir quelle serait son opinion. Il était impossible de se méprendre à l'expression de la physionomie de l'amiral, qui devint sur-le-champ radieuse de plaisir et animée d'un enthousiasme religieux. Se découvrant la tête, il leva vers le ciel des yeux pleins d'une reconnaissance sans bornes, et tomba ensuite à genoux pour rendre publiquement des actions de grâces à Dieu. C'était le signal du triomphe, et cependant, dans la situation où se trouvaient nos marins, un sentiment de triomphe n'était pas celui qui dominait parmi eux. De même que Colomb, ils sentaient qu'ils étaient dans la main de Dieu, et la reconnaissance s'empara simultanément de tous les cœurs. A bord des trois bâtiments, tous se mirent à genoux en même temps, et entonnèrent en chœur ce chant sublime : *Gloria in excelsis Deo!* la voix de la reconnaissance envers le ciel s'élevant ainsi pour la première fois depuis la création du monde dans la vaste solitude de l'Océan. Il est vrai qu'à cette époque on était dans l'usage, sur la plupart des bâtiments chrétiens, de célébrer les offices du matin et du soir; dans la circonstance actuelle ce chant sublime se faisait entendre pour la première fois sur des vagues qui depuis tant de siècles, dans leur fureur comme dans leur calme, chantaient les louanges de celui dont la volonté les avait tirées du néant.

— Gloire à Dieu au plus haut des cieux! — chantèrent ces grossiers matelots dont le cœur était attendri par l'idée des dangers auxquels ils avaient échappé et du succès qu'ils avaient obtenu, comme si une seule bouche eût reproduit l'harmonie solennelle de ce chant religieux; — gloire à Dieu au plus haut des cieux, et paix sur la terre aux hommes de bonne volonté. Nous vous louons, nous vous bénissons, nous vous adorons, nous vous glorifions, nous vous rendons grâces à cause de votre grande gloire, etc., etc.

Pendant ce noble chant, qui paraît s'approcher des cantiques des anges autant qu'il peut être au pouvoir des hommes de le faire, on entendait la voix de Colomb, forte et distincte, mais tremblante d'émotion.

Après cet acte de pieuse reconnaissance, les matelots montèrent sur les mâts, pour s'assurer mieux encore de leur succès. Tous furent d'accord pour déclarer que la masse encore informe qu'on apercevait était bien la terre, et leur premier transport de joie fit place à un sentiment plus calme de sécurité. Le soleil se coucha un peu au nord des sombres montagnes qu'on voyait, jetant sur l'Océan autant d'ombre qu'on en trouve jamais sous le ciel des tropiques et sous un firmament sans nuages. Lorsqu'on eut établi le premier quart, Colomb, qui, toutes les fois que le vent le permettait, avait toujours fait gouverner directement à l'ouest, donna ordre, pour satisfaire l'impatience des équipages, de gouverner au sud-ouest, d'après la boussole, ce qui était, par le fait, gouverner au sud-ouest quart de sud. Le vent augmenta, et comme l'amiral avait supposé que la terre était à environ vingt-cinq lieues quand on avait cessé de la voir au coucher du soleil, personne à bord de la petite flotte ne douta qu'on ne la vît distinctement le lendemain matin. Colomb lui-même partageait cet espoir, quoiqu'il n'eût changé sa route qu'avec répugnance, parce qu'il croyait fermement qu'il trouverait le continent en avançant directement vers l'ouest, où vers ce qu'il croyait l'ouest, quoiqu'il n'eût pas la même confiance d'y découvrir une île.

Peu d'individus à bord des trois caravelles dormirent bien cette nuit-là. — Les richesses et les merveilles de l'Orient se présentèrent comme des visions à l'esprit même de ceux qui avaient le moins d'imagination, et des rêves que la soif de l'or et la curiosité rendaient pénibles venaient troubler leur sommeil. Les matelots quittaient leurs hamacs d'heure en heure pour monter sur les mâts, et chercher quelques nouvelles preuves de la proximité de la terre. Mais tous leurs efforts pour percer l'obscurité, et pour y découvrir des objets auxquels leur imagination avait déjà prêté une forme, restèrent sans résultat. Dans le cours de la nuit, les bâtiments, avançant en ligne directe au sud-ouest, firent dix-sept lieues sur les vingt-cinq que Colomb avait supposé le séparer de la terre; et à l'instant où l'aurore allait paraître, tout le monde à bord était déjà sur pied, dans l'attente de voir l'aurore éclairer un spectacle qui leur paraissait alors mériter la longue route qu'ils avaient faite et les risques auxquels ils s'étaient exposés.

— Je vois une bande de lumière briller à l'orient, s'écria Luis avec gaieté; et maintenant, señor amiral, nous pouvons nous réunir pour vous appeler la gloire et l'honneur du monde.

— Tout dépend de Dieu, mon jeune ami. Que la terre soit près de nous, ou non, elle forme les limites de l'Océan occidental, et nous devons aller jusqu'à ces limites. Mais vous avez raison, ami Gutiérrez, la lumière commence à se montrer à l'horizon, et s'élève même en cercle au-dessus de la mer.

— Je voudrais que le soleil, seulement pour aujourd'hui, se levât à l'ouest, afin que nous puissions avoir la première vue de nos nouvelles possessions dans cette glorieuse partie du ciel que ses rayons vont illuminer au-dessus des parages que nous avons si récemment traversés.

— C'est ce qui ne peut arriver, maître Pédro; car depuis le commencement des temps le soleil n'a cessé de parcourir sa carrière de l'est à l'ouest, et il continuera ainsi jusqu'à l'accomplissement des temps : sur ce fait nous pouvons nous en rapporter à nos sens, quoiqu'ils nous trompent souvent en beaucoup d'autres points.

Ainsi raisonnait Colomb, — lui dont le génie avait devancé son siècle dans son étude favorite, lui ordinairement si calme et si philosophe, uniquement parce qu'il n'avait pas secoué le joug de l'habitude et du préjugé. — Le célèbre système de Ptolémée, — ce singulier mélange d'erreur et de vérité, — était la loi favorite du jour en astronomie. Ce ne fut que plusieurs années après la découverte de l'Amérique que Copernic, qui n'était encore qu'un jeune homme lors du premier voyage de Colomb, — donna la précision de la science à la juste conception de Pythagore, — juste dans sa première base, quoique imaginaire dans ses rapports aux causes et aux effets; — et ce qui prouve tout le danger qu'il y avait alors à suivre la marche progressive de la pensée, c'est qu'il fut récompensé de ce vaste effort de la raison humaine par l'excommunication de l'Église, dont le poids chargea son âme, sinon son corps, jusqu'à un temps très-voisin du nôtre. Cette seule circonstance suffira pour prouver au lecteur combien d'obstacles le grand navigateur eut à surmonter pour mener à fin la grande entreprise qu'il avait conçue.

Mais pendant cette digression le jour paraît, et la lumière commence à se répandre dans le ciel et sur l'Océan. Tous les yeux étaient tournés vers l'horizon occidental, et bientôt le frisson du désappointement glaça tous les cœurs, lorsque l'espoir fit place à la certitude, lorsqu'il fut évident qu'on n'apercevait aucune terre. Les bâtiments venaient de passer ces bornes de l'horizon visible où des masses de nuages s'étaient accumulées à la fin de la soirée précédente, et personne ne pouvait plus douter que ses sens n'eussent été trompés par quelque particularité accidentelle de l'atmosphère. Tous les yeux se fixèrent alors sur l'amiral, qui, tout en sentant au fond du cœur le poids cruel du désappointement, montra une dignité calme qu'il n'était pas facile de troubler.

— Ces fausses apparences ne sont pas rares, Señores, dit-il à ceux qui l'entouraient, mais assez haut pour être entendu de presque tout l'équipage, quoiqu'elles soient rarement aussi trompeuses que celle qui vient de nous abuser. Tous ceux qui sont habitués à la mer en ont déjà sans doute vu de semblables. En tant que faits physiques, on doit les regarder comme n'étant ni pour nous ni contre nous; en tant que présages, chacun les considèrera d'après sa confiance en Dieu, dont la bonté nous a accordé un million de fois plus de grâces que nous ne pourrions lui témoigner de gratitude en chantant le *Gloria in excelsis* depuis le matin jusqu'au soir, aussi longtemps que la voix ne nous manquerait pas.

— Cependant, don Christophe, répondit un des officiers, nous avions conçu de si fortes espérances, que ce désappointement nous paraît difficile à supporter. Vous parlez de présages, Señor, apercevez-vous quelques signes physiques qui annoncent que nous sommes dans le voisinage du Cathay?

— Les présages, c'est Dieu qui les envoie. Ils sont une espèce de miracle qui précède les événements naturels, comme les miracles véritables les surpassent. Je crois que cette expédition est un dessein inspiré de Dieu, et je ne vois pas d'irrévérence à supposer que des nuages se soient accumulés à l'horizon en prenant cette apparence de terre, pour nous encourager à la persévérance, et comme une preuve que nos travaux finiront par être récompensés. Je ne puis pourtant dire que cela soit arrivé autrement que par des moyens naturels, car ces illusions nous sont familières à nous autres marins.

— Je tâcherai de le considérer ainsi, señor amirante, répondit l'officier, — et là se termina la conversation.

Ce qu'on avait pris pour la terre avec tant de confiance ayant entièrement disparu, la tristesse étendit ses sombres voiles sur les trois équipages, et ils passèrent de nouveau de l'espoir au découragement. Colomb continua de gouverner à l'ouest, d'après la boussole, mais dans la réalité à l'ouest quart sud-ouest. Cependant, à midi, cédant aux vives sollicitations de tous ceux qui l'entouraient, il changea encore de route et remit le cap au sud-ouest. Il avança de ce côté jusqu'à ce que l'on eût fait assez de chemin pour convaincre les plus incrédules qu'ils avaient été trompés par des nuages, la soirée précédente. La nuit vint, et comme il ne restait pas la moindre lueur d'espérance, on reprit route vers l'ouest. Dans le cours de ces vingt-quatre heures, on fit trente et une lieues qui ne comptèrent que pour vingt-quatre aux yeux des équipages.

Plusieurs jours se succédèrent sans amener aucun changement important. Le vent continua d'être favorable, mais souvent il était si léger qu'on ne faisait que cinquante milles par vingt-quatre heures. La mer était calme, et l'on rencontra de nouveau des herbes marines, mais en moindre quantité qu'auparavant. Le 29 septembre, le quatrième jour après celui où Pinzon avait crié : — Terre ! terre ! — on vit un oiseau de l'espèce de ceux appelés *frégate*; et comme les marins pensent généralement que cet oiseau ne s'éloigne jamais beaucoup du rivage, sa vue fit renaître momentanément quelque espérance. Deux pélicans se montrèrent aussi, et l'air était si doux et si balsamique que Colomb déclara qu'il ne manquait que des rossignols pour rendre les nuits aussi délicieuses que celles de l'Andalousie.

C'était ainsi que les oiseaux allaient et venaient, donnant des espérances qui devaient être bientôt déçues, et quelquefois volant en si grand nombre qu'on ne pouvait croire qu'ils se hasardassent ainsi sur le vaste Océan sans bien connaître leur situation. La déviation de l'aiguille attira de nouveau l'attention de l'amiral et de tout l'équipage, et l'opinion unanime fut qu'on ne pouvait expliquer ce phénomène que par les mouvements de l'étoile polaire. Enfin le 1er octobre arriva, et les pilotes de *la Santa-Maria* se mirent sérieusement à l'ouvrage pour s'assurer à quelle distance on était de l'Europe. Ils avaient été trompés aussi bien que le reste de l'équipage par la manœuvre adroite de Colomb, et quand ils s'approchèrent de lui pour lui remettre le résultat de leurs calculs tandis qu'il était à son poste ordinaire sur la dunette, leur physionomie était un miroir fidèle qui réfléchissait leurs inquiétudes.

— Señor amirante, dit l'un d'eux, nous ne sommes pas à moins de cinq cent soixante-dix-huit lieues à l'ouest de l'île de Fer. C'est une distance effrayante pour s'y hasarder sur un Océan inconnu.

— C'est la vérité, brave Barthélemy, répondit Colomb avec calme; mais plus loin nous nous hasarderons, plus nous en retirons d'honneur. Vos calculs sont même au-dessous de la vérité, car les miens, qui ne sont un secret pour personne, donnent cinq cent quatre-vingt-quatre lieues, c'est-à-dire six de plus que les vôtres. Mais, après tout, cela égale à peine un voyage de Lisbonne en Guinée, et nous ne voudrons pas nous laisser surpasser par les marins de don Juan.

— Ah! señor amirante, les Portugais ont leurs îles sur le chemin, et vont côtoyant l'ancien monde; tandis que nous, s'il arrive que cette terre ne soit pas réellement une sphère, nous avançons chaque jour vers son extrémité, et nous courons des dangers dont nous ne pouvons nous faire une idée.

— Allons donc, Barthélemy, vous parlez comme un batelier de rivière jeté au-delà de sa barre par une forte brise de terre, et qui croit courir de plus grands risques que personne en ait jamais couru, parce que l'eau qui mouille sa langue est salée. Montrez hardiment vos calculs à l'équipage, et tâchez d'afficher l'espérance, de peur qu'on ne se rappelle vos craintes quand nous serons dans les bosquets du Cathay.

— Cet homme meurt de peur, dit froidement Luis tandis que les pilotes descendaient de la dunette à pas lents et le cœur navré.

Vos six pauvres lieues sont même un poids trop lourd pour son esprit. Cinq cent soixante-dix-huit l'effrayaient; mais cinq cent quatre-vingt-quatre lui deviennent un fardeau insupportable.

— Qu'aurait-il donc pensé, s'il avait su la vérité? — vérité que vous ne connaissez pas vous-même.

— J'espère, don Christophe, que ce n'est point par méfiance dans la fermeté de mes nerfs que vous m'avez caché ce secret?

— Je crois que j'aurais eu tort, comte de Llera; et pourtant on se méfie de soi-même quand de si grands intérêts ne tiennent qu'à un fil. — Vous faites-vous une idée de la distance que nous avons parcourue?

— Non, par saint Jacques! Señor. C'est bien assez pour moi de savoir que nous sommes très-loin de doña Mercédès, et une lieue de plus ou de moins n'est pas une grande affaire. Si votre théorie est véritable, et que la terre soit ronde, j'ai la consolation de savoir qu'avec le temps nous nous retrouverons en Espagne en donnant la chasse au soleil.

— Mais vous devez vous faire une idée de la distance à laquelle nous sommes de l'île de Fer, puisque vous savez que j'ai diminué le calcul de notre route journalière pour le montrer à l'équipage.

— Pour vous dire la vérité, don Christophe, l'arithmétique et moi nous ne sommes pas grands amis. Quand il s'agirait de ma vie, je ne pourrais vous mettre en chiffres le total de mes revenus, quoiqu'il pût être moins difficile d'arriver au même résultat d'une autre manière. Cependant, s'il faut dire la vérité, je crois qu'au lieu de vos cinq cent quatre-vingt-quatre lieues, on pourrait dire six cent dix ou vingt.

— Ajoutez-y encore une centaine de lieues, et vous serez plus près de la vérité. Nous sommes en ce moment à sept cent sept lieues de l'île de Fer, et nous approchons rapidement du méridien de Cipango. Encore huit ou dix jours au plus, et je commencerai sérieusement à m'attendre à voir le continent de l'Asie.

— Nous avons voyagé plus vite que je ne le pensais, Señor, répondit Luis nonchalamment; mais continuez, un de ceux qui vous accompagnent ne se plaindra pas, dussions-nous faire le tour de la terre.

CHAPITRE XXI.

> Dis-moi quelle est cette mer, quel est ce rivage?
> Est-ce le golfe et le rocher de Salamine?
> Lord Byron.

Nos aventuriers avaient déjà passé vingt-trois jours hors de vue de la terre, et, sauf quelques changements de vent peu importants, et un jour ou deux de calme, ils avaient constamment fait route vers l'ouest, avec une variation au sud qui avait augmenté successivement jusqu'au-delà de 12 degrés, quoique ce dernier fait leur fût inconnu. Leurs espérances avaient été si souvent trompées, qu'une sorte d'humeur sombre commençait à régner parmi les matelots, et elle ne se dissipait que momentanément, c'est-à-dire lorsque des nuages produisant une illusion passagère faisaient pousser de nouveau le cri : — Terre! terre! — Cependant ils étaient dans cet état de fermentation qui admet tout changement subit; et comme la mer continuait à être aussi tranquille qu'une rivière, l'air balsamique et le temps superbe, ils ne se laissaient pas aller au désespoir. Sancho raisonnait à sa manière avec ses compagnons, et, suivant sa coutume, opposait à l'ignorance et à la folie un ton dogmatique et une effronterie imperturbable; tandis que, de son côté, Luis exerçait une heureuse influence sur l'esprit des officiers par sa confiance et sa gaieté. Colomb conservait son air de dignité calme et réservée, comptant sur l'exactitude de ses théories, et persistant dans la ferme résolution d'arriver à son but. Le vent continuait à être favorable, et pendant le jour et la nuit du 2 octobre, ses bâtiments avancèrent de plus de cent milles sur cette mer inconnue et mystérieuse. Les herbes marines dérivaient alors à l'ouest, ce qui était un grand changement, les courants jusqu'alors les ayant portés dans une direction opposée. La journée du 3 fut plus favorable encore, la distance qu'on parcourut étant de quarante-sept lieues. L'amiral commença alors à croire qu'il était au-delà des îles marquées sur sa carte; mais, avec la ferme résolution d'un homme soutenu par la grandeur de ses projets, il se décida à continuer de gouverner à l'ouest, pour arriver directement sur les côtes des Indes. Le 4 fut encore plus propice, la petite flotte, sans dévier un instant de sa route, ayant fait cent quatre-vingt-neuf milles, ce qui était la plus grande distance qu'elle eût parcourue en une journée, distance formidable pour des hommes qui commençaient à compter avec inquiétude les jours et les heures, et que Colomb réduisit pour tout l'équipage à cent trente-huit milles.

La journée du vendredi, 5 octobre, commença sous de plus heureux auspices. La mer était calme, et Colomb vit glisser sur l'eau sa caravelle à raison d'environ huit milles par heure : vitesse qu'il n'avait jamais dépassée, et qui lui aurait fait faire encore plus de chemin que la veille, si le vent n'eût tombé pendant la nuit. Quoi qu'il en soit, cinquante-sept lieues de plus furent ajoutées entre l'île de Fer et les trois bâtiments, distance qui fut réduite à quarante-cinq pour l'équipage. Le lendemain n'amena aucun changement important; la Providence paraissait leur accorder un degré de vélocité qui devait amener la solution du grand problème que Colomb avait si longtemps discuté avec les savants. Il faisait déjà nuit quand *la Pinta* s'avança assez près de *la Santa-Maria* pour qu'on pût se parler sans porte-voix.

— Le señor don Christophe est-il à son poste suivant sa coutume? demanda Pinzon du ton d'un homme qui a quelque chose qui lui pèse sur l'esprit; je vois du monde sur la dunette, mais je ne puis distinguer si Son Excellence s'y trouve.

— Que désirez-vous, Martin Alonzo? répondit l'amiral; je suis ici, attendant la vue des côtes de Cipango ou du Cathay,—n'importe lesquelles, — selon qu'il plaira à Dieu, dans sa bonté, de nous montrer d'abord les unes ou les autres.

— Je vois tant de motifs, noble amiral, pour changer notre route et la diriger plus au sud, que je n'ai pu résister au désir de venir vous en parler. La plupart des dernières découvertes ont été faites dans des latitudes méridionales, et nous devrions certainement gouverner plus au sud.

— Quand nous avons fait route dans cette direction, y avons-nous gagné quelque chose? Votre cœur semble aspirer après un climat plus méridional, mon digne ami, tandis que, suivant moi, nous sommes en ce moment dans un paradis de parfums, auquel la terre seule pourrait être préférable. Il est possible que nous ayons des îles au sud, et même au nord; mais nous devons avoir un continent à l'ouest. Pourquoi abandonner le certain pour l'incertain, et renoncer à une grande découverte dans l'espoir d'en faire une moins importante? Pourquoi préférer à Cipango ou au Cathay quelque île fort agréable sans doute, et produisant toutes les épices, mais sans nom célèbre, et dont la découverte ne peut être aussi glorieuse que celle des côtes orientales de l'Asie?

— Je voudrais pourtant, Señor, pouvoir vous décider à gouverner plus au sud.

— Allons, allons, Martin Alonzo, oubliez ce désir. Mon cœur est à l'ouest, et ma raison m'apprend qu'il faut l'y suivre. D'abord écoutez mes ordres, et ensuite cherchez *la Niña*, afin que votre frère, le digne Vincent Yañez, puisse aussi les exécuter. Si nous venions à nous séparer pendant la nuit, votre devoir à tous deux sera de gouverner à l'ouest et de chercher à nous retrouver; car il serait désagréable et inutile pour chacun de nous d'errer isolément sur cet océan inconnu.

Quoique évidemment très-mécontent, Pinzon fut obligé d'obéir, et après une courte mais vive altercation avec l'amiral, il s'éloigna pour porter cet ordre à la felouque.

— Martin Alonzo commence à chanceler, dit Colomb à Luis. C'est un marin hardi et très-habile, mais la constance dans ses projets n'est pas son plus grand mérite. Il faut que la main ferme de l'autorité l'empêche de céder à cette faiblesse. — Le Cathay! — Le Cathay est le but de mon voyage.

Après minuit, le vent augmenta, et, pendant deux heures, les caravelles glissèrent sur la surface unie de l'Océan avec la plus grande vélocité, c'est-à-dire, à raison de neuf milles par heure. Peu d'individus quittaient alors leurs vêtements, à moins que ce ne fût pour en changer, et Colomb passa la nuit sur la dunette, étendu sur une vieille voile. Luis en fit autant, et tous deux étaient déjà debout quand l'aurore commença à poindre. L'idée générale paraissait être que la terre était voisine, et qu'on était sur le point de faire une grande découverte. Une pension viagère de dix mille maravédis avait été promise par les souverains à celui qui découvrirait la terre le premier, et tous les yeux étaient aux aguets, quand l'occasion le permettait, afin de remporter ce prix.

Lorsque la lumière commença à se répandre sur l'Océan, vers l'horizon occidental, chacun crut voir une apparence de terre, et l'on s'empressa de déployer toutes les voiles à bord des trois bâtiments, chacun d'eux désirant précéder les autres, afin que son équipage eût plus de chance d'obtenir la récompense promise. A cet égard, l'avantage et le désavantage étaient singulièrement partagés entre les trois compétiteurs. *La Niña* avait le plus de vélocité quand le vent était léger et la mer calme, mais aussi il était le plus petit; *la Pinta*, qui venait ensuite quant à ses dimensions, l'emportait sur les deux autres lorsque le vent fraîchissait; et *la Santa-Maria*, le moins bon voilier de l'escadre, avait les mâts les plus hauts, et par conséquent l'horizon le plus étendu.

— Il règne ce matin un bon esprit dans l'équipage, don Christophe, dit Luis, debout à côté de l'amiral, et attendant avec lui l'arrivée du grand jour, et nous pouvons espérer de découvrir la terre, si cela dépend du pouvoir des yeux. La distance parcourue hier a éveillé toutes les espérances, et il faut que nous découvrions la terre, dussions-nous la faire sortir du fond de l'Océan.

—Voilà Pépé, l'époux soumis de Monica, perché sur notre plus haute vergue, les yeux braqués vers l'occident, dans l'espoir de gagner la pension royale, dit Colomb en souriant. Une pension de dix mille maravedis serait quelque consolation pour la mère désolée et l'enfant abandonné.

— Martin Alonzo y va d'aussi bon jeu, Señor: voyez comme *la Pinta* fait force de voiles! Mais Vincent Yañez a l'avance sur lui, et il est déterminé à être le premier à saluer le Grand-Khan, sans respect pour les droits de son frère aîné.

—Señor!—Señores! s'écria Sancho, assis sur une vergue aussi tranquillement qu'une dame de nos jours étendue sur une ottomane, la felouque fait un signal!

—Cela est vrai, dit Colomb; Vincent Yañez vient d'arborer le pavillon de la Reine, et le coup de canon qu'il vient de tirer nous annonce quelque grand événement.

Comme ces deux signaux étaient ceux qui avaient été ordonnés dans le cas où l'un des bâtiments découvrirait la terre avant les autres, on ne douta guère que la felouque n'eût enfin réellement annoncé le succès définitif de l'expédition; cependant le souvenir du cruel désappointement récemment éprouvé tint toutes les lèvres fermées jusqu'à ce que la vérité fût bien prouvée, quoique chacun adressât tout bas des remerciements au ciel. Toutefois on établit jusqu'à la dernière voile à bord de *la Santa-Maria*, et les bâtiments semblèrent redoubler de vitesse en avançant vers l'ouest, comme des oiseaux dont les ailes fatiguées par un vol prolongé font de nouveaux efforts quand ils voient dans le lointain des arbres sur les branches desquelles ils pourront se reposer.

Les heures se succédèrent pourtant sans apporter la confirmation de cette heureuse nouvelle. Il est vrai que, pendant toute la matinée, l'horizon à l'ouest fut chargé de nuages qui trompèrent plus d'une fois les meilleurs yeux ; mais quand le jour fut plus avancé, et après avoir fait plus de cinquante milles, il devint impossible de ne pas attribuer les espérances du matin à quelque nouvelle illusion d'optique. Le découragement qui succéda à cette nouvelle déception fut plus amer que pour aucune de celles qu'on avait déjà éprouvées, et des murmures non équivoques, murmures qu'on ne cherchait pas à cacher, s'élevèrent de toutes parts. On disait hautement qu'une influence maligne poussait l'expédition en avant pour conduire les bâtiments à leur perte au milieu d'un océan inconnu.

On a dit qu'en ce moment Colomb fut forcé de transiger avec ses équipages, et de promettre que si l'on ne découvrait pas la terre au bout d'un certain nombre de jours, il renoncerait à son entreprise ; mais c'est à tort qu'on a prêté cette faiblesse au grand navigateur : — à l'instant où bien des gens le croyaient à l'extrémité la plus reculée de la terre, il sut conserver le plein exercice de son autorité, persister dans ses desseins, et user de son pouvoir, avec autant de calme et de fermeté qu'il l'aurait fait dans une rivière d'Espagne. Cependant la prudence et la politique lui suggérèrent enfin un changement de marche, qu'il ne fut ni assez fier ni assez obstiné pour rejeter, mais qui fut l'effet de sa propre volonté.

—D'après mes calculs secrets, Luis, nous sommes en ce moment à mille bonnes lieues de l'île de Fer, dit-il à son jeune compagnon, dans une conférence particulière qu'ils eurent après la chute du jour ; et c'est réellement le moment de nous attendre à voir les côtes de l'Asie. Jusqu'ici, je ne pouvais espérer de rencontrer que des îles, et je ne m'attendais même guère à en voir, quoique Martin Alonzo et les pilotes en aient eu de si fortes espérances ; mais les troupes nombreuses d'oiseaux que nous avons vues aujourd'hui semblent nous inviter à suivre leur vol, qui sans doute doit avoir la terre pour but. Je changerai de route en mettant le cap plus au sud, quoique pas autant que Pinzon le voudrait, le Cathay étant toujours devant mes yeux.

Colomb donna les ordres nécessaires ; les deux autres bâtiments s'approchèrent à portée d'être hélés par *la Santa-Maria*, et leurs commandants reçurent ordre de gouverner à l'ouest-sud-ouest. La raison qu'il donna de ce changement, fut le grand nombre d'oiseaux qu'on avait vus voler dans cette direction. L'intention de l'amiral était de suivre cette route pendant deux jours. — Cependant la terre ne se montra pas dans le cours de la matinée ; mais comme le vent était léger, et qu'on n'avait fait que cinq lieues depuis le changement de route, ce désappointement causa moins de découragement que de coutume. En dépit de leurs doutes et de leurs craintes, tous ceux qui étaient à bord des bâtiments jouissaient de la fraîcheur balsamique de l'atmosphère, l'air paraissant parfumé à un tel point que c'était plaisir de le respirer. On rencontrait une plus grande quantité d'herbes marines, et la plupart semblaient aussi fraîches que si elles n'eussent été détachées de leur rocher natal que depuis un ou deux jours. Des oiseaux qui appartenaient évidemment à la terre se montrèrent aussi, et l'on en prit même un. Les canards étaient en grand nombre, et l'on vit encore un pélican.

Ainsi se passa la journée du 8 octobre, nos aventuriers ne perdant pas encore espoir, quoique les bâtiments n'eussent avancé que d'environ quarante milles pendant ces vingt-quatre heures. Le jour suivant n'amena d'autre nouveauté qu'un changement de vent, qui obligea l'amiral à gouverner à l'ouest quart-nord-ouest pendant quelques heures. Cette nécessité le contraria un peu, car il désirait avancer directement vers l'ouest, ou du moins ouest-quart-sud-ouest ; mais elle rassura une partie de ses matelots, qui s'effrayaient de voir le vent souffler toujours du même côté. Si la déviation eût continué, c'eût été, dans le fait, gouverner dans la direction que l'amiral désirait suivre ; mais on se trouvait alors sous des degrés de longitude et de latitude où l'aiguille reprenait sa propriété et sa direction ordinaire. Dans le cours de la nuit, les vents alisés reprirent aussi leur influence, et de bonne heure, dans la matinée du 10, les bâtiments avançaient à l'ouest-sud-ouest, d'après la boussole, ce qui était réellement, ou à très-peu de chose près, la véritable route.

Tel était l'état des choses quand le soleil se leva le 10 octobre

1492. Le vent avait fraîchi, et les bâtiments avançaient à raison de cinq à neuf nœuds par heure. Les signes du voisinage de la terre étaient devenus si fréquents, qu'à chaque lieue parcourue les matelots croyaient qu'ils allaient la découvrir ; et à bord des trois bâtiments, presque tous les yeux étaient sans cesse tournés vers l'horizon occidental, chacun désirant être le premier à en faire la joyeuse annonce. Le cri — Terre ! terre! — s'était fait entendre si souvent depuis plusieurs jours, que Colomb avait fait proclamer que celui qui le pousserait encore sans motif perdrait ses droits à la récompense, quand même il lui arriverait de la mériter ensuite. Cet avis inspira plus de circonspection, et, pendant les journées des 8, 9 et 10 octobre, pas une bouche n'osa s'ouvrir pour donner des espérances incertaines. Mais comme ils avaient parcouru dans la journée du 10 une distance plus considérable que pendant les deux jours précédents, l'horizon occidental fut surveillé dans la soirée avec une attention qu'on n'avait encore accordée à aucun coucher du soleil. C'était le moment le plus favorable pour cet examen, le grand astre prêt à disparaître illuminant alors toute l'étendue des eaux de ce côté, de manière à en dévoiler aux yeux tous les secrets.

— N'est-ce pas une élévation de terre, qu'on voit là bas? demanda Pépé à Sancho à voix basse, tandis qu'ils étaient assis sur une vergue, regardant le haut du disque du soleil, semblable à une étoile brillante, qui allait descendre sous l'horizon ; — ou est-ce encore un de ces maudits nuages qui nous ont si souvent trompés?

— Ce n'est ni l'un ni l'autre, Pépé, répondit Sancho qui avait plus de sang-froid et d'expérience. C'est une lame d'eau qui est agitée à l'horizon. As-tu jamais vu un calme assez profond pour que l'eau restât en cercle à l'horizon ? Non, non, il n'y a pas de terre à voir ce soir au couchant. L'Océan, de ce côté, présente le même aspect que si nous étions sur la rive occidentale de l'île de Fer, regardant la vaste étendue de l'Océan Atlantique. Notre noble amiral peut avoir pour lui la vérité, Pépé ; mais jusqu'à présent, il n'en a d'autres preuves que celles qu'on peut trouver dans ses raisonnements.

— Prends-tu donc aussi parti contre lui, Sancho? Diras-tu que c'est un fou qui veut conduire les autres à leur perte, et aller lui-même à la sienne, pour le plaisir de mourir amiral de fait, et vice-roi en imagination?

— Je ne prends point parti contre un homme dont les doublons prennent parti pour moi, Pépé; ce serait chercher querelle au meilleur ami que le riche et le pauvre puissent avoir, et ce meilleur ami c'est l'or. Don Christophe est sans aucun doute très-savant; et il y a une chose qu'il a prouvée à ma satisfaction, — quand même ni lui ni aucun de nous ne verrait jamais un seul des joyaux du Cathay, ou n'arracherait un poil de la barbe du Grand-Khan, — c'est que cette terre est ronde. En effet, si elle était plate, toute cette eau ne serait pas placée à son extrémité, puisqu'il est clair qu'elle s'écoulerait, à moins qu'il n'y ait de la terre pour la retenir comme une digue. — Tu conçois cela, Pépé?

— Sans doute. Cela est dans la raison et conforme à l'expérience de chacun. Monica regarde le Génois comme un saint.

— Ecoute, Pépé, ta Monica est sans doute une femme extraordinairement sensée, sans quoi elle ne t'aurait pas pris pour mari, quand elle aurait pu choisir entre une douzaine de tes camarades. Moi-même, j'ai pensé une fois à elle, et je le lui aurais dit, si elle avait jugé à propos de m'appeler aussi un saint; mais elle n'en fit rien, car elle m'appliqua une épithète toute différente. En supposant donc que le señor Colomb fût un saint, il n'en serait pas meilleur amiral pour cela, car je n'ai pas encore vu un saint, ni même une vierge, qui fût en état de gouverner un bâtiment seulement de Cadix à Barcelone.

— Tu parles des saints et des vierges avec trop peu de respect, Sancho. Tu dois songer qu'ils savent tout.

— Tout, excepté cela. Notre Dame de la Rabida ne saurait pas distinguer l'ouest-sud-ouest-demi-ouest, de l'est-nord-est-demi-est. Je l'ai mise à l'épreuve sur ce point, et je te dis qu'elle est aussi ignorante en cela que ta Monica l'est sur la manière dont la duchesse de Medina Sidonia salue le noble duc son mari quand il revient de la chasse avec ses faucons.

— Et j'ose dire que la duchesse ne saurait pas mieux ce qu'elle aurait à dire si elle était à la place de Monica, et qu'elle fût appelée pour me recevoir, comme le sera Monica quand nous reviendrons de cette grande expédition. Si je n'ai jamais chassé avec des faucons, je suis sûr du moins que jamais le duc n'a fait voile pendant trente-deux jours à l'ouest de l'île de Fer, et cela sans voir la terre une seule fois.

— Tu dis la vérité, Pépé; et en outre tu n'es pas encore de retour à Palos après avoir fait tout cela. — Mais que signifie tout ce mouvement sur le pont? Quelle mouche a donc piqué nos gens? Je jurerais volontiers que ce n'est pas qu'ils aient découvert le Cathay, ou vu le Grand-Khan briller comme une escarboucle sur son trône de diamants.

— La cause de cette agitation est plutôt qu'ils ne l'ont pas encore vu. N'entends-tu pas sortir des gros mots et des menaces de la bouche des principaux factieux?

— Par saint Jacques! si j'étais don Christophe, je retrancherais un doublon sur la paie de chacun de ces coquins, et j'en ferais présent aux hommes paisibles comme toi et moi, Pépé, qui sommes disposés à mourir de faim, plutôt que de retourner sur nos pas sans avoir vu l'Asie?

— C'est vraiment quelque chose de semblable, Sancho. Descendons, afin que l'amiral puisse voir qu'il a encore des amis dans l'équipage.

Sancho ayant consenti à cette proposition, Pépé et lui furent sur le pont au bout d'une minute. Ils y trouvèrent l'équipage dans un état de mutinerie tel qu'on n'en avait pas encore vu depuis que l'escadre avait quitté l'Espagne. La longue continuation des vents favorables et la beauté du temps avaient tellement fait croire aux matelots qu'ils touchaient à la fin du voyage, qu'ils pensaient alors presque unanimement se devoir à eux-mêmes d'insister pour que l'amiral renonçât à une expédition qui semblait ne les conduire qu'à une mort certaine. La discussion était vive et animée, et même un ou deux pilotes semblaient penser comme les matelots qu'une plus longue persévérance serait certainement inutile, et probablement fatale. A l'instant où Sancho et Pépé arrivèrent sur le pont, il venait d'être décidé qu'on se rendrait en corps devant Colomb, et qu'on lui demanderait, en termes auxquels il ne pût se méprendre, à retourner sur-le-champ en Espagne. Afin que tout se passât avec ordre, on avait choisi pour porter la parole Pedro Alonzo Niño, un des pilotes, et un vieux matelot nommé Juan Martin. En ce moment critique, on vit l'amiral et Luis descendre de la dunette pour se retirer dans leur chambre. Tous ceux qui se trouvaient sur le pont se précipitèrent à leur rencontre, et vingt voix s'écrièrent en même temps:

— Señor! — don Christophe! — Votre Excellence! — señor amirante!

Colomb s'arrêta, et fit face aux matelots avec un air de calme et de dignité qui émut le cœur de Niño et refroidit l'ardeur d'une partie de ceux qui le suivaient.

— Que voulez-vous? demanda l'amiral d'un ton grave; parlez, vous êtes devant un ami.

—Chacun de nous vient vous demander une vie qui lui est précieuse, Señor, et, ce qui est plus encore, le moyen d'assurer du pain à sa femme et à ses enfants, répondit Juan Martin, qui crut que le rang subalterne qu'il occupait dans l'équipage serait sa sûreté. Tous ceux qui sont ici sont las de ce voyage sans utilité, et la plupart pensent que s'il dure plus de temps qu'il ne nous en faut pour nous en retourner, il sera cause que nous périrons tous de besoin.

— Savez-vous à quelle distance vous êtes de l'île de Fer, pour venir me faire cette sotte demande? — Parle, Niño, car je vois que tu es de leur parti, quoique tu sembles hésiter.

— Señor, répondit le pilote, nous sommes tous du même avis. Pénétrer plus avant dans cet océan inconnu, c'est tenter Dieu, qui nous punira de notre témérité. Il est inutile de supposer que cette large ceinture d'eau ait été placée autour de la terre habitable dans un autre dessein que pour réprimer l'audace de ceux qui voudraient connaître des mystères au-dessus de leur intelligence. Tous les hommes d'Eglise, Señor, en y comprenant le saint prieur de Santa-Maria de la Rabida, votre ami particulier, ne nous parlent-ils pas de la nécessité de nous soumettre à des connaissances que nous ne pouvons jamais atteindre, et de croire sans chercher à soulever le voile qui couvre des choses incompréhensibles pour nous?

— Je pourrais rétorquer ton argument, honnête Niño, et te dire d'avoir confiance en ceux qui ont des connaissances auxquelles tu ne pourras jamais atteindre, mais de suivre avec soumission ceux que tu n'es pas en état de conduire. — Retirez-vous tous, et que je n'entende plus parler d'une pareille demande!

— Mais, Señor, crièrent deux ou trois voix en même temps, nous ne pouvons consentir à périr sans faire entendre nos plaintes. — Nous vous avons déjà suivi trop loin, — trop loin peut-être pour pouvoir retourner en Espagne en sûreté. —Faites mettre, cette nuit même, le cap des caravelles du côté de l'Espagne, de peur que nous ne vivions pas assez pour revoir jamais ce bienheureux pays.

— C'est presque une révolte ! — Qui de vous ose tenir un langage si hardi à votre amiral ?

— Tous, Señor, tous, répondirent vingt voix. Il faut avoir la hardiesse de parler, quand la mort serait la peine du silence.

— Et toi, Sancho, es-tu aussi du parti de ces mutins ? Conviens-tu que ton cœur a la maladie du pays, et que d'indignes craintes l'emportent sur tes espérances d'une gloire impérissable et sur tes désirs des richesses du Cathay ?

— Si j'en conviens, Señor don amirante, mettez-moi à graisser les mâts, et retirez-moi le gouvernail, comme à un homme qui n'est pas fait pour surveiller les frasques de l'étoile polaire. — Conduisez les caravelles dans la salle d'audience du Grand-Khan, amarrez-les à son trône, et vous trouverez Sancho à son poste, soit à la barre, soit à la sonde. Je suis né à la porte d'un chantier, et j'ai naturellement le désir de voir ce qu'un bâtiment peut faire.

— Et toi, Pépé, as-tu oublié ton devoir au point d'adresser un tel langage à ton commandant — à l'amiral et au vice-roi de ta souveraine doña Isabelle ?

— Vice-roi de quoi ? s'écria une voix au milieu de la foule, sans laisser à Pépé le temps de répondre ; vice-roi d'herbes marines, ayant pour sujet des thons, des crabes, des baleines et des pélicans ! Nous vous dirons, señor Colon, que ce n'est pas ainsi qu'on doit traiter des Castillans qui aiment des découvertes plus solides que des champs d'herbes marines et des îles de nuages.

— En Europe ! — en Espagne ! — à Palos, à Palos ! s'écrièrent-ils presque tous, Sancho et Pépé ayant quitté la foule pour aller se ranger aux côtés de l'amiral. — Nous n'irons pas plus loin à l'ouest ; c'est tenter Dieu. — Nous voulons retourner d'où nous sommes partis, s'il n'est pas déjà trop tard pour que nous ayons ce bonheur.

— A qui osez-vous parler avec cette insolence, misérables ? s'écria don Luis, portant involontairement sa main à l'endroit où il trouvait ordinairement la poignée de sa rapière ; retirez-vous, ou sinon...

— Calmez-vous, ami Pédro, et laissez-moi le soin de cette affaire, dit l'amiral, à qui l'insubordination de son équipage n'avait presque rien fait perdre de son sang-froid. — Ecoutez ce que j'ai à vous dire, hommes grossiers et rebelles, et songez que c'est ma réponse définitive à toute demande semblable à celle que vous avez osé me faire : — Cette expédition a été envoyée par les deux souverains votre maître et votre maîtresse pour traverser toute la largeur de l'océan Atlantique jusqu'à ce qu'elle arrive sur les côtes des Indes. Or, quoi qu'il puisse arriver, leurs grandes espérances ne seront pas déçues. Nous ferons voile à l'ouest, jusqu'à ce que la terre nous arrête. J'attache ma vie à cette détermination. Prenez garde qu'aucun de vous ne mette la sienne en danger par sa résistance aux ordres de nos souverains, ou par sa désobéissance et son manque de respect pour celui qui les représente. Que j'entende encore un murmure, et celui qui en aura été coupable sera puni d'un châtiment signalé. Telle est ma ferme résolution, et craignez tous de vous exposer à la colère de ceux dont le déplaisir est plus redoutable que les dangers imaginaires de l'Océan. — Faites donc bien attention à ce que vous avez à craindre et à espérer. D'un côté vous avez tout à redouter du ressentiment des souverains si vous en venez à des actes de violence pour résister à leur autorité; ou, ce qui ne vaut pas mieux, vous avez presque la certitude, en vous révoltant contre vos chefs légitimes, de ne pouvoir arriver en Espagne, faute d'eau et de vivres; il est déjà trop tard pour songer à y retourner. Un voyage à l'est doit durer le double du temps que nous avons mis à venir jusqu'ici, et nos caravelles sentent déjà la diminution du poids de nos provisions; la terre, et la terre dans ces parages, nous est devenue nécessaire. Maintenant regardez le revers du tableau : devant vous est le Cathay qui vous offre de la gloire, des richesses et des nouveautés de toute espèce, — une contrée plus merveilleuse qu'aucune de celles que l'homme ait habitées jusqu'ici, et occupée par un peuple aussi doux que juste et hospitalier. Ajoutez à cela les récompenses de vos souverains et la gloire dont sera couvert le dernier des matelots, s'il coopère fidèlement avec son commandant au succès de cette expédition.

— Si nous vous obéissons encore trois jours, et que la terre ne se montre pas, promettez-vous de retourner en Espagne? s'écria une voix dans la foule.

— Non, jamais! répondit Colomb avec fermeté. Je dois aller aux Indes, et j'irai aux Indes, fallût-il encore un mois pour terminer ce voyage. Retournez donc chacun à votre poste, ou dans vos hamacs, et qu'une pareille conduite ne se renouvelle pas.

Il y avait tant de dignité naturelle dans les manières de Colomb, et tant de sévérité dans sa voix lorsqu'il était mécontent, que personne n'osait lui répondre une fois qu'il avait commandé le silence. Les matelots se dispersèrent donc d'un air sombre, mais sans avoir perdu leur esprit d'insubordination. S'il n'y avait eu que leur seul bâtiment pour cette expédition, il est probable qu'ils se seraient portés à quelque acte de violence; mais ne sachant pas ce que pensaient les équipages de *la Pinta* et de *la Niña*, et professant pour Martin Alonzo Pinzon, aussi bien que pour Colomb, un respect mêlé de crainte, les plus hardis d'entre eux se contentèrent de murmurer, mais avec le projet secret de prendre des mesures plus décisives dès qu'ils auraient trouvé l'occasion de se concerter avec les équipages de ces deux bâtiments.

— Ceci paraît sérieux, Señor, dit Luis dès que l'amiral et lui se trouvèrent seuls dans leur chambre. Par saint Luc! vous verriez l'ardeur de ces misérables se refroidir si Votre Excellence voulait me permettre de jeter à la mer deux ou trois des plus insolents.

— Faveur que quelques uns d'entre eux ont positivement médité de nous accorder à vous et à moi, répondit Colomb. — Sancho me tient au courant de tout ce qui se passe dans l'équipage, et il y a déjà plusieurs jours qu'il m'en a donné avis. Mais nous emploierons les voies pacifiques aussi longtemps qu'il nous sera possible, señor Guttierez ou de Muños, quel que soit le nom que vous préférez; mais si nous nous trouvons dans la nécessité d'avoir recours à la force, vous verrez que Christophe Colomb sait se servir du sabre aussi bien que de ses instruments nautiques.

— A quelle distance croyez-vous réellement que nous soyons de la terre, señor amiral?— C'est par curiosité, et non par crainte, que je vous fais cette question; car, quand même le bâtiment flotterait sur la dernière extrémité du monde et serait prêt à tomber dans le vide, vous n'entendriez pas un murmure sortir de ma bouche.

— J'en suis certain, mon jeune ami; car autrement vous ne seriez pas ici, répondit Colomb serrant avec affection la main de Luis. — Je crois que nous sommes au moins à mille lieues marines de l'île de Fer. C'est à peu près la distance à laquelle j'ai supposé que le Cathay se trouve de l'Europe; et nous sommes certainement arrivés assez loin pour rencontrer quelqu'une de ces îles qu'on sait être en si grand nombre sur la route de l'Asie. Ma table de loch, faite pour l'équipage, ne porte cette distance qu'à un peu plus de huit cents lieues, mais comme nous avons rencontré récemment plusieurs courants favorables, je suis très-porté à croire que nous sommes au moins à onze cents lieues des Canaries ; et peut-être un peu plus près des Açores, qui sont situées plus à l'ouest, quoique sous une plus haute latitude.

— En ce cas, Señor, vous pensez que nous pouvons réellement nous attendre à voir la terre d'ici à peu de jours?

— J'en ai une telle certitude, Luis, que je n'aurais guère hésité à accepter les propositions de ces mutins, si j'eusse pu me résoudre à cette humiliation. Ptolémée a divisé la terre en vingt-quatre parties de quinze degrés chacune, et je ne donne à l'Atlantique que cinq à six de ces parties. Je suis convaincu que treize cents lieues nous conduiront aux côtes de l'Asie, et de ces treize cents je suis très-porté à croire que nous en avons fait onze.

— Il peut donc se faire que le jour de demain soit un grand jour, señor amiral.— Eh bien ! mettons-nous au lit. Je vais rêver à un pays plus beau que l'œil d'un chrétien n'en ait jamais vu, et mes songes m'offriront la plus belle fille de l'Espagne, — de toute l'Europe, par saint Pédro ! — me faisant signe d'y aborder.

Colomb et Luis ne pensèrent plus alors qu'à se reposer. Le lendemain matin, les physionomies sombres des matelots firent voir évidemment qu'un profond mécontentement brûlait dans leur cœur, comme la lave dans les entrailles d'un volcan. Heureusement, des signes d'une nature toute nouvelle se montrèrent bientôt ; et tout en attirant l'attention des mutins les plus déterminés, ils leur firent oublier leurs projets. Le vent était frais et aussi favorable que de coutume ; de plus, ce qui était réellement une nouveauté depuis leur départ de l'île de Fer, la mer s'était mise en mouvement, et les bâtiments voguaient sur des vagues qui ne laissaient aucune apparence de ce calme contre nature dont la longue durée avait alarmé les matelots. Colomb n'avait pas été cinq minutes sur le pont, quand un cri de joie poussé par Pépé attira tous les yeux vers la vergue sur laquelle il travaillait ; il montrait avec empressement quelque chose qui flottait sur l'eau. Tout l'équipage courut vers ce côté du bâtiment, et à l'instant où il s'élevait sur une vague, on vit passer un jonc si vert, si frais, qu'il fit pousser une exclamation générale de joie, car tout le monde savait que cette plante venait certainement de quelque rivage, et sa fraîcheur prouvait qu'elle ne pouvait avoir été arrachée depuis longtemps de l'endroit où elle avait crû.

— C'est réellement un heureux présage, dit Colomb; les joncs ne peuvent croître sans la lumière du ciel, quoi qu'il puisse en être autrement des herbes.

Ce petit événement changea le cours des idées des mécontents, ou du moins l'interrompit. L'espoir reprit encore une fois le dessus, et tous ceux qui n'étaient pas occupés montèrent sur les mâts et les vergues pour surveiller l'horizon occidental. Le mouvement rapide des bâtiments ajoutait même à l'élasticité des esprits. On voyait *la Pinta* et *la Niña* passer et repasser près du bâtiment amiral, comme pour donner une démonstration de gaieté. Quelques heures plus tard, on rencontra des herbes également vertes et fraîches, et vers midi Sancho annonça positivement qu'il venait de voir un poisson qu'on savait ne se trouver que dans le voisinage des rochers. Une heure plus tard, *la Niña* vint se mettre bord à bord du bâtiment amiral, et son commandant, placé sur une vergue, avait l'air d'un homme qui a d'importantes nouvelles à communiquer.

— Qu'y a-t-il donc, Vincent Yañez? s'écria Colomb; vous ressemblez à un messager qui apporte de bonnes nouvelles.

— Et c'est en effet ce que je crois être, don Christophe. Nous venons de voir passer dans la mer une branche de rosier sauvage chargée de baies, et qui paraît avoir été tout récemment arrachée de l'arbre. C'est un signe qui ne peut nous tromper.

— C'est la vérité, mon cher ami. A l'ouest! à l'ouest! Heureux celui dont les yeux seront les premiers à voir les merveilles des Indes!

Il serait difficile de dire jusqu'à quel point l'espérance et la joie épanouirent tous les cœurs. On n'entendait plus que rire et plaisanter sur le pont où, quelques heures auparavant, on ne voyait que mécontentement et humeur sombre. Les minutes s'écoulaient rapidement; personne ne songeait plus à l'Espagne, on ne pensait qu'à cet ouest qui était encore invisible.

Un peu plus tard, un cri de joie se fit entendre à bord de *la Pinta* qui était au vent de l'amiral et un peu en avant. On vit alors ce bâtiment diminuer de voiles, mettre en panne, et enfin descendre son esquif à la mer. Fendant les flots écumants, *la*

Santa-Maria s'avança de ce côté, et fut bientôt assez près de l'autre caravelle pour qu'on pût se parler.

— Eh bien! Martin Alonzo, dit Colomb cachant son empressement sous un air de calme et de dignité, vous et votre équipage vous semblez être en extase?

— Et ce n'est pas sans raison, Señor. Nous venons de passer près d'un morceau de canne, plante dont on tire le sucre en Orient, comme disent les voyageurs, et qu'on apporte souvent dans nos ports. C'est un bon signe du voisinage de la terre; mais ce n'est rien auprès d'un tronc d'arbre que nous avons vu en même temps. Et comme si la Providence n'avait pas déjà eu assez de bonté pour nous, ces objets flottaient près l'un de l'autre, et nous y avons attaché assez de valeur pour mettre l'esquif à la mer afin de nous en assurer la possession.

— Carguez toutes vos voiles, Martin Alonzo, et envoyez-moi vos captures, afin que je puisse juger de leur valeur.

Pinzon obéit, et *la Santa-Maria* ayant mis en panne, l'esquif y arriva bientôt. Martin Alonzo ne fit qu'un saut du banc des rameurs sur le plat-bord de sa chaloupe, et ne tarda pas à se trouver sur le pont de l'amiral. Il s'empressa aussitôt de montrer à Colomb les divers objets qui venaient d'être retirés de la mer et que les matelots de son esquif lui jetaient sur le pont.

— Voyez, nobles Señores, dit-il presque hors d'haleine par suite de l'empressement qu'il avait de faire voir ses trésors, voici un tronc d'arbre, je ne sais de quelle espèce, mais parfaitement équarri. — Voici un fragment de canne à sucre, plante qui vient certainement de la terre; — et voyez surtout cette espèce de canne : c'est évidemment un ouvrage de la main de l'homme, et l'on y a mis beaucoup de soin.

— Tout cela est très-vrai, dit Colomb, examinant ces objets l'un après l'autre. Gloire à la puissance de Dieu, et remercions-le de nous avoir donné ces preuves consolantes que nous approchons d'un nouveau monde. Il n'y a plus qu'un infidèle qui puisse douter du succès de notre expédition.

— Tous ces objets étaient sans doute sur quelque barque qui a coulé à fond, et cela explique pourquoi ils se sont trouvés dans l'eau si près les uns des autres, dit Martin Alonzo, voulant appuyer ses preuves physiques par une théorie plausible. Je ne serais pas surpris si nous apercevions quelques corps noyés.

— Espérons le contraire, Martin Alonzo, dit l'amiral, et ne

nous livrons pas à des idées si mélancoliques. Mille accidents peuvent avoir jeté tous ces objets dans la mer en même temps; et une fois dans l'eau, ils y auraient flotté ensemble pendant un an, à moins qu'ils n'eussent été séparés par la violence du vent ou des vagues. Mais, quoi qu'il en soit, ils sont pour nous des preuves infaillibles, non seulement que nous sommes près de la terre, mais que cette terre est habitée par des hommes.

Il serait difficile de décrire l'enthousiasme qui régna à bord des trois bâtiments. Jusqu'alors ils n'avaient rencontré que des oiseaux, des poissons et des herbes, signes fréquemment trompeurs, mais ils avaient enfin des preuves irrésistibles qu'ils se trouvaient dans le voisinage de leurs semblables. A la vérité, des objets de cette nature pouvaient, avec le temps, être venus en cet endroit même d'une aussi grande distance que celle que la petite flotte avait parcourue; mais il n'était pas probable qu'ils eussent dérivé si longtemps sans se séparer. Ensuite les baies de la branche de rosier étaient fraîches, le bois de l'arbre était d'une espèce inconnue, et la canne — si tel était l'usage du bâton auquel on avait donné ce nom — était sculptée d'une manière tout à fait inusitée en Europe. Ces différents objets passèrent de main en main jusqu'à ce que chacun dans l'équipage les eût examinés, et tous les doutes s'évanouirent devant cette confirmation inattendue des prédictions de l'amiral. Pinzon retourna sur son bord; on déferla les voiles, et l'on continua à gouverner à l'ouest-sud-ouest jusqu'au coucher du soleil.

Quelques-uns des esprits les plus timorés éprouvèrent pourtant encore une sorte de désappointement quand ils virent, pour la trente-quatrième fois depuis leur départ de Gomère, le soleil disparaître sous un horizon d'eau. Presque tous les yeux se fixèrent avec intérêt sur le couchant, et, quoique le ciel fût couvert de nuages, nulle illusion d'optique ne trompa les yeux; l'on n'y vit que les formes ordinaires que prennent les vagues à la chute du jour.

Le vent fraîchit à la fin de la soirée, et Colomb, ayant réuni ses bâtiments comme il le faisait tous les soirs, donna de nouveaux ordres pour la route à suivre. Depuis deux ou trois jours on avait principalement gouverné à l'ouest-sud-ouest, et Colomb, qui était persuadé que sa route la plus certaine et la plus courte, d'une terre à l'autre, était de traverser l'Océan, s'il était possible, en suivant un seul parallèle de latitude, désirait reprendre sa route favorite, c'est-à-dire ce qu'il croyait être le vrai ouest. Lorsque la nuit tomba, les trois bâtiments prirent donc cette route, avançant à raison de neuf milles par heure, et suivant l'astre du jour comme s'ils eussent été résolus à pénétrer dans les mystères de sa retraite nocturne, jusqu'à ce que quelque grande découverte récompensât leurs efforts.

Immédiatement après ce changement de route, l'équipage chanta l'hymne du soir, ce qu'on différait souvent, sur cette mer calme, jusqu'au moment où le quart qui venait d'être relevé allait chercher ses hamacs. Cependant personne, cette nuit-là, ne songeait à dormir, et il était tard quand nos marins commencèrent à chanter le *Salve Regina*. Ce chant religieux, mêlé aux soupirs de la brise et au clapotage des vagues dans la solitude de cet océan, avait quelque chose de solennel qu'augmentait encore l'attente de nos aventuriers, qui espéraient à chaque instant voir se lever le rideau qui cachait encore tant de mystères. Jamais cette hymne n'avait eu tant de mélodie pour les oreilles de Colomb, et elle fit venir les larmes aux yeux de Luis en lui rappelant les accents attendrissants de la voix de Mercédès quand elle élevait son âme à Dieu à la même heure. Lorsque l'office du soir fut terminé, l'amiral fit avancer tout l'équipage au bas de la dunette, et lui parla ainsi :

— Je suis charmé, mes amis, de vous avoir entendus chanter l'hymne du soir avec un tel esprit de dévotion, dans un moment où vous avez tant de motifs pour rendre grâces à Dieu des bontés qu'il a eues pour nous pendant tout le cours de ce voyage. Jetez les yeux sur le passé, et voyez si aucun de vous, même le plus vieux marin, peut se souvenir d'avoir fait aucun voyage sur mer, je ne dirai pas de la même longueur quant à la distance parcourue, — car aucun de vous n'en a jamais entrepris un semblable, — mais qui ait duré un même nombre de jours, et dans lequel les vents aient été constamment aussi favorables, le temps aussi propice, et la mer aussi calme que dans celui-ci. — Combien de signes encourageants Dieu ne nous a-t-il pas donnés pour nous inspirer un esprit de persévérance ! Il est au milieu de cet océan, mes amis, aussi bien que dans ses sanctuaires terrestres. Il nous a, en quelque sorte, conduits jusqu'ici pas à pas, tantôt nous envoyant des oiseaux à travers les airs, tantôt remplissant la mer de poissons hors de leurs parages ordinaires, et quelquefois étendant devant nous des champs d'herbes marines qu'on trouve rarement loin des rochers qui les voient naître. De tous ces signes, les derniers et les plus sûrs sont ceux qu'il nous a donnés aujourd'hui. Mes calculs sont d'accord avec eux; et je crois très-probable que nous aurons la terre en vue cette nuit même. Dans quelques heures, ou quand nous serons arrivés à la distance que l'œil peut apercevoir à l'aide du peu de lumière qui nous reste, je regarderai comme prudent de diminuer de voiles, et je vous invite tous à la surveillance, de peur que nous ne venions à échouer sur une côte inconnue. Vous savez que nos souverains ont promis une récompense de dix mille maravedis de pension viagère à celui qui découvrira le premier la terre; moi j'y ajouterai un pourpoint de velours, digne d'être porté par un grand d'Espagne. Ne dormez donc pas, mais, dès la première heure du jour, soyez vigilants et attentifs. Je vous parle très-sérieusement; je m'attends à voir la terre au premier rayon du soleil.

Ces paroles encourageantes produisirent un effet complet. Les matelots se dispersèrent sur tout le bâtiment, et chacun d'eux prit la position qu'il crut la meilleure pour gagner la récompense promise. Une vive attente est toujours un sentiment tranquille, les sens inquiets semblant exiger le silence et la concentration pour avoir leur pleine liberté d'action. Colomb resta debout sur la dunette. Luis, prenant moins d'intérêt à l'apparition de la terre, se jeta sur une voile, et employa ses instants à songer à Mercédès, et à se figurer l'heureux moment où il la reverrait, après avoir réussi dans cette aventure, et avec tous les honneurs du triomphe.

Un silence aussi profond que celui de la mort régnait à bord de *la Santa-Maria* et augmentait la vive sollicitude qui s'était emparée de tous les esprits. A la distance d'un mille en avant, *la Niña* voguait à pleines voiles, tandis que plus loin encore, et à une demi-heure de marche de celle-ci, on entrevoyait à peine les contours de *la Pinta*, qui meilleure voilière que les deux autres profitait de la brise. Sancho avait fait sa ronde pour examiner chaque voile et chaque vergue, et jamais le bâtiment amiral n'avait suivi de si près les deux autres que cette nuit-là. Les trois navires semblaient animés du même esprit d'impatience que les êtres qu'ils portaient, et paraissaient vouloir se surpasser. Dans certains moments, c'est-à-dire lorsque le vent murmurait dans les cordages, les matelots tressaillaient comme s'ils eussent entendu des voix inconnues et étrangères partant d'un monde mystérieux; et lorsque une vague, en écumant, venait frapper les flancs du bâtiment, ils tournaient la tête, s'attendant à voir des êtres inconnus qui, arrivant du monde oriental, s'abattaient sur le pont.

Quant à Colomb, il lui échappait de fréquents soupirs. Quelquefois il restait plusieurs minutes les yeux fixés sur l'occident, comme si des organes supérieurs à ceux du reste des hommes lui eussent permis de pénétrer dans les ténèbres. Enfin il se pencha en avant, regarda avec une vive attention par-dessus la lisse, au vent de son bâtiment, ôta son chapeau, et parut faire une prière ou rendre mentalement des actions de grâces. Luis le regardait de l'endroit où il s'était couché, et un instant après il s'entendit appeler.

— Péro Gutierrez — Pédro de Muños — Luis — quelque nom que vous préfériez, dit Colomb, sa voix mâle tremblant d'émotion; — venez ici, mon fils, et dites-moi si vos yeux sont d'accord avec les miens. — Regardez de ce côté — un peu plus par le travers du bâtiment : — voyez-vous quelque chose d'extraordinaire?

— J'ai vu une lumière, señor, — une lumière comme celle d'une chandelle, ni plus forte ni plus brillante; elle m'a paru se mouvoir comme si on la portait à la main, ou si elle était ballottée par les vagues.

— Vos yeux ne vous ont pas trompé. — Vous voyez que cette lumière ne vient d'aucun de nos bâtiments de conserve, car nous les avons tous deux sous le bossoir du vent.

— Et d'où croyez-vous qu'elle vienne, don Christophe?

— De la terre, Luis. Elle est sur la terre, et diminuée à nos yeux par la distance; ou elle est à bord d'un bâtiment qui nous est étranger et qui appartient aux Indes. — Nous avons au-dessous de nous le contrôleur de la flotte, Rodrigo Sanchez; descendez, et priez-le de venir ici.

Luis obéit, et, au bout de quelques minutes, le contrôleur était avec lui à côté de l'amiral. Une demi-heure se passa sans que la lumière reparût. On la vit ensuite briller une ou deux fois, comme une torche, et enfin elle disparut tout à fait. Cette circonstance fut bientôt connue de tout l'équipage, mais peu de personnes y attachèrent la même importance que Colomb.

— La terre est là, dit l'amiral d'un ton calme à ceux qui étaient près de lui, et nous pouvons nous attendre à la voir d'ici à quelques heures. Vous pouvez ouvrir vos cœurs à la gratitude et à la confiance, car il ne peut y avoir aucune illusion dans un pareil signe. Aucun des phénomènes observés sur la mer ne ressemble à cette lumière, et mes calculs nous placent dans une partie de l'Océan où la terre doit exister, autrement notre monde ne serait pas une sphère.

Malgré la confiance complète de l'amiral, la plupart des hommes de l'équipage ne se crurent pas aussi certains que lui du résultat, quoique tous espérassent fermement rencontrer la terre le lendemain. Colomb n'ajoutant aucune autre parole, le silence régna comme auparavant, et tous les yeux se tournèrent de nouveau vers l'ouest avec une vigilance inquiète. Le temps s'écoula de cette manière, les trois bâtiments avançant avec une rapidité qui excédait de beaucoup leur marche ordinaire. A minuit un vif éclat de lumière dissipa un instant l'obscurité, et le bruit d'un coup de canon tiré à bord de *la Pinta* retentit bientôt à toutes les oreilles, quoique contrarié par le souffle puissant des vents alisés.

— C'est Martin Alonzo qui parle de cette sorte, s'écria l'amiral, et nous pouvons être sûrs qu'il n'a pas fait ce signal sans de bonnes raisons. — Qui est là-haut sur la vergue de perroquet afin d'être le premier à découvrir les merveilles de l'ouest?

— C'est moi, señor don amirante, répondit Sancho; j'y suis depuis que nous avons fini de chanter l'hymne du soir.

— Vois-tu quelque chose d'extraordinaire du côté de l'ouest? — Regarde avec soin, car nous touchons à de grands événements.

— Je ne vois rien, Señor, si ce n'est que *la Pinta* a diminué de voiles : *la Niña* vient de la rejoindre, et la voilà qui diminue aussi de voiles.

— Honneur et gloire à Dieu pour toutes ces grandes nouvelles! c'est une preuve que pour cette fois nous pouvons croire aux signaux, et que nulle illusion n'a égaré leur jugement. — Nous rejoindrons nos bâtiments de conserve, Barthélemi, avant de diminuer un seul pouce de nos voiles.

Aussitôt tout fut en mouvement à bord de *la Santa-Maria*, et au bout d'une demi-heure elle arriva auprès des deux autres caravelles, qui, ayant pincé le vent, louvoyaient en courant de faibles bordées, semblables à des coursiers qui se rafraîchissent après s'être disputé le prix de la course.

— Venez ici, Luis, dit Colomb, et régalez vos yeux d'un

spectacle dont les meilleurs chrétiens n'ont pas encore joui.

Le ciel des tropiques brillait de mille étoiles, et l'Océan lui-même semblait projeter une lueur mélancolique : circonstances qui ôtaient à la nuit une grande partie de son obscurité. La vue pouvait donc s'étendre à plusieurs milles de distance, et même distinguer les objets situés à l'horizon occidental. Lorsque don Luis eut jeté un coup d'œil sous le vent, dans la direction que Colomb lui indiquait, il vit clairement un point où l'azur du ciel disparaissait derrière une hauteur sombre qui s'élevait de l'Océan et qui s'étendait à quelques lieues vers le sud, se terminant ensuite comme elle avait commencé, c'est-à-dire par la réunion des eaux de l'Océan et du vide du firmament. Tout l'espace intermédiaire offrait les contours, la densité et la couleur de la terre, vue dans le lointain à minuit.

— Vous voyez les Indes, dit Colomb ; — le grand problème est résolu. Cette terre est probablement une île, mais un continent n'est pas loin. Louange soit rendue à Dieu !

CHAPITRE XXII.

>Il y a un pouvoir qui t'apprend ton chemin le long de cette côte sauvage, où tu es seul, errant, mais non égaré.
>
>BRYANT.

LES trois heures qui suivirent furent remplies d'un intérêt intense et extraordinaire. Les trois bâtiments couraient des bordées à la hauteur de la côte encore ensevelie dans les ténèbres, à une distance suffisante pour n'avoir rien à craindre, ayant la plupart de leurs voiles carguées : ils ressemblaient à des navires qui croisent à loisir sur un point donné, et qui s'inquiètent peu d'aller plus ou moins vite. Quand ils passaient l'un près de l'autre, les matelots échangeaient quelques mots de félicitation réciproque ; mais on n'entendit pendant cette nuit importante aucun transport bruyant de joie. Les sensations que le succès faisait naître dans tous les cœurs avaient un caractère trop profond et trop solennel pour exciter des démonstrations de plaisir si vulgaires. Peut-être n'y avait-il un seul homme parmi eux qui ne fût pénétré d'un sentiment de confiance absolue en la divine Providence, et de soumission entière à sa volonté.

Colomb gardait le silence. Des émotions de la nature de celle qu'il éprouvait se traduisent rarement par des paroles ; mais son cœur débordait de reconnaissance et d'amour. Il se croyait à l'extrémité de l'orient, et pensait avoir atteint cette partie du monde en faisant voile à l'occident. Il est tout naturel de supposer qu'il se figurait que le rideau du jour, en se levant, allait offrir à ses yeux quelqu'une de ces scènes de magnificence orientale si éloquemment décrites par les Polo et les autres voyageurs qui avaient pénétré dans ces régions lointaines et inconnues. Le peu qu'il avait vu lui prouvait suffisamment que l'île reconnue et celles qu'il pourrait trouver dans ces parages étaient habitées, mais tout le reste était encore conjecture et incertitude. Cependant on respirait un air parfumé, et deux des sens de l'homme concouraient déjà ainsi à proclamer le succès du voyage.

Le jour, si impatiemment désiré, était sur le point d'éclore. Le ciel se couvrit à l'est des belles teintes qui précèdent le lever du soleil. A mesure que la lumière se répandait sur le bleu foncé de l'Océan, les contours de l'île devenaient plus distincts, et l'on voyait à sa surface des rochers, des vallées, des arbres, sortir des ténèbres ; en un mot, toute la scène se revêtir du coloris grisâtre et solennel du matin. Enfin les rayons du soleil s'étendirent sur l'île, et en dorèrent les points les plus élevés, tandis qu'ils en plongeaient d'autres dans l'ombre. On reconnut alors que la terre qu'on venait de découvrir était une île de peu d'étendue, bien boisée, et couverte d'une belle verdure. Le sol en était bas, mais elle offrait un aspect assez agréable pour sembler un paradis à des hommes qui avaient très-sérieusement douté que leurs yeux revissent jamais la terre. Ce spectacle cause toujours un nouveau plaisir aux marins qui ont été longtemps sans apercevoir autre chose que le ciel et l'eau ; mais ce plaisir était triplé pour des hommes qui non seulement sortaient des abîmes du désespoir, mais qui voyaient renaître leurs plus brillantes espérances. D'après la position de cette île, Colomb ne douta pas qu'il n'eût passé près d'une autre pendant la nuit, — celle sur laquelle il avait vu une lumière ; — et par la suite, d'après la route qu'il avait suivie, cette conjecture est presque devenue une certitude.

Le soleil était à peine levé qu'on vit sortir des bois des hommes qui regardaient avec étonnement l'apparition de machines que ces insulaires ignorants prenaient pour des messagers du ciel. Bientôt après Colomb fit jeter l'ancre, et il débarqua pour prendre possession de l'île au nom des deux souverains.

On déploya en cette occasion autant d'apparat que le permettaient les moyens limités de nos aventuriers. L'amiral, en habit écarlate, et portant l'étendard royal, marchait en tête, suivi de Martin Alonzo et de Vincent Yañez Pinzon, portant chacun une bannière sur laquelle on voyait une croix, symbole de l'expédition, avec les lettres initiales des noms de Ferdinand et d'Isabelle.

Toutes les formalités d'usage en pareilles occasions furent observées. En posant le pied sur cette terre inconnue, Colomb en prit possession au nom des deux souverains, rendit grâce à Dieu du succès de son expédition, et regarda ensuite autour de lui, pour se faire une idée de la valeur de sa découverte [1].

Dès que ce cérémonial fut accompli, tout l'équipage entoura l'amiral, et commença à le féliciter du succès qu'il avait obtenu et à lui témoigner ses regrets de son manque de confiance et de son insubordination. Cette scène a été souvent citée comme une preuve de l'inconstance et de la bizarrerie des jugements humains; l'homme que si récemment encore on considérait comme un aventurier égoïste et téméraire, étant tout à coup presque vénéré comme un Dieu. Ces témoignages flatteurs n'inspiraient pas plus d'orgueil à l'amiral, que la mutinerie ne l'avait intimidé. Il conserva son air calme et grave au milieu de ceux qui se pressaient autour de lui, quoiqu'un observateur attentif eût pu voir le

---

[1]. C'est une chose singulière que la position et le nom de l'île qui fut découverte la première dans ce célèbre voyage soit encore aujourd'hui un objet, sinon de doute, du moins de discussion. Beaucoup de personnes, en y comprenant quelques unes des meilleures autorités, croient que les aventuriers abordèrent à l'île du Chat, comme on l'appelle à présent, quoique Colomb lui ait donné le nom de San-Salvador. D'autres prétendent qu'ils arrivèrent d'abord à l'île du Turc. La raison donnée à l'appui de cette dernière opinion est la position de cette île, jointe à la route qu'on prit ensuite pour aller à Cuba. Muñoz pense que c'était l'île de Watling, située à l'est de celle du Chat, à la distance d'un degré de longitude ou de quelques heures. Quant à l'île du Turc, la théorie n'est appuyée sur aucun fait. La route qu'on suivit en quittant l'île ne fut pas à l'ouest, mais au sud-ouest, et l'on voit Colomb désirer aller au sud pour arriver à l'île de Cuba, que les naturels lui avaient décrite et qu'il croyait être Cipango. Muñoz ne donne aucun motif de son opinion; mais l'île de Watling ne répond aucunement à la description du grand navigateur; elle est pourtant située très-près de la route qu'il suivit, et il passa sans doute dans les environs, sans la voir, pendant la nuit. On croit que c'est sur cette île que parut la lumière que Colomb remarqua plusieurs fois.

triomphe briller dans ses yeux, et des transports de joie intérieure se peindre sur son visage.

— Ces braves gens sont aussi inconstants dans leurs craintes qu'extrêmes dans les transports de leur joie, dit Colomb à Luis quand ils se furent retirés de la foule. — Hier, ils m'auraient volontiers jeté à la mer, et aujourd'hui ils semblent disposés à oublier Dieu lui-même pour une de ses indignes créatures. Ne remarquez-vous pas que ceux qui nous ont causé le plus d'inquiétude par leur mécontentement, sont à présent ceux dont les applaudissements sont le plus bruyants?

— Telle est la nature humaine, Señor; ils passent d'une frayeur panique à une joie inconsidérée. Ces drôles s'imaginent vous donner des éloges, tandis que le fait est qu'ils se réjouissent d'avoir échappé à des malheurs inconnus qu'ils redoutaient. Nos amis Sancho et Pépé ne paraissent pas agités des mêmes sensations, car le dernier s'occupe à cueillir des fleurs qui croissent sur cette côte de l'Inde, et le premier regarde autour de lui avec un sang-froid louable, comme s'il calculait la longitude et la latitude des doublons du Grand-Khan.

Colomb sourit, et s'avança avec Luis vers ces deux marins qui étaient à quelque distance de leurs camarades. Sancho avait les mains enfoncées dans son pourpoint, et regardait le pays avec le sang-froid d'un philosophe. Ce fut de lui que Colomb s'approcha d'abord.

— Comment donc, Sancho de la Porte du Chantier, lui dit-il, tu regardes cette scène glorieuse aussi froidement que tu regarderais une rue de Moguer ou un champ de l'Andalousie.

— Señor don amirante, c'est la même main qui a fait tout cela. Cette île n'est pas la première où j'aie débarqué, et ces sauvages nus qui sont là-bas ne sont pas les premiers hommes que j'aie vus ne portant pas un pourpoint écarlate.

— Mais n'éprouves-tu pas de la joie de notre succès? — de la reconnaissance envers Dieu pour cette grande découverte? Songe que nous sommes sur les lisières de l'Asie, et cependant nous y sommes arrivés en marchant à l'ouest.

— Quant à ce dernier fait, Señor, c'est une vérité dont je puis faire serment, puisque j'ai eu le gouvernail entre les mains une bonne partie du chemin. Mais croyez-vous, señor don amirante, que nous soyons arrivés assez loin dans cette direction pour nous trouver de l'autre côté de la terre, de sorte que nous ayons les pieds sous ceux des Espagnols?

— Non. Le royaume du Grand-Khan occupera à peine la position dont tu parles.

— En ce cas, Señor, qu'est-ce qui empêchera les doublons de ce royaume de tomber dans l'air, et de nous laisser les fatigues de notre voyage pour toute récompense?

— Le même pouvoir qui empêchera nos caravelles de tomber de la mer, et la mer elle-même de les suivre. Tout cela dépend de lois naturelles, et la nature est un législateur qui sait se faire respecter.

— Tout cela est de l'hébreu pour moi, répondit Sancho en se frottant les sourcils. — Si nous ne sommes pas ici directement sous les pieds des Espagnols, les nôtres doivent être en ligne diagonale avec les leurs, et pourtant je ne trouve pas plus difficile ici qu'à Moguer de maintenir ma quille droite. — Par sainte Claire! cela est même plus facile à certains égards, car on ne trouve pas ici du vin de Xérès aussi aisément qu'en Espagne.

— Tu n'es pas Israélite, Sancho, quoique le nom de ton père soit un secret. — Et toi, Pépé, que trouves-tu de particulier dans ces fleurs, pour qu'elles détournent ton attention de toutes les autres merveilles de ce pays?

— J'en fais un bouquet pour Monica, Señor. Une femme a des sensations plus délicates qu'un homme; et elle sera charmée de voir de quelle espèce d'ornements Dieu a paré les Indes.

— Et t'imagines-tu, Pépé, que ton amour pourra conserver à ces fleurs leur fraîcheur, jusqu'à ce que la bonne caravelle ait repassé l'Atlantique? demanda Luis en riant.

— Qui peut le savoir, señor Gutierrez? un cœur chaud fait une bonne serre. Si vous préférez quelque dame castillane à toutes les autres, vous feriez bien aussi de songer à sa beauté, et de cueillir quelques unes de ces fleurs rares pour orner ses cheveux.

Colomb se retira, les naturels paraissant se disposer à avancer vers les étrangers. Luis resta près du jeune marin, qui continua à cueillir les fleurs des tropiques. Une minute après, notre héros était occupé de la même manière, et avant que l'amiral et les insulaires, au comble de la surprise, eussent commencé leur première entrevue, il avait déjà arrangé un superbe bouquet, qu'il se représenta comme ornant les cheveux d'ébène de Mercédès.

Les événements d'intérêt public qui eurent lieu ensuite sont trop connus des lecteurs pour qu'il soit besoin d'en parler ici. Après avoir passé un temps fort court à San-Salvador, Colomb se rendit dans d'autres îles, conduit par la curiosité, et guidé par ce qu'il apprenait ou croyait apprendre des naturels. Enfin, le 28, il arriva à Cuba. Là, il s'imagina pendant quelque temps avoir découvert le continent, et pendant près d'un mois il côtoya cette île, d'abord au nord-ouest, et ensuite au sud-est. Les nouvelles scènes qui s'offraient aux yeux de nos aventuriers perdirent leur influence en devenant familières, et bientôt les sentiments d'ambition et de cupidité commencèrent à reprendre leur empire sur le cœur de plusieurs de ceux qui avaient été les premiers à promettre une entière soumission à l'amiral lorsque la découverte de la terre eut démontré d'une manière si triomphante la vérité de ses théories et la vanité de leurs craintes. Parmi ceux qui cédèrent le plus vite à l'influence de leur caractère, se trouva Martin Alonzo Pinzon. Se voyant presque entièrement exclu de la société du jeune comte de Llera, aux yeux duquel il s'aperçut qu'il n'occupait qu'une place très-secondaire, il ne se nourrit plus que d'idées de son importance personnelle, et commença à envier à Colomb une gloire qu'il aurait pu, pensait-il, s'assurer à lui-même. Quelques vives altercations avaient eu lieu entre l'amiral et lui en plus d'une occasion, avant la découverte de la terre; et il arrivait tous les jours quelque nouvelle cause de refroidissement entre eux.

Il n'entre pas dans le plan de cet ouvrage de décrire tout ce qui se passa pendant que nos aventuriers allaient d'île en île, de port en port, de rivière en rivière. Ils reconnurent bientôt qu'ils avaient fait de très-importantes découvertes, et de jour en jour ils suivaient le cours de leurs recherches, d'après des avis qu'ils comprenaient mal, mais qui, à ce qu'ils s'imaginaient, leur indiquaient des mines d'or. Partout ils trouvaient une nature libérale et riche, des scènes qui fascinaient les yeux, et un climat qui séduisait les sens; mais ils n'avaient encore trouvé l'homme que dans la plus simple condition de l'état sauvage. La croyance qu'ils étaient dans les Indes était une illusion générale; et chaque mot, chaque geste des naturels du pays, étaient interprétés comme ayant rapport aux richesses du pays. Tous pensaient que, s'ils n'étaient pas positivement dans le royaume du Grand-Khan, ils se trouvaient du moins presque sur ses frontières. Dans de telles circonstances, chaque jour produisant quelque chose de nouveau et promettant plus encore, peu de ces gens songeaient à l'Espagne, si ce n'est pourtant lorsque l'idée de la gloire d'y rentrer en triomphe venait se présenter à leur imagination. Luis lui-même pensait moins constamment à Mercédès, et, malgré sa beauté, il permettait que la vue des choses extraordinaires qui se présentaient à chaque instant à ses yeux remplaçât momentanément son image. Il est vrai qu'à l'exception d'un sol fertile et d'un climat délicieux, le pays n'offrait rien qui pût réaliser les brillantes espérances de nos aventuriers, quant aux avantages pécuniaires qu'ils avaient en vue. Mais l'espoir ne cessait de régner dans leur cœur ; et personne ne savait ce que le lendemain pourrait amener.

Deux agents furent enfin envoyés dans l'intérieur pour y faire des découvertes, et Colomb profita de ce moment pour radouber ses bâtiments. A l'époque où l'on attendait leur retour, Luis partit avec un détachement d'hommes armés pour aller à leur rencontre : Sancho en faisait partie. On les rencontra à une journée de marche des caravelles, accompagnés de quelques uns des naturels du pays, qui les suivaient par curiosité, s'attendant à chaque instant à voir ces inconnus prendre leur vol vers le ciel. Quand les deux troupes se furent rejointes, on fit une courte halte pour se reposer, et Sancho ne craignant pas plus le danger sur terre que sur mer, entra dans un village qui était à quelques pas. Là, il chercha par gestes à se concilier autant que possible l'esprit des habitants, et figura avec le même avantage qu'un grand homme de la ville figure dans un hameau. Depuis quelques minutes seulement il était à se donner des airs parmi ces enfants de la nature, quand ils parurent désirer lui donner quelque marque de distinction particulière. Un homme s'avança vers lui, tenant en main quelques feuilles sèches et noirâtres, et les lui offrit avec le même air de politesse qu'un Turc offrirait ses conserves ou un Américain son gâteau. Sancho allait accepter ce présent, quoiqu'il eût beaucoup mieux aimé un doublon, — car il n'en avait pas vu depuis le dernier qu'il avait reçu de l'amiral, — quand plusieurs naturels de Cuba firent un mouvement en avant, en prononçant humblement, mais avec emphase, le mot — tabac. — Aussitôt celui qui présentait l'offrande se retira en arrière, répéta le même mot du ton d'un homme qui fait une apologie, et se mit à rouler ces feuilles de manière à en faire ce qu'on appelait dans la langue du pays « un tabac, » c'est-à-dire une espèce de cigare, qu'il offrit ensuite au marin. Sancho accepta le présent, fit un signe de tête avec un air de condescendance, répéta le même mot de son mieux, et mit le tabac dans sa poche. Ce mouvement causa évidemment de la surprise aux naturels, et après une courte consultation, l'un d'eux alluma le bout d'un rouleau de ces feuilles, et mit l'autre extrémité dans sa bouche, et à sa grande satisfaction autant qu'à celle de tous ceux qui l'entouraient, commença à lancer des nuages de fumée odoriférante. Sancho voulut l'imiter, mais il lui arriva ce qui arrive à tous ceux qui sont novices dans cet art, c'est-à-dire qu'il alla rejoindre ses compagnons en chancelant, pâle comme un preneur d'opium, et tourmenté de nausées telle qu'il n'en avait pas éprouvé depuis le jour où il avait passé la barre de Saltes pour voguer sur l'océan Atlantique.

Cette petite scène pourrait s'appeler l'introduction de l'herbe américaine, aujourd'hui si connue dans la société civilisée; les Espagnols ayant, par méprise, donné à la plante le nom que les naturels donnaient à ses feuilles roulées. Sancho de la Porte du Chantier fut donc le premier chrétien qui fuma du tabac, talent dans lequel il eut bientôt des rivaux dans quelques uns des plus grands hommes de son siècle, et qui se perpétua jusqu'au nôtre.

Après le retour de ses agents, Colomb remit à la voile, et suivit la côte septentrionale de Cuba. Pendant qu'il luttait contre les vents alisés pour avancer à l'est, il trouva le vent trop fort, et résolut de gagner un port de l'île de Cuba, qu'il avait nommé Puerto del Principe. Dans cette vue, il fit un signal pour rappeler *la Pinta* qui était assez loin au vent; et comme la nuit approchait, on alluma des lanternes pour mettre Martin Alonzo en état de se rapprocher de son commandant. Le lendemain au point du jour, Colomb monta sur la dunette, jeta un coup d'œil autour de lui, et vit *la Niña* sous le vent, mais ne put apercevoir l'autre caravelle.

— Personne n'a-t-il vu *la Pinta* ? demanda-t-il à Sancho qui était au gouvernail.

— Je l'ai vue distinctement, Señor, aussi longtemps que des yeux peuvent suivre un bâtiment qui cherche à se mettre hors de vue. Martin Alonzo a disparu du côté de l'est pendant que nous avions mis en panne pour lui donner le temps de nous rejoindre.

Colomb vit alors qu'il était abandonné par l'homme qui avait montré tant de zèle en sa faveur, et qui, en agissant ainsi, donna une nouvelle preuve que l'amitié disparaît devant l'intérêt personnel et la cupidité. D'après les rapports des naturels, il s'était répandu dans les trois équipages bien des bruits relativement à l'existence de mines d'or, et l'amiral ne douta pas que, par un acte d'insubordination, son premier officier n'eût profité de ce que son bâtiment était le meilleur voilier pour prendre l'avantage du vent dans l'espoir d'être le premier à arriver à l'el Dorado de leurs désirs. Comme le vent continuait à être contraire, *la Santa-Maria* et *la Niña* entrèrent dans le port et y attendirent un changement de temps. Cette séparation eut lieu le 21 novembre, et l'expédition, à cette époque, n'avait pas pénétré au-delà de la côte septentrionale de Cuba.

Depuis ce jour jusqu'au 6 du mois suivant, Colomb continua la reconnaissance de cette belle île. Alors il traversa ce qu'on a appelé depuis ce temps la Passe du Vent, et toucha pour la première fois aux côtes d'Haïti. Pendant tout ce temps, l'on avait eu avec les naturels d'aussi nombreuses communications que les circonstances le permettaient, les Espagnols se faisant de nombreux amis, par suite des mesures prudentes et humaines prescrites par l'amiral. Il est bien vrai qu'on commit un acte de violence en s'emparant d'une demi-douzaine d'individus pour les conduire en Espagne, et en faire offrande à doña Isabelle; mais un tel acte pouvait aisément se justifier dans ce siècle, tant à cause de la déférence qu'on avait pour le pouvoir royal, que parce qu'il tendait au salut des âmes des prisonniers.

Nos marins furent encore plus enchantés de l'aspect montagneux mais attrayant d'Haïti, qu'ils ne l'avaient été de celui de l'île voisine, c'est-à-dire de Cuba. Ils en trouvèrent les habitants plus civilisés et formant une plus belle race que ceux d'aucune des îles qu'ils avaient vues jusqu'alors, et ils en avaient la douceur et la docilité, qualités qui avaient tellement plu à l'amiral. On leur vit aussi de l'or en grande quantité, et les Espagnols commencèrent bientôt avec eux un trafic dans lequel l'objet d'échange était, d'un côté, le métal qui excite les désirs les plus ardents de l'homme civilisé, et de l'autre des grelots à faucon.

Ce fut ainsi, et en avançant non sans danger le long de la côte, que l'amiral passa le temps jusqu'au 20 de ce mois. Il arriva alors près d'une pointe qu'on disait voisine de la résidence du grand cacique de toute cette partie de l'île. Ce prince, dont le nom était Guacanagari, suivant l'orthographe des Espagnols, avait sous son commandement plusieurs caciques tributaires; et d'après ce qu'en disaient ses sujets, autant qu'on pouvait les comprendre, c'était un monarque fort aimé. Le 22, pendant que les deux bâtiments étaient dans le port d'Acul, où ils avaient jeté l'ancre deux jours auparavant, on y vit entrer une grande pirogue. Bientôt après on annonça à l'amiral que cette pirogue amenait un ambassadeur qui lui apportait des présents de la part de son maître, et qui était chargé de l'inviter à faire avancer ses bâtiments à une lieue ou deux à l'est, et à venir mouiller à la hauteur de la ville où ce prince demeurait. Le vent ne le permettant pas alors, un messager fut envoyé avec une réponse convenable, et l'ambassadeur se prépara à repartir. Fatigué de son oisiveté, désirant mieux voir le pays, et poussé par son goût naturel pour les aventures, don Luis, qui s'était assez promptement lié d'amitié avec un jeune homme nommé Mattinao, venu avec l'ambassadeur, demanda la permission de l'accompagner et de partir sur la pirogue. Colomb n'y consentit qu'avec beaucoup de répugnance, le rang et l'importance de notre héros lui faisant redouter les risques d'une trahison ou d'un accident; mais les importunités de Luis triomphèrent de la répugnance de l'amiral. Il partit donc après avoir reçu force injonctions d'être prudent, et de ne jamais oublier que, s'il lui arrivait quelque malheur, c'était sur lui, Colomb, que le blâme en retomberait. Par précaution, Sancho Mundo reçut l'ordre de suivre Luis dans cette aventure chevaleresque, en qualité d'écuyer.

Comme on n'avait vu entre les mains des insulaires aucune arme plus formidable qu'une flèche sans pointe, le jeune comte de Llera ne voulut pas se charger de sa cotte de mailles; il ne prit que son bon sabre, dont la trempe avait été éprouvée sur plus d'un casque et d'une cuirasse maures, et un léger bouclier. On lui avait présenté une arquebuse, mais il la refusa comme une arme qui ne convenait pas à un chevalier, et qui indiquerait une méfiance que la conduite des naturels du pays ne devait pas exciter. Sancho fut moins scrupuleux, et prit cette arme. Pour empêcher que l'équipage ne remarquât une concession que l'amiral sentait être une infraction à ses propres règlements, Luis et son compagnon se rendirent à terre, et descendirent dans la pirogue derrière une pointe qui les cachait aux regards des matelots des deux bâtiments. De cette manière leur absence resta inaperçue.

Ces circonstances, jointes au mystère qui dérobait à tout le monde les rapports du jeune grand d'Espagne avec l'expédition, sont cause que les événements que nous allons rapporter ne furent pas consignés sur le journal de Colomb; ils ont échappé aux investigations des divers historiens qui ont puisé tant de matériaux dans ce document d'une si haute importance.

CHAPITRE XXIII.

> Aux yeux de l'imagination tu sembles une fleur animée, née dans l'air, qui respire et croît dans une atmosphère dorée, et qui y répand ses parfums.
>
> SUTER MEISTER.

MALGRÉ son caractère résolu, et une indifférence pour le danger qui allait presque jusqu'à la témérité, Luis ne se trouva pas seul avec les Haïtiens sans ressentir vivement la nouveauté de sa situation. Il n'arriva pourtant rien qui pût exciter en lui la plus légère inquiétude et interrompre les communications imparfaites qui s'établissaient entre lui et ses nouveaux amis; quelquefois seulement il adressait une remarque à Sancho, qui n'avait besoin que du moindre encouragement pour discourir des heures entières. Au lieu de suivre l'esquif de *la Santa-Maria*, à bord duquel l'ambassadeur s'était embarqué, la pirogue avança à quelques lieues plus loin du côté de l'est, car il avait été convenu que Luis ne se montrerait dans la ville de Guacanagari qu'après l'arrivée des deux caravelles, et qu'alors il rejoindrait ses compagnons secrètement, de manière à ne pas attirer l'attention.

Notre héros n'aurait pas été un véritable amant, s'il eût été insensible à la vue des beautés naturelles qui s'offraient à ses yeux pendant qu'il longeait les côtes d'Haïti. La nature escarpée de ces côtes, comme on le voit sur celles de la Méditerranée, disparaissait sous la douceur d'une basse latitude, qui donne aux

MERCEDES DE CASTILLE.

rochers et aux promontoires un charme à peu près semblable à celui qu'un sourire radieux prête à la beauté d'une femme. Plusieurs fois il poussa des exclamations de plaisir, auxquelles Sancho ne manquait jamais de répondre sur le même ton, sinon dans les mêmes termes, croyant de son devoir d'être une sorte d'écho des idées poétiques du jeune comte.

— Je suppose, Señor, dit Sancho quand ils furent à quelques lieues au-delà de l'endroit où l'esquif de *la Santa-Maria* s'était amarré sur la côte; je suppose que vous savez où ces seigneurs tout nus nous conduisent? A la manière dont ils se pressent, il paraît qu'ils ont un port présent à l'esprit, sinon devant les yeux.

— Es-tu inquiet, l'ami Sancho, pour me faire une telle question d'un ton si sérieux?

— Si je le suis, don Luis, ce n'est que pour la famille de Bobadilla, qui perdrait son chef s'il arrivait quelque accident à Votre Excellence. Qu'importe à Sancho de la Porte du Chantier qu'il épouse quelque princesse de Cipango, qu'il soit adopté par le Grand-Khan, ou qu'il ne reste qu'un pauvre marin de Moguer? c'est à peu près comme si on lui donnait à choisir entre porter un pourpoint et manger de l'ail, ou aller tout nu et se remplir l'estomac d'excellents fruits. Je suppose, Señor, que Votre Excellence ne voudrait pas changer le château de Llera pour le palais de ce grand cacique?

— Tu as raison, Sancho; le rang même doit dépendre de l'état de société dans lequel nous vivons. Un noble Castillan ne peut porter envie à un souverain d'Haïti.

— Surtout depuis que le señor don amirante a proclamé publiquement que doña Isabelle, notre gracieuse souveraine, doit être désormais, et pour toujours reine de ce pays, répondit Sancho en clignant l'œil d'un air malin. — Ces braves gens ne se doutent guère de l'honneur qui leur réservé, et moins que personne Son Altesse le roi de Guacanagari.

— Silence, Sancho, et renferme dans ton sein tes remarques peu agréables. — Mais nos amis se disposent à faire entrer la pirogue dans l'embouchure de cette rivière, et semblent avoir dessein de débarquer sur le rivage.

Après avoir longé la côte jusqu'au point où ils voulaient arriver, les naturels s'avançaient vers l'entrée d'une petite rivière qui, prenant sa source au milieu des belles montagnes dont on voyait les sommets s'élever au milieu de l'île, roulait ses eaux le long d'une vallée riante pour venir se jeter dans l'Océan. Elle n'était ni large ni profonde, mais il s'y trouvait beaucoup plus d'eau qu'il n'en fallait pour mettre à flot les légères pirogues des insulaires. Ses rives étaient bordées d'arbrisseaux, et pendant qu'ils la remontaient, Luis y remarqua un grand nombre de sites où il lui sembla qu'il pourrait consentir à passer sa vie, pourvu que Mercédès y fût avec lui. Il est à peine nécessaire d'ajouter que, dans ces parages, il se représentait sa maîtresse parée de velours et de dentelles, comme c'était alors la mode chez les grandes dames, et qu'il voyait ses grâces naturelles armées de tous les accessoires de la civilisation, et embellies par l'air d'aisance d'une femme qui était tous les jours, sinon à toute heure, en présence de la reine sa maîtresse.

Lorsqu'on eut perdu de vue la côte en entrant dans la rivière entre deux pointes qui en formaient l'embouchure, Sancho fit remarquer à don Luis une flottille de pirogues portant des voiles en toile de coton, qui la descendaient vent arrière, et qui semblaient, comme plusieurs autres qu'ils avaient rencontrées dans le cours de la journée, se rendre dans la baie d'Acul pour y voir les merveilleux étrangers. Les Indiens qui étaient avec eux sur la pirogue remarquèrent aussi ces frêles embarcations, et, par leurs signes et leurs sourires, ils montrèrent qu'ils se doutaient de leur destination. En ce moment aussi, c'est-à-dire quand la pirogue entra dans la rivière, Mattinao tira de dessous une robe de légère toile de coton qu'il portait quelquefois, un cercle mince d'or pur qu'il posa sur sa tête en guise de couronne. Luis savait que c'était là une preuve que Mattinao avait le rang de cacique, et qu'il était un des tributaires de Guacanagari. En le voyant se revêtir ainsi des marques de sa dignité, il pensa avec raison que Mattinao venait d'entrer dans le territoire qui lui était soumis, et il se leva pour le saluer, ce que firent aussi tous les Haïtiens. Du moment que le jeune cacique eut quitté l'incognito, il quitta aussi la rame, et prit un air de dignité et d'autorité. De temps en temps il essayait de converser avec Luis, autant que le comportaient leurs moyens imparfaits de communication. Il prononça souvent le mot Ozéma, et, d'après la manière dont il le prononçait, Luis conclut que c'était le nom de sa femme favorite; car déjà les Espagnols s'étaient assurés, ou du moins croyaient l'être, que les caciques se permettaient d'avoir plusieurs femmes, quoiqu'il fût strictement défendu à leurs sujets d'en avoir plus d'une.

La pirogue remonta la rivière pendant plusieurs milles, et arriva enfin dans une de ces vallées des tropiques où la nature semble déployer toutes ses ressources pour orner d'attraits la terre que nous habitons. Quoique le paysage parût ne rien devoir à l'art, la main de l'homme l'avait dépouillé de cette rudesse sauvage qui caractérise la nature inculte. De même que les habitants, ce beau lieu possédait une grâce naturelle que n'avaient ni altérée ni détruite les expédients souvent malheureux de l'invention humaine. Les habitations n'étaient pas sans beauté, quoiqu'elles fussent aussi simples que les besoins de ces insulaires. Les fleurs étaient épanouies au milieu de l'hiver, et les branches des arbres gémissaient encore sous le poids de fruits aussi nourrissants qu'agréables au goût.

Mattinao fut accueilli par ses sujets avec un profond respect, auquel se mêlait l'empressement de la curiosité. Ils entourèrent Luis et Sancho en montrant un étonnement à peu près semblable à celui qu'éprouverait un homme civilisé en voyant un des prophètes revenir sur la terre en chair et en os. Quoiqu'ils eussent appris l'arrivée des bâtiments, ils n'en regardaient pas moins nos marins comme des êtres descendus du ciel. Cette opinion n'était probablement pas celle des hommes du rang le plus élevé parmi eux ; car, même dans l'état sauvage, l'esprit du vulgaire reste bien loin en arrière de celui des hommes plus favorisés de la fortune. Soit par suite de son caractère plus familier, soit parce que ses habitudes s'adaptaient plus facilement aux manières de ces simples insulaires, soit enfin que ceux-ci connussent le sentiment des convenances, Sancho devint bientôt le favori de ce qu'on appelle le peuple, qui abandonna le comte de Llera aux soins plus particuliers de Mattinao et des personnages les plus importants. Par suite de cette circonstance, les deux Espagnols se trouvèrent séparés. Sancho fut conduit par la multitude dans une sorte de place au centre du village, et le cacique emmena Luis à sa demeure.

Dès que notre héros se trouva seul avec Mattinao et deux de ses confidents choisis parmi les chefs, les Indiens répétèrent avec vivacité le nom d'Ozéma ; une conversation rapide s'établit, et on dépêcha un messager, Luis ne savait où. Enfin les deux chefs se retirèrent, laissant le jeune Castillan seul avec le cacique. Mettant à l'écart le cercle d'or qu'il avait sur la tête, et jetant une robe de coton sur son corps, qui avait été jusqu'alors presque nu, Mattinao fit signe à son compagnon de le suivre et sortit de son habitation. Luis, de son côté, rejeta son bouclier sur son épaule, arrangea le ceinturon de son sabre de manière à ne point être gêné dans la marche, et suivit le cacique avec la même confiance qu'il aurait accompagné un ami dans les rues de Séville.

Au milieu d'une atmosphère chargée de parfums, Mattinao le conduisit dans une vallée où les plus belles plantes des tropiques croissaient sous des arbres dont les branches étaient chargées de fruits délicieux. Ils suivaient un sentier tracé le long d'un torrent qui coulait dans un ravin et allait verser ses eaux dans la rivière. Après avoir fait ainsi environ un demi-mille, ils arrivèrent près d'un groupe d'habitations rustiques, qui couvraient une belle terrasse située sur la rampe d'une montagne d'où l'on apercevait le grand village près de la rivière, et la mer dans l'éloignement. Luis vit du premier coup d'œil que cette retraite agréable devait être destinée au beau sexe, et il ne douta pas que ce ne fût une espèce de sérail habité par les femmes du jeune cacique. Il fut conduit dans une des principales demeures, où on lui offrit les rafraîchissements simples, mais agréables, en usage parmi ce peuple.

Un mois de communication entre les Espagnols et les habitants de ces îles n'avait suffi ni aux uns ni aux autres pour apprendre réciproquement leur langue particulière. Les Européens avaient retenu quelques-uns des mots les plus usités du vocabulaire des Indiens, et Luis était un de ceux qui savaient le mieux s'en servir, quoiqu'il soit probable qu'il se trompait fréquemment, même quand il se croyait le plus sûr de son fait. Mais on ne se méprend pas aisément au langage de l'amitié, et notre héros n'avait pas éprouvé le moindre sentiment de méfiance depuis qu'il avait quitté les caravelles.

En entrant dans la hutte où il avait conduit Luis, Mattinao avait envoyé un messager dans une des demeures voisines; après lui avoir laissé le temps de goûter les rafraîchissements qu'il lui avait fait servir, il se leva, et par un geste dont la grâce eût fait honneur à un maître des cérémonies de la cour d'Isabelle, il invita de nouveau son hôte à le suivre. Bientôt ils arrivèrent à une maison plus grande que les autres, et qui évidemment était partagée en plusieurs subdivisions, car ils entrèrent d'abord dans une sorte d'antichambre. Ils n'y restèrent qu'une minute, le cacique, après avoir dit quelques mots à une femme, ayant tiré un rideau ingénieusement fabriqué avec des herbes marines, et conduit son ami dans un appartement intérieur. Il ne s'y trouvait qu'une jeune femme dont Luis pensa que la qualité lui était suffisamment annoncée par le seul mot — Ozéma — qu'en entrant Mattinao prononça d'un ton affectueux. Luis salua cette beauté indienne aussi profondément que si c'eût été une grande dame de la cour d'Espagne. En se relevant, il fixa ses yeux sur les traits de la jeune créature, curieuse et à demi effrayée, qui était devant lui, et s'écria d'un ton qui exprimait un transport d'admiration mêlée de surprise :

— Mercédès !

Mattinao répéta ce nom du mieux qu'il put, le prenant évidemment pour un mot qui exprimait l'admiration ou la satisfaction. La jeune fille tremblante, qui avait provoqué cette exclamation, recula d'un pas, rougit, sourit, et répéta à son tour d'une voix douce et harmonieuse, — Mercédès ! — comme un être ingénu qui cherche à prolonger ce qui a été pour lui la source d'un plaisir innocent ; puis elle resta debout, les bras croisés sur sa poitrine, immobile, vivante image de l'étonnement. Comme il est nécessaire d'expliquer pourquoi, dans un tel moment, les pensées de Luis s'étaient reportées sur sa maîtresse, pourquoi sa langue en avait prononcé le nom, nous ferons d'abord une courte description de la personne et du costume d'Ozéma ; car tel était le nom de cette beauté indienne.

Toutes les relations s'accordent à décrire les aborigènes des Indes-Occidentales comme étant merveilleusement bien faits et ayant dans tous leurs mouvements une grâce naturelle qui fit l'admiration générale des Espagnols. La couleur de leur peau n'avait rien de désagréable, et celle des habitants d'Haïti en particulier n'était, dit-on, que d'une teinte un peu plus foncée que celle des Espagnols. Ceux qui n'étaient que rarement exposés aux rayons brûlants du soleil de ce climat, et qui restaient habituellement à l'ombre des bosquets ou dans l'intérieur de leurs habitations, comme les personnes qui ont les mêmes habitudes en Europe, auraient pu, par comparaison avec les autres, être regardés comme des blancs. Telle avait été la vie d'Ozéma, qui n'était pas la femme du jeune cacique, mais seulement sa sœur unique. D'après les lois d'Haïti, l'autorité d'un cacique se transmettait par les femmes, et un fils d'Ozéma devait succéder à son oncle. Par suite de ce fait, et attendu la circonstance que la famille royale, — si ce terme peut s'appliquer à un état de société si simple, — ne se composait que de ces deux individus, on avait pris d'Ozéma un soin plus particulier que de coutume, et l'on avait écarté d'elle toute espèce de travaux et de fatigues, autant que cela était compatible avec la condition des habitants de ce pays. Elle avait atteint sa dix-huitième année sans avoir été exposée à l'intempérie des saisons et sans avoir éprouvé aucune de ces fatigues qui, plus ou moins, accompagnent inévitablement la vie sauvage, quoique les Espagnols eussent remarqué que tous les Indiens qu'ils avaient vus jusqu'alors semblaient être, plus qu'on n'aurait pu le croire, exempts des infirmités qui sont la suite d'une telle existence. Ils devaient cet avantage à la libéralité du sol, à la chaleur douce du climat et à la salubrité de l'air. En un mot, Ozéma réunissait en sa personne tous les avantages extérieurs qu'on peut supposer qu'une liberté sans contrainte, des grâces naturelles, et l'abondance de toutes les choses nécessaires à la vie, assurent à une femme dans un climat doux, lorsqu'elle a une nourriture simple et salubre, et qu'elle est exempte de toute fatigue comme à l'abri de tous soucis. On pourrait aisément se représenter Eve comme une créature semblable, quand elle se montra pour la première fois à Adam, modeste, ingénue, timide, et parfaite sous tous les rapports.

Les Haïtiens portaient quelques vêtements ; cependant ils ne se faisaient aucun scrupule de se montrer tels que la nature les avait créés. Parmi les personnes du premier rang, il n'en était qu'un bien petit nombre qui fussent sans prétentions à la parure, mais c'était plutôt par forme d'ornement, ou comme marque de distinction, que pour se conformer à un usage établi, ou parce qu'ils le trouvaient plus commode. Ozéma elle-même ne faisait pas exception à la règle générale. Une ceinture de toile de diverses couleurs, fabriquée dans le pays, entourait sa taille svelte et tombait presque sur ses genoux. Une pièce de toile de coton, aussi blanche que la neige qui vient de tomber, et d'un tissu si fin qu'il aurait fait honte à bien des manufactures de nos jours, était placée en écharpe sur une de ses épaules et retenue par un nœud lâche de l'autre côté du corps, les deux bouts tombant en draperie presque jusqu'à terre. Des sandales admirablement travaillées protégeaient la plante de deux pieds qui auraient pu faire envie à une reine; et une grande plaque d'or pur, grossièrement travaillée, était suspendue à son cou par un collier de petites coquilles de la plus grande beauté. Ses jolis bras étaient ornés de bracelets de semblables coquilles ; et deux légers cercles d'or entouraient le bas de jambes aussi parfaites que celles de la Vénus qui orne le musée de Naples. Dans ce pays, la finesse des cheveux passait pour une preuve de haute naissance, et avec plus de raison que bien des gens dans nos contrées civilisées ne s'imaginent en trouver une dans la petite dimension du pied et de la main. Comme le pouvoir et les dignités suprêmes avaient passé de femme en femme dans sa famille depuis des siècles, les cheveux d'Ozéma étaient soyeux, doux, ondoyants, et noirs comme du jais. Ils couvraient ses épaules comme un manteau glorieux, et descendaient jusqu'à sa ceinture. Ce voile naturel était si léger, qu'on en voyait les extrémités agitées par le courant d'air qui soupirait doucement plutôt qu'il ne soufflait dans l'appartement.

Quoique cette créature extraordinaire fût l'échantillon le plus aimable des jeunes femmes que don Luis eût encore vues parmi les beautés sauvages des îles des Indes-Occidentales, ce ne fut pas tant ses formes gracieuses et arrondies, ni même les charmes et l'expression de sa physionomie, qui causèrent son étonnement, que sa ressemblance fortuite mais prononcée avec la maîtresse qu'il avait laissée en Espagne, et qui était depuis si longtemps l'idole de son cœur. Cette ressemblance seule lui avait fait prononcer le nom de Mercédès, dans le premier mouvement de la surprise. Si elles avaient été placées l'une près de l'autre, il eût été facile de découvrir entre elles certaines différences assez marquées, sans même s'arrêter à établir une comparaison entre l'expression intelligente et pensive de la belle Castillane, et l'air surpris, hésitant et à demi effrayé d'Ozéma. Cependant la ressemblance générale était si grande, que quiconque connaissait l'une ne pouvait manquer d'en être frappé en voyant l'autre. A la vérité, les traits de Mercédès avaient quelque chose de plus élégant et de plus délicat; son front était plus noble, son œil animé par une plus haute intelligence; son sourire était rendu plus radieux par les pensées et les sentiments d'un esprit cultivé; sa rougeur, plus vive, partait du sentiment intime d'habitudes de convention, et l'expression générale de sa physionomie était plus étudiée que celle que donnaient à la jeune Haïtienne des impulsions sans art et des idées limitées. Mais quant à la beauté, à la jeunesse, aux contours, la différence était presque imperceptible. La vivacité, la franchise, l'ingénuité, et ce charme que prête à la femme un sentiment ardent qui ne cherche point à se cacher, auraient pu porter bien des gens à donner la préférence à l'abandon confiant de la belle et jeune Indienne, sur la réserve étudiée, sur la dignité que les conventions sociales dictaient à l'héritière castillane. Ce qui chez Mercédès était un enthousiasme naturel, sincère, magnanime et religieux, n'était dû, chez Ozéma, qu'à l'élan d'impulsions naturelles, véritablement féminines quant à leurs principes, mais qui n'étaient soumises à aucun frein.

— Mercédès ! s'écria Luis quand cette vision de beauté indienne apparut inopinément à ses yeux.

— Mercédès ! répéta Mattinao.

— Mercédès ! murmura Ozéma en reculant d'un pas, la rougeur sur les joues et le sourire sur les lèvres ; puis, reprenant son innocente confiance, elle répéta plusieurs fois ce mot qu'elle prenait, comme son frère, pour une expression d'admiration. Comme il ne pouvait s'établir de conversation entre eux, ils furent forcés de n'exprimer leurs sentiments que par des signes et des gestes où se peignait la bienveillance. Luis n'avait pas entrepris sa petite expédition sans se munir de présents. Prévoyant qu'il aurait une entrevue avec la femme du cacique, il avait apporté quelques colifichets qu'il croyait suffisants pour frapper l'imagination d'une Indienne ; mais, du moment qu'il eut vu cette aimable créature, il les jugea indignes de lui être offerts. Dans un de ses combats contre les Maures, il avait remporté pour dépouilles un turban d'une étoffe aussi riche que légère, qu'il conservait comme un trophée. L'ayant emporté d'Espagne, il le portait souvent quand il allait à terre, soit par caprice, soit comme un ornement qui pouvait produire une heureuse impression sur l'esprit des bons insulaires. Cette singularité ne donna lieu à aucune remarque de la part des Espagnols, les marins étant habitués à satisfaire toutes leurs fantaisies quand ils sont loin de ceux aux observations desquels ils doivent de la déférence. Luis avait donc cette coiffure sur la tête quand il entra dans l'appartement d'Ozéma. Cédant au plaisir qu'il éprouvait en voyant en elle une ressemblance si inattendue avec Mercédès, et à la surprise que lui causait la vue d'une jeune Indienne si charmante, il prit son turban, en déroula l'étoffe, l'étendit dans toute sa largeur, et le plaça galamment sur les épaules de la belle Indienne.

Les expressions de plaisir et de reconnaissance qui échappèrent à cette jeune et innocente créature, furent aussi vives que franches et sincères. Elle répéta de nouveau plusieurs fois le mot — Mercédès! — et montra sa satisfaction avec tout l'entraînement d'un cœur généreux et ingénu. Dire que les démonstrations de plaisir d'Ozéma étaient entièrement exemptes de ce transport de joie enfantine inséparable peut-être de son ignorance, ce serait attribuer à l'état sauvage l'expérience et les sentiments qui n'appartiennent qu'à une civilisation déjà avancée; et cependant, malgré la simplicité innocente avec laquelle elle laissait voir toutes ses émotions, il y avait dans son air de satisfaction quelque chose de cette dignité qui, dans toutes les contrées du monde, caractérise toutes les actions des personnes qui appartiennent aux classes supérieures. Luis trouva la jeune Haïtienne aussi remplie de grâces que naïve et attrayante. Il chercha à se représenter la manière dont sa maîtresse recevrait une parure de pierres précieuses des mains de doña Isabelle, et il lui parut très-présumable que la grâce toute naturelle d'Ozéma ne resterait pas fort au-dessous de ce respect pour soi-même, joint au plaisir causé par la reconnaissance, que Mercédès ne manquerait pas de montrer dans une semblable occasion.

Tandis que ces réflexions se présentaient à l'esprit de notre héros, la jeune Indienne, sans s'imaginer un seul instant qu'elle eût à rougir, jeta à terre la pièce de toile de coton qui passait par-dessus son épaule, et y substitua la riche étoffe du turban. Après avoir exécuté ce changement avec la grâce et l'aisance d'un esprit exempt de tout préjugé de convention, elle détacha de son cou son collier de coquilles, et, faisant un pas ou deux vers Luis, elle le lui présenta, la tête à demi détournée, avec un regard et un sourire qui parlaient plus éloquemment que la bouche n'aurait pu le faire. Celui-ci accepta ce présent avec tout l'empressement convenable, et ne se refusa même pas le plaisir de baiser avec une galanterie toute castillane la jolie main qui le lui offrait.

Le cacique, qui avait vu avec un air de satisfaction tout ce qui venait de se passer, fit alors signe au jeune Espagnol de le suivre, et le conduisit dans une autre habitation. Don Luis y trouva plusieurs autres jeunes femmes et deux ou trois enfants, et il ne tarda pas à apprendre que c'étaient les femmes et les enfants de Mattinao. A force de gestes accompagnés de quelques paroles, en employant enfin tous les moyens de communication auxquels les Espagnols avaient recours dans leurs relations avec les naturels, il réussit aussi à s'assurer du degré de parenté qui existait entre le cacique et Ozéma. Une sorte de sensation de plaisir émut son cœur au moment où il apprit que la jeune et belle Indienne n'était pas mariée; et cette sensation, il fut disposé, peut-être avec raison, à l'attribuer à une susceptibilité jalouse produite par sa ressemblance avec Mercédès.

Luis passa le reste de cette journée et les trois jours suivants dans ce séjour champêtre, qui était la résidence favorite et sacrée de son ami le cacique. Comme de raison, il était pour ses hôtes un sujet de plus de curiosité qu'eux-mêmes ne l'étaient pour lui. Ils prenaient mille libertés innocentes, examinant tous ses vêtements et les ornements qu'il portait, et ne manquant pas de comparer la blancheur de sa peau à la teinte plus rouge de celle de Mattinao. En ces occasions, c'était Ozéma qui montrait le plus de réserve et de timidité, quoiqu'elle suivît des yeux tous les mouvements de ses compatriotes et que sa physionomie indiquât l'intérêt qu'elle prenait à tout ce qui concernait l'étranger. Etendu sur une natte odoriférante, Luis passait souvent des heures entières auprès de cette aimabe et innocente créature, étudiant l'expression de ses traits, dans l'espoir d'y trouver une ressemblance de plus en plus forte avec ceux de Mercédès, et s'oubliant quelquefois jusqu'à n'y voir que ce qui appartenait exclusivement à la jeune Indienne. Cependant il cherchait à obtenir aussi d'utiles renseignements sur cette île; et soit que cela provînt du rang supérieur d'Ozéma, ou de la supériorité naturelle de son esprit, ou du charme de ses manières, il s'imagina bientôt que la jolie sœur du cacique réussissait mieux à lui faire comprendre ce qu'elle voulait dire qu'aucune des femmes de Mattinao et que le cacique lui-même. C'était donc à Ozéma que Luis adressait la plus grande partie de ses questions; et avant la fin de la première journée, cette jeune fille attentive et intelligente avait fait plus de progrès pour établir des communications intelligibles entre les Espagnols et ses concitoyens, qu'on n'avait pu y parvenir depuis plus d'un mois. Elle retenait les mots espagnols avec une facilité en quelque sorte instinctive, et elle les prononçait avec un accent qui les rendait plus doux et plus agréables encore pour l'oreille.

Luis de Bobadilla était tout juste aussi bon catholique que pouvait l'être un homme de son rang, de son âge, de son tempérament, et qui avait toujours mené une vie errante ou vécu dans les camps. Cependant, dans ce siècle où la plupart des laïques montraient un profond respect pour la religion, qu'ils se soumissent ou non à son influence purifiante, on rencontrait peu d'esprits forts, et encore n'en existait-il que parmi les hommes qui passaient leur vie dans le silence du cabinet, ou même parmi les moines dont quelques uns n'avaient pris le capuchon que comme un masque pour cacher leur incrédulité. Ses relations fréquentes avec Colomb avaient aussi contribué à fortifier le penchant de notre héros à croire à la surveillance constante de la Providence, et il se trouvait très-disposé à penser que la facilité extraordinaire que montrait Ozéma pour apprendre une langue étrangère était une de ces voies presque miraculeuses dont le résultat devait être d'accélérer l'introduction de la religion du Christ parmi les naturels du pays. Les regards attachés sur les yeux étincelants, quoique pleins de douceur, de cette jeune fille ; l'oreille attentive, pendant qu'elle faisait tous ses efforts pour lui faire comprendre ce qu'elle voulait dire, il se flattait souvent qu'il était destiné à amener ce grand événement par l'intermédiaire d'une si charmante personne. L'amiral avait aussi fait sentir à Luis l'importance de s'assurer, s'il était possible, de la position des mines d'or ; et il avait réussi à faire comprendre à Ozéma ses questions sur un sujet qui occupait presque exclusivement la pensée des Espagnols. Les réponses de la jeune Indienne à ce sujet étaient moins intelligibles qu'il ne l'aurait désiré, ou bien il ne les croyait jamais assez étendues, et en les lui faisant répéter il s'imaginait ne faire autre chose que se conformer aux vues de Colomb.

Le lendemain de son arrivée, on chercha à amuser notre héros par quelques uns des jeux en usage chez ces insulaires. On en a fait si souvent la description, qu'il est inutile de la répéter ici. Ils étaient entièrement pacifiques ; mais dans tous les exercices qui exigeaient de la grâce et de l'adresse, la jeune princesse se fit particulièrement remarquer. Luis fut invité à y prendre part, et comme il était aussi agile que vigoureux, il remporta aisément la palme sur son ami Mattinao. Le jeune cacique n'en montra ni jalousie ni mécontentement, et sa sœur riait et battait des mains de plaisir quand il était surpassé, dans les exercices de son pays, par l'adresse ou par la force supérieure de son hôte. Plus d'une fois, les femmes de Mattinao semblèrent reprocher avec douceur à Ozéma cette manifestation de ses sentiments, mais elle leur répondait en souriant d'un air moqueur; et dans ces instants elle paraissait à Luis, peut-être avec raison, plus belle que l'imagination ne pouvait se la représenter ; car ses joues étaient animées, ses yeux brillaient comme du jais, et les dents qui se montraient entre des lèvres semblables à des cerises ressemblaient à deux rangées d'ivoire. Nous avons dit qu'Ozéma avait les yeux noirs: ils différaient donc des yeux mélancoliques et d'un bleu foncé de Mercédès ; cependant on y découvrait une certaine ressemblance, car ils exprimaient souvent les mêmes sentiments, surtout en ce qui avait rapport à Luis. Plus d'une fois, pendant ces luttes dans lesquelles les deux amis déployaient leurs forces, le jeune Espagnol s'imagina que les transports de joie qu'il voyait briller dans les yeux d'Ozéma étaient parfaitement semblables à l'expression de profond plaisir qu'il avait si souvent remarquée dans ceux de Mercédès lorsqu'il se signalait au milieu des tournois, et il pensait alors que la ressemblance entre ces deux belles créatures était si forte, qu'à part le costume et quelques autres circonstances suffisamment frappantes, on aurait pu prendre l'une pour l'autre.

Le lecteur ne doit pas conclure de tout ceci que notre héros fût infidèle à son ancien amour; bien au contraire, Mercédès régnait trop souverainement sur le cœur de son amant. Luis, quels que fussent ses défauts, était trop épris et trop constant, pour manquer si aisément de foi à la belle Castillane. Mais il était jeune, éloigné de celle qu'il aimait depuis si longtemps, et, s'il faut le dire, l'admiration que la jeune Indienne lui montrait d'une manière si ingénue et si séduisante ne le laissait pas tout à fait insensible. S'il eût vu partir un seul regard immodeste des yeux d'Ozéma, s'il eût remarqué dans sa conduite quelque artifice ou coquetterie, il aurait pris l'alarme aussitôt, et secoué le joug d'une illusion temporaire. Mais, au contraire, tout était franc et naturel dans cette fille ingénue. Quand elle laissait apercevoir le plus l'empire qu'il avait pris sur son imagination, c'était avec une simplicité si évidente, une naïveté si involontaire, et une ingénuité qui était si évidemment le fruit de l'innocence, qu'il était impossible de la soupçonner d'artifice. En un mot, lorsqu'il cédait à une fascination qui aurait ébranlé plus sérieusement la fidélité de bien des gens dont la réputation de stabilité dans leurs desseins eût été mieux établie que la sienne, notre héros montrait seulement qu'il était homme.

Dans une situation si nouvelle le temps passe rapidement, et Luis fut étonné lui-même quand, en jetant un regard en arrière, il vit qu'il avait déjà passé plusieurs jours avec Mattinao, pendant lesquels il n'avait presque pas quitté ce qu'on pourrait appeler le sérail du cacique.

De son côté, Sancho de la Porte du Chantier n'avait pas été négligé. Aussi bien que le jeune comte, il avait été un héros dans son cercle, et n'avait pas oublié son devoir relativement à la recherche de l'or. Quoiqu'il n'eût pas appris un mot de la langue d'Haïti et qu'il n'eût pas enseigné une syllabe d'espagnol aux nymphes souriantes qui l'entouraient, il en avait décoré plusieurs de grelots à faucon, et en retour avait obtenu les ornements d'or qu'elles possédaient. Cet échange sans doute avait été fait honnêtement, car il avait eu lieu d'après la théorie favorite des avocats de la liberté du commerce, qui prétendent que les transactions de ce genre ne sont qu'un échange d'équivalents, indépendamment des circonstances qui peuvent influer sur les valeurs. Sancho avait ses idées de commerce aussi bien que les philosophes modernes, et dans une de ses rares entrevues avec Luis pendant que celui-ci séjournait chez Mattinao, il lui révéla quelques unes de ses idées sur ce sujet intéressant.

— Je vois que tu n'as rien perdu de ton goût pour les doublons, ami Sancho, lui dit Luis en riant, un jour que le vieux marin lui montrait sa pacotille de poudre d'or et de plaques du même métal ; — avec ce qu'il y a dans ton sac on pourrait en frapper une vingtaine portant l'effigie de notre seigneur le roi et de notre maîtresse la reine.

— Dites le double, Señor, dites le double, et tout cela pour dix-sept grelots à faucon qui ne coûtent qu'une poignée de maravédis. Par la messe ! c'est là un saint et légitime commerce, très-convenable à un chrétien. Voyez ces sauvages ; ils ne font pas plus de cas de l'or que Votre Excellence n'en ferait du cadavre d'un Sarrasin, et pour ne leur rien devoir, j'estime à aussi bas prix un grelot à faucon. Qu'ils continuent de regarder avec autant de mépris qu'il leur plaira leurs ornements et leur poudre jaune, ils me trouveront toujours aussi disposé à me défaire des vingt grelots à faucon qui me restent ; qu'ils viennent faire un troc, ils me trouveront aussi prêt qu'ils peuvent l'être à donner rien pour rien.

— Est-il bien honnête, Sancho, de dépouiller un Indien de son or en lui donnant en échange une babiole qu'on peut se procurer si facilement pour un peu de cuivre? Souviens-toi que tu es Castillan, et désormais paie deux grelots ce que tu ne payais qu'un seul jusqu'ici.

— Je n'oublie jamais ma naissance, Señor, car heureusement le chantier de Moguer est dans la vieille Espagne. — La valeur d'un objet ne doit-elle pas être déterminée par le prix qu'on en trouve sur le marché? Interrogez le premier venu de nos commerçants, et il vous dira la même chose, car cela est aussi clair que le soleil dans le ciel. Quand les Vénitiens assiégeaient Candie, les raisins, les figues et les vins grecs ne coûtaient dans l'île que la peine de les demander, et l'on pouvait y vendre au poids de l'or les denrées de l'Occident. Oh! chaque chose a son prix, rien n'est plus clair que ce fait, et le véritable esprit du commerce consiste à donner une chose sans valeur pour une qui a plus de prix.

—Si c'est être honnête que de profiter de l'ignorance d'un autre, dit Luis qui avait pour le commerce tout le mépris digne d'un noble, il est donc juste de tromper un enfant et un idiot?

— A Dieu ne plaise! et surtout à saint André, mon patron, que je fasse rien de si honteux, Señor. Les grelots à faucon sont plus précieux que l'or à Haïti; et comme il se fait que j'en suis instruit, je suis disposé à échanger ces choses précieuses contre ce qu'on y regarde comme de la boue. Vous voyez que je suis généreux, et non intéressé, car les deux parties sont à Haïti, et c'est là que la valeur des objets à échanger doit être déterminée. Il est vrai qu'après avoir couru de grands risques sur mer, et subi de grandes fatigues pour transporter cet or en Espagne, je puis me trouver récompensé de mes peines et avoir de quoi vivre en réalisant mes bénéfices. J'espère que doña Isabelle prendra assez d'intérêt à ses nouveaux sujets pour leur interdire tout commerce maritime, ce qui est un métier laborieux et plein de danger, comme vous et moi nous le savons fort bien, Señor.

— Et pourquoi désires-tu si particulièrement, Sancho, obtenir cette faveur pour ces pauvres insulaires, et cela aux dépens de tes propres os?

— Simplement, Señor, répondit le drôle en clignant de l'œil

d'un air malin, parce que je craindrais que leurs expéditions sur mer ne vinssent désorganiser le commerce, qui doit être libre et sans entraves autant que possible. — Si, nous autres Espagnols, nous venons à Haïti, chaque grelot que nous y apportons vaut un doublon; mais si nous donnons à ces sauvages la peine de venir en Espagne, un seul de leurs doublons y achètera cent grelots. — Non, non. Les choses sont bien comme elles sont; et puisse une double ration de purgatoire être le partage de celui qui voudra entraver un commerce libre, utile, honnête et civilisateur.

Sancho expliquait ainsi à don Luis ses idées sur la liberté du commerce, grand cheval de bataille des philanthropes modernes, quand ils entendirent partir du village un cri tel qu'on ne peut en entendre que dans des moments de terreur soudaine et d'extrême danger. La conversation que nous venons de rapporter avait lieu dans la vallée, à peu près à mi-chemin entre le village et ce que nous avons appelé le sérail de Mattinao; et les deux Espagnols avaient une confiance si entière en leurs nouveaux amis, qu'ils étaient sans autres armes que celles que leur avait données la nature. En sortant, Luis avait laissé son sabre et son bouclier aux pieds d'Ozéma, qui essayait de s'en servir en jouant le rôle de héros pour leur amusement mutuel; et Sancho, trouvant son arquebuse trop lourde pour la porter partout avec lui comme on porterait une badine, l'avait déposée dans l'appartement qui était devenu son quartier-général.

— Serait-ce une trahison, Señor? s'écria Sancho. — Ces drôles auraient-ils découvert, après tout, quelle est la véritable valeur des grelots à faucon? — Ont-ils dessein de réclamer la balance de leur compte avec moi.

— Je réponds sur ma vie de la bonne foi de Mattinao et de toute sa peuplade. Ce tumulte vient d'une cause différente. — Ecoute! n'entends-tu pas ce cri : Caonabo?

— C'est cela même, Señor. — C'est le nom du cacique caraïbe qui est la terreur de toutes ces tribus.

— Ton arquebuse, si tu peux la retrouver, Sancho, et viens ensuite me rejoindre là-haut sur le tertre. — Il faut, à tout risque, que nous défendions la sœur et les femmes de notre ami.

A ces mots, Luis et Sancho se séparèrent. Le premier courut au village, qui offrait alors une scène de tumulte et de confusion; le second retourna d'un pas plus lent vers les maisons placées sur le tertre. Jetant de temps à autre un regard en arrière, comme s'il eût désiré se jeter au milieu de la bagarre, vingt fois Luis regretta de ne pas avoir sous la main son coursier favori et une bonne lance, car ce n'eût été qu'un exploit très-ordinaire pour un preux chevalier tel que lui de mettre en fuite un millier d'ennemis semblables à ceux qu'il s'attendait à rencontrer. Plus d'une fois il avait, à lui seul, enfoncé des rangs entiers de fantassins; et le temps n'était pas éloigné où l'on devait voir des individus isolés, mais à cheval, chasser devant eux des centaines d'Américains.

L'alarme s'était répandue dans le sérail de Mattinao avant que notre héros y fût arrivé. En entrant dans la demeure d'Ozéma, il la trouva entourée d'une cinquantaine de femmes dont quelques unes venaient du village, et toutes répétaient avec terreur le nom redouté de Caonabo. Ozéma était celle qui montrait le plus de sang-froid, quoiqu'il fût aisé de reconnaître qu'elle était particulièrement l'objet de la commune sollicitude; en effet, se pressant autour de la princesse, elles paraissaient la conjurer de prendre la fuite, afin de ne pas tomber entre les mains du chef caraïbe. D'après quelques paroles qu'il put comprendre, Luis s'imagina même, — et il ne se trompait pas, — que toutes ces femmes supposaient que le véritable but de cette attaque subite de Caonabo était de s'emparer de la jolie sœur du cacique. Cette conjecture ne refroidit en rien son empressement pour la défendre. Ozéma l'aperçut, et elle courut à lui, les mains jointes, en prononçant le nom de Caonabo d'un ton qui aurait ému un cœur de pierre, en même temps que ses yeux exprimaient le langage de la prière, de l'espoir et de la confiance.

C'était plus qu'il n'en fallait pour déterminer notre héros à prendre la défense de la belle Indienne. En un instant il eut saisi son sabre de la main droite et armé son bras gauche de son bouclier; ensuite, pour lui exprimer son zèle aussi clairement que possible, il lui couvrit la poitrine de son bouclier, brandissant son sabre comme pour défier ses ennemis. Dès que Luis eut donné cette sorte de gage de sa protection, toutes les autres femmes disparurent, quelques unes pour sauver leurs enfants; toutes pour chercher quelque endroit où elles pussent se cacher. Par suite de cet abandon aussi singulier qu'imprévu, il se trouva, pour la première fois, seul avec Ozéma.

Rester dans la maison, c'eût été souffrir que l'ennemi y arrivât sans être vu, et le bruit des cris et des lamentations annonçait que le danger devenait plus imminent. S'approchant donc de la jeune fille, Luis lui enveloppa un bras avec l'étoffe du turban, afin qu'elle pût, au besoin, l'opposer comme un bouclier aux flèches des ennemis. Tandis qu'il s'occupait de ce soin, la poitrine du jeune Espagnol servait d'appui à la tête d'Ozéma, dont les pleurs commencèrent enfin à couler. Mais ce signe de faiblesse ne dura qu'un instant; elle reprit courage, un sourire brilla à travers ses larmes, elle serra le bras de Luis comme par un mouvement convulsif; et redevenant une héroïne indienne, elle le suivit hors de l'habitation.

Luis eut bientôt reconnu qu'il n'avait point battu en retraite un instant trop tôt. Toute la famille de Mattinao était déjà dispersée, et une troupe nombreuse d'ennemis s'avançait en silence dans la vallée pour venir s'emparer de leur proie. Il sentit Ozéma, toujours appuyée sur son bras, trembler violemment, et il l'entendit murmurer :

— Caonabo! non, non, non!

La jeune princesse haïtienne avait appris le monosyllabe espagnol qui exprime en même temps la négation, le refus et la répugnance, et Luis interpréta cette exclamation comme exprimant une forte résolution de ne jamais devenir la femme du chef caraïbe. Sa détermination de la protéger ou de mourir ne fut nullement affaiblie par cet aveu involontaire de ses sentiments, aveu qu'il ne put s'empêcher de regarder comme ayant quelque rapport à lui-même; car, quoique plein d'honneur et de générosité, Luis était disposé à penser favorablement de ses moyens de plaire; et ce n'était qu'en ce qui concernait Mercédès qu'il devenait humble.

Soldat presque depuis son enfance, le jeune comte regarda à la hâte autour de lui pour trouver une position dans laquelle il pût se défendre et se servir de ses armes le plus efficacement possible. Heureusement, il en trouva une si près de là, qu'il ne lui fallut qu'une minute pour l'occuper. Le tertre s'appuyait contre des rochers escarpés; et, à une centaine de pas de la demeure d'Ozéma, la façade de ces rochers formait un angle rentrant dont les deux côtés s'avançaient comme une muraille à droite et à gauche, jusqu'à une certaine distance, tandis qu'une saillie du rocher en couvrait suffisamment la base pour mettre à l'abri des pierres qu'on pourrait faire tomber du sommet ceux qui s'y seraient réfugiés. Dans l'intervalle qui séparait ces deux espèces de murs naturels, se trouvaient plusieurs fragments de rochers, protection suffisante contre les flèches ; et un espace couvert de verdure sur lequel un chevalier pouvait aisément déployer sa valeur. Notre héros vit aussitôt que cette position était très-forte, sinon imprenable, puisqu'on ne pouvait l'attaquer que de front. Il plaça Ozéma derrière un des fragments de rocher ; mais elle ne s'y tint qu'à demi cachée, l'intérêt qu'elle prenait à Luis, et l'inquiétude que lui causaient les mouvements des ennemis, la portant à découvrir de temps en temps sa tête et même son buste.

Luis était à peine en possession de ce poste qu'une douzaine d'Indiens se rangèrent en ligne en face de lui, à environ vingt-cinq toises ; ils étaient armés d'arcs, de massues et de javelines. N'ayant d'autre armure défensive que son bouclier, le jeune Espagnol aurait trouvé sa situation assez critique, s'il n'eût su que l'arc des Indiens n'était pas une arme très-formidable. Leurs flèches pouvaient certainement donner la mort quand elles étaient tirées à courte portée sur des corps nus ; mais il était douteux qu'elles pussent percer le velours épais qui couvrait tous les membres de Luis, et vingt-cinq toises étaient une trop grande distance pour inspirer une alarme bien sérieuse. Il resta donc en avant des rochers, car il avait besoin d'un espace libre pour pouvoir se servir de son sabre, et ce n'était que sur cette arme qu'il pouvait compter pour remporter une victoire qui semblait fort douteuse.

Il fut peut-être heureux pour notre héros que Caonabo ne fût pas du nombre de ceux qui l'attaquaient. Ce chef redoutable, qui avait poursuivi d'un autre côté une troupe de femmes fugitives, dans l'espoir de trouver Ozéma parmi elles, aurait sans doute décidé l'affaire sur-le-champ par une attaque générale dans laquelle le nombre l'aurait sans aucun doute emporté sur le courage. Ceux qui l'attaquaient en ce moment suivirent une autre marche, et commencèrent à bander leurs arcs. Un des plus habiles tireurs ajusta une flèche sur la corde du sien, et la fit partir ; mais glissant sur le bouclier du chevalier, elle frappa le rocher qui était sur le côté, aussi légèrement que s'il ne se fût agi que d'un combat simulé. Une autre flèche partit, et Luis, ne daignant pas lever son bouclier, la détourna d'un coup de sabre. Le sang-froid avec lequel il recevait leur attaque fit pousser de grands cris aux Indiens, mais était-ce de rage ou d'admiration, c'est ce dont Luis ne pouvait juger.

Une seconde attaque fut plus judicieuse, car elle fut faite d'après un principe que Napoléon, dit-on, adopta pour les décharges de son artillerie. Tous ceux qui avaient des arcs, au nombre de sept ou huit, tirèrent leurs flèches en même temps. Il n'était guère possible d'échapper complètement à cette attaque combinée. Les flèches tombèrent comme la grêle sur le bouclier, et une ou deux, glissant sur le bord, touchèrent le corps du guerrier castillan sans lui faire d'autre mal que de légères contusions. Une seconde décharge allait avoir lieu, quand la jeune Indienne alarmée quitta l'endroit où elle était cachée, et, comme la Pocahontas de nos jours, se précipita devant Luis, les bras croisés sur sa poitrine. Dès qu'on l'eut aperçue, le cri — Ozéma! Ozéma! — se fit entendre parmi les assaillants, qui étaient, comme le comprendront ceux qui connaissent l'histoire de cette île, non des Caraïbes, mais des Haïtiens gouvernés par un chef caraïbe. En vain Luis fit-il les plus grands efforts pour l'engager à se retirer : la généreuse Indienne voyait quel danger il courait, et toute l'éloquence du jeune comte, lors même qu'il eût pu s'en servir en cette occasion, n'aurait pas été assez forte pour la décider à le laisser exposé à un tel péril. Comme les Indiens cherchaient les moyens de tirer sur lui sans s'exposer à tuer la princesse, notre héros reconnut qu'il ne lui restait d'autre alternative que de se mettre à couvert derrière un fragment de rocher. Il venait de pourvoir ainsi à sa sûreté, lorsqu'un guerrier caraïbe, à l'air féroce et menaçant, vint joindre les assaillants, qui se mirent à vociférer tous ensemble pour lui expliquer la situation des choses.

— Caonabo? demanda Luis à Ozéma en lui montrant le nouveau venu.

Après avoir bien examiné le chef caraïbe, la princesse secoua la tête, puis, s'attachant au bras de notre héros avec une confiance séduisante, elle s'écria :

— Non, non, non..... Non Caonabo! non, non, non!

Luis supposa que la première partie de cette réponse signifiait que le nouveau venu n'était pas Caonabo, et que la seconde exprimait la ferme volonté d'Ozéma de ne pas devenir la femme de ce chef.

La consultation entre les assaillants ne fut pas de longue durée.

Six d'entre eux, armés les uns de massues, les autres de javelines, coururent en avant pour aller attaquer l'ennemi dans sa citadelle. Quand il les vit à environ vingt pieds de distance, notre héros s'élança à leur rencontre. Deux javelines s'enfoncèrent à l'instant dans son bouclier, et furent coupées d'un seul coup de sabre ; un troisième ennemi tenait une massue levée sur sa tête, un autre coup de sabre, porté de bas en haut, fit tomber à ses pieds et le bras et la massue ; allongeant ensuite son arme en avant, Luis toucha les deux autres ; mais, comme ils n'étaient pas encore à sa portée, la pointe glissa et ne leur fit qu'une légère blessure à la poitrine.

Une action si rapide et si imprévue jeta la terreur parmi les assaillants. Ils ne connaissaient pas le pouvoir de l'acier, et l'amputation subite d'un bras leur parut quelque chose de miraculeux. Le féroce Caraïbe lui-même recula frappé de consternation, et l'espérance vint ranimer le courage de notre héros. Cette rencontre est la première où les Espagnols firent couler le sang des habitants des îles nouvellement découvertes, quoique les historiens citent comme le commencement de leurs querelles un incident arrivé à une époque plus reculée. Le silence absolu qui fut gardé relativement à cette expédition de don Luis, a rendu inutiles leurs recherches assez superficielles.

En ce moment des acclamations poussées par les assaillants, et la vue d'un nouveau corps d'ennemis ayant à leur tête un homme de grande taille et d'un air imposant, annoncèrent l'arrivée de Caonabo en personne. Ce cacique belliqueux fut bientôt informé de l'état des affaires, et il fut évident que la prouesse de notre héros le frappait d'admiration autant que de surprise. Au bout de quelques instants il ordonna à toute sa troupe de se retirer plus loin en arrière, et, jetant sa massue, il s'avança hardiment vers Luis en lui faisant des signes d'amitié.

Lorsque les deux adversaires se rencontrèrent, ce fut avec un air de confiance et de respect mutuel. Le Caraïbe prononça un discours bref et véhément dont le seul mot intelligible pour l'Espagnol fut le nom de la belle Indienne. Ozéma s'était aussi avancée, comme si elle eût voulu parler, et Caonabo, se tournant vers elle, lui adressa la parole en termes qui, s'ils n'étaient pas éloquents, semblaient du moins passionnés ; il appuya plusieurs fois une main sur son cœur, et sa voix devint douce et même persuasive. Ozéma lui répliqua avec vivacité, et du ton d'une femme dont la détermination est bien arrêtée. En terminant son discours, une vive rougeur colora ses joues, et, comme si elle eût voulu faire comprendre à notre héros ce qu'elle venait de dire, elle s'écria en espagnol :

— Caonabo — non — non — non ! — Luis ! — Luis !

Un ouragan qui s'élève entre les tropiques n'est ni plus sombre ni plus menaçant que le visage du chef caraïbe lorsqu'il entendit si clairement rejeter ses vœux, et se vit si évidemment préférer un étranger. Faisant un geste de menace, il retourna vers sa troupe, et donna des ordres pour une nouvelle attaque.

Cette fois, une grêle de flèches précéda la charge ; et Luis fut encore obligé d'aller chercher un abri derrière un fragment de rocher. Dans le fait, ce n'était qu'ainsi qu'il pouvait sauver la vie d'Ozéma, qui persistait à vouloir se placer devant lui, dans l'espoir de le protéger contre ses ennemis. Caonabo avait adressé quelques reproches au Caraïbe qui avait pris la fuite lors de la première attaque, et les flèches volaient encore dans l'air lorsque celui-ci s'élança seul en avant pour réparer sa honte. Luis marcha à sa rencontre, ferme comme le rocher qu'il laissait derrière lui. Le choc fut violent, et le coup de massue qui tomba sur le bouclier aurait brisé un bras moins accoutumé à de telles rencontres ; mais la massue glissa, et vint frapper la terre avec la force d'un marteau de forgeron. Notre héros sentit que tout dépendait de l'impression qu'il allait produire : la lame de son sabre étincela au soleil, et la tête du Caraïbe tomba à côté de sa massue, le corps restant debout un moment, tant la lame était bien trempée, tant le coup avait été porté avec dextérité.

Vingt sauvages s'étaient déjà lancés en avant, mais, à ce spectacle inattendu, ils s'arrêtèrent comme pétrifiés. Cependant Caonabo, qui pouvait être surpris mais non épouvanté, donna ses ordres d'une voix semblable au beuglement d'un taureau furieux, et sa troupe ébranlée se disposait à obéir, quand une forte détonation, puis un sifflement dans l'air, se firent entendre, et un autre Indien tomba mort. La bravoure d'aucun sauvage n'aurait pu résister à un tel spectacle, et, pour leur imagination ignorante, c'était la mort descendue du ciel. En deux minutes, Caonabo et toute sa troupe disparurent. Tandis qu'ils descendaient précipitamment de la montagne, Luis vit sortir d'un buisson Sancho Mundo tenant en main son arquebuse qu'il avait eu soin de recharger.

Les circonstances ne permettaient aucun délai. Pas un seul

homme de la tribu de Mattinao ne se montrait, et Luis ne douta pas que tous n'eussent pris la fuite. Déterminé à sauver Ozéma à tout risque, il se dirigea vers la rivière pour tâcher de s'échapper sur une des pirogues qui s'y trouvaient. En traversant le village, ils reconnurent que pas une maison n'avait été pillée. Les deux Espagnols firent leurs commentaires sur cette circonstance, et Luis la fit remarquer à sa compagne.

— Caonabo — non — non — non! — Ozéma! — Ozéma! s'écria la jeune Indienne qui savait fort bien quel était le véritable but de l'attaque du Caraïbe.

Une douzaine de pirogues étaient amarrées sur la rivière, et cinq minutes suffirent aux fugitifs pour entrer dans l'une d'elles et commencer leur retraite. Ils n'eurent besoin que de suivre le courant, et dans l'espace d'une couple d'heures ils gagnèrent l'Océan. Comme le vent soufflait de l'est, Sancho déploya une mauvaise voile en toile de coton; et une heure avant le coucher du soleil ils débarquèrent sur une pointe qui empêchait qu'on ne pût les apercevoir de la baie, Luis n'ayant pas oublié que l'amiral lui avait enjoint de cacher soigneusement son excursion, de peur que quelqu'un ne lui demandât la permission d'en faire une semblable.

CHAPITRE XXIV.

> Soixante-dix, je me le rappelle bien; pendant cet espace de temps, j'ai vu des heures bien horribles, des choses bien étranges; mais cette nuit affreuse a surpassé tout ce que je savais déjà.
> *Macbeth.*

Un spectacle qui frappa notre héros d'une terreur et d'une consternation presque aussi grandes que l'épouvante qui s'empara des ignorants Haïtiens au bruit et à l'effet produits par l'arquebuse, l'attendait lorsqu'il arriva en vue du mouillage. *La Santa-Maria*, ce bâtiment amiral, qu'il avait laissé, quatre jours auparavant, dans la meilleure tenue, était étendu naufragé sur le sable, ses mâts tombés, ses flancs brisés, et offrant tous les autres signes de destruction nautique. Il est vrai que *la Niña* était à l'ancre en sûreté, à une faible distance ; mais un sentiment d'isolement et d'abandon s'empara du jeune homme en regardant ce petit bâtiment, qui n'était guère qu'une felouque et qui avait été élevé au rang de caravelle pour ce beau voyage. Le rivage était couvert de matériaux, et il était évident que les Espagnols et les sujets de Guacanagari travaillaient de concert à la construction d'une sorte de forteresse, ce qui présageait que de grands changements étaient survenus dans l'expédition. Ozéma fut laissée dans la maison d'un des naturels, et ses deux compagnons pressèrent le pas pour rejoindre leurs amis et leur demander l'explication de ce qu'ils voyaient.

Christophe Colomb reçut son jeune ami avec cordialité, mais plongé dans une profonde affliction. La manière dont le bâtiment avait échoué a souvent été rapportée ; Luis apprit en même temps que *la Niña* étant un trop petit bâtiment pour transporter tous les Espagnols, une colonie serait laissée dans la forteresse, tandis que le reste de l'équipage se hâterait de retourner en Espagne. Guacanagari s'était montré plein de zèle et de bonté, et tout le monde avait été trop occupé du naufrage pour s'apercevoir de l'absence de notre héros, ou pour donner aucune attention à un incident aussi commun que celui d'une invasion d'un chef caraïbe pour enlever une beauté indienne. Peut-être même ce dernier événement était-il trop récent pour être connu jusque sur le rivage.

La semaine qui suivit le retour de Luis fut active et occupée. *La Santa-Maria* avait échoué dans la matinée de Noël 1492, et le 4 janvier suivant, *la Niña* était prête à partir, pour retourner en Europe. Pendant cet espace de temps, Luis n'avait vu Ozéma qu'une fois. Il l'avait trouvée mélancolique, muette, et semblable à une fleur qui conserve encore sa beauté, même lorsqu'elle est flétrie. Cependant, dans la soirée du 3, tandis qu'il se promenait près de la forteresse nouvellement terminée, il fut invité par Sancho à une nouvelle entrevue. Notre héros, à sa grande surprise, trouva le jeune cacique avec sa sœur.

Quoique le langage manquât dans cette occasion, les parties s'entendirent à merveille. Ozéma n'était plus mélancolique ni accablée par le chagrin : le sourire se montrait sur ses lèvres, la gaieté dans son jeune esprit, et Luis pensa qu'il ne l'avait pas encore vue si séduisante et si belle. Elle avait disposé sa simple toilette avec une coquetterie indienne, et la fraîcheur de ses joues ajoutait encore un nouvel éclat à ses yeux brillants. Sa taille svelte et légère, modèle de grâce sans art, semblait si éthérée qu'elle touchait à peine la terre. Le sujet de ce changement subit ne fut pas longtemps un mystère pour Luis. Le frère et la sœur, après avoir passé en revue leurs dangers et la manière dont ils en étaient sortis, et se rappelant le caractère et les projets de Caonabo, en étaient venus à conclure qu'il n'y avait de refuge pour Ozéma que dans la fuite. Il serait inutile de demander ce qui déterminait le frère à laisser sa sœur accompagner les étrangers dans leur pays lointain; mais le motif d'Ozéma ne peut être un secret pour le lecteur. On savait que l'amiral désirait emmener en Espagne quelques naturels; et trois femmes, dont une était du rang d'Ozéma, avaient consenti à partir : cette femme d'un chef était non seulement connue d'Ozéma, mais encore sa parente. Tout semblait propice à ce dessein, et comme un voyage en Espagne était encore un mystère pour les naturels, qui le regardaient comme un passage semblable à celui d'une de leurs îles à une autre, aucune difficulté redoutable ne se présenta à l'esprit soit du cacique, soit de sa sœur.

Cette proposition prit notre héros par surprise. Il était en même temps flatté et joyeux du dévouement d'Ozéma, et cependant il en était troublé; peut-être y avait-il des instants où il doutait un peu de lui-même. Cependant Mercédès régnait dans son cœur, et il rejeta cette pensée, comme un soupçon qu'un véritable chevalier ne pouvait concevoir sans insulter à son propre honneur. Une seconde réflexion lui présenta moins d'objection à ce plan qu'il n'en avait supposé d'abord, et après une heure de discussion, il quitta Ozéma pour aller consulter l'amiral.

Christophe Colomb était toujours à la forteresse; il écouta notre héros avec gravité et intérêt. Une ou deux fois les yeux de Luis se baissèrent sous le regard observateur de l'amiral, mais au total il s'acquitta d'une manière convenable de la tâche dont il s'était chargé.

— La sœur d'un cacique, dites-vous, don Luis? répondit l'amiral d'un air pensif; une jeune vierge sœur d'un cacique?

— Oui, don Christophe, et d'une grâce, d'une naissance, d'une beauté, qui donneront à notre maîtresse la reine la plus haute idée du mérite de notre découverte.

— Vous vous rappellerez, señor comte, que la pureté seule

peut être offerte à la pureté. Doña Isabelle est le modèle des reines, des mères et des épouses, et rien qui puisse blesser son esprit angélique ne doit lui être offert par ses dévoués serviteurs. On n'a pas cherché à tromper cette jeune fille pour la conduire au péché et à la misère?

— Don Christophe, vous ne pouvez penser ainsi de moi. Doña Mercédès elle-même n'est pas plus innocente que la jeune fille dont je veux parler, et le frère de celle-ci ne peut avoir plus de sollicitude pour son bonheur que je n'en ai moi-même. Lorsque le roi et la reine auront satisfait leur curiosité, et l'auront congédiée, j'ai l'intention de les placer sous la protection de la doña de Valverde.

— Plus les *échantillons* que nous prendrons seront rares, Luis, et mieux cela vaudra. Cela fera plaisir à nos souverains, et leur donnera une idée favorable de nos découvertes, comme vous le dites. Il est vrai que *la Niña* est un petit bâtiment, mais nous gagnons de la place en laissant beaucoup de monde derrière nous. J'ai abandonné la principale chambre aux femmes, car vous et moi nous serons toujours assez bien pour quelques semaines; que la jeune fille vienne donc, et veillez à ce qu'elle ne manque de rien.

Ces derniers mots terminèrent l'affaire. De bonne heure, le jour suivant, Ozéma s'embarqua, emportant avec elle les simples richesses d'une princesse indienne, parmi lesquelles le turban fut soigneusement conservé. Sa parente avait à son service une fille qui devait leur suffire à toutes deux. Luis eut grand soin de prendre à cet égard des arrangements dans lesquels les aises et les convenances furent également respectées. Les adieux d'Ozéma et de Mattinao furent tendres et touchants, car les affections domestiques paraissaient avoir été cultivées à un haut degré par ce peuple simple d'esprit et doux de cœur. Mais on supposait que la séparation serait courte, et Ozéma avait de nouveau assuré son frère que sa répugnance pour Caonabo, quelque puissant que fût ce cacique, était insurmontable : chaque heure l'augmentait et donnait plus de force à sa résolution de ne jamais être sa femme. Elle n'avait point d'autre alternative que de se cacher dans l'île ou de faire le voyage d'Espagne. Dans ce dernier parti il y avait autant de sécurité que de gloire. Ainsi consolés, le frère et la sœur se séparèrent.

Colomb avait eu l'intention de pousser plus loin ses découvertes avant de retourner en Europe. Mais la perte de *la Santa-Maria* et la désertion de *la Pinta* le réduisirent à la nécessité de terminer l'expédition, dans la crainte que, par quelque accident imprévu, ce qu'il avait déjà fait ne fût perdu pour le monde. Ainsi, dans la journée du 4 janvier 1493, il fit voile à l'ouest, en longeant les côtes d'Haïti; son plus grand désir était alors de retourner en Espagne avant que le seul petit esquif qui lui restait ne vînt à lui manquer, de peur que son nom ne pérît avec la connaissance de ses découvertes. Heureusement, le 6, on vit arriver *la Pinta*, vent arrière, Martin Alonzo Pinzon ayant effectué un des projets qui l'avaient engagé à s'éloigner, celui de se mettre en possession d'une grande quantité d'or, mais n'ayant réussi à découvrir aucune mine, ce qui avait été, croyait-on, son principal motif.

Il n'est d'aucune importance pour notre narration de donner des détails sur l'entrevue qui eut lieu. Colomb reçut le coupable Pinzon avec une prudente réserve, et, après avoir écouté ses explications, il lui ordonna de préparer *la Pinta* pour le retour en Espagne. Après tous les pourparlers nécessaires dans une baie favorable à cet objet, les deux bâtiments firent voile de conserve vers l'est, longeant toujours la côte septentrionale d'Haïti ou Española, c'est-à-dire petite Espagne; car c'est ainsi que l'île avait été nommée par Colomb [1].

Ce ne fut que le 16 du mois que nos voyageurs prirent définitivement congé de ce beau pays. Ils avaient à peine perdu de vue la terre, en gouvernant au nord-est, que les vents favorables les abandonnèrent, et qu'ils rencontrèrent de nouveau les vents alisés. Le temps était assez beau, et en maintenant les deux bâtiments sur le meilleur bord, l'amiral, le 10 février, après diverses déviations de la droite ligne, avait traversé cette étendue de

---

[1] La destinée de cette belle île fournit une preuve que la Providence divine fait retomber le mal sur ceux qui le commettent. Cette île, dont l'étendue peut se comparer aux deux tiers de l'État de New-York, fut le siége de l'autorité espagnole dans le Nouveau-Monde pendant bien des années. La population en était considérable. Ces aborigènes, doux et heureux lorsqu'ils furent découverts, furent littéralement exterminés par les cruautés de leurs nouveaux maîtres, et il devint nécessaire d'importer des nègres d'Afrique pour cultiver les champs de canne à sucre. Vers le milieu du seizième siècle, on dit qu'on n'aurait pas pu trouver plus de deux cents aborigènes dans l'île, quoique Ovando eût attiré par trahison non moins de quarante mille habitants des Bahamas, pour remplacer les morts, dès l'année 1513. Plus tard, Española (Saint-Domingue) passa dans les mains des Français, et chacun connaît les terribles événements qui en donnèrent l'exclusive possession aux descendants des enfants de l'Afrique. Tout ce qui a été dit de l'influence des blancs dans les États-Unis, relativement aux Indiens de ce pays, devient insignifiant lorsqu'on le compare à ces faits extraordinaires.

l'Océan où les vents alisés dominent, et atteint une latitude parallèle à la hauteur de Palos. En faisant ce long détour, *la Niña*, contre l'expérience du premier voyage, fut continuellement arrêtée par la lenteur de *la Pinta*. Ce bâtiment, dont le mât d'artimon était craqué, n'était pas capable de supporter beaucoup de voiles, et des brises légères favorisaient *la Niña*, qui avait toujours été regardée comme un bâtiment bon voilier, sur une mer unie et par un vent léger.

La plupart des phénomènes du premier voyage furent observés au retour; mais les thons n'excitèrent plus d'espérances, les herbes marines n'inspirèrent plus de craintes. On dépassa lentement, mais sans danger, ces objets familiers, et l'on atteignit heureusement les vents variables, dans la première quinzaine. Alors les bordées devinrent nécessairement de plus en plus compliquées, et enfin les pilotes, peu habitués à une navigation si longue et si difficile, dans laquelle il n'étaient aidés ni par la terre, ni par l'eau, devinrent moins sûrs de leurs calculs, et finirent par se disputer avec chaleur sur leur position réelle.

— Vous avez entendu aujourd'hui, Luis, dit l'amiral en souriant, dans une de ses conférences habituelles avec notre héros, les altercations de Vincent Yañez avec son frère Martin Alonzo et les autres pilotes, relativement à la distance où nous sommes de l'Espagne. Ces changements de vent continuels ont embarrassé les honnêtes marins, et ils se croient dans toutes les parties de l'Atlantique, excepté dans celle où nous sommes réellement!

— Beaucoup dépend de vous, Señor; non seulement notre sûreté, mais la connaissance de nos grandes découvertes.

— Cela est vrai, don Luis. Vincent Yañez, Sancho Ruiz, Pedro Alonzo Niño et Barthélemi Roldan, pour ne rien dire des profonds calculateurs de *la Pinta*, placent les bâtiments dans le voisinage de Madère, ce qui est de cent cinquante lieues plus près de l'Espagne que nous ne le sommes réellement. Ces braves gens ont suivi leurs désirs plutôt que la connaissance de l'Océan et des cieux.

— Et vous, don Christophe, où placez-vous les caravelles, puisqu'il n'y a aucun motif de cacher la vérité?

— Nous sommes au sud de l'île de Flores, don Luis, à douze bons degrés à l'ouest des Canaries et sous la latitude de Nafé en Afrique; mais je souhaiterais qu'ils restassent dans cette incertitude jusqu'à ce que le droit de possession de nos découvertes fût assuré. Aucun de ces hommes ne doute maintenant qu'il ne soit en état de faire tout ce que j'ai fait, et cependant aucun d'eux n'est capable de retrouver sa route pour revenir sur ses pas, après avoir traversé cette étendue d'Océan jusqu'à l'Asie.

Luis comprit l'amiral, et la petitesse du bâtiment rendant dangereux de se communiquer des secrets, ils changèrent d'entretien.

Jusqu'à ce moment, quoique les vents eussent été très-variables, le temps avait été beau; quelques bourrasques avaient eu lieu, comme cela arrive souvent sur mer, mais elles n'avaient été ni longues ni sérieuses. Colomb en avait été extrêmement satisfait; car maintenant qu'il avait accompli le grand dessein pour lequel il avait pour ainsi dire vécu, il avait quelque inquiétude que cet important secret ne fût perdu pour le reste du monde, comme un homme qui transporte un objet précieux à travers des scènes de danger, craint pour la sûreté du dépôt qui lui a été confié. Cependant un changement se préparait, et au moment même où le grand navigateur commençait à espérer, il allait être soumis à la plus rude de ses épreuves.

A mesure que les bâtiments approchaient du nord, le temps devenait naturellement plus froid et les vents plus forts. Pendant la nuit du 11 février, les caravelles firent plus de cent milles entre le coucher et le lever du soleil. Le matin suivant, beaucoup d'oiseaux étaient en vue, ce qui fit croire à Colomb qu'ils étaient très-près des Açores, tandis que les pilotes s'imaginaient être dans le voisinage immédiat de Madère. Le jour d'après, le vent fut moins favorable, quoique fort, et la mer était devenue houleuse. Les qualités de *la Niña* se montrèrent alors avec avantage, car avant la fin du jour, elle eut à lutter contre les éléments en furie, et la plupart de ceux qui étaient sur son bord n'avaient jamais vu une semblable tempête. Heureusement tout ce qu'une expérience consommée avait pu imaginer pour rendre ce bâtiment plus solide et plus confortable, avait été fait. Il était aussi bien préparé que les circonstances le permettaient à soutenir une tempête; son seul défaut essentiel était d'être trop allégé, car la plupart de ses provisions et de son eau étant épuisées, il s'en fallait de beaucoup qu'elle fût à sa ligne d'eau. Cette circonstance, peu importante pour un grand bâtiment, devenait un grave inconvénient pour une petite coquille, qui, dans son état ordinaire, n'était pas à l'abri des dangers dans un coup de vent.

Le lecteur comprendra mieux cette distinction, quand on lui aura fait remarquer que les bâtiments de grande dimension ne peuvent perdre leur mâture que dans un grain violent et soudain, et sont rarement couchés sur le côté, à moins que ce ne soit par la force des lames, tandis que les petits navires peuvent aisément chavirer quand leur voilure est disproportionnée à leur stabilité. Quoique les marins de *la Niña* s'aperçussent de ce défaut, qui venait en grande partie de la consommation de l'eau douce, ils avaient l'espoir d'entrer si tôt dans un port, qu'aucune mesure ne fut prise pour remédier à ce mal.

Tel était l'état des choses lorsque le soleil se coucha, le soir du 12 février 1493. Suivant son habitude, Colomb était sur la dunette, les bâtiments de toute grandeur portant alors ces lourds exhaussements, quoique la dunette de *la Niña* fût si petite qu'elle méritait à peine ce nom. Luis était à son côté, et tous deux observaient l'aspect des cieux et de l'Océan dans un profond silence. Notre héros n'avait pas encore vu les éléments dans une si grande agitation, et l'amiral venait à l'instant de remarquer qu'il avait rarement vu une nuit aussi menaçante. Il y a une solennité dans un coucher du soleil sur mer, lorsque les nuages prennent un aspect sinistre, et que l'on commence à voir les signes précurseurs d'un orage; solennité que rien ne peut rappeler sur terre. La solitude d'un vaisseau luttant à travers une masse d'eau effrayante, contribue à l'influence des sensations qui sont éveillées, et qui ne voient qu'un objet contre lequel peuvent s'acharner les efforts réunis de la tempête. Tout le reste semble être à l'unisson pour aider le combat général, l'Océan, les cieux et l'air étant les accessoires de ce lugubre tableau; et lorsque l'atmosphère nébuleuse de l'hiver y ajoute sa tristesse, la scène atteint alors ses nuances les plus sombres.

— Voilà un coucher de soleil de mauvais présage, don Luis, dit Colomb au moment où disparaissaient les derniers rayons que le soleil jetait sur les nuages. J'en ai vu rarement d'aussi menaçants.

— On a une double confiance dans les soins de Dieu quand on fait voile sous votre sauvegarde, Señor : confiance en sa bonté, puis dans l'habileté de son agent.

— Le pouvoir du Tout-Puissant est suffisant pour douer les plus faibles mortels de toute l'habileté nécessaire, lorsque sa volonté est d'épargner, ou pour ravir aux plus expérimentés toute leur science, quand sa colère ne peut être apaisée que par la destruction de ses créatures.

— Vous pensez que la nuit sera dangereuse, don Christophe?

— J'ai vu des apparences aussi mauvaises, mais rarement. Si la caravelle ne portait pas un si lourd fardeau, j'envisagerais peut-être notre situation avec moins d'anxiété.

— Vous me surprenez, señor amiral; les pilotes regrettent que notre bâtiment soit si peu chargé.

— Cela est vrai relativement à la pesanteur matérielle, Luis; mais il porte une cargaison de découvertes qu'il serait triste de voir engloutir dans les gouffres de l'Océan. Ne voyez-vous pas comme le sombre rideau de la nuit tombe avec promptitude, et la manière rapide avec laquelle *la Niña* devient notre unique monde? On distingue à peine *la Pinta*, comme un nuage sans forme sur les lames écumantes : elle ressemble à un phare placé là pour nous avertir de notre propre danger, plutôt qu'à un compagnon destiné à nous encourager par sa présence et sa proximité.

— Je ne vous ai jamais vu si préoccupé du temps, Señor!

— Ce n'est pas mon habitude, don Luis. Mais mon cœur est plein de ses glorieux secrets. Regardez, ne voyez-vous pas ce nouveau signe de la fureur des éléments?

L'amiral était tourné vers l'Espagne, tandis que les regards de son compagnon étaient arrêtés sur l'horizon occidental, dont un reste de lumière rendait l'aspect aussi effrayant que visible. Il n'avait pas aperçu le changement qui avait occasionné la remarque de Colomb; mais se retournant vivement, il lui en demanda l'explication. Malgré la saison, l'horizon au nord-est avait été subitement illuminé par un éclair, et tandis que l'amiral lui apprenait ce fait en montrant le point des cieux où ce phénomène avait paru, deux autres éclairs s'étaient promptement succédé.

— Señor Vincent! s'écria Colomb en s'avançant comme pour examiner un groupe de figures sombres qui étaient réunies sur le pont au-dessous de lui. Le señor Vincent Yañez est-il parmi vous?

— Je suis ici, don Christophe, et j'examine l'aspect des cieux. C'est un signe qui nous annonce encore plus de vent.

— Nous allons avoir une tempête, digne Vincent, et elle viendra de ce point du ciel ou de celui qui lui est opposé. Tout est-il en état sur la caravelle?

— Il ne nous reste rien à faire, señor amiral. Nous ne pouvons avoir moins de toile dehors, et tout est bien saisi partout. Sancho Ruiz, examinez les prélarts, de crainte que nous ne fassions plus d'eau que nous ne le voudrions.

— Examinez aussi la lumière de votre fanal, afin que *la Pinta* ne nous perde pas dans les ténèbres. Ce n'est pas le moment de dormir, Vincent; placez vos hommes les plus sûrs au gouvernail.

— Señor, je les ai choisis avec soin : Sancho Mundo et le jeune Pépé de Moguer remplissent maintenant ce devoir. D'autres aussi habiles attendent pour les remplacer quand leur quart sera fini.

— C'est bien, bon Pinzon. Ni vous ni moi nous ne fermerons l'œil cette nuit.

Les précautions de Colomb n'étaient pas superflues; environ une heure après que l'atmosphère chargée d'électricité s'était montrée sous un aspect aussi peu naturel, le vent s'éleva du sud-ouest dans une direction favorable, mais avec une violence effrayante. Malgré son vif désir d'arriver à un port, l'amiral jugea prudent de faire carguer la seule voile qu'on eût conservée, et durant la plus grande partie de la nuit, les deux caravelles coururent vent arrière, à mâts et à cordes, vers le nord-ouest. Nous disons les deux caravelles, car Martin Alonzo, malgré sa longue habitude des mers orageuses, et sa disposition à agir seulement dans son propre intérêt, à présent que l'important problème était résolu, maintint *la Pinta* si près de *la Niña*, que peu de minutes se passaient sans qu'on l'aperçût s'élevant sur le sommet d'une vague écumante, ou disparaissant dans le creux des lames; tout en suivant l'impulsion irrésistible du vent, mais se tenant presque bord à bord avec *la Niña*, de même que l'homme s'attache à l'homme dans les moments de besoin et de péril.

Ainsi s'écoula la nuit du 13; le jour prêta des couleurs plus vives à cette scène, quoiqu'on pensât que le vent diminuait de violence à mesure que le soleil s'élevait sur l'horizon : peut-être ce changement n'existait-il que dans l'imagination des marins, la lumière diminuant d'ordinaire l'apparence du danger, en donnant aux hommes la possibilité d'y faire face. Chaque caravelle établit cependant une petite voile, et toutes deux fendirent les vagues, courant vers l'Espagne, pour y porter des nouvelles peu attendues. La tourmente diminua sensiblement dans le cours de la journée ; mais vers le soir elle reprit une nouvelle force, le vent devint plus contraire, et nos marins furent forcés de serrer jusqu'au dernier morceau de toile qu'ils s'étaient hasardés à appareiller. Ce n'était pas encore le plus fâcheux de l'aventure. Les caravelles avaient alors été poussées dans une partie de l'Océan où la direction des lames croisait celle du vent, résultat de quelque autre ouragan qui avait eu lieu d'un côté différent. Les deux bâtiments luttaient avec courage, pour garder leur route dans des circonstances si contraires ; mais ils commençaient à fatiguer de manière à inquiéter ceux qui connaissaient la force réelle des deux navires, et qui savaient d'où venait la véritable source du danger. A l'approche de la nuit, Colomb s'aperçut que *la Pinta* ne pouvait résister plus longtemps aux efforts du vent, dont la pression était trop forte sur son mât d'artimon, quoiqu'il ne portât pas un pouce de voile. Il ordonna donc, quoique à regret, à *la Niña*, de se rapprocher de ce bâtiment, une séparation, dans une telle crise, étant, après un naufrage, le plus grand malheur qui pût leur arriver.

Ainsi se passa la nuit du 14 pour nos voyageurs isolés au milieu de l'Océan ; ce qui n'avait été, la nuit précédente, que présages et menaces étant devenu une effrayante réalité. Colomb lui-même avoua qu'il n'avait jamais vu une plus furieuse tempête, et ne chercha pas à cacher à Luis l'étendue de ses craintes. En présence des pilotes et de l'équipage il était calme et même enjoué ; mais, seul avec notre héros, il se montrait humble et sincère. Il ne cessait pourtant pas d'être le célèbre navigateur toujours ferme et tranquille ; aucune plainte lâche ne s'échappait de ses lèvres, quoiqu'il fût désolé au fond de l'âme que ses grandes découvertes courussent le risque d'être à jamais perdues.

Tel était le sentiment qui dominait l'amiral assis dans sa petite chambre durant les premières heures de cette nuit redoutable ; il épiait le moindre changement favorable ou désastreux qui pouvait arriver. Le sifflement des vents qui enlevait littéralement des nappes d'eau de la surface de l'Océan fougueux se distinguait à peine au milieu du rugissement des vagues. Parfois, à la vérité, quand la caravelle tombait dans le creux de deux énormes lames, on entendait battre le fragment de voile qu'elle portait encore, et l'air paraissait silencieux et calme ; puis, lorsque l'esquif léger cherchait à regagner la surface, de même que l'homme qui se noie fait des efforts frénétiques pour remonter sur l'eau, il semblait que les colonnes d'air allaient l'emporter dans leur vol aussi facilement que l'eau qu'elles ravissaient au sommet des vagues. Luis lui-même, quoique peu enclin à s'alarmer, sentait que leur situation devenait critique, et sa vivacité naturelle avait fait place à une gravité pensive qui ne lui était pas ordinaire. Si notre héros se fût trouvé en face d'un millier de Maures, il eût plutôt pensé au moyen de les vaincre qu'à prendre la fuite; mais cette guerre des éléments n'offrait pas une semblable ressource, c'était en quelque sorte vouloir résister au Tout-Puissant.

En pareille occasion le plus brave ne peut compter sur sa résolution et son intrépidité; car les efforts de l'homme sont bien futiles, bien insignifiants, lorsqu'ils sont opposés au vouloir et à la puissance de l'Eternel.

— C'est une nuit terrible, Señor, dit notre héros d'un ton calme et avec une indifférence plus apparente que réelle; elle surpasse tout ce que j'avais jamais vu de la fureur d'une tempête.

Colomb soupira profondément, puis, découvrant son visage caché entre ses mains, il regarda autour de lui comme s'il eût cherché quelque objet qui lui manquait.

— Comte de Llera, répondit-il avec dignité, il nous reste un devoir solennel à remplir. Le tiroir qui se trouve de votre côté de cette table contient des parchemins, et voici ce qui est nécessaire pour écrire. Acquittons-nous de notre mission, tandis que la merci divine nous en accorde encore le temps; Dieu seul sait combien il nous reste d'heures à vivre.

Luis écouta sans pâlir ce discours de mauvais augure; mais il prit un air grave et sérieux. Ouvrant le tiroir, il en tira le parchemin et le posa sur la table. L'amiral saisit une plume, fit signe à son compagnon d'en prendre une autre, et tous deux commencèrent à écrire aussi bien que le mouvement violent et continuel de la légère caravelle pouvait le permettre.

La tâche était difficile, mais elle fut bien exécutée; à mesure que Colomb écrivait une phrase, il la dictait à Luis, qui la copiait mot pour mot sur le parchemin placé devant lui.

Ce document contenait en substance le récit des découvertes qui avaient été faites; la latitude et la longitude d'Española, les positions relatives des autres îles, et un compte succinct de tout ce que l'amiral avait vu. La lettre était adressée à Ferdinand et à Isabelle. Dès que les deux écrits furent terminés, l'amiral enveloppa soigneusement sa missive de toile cirée, Luis suivant en tout son exemple ; ils prirent ensuite un gros pain de cire, le creusèrent, et introduisirent le paquet dans l'intérieur, dont ils fermèrent l'ouverture avec une partie de la cire qui avait été enlevée. Colomb fit alors venir le charpentier et lui ordonna d'enfermer chaque pain de cire dans un baril séparé : on n'en manque jamais sur un bâtiment, et au bout de quelques minutes, les deux lettres se trouvèrent en sûreté dans des barils vides ; l'amiral et notre héros en prirent chacun un et montèrent sur le pont. La nuit était si terrible, que personne n'avait songé au sommeil ; presque tout l'équipage de *la Niña*, matelots et officiers, étaient rassemblés près du grand mât, seul endroit où, à l'exception de places plus privilégiées encore, ils se crussent à l'abri d'être enlevés par les lames. A la vérité, on y était continuellement couvert par l'eau de la mer, et la dunette elle-même n'était pas exempte de cette visite importune.

Aussitôt que l'amiral parut, tous l'entourèrent, empressés de savoir ce qu'il pensait et ce qu'il se proposait de faire. Dire la vérité, c'eût été jeter le désespoir dans des âmes où l'espérance avait presque déjà cessé d'exister ; Colomb déclara simplement qu'il accomplissait un vœu religieux, et de sa propre main il lança son baril dans l'Océan furieux. Celui de Luis fut placé sur la dunette, dans l'espoir qu'il surnagerait si la caravelle coulait à fond.

Trois siècles et demi se sont écoulés depuis la sage précaution prise par Colomb, et jamais on n'a entendu parler de ce baril. Sa légèreté était telle qu'il pourrait continuer à flotter pendant des siècles ; couvert de barnaches, peut-être vogue-t-il encore sur la vaste étendue des mers, plein de ses grandes révélations. Il se peut que, jeté bien des fois sur une plage sablonneuse, une autre vague l'en ait ensuite emporté. Il est possible que différents bâtiments l'aient vu passer un million de fois près d'eux, et l'aient confondu avec ces tonneaux qu'on voit si souvent aller à la dérive sur l'Océan. Si on l'avait trouvé, on l'aurait ouvert ; et s'il fût tombé entre les mains d'un homme civilisé, il est presque impossible qu'un document aussi intéressant n'eût excité aucune attention.

Ce devoir rempli, l'amiral eut le loisir de jeter les yeux autour de lui. L'obscurité était si grande que, sans la faible clarté qui se dégageait des flots agités, il aurait été difficile de distinguer les objets d'un bout à l'autre de la caravelle. Il serait impossible à un homme qui n'a été sur mer qu'à bord d'un grand bâtiment, de se faire une juste idée de la situation de *la Niña*. Ce bâtiment, qui n'était guère qu'une grande felouque, était parti d'Espagne gréé avec les antennes et les voiles latines dont les petits caboteurs du midi de l'Europe font un usage si fréquent, et ce n'était qu'aux Canaries qu'il avait changé son système de mâture. Dans une baie ou une rivière, son plat-bord ne s'élevait hors de l'eau que de quatre ou cinq pieds, et maintenant qu'il luttait contre la tempête sur une mer dont les lames suivaient une direction contraire à celle du vent, — précisément dans ces parages de l'Atlantique où les vents ont le plus de force et les eaux le plus d'agitation, — on eût pu le prendre pour un animal marin qui remontait de temps en temps à la surface pour respirer. Il y avait des moments où la caravelle semblait s'abîmer sans retour dans le sein de l'Océan; de hautes et sombres montagnes d'eau s'élevaient alors autour d'elle de tous côtés, la confusion des vagues ayant détruit toute la symétrie ordinaire du roulis de la mer. Quoiqu'on ait abusé du langage figuré en parlant de montagnes d'eau, on peut ajouter, sans s'écarter de la vérité littérale, que les vergues de *la Niña* étaient souvent au-dessous des lames voisines, qui montaient à une telle hauteur qu'on craignait à chaque instant de les voir retomber en cataractes sur les caillebottis formant la partie du pont au milieu du bâtiment, sur l'avant du grand mât. Là existait le véritable danger; car une seule de ces lames, tombant sur ce petit bâtiment, aurait suffi pour le remplir d'eau et le faire couler à fond avec tout ce qu'il contenait. Quoi qu'il en soit, la cime des vagues rejaillissait sans cesse à bord, ou s'élevait, par le travers, au-dessus de la caravelle, en nappe d'écume brillante, mais heureusement sans avoir une force suffisante pour la submerger. Dans ces instants dangereux, la sûreté du bâtiment dépendait de frêles toiles goudronnées. Si ce faible rempart eût cédé, deux ou trois vagues successives auraient infailliblement rempli la cale, et l'eau une fois maîtresse du navire, sa perte devenait inévitable.

L'amiral avait donné l'ordre à Vincent Yañez de prendre tous les ris à la misaine, espérant qu'au milieu de ce chaos des éléments, il pourrait conduire son bâtiment dans une partie de l'Océan où les vagues auraient plus de régularité. La direction générale des lames, si toutefois on peut dire qu'elles en eussent une, avait été prise en considération. *La Niña* avait fait cinq ou six lieues depuis la disparition du jour, sans qu'aucun changement de temps fût survenu. Il était près de minuit, et la surface de l'Océan présentait encore l'image effrayante du chaos. Vincent Yañez s'approcha de l'amiral et lui déclara que le bâtiment ne pouvait pas soutenir plus longtemps la voile qu'il portait.

— Les secousses que nous éprouvons en nous élevant sur les lames, dit-il, sont si violentes, qu'on dirait que la poupe va être arrachée du bâtiment, et les contre-coups qui s'ensuivent, quand nous retombons dans le creux des lames, ne sont pas moins dangereux ; *la Niña* ne peut pas conserver de voile avec sûreté.

— A-t-on vu Martin Alonzo depuis une heure? demanda Colomb en regardant d'un air inquiet du côté où *la Pinta* devait être visible ; vous avez amené le fanal, Vincent Yañez?

— Il ne pouvait être maintenu plus longtemps avec l'ouragan ; on l'a montré de temps en temps, et mon frère a répondu à chaque signal.

— Qu'on le montre encore une fois : dans un moment tel que celui-ci, la présence d'un ami réjouit l'âme, quoique sa position soit aussi malheureuse que la nôtre.

On hissa le fanal, et bientôt une lueur faible et lointaine brilla au milieu des éléments déchaînés. Cette épreuve fut répétée à de courts intervalles, et chaque fois on répondit à ce signal, mais à une distance toujours croissante ; et enfin on ne vit plus briller aucune lumière à bord de *la Pinta*.

— Le mât de *la Pinta* est trop faible pour porter la moindre chose par un vent semblable, dit Vincent Yañez, et mon frère n'a pas pu serrer le vent aussi près que nous ; il dérive davantage sous le vent.

— Serrez la misaine, comme vous le proposiez, dit Colomb ; le choc des lames devient trop violent pour notre faible bâtiment.

Vincent Yañez choisit quelques uns de ses hommes les plus habiles, et alla surveiller lui-même l'exécution de cet ordre ; au même instant la barre fut redressée ; la caravelle fit lentement son abattée, et ensuite courut vent arrière avec rapidité. La tâche de serrer la voile fut comparativement facile, la vergue n'étant qu'à quelques pieds au-dessus du pont, et n'y ayant guère que les points d'exposés. Il fallait pourtant les hommes ayant les nerfs les plus fermes et les mains les plus habiles, pour se hasarder à y monter dans un tel instant. Sancho prit un côté du mât et Pépé l'autre, tous deux montrant les qualités qui n'appartiennent qu'à un marin parfait.

La caravelle était alors à la merci des vents et des vagues, l'expression chasser vent arrière étant à peine applicable aux mouvements d'un bâtiment si bas que la hauteur des vagues le mettait à l'abri de l'action du vent. Si les lames eussent eu leur régularité habituelle, l'esquif aurait pu être englouti par les lames dans les tangages; et s'il fut à l'abri de cette calamité, il le dut, jusqu'à un certain point, à une irrégularité qui n'était que la source d'un nouveau danger. *La Niña* continuait à courir rapidement vent arrière, mais ce n'était pas avec la vitesse nécessaire pour outre-passer les vagues qui la poursuivaient, ce qu'elle aurait pu faire si les lames eussent suivi leur cours ordinaire. La mer, en opposition avec le vent, l'en empêchait; les vagues venaient à la rencontre des vagues, et leurs cimes, au lieu de rouler en écume, s'élevaient en effrayants jets d'eau.

C'était la crise du danger; il se passa une heure pendant laquelle la caravelle se précipitait au milieu des ténèbres de ce chaos, avec une sorte de fureur aveugle, s'élançant parfois en présentant le flanc aux lames, comme si la poupe impatiente eût voulu devancer l'étrave, et exposant ainsi le navire à l'extrême péril de recevoir une lame par le travers. Cet imminent danger ne fut détourné que par l'activité de l'homme placé au gouvernail. C'était Sancho, et il déploya si bien tout ce qu'il avait de talents et d'énergie, que la sueur baignait son front comme s'il eût été exposé au soleil des tropiques. Enfin l'alarme devint si grande et si générale, que toutes les voix s'unirent pour demander à l'amiral de promettre aux saints les offrandes d'usage. Tout l'équipage se rassembla à cet effet sur l'arrière, à l'exception des hommes qui étaient au gouvernail, et l'on fit les préparatifs nécessaires pour que le sort décidât qui prononcerait ce vœu.

— Nous sommes entre les mains de Dieu, mes amis, dit Colomb, et il convient que vous déclariez tous que vous vous confiez dans sa bonté, et que vous placez l'espoir de votre sûreté dans ses bienfaits et sa clémence. Dans le chapeau que tient le señor de Muños, il y a autant de pois que nous sommes de personnes. Un de ces pois porte le signe de la sainte croix, et celui dont la main tirera ce symbole sacré, s'oblige d'avance à faire un pèlerinage à Sainte-Marie de Guadalupe, portant un cierge du poids de cinq livres. Comme je suis le plus grand pécheur qui se trouve ici, aussi bien que votre amiral, ce sera moi qui tirerai le premier.

Colomb mit alors la main dans le chapeau, en tira un pois, et l'approchant de la lanterne, vit qu'il portait le signe qu'il venait de mentionner.

— C'est bien, Señor, dit un des pilotes; mais remettez ce pois dans le chapeau, et souffrez que l'épreuve soit renouvelée pour une pénitence plus pénible, et devant un autel plus vénéré encore par tous les bons chrétiens : je veux dire Notre-Dame de Lorette. Ce pèlerinage en vaut deux comme le premier.

Le danger donne une grande force aux sentiments religieux, et cette proposition fut appuyée avec chaleur. L'amiral y consentit volontiers, et lorsque chacun eut tiré un pois, celui qui était marqué se trouva entre les mains d'un simple matelot, nommé Pédro Devilla, qui n'était renommé ni pour sa piété ni pour ses talents.

— C'est un voyage pénible et coûteux, murmura le patient désigné par le sort ; on ne peut le faire à bon marché.

— N'y pense pas, ami Pédro, répondit Colomb; tu n'auras que la fatigue de la route, je me charge de la dépense. — Cette nuit devient de plus en plus terrible, Barthélemi Roldan?

— Il n'est que trop vrai, señor amiral, et je suis peu satisfait d'un pèlerin tel que Pédro, quoiqu'il semble que le ciel lui-même ait dirigé le choix. Une messe à Sainte-Claire de Moguer et une nuit passée dans cette chapelle, vaudront mieux que vos voyages lointains faits par un pareil homme.

Cette opinion ne manqua pas de partisans parmi les matelots de Moguer, et un troisième tirage eut lieu. Le pois marqué échut encore à l'amiral. Cependant le danger était loin de diminuer, et la caravelle semblait au moment de disparaître au milieu du tourbillon des vagues.

— Nous sommes trop légers, Vincent Yañez, dit Colomb ; et quelque difficile que semble l'entreprise, il faut faire un effort pour remplir nos tonneaux d'eau de mer. Qu'on introduise avec précaution une manche à eau sous les prélarts, qu'on envoie des hommes en bas, et surtout qu'ils veillent à ce que l'eau ne remplisse pas la cale au lieu des tonneaux.

Plusieurs heures se passèrent à exécuter cet ordre. La grande difficulté consistait à protéger les hommes qui puisaient l'eau dans la mer; car, au milieu du choc des éléments, il n'était pas facile de disposer à son gré d'une seule goutte d'eau. La patience et la persévérance finirent pourtant par triompher, et avant que le jour reparût on avait rempli un si grand nombre de tonneaux, qu'on avait évidemment donné de la stabilité au bâtiment. Vers le matin, la pluie tomba par torrents, et le vent passa du sud à l'ouest, sans cependant perdre beaucoup de sa force. On rétablit alors la misaine, et le frêle esquif fit quelques milles vers l'est à travers une mer encore redoutable.

Au point du jour la situation était moins désespérée; mais *la Pinta* avait cessé d'être en vue, et les marins de *la Niña* la croyaient coulée à fond.

Cependant les nuages étaient moins épais, et une sorte de lueur mystique éclairait l'Océan couvert d'une écume blanche et grondant encore avec fureur. Peu à peu les lames devenaient plus régulières, et les matelots ne jugeaient plus nécessaire de s'attacher aux agrès pour ne pas être entraînés dans les flots. On augmenta de voiles, et à mesure que la caravelle reprenait son mouvement en avant, elle prenait aussi plus de stabilité et faisait meilleure route.

CHAPITRE XXV.

> Car maintenant, privés entièrement de la vue de la terre, ils naviguaient incertains sur l'abîme où l'on ne trouve point de sentier. Ils ne gouvernaient point au vent contraire, et n'osaient pas même suivre leur véritable route. La tempête devint bientôt si violente, que mes yeux distinguaient à peine la barque cachée par les vagues.
>
> *Vision de patience.*

TEL était l'état des choses dans la matinée du 15, et peu de temps après le lever du soleil, le joyeux cri de — Terre! — se fit entendre du haut d'un mât. J'ajouterai qu'elle fut reconnue directement en avant du vaisseau; tant les calculs de l'amiral étaient justes, et tant il était certain de sa position sur la carte.

Néanmoins bien des opinions différentes s'élevèrent parmi les pilotes et les gens de l'équipage, relativement à cette vue si désirée. Les uns voulaient que ce fût le continent de l'Europe, les autres pensaient que c'était Madère. Colomb annonça publiquement que c'était une des Açores.

Chaque heure diminuait la distance de cette terre saluée avec de si ardents transports, lorsque, par une variation subite, l'île se trouva placée tout à fait au vent. Pendant toute une longue et terrible journée, le petit esquif lutta contre la tempête afin d'atteindre ce havre si désiré. Mais la force des lames et le vent contraire rendaient les progrès lents et pénibles. Le soleil se coucha au milieu des nuages brumeux de l'hiver, et la terre restait toujours du mauvais côté du petit bâtiment;—suivant toute apparence, à une distance trop éloignée pour qu'on pût l'atteindre. Les heures s'écoulèrent, et malgré les ténèbres *la Niña* s'efforçait d'approcher du point où la terre avait été vue. Colomb ne quitta pas son poste pendant toutes ces heures d'anxiété; car il lui semblait que la destinée de ses découvertes ne tenait plus alors qu'à un fil. Notre héros veillait avec moins de sollicitude; cependant il devenait plus inquiet du résultat, à mesure que le moment approchait où le sort de l'expédition allait se décider.

Lorsque le soleil se leva, chaque œil parcourut l'Océan, et au grand désappointement des voyageurs aucune terre n'était plus visible. Quelques uns crurent que son apparition avait été une illusion; mais l'amiral pensa qu'ils avaient dépassé l'île pendant les ténèbres, et fit virer de bord pour gouverner plus au sud. Il n'y avait pas plus d'une ou deux heures que ce changement s'était opéré, lorsqu'on vit de nouveau la terre, comme un point obscur, par l'arrière, et dans une position où l'on n'avait pas pu l'apercevoir auparavant. La caravelle vira vent devant pour gagner cette île, et jusqu'au moment où l'obscurité reparut, elle lutta contre un vent furieux et une mer houleuse, sans pouvoir s'en approcher. La nuit tomba de nouveau, et la terre disparut encore dans les ténèbres.

A l'heure habituelle, l'équipage de *la Niña* s'était assemblé, la nuit précédente, pour chanter le *Salve regina*, ou l'hymne du soir à la Vierge; car c'est une des touchantes particularités de ce voyage extraordinaire, que ces rudes matelots portèrent avec eux, dans les déserts inconnus de l'Atlantique, les chants de leur religion et les prières du christianisme. Tandis qu'ils étaient ainsi occupés, on avait aperçu une lumière sous le vent, et l'on avait supposé qu'elle venait de l'île qu'on avait aperçue la première. Cet incident confirma l'amiral dans la croyance qu'il était au centre d'un groupe, et qu'en se tenant constamment au vent, il se trouverait en position d'atteindre un port dans la matinée. Cette matinée néanmoins n'avait produit d'autre changement que celui que nous avons mentionné, et il se préparait à passer une autre nuit, celle du 17, dans l'incertitude, lorsque le cri de — Terre à l'avant — vint subitement ranimer tous les esprits.

La Niña avança hardiment, et avant minuit elle se trouva assez près de la terre pour jeter l'ancre; mais la mer et le vent étaient si forts, que le câble se rompit, et les pauvres marins furent ainsi rejetés des régions auxquelles ils appartenaient. On fit voile de nouveau; on fit des efforts pour se remettre au vent, et au point du jour la caravelle se trouva en position de jeter l'ancre au nord de l'île. Là, les navigateurs presque épuisés de fatigue apprirent que Colomb avait encore raison, et qu'ils avaient atteint Sainte-Marie, l'une des Açores.

Il n'appartient pas à cette histoire de raconter les événements qui eurent lieu tandis que *la Niña* resta dans le port. Les Portugais essayèrent de s'emparer de la caravelle; et comme ils avaient été les derniers à inquiéter l'amiral à son départ de l'Ancien-Monde, ils furent les premiers à le harceler à son retour. Néanmoins toutes leurs manœuvres n'eurent aucun effet, et après avoir vu la meilleure partie de ses hommes en leur pouvoir, et quitté une fois l'île sans eux, l'amiral arrangea cette affaire de manière à partir pour l'Espagne, le 24 du mois, ayant tout son monde à bord.

Pendant les premiers jours, la Providence sembla protéger la traversée. Le vent était favorable et la mer paisible. Depuis la matinée du 24 jusqu'au soir du 26, la caravelle avait fait près de cent lieues sur sa route directe pour Palos, lorsque la mer commença à s'agiter de nouveau, et le vent devint contraire. Peu à peu la violence du vent augmenta, quoiqu'il fût assez favorable pour permettre de gouverner à l'est, en tirant un peu vers le nord. Le temps était mauvais, mais comme l'amiral savait qu'il se dirigeait vers l'Europe, il ne se plaignait pas, et il encourageait ses gens par l'espoir d'une prompte arrivée. Le temps s'écoula de cette manière jusqu'au samedi 2 mars; alors Christophe Colomb se crut à environ cent milles des côtes du Portugal, la continuité des vents du sud l'ayant poussé aussi loin vers le nord.

La nuit commença sous des auspices favorables, la caravelle faisant voile en avant à travers une mer houleuse, dont les vagues étaient poussées avec violence de la partie du sud, ayant le vent par le travers, et assez fort pour qu'on fût obligé de diminuer de voiles, afin de rendre la manœuvre plus facile. *La Niña* était un excellent navire, comme elle l'avait déjà prouvé; et sa course plus régulière que lorsqu'elle avait été assaillie par les premières tempêtes, les pilotes ayant rempli plus de tonneaux qu'ils n'avaient pu le faire alors.

— Tu as passé ta vie au gouvernail, pendant tous ces mauvais vents, Sancho Mundo, dit l'amiral avec gaieté, lorsqu'à la dernière heure du premier quart il passa près du poste du vieux marin. Ce n'est pas un petit honneur que de remplir cette place pendant d'aussi terribles ouragans que ceux que nous avons éprouvés.

— Je le pense ainsi, señor don amirante, et j'espère que Leurs très-puissantes et très-illustres Altesses, nos deux souverains, penseront de même, du moins en ce qui concerne le poids du devoir.

— Et pourquoi pas en ce qui concerne l'honneur, ami Sancho? dit Luis, qui était devenu ami dévoué du vieux marin depuis que celui-ci était arrivé si à propos à son secours sur le tertre.

— L'honneur, señor Pédro, est une nourriture bien froide, et convient mal à l'estomac d'un pauvre homme. Un doublon vaut deux duchés pour un homme comme moi; car les doublons m'obtiendraient du respect, tandis que des duchés ne m'attireraient que du ridicule. Non, non, maître Pédro, qu'on me donne une poche pleine d'or, et je laisse les honneurs à qui en aura envie. Si un homme doit être élevé dans le monde, commencez par le commencement, c'est-à-dire posez une fondation solide, après quoi on pourra en faire un chevalier de Saint-Jacques, si les souverains ont besoin de son nom pour remplir leur liste.

— Tu es trop babillard pour un homme qui tient le gouvernail, Sancho, quoique excellent sous tant d'autres rapports, dit gravement l'amiral. Ne perds pas de vue ton cap; les doublons ne manqueront pas lorsque le voyage sera terminé.

— Bien des remerciements, señor amirante. Mais pour vous donner une preuve que mes yeux ne sont pas fermés, même pendant que ma langue travaille, je désirerais que Votre Excellence et les pilotes voulussent bien examiner le chiffon de nuage qui se forme là-bas au sud-ouest, et je vous demanderais'il annonce du beau ou du mauvais temps.

—Par la messe! il a raison, don Christophe, s'écria Barthélemy Roldan qui se trouvait à côté de l'amiral. Voilà un nuage de l'apparence la plus sinistre, et il ressemble assez à ceux qui annoncent les grains d'Afrique qui n'obscurcissent pas le ciel.

— Faites-y attention, faites-y attention, Barthélemy, répondit Colomb avec précipitation, nous avons en effet trop compté sur notre bonne fortune, et négligé l'aspect des cieux. Appelez Vincent Yañez et tous nos gens; nous pouvons en avoir besoin.

Colomb monta sur la dunette, d'où il put embrasser une vue plus étendue de l'Océan et du firmament. Les signes étaient en effet d'aussi mauvais présage que leur apparition avait été sublime. L'atmosphère était remplie d'un brouillard blanchâtre, qui ressemblait à une légère fumée. L'amiral eut à peine le temps de regarder autour de lui, qu'un bruit semblable à celui que produiraient mille chevaux passant sur un pont au grand galop, fut apporté par le vent. On entendit siffler l'Océan, ainsi qu'il arrive en pareille circonstance, et la tempête fondit sur le petit bâtiment, comme si des démons envieux avaient résolu de l'empêcher de transmettre à l'Espagne les glorieuses nouvelles qu'il apportait.

Un bruit semblable à une pesante décharge de mousqueterie fut le premier signal que le grain avait atteint *la Niña*. Il provenait des voiles, qui avaient été déchirées toutes en même temps. La caravelle donna à la bande, au point que l'eau atteignit ses mâts. Il y eut un moment d'anxiété, où les marins les plus expérimentés craignirent qu'elle ne sombrât; et si les voiles n'avaient été déchirées, ce malheur aurait véritablement pu arriver. Sancho avait mis la barre au vent en temps convenable, et lorsque *la Niña* se releva du choc, elle vola presque au-dessus de l'eau en fuyant vent arrière.

Cet incident fut le commencement d'un nouvel ouragan qui surpassa en violence celui auquel ils venaient si récemment d'échapper. Pendant la première heure l'effroi et le désappointement paralysèrent presque l'équipage, car il n'y avait rien à faire pour échapper à ce nouveau danger. Le bâtiment fuyait déjà vent arrière, dernière ressource des marins, et les restes des voiles avaient été enlevés en lambeaux de dessus les vergues, pour épargner aux gens de l'équipage le temps nécessaire pour les serrer. Dans cette crise, on eut encore recours aux pieuses coutumes des marins ; et il tomba de nouveau en partage à l'amiral de faire un pèlerinage à quelque saint favori. De plus, l'équipage fit vœu de jeûner au pain et à l'eau, le premier samedi après son arrivée en Espagne.

— Il est à remarquer, don Christophe, dit Luis lorsqu'ils se trouvèrent de nouveau seuls sur la dunette ; il est à remarquer que ces pèlerinages vous tombent toujours en partage. Vous avez été choisi trois fois par la Providence, comme un instrument de remerciement et de pénitence. Cela vient de votre foi sincère.

— Dites plutôt, Luis, que cela vient de mes nombreux péchés. Mon orgueil seul devrait attirer sur moi des pénitences plus sévères que celles-ci. Je crains d'avoir oublié que j'étais simplement un agent choisi par Dieu pour parvenir à ses fins sublimes, et d'être tombé dans les piéges de Satan en pensant que ma sagesse et ma science avaient fait le grand exploit dont Dieu est véritablement le seul auteur.

— Nous croyez-vous en danger, Señor ?

— Nous sommes entourés de plus grands périls, don Luis, que nous n'en avons couru depuis que nous avons quitté Palos. Nous sommes jetés vers le continent, qui ne peut pas être à plus de trente lieues d'ici ; et, comme vous le voyez, l'Océan devient de plus en plus furieux. Heureusement la nuit est bien avancée, et le jour peut nous procurer les moyens de nous sauver.

Le jour reparut comme à l'ordinaire ; car, quelles que soient les scènes qui s'accomplissent à sa surface, la terre n'en continue pas moins sa révolution journalière dans son immensité sublime, donnant par chacun de ces changements, aux atomes qui couvrent son sein, la preuve irrécusable qu'un pouvoir tout-puissant préside à tous ses mouvements. La lumière du jour n'apporta néanmoins aucun changement dans l'aspect de l'Océan ni dans celui du ciel. Le vent soufflait avec furie, et *la Niña* luttait avec effort au milieu de ce chaos de vagues, en s'approchant de plus en plus du continent qui était devant elle.

Au milieu de l'après-midi, les signes de l'approche de la terre devinrent plus apparents ; et personne ne douta que le bâtiment ne fût près des côtes de l'Europe. Cependant on ne pouvait distinguer que l'Océan en furie, le ciel menaçant, et cette espèce de lueur surnaturelle dont l'atmosphère est si souvent chargée pendant une tempête. Le point où le soleil se couchait, quoique connu par l'emploi de la boussole, ne pouvait être déterminé par l'œil, et la nuit étendit de nouveau son voile sur cette scène sauvage. La petite caravelle parut alors abandonnée par l'espérance, comme elle venait de l'être par le jour. Pour ajouter à l'effroi de l'équipage, la mer devenait de plus en plus houleuse; et comme il arrive ordinairement aux bâtiments si petits dans de pareilles circonstances, des masses d'eau tombaient continuellement à bord, menaçant de détruire les caillebotis et leur légère couverture en toile goudronnée.

— Voilà la nuit la plus terrible de toutes, mon fils Luis, dit Colomb, environ une heure après que l'obscurité les eut enveloppés. Si nous échappons à ce danger, nous pourrons nous croire spécialement favorisés de Dieu.

— Et cependant vous parlez avec calme, Señor, avec autant de calme que si votre cœur était plein d'espérance.

— Le marin qui ne peut pas commander à sa voix et à ses nerfs, même dans les plus grands périls, s'est trompé sur sa vocation. Mais je me *sens* calme, Luis, aussi calme que je le *parais*. Dieu nous a tous sous sa sainte garde, et fera ce qui convient le mieux pour l'accomplissement de ses desseins. Mes fils, mes deux pauvres fils m'inquiètent cruellement; mais les orphelins eux-mêmes ne sont pas oubliés de lui!

— Si nous périssons, Señor, les Portugais resteront maîtres de notre secret. Il n'est connu que d'eux et de nous, puisqu'il n'y a plus d'espérance, à ce que je crois, pour Martin Alonzo.

— C'est une nouvelle source de chagrins. Cependant j'ai pris de telles mesures que nos souverains resteront probablement en possession de leurs droits. Le reste dépend du ciel.

Au même instant on entendit un cri; — le cri: Terre! — Il fit tressaillir chacun, et ce mot qui, dans d'autres circonstances, eût été la cause de soudains élans de joie, fut une nouvelle source d'effroi. La nuit était tombée; mais parfois les nuages nébuleux se séparaient, et une faible clarté se répandait autour du vaisseau, à la distance d'un ou deux milles : dans ces courts instants, des objets aussi proéminents qu'une côte pouvaient être distinctement aperçus. A ce cri, Colomb et notre héros se précipitèrent sur l'avant de la caravelle pour avoir une vue plus étendue des côtes, quoique ce mouvement, tout ordinaire qu'il paraisse, ne fût pas sans péril. Elles étaient si proches que tout l'équipage entendit, ou du moins crut entendre, le mugissement du ressac contre les rochers.

Personne ne doutait à bord que cette côte ne fût celle du Portugal. Continuer à avancer, au milieu de cette incertitude sur leur position précise, sans qu'un port se présentât à leurs yeux, c'était, pour nos marins, courir à une perte inévitable. Il ne leur restait que l'alternative de virer vent arrière pour s'éloigner de la terre et se tenir au large jusqu'au jour. Colomb n'eut pas plutôt démontré cette nécessité, que Vincent Yañez exécuta ses ordres aussi bien que les circonstances pouvaient le permettre.

Jusque-là on avait tenu le vent à tribord, la caravelle étant gouvernée à l'est un quart ou deux vers le nord; il s'agissait donc de mettre le cap de manière à pouvoir gouverner un quart ou deux vers l'ouest. D'après la manière dont la côte semblait se prolonger, on pensait que ce changement de direction suffirait pour maintenir le bâtiment pendant quelques heures à une distance convenable de la terre. Mais cette manœuvre ne pouvait s'exécuter sans le secours des voiles, et l'on donna ordre d'établir la misaine. Sitôt qu'elle fût mise au vent, cette voile fouetta avec une force terrible; la secousse faillit arracher le pied du mât de sa carlingue, et sur l'avant tout devint silencieux comme la mort, la coque du bâtiment étant enfoncée derrière une barrière d'eau assez élevée pour cacher les voiles. Sancho et ses aides saisirent le moment favorable pour assujettir les points, et lorsque le petit esquif vint à se relever, les voiles se gonflèrent subitement avec un choc semblable à celui que produit un câble qui se tend. De ce moment il se remit lentement en route, quoiqu'il frayât son chemin à travers une masse de vagues turbulentes qui menaçaient à chaque instant de le submerger.

— Luis! dit une voix douce, tandis que notre héros était penché près de la porte de la chambre destinée aux femmes. Luis! Haïti mieux. — Mattinao mieux. — Bien mauvais, Luis!

C'était Ozéma, qui s'était levée du lit où elle ne pouvait dormir, pour regarder le terrible Océan. Pendant la première partie de la traversée, le temps ayant été favorable, Luis avait eu constamment avec les naturels d'Haïti ces relations auxquelles présidaient le plaisir et la gaieté. Quoique légèrement incommodée par le voyage, Ozéma recevait toujours ses visites avec un plaisir qu'elle ne cherchait pas à cacher, et ses progrès dans l'espagnol étaient tels qu'ils étonnaient son maître lui-même. Ces communications ne profitaient pas seulement à Ozéma, car, en recevant les leçons de Luis, elle lui avait appris autant de mots de son propre langage qu'il lui en avait enseigné du sien. Ils s'entretenaient de cette manière, ayant recours tantôt à l'un, tantôt à l'autre des deux dialectes, suivant la nécessité du moment. Nous allons donner une traduction libre du dialogue qui s'établit entre eux dans cette circonstance, tout en essayant de lui conserver son caractère particulier.

— Pauvre Ozéma, répondit notre héros, l'attirant doucement dans une position où il pouvait la soutenir contre les mouvements violents de la caravelle, tu dois en effet regretter Haïti et la paisible sécurité de tes bosquets?

— Caonabo là, Luis.

— Il est vrai, innocente fille. Mais Caonabo n'est pas plus terrible que ces éléments en fureur.

— Non, non, non Caonabo. — Bien méchant. Brisé le cœur d'Ozéma. — Non Caonabo. — Non Haïti.

— Ta crainte du chef caraïbe, chère Ozéma, a un peu dérangé ta raison. Tu as un Dieu aussi bien que nous autres chrétiens, et comme nous, tu dois mettre ta confiance en lui. Lui seul peut te protéger.

— Quoi protéger?

— Avoir soin de toi, Ozéma, veiller à ce qu'on ne te fasse point de mal, pourvoir à ta sûreté et à ton bien-être.

— Luis protéger Ozéma. — Ainsi promettre à Mattinao. — Ainsi promettre à Ozéma. — Ainsi promettre son cœur.

— Chère fille, ainsi le ferai-je de toute l'étendue de mes moyens. Mais que puis-je contre cette tempête?

— Quoi Luis faire contre Caonabo? Le tuer, — couper les Indiens, — le faire fuir!

— Cela était facile à un chevalier chrétien, qui avait une bonne épée et un bouclier, mais ce serait impossible contre une tempête. Une seule espérance nous est laissée; confions-nous au Dieu des Espagnols.

— Les Espagnols grands, — leur Dieu grand.

— Il n'y a qu'un seul Dieu, Ozéma. C'est lui qui gouverne tout, soit à Haïti, soit en Espagne. Tu te rappelles ce que je t'ai dit de son amour, de sa mort pour nous sauver, et tu m'as promis alors de l'adorer et d'être baptisée lorsque tu arriverais dans mon pays.

— Dieu! — Ozéma fait ce qu'Ozéma dit. Aimer déjà le Dieu de Luis.

— Tu as vu la croix sainte, Ozéma, et tu m'as promis de la baiser et de la bénir.

— Où croix? voir pas croix, — là haut dans le ciel? — Où? montre à Ozéma, la croix maintenant, — la croix de Luis, — la croix Luis aimer.

Le jeune homme portait sur son cœur le dernier don de Mercédès; il prit le petit joyau, leva la main, le pressa contre ses lèvres avec une pieuse ferveur, puis il l'offrit à la jeune Indienne.

— Voyez, dit-il, ceci est une croix. Nous autres Espagnols nous révérons ce signe : c'est celui de notre salut.

— Cela le dieu de Luis? demanda Ozéma avec un peu de surprise.

— Non pas, pauvre fille dont l'esprit n'est pas encore éclairé.

— Quoi non éclairé? interrompit vivement l'Indienne, dont l'esprit prompt et l'oreille attentive ne laissaient tomber aucun des termes que le jeune homme lui appliquait.

— Non éclairé, s'applique à l'esprit de ceux qui n'ont point entendu parler de la croix ni de ses fins miséricordieuses.

— Ozéma éclairée maintenant, s'écria la jeune fille en pressant le bijou contre son sein. — Avoir croix! — Garder croix! — Pas non éclairée encore, jamais. Croix Mercédès. — Car, par une de ces méprises très-fréquentes au commencement de toutes communications entre ceux qui parlent des langues différentes, la jeune Indienne s'était persuadé, d'après des exclamations involontaires de Luis, que « Mercédès » signifiait tout ce qui était excellent.

— Je voudrais, en vérité, que celle dont tu parles pût te donner ses doux soins, qu'elle pût conduire ton âme si pure à une juste connaissance de ton Créateur! Cette croix vient de Mercédès, si elle n'est pas Mercédès elle-même, et tu fais bien de l'aimer et de la bénir. Mets la chaîne autour de ton cou, Ozéma, car ce précieux emblème pourrait aider à ta conservation, si le vent nous jetait sur la côte avant le jour. *La croix est un signe d'amour immortel!*

La jeune fille comprit assez de ces paroles pour obéir, et, doucement secondée par notre héros, elle passa la chaîne à son cou : le saint emblème reposa sur son sein. Le changement de température, aussi bien que les convenances, avaient engagé l'amiral à faire faire d'amples robes de coton pour les femmes, et les belles formes d'Ozéma étaient alors soigneusement enveloppées d'un de ces vêtements; elle cacha le bijou sous les plis, et le pressa tendrement sur son cœur comme un don de Luis. Ce n'était pas ainsi que le jeune homme envisageait les choses. Il avait seulement eu dessein de prêter cette croix dans un moment de péril extrême, et les superstitions de l'époque le portaient à penser sérieusement que c'était une véritable sauvegarde. Comme Ozéma n'était en aucune manière habile à vaincre les embarras que lui causait à chaque instant un vêtement auquel elle n'était pas habituée, quoique son goût naturel lui eût appris à le draper avec grâce autour de sa personne, le jeune homme l'avait aidée, sans y songer, à placer la croix dans sa nouvelle position, lorsqu'un violent roulis du vaisseau le força de soutenir la jeune fille en entourant sa taille avec son bras, cédant en partie au mouvement de la caravelle, mouvement assez violent pour faire perdre l'équilibre aux marins les plus expérimentés, et probablement aussi cédant à la tendresse de son propre cœur. Ozéma ne réprima point cette liberté, la première que notre héros se fût permise; mais dans sa confiante innocence, elle s'appuya sur ce bras qu'elle croyait destiné, par-dessus tous les autres, à la protéger toute sa vie. Un instant après, sa tête s'appuya sur la poitrine de Luis, son visage tourné vers lui, et ses yeux fixés sur les siens.

— Tu es moins alarmée de cette terrible tempête, Ozéma, que je n'aurais pu l'espérer. Les craintes que j'éprouve pour toi m'ont rendu plus malheureux que je ne le croyais possible, et cependant tu ne me sembles pas troublée.

— Ozéma pas malheureuse, — pas besoin Haïti, — pas besoin Mattinao, — pas besoin aucune chose. — Ozéma heureuse maintenant, — avoir croix.

— Douce, naïve, innocente fille. Puisses-tu ne jamais connaître d'autres sentiments! Mets toute ta confiance dans la croix.

— Croix Mercédès, — Luis Mercédès! — Luis et Ozéma garder croix pour jamais.

Il fut peut-être heureux pour la jeune Indienne qu'au moment où elle exprimait ainsi son bonheur *la Niña* plongeât violemment sous les vagues, mouvement qui força Luis à abandonner sa taille, sous peine de l'entraîner avec lui dans sa chute. Il roula jusqu'à la place où Colomb se tenait debout, trempé d'eau et s'abritant à demi contre la violence de la tempête. Lorsqu'il se fut relevé, il s'aperçut que la porte de la chambre était fermée et qu'Ozéma avait disparu.

— Nos pauvres amies sont-elles bien effrayées de cette terrible scène, Luis? demanda Colomb avec calme; car, bien que ses pensées fussent fortement occupées de la situation du bâtiment, il avait fait attention à tout ce qui s'était passé si près de lui. Elles sont fortes de cœur, mais une amazone elle-même pourrait trembler à la vue de cette tempête.

— Elles ne la craignent pas, Señor, parce qu'elles ne la comprennent pas, à ce que je crois. Les hommes civilisés sont tellement au-dessus d'elles, qu'elles ont toute confiance dans nos moyens de sûreté. Je viens de donner à Ozéma une croix, et je lui ai conseillé de placer tout son espoir dans ce saint emblème.

— Vous avez bien fait. Dieu est le plus sûr protecteur que nous ayons. — Maintiens le cap de la caravelle aussi près du vent que possible, Sancho, quand il est moins fort. Quand nous ne nous éloignerions que d'un pouce de la terre, c'est autant de gagné.

Sancho fit la réponse d'usage, et la conversation cessa. La rage des éléments et les efforts effrayants de *la Niña* pour se soutenir à la surface de l'eau, fournissaient assez de sujets de réflexion à tous ceux qui contemplaient cette scène.

La nuit se passa de cette manière. Lorsque le jour parut, il éclaira un orage d'hiver dans toute sa violence. Le soleil ne se montra pas dans cette journée; des vapeurs nébuleuses s'élevaient entre la voûte céleste et les eaux, et formaient un dôme qui paraissait toucher aux vagues. L'Océan n'était plus qu'une masse d'écume blanche; des côtes élevées parurent bientôt presque par le travers de la caravelle, et les matelots les plus expérimentés déclarèrent que c'était le roc de Lisbonne. Aussitôt que ce fait important fut constaté, l'amiral vira, mit le cap du bâtiment du côté de la terre, et fit gouverner vers l'embouchure du Tage. On n'en était éloigné que de vingt milles peut-être; mais la nécessité de faire face à la tempête et de faire voile au plus près du vent, dans une pareille tourmente, rendait la position de la caravelle plus critique qu'elle ne l'avait encore été dans ses premières épreuves. En ce moment, la politique des Portugais fut oubliée, ou regardée comme une considération secondaire; un port ou un naufrage paraissait la seule alternative. Chaque pouce de leur position au vent devenait d'une grande importance pour les navigateurs, et Vincent Yañez se plaça lui-même près du gouvernail pour en surveiller les mouvements avec toute la vigilance de l'expérience et de l'autorité ; les voiles basses seulement étaient établies, et elles étaient aux bas ris, autant que leur construction pouvait le permettre.

De cette manière la caravelle, battue par les flots courroucés, avançait avec effort, tantôt descendant si bas dans le creux des lames, qu'elle perdait de vue la terre, l'Océan, tout, excepté les vagues blanches d'écume et le ciel; tantôt sortant de cette espèce de caverne profonde pour s'élever au milieu des vents déchaînés, du mugissement et du sifflement de la tempête. Ces derniers instants étaient les plus critiques. Lorsque la légère coque atteignait le sommet d'une vague, tombant alors au vent par l'affaissement de l'élément qui était au-dessous d'elle, il semblait que la première lame allait inévitablement la submerger. Et cependant telles étaient la vigilance de l'œil de Vincent Yañez et l'habileté de la main de Sancho, qu'elle échappait toujours à cet affreux désastre. Il eût été impossible d'empêcher tout à fait les lames de couvrir le petit bâtiment, aussi elles balayaient si souvent le gaillard d'avant, comme la nappe d'une cataracte, que cette partie du bâtiment avait été entièrement abandonnée par l'équipage.

— Notre salut dépend maintenant de nos voiles, dit l'amiral avec un soupir : si elles résistent, nous sommes plus en sûreté que quand nous allions vent arrière. Il me semble que le vent est un peu moins violent que pendant la nuit.

— Peut-être, Señor; je crois que nous avançons vers l'endroit que vous m'avez montré.

— Cette pointe rocailleuse là-bas? Si nous la doublons nous sommes sauvés; si nous n'y réussissons pas, voici notre tombe commune.

— La caravelle se comporte noblement, et j'espère encore.

Une heure plus tard, la terre était si près qu'on pouvait voir des êtres humains s'y mouvoir. Il y a des instants où la vie et la mort se présentent pour ainsi dire côte à côte devant les yeux du marin. Là, la destruction, ici la sécurité. Tandis que le bâtiment s'avançait lentement vers la terre, non seulement on entendait le tonnerre du ressac sur les rocs, mais les jets d'écume blanchâtre qui s'élevaient à perte de vue ajoutaient encore à l'horreur de cette scène. Dans de semblables occasions, il n'est pas extraordinaire de voir des jets d'eau de quelques centaines de pieds de hauteur, et des flots d'écume sont souvent portés par le vent à une grande distance sur terre. Lisbonne a en face d'elle l'immensité de l'Océan, qui n'est rompue par aucune île ou promontoire, et la côte entière du Portugal est la plus exposée de l'Europe. Les vents du sud-ouest particulièrement arrivent à travers douze cents lieues d'Océan, et les lames qu'ils jettent sur les côtes sont réellement effrayantes. La tempête que nous avons essayé de décrire n'était pas une tempête ordinaire. La saison avait été orageuse et n'avait laissé que rarement l'Atlantique en repos. Les vagues soulevées par un coup de vent avaient à peine le temps de se calmer, qu'un autre grain donnait à l'eau une nouvelle direction, ce qui occasionnait cette irrégularité de mouvements qui fait la détresse d'un navire et qui est particulièrement dangereuse pour les petits bâtiments.

La caravelle se releva.

— Don Christophe, s'écria Luis, lorsqu'ils ne furent plus qu'à une portée de fusil de la pointe, encore dix minutes d'une course aussi favorable et nous sommes hors de danger.

— Vous avez raison, mon fils, répondit l'amiral avec calme. Si quelque malheur nous jetait sur les rocs, au bout de cinq minutes deux planches de *la Niña* ne tiendraient pas ensemble. — Mollissez la barre, Vincent Yañez, mollissez la barre d'un bon quart, et laissez la caravelle fendre l'eau. Tout dépend des voiles, et nous pouvons éviter cette pointe. Nous sommes en mouvement, Luis! regardez la terre, et vous verrez comme nous avançons.

— Cela est vrai, Señor ; mais la caravelle approche de la pointe d'une manière effrayante.

— Ne craignez rien, la hardiesse est souvent ce qu'il y a de plus sûr. L'eau est profonde sur cette côte, et nous n'en tirons pas beaucoup.

Personne ne parla plus. La caravelle s'approchait de la pointe avec une vitesse effrayante, et chaque minute l'amenait visiblement plus près de cette chaudière qui bouillonnait autour d'elle. Sans entrer précisément dans le tourbillon, *la Niña* en côtoya les bords, et cinq minutes après elle faisait route directe vers le Tage ouvert devant elle. La grande voile fut alors carguée, et les matelots avancèrent sans crainte, certains d'un port et en pleine sécurité.

Ainsi se termina le plus grand exploit maritime dont le monde eût jamais été témoin. Il est vrai que la caravelle fut encore obligée de faire un détour pour gagner Palos; mais c'était une faible distance, et le voyage ne fut pas fertile en incidents. Colomb avait exécuté son vaste dessein, et son succès n'était plus un secret. Sa réception en Portugal est connue, ainsi que les principales circonstances qui eurent lieu à Lisbonne. Il jeta l'ancre dans le Tage, le 4 mars, et quitta ce fleuve le 13. Dans la matinée du 14, *la Niña* était à la hauteur du cap Saint-Vincent. Alors elle fit voile vers l'est avec une légère brise du nord. Le 15, au soleil levant, elle passa de nouveau la barre de Saltès, après une absence de deux cent vingt-quatre jours seulement.

CHAPITRE XXVI.

> Un soir qu'elle était assise avec ses amies, se faisant un doux plaisir de quelque nouveau scandale, un grand bruit se fit entendre à la grille, et bientôt un vigoureux garçon s'approcha. Son vêtement bleu était orné de galons d'or éclatant, ainsi que son chapeau en forme de pâté; sur chacun de ses souliers il y avait une énorme boucle d'argent, autour de son col un mouchoir des Indes, dans sa main une houssine; — un joyeux garçon, je vous assure.
>
> MICKLE.

CE voyage, malgré les nobles idées et le profond génie qu'il avait fallu pour le concevoir, la persévérance et le dévouement nécessaires pour l'accomplir, et les magnifiques conséquences qui dépendaient de son succès, n'excita un peu d'attention, au milieu des événements remarquables et de l'égoïsme actif de ce siècle, que lorsque le résultat en fut connu. Le mémorable édit des deux souverains, pour l'expulsion des juifs, avait été signé un mois seulement avant l'arrangement conclu avec Colomb, et cette expatriation d'une si grande partie de la nation espagnole était elle-même un événement capable de détourner l'attention d'une entreprise douteuse et qui n'était soutenue que par des moyens aussi insignifiants que ceux du grand navigateur. La fin du mois de juillet avait été désignée comme le dernier terme du départ de ces hommes persécutés. Ainsi, dans le même temps et presque le même jour que Colomb mit à la voile du port de Palos, l'attention du peuple entier était dirigée vers l'événement qu'on pouvait appeler une calamité nationale. Ce départ ressembla à celui de la même nation en Egypte; toutes les grandes routes furent couvertes de masses mouvantes, et bien des familles erraient sans savoir où porter leurs pas.

Le roi et la reine avaient quitté Grenade au mois de mai, et après avoir séjourné deux mois en Castille, ils passèrent en Aragon vers le commencement d'août. Ils étaient dans ce royaume, lorsque l'expédition mit à la voile. Ils y restèrent jusqu'à la fin de la saison, terminant d'importantes affaires, et probablement pour éviter le spectacle de la misère qu'avait causée leur édit contre les juifs, la Castille étant la province d'Espagne qui contenait le plus grand nombre de ces malheureux. En octobre, les souverains vinrent visiter la turbulente Catalogne. La cour passa l'hiver entier à Barcelone. Des événements accidentels occupèrent tristement Ferdinand et Isabelle pendant qu'ils étaient dans cette partie de leur territoire. Le 7 décembre, un attentat fut commis sur la personne de Ferdinand. L'assassin le blessa grièvement, sinon mortellement, au cou. Durant plusieurs semaines, pendant lesquelles la vie du roi fut en danger, Isabelle veilla à son chevet avec les soins infatigables d'une femme dévouée, et ses pensées, tout entières à l'objet de son affection, s'occupaient peu de l'agrandissement de son royaume. Les investigations sur les motifs du criminel succédèrent. On suppose toujours une conspiration en pareil cas, quoique l'histoire démontre que la plupart de ces attentats coupables contre la vie des souverains sont plutôt les résultats du fanatisme individuel que d'un plan combiné entre des mécontents.

Isabelle, dont la bonté s'attendrissait sur les misères que sa soumission religieuse l'avait portée à infliger aux juifs, n'eut point à déplorer un malheur plus grand pour elle, la perte de son mari par une mort violente. Ferdinand recouvra peu à peu la santé. Toutes ces circonstances, jointes aux soins de l'Etat, avaient distrait les pensées de la reine elle-même du voyage de Colomb, tandis que Ferdinand avait depuis longtemps fait intérieurement le sacrifice de l'or dépensé pour cette expédition, qu'il regardait comme à jamais perdu.

Le printemps balsamique du sud reparut sur ces entrefaites, et la fertile province de Catalogne se couvrit d'une fraîche et délicieuse verdure à la fin de mars. Le roi avait, depuis quelques semaines, repris ses occupations habituelles, et Isabelle, remise de ses craintes conjugales, reprenait aussi le cours paisible de ses devoirs et de ses œuvres bienfaisantes. Fatiguée de la pénible splendeur de sa position par les événements récents, et soupirant après les affections domestiques, cette femme estimable avait plus vécu depuis quelque temps, entourée de ses enfants et de ses amis intimes, qu'elle n'avait jamais pu le faire, malgré son goût naturel pour la vie retirée. Sa plus ancienne amie, la marquise de Moya, était comme de raison, toujours auprès de sa personne, et Mercédès passait la plus grande partie de son temps, soit en la présence immédiate de sa royale maîtresse, soit dans celle de ses enfants.

Vers la fin du même mois, il y avait eu un soir une assemblée peu nombreuse à la cour, et Isabelle, heureuse d'échapper à de semblables scènes, s'était retirée dans son appartement particulier, pour jouir de la conversation du cercle qu'elle aimait. Il était près de minuit. Le roi travaillait comme à l'ordinaire dans un cabinet voisin. Outre les membres de la famille royale et doña Béatrix avec sa charmante pupille, il y avait encore l'archevêque de Grenade, Luis de Saint-Angel, et Alonzo de Quintanilla. Ces deux derniers avaient été appelés par le prélat pour discuter quelque question de finance ecclésiastique devant leur illustre maîtresse. Cette affaire était terminée, et Isabelle rendait la réunion agréable avec toute la condescendance d'une princesse et la grâce si douce d'une femme.

— A-t-on quelques nouvelles de ces infortunés juifs, señor archevêque ? demanda Isabelle, que ses sentiments d'humanité portaient à regretter la sévérité que sa pieuse confiance en ses confesseurs l'avait portée à sanctionner. Nos prières les suivront certainement, quoique notre politique et nos devoirs aient exigé leur expulsion.

— Señora, répondit Fernando de Talavera, ils servent probablement Mammon parmi les Maures et les Turcs, comme ils le servaient en Espagne ; que l'esprit indulgent de Votre Altesse ne s'inquiète pas du sort de ces descendants des ennemis du Christ et de ses bourreaux. S'ils souffrent, ils souffrent avec justice pour le crime irrémissible de leurs pères. Informons-nous plutôt, ma gracieuse souveraine, des señores Saint-Angel et Quintanilla, qui sont ici, de ce qu'est devenu leur favori Colomb le Génois, dont ils espèrent le retour avec le Grand-Khan qu'il nous amènera captif en le traînant par la barbe.

— Nous ne savons rien de lui, saint prélat, répondit vivement Saint-Angel, depuis son départ des Canaries.

— Des Canaries! s'écria la reine avec un peu de surprise; a-t-on reçu quelques nouvelles de ce côté?

— Indirectement, Señora. Aucune lettre n'est encore parvenue en Espagne, à ma connaissance. Mais il court un bruit en Portugal, que l'amiral a touché à Gomère et à la grande Canarie, où il paraît qu'il a éprouvé quelques difficultés, et d'où il est bientôt reparti, dirigeant sa route vers l'ouest. Depuis ce temps, on n'a rien entendu dire, soit de Colomb, soit de ses caravelles.

— D'après ce fait, señor archevêque, ajouta Quintanilla, nous devons penser que ce ne sont pas des bagatelles qui peuvent engager nos voyageurs à revenir sur leurs pas.

— Je suis de votre avis, Señores; lorsqu'un aventurier génois a pu obtenir de Leurs Altesses un brevet d'amiral, il ne doit point être pressé de se dépouiller de cette dignité, reprit le prélat en riant, sans beaucoup de respect pour les concessions de sa maîtresse en faveur de Colomb. On ne voit guère de gens jeter dédaigneusement de côté le rang, l'autorité, les émoluments, quand ils peuvent les conserver en se tenant à l'écart de ceux dont ces faveurs émanent.

— Vous êtes injuste envers le Génois, saint prélat, et vous le jugez sévèrement, dit la reine. En vérité, je n'avais point entendu parler de ces nouvelles des Canaries, et je me réjouis d'apprendre que Colomb est arrivé aussi loin en sûreté. L'hiver qui vient de s'écouler n'a-t-il pas été bien orageux, suivant l'opinion des marins, señor de Saint-Angel?

— Si orageux, Votre Altesse, que j'ai entendu des marins, ici, à Barcelone, dire, que de mémoire d'homme, il n'y en a jamais eu un semblable. Si Colomb ne réussit pas dans son entreprise, je crois que cette circonstance pourra lui servir d'excuse, quoique je doute qu'il soit bien près de nos tempêtes et de nos orages.

— Non, non, s'écria l'archevêque d'un air triomphant. On saura un jour qu'il s'est abrité tranquillement dans quelque rivière d'Afrique, et nous aurons un jour aussi, grâce à lui, quelques questions à régler avec don Juan de Portugal.

— Voici le roi; il nous donnera son opinion, interrompit Isabelle. Il y a longtemps que je ne l'ai entendu prononcer le nom de Colomb.—Avez-vous entièrement oublié notre amiral génois, don Ferdinand ?

— Avant qu'on me questionne sur des sujets aussi anciens, répondit le roi en souriant, laissez-moi m'informer d'objets qui me touchent de plus près. Depuis quand Votre Altesse tient-elle sa cour, et reçoit-elle du monde après minuit ?

— Appelez-vous ceci une cour, Señor ? Il n'y a ici que nos chers enfants ; Béatrix et sa pupille avec le bon archevêque, et deux fidèles serviteurs de Votre Altesse.

— Cela est vrai, mais vous oubliez les antichambres et ceux qui y attendent votre bon plaisir.

— Personne ne peut attendre à cette heure indue ; vous plaisantez sûrement, Señor.

— Alors votre propre page, Diégo de Ballesteros, m'a fait un faux rapport. Ne voulant pas troubler votre société intime à une pareille heure, il est venu me dire qu'un homme étrange dans ses manières et dans sa tournure, est dans le palais, insistant pour avoir une entrevue avec la reine, quelle que soit l'heure. Les détails qu'on me donne sur cet homme sont si singuliers, que j'ai donné ordre qu'on le fasse entrer, et je suis venu pour être témoin de cette entrevue. Le page m'assure qu'il jure que toutes les heures se ressemblent, et que le jour et la nuit sont également faits pour notre usage.

— Cher Ferdinand, il y a peut-être de la trahison cachée au fond de tout cela !

— Ne craignez rien, Isabelle, les assassins ne sont pas si hardis, et les fidèles rapières de ces gentilshommes sont suffisantes pour nous rassurer. Ecoutez, des pas se font entendre, et nous devons paraître calmes, quand même nous aurions quelque chose à craindre.

La porte s'ouvrit, et Sancho Mundo fut introduit en présence de ses souverains. La tournure d'un si singulier personnage excita l'hilarité et la surprise, et chaque regard s'arrêta sur lui avec étonnement, d'autant plus qu'il avait paré sa personne d'ornements divers des Indes imaginaires, parmi lesquels figuraient une ou deux plaques d'or. Mercédès seule devina sa profession par son air et son costume ; elle se leva involontairement, frappa avec force ses mains l'une contre l'autre, et laissa échapper malgré elle une légère exclamation. La reine s'aperçut de cette petite pantomine, et tout aussitôt ses propres pensées se dirigèrent vers la vérité.

— Je suis la reine Isabelle, dit-elle en se levant et n'ayant plus aucun soupçon de danger. Tu es un messager de Colomb le Génois ?

Sancho avait éprouvé de grandes difficultés à être admis ; mais une fois son but atteint, il reprit son calme habituel. Son premier soin avait été de tomber à genoux, Colomb le lui ayant particulièrement recommandé. Comme il avait appris des naturels d'Haïti et de Cuba à faire usage de l'herbe de ces îles, et comme il fut en effet le premier marin qui mâcha du tabac, cette habitude était déjà enracinée chez lui ; avant donc de prendre cette humble attitude toute nouvelle pour lui, ou plutôt avant de répondre un seul mot, il trouva à propos de pousser dans un coin de sa bouche un échantillon de cette plante attrayante. Enfin, secouant toute sa garde-robe, car tout ce qu'il possédait en habits décents était sur son dos, il se disposa à faire une réponse convenable.

— Señora, — doña, — Votre Altesse, répondit-il, chacun aurait pu voir cela d'un seul coup d'œil. Je suis Sancho Mundo de la Porte du Chantier, un des plus fidèles sujets et marins de Votre Altesse, natif et habitant de Moguer.

— Tu viens de la part de Colomb ?

— Oui, Señora, et je remercie Votre Altesse de m'adresser cette question. Don Christophe m'a envoyé à travers le pays depuis Lisbonne, pensant que les rusés Portugais auraient moins de défiance d'un simple marin comme moi, que d'un de ces courriers bottés que l'on rencontre chaque jour. C'est une route bien fatigante, et depuis les écuries de Lisbonne jusqu'au palais de Barcelone, on ne trouve pas une seule mule digne d'être montée par un chrétien.

— As-tu des lettres ? Un homme comme toi ne peut guère porter autre chose.

— En cela, Votre Altesse se trompe, quoique je sois bien loin de porter sur moi la moitié des doublons que j'avais en partant. Par la messe ! les aubergistes m'ont pris pour un grand seigneur, si j'en juge à la manière dont ils m'ont écorché.

— Donnez de l'or à cet homme, don Alonzo ; il est du nombre de ceux qui aiment à recevoir leur récompense avant de parler.

Sancho compta tranquillement les pièces d'or qu'on lui mit

dans la main, et le nombre surpassant ses espérances, il n'eut plus aucun motif pour se taire.

— Parle donc, drôle ! s'écria le roi. Tu te joues de ceux à qui tu dois le respect et l'obéissance.

La voix vibrante de Ferdinand fit plus d'effet sur les oreilles de Sancho que la douce voix d'Isabelle, quoique la beauté et la grâce de la reine eussent produit une vive impression sur son naturel grossier.

— Si Votre Altesse veut condescendre à me faire connaître ce qu'elle désire savoir, je parlerai avec plaisir.

— Où est Colomb ? demanda la reine.

— Il était dernièrement à Lisbonne, Señora, quoique je pense qu'il est maintenant à Palos de Moguer ou dans le voisinage.

— Où a-t-il été ?

— A Cipango et dans les domaines du Grand-Khan, à quarante journées de Gomère, pays d'une beauté et d'une excellence merveilleuses.

— Tu ne peux, tu n'oserais te jouer de moi. Devons-nous ajouter foi à tes paroles ?

— Si Votre Altesse connaissait Sancho Mundo, elle n'aurait pas un pareil doute. Je vous dis, Señora, et à tous ces nobles cavaliers, ainsi qu'à ces dames, que don Christophe Colomb a découvert l'autre côté de la terre : nous savons maintenant qu'elle est ronde, puisque nous en avons fait le tour. L'amiral a découvert aussi que l'étoile polaire voyage dans les cieux, comme une commère qui va répandre ses nouvelles ; et il a pris possession d'îles aussi grandes que l'Espagne, où l'or croît dans la terre, et où la sainte Eglise peut s'occuper à faire des chrétiens jusqu'à la consommation des siècles.

— La lettre, — Sancho, — donne-moi la lettre ! — Colomb ne t'aurait pas envoyé avec un message verbal seulement.

Sancho déroula plusieurs enveloppes d'étoffe et de papier avant d'arriver à la missive de Colomb ; puis, sans quitter sa position, car il était toujours à genoux, il la présenta de loin à la reine, lui donnant la peine de s'avancer de plusieurs pas pour la recevoir. Ces nouvelles étaient si inattendues et si extraordinaires, la scène elle-même était si étrange, que chacun garda le silence et l'immobilité, laissant Isabelle agir seule comme elle avait parlé seule jusqu'alors. Sancho s'étant ainsi acquitté avec succès d'une tâche qui lui avait été confiée expressément à cause de son caractère et de sa tournure, qui semblait devoir être une sauvegarde contre une arrestation ou un vol, s'assit tranquillement sur ses talons, car on lui avait recommandé de ne point se lever avant d'en avoir reçu l'ordre; et tirant de sa poche l'or qu'il avait reçu, il se mit à le compter de nouveau. La reine absorbait à un tel point l'attention de l'assemblée, que personne ne s'occupa plus du marin.

La reine ouvrit la lettre, et ses regards la dévorèrent en la parcourant. Cette lettre était longue, suivant l'habitude de Colomb, et il fallait un certain laps de temps pour la lire. Cependant personne ne fit aucun mouvement; chaque regard était fixé sur le visage expressif d'Isabelle, où se peignait tour à tour l'expression animée du plaisir et de la surprise, d'une joie plus grande encore, d'un étonnement plus profond, et enfin un saint ravissement. Lorsqu'elle eut terminé sa lecture, Isabelle leva les yeux au ciel, joignit ses mains avec énergie, et s'écria :

— Non pas à nous, ô Seigneur, mais à toi, tout l'honneur de cette merveilleuse découverte, tous les avantages de cette grande preuve de ta bonté et de ton pouvoir. — Et, se laissant tomber sur un siége, elle fondit en larmes.

A ce geste, à ces paroles de sa royale compagne, Ferdinand fit entendre une légère exclamation; lui tirant ensuite doucement la lettre de la main, il se mit à la lire avec une grande attention et beaucoup de soin. Le prudent roi d'Aragon avait rarement été aussi affecté, du moins en apparence, qu'il le fut en cette occasion. L'expression première de son visage fut celle de la surprise; l'empressement, pour ne pas dire l'avidité, vint s'y peindre ensuite; et lorsqu'il en eut terminé la lecture, sa physionomie grave était épanouie par un transport de joie.

— Luis de Saint-Angel, s'écria-t-il, et vous Alonzo de Quintanilla, ces nouvelles doivent aussi vous être agréables. Et vous-même, saint prélat, vous vous réjouirez de ces glorieuses acquisitions pour l'Eglise, quoique jusqu'ici le Génois ne fût pas votre favori. Nos espérances sont de beaucoup dépassées, Colomb a bien réellement découvert les Indes, augmentant ainsi nos domaines et notre pouvoir de la manière la plus étonnante.

Il n'était pas ordinaire de voir don Ferdinand si animé, et il semblait convaincu lui-même qu'il se donnait étrangement en spectacle, car il s'avança aussitôt vers la reine, et, lui prenant la main, la conduisit dans son cabinet. En quittant le salon, il fit signe aux trois gentilshommes qu'ils pouvaient le suivre dans cette espèce de conseil. Cette résolution subite, le roi la prit plutôt par suite de sa prudence habituelle que par aucun motif déterminé; si son esprit était troublé d'une manière inaccoutumée, la prudence formait la base de sa religion comme de sa politique.

Lorsque les souverains et leurs trois courtisans eurent disparu, il ne resta plus que les princesses, la marquise de Moya et Mercédès. Les filles du roi se retirèrent bientôt après dans leurs appartements; ainsi notre héroïne, sa tutrice et Sancho se trouvèrent seuls dans le salon, le dernier toujours à genoux et ayant à peine fait attention à ce qui s'était passé, tant il était occupé de sa propre situation et de ses sujets particuliers de satisfaction.

— Tu peux te lever, l'ami, dit doña Béatrix. Leurs Altesses ne sont plus ici.

A cette nouvelle, Sancho quitta son humble posture, brossa ses genoux avec sa manche, et regarda autour de lui avec le même calme qu'il montrait habituellement sur mer lorsqu'il étudiait les cieux.

— D'après la manière dont tu viens de parler, et puisque l'amiral t'a envoyé ici en courrier, tu faisais partie de l'équipage de Colomb, l'ami?

— Vous pouvez le croire, Señora, Votre Excellence, car j'ai passé presque tout mon temps au gouvernail, qui n'était pas éloigné de la place que don Christophe et le señor de Muños aimaient tant; car ils ne la quittaient presque jamais, excepté pour dormir, et pas toujours encore.

— Aviez-vous un señor de Muños sur votre bâtiment? reprit la marquise, faisant signe à sa pupille de contenir ses sentiments.

— Oui! nous en avions un, Señora, et un señor Gutierrez, et un certain don quelque autre; et tous les trois n'occupaient pas plus de place qu'un matelot. Mais je vous prie, honorable et agréable Señora, y a-t-il une doña Béatrix de Cabréra, marquise de Moya, dame de l'illustre maison de Bobadilla, quelque part dans la cour de notre gracieuse souveraine.

— C'est moi, et tu as un message pour moi de la part de ce señor de Muños dont tu parlais tout à l'heure.

— Je ne m'étonne plus qu'il y ait de grands seigneurs avec leurs belles dames, et de pauvres matelots avec des femmes que personne ne leur envie! Je puis à peine ouvrir la bouche, que ce que je m'apprête à dire est déjà deviné ; c'est le savoir qui rend les uns grands et les autres petits ! Par la messe ! don Christophe lui-même aura besoin de tout son esprit s'il arrive jusqu'à Barcelone !

— Parle-nous de ce Pédro de Muños, car ton message est pour moi.

— Alors, Señora, je vous parlerai de votre brave neveu, le comte de Llera, qui est encore connu sur la caravelle sous deux autres noms, dont l'un est supposé faux, tandis que c'est l'autre qui est le plus trompeur.

— On sait donc ce que mon neveu est réellement? Beaucoup de personnes sont-elles dans ce secret ?

— Certainement, Señora. Il est d'abord connu de lui-même, secondement de don Christophe, troisièmement de moi, quatrièmement de Martin Alonzo Pinzon, s'il existe encore en chair et en os, ce qui ne me paraît pas probable. Il est en outre connu de Votre Seigneurie, et cette belle señorita doit avoir quelque soupçons de l'affaire.

— Suffit ! je vois que le secret n'est pas public, quoique je ne puisse expliquer comment il est parvenu jusqu'à un homme de ta classe. Parle-moi de mon neveu. A-t-il aussi écrit ? En ce cas, donne-moi sa lettre, que je la lise.

— Señora, mon départ a pris don Luis par surprise, et il n'a pas eu le temps d'écrire. L'amiral a confié aux soins du comte les princes et les princesses que nous avons ramenés d'Española, et il a bien autre chose à faire que de barbouiller des lettres ; sans cela il eût écrit des feuilles entières à une tante aussi respectable que vous l'êtes.

— Des princes et des princesses ! Que voulez-vous dire, l'ami, avec vos termes si relevés ?

— Seulement que nous avons ramené plusieurs de ces grands personnages en Espagne pour offrir leurs respects à Leurs Altesses. Nous n'avons aucun rapport avec le fretin, Señora, mais avec les plus hauts princes et les plus belles princesses de l'est.

— Et prétends-tu réellement que des personnes de ce rang sont venues avec l'amiral ?

— Sans aucun doute, Señora. Une d'elles est d'une beauté si rare, que les plus belles dames de la Castille feront bien de ne pas la regarder, dans la crainte de mourir de dépit ; c'est une amie particulière et favorite de don Luis.

— De qui parles-tu? demanda doña Béatrix d'une voix hautaine, qui indiquait qu'elle exigeait une prompte réponse. Quel est le nom de cette princesse, et d'où vient-elle?

— Votre Excellence, son nom est doña Ozéma, de Haïti; don Mattinao, son frère, est cacique ou roi d'une partie de ce pays, et la señora Ozéma est son héritière ou sa plus proche parente. Don Luis et votre humble serviteur ont été rendre visite à cette cour.

— Ce conte est tout à fait improbable, mon garçon! Est-ce un homme comme toi que don Luis eût choisi pour compagnon dans une semblable occasion.

— Pensez-en ce qu'il vous plaira, Señora, mais cela est aussi vrai que cette cour est celle de don Ferdinand et de doña Isabelle. Il faut que vous sachiez, illustre marquise, que le jeune comte a quelque penchant à courir le monde avec nous autres matelots. Or il arriva, dans une occasion, qu'un certain Sancho Mundo fut d'un de ses voyages, et voilà comme nous fîmes connaissance. Je gardai le secret du noble señor, et il devint l'ami de Sancho. Lorsque don Luis alla rendre visite à don Mattinao, le cacique, mot qui signifie Votre Altesse dans la langue de l'est, il fallut que Sancho allât avec lui, et Sancho obéit. Lorsque le roi Caonabo descendit des montagnes pour enlever la princesse doña Ozéma et en faire sa femme, ce que la princesse ne voulait pas du tout, il ne restait rien à faire au comte de Llera et à son ami Sancho de la Porte du Chantier, que de combattre toute une armée pour la défendre, ce qu'ils firent, et ils remportèrent une aussi grande victoire que jamais don Ferdinand, notre souverain-maître, en ait remporté sur les Maures.

— Et vous enlevâtes vous-même la princesse, à ce qu'il paraît! L'ami Sancho de la Porte du Chantier, si c'est là ton titre, ce conte est ingénieux, mais il manque de vraisemblance. Si je voulais te rendre justice, honnête Sancho, je te ferais donner les étrivières, comme tu le mérites si bien, pour te récompenser de tes plaisanteries.

— Cet homme parle comme il a été chargé de parler, observa Mercédès d'une voix basse et mal assurée; je crains, Señora, qu'il n'y ait beaucoup de vérité dans son récit!

— Vous ne devez rien craindre, belle Señorita, répondit Sancho, peu ému des menaces de la marquise, puisque la bataille a été livrée, la victoire remportée, et que les deux héros en sont sortis les braies nettes. Cette illustre señora à laquelle je puis tout pardonner, comme à la tante du meilleur ami que j'aie sur la terre, — tout ce qui se passera en paroles, du moins, — se rappellera que les Haïtiens ne connaissent pas les arquebuses, par le secours desquelles nous avons défait Caonabo, et que Luis a rompu plus d'une colonne de Maures avec le seul secours de sa bonne lance.

— Cela est possible, répondit doña Béatrix, mais il était en selle, couvert d'une cuirasse d'acier, et il avait en main une arme qui avait déjà renversé Alonzo de Ojeda lui-même !

— As-tu réellement amené avec toi la princesse dont tu parles, demanda vivement Mercédès.

— Je vous le jure, Señora et Señorita, illustres dames toutes les deux ; je vous le jure par la sainte messe et par tous les saints du calendrier ! une princesse qui surpasse en beauté les filles de notre reine elles-mêmes, si ce sont celles qui viennent de quitter, à l'instant cette chambre, comme je le suppose.

— Hors d'ici, drôle, s'écria Béatrix indignée. Je ne veux pas en entendre davantage, et j'ai lieu de m'étonner que mon neveu emploie une langue aussi insolente que la tienne pour aucun de ses messages. Sors d'ici, et sache à être discret au moins jusqu'à demain, ou la faveur de ton amiral lui-même ne garantirait pas tes os. — Mercédès, allons prendre du repos ; l'heure est bien avancée.

Sancho resta seul pendant quelques minutes, au bout desquelles un page parut pour lui indiquer le lieu où il devait passer la nuit. Le vieux marin murmura un peu en lui-même contre l'esprit revêche de la tante de don Luis, et compta de nouveau son or : il allait se mettre au lit, lorsque le même page revint pour l'appeler à une nouvelle entrevue. Sancho, qui faisait peu de distinction entre le jour et la nuit, n'eut point d'objection à faire, surtout lorsqu'il fut instruit que sa présence était demandée par la jeune señorita, dont la voix douce et tremblante l'avait tant intéressé pendant la dernière entrevue. Mercédès reçut le rude matelot dans un petit salon de son appartement, après avoir souhaité le bonsoir à sa tutrice. Son visage était animé, ses yeux brillaient d'un éclat inaccoutumé ; en un mot, au moment où Sancho se présenta devant elle, toute la contenance de la jolie Castillane eût révélé à un juge plus éclairé, à un homme qui aurait su lire dans le cœur des femmes, l'anxiété profonde où elle plongée.

— Tu as fait un long et fatigant voyage, Sancho, dit notre héroïne lorsqu'elle fut seule avec le marin, et je te prie d'accepter cet or comme une faible preuve de l'intérêt avec lequel j'ai appris les grandes nouvelles dont tu es porteur.

— Señorita! s'écria Sancho en affectant une grande indifférence pour les doublons qui tombaient dans sa main, j'espère que vous ne me croyez pas une âme mercenaire? L'honneur d'être le messager de don Christophe et celui d'être admis à converser avec d'aussi illustres dames, est la plus grande récompense de mes services.

— Mais l'argent peut t'être utile pour tes besoins particuliers, et tu ne refuseras pas ce que t'offre une dame.

— Oh! de cette manière je l'accepterais, doña señorita, quand il y en aurait deux fois autant. — Et Sancho, avec une résignation convenable, plaça cet argent à côté de celui qu'il avait déjà reçu par ordre de la reine.

Mercédès se trouvait dans la situation pénible de ceux qui ont trop présumé de leurs forces, et au moment où elle avait en son pouvoir les moyens de satisfaire ses doutes, elle hésitait à en faire usage.

— Sancho, dit-elle enfin, tu as fait avec le señor Colomb ce grand et extraordinaire voyage, et tu as appris bien des choses que des gens qui, comme nous, n'ont jamais quitté l'Espagne, doivent être curieux d'entendre. Tout ce que tu as dit de ces princes et princesses est-il vrai?

— Aussi vrai, Señorita, que cela est nécessaire pour une histoire. Par la messe! tous ceux qui ont assisté à une bataille ou qui ont été témoins de quelque grande aventure, et qui plus tard ont occasion d'en lire le récit, apprennent bientôt à comprendre la différence entre la chose elle-même et le parti qu'on en a tiré. Maintenant, comme j'étais.....

— Laissons de côté les nouvelles aventures, bon Sancho; parle-moi toujours de la même. Y a-t-il réellement un prince Mattinao et une princesse Ozéma, sa sœur, et ont-ils tous deux accompagné l'amiral en Espagne?

— Je n'ai pas dit cela, belle Señorita, — don Mattinao est resté dans son pays pour gouverner son peuple. C'est seulement sa charmante sœur qui a suivi l'amiral et don Luis à Palos.

— Suivi! L'amiral et le comte de Llera ont-ils donc tant d'influence sur des princesses royales, qu'ils puissent les engager à quitter leur pays natal et à *les suivre* sur une terre étrangère !

— Oh ! Señorita, cela peut vous paraître contraire aux habitudes de la Castille, du Portugal, et même de la France. Mais Haïti n'est pas encore un pays chrétien, et là une princesse peut n'être pas plus qu'une dame noble en Castille, et peut-être beaucoup moins, si l'on en juge par sa garde-robe. Cependant une princesse est une princesse, et une belle princesse est toujours une belle princesse. Doña Ozéma est donc une merveilleuse créature, et elle commence déjà à babiller votre pur castillan, comme si elle avait été élevée à Tolède ou à Burgos. Mais don Luis est un maître bien encourageant, et il n'y a aucun doute qu'il ne lui eût fait faire de grands progrès pendant le temps qu'il a vécu dans son palais, pour ainsi dire seul avec elle, si ce diable incarné de Caonabo ne fût venu avec toute son armée pour enlever la dame.

— Et cette dame est-elle une princesse chrétienne, Sancho ?

— Que le ciel bénisse votre âme innocente et pure, doña señorita ! de ce côté-là elle n'a guère de quoi se vanter. Cependant elle a déjà en quelque sorte commencé, car je vois que maintenant elle porte une croix, une croix de très-petite dimension à la vérité, mais de métal précieux, comme cela devait être, puisque c'est un présent d'un riche seigneur qui n'est ni plus ni moins que le comte de Llera.

— Une croix, dis-tu, Sancho ? interrompit Mercédès respirant à peine, mais assez maîtresse de son émotion pour la dérober aux yeux du vieux marin. Don Luis a-t-il déjà réussi à lui faire accepter une croix ?

— Oui, Señorita, une croix enrichie de pierres précieuses, et qu'auparavant il portait lui-même à son cou.

— Connais-tu les pierres ? Sont-ce des turquoises enchâssées dans l'or le plus pur ?

— Quant à l'or je puis en répondre, quoique ma science n'aille pas assez loin pour connaître les pierres précieuses. Mais le ciel d'Haïti n'est pas plus bleu que les pierres de cette croix. Doña Ozéma l'appelle Mercédès, d'où je comprends qu'elle espère que les miséricordes de la rédemption viendront éclairer son âme.

— Et cette croix a-t-elle été assez peu respectée pour devenir un sujet de conversation, même parmi les gens de ta classe ?

— Ecoutez, Señorita ; à bord d'une caravelle, sur une mer houleuse, on fait plus de cas d'un homme comme moi qu'on ne paraît le faire ici, à Barcelone, sur la terre ferme. Nous avons été à Cipango pour élever des croix et faire des chrétiens; ainsi nous sommes toujours dans notre rôle. Quant à doña Ozéma, elle a plus de considération pour moi que pour beaucoup d'autres; car j'ai contribué à l'arracher des mains de Caonabo. Ainsi elle m'a montré la croix le jour où nous avons jeté l'ancre dans le Tage, au moment même où l'amiral me donna ordre d'apporter cette lettre à Leurs Altesses. En cet instant elle baisait cette croix, la pressait sur son cœur, et disait que c'était Mercédès.

— Ceci est bien étrange, Sancho! Cette princesse a-t-elle une suite convenable à son rang et à sa dignité?

— Vous oubliez, Señorita, que *la Niña* n'est qu'un petit bâtiment, comme son nom l'indique, et qu'il n'y aurait à bord d'un tel bâtiment aucune place pour une suite de dames et de seigneurs : don Christophe et don Luis sont assez honorables pour remplacer tout cela auprès de toutes les princesses du monde. Quant au reste, doña Ozéma attendra que notre gracieuse souveraine lui compose une maison convenable à son rang. Et puis ces dames d'Haïti sont plus simples que nos dames nobles d'Espagne, la plupart d'entre elles pensant que les vêtements ne sont pas d'une grande nécessité dans un climat si doux.

Mercédès parut offensée et incrédule, mais sa curiosité et son intérêt étaient excités à un tel point, qu'elle n'eut pas le courage de congédier le marin sans lui faire de nouvelles questions.

— Et don Luis de Bobadilla était toujours avec l'amiral, dit-elle, toujours prêt à le soutenir, et le premier dans tous les dangers?

— Señorita, vous faites le portrait du comte comme si vous aviez été près de lui depuis le premier jour jusqu'au dernier. Si vous l'aviez vu frapper d'estoc et de taille sur les gens de Caonabo, et les tenant tous en respect tandis que doña Ozéma était près de lui derrière les rochers, cela eût tiré des larmes d'admiration de vos beaux yeux.

— Doña Ozéma près de lui! — derrière les rochers! — les assaillants tenus en respect!

— Oui, Señora, vous répétez comme un livre; c'est comme vous le dites, quoique doña Ozéma ne se contentât pas de se tenir derrière les rochers, car lorsque les flèches tombèrent comme une grêle, elle se précipita devant le comte, forçant les ennemis à se retirer, car ils ne voulaient pas tuer celle dont ils cherchaient à s'emparer. De cette manière, elle sauva la vie de son chevalier.

— Sauva sa vie ! — la vie de Luis ! — de don Luis de Bobadilla ! — une princesse indienne !

— Juste comme vous le dites, et la plus noble fille : pardon de parler si légèrement d'une personne de son rang. Bien des fois, depuis ce jour, le jeune comte m'a dit que les flèches arrivaient si serrées, que, sans cette courageuse résolution de doña Ozéma, son honneur aurait été terni par une retraite, ou sa vie sacrifiée. C'est une rare créature, Señorita, et vous l'aimerez comme une sœur lorsque vous l'aurez vue et que vous la connaîtrez.

— Sancho, dit notre héroïne en rougissant, tu as dit que le comte de Llera t'avait ordonné de parler de lui à sa tante ; n'a-t-il pas parlé d'une autre personne ?

— Non, Señorita.

— En es-tu bien certain, Sancho ? — Réfléchis bien. Ne t'a-t-il cité aucun autre nom ?

— Non, je puis le jurer. Il est vrai que lui, ou le vieux Diégo, le timonier, m'a parlé d'une Clara qui tient une hôtellerie ici à Barcelone, et qui est fameuse pour son vin ; mais je pense que ce doit être plutôt Diégo que le comte ; car le premier s'occupe beaucoup de pareilles choses, et l'autre ne peut rien savoir de Clara.

— Tu peux te retirer, Sancho, dit Mercédès d'une voix faible. Nous t'en dirons davantage demain matin.

Sancho ne fut pas fâché d'être congédié, et il retourna gaiement à son lit, ne se doutant guère du mal qu'il avait causé par ce mélange de vérité et d'exagération qui caractérise son récit.

CHAPITRE XXVII.

> Mac-Homère, conduit à de profondes recherches par les papiers d'état de Buffon, peut aussi, en vers ou en prose, imaginer une théorie gallo-celtique pour prouver que les ancêtres des orang-outangs furent des Ecossais qui s'étaient enfuis de leurs montagnes.
>
> Lord John Townshend.

La nouvelle du retour de Colomb et de ses importantes découvertes se répandit dans toute l'Europe avec la rapidité de l'éclair ; bientôt elle fut considérée comme le plus grand événement de ce siècle. Pendant plusieurs années, et jusqu'à la découverte de l'océan Pacifique par Balboa, on crut que l'amiral était arrivé aux Indes par l'ouest, et par conséquent que le problème de la forme de la terre était résolu en fait. Les événements du voyage, les merveilles dont il avait été accompagné, la fertilité du sol, la douceur du climat ; les richesses de ces contrées en or, en épices et en perles ; enfin, les choses curieuses que l'amiral en avait rapportées, comme autant de preuves de sa complète réussite, étaient le sujet de toutes les conversations, et amenaient des discussions dont on ne se lassait jamais. Les Maures venaient d'être chassés de la Péninsule après plusieurs siècles d'une lutte acharnée ; mais cet événement désiré avec tant d'ardeur était complètement éclipsé par l'éclat soudain de la découverte d'un monde occidental. En un mot, les âmes pieuses se représentaient avec joie une nouvelle propagation de l'Evangile ; — les avares voyaient en imagination d'innombrables monceaux d'or ; — les politiques calculaient l'accroissement du pouvoir de l'Espagne ; — les savants étaient dans l'extase du plaisir, en voyant le triomphe de l'esprit humain sur les préjugés et l'ignorance, triomphe qui devait le conduire à des connaissances plus étendues encore ; — enfin, quoique rongés d'envie, les ennemis de l'Espagne étaient émerveillés et saisis de respect.

Les premiers jours qui suivirent l'arrivée du courrier de Colomb, furent animés par la joie et la curiosité. Les réponses adressées à l'amiral renfermaient les plus vives instances de venir à la cour sans aucun délai, en même temps que la magnifique promesse des plus grands honneurs. Son nom était dans toutes les bouches, sa gloire remplissait le cœur de tous les vrais Espagnols. Des ordres furent donnés pour les préparatifs d'un nouveau voyage, car l'on ne s'occupait plus que de découvertes, celle qui venait d'être faite devant nécessairement en amener d'autres. Un mois se passa ainsi, et enfin l'amiral arriva à Barcelone, accompagné de la plupart des Indiens qu'il avait ramenés avec lui. Les plus grand honneurs lui furent rendus. Les souverains le reçurent, assis sur leur trône, en audience publique, se levèrent quand il s'approcha, et insistèrent pour qu'il s'assît en leur présence, distinction qui ne s'accordait ordinairement qu'aux princes du sang. L'amiral raconta alors l'histoire de son voyage, montra les curiosités qu'il avait rapportées, et appuya sur les grandes espérances qu'offrait l'avenir. Quand il eut terminé sa relation, tout le monde se mit à genoux, les choristes ordinaires de la cour chantèrent le *Te Deum*, et Ferdinand lui-même, malgré son caractère impassible, versa des larmes de joie et de reconnaissance en voyant toute la magnificence de cet inattendu présent du ciel.

Colomb fut longtemps le but de tous les regards, et il ne cessa d'être entouré d'honneurs et de marques de considération que lorsqu'il quitta la cour pour prendre le commandement de la seconde expédition, comme on nomma alors ce voyage.

Quelques jours avant l'arrivée de l'amiral à la cour, don Luis de Bobadilla parut tout à coup à Barcelone. Dans un temps ordinaire, l'absence et le retour d'un jeune seigneur de son rang et de son caractère auraient fourni aux courtisans un sujet de conversation longtemps inépuisable; mais on n'était alors occupé que du grand voyage, ce qui le mit à l'abri des caquets. Cependant sa présence ne pouvait manquer d'être remarquée; on se disait à l'oreille, avec un sourire moqueur et en levant les épaules, qu'il était arrivé à bord d'une caravelle venant du Levant; et une des plaisanteries du jour les mieux accueillies était de dire à demi-voix que le jeune comte de Llera avait aussi fait un voyage à l'est. Tout cela n'inquiétait guère notre héros, et on le vit bientôt reprendre son genre de vie ordinaire lorsqu'il était à la cour. Le jour où Colomb fut reçu en audience publique, don Luis était présent, couvert de ses plus riches habits, et nul grand d'Espagne ne fît plus d'honneur à son nom et à son lignage, par la noblesse de sa tournure et par sa bonne mine, que le jeune comte de Llera. Pendant la cérémonie Isabelle le regarda en souriant; mais les observateurs attentifs à qui fut due cette remarque secouèrent la tête en voyant l'air de gravité extraordinaire de la favorite de la reine, dans une occasion si joyeuse, ce qu'ils attribuèrent aux goûts ignobles de son neveu. Personne, ce jour-là, ne regarda Luis avec plus de plaisir que Sancho, resté à Barcelone pour jouir des honneurs rendus à son chef, et à qui, en considération de ses services, on avait accordé une place parmi les courtisans. L'usage qu'il faisait de la nouvelle herbe nommée tabac ne causa pas peu de surprise, et quinze ou vingt personnes qui voulurent l'imiter n'y gagnèrent que des nausées. Un de ses exploits fut d'un genre si extraordinaire, et peint si bien l'engouement du jour, que nous le rapporterons en détail.

La cérémonie de la réception était terminée, et Sancho se retirait avec le reste de la foule, quand il fut accosté par un homme d'environ quarante ans, bien vêtu, et ayant des manières agréables, qui le pria d'honorer de sa présence un petit banquet, car on en avait préparé plusieurs pour Colomb et ses amis. Sancho, pour qui le plaisir de recevoir des marques de distinction était encore tout nouveau, ne se fit pas presser pour accepter, et il fut conduit dans un appartement du palais, où il trouva une vingtaine de jeunes seigneurs qui s'étaient réunis pour lui faire honneur; car heureux était à Barcelone celui qui ce jour-là pouvait faire accepter ses attentions au dernier des compagnons de Colomb. Dès qu'ils furent arrivés, les jeunes seigneurs se groupèrent autour d'eux, prodiguèrent à Sancho les marques de considération, et adressèrent en même temps une douzaine de questions à son introducteur qu'ils appelaient señor Pédro—señor Martir,—et quelquefois señor Pédro Martir. Il est inutile de dire que c'était l'historien connu de notre temps sous le nom de Pierre Martir, Italien aux soins duquel Isabelle avait confié l'instruction de la plupart des jeunes seigneurs de sa cour. C'était pour satisfaire leur curiosité que le banquet avait été préparé, et l'invitation avait été faite à Sancho d'après le principe que, lorsqu'on ne peut se procurer ce qu'il y a de mieux dans quelque genre que ce soit, il faut se contenter de la qualité inférieure.

— Félicitez-moi, Señores, dit Pierre Martir dès qu'il lui fut possible de parler, car mon succès a surpassé mes espérances. Le

Génois et ses principaux compagnons sont aujourd'hui entre les mains de tout ce qu'il y a de plus illustre à la cour; mais voici un digne pilote, qui occupait sans doute le second rang à bord d'une des caravelles, et qui a bien voulu nous faire l'honneur de partager notre repas. Mon invitation a obtenu la préférence sur une foule d'autres, mais je n'ai pas encore eu le temps de lui demander son nom; je vais donc le prier de nous le faire connaître.

Sancho ne manquait jamais de présence d'esprit, et avait trop de bon sens pour être jamais, de propos délibéré, grossier ou vulgaire, en un mot pour avoir des manières offensantes; toutefois mes lecteurs me dispenseront sans doute d'ajouter que le digne timonier n'était pas fait pour être académicien, et que ses connaissances philosophiques avaient fort peu de profondeur. Il prit un air de dignité convenable, et les mille questions auxquelles il avait eu à répondre depuis un mois lui ayant donné de l'expérience, il se disposa à faire honneur aux connaissances d'un homme qui avait été aux Indes.

— Señores, dit-il, on m'appelle Sancho Mundo, à votre service, — quelquefois Sancho de la Porte du Chantier, — mais je préférerais aujourd'hui qu'on m'appelât Sancho des Indes, à moins qu'il ne convînt à Son Excellence don Christophe de prendre ce surnom, auquel il a des droits un peu mieux fondés que les miens.

Plusieurs voix s'élevèrent pour protester que les droits qu'il y avait lui-même étaient du premier ordre, et l'on présenta ensuite à Sancho de la Porte du Chantier plusieurs jeunes gens des premières familles d'Espagne; car, quoique les Espagnols n'aient pas la même manie que les Américains pour ce genre de politesse, l'esprit du jour avait pris l'ascendant sur leur réserve habituelle. Après ce cérémonial, et quand les Mendozas, les Guzmans, les Cerdas et les Tolédos, qui étaient de la compagnie, eurent eu l'honneur de se faire connaître à un simple matelot, on se rendit dans la salle du banquet, où la table était servie de manière à faire honneur aux cuisiniers de Barcelone. Pendant le repas, la curiosité des jeunes gens l'emporta quelquefois sur leur savoir-vivre; mais leurs questions n'eurent aucune prise sur Sancho, tant il était absorbé par l'importance de l'affaire dont il s'occupait en ce moment, affaire qui lui inspirait une sorte de vénération religieuse. Se trouvant enfin pressé plus vivement que jamais, il plaça son couteau et sa fourchette sur son assiette, et dit d'un ton solennel :

— Señores, je regarde la nourriture comme un don que Dieu a fait à l'homme, et il me semble que c'est une irrévérence de tant parler, lorsque les aliments placés sur la table nous invitent à rendre hommage à notre grand pourvoyeur. Je sais que don Christophe pense de même, et tous ceux qui sont sous ses ordres imitent la conduite de leur chef chéri et respecté. Quand je serai prêt à converser, señores hidalgos, je vous répondrai tant qu'il vous plaira, et alors que Dieu prenne en pitié les esprits ignorants et bornés.

D'après cette admonition, il n'y avait plus rien à dire jusqu'à ce que l'appétit de Sancho fût satisfait; ce dont il donna avis lui-même par les paroles suivantes, après avoir reculé sa chaise à quelques pouces de la table :

— Je n'ai de prétentions qu'à fort peu de savoir, señor Pédro Martir; mais ce que j'ai vu, je l'ai vu, et ce qu'il sait, un marin le sait aussi bien qu'un docteur de Salamanque. Faites-moi donc vos questions, au nom du ciel, et je vous répondrai aussi bien que peut le faire un homme pauvre, mais honnête.

Le savant Pierre Martir était très-disposé à profiter de cette bonne volonté, car, en ce moment, on attachait beaucoup d'importance à se procurer des informations de première main, comme on disait. Il commença donc son interrogatoire d'une manière aussi simple et aussi directe qu'il y avait été invité :

— Eh bien ! Señor, nous désirons obtenir des connaissances par tous les moyens possibles. Dites-nous donc d'abord, s'il vous plaît, laquelle de toutes les merveilles que vous avez vues pendant votre voyage, a fait le plus d'impression sur votre esprit, et vous a frappé comme la plus digne de remarque ?

— Je n'ai rien vu qui puisse se comparer aux frasques de l'étoile polaire, répondit Sancho sans hésiter. Nous autres marins, nous avons toujours regardé cette étoile comme aussi immobile que la cathédrale de Séville ; mais, pendant ce voyage, on l'a vue changer de place avec autant d'inconstance que le vent.

— Cela est vraiment miraculeux, s'écria Pierre Martir, qui ne savait trop ce qu'il devait penser de cette nouvelle. N'y a-t-il pas là quelque méprise, señor Sancho ? Peut-être n'êtes-vous pas très-habitué à observer les astres ?

— Demandez-le à don Christophe, car nous avons raisonné

ensemble de cette affaire, quand ce *phernomème*, comme il l'appelait, fut observé pour la première fois; et nous en vînmes à conclure que rien dans ce monde n'est aussi stable qu'il le paraît. Soyez-en bien sûr, señor don Pédro, l'étoile polaire tourne comme une girouette.

— Je ferai quelques questions à ce sujet à l'illustre amiral. Mais après ces mouvements de l'étoile polaire, quel fait trouvez-vous le plus digne de remarque, señor Sancho? — Je parle du cours ordinaire des choses; nous laisserons la science pour y revenir dans une autre occasion.

C'était là une question trop grave pour y répondre légèrement; et, pendant que Sancho y réfléchissait, la porte s'ouvrit, et Luis de Bobadilla se présenta avec sa grâce ordinaire et en costume brillant. Une douzaine de voix prononcèrent son nom, et Pierre Martir se leva pour le recevoir d'un air cordial, mais qui semblait mêlé de reproche.

— Je vous ai demandé l'honneur de cette visite, señor comte, quoiqu'il y ait quelque temps que vous n'avez pris mes leçons et mes conseils, parce que j'ai pensé qu'un jeune homme qui aime les voyages autant que vous les aimez, trouverait de l'utilité et de la satisfaction à apprendre les merveilles d'une expédition aussi glorieuse que celle de Colomb. Ce digne marin, ce pilote, en qui l'amiral a sans doute beaucoup de confiance, a bien voulu accepter une invitation à notre simple repas, et il est sur le point de nous faire part d'un grand nombre de faits et d'incidents intéressants qui ont eu lieu pendant ce grand voyage. — Señor Sancho Mundo, vous voyez don Luis de Bobadilla, comte de Llera, grand d'Espagne d'un haut lignage, et qui n'est pas inconnu sur les mers, car il y a fait plusieurs voyages.

— Il est inutile de me le dire, señor Pédro, répondit Sancho en rendant avec un respect un peu gauche le salut plein de grâce que lui adressait don Luis; je le vois d'un coup d'œil. Son Excellence a été dans l'Orient aussi bien que don Christophe et moi; mais nous y avons été par des chemins différents, et aucun de nous n'est parvenu jusqu'au Cathay. Votre connaissance est un honneur pour moi, don Luis, et j'ose dire que le noble amiral mettra les voyages sur mer plus à la mode qu'ils ne l'ont été depuis bien des années. Si vous voyagez dans les environs de Moguer, j'espère que vous ne passerez pas devant la porte de Sancho Mundo sans vous informer s'il est chez lui.

— Je vous le promets de tout mon cœur, quand il me faudrait aller jusqu'à la porte du chantier, répondit Luis en riant. Et s'étant assis, il ajouta : — Que je n'interrompe pas davantage votre conversation, señor Pédro ; il m'a paru qu'elle était intéressante au moment où je suis entré.

— J'ai réfléchi à la question que vous m'avez faite, señor Pédro, dit alors Sancho ; et le fait qui me paraît le plus curieux, après les frasques de l'étoile polaire, c'est qu'il n'y ait pas de doublons à Cipango. L'or n'y manque pourtant pas, et il me semble singulier qu'un peuple possède de l'or sans songer combien il serait commode d'en faire des doublons, ou quelque autre monnaie du même genre.

Pierre Martir et ses jeunes disciples rirent beaucoup de cette saillie, et l'on passa à un autre sujet.

— Laissons cette question, qui appartient à la politique des États plutôt qu'à la classe des phénomènes naturels, dit Pierre Martir.—Quelle chose vous a frappé comme la plus remarquable en ce qui concerne la nature humaine?

— A cet égard, señor, je crois que l'île des Femmes peut être citée comme le plus extraordinaire de tous les *phernomèmes* que nous ayons vus. J'ai vu des femmes se renfermer dans des couvents, et des hommes aussi ; mais je n'avais jamais entendu dire, avant notre voyage, que les uns ou les autres se renfermassent dans des îles.

— Cela est-il bien vrai, Señor? s'écrièrent une douzaine de voix ; avez-vous réellement vu une pareille île?

— Je l'ai vue à quelque distance, Señores, et j'ai regardé comme un bonheur pour moi de ne pas m'en être approché davantage ; car je pense que c'est assez des commères de Moguer, sans encore y ajouter une île qui en soit remplie. — Ensuite il y a le pain qui pousse comme une racine. — Que pensez-vous de cela, señor don Luis? — N'est-ce pas un mets curieux à goûter ?

— Vous m'adressez une question à laquelle vous devez répondre vous-même, señor Sancho. Que puis-je savoir des merveilles de Cipango, puisque Candie est à un côté opposé de la terre ?

— Vous avez raison, illustre comte, et je vous demande humblement pardon. Le devoir de celui qui a vu est de raconter, aussi bien que le devoir de celui qui n'a pas vu est de croire ; j'espère que chacun ici fera le sien.

— Ces sauvages mangent-ils de la viande aussi remarquable que leur pain? demanda un Cerda.

— Sans doute, noble Señor, car ils se mangent les uns les autres. Il est vrai que ni don Christophe ni moi nous n'avons jamais été invités à un festin semblable ; car je suppose qu'ils étaient bien convaincus qu'une telle chair ne nous conviendrait pas. Mais nous avons eu beaucoup d'informations sur ce sujet, et d'après les calculs les plus exacts que j'aie pu faire, je pense que la consommation en hommes dans l'île de Bohio doit être à peu près égale à celle que l'on fait en bœufs dans notre pays.

Vingt exclamations de dégoût s'élevèrent à ces paroles, et Pierre Martir secoua la tête en homme qui doutait de la vérité de cette histoire. Mais comme il ne s'était pas attendu à trouver un philosophe ou un savant dans un homme du rang de Sancho, il n'en continua pas moins la conversation.

— Connaissez-vous quelque chose relativement aux oiseaux rares que l'amiral a présentés aujourd'hui à Leurs Altesses?

— Oui sans doute, et surtout les perroquets. Ce sont des oiseaux très-sensés, et je ne doute pas qu'ils ne pussent répondre d'une manière satisfaisante à quelques unes des questions que bien des gens me font ici, à Barcelone.

— Je vois que vous êtes un plaisant, señor Sancho, et j'aime vos plaisanteries, dit le savant en souriant. Laissez-vous aller au cours de votre imagination, et du moins amusez-nous, — si vous ne nous instruisez pas.

— San Pédro sait que je ferais tout au monde pour vous obliger, Señor ; mais je suis né avec un tel amour de la vérité dans le cœur, que je ne sais pas enjoliver une histoire. Ce que je vois, je le crois ; et ayant été dans les Indes, je ne pouvais fermer les yeux devant toutes leurs merveilles. Par exemple, nous avons traversé une mer d'herbes, miracle qu'on ne voit pas tous les jours, car je ne doute nullement que tous les diables n'eussent travaillé à les empiler pour nous empêcher de porter la croix aux pauvres païens qui demeurent de l'autre côté de l'eau. Si nous avons traversé cette mer, nous le devons à nos prières plus qu'à nos voiles.

Les jeunes gens regardèrent Pierre Martir, pour voir ce qu'il pensait de cette théorie ; mais le savant, s'il avait une teinte de la superstition de son siècle, n'était pourtant pas disposé à croire tout ce qu'il plairait à Sancho d'affirmer, quoiqu'il vînt de faire un voyage aux Indes.

— Puisque vous montrez tant de curiosité, Señores, relativement au voyage de Colomb, maintenant amiral des Indes, suivant le brevet que lui ont accordé Leurs Altesses, je vous satisferai en partie, en vous racontant tout ce que je sais, dit don Luis avec un ton calme et de dignité. Vous savez que je voyais souvent don Christophe avant son départ, et que même j'ai tant soit peu contribué à le ramener à Santa-Fé, quand on l'en croyait parti pour toujours. Notre intimité s'est renouvelée depuis l'arrivée du grand navigateur génois à Barcelone, et nous avons passé bien des heures tête à tête, discourant sur tous les événements de son voyage. Je suis prêt à vous faire part de tout ce que j'ai appris ainsi, si vous êtes disposés à m'écouter.

Toute la compagnie lui ayant témoigné son empressement de l'entendre, il commença une relation du voyage, et en détailla à ses auditeurs les circonstances les plus capables de les intéresser. Il les conduisit d'île en île, en indiquant leurs productions, réelles ou imaginaires. Une grande partie de son récit, qui dura pendant une heure, avait pour base des méprises causées parce que ni l'amiral ni lui ne comprenaient bien les signes et le langage des Indiens; mais il s'exprimait avec clarté, en termes élégants, sinon éloquents, et avec un air de vérité qui produisit le plus grand effet. En un mot, notre héros fit passer le résultat de ses propres observations pour la relation de l'amiral, et plus d'une fois ses descriptions pleines de vivacité et de fraîcheur furent interrompues par des exclamations d'admiration et de plaisir. Sancho lui-même l'écouta avec une satisfaction évidente, et quand Luis eut cessé de parler, il se leva en s'écriant :

— Et vous pouvez croire tout cela, Señores, comme paroles d'évangile. Le noble Señor eût-il vu lui-même tout ce qu'il vient de vous décrire, il n'aurait pu y mettre plus de vérité. Je me regarde comme très-heureux de l'avoir entendu raconter cette histoire du voyage, car ce sera désormais la mienne, mot pour mot; et puisse mon saint patron m'oublier, si je raconte autre chose aux commères de Moguer quand je serai de retour dans cette bienheureuse ville où j'ai passé mon enfance !

Un des effets de la relation de Luis fut de diminuer l'importance de Sancho. Pierre Martir déclara que la manière dont ce jeune seigneur avait rendu compte du voyage, aurait fait honneur à un savant qui eût été de l'expédition. On adressa quelques questions au vieux marin, pour voir s'il confirmerait tous les détails qu'on venait d'entendre, et l'on ne tira de lui que des protestations énergiques qui en attestèrent l'exactitude.

On peut à peine se figurer quelle réputation valut au comte de Llera cette petite supercherie. Etre en état de répéter avec tant de précision et en produisant tant d'effet, un récit qu'on supposait être sorti de la propre bouche de Colomb, c'était un véritable titre de gloire. Pierre Martir, qui jouissait d'une réputation d'éloquence justement acquise, faisait en tous lieux les plus grands éloges de notre héros, et ses jeunes élèves suivaient son exemple avec toute l'ardeur imitatrice de la jeunesse. Telle était la puissance de la renommée acquise par le Génois, qu'elle se reflétait en partie sur quiconque passait pour avoir sa confiance; et le fait que l'amiral avait jugé le comte de Llera digne d'être le dépositaire de ses sentiments, de ses opinions et, de tous les incidents de son voyage, faisait oublier mille folies réelles ou supposées de ce jeune seigneur. D'une autre part, comme on voyait souvent don Luis dans la compagnie de l'amiral, le monde était disposé à lui accorder des qualités dont, par suite de circonstances inexplicables, on ne s'était pas encore aperçu. Ce fut ainsi que Luis de Bobadilla retira quelque avantage aux yeux du public de la courageuse fermeté avec laquelle il s'était associé à cette grande entreprise, quoique rien n'eût égalé sa gloire s'il avait avoué hautement la part qu'il y avait prise. Jusqu'à quel point et de quelle manière cet avantage le servit auprès de Mercédès, c'est ce qu'on verra dans les pages suivantes.

CHAPITRE XXVIII.

> Chaque regard, chaque mouvement éveillait en elle une nouvelle grâce qui jetait sur ses formes une gloire passagère. Une grâce encore plus aimable en prenait bientôt la place, et elle était chassée à son tour par un charme encore plus séduisant.
>
> *Mason.*

Le jour de la réception publique de Colomb à la cour avait été une journée de sentiments tumultueux, et d'une joie sincère pour l'âme pure et ingénue de la reine de Castille. Elle avait été le mobile de cette entreprise, en ce qui concernait les moyens d'exécution, et jamais souveraine ne fut mieux récompensée que par le sentiment intime des résultats qui suivirent ses efforts aussi zélés que bien entendus.

Après l'agitation et le tumulte de cette journée, Isabelle s'enferma dans son cabinet : là, comme c'était sa coutume dans toutes les grandes occasions, elle se mit à genoux pour rendre grâces à la Providence divine, et la supplier de lui donner la force nécessaire pour soutenir le poids de cette nouvelle responsabilité, et de diriger ses pas sur le droit chemin, comme souveraine et comme chrétienne. Sa prière n'était finie que depuis quelques minutes; elle était assise, la tête appuyée sur une main, et plongée dans une profonde méditation, quand elle entendit frapper à sa porte. Le coup était bien léger, mais elle savait qu'il n'existait qu'une seule personne en Espagne qui pût vraisemblablement prendre cette liberté. Elle se leva, ouvrit la porte, et le roi entra.

La reine était encore belle. Sa taille, d'une perfection admirable, avait conservé toutes ses grâces. Ses yeux n'avaient presque rien perdu de leur éclat, et son sourire toujours plein de douceur, réfléchissait les impulsions pures et bienveillantes de son cœur. En un mot, la transition de la jeunesse à l'état d'épouse et de mère n'avait fait presque aucun tort à son ancienne beauté. Mais ce soir-là, tous les charmes de sa première jeunesse semblaient s'être renouvelés tout à coup. Ses joues étaient animées d'un saint enthousiasme, ses traits épanouis par la sublimité des pensées qui occupaient son esprit, et dans ses yeux brillait un noble espoir dont la religion était l'objet. Frappé de ce léger changement, Ferdinand, après avoir fermé la porte, s'arrêta un moment pour l'admirer en silence.

— Cher Ferdinand, un nouvel empire acheté à si bon marché n'est-il pas une récompense merveilleuse pour nos faibles efforts? dit-elle, croyant que les pensées du roi roulaient sur le même objet que les siennes. — Des richesses que l'imagination ne peut se figurer! et des millions d'âmes à racheter de la damnation éternelle, par l'efficacité d'une grâce qui doit être aussi inattendue pour ces malheureux, que la connaissance de leur existence est nouvelle pour nous!

— Toujours pensant au salut des âmes, Isabelle! Mais tu as raison; car, qu'est-ce que la pompe et la gloire du monde auprès de l'espoir du salut et des joies du ciel? — J'avoue que Colomb a surpassé de beaucoup toutes mes espérances, et qu'il a ouvert pour l'Espagne un tel avenir, que l'esprit sait à peine où poser des limites à l'idée qu'il s'en fait.

— Songez aux millions de pauvres Indiens qui peuvent pendant toute leur vie bénir l'instant où ils seront rangés sous notre domination, et reconnaître l'influence, recevoir les consolations de la sainte Eglise?

— J'espère que notre voisin et parent, don Juan, ne nous causera aucun embarras dans cette affaire. Ces Portugais ont tant de goût pour les découvertes, qu'ils ne se soucient pas que d'autres puissances en fassent. On dit même que pendant que nos caravelles étaient dans le Tage, on a fait au roi de Portugal plusieurs propositions aussi dangereuses pour nous qu'elles étaient injustes.

— Colomb m'assure, Ferdinand, qu'il doute que ces Indiens aient aucune croyance religieuse; de sorte qu'en présentant les vérités sublimes de l'Evangile à la simplicité de leur esprit, nos prêtres n'auront aucuns préjugés à combattre.

— L'amiral a sans doute bien pesé tout cela. Il pense que l'île qu'il a appelée Española est presque aussi grande que la Castille, le Léon et l'Aragon réunis; en un mot, que toutes nos possessions dans la Péninsule.

— As-tu remarqué ce qu'il nous a dit touchant la douceur et la bonté des habitants? N'as-tu pas été frappé de l'air simple et confiant de ceux qu'il a amenés avec lui? On pourra aisément apprendre à un tel peuple, en premier lieu, comme cela doit être, à adorer le seul vrai Dieu, le Dieu vivant; secondement, à aimer et honorer ses souverains.

— L'autorité a toujours les moyens de se faire respecter, Isabelle, et don Christophe m'a assuré qu'un millier de bonnes lances suffiraient pour faire la conquête de toutes ces contrées de l'Orient. Il faudra nous adresser sans aucun délai au saint-père, afin qu'il établisse entre don Juan et nous des limites qui préviennent toutes querelles relativement à ses intérêts et aux nôtres. J'en ai déjà dit un mot au cardinal, et il m'a donné à entendre qu'il a un grand crédit auprès du pape Alexandre.

— J'espère que les moyens de propager la religion de la croix ne seront pas oubliés dans cette négociation; car je regrette de voir des hommes d'église traiter de choses temporelles, et négliger celles de leur divin maître.

Don Ferdinand regarda un instant la reine avec attention, mais sans lui répondre. Il s'aperçut que leurs sentiments, comme cela arrivait souvent en politique, n'étaient pas en parfaite harmonie ; et il eut recours à un sujet de conversation qui manquait rarement de faire descendre les hautes idées d'Isabelle à des considérations plus mondaines, quand il s'y prenait avec assez d'adresse.

— Tes enfants, doña Isabelle, recueilleront un bel héritage, grâce au succès de notre dernier, de notre plus grand acte politique. Tes domaines et les miens appartiendront après nous à un seul héritier ; l'alliance projetée avec le Portugal peut être un acheminement à une nouvelle augmentation de territoire ; là Grenade t'est déjà assurée par nos armes réunies : et voici que la Providence nous offre dans l'est un empire qui promet de surpasser tout ce que nous possédons déjà en Europe.

— Mes enfants ne sont-ils pas les tiens, Ferdinand ? Quelque chose d'heureux peut-il arriver à l'un de nous sans que l'autre en prenne également sa part ? J'espère que nos enfants apprendront pourquoi tant de nouveaux sujets et des territoires si étendus ont été ajoutés à leurs domaines, et qu'ils resteront toujours fidèles au premier et au plus grand de tous leurs devoirs, celui de répandre les lumières de l'Évangile, afin que le pouvoir de l'Église catholique devienne plus promptement universel.

— Il peut cependant être nécessaire de nous assurer par des moyens humains les avantages que des moyens humains nous ont procurés.

— Sans doute, Ferdinand, et de bons parents doivent veiller aux intérêts de leurs enfants, à cet égard comme en toute autre chose.

Isabelle se montrant disposée à prêter l'oreille aux suggestions politiques du roi son époux, ils passèrent une heure à discuter quelques mesures importantes qu'il était de leur intérêt commun de prendre sur-le-champ. Ferdinand l'embrassa ensuite avec affection, et se retira dans son cabinet pour y travailler, suivant sa coutume, jusqu'à ce que la fatigue lui fît sentir qu'il devait prendre quelque repos.

Après le départ de son époux, la reine resta quelques minutes livrée à de profondes réflexions. Se levant ensuite, elle traversa plusieurs corridors privés qui conduisaient de son appartement à celui de ses filles. Elle passa une heure avec elles, se livrant aux sentiments d'une bonne mère et en remplissant les devoirs. Enfin, les embrassant l'une après l'autre, elle leur donna sa bénédiction, et se retira sans plus d'apparat que lors de son arrivée.

Cependant, au lieu de retourner dans son appartement, la reine se rendit dans une autre partie du palais, et s'arrêtant devant une porte, y frappa légèrement. Une voix douce lui ayant dit d'entrer, Isabelle se trouva seule avec son ancienne et fidèle amie, la marquise de Moya. La reine fit un geste qui interdisait tout témoignage extérieur de respect, et connaissant la volonté de sa souveraine à cet égard, doña Béatrix la reçut comme elle eût reçu une égale.

— Marquise ma fille, lui dit Isabelle en posant sur une table sa petite lampe d'argent, nous avons eu une journée tellement remplie par des affaires d'une nature agréable, que j'ai presque oublié un devoir que je ne dois pas négliger. Votre neveu, le comte de Llera, est revenu à la cour et s'y est comporté avec autant de modestie et de prudence que s'il n'avait eu aucune part aux glorieux succès de Colomb.

— Luis est ici, Señora ; mais qu'il soit modeste et prudent, je laisse le soin d'en juger à ceux qui doivent avoir moins de partialité que moi en sa faveur.

— Toute sa conduite me semble le prouver ; et, après les grands résultats d'un pareil voyage, on peut pardonner un peu d'exaltation à un jeune esprit. Mais je suis venue pour vous parler de votre neveu et de votre pupille. Don Luis a donné une preuve de persévérance, de courage, qui ne permet plus d'élever aucune objection contre leur mariage. Vous savez que doña Mercédès m'a donné sa parole de ne pas se marier sans mon consentement ; je veux, ce soir même, la rendre aussi heureuse que je le suis moi-même, en la laissant maîtresse de son propre choix, et même en lui disant que je désire la voir comtesse de Llera le plus tôt possible.

— Votre Altesse est remplie de bonté pour moi et pour les miens, répondit la marquise d'un ton un peu froid. Mercédès doit être profondément reconnaissante de ce que sa souveraine peut donner une pensée à son bonheur, au milieu de tant d'intérêts d'une plus haute importance qui réclament son attention.

— C'est ce motif, ma chère amie, qui m'amène si tard auprès de vous. Mon âme est véritablement accablée sous le poids de ma gratitude envers le ciel ; et avant de me coucher, je voudrais faire partager mon bonheur à tous mes sujets. — Où est votre pupille?

— A l'instant où Votre Altesse est entrée, elle venait de se retirer pour la nuit dans son appartement. — Je vais lui faire dire de se rendre en votre présence.

— Nous irons la trouver, Béatrix. On n'est jamais fatigué quand on porte de bonnes nouvelles.

— C'est un devoir, et ce serait un plaisir pour elle, Señora, de vous témoigner son respect.

— Je sais cela, marquise ma fille, mais je me fais un plaisir de lui porter moi-même cette nouvelle, dit la reine en s'avançant vers la porte. — Montrez-nous le chemin, vous devez le connaître mieux que personne. Vous voyez que nous marchons avec peu d'apparat et de cérémonie, — semblable à Colomb partant pour explorer ses mers inconnues, — et nous allons porter à votre pupille des nouvelles qui lui seront aussi agréables qu'ont dû l'être pour les habitants païens de Cipango celles que le Génois leur a portées. Ces corridors sont nos mers inconnues, et ces passages compliqués les routes obscures que nous devons explorer.

— Veuille le ciel que Votre Altesse ne fasse pas une découverte aussi étonnante que celle du Génois lui-même! Quant à moi, je sais à peine si je dois tout croire ou n'ajouter foi à rien.

— Je ne suis pas étonnée de votre surprise, c'est un sentiment que ces événements extraordinaires ont rendu général, répondit la reine qui se méprenait évidemment au sens des paroles de son amie. Mais un autre plaisir nous attend; celui de voir la joie du cœur pur d'une jeune fille qui a eu ses épreuves, et qui a su les soutenir en chrétienne.

Doña Béatrix soupira, mais ne répondit rien. Elles traversaient alors le petit salon dans lequel Mercédès recevait les dames de sa connaissance, et elles s'avançaient vers la porte de sa chambre, quand une de ses femmes voulut les précéder pour informer sa maîtresse de la visite qu'elle allait recevoir. Mais Isabelle était accoutumée à prendre avec ses amies les mêmes libertés qu'une mère prend avec ses enfants, et ouvrant la porte sans cérémonie, elle se trouva en face de Mercédès avant que celle-ci eût eu le temps de faire un pas à sa rencontre.

— Ma fille, dit la reine en s'asseyant, et en regardant la jeune fille avec un sourire plein de bonté, je viens m'acquitter d'un devoir solennel. Agenouillez-vous à mes pieds, et écoutez votre souveraine comme vous écouteriez une mère.

Notre héroïne obéit avec plaisir, car en ce moment tout lui semblait préférable à la nécessité de parler. Quand elle fut à genoux, la reine lui passa un bras autour du cou, et l'attira à elle avec une douce violence : dans cette attitude, le visage de Mercédès était caché dans les plis de la robe d'Isabelle.

— J'ai tout lieu d'être satisfaite de votre fidélité à remplir et vos promesses et votre devoir, mon enfant, dit la reine dès qu'elle eut fait ce petit arrangement, dont le but était de ménager la délicatesse de Mercédès ; vous avez tenu la parole que vous m'aviez donnée, et je viens vous annoncer en ce moment que je vous laisse maîtresse de suivre votre inclination, et que je n'y apporterai aucun obstacle. A cet égard, vous n'êtes plus engagée à rien envers votre souveraine ; car on peut confier le soin de son propre bonheur à une jeune fille qui a montré tant de discrétion et de délicatesse.

Mercédès garda le silence, quoique Isabelle crût sentir un léger tremblement agiter tout son corps.

— Point de réponse, ma fille ! — Aimez-vous mieux laisser à une autre le soin de votre destinée, que d'en être vous-même l'arbitre ? — Eh bien ! comme votre souveraine, comme vous tenant lieu de mère, je donnerai un ordre au lieu d'un consentement, et je vous dirai que mon désir et ma volonté sont que vous deveniez, aussi promptement que le comportent les convenances et votre rang, l'épouse de don Luis de Bobadilla, comte de Llera.

— Non, — non, — non, — Señora ; — jamais, — jamais ! s'écria Mercédès d'une voix étouffée par son émotion, et en cachant davantage encore son visage dans la robe de la reine.

Surprise au plus haut point, Isabelle regarda la marquise de Moya ; mais sa physionomie n'exprimait ni mécontentement ni ressentiment, car elle connaissait trop bien le caractère de notre héroïne pour la soupçonner de caprice ou de dissimulation puérile, dans une affaire qui la touchait de si près. L'intérêt qu'elle prenait à Mercédès ne lui fit éprouver qu'une vive sensation d'étonnement lorsqu'elle l'entendit tout à coup parler d'une manière si inattendue.

— Pouvez-vous m'expliquer ce que cela signifie, Béatrix ? demanda-t-elle. Ai-je causé de la peine quand je comptais apporter le bonheur ? Je suis vraiment malheureuse, car il paraît que j'ai blessé le cœur de cette jeune fille, lorsque je croyais lui apporter la félicité suprême.

— Non, — non, — non, — non, Señora, s'écria de nouveau Mercédès en serrant avec une sorte de mouvement convulsif les genoux de la reine; — Votre Altesse n'a blessé personne, — ne voudrait blesser personne, — ne peut blesser personne. — Vous êtes toute bonté et condescendance.

— Béatrix, c'est de vous que j'attends une explication. Est-il arrivé quelque chose qui justifie ce changement de sentiments?

— Je crains beaucoup, Señora, que les sentiments de ma pupille ne soient les mêmes qu'autrefois, et que le changement dont vous parlez n'existe pas dans ce cœur jeune et sincère, mais seulement dans celui d'un homme volage et inconstant.

Un éclair d'indignation partit des yeux ordinairement si doux de la reine, et toute sa personne prit l'air de majesté qui lui était naturel.

— Cela peut-il être vrai? s'écria-t-elle. Un sujet de la couronne de Castille aurait-il osé se jouer ainsi de sa souveraine, — de la bonne foi d'une jeune fille si douce et si pure, — et de tous ses devoirs envers Dieu? Si ce téméraire compte agir ainsi avec impunité, qu'il prenne garde à lui! Punirai-je celui qui fait tort à son voisin d'une misérable pièce d'argent, et laisserai-je impuni celui qui blesse l'âme d'une fille innocente? — Je suis surprise de votre calme, marquise ma fille, vous qui avez coutume de laisser une honnête indignation parler le langage qui convient à un cœur juste et intrépide.

— Hélas! Señora, ma maîtresse chérie, mes sentiments se sont déjà exhalés, et c'est tout ce que peut faire la nature! D'ailleurs ce jeune homme est le fils de mon frère; et quand je veux me livrer contre lui à tout le ressentiment que mérite sa faute, l'image de ce frère chéri, dont il est le portrait vivant, se présente à mon esprit et lui fait perdre toute son énergie.

— Cela est fort extraordinaire! — Une créature si belle, — si jeune, — si noble, — si riche, — si aimable à tous égards, — être si facilement oubliée! — Pouvez-vous expliquer cela par quelque inclination passagère, marquise de Moya?

Isabelle parlait ainsi en réfléchissant à part soi; et comme les personnes d'un rang aussi élevé que le sien sont sujettes à perdre de vue les considérations subalternes, quand elles sont fortement émues, elle oublia que Mercédès l'entendait. Le frémissement convulsif qui agita de nouveau tout le corps de notre héroïne était bien capable de le lui rappeler, et la reine la pressa sur son cœur aussi tendrement qu'elle y eût pressé la princesse Juana elle-même.

— Que voulez-vous, Señora? dit la marquise avec amertume : en jeune homme inconsidéré et sans principes, Luis a décidé une jeune princesse indienne à abandonner son pays et ses parents, sous prétexte d'ajouter au triomphe de l'amiral, mais en réalité pour obéir à une inclination subite, pour satisfaire un de ces caprices qui font des hommes ce qu'ils sont réellement, et rendent de malheureuses femmes leurs dupes et leurs victimes.

— Une princesse indienne, dites-vous? — L'amiral nous en a présenté une, mais elle est déjà mariée, et ne pourrait en aucune façon être la rivale de doña Mercédès de Valverde.

— Ah! chère Señora, celle dont vous parlez ne peut se comparer à l'autre. Ozéma, — c'est le nom de cette princesse indienne, — Ozéma est un être tout différent, et ses droits à la beauté sont incontestables. Si la beauté pouvait suffire pour justifier la conduite de ce jeune homme, il ne serait pas tout à fait sans excuse.

— Comment savez-vous cela, Béatrix?

— Parce que Luis l'a amenée ici, Votre Altesse; elle est dans cet appartement. Mercédès l'a reçue comme une sœur, tandis que la vue de cette étrangère lui perce le cœur.

— *Ici!* dites-vous, marquise? Mais en ce cas, il ne peut exister aucune liaison criminelle entre ce jeune inconsidéré et cette étrangère. Votre neveu n'aurait osé offenser à un tel point la vertu et l'innocence.

— Je ne l'en accuse pas, Señora. C'est sa légèreté, sa cruauté irréfléchie, qui me met en courroux contre lui. Jamais je n'ai cherché à inspirer à ma pupille des sentiments favorables pour don Luis, car je ne voulais pas qu'on pût dire que j'avais cherché à amener un mariage si honorable et si avantageux pour notre maison; mais à présent je désire vivement faire sentir à Mercédès combien il est indigne d'elle.

— Ah! Señora! ah! marquise! murmura Mercédès, Luis n'est pas si coupable. La beauté d'Ozéma, l'absence chez moi des moyens nécessaires pour conserver son cœur, sont les seules causes de son changement.

— La beauté d'Ozéma! répéta lentement Isabelle. Béatrix, cette jeune Indienne est-elle donc assez parfaite pour que votre pupille puisse la redouter ou lui porter envie? Je ne croyais pas qu'il pût exister une créature semblable.

— Votre Altesse sait ce que sont les hommes : ils aiment la nouveauté, et la figure la plus nouvelle est celle qui leur plaît le plus sûrement. — Par saint Jacques! Andrés de Cabréra me l'a bien appris! Mais ce serait un crime de supposer que personne eût pu donner une telle leçon à Isabelle de Transtamare.

— Réprimez des mouvements trop vifs et trop impétueux, marquise ma fille, dit la reine en jetant un coup d'œil sur Mercédès, dont la tête était complètement cachée sous les plis de sa robe; lorsque le cœur se laisse aller à une trop grande sensibilité, il est rare que la vérité ne soit pas obscurcie. Don Andrés est un sujet loyal, il rend justice à votre mérite; quant au roi, songez qu'il est le père de mes enfants et votre souverain. — Mais cette Ozéma... puis-je la voir?

— Vous n'avez qu'à commander, Señora, pour voir qui bon vous semble. Elle est ici près, et elle peut vous être amenée dès qu'il plaira à Votre Altesse de l'ordonner.

— Non, Béatrix; puisqu'elle est princesse, et étrangère en ce royaume, des égards sont dus à son rang et à sa position. Que doña Mercédès aille la préparer à nous recevoir; j'irai la voir dans son appartement. Il est bien tard, mais elle excusera le manque de cérémonie, en considération du désir que j'ai de lui être utile.

Mercédès n'attendit pas un second ordre : se relevant aussitôt, elle se hâta d'accomplir le désir de la reine. Restées ensemble, Isabelle et la marquise gardèrent le silence pendant quelques minutes. La reine, comme cela convenait à son rang, le rompit la première :

— Il est très-étonnant, Béatrix, que Colomb ne m'ait point parlé de cette princesse. On n'aurait pas dû laisser entrer en Espagne une personne de son rang avec si peu de cérémonie.

— L'amiral, la regardant sans doute comme l'objet spécial des attentions de Luis, a laissé à mon perfide neveu le soin de la présenter à Votre Altesse. Ah, Señora! n'est-il pas inconcevable qu'une jeune fille telle que Mercédès ait pu être si promptement supplantée par une créature d'une telle simplicité, non baptisée, plongée dans les ténèbres, à laquelle l'Église n'a jamais

28

souri, et dont on peut dire qu'à chaque instant l'âme est en danger de périr ?

— Il faut prendre soin de cette âme, Béatrix, et sans aucun délai. — Mais cette princesse est-elle réellement assez belle pour l'emporter sur notre aimable doña Mercédès ?

— Ce n'est pas cela, Señora, ce n'est pas cela. Les hommes sont volages, et il leur faut de la nouveauté. D'ailleurs la retenue modeste des mœurs civilisées a quelque chose de moins attrayant pour eux que la liberté de celles qui considèrent les vêtements eux-mêmes comme chose superflue. Je n'ai pas dessein de jeter des doutes sur la pudeur d'Ozéma, — d'après ce que j'ai vu d'elle, je la crois irréprochable à cet égard ; — mais l'imagination déréglée d'un jeune étourdi peut trouver dans ses manières, qui sentent la liberté de la nature, et dans sa personne à demi vêtue, un attrait momentané qu'il ne trouverait pas dans les manières et la parure d'une Espagnole de haute naissance, qui a appris à se respecter rigidement, elle et tout son sexe.

— Cela peut être vrai pour des hommes vulgaires, Béatrix ; mais des motifs si indignes ne sauraient avoir influé sur la conduite du comte de Llera. Si votre neveu a été inconstant, comme vous le supposez, il faut que cette princesse indienne soit fort au-dessus de ce que vous la croyez.

— Vous pourrez bientôt en juger vous-même, Señora, car voici Mercédès qui vient nous avertir que l'Indienne est prête à recevoir l'honneur de la visite de Votre Altesse.

Notre héroïne avait préparé Ozéma à la visite de la reine. La jeune Indienne possédait alors suffisamment la langue espagnole pour que les communications verbales avec elle fussent intelligibles, quoiqu'elle parlât d'une manière décousue et en femme pour qui ce langage était encore tout à fait nouveau. Elle comprit fort bien qu'elle allait recevoir la visite de cette souveraine chérie dont Luis et Mercédès lui avaient si souvent parlé avec respect. Accoutumée à voir des caciques plus puissants que son frère, il ne fut pas difficile de faire comprendre à la jeune Indienne que la dame qui allait se présenter devant elle était la première de son sexe en Espagne ; la seule méprise que commit Ozéma, fut de croire qu'Isabelle était reine, non d'un pays particulier, mais de tout le monde chrétien ; car, dans son imagination, Luis et Mercédès étaient revêtus de la dignité royale.

Quoiqu'elle fût préparée à voir une jeune fille d'une grande beauté, la reine tressaillit de surprise lorsque ses yeux s'arrêtèrent sur Ozéma. C'était pourtant encore moins la beauté de la jeune Indienne qui l'étonnait que la grâce naturelle de tous ses mouvements, l'heureuse et noble expression de sa physionomie, et l'aisance parfaite de son port et de sa tournure. Ozéma s'était habituée à porter des vêtements dont le poids lui aurait paru accablant à Haïti, la délicatesse de Mercédès sur les convenances l'ayant portée à donner à sa nouvelle amie diverses parures qui rehaussaient singulièrement sa beauté ; cependant elle portait en écharpe, passé sur une épaule, le riche turban que lui avait donné Luis, comme ce que sa garde-robe renfermait de plus précieux, et la petite croix était suspendue sur son sein, comme le joyau dont elle faisait le plus de cas.

— Cela est incroyable, Béatrix ! s'écria la reine s'arrêtant à un bout de la salle, tandis qu'Ozéma, à l'autre extrémité, s'inclinait pour la saluer avec grâce. Est-il possible qu'un être doué d'une beauté si rare ait une âme qui ne connaît pas son Dieu et son Rédempteur? Cependant, quelque peu éclairé que puisse être son esprit, son cœur n'a rien de vicieux ni de trompeur.

— Cela est vrai, Señora. En dépit de nos sujets de mécontentement, ma pupille et moi nous l'aimons déjà ; et nous pourrions la serrer sur notre cœur ; Mercédès, comme le ferait une sœur ; moi, comme le ferait une mère.

— Princesse, dit la reine en s'avançant avec un air de dignité calme vers l'endroit où Ozéma se tenait debout, les yeux baissés, et le corps légèrement incliné ; — princesse, vous êtes la bienvenue dans nos domaines : l'amiral a montré tout son discernement en ne classant pas une personne de votre rang, et qui a des droits qu'on ne peut méconnaître, avec les individus de votre pays qu'il a donnés en spectacle aux yeux vulgaires ; oui, il a montré en cela son jugement ordinaire, aussi bien que son respect pour le caractère sacré des souverains.

— L'amirante ! s'écria Ozéma, ses yeux brillant d'intelligence, car elle avait appris depuis longtemps à prononcer le titre de Colomb ; l'amirante, Mercédès, — Isabelle, Mercédès, — Luis, Mercédès, señora reyna.

— Que veut-elle donc dire, Béatrix? pourquoi la princesse joint-elle le nom de Mercédès à celui de l'amiral, au mien, et même à celui du jeune comte de Llera?

— Señora, il paraît que par suite de quelque étrange illusion, elle s'est imaginé que Mercédès est un mot espagnol qu'on applique à tout ce qui est parfait ou excellent ; et elle le joint à tout ce qu'elle veut louer d'une manière toute particulière. Votre Altesse a fort bien remarqué qu'elle réunit le nom de Luis à celui de Mercédès ; union que nous avions vivement souhaitée, mais qui paraît impossible désormais, et que la princesse doit être la dernière à désirer.

— Oui, il y a ici quelque étrange illusion, dit la reine ; mais cette idée a dû naître dans son esprit par une cause toute particulière, car de pareilles choses ne peuvent être dues au hasard. Ni l'amiral ni personne de son équipage ne connaissaient votre pupille ; votre neveu est donc le seul qui puisse avoir appris à la princesse à regarder le nom de Mercédès comme un signe d'excellence et de perfection.

— Señora ! s'écria Mercédès, une rougeur subite faisant disparaître la pâleur de ses joues, et ses yeux brillant de plaisir ; — cela serait-il possible ?

— Pourquoi non, ma fille ? Nous pouvons avoir jugé trop à la hâte dans cette affaire, et pris des signes de dévouement à votre personne pour des preuves d'inconstance et de légèreté.

— Ah, Señora ! — Mais cela ne peut être, sans quoi Ozéma ne l'aimerait pas tant.

— Comment savez-vous, ma fille, que la princesse ait pour le comte d'autres sentiments que celui de la reconnaissance pour les soins qu'elle a reçus de lui, et pour l'inappréciable service qu'il lui a rendu en lui faisant connaître les mérites de la croix de notre Sauveur ? — Il y a ici quelque erreur, Béatrix.

— Je crains qu'il n'y en ait pas, Votre Altesse. Quant à la nature des sentiments d'Ozéma, on ne peut s'y méprendre ; elle est trop simple et trop naïve pour connaître la dissimulation. Que son cœur soit tout entier à Luis, c'est ce que nous avons vu dès les premières heures de notre connaissance ; et ce cœur est trop pur pour s'être donné sans avoir été recherché. Le sentiment qu'éprouve cette Indienne n'est pas seulement de l'admiration, c'est une passion ardente dont la chaleur égale celle du soleil qui, dit-on, darde ses rayons brûlants sur son pays natal.

— Señora, était-il possible de voir si souvent don Luis au milieu de circonstances faites pour mettre à l'épreuve ses qualités guerrières ; était-il possible, au milieu de tant d'occasions de connaître son excellent cœur, de ne pas le placer bien au-dessus de tous les autres? demanda Mercédès.

— Qualités guerrières, — excellent cœur! répéta lentement la reine; et faire si peu d'attention au mal qu'il cause! Luis n'est ni un chevalier ni un cavalier digne de l'estime de notre sexe, si ce que vous supposez est vrai, ma chère enfant.

— Señora, répondit avec vivacité Mercédès, dont la méfiance cédait au désir qu'elle avait de justifier notre héros, la princesse nous a raconté de quelle manière don Luis l'a délivrée de son plus grand ennemi, de son persécuteur, d'un tyran nommé Caonabo, souverain d'une partie de son île, et avec quel dévouement il a combattu pour elle.

— Retirez-vous, ma fille, et après avoir prié la sainte Vierge Marie d'intercéder pour vous, cherchez sur votre oreiller le calme que procure une religieuse soumission à la volonté de Dieu. — Béatrix, je désire rester seule avec la princesse.

La marquise et Mercédès se retirèrent, laissant Isabelle et Ozéma seules dans l'appartement. L'entrevue qui suivit dura plus d'une heure, ce temps ayant été nécessaire à la reine pour se former une opinion sur les réponses de l'étrangère, dont les moyens de communication étaient encore très-imparfaits. Qu'Ozéma eût donné sans réserve son cœur à Luis, c'est ce dont Isabelle ne put douter en aucune manière. Habituée à ne déguiser aucune de ses pensées, la jeune Indienne n'aurait pu réussir à lui cacher la préférence qu'elle accordait à Luis, quand bien même elle en aurait eu le projet; d'ailleurs, indépendamment de son ingénuité naturelle, Ozéma pensait que son devoir exigeait qu'elle ne cachât rien à la souveraine de Luis, et elle lui ouvrit son cœur avec autant de simplicité que de franchise.

— Princesse, lui dit la reine lorsqu'elle se crut enfin en état de saisir les paroles de la jeune Indienne, maintenant je crois comprendre votre récit. Caonabo est chef, ou, si vous le voulez, roi d'un pays voisin du vôtre. Il a désiré vous épouser; mais comme il était déjà marié à plusieurs princesses, vous avez, avec beaucoup de raison, refusé ses offres. Il essaya alors de s'emparer de vous par la force, et le comte de Llerá se trouvant en visite chez votre frère...

— Luis! — Luis! s'écria Ozéma, sa voix douce exprimant quelque impatience; Luis! — non comte. — Luis! — Luis!

— Fort bien, princesse; mais le comte de Llera et Luis de Bobadilla sont la même personne. Luis donc, si vous le préférez ainsi, était alors dans votre palais ; il combattit ce cacique présomptueux, qui, ne se contentant pas de la possession d'une seule femme, conformément à la loi de Dieu, voulait en avoir une seconde ou une troisième, et, l'ayant vaincu, vous ramena chez vous en triomphe. Votre frère alors vous engagea à vous réfugier en Espagne pour un certain temps ; et don Luis, devenu votre guide et votre protecteur, vous a placée ici sous les soins de sa tante.

Ozéma n'eut pas beaucoup de peine à comprendre ce discours, car il roulait sur un sujet qui avait occupé bien souvent ses pensées. Elle fit un signe de tête pour indiquer qu'elle reconnaissait l'exactitude de tout ce que venait de dire Isabelle.

— Et maintenant, princesse, continua la reine, je dois vous parler avec une franchise maternelle, car je regarde comme mes enfants toutes les personnes de votre rang, aussi longtemps qu'elles résident dans mes Etats, et elles ont droit de compter sur mes avis, aussi bien que sur ma protection ; répondez : aimez-vous assez don Luis pour consentir à oublier votre pays et à adopter le sien ?

— Ozéma pas savoir ce que vouloir dire *adopter*, répondit la jeune fille.

— Je désire savoir si vous consentiriez à être la femme de Luis de Bobadilla.

Femme et mari étaient des mots dont la jeune Indienne connaissait depuis longtemps la signification. Elle sourit innocemment, quoique en rougissant, et fit un signe qui indiquait son consentement.

— Je dois donc comprendre que vous vous attendez à épouser Luis ; car un jeune fille modeste, comme vous l'êtes, n'avouerait pas si clairement un tel sentiment de préférence, si cet espoir ne se présentait à son cœur presque comme une certitude.

— Sans doute, Señora. — Ozéma, femme de Luis.

— Vous voulez dire, princesse, que vous vous attendez à épouser bientôt le comte, à devenir bientôt sa femme ?

— Non, — non, — non ! — Ozéma *à présent* femme de Luis. — Luis déjà mari d'Ozéma.

— Cela est-il possible ? s'écria la reine, regardant en face la belle Indienne, pour s'assurer si ce qu'elle disait n'était pas une tentative artificieuse pour la tromper. Mais les traits ingénus et innocents d'Ozéma ne permettaient pas de concevoir le moindre soupçon à cet égard, et Isabelle fut forcée de croire ce qu'elle venait d'entendre. Cependant, pour être plus certaine de ce fait, elle continua à l'interroger pendant près d'une demi-heure, et toujours avec le même résultat.

Quand la reine se leva pour se retirer, elle embrassa la princesse, — car elle qualifiait ainsi cette fille de la nature sauvage, sortant d'un état de société inconnu et tout nouveau pour les Européens, — et elle pria pieusement le ciel de lui éclairer l'esprit, et d'assurer la paix future de son cœur. En rentrant dans l'appartement de la marquise, elle y trouva cette fidèle amie qui l'attendait, doña Béatrix n'ayant pas voulu se coucher sans savoir quelle impression avait pu faire sur Isabelle sa conversation avec Ozéma.

— Les choses sont encore pires que nous ne le pensions, dit Isabelle pendant que la marquise fermait la porte. Votre neveu, inconstant et sans âme, a déjà épousé l'Indienne, et elle est dès à présent son épouse légitime.

— Señora, il doit y avoir ici quelque méprise. Ce jeune inconsidéré n'aurait jamais osé me tromper ainsi, — et cela en présence de Mercédès elle-même !

— Il est plus naturel, marquise ma fille, qu'il ait placé sa femme sous vos soins, qu'une personne qui aurait eu sur lui des droits moins forts. Mais il ne peut y avoir aucune méprise : j'ai questionné la princesse à plusieurs reprises, et il ne me reste aucun doute qu'ils n'aient été mariés avec tous les rites religieux. Il n'est pas toujours très-facile de bien comprendre ce qu'elle dit ; mais elle m'a déclaré ce fait plusieurs fois, et très-distinctement.

— Votre Altesse ! — un chrétien peut-il contracter mariage avec une femme qui n'a pas encore été baptisée ?

— Certainement non, aux yeux de l'Eglise, qui sont en quelque sorte les yeux de Dieu. Mais je suis portée à croire qu'Ozéma a reçu le saint sacrement du baptême, car elle me montrait souvent la croix qu'elle porte, en me parlant de son union avec votre neveu. D'après les allusions qu'elle y a faites, j'ai compris qu'elle disait qu'avant de devenir son épouse elle était devenue chrétienne.

— Et cette croix, Señora, c'était un présent fait par Mercédès à mon indigne neveu, — un présent qu'il reçut à l'instant de son départ, — un symbole sacré qui devait lui rappeler la constance et la foi qu'il lui avait jurées.

— Le cœur des hommes est exposé à subir tant de révolutions en courant le monde, Béatrix, qu'ils ne savent pas apprécier la confiance et la fidélité d'une femme. — Mais mettez-vous à genoux, et demandez au ciel la grâce de pouvoir soutenir votre pupille dans cette cruelle mais inévitable extrémité.

La reine se tourna alors vers son amie pour lui faire ses adieux. La marquise s'avança, et lui prit une main qu'elle pressa sur ses lèvres. Mais Isabelle ne se contenta pas de cette marque d'affection respectueuse, et passant un bras autour du cou de doña Béatrix, elle l'attira à elle et lui donna un baiser sur le front.

— Adieu, Béatrix ; adieu, ma véritable amie ! lui dit-elle : — si la constance a abandonné tous les autres cœurs, elle a encore un asile dans le vôtre.

A ces mots, la reine et la marquise se séparèrent pour aller, sinon dormir, du moins se reposer.

CHAPITRE XXIX.

> Eh bien ! Gondarino, que pouvez-vous dire de plus à présent pour nous tromper? Avez-vous le pouvoir de faire naître des illusions plus étranges, des brouillards plus épais à travers lesquels un œil faible puisse être induit en erreur? Qu'avez-vous à dire qui puisse satisfaire son honneur offensé et réparer le mal que vous avez fait?
>
> BEAUMONT ET FLETCHER.

Le jour qui suivit l'entrevue rapportée dans le chapitre précédent fut celui que le cardinal Mendoza avait choisi pour le célèbre banquet qu'il donna à Colomb. Presque toute la haute noblesse de la cour y avait été invitée pour faire honneur à l'amiral, qu'il aurait à peine été possible de recevoir avec plus de distinction, eût-il été une tête couronnée. Au milieu des honneurs qu'on lui rendait, toute la conduite du Génois était aussi noble que modeste ; et, pour le moment, chacun parut se faire un plaisir de reconnaître l'immense importance de ses services, et d'applaudir à un succès qui surpassait tellement l'attente qu'on en avait conçue. Tous les yeux étaient fixés sur lui, toutes les oreilles écoutaient avec avidité chaque syllabe qui sortait de sa bouche, toutes les voix s'élevaient pour faire son éloge.

Dans une pareille occasion, on s'attendait naturellement à entendre Colomb donner quelques détails sur son voyage et ses aventures. Ce n'était pas une tâche facile, car le résultat de ce récit ne pouvait être que de montrer quelle était la supériorité de sa sagacité, de son jugement, de son habileté et de sa persévérance, sur l'esprit et les connaissances de son siècle. Il s'en acquitta pourtant avec adresse, et de manière à se faire honneur, en appuyant principalement sur les circonstances qui pouvaient ajouter à la gloire de l'Espagne et à la puissance des couronnes de Castille et d'Aragon.

Luis de Bobadilla était du nombre des convives. Il devait cette invitation, partie à son haut rang, partie à la confiance et à l'amitié particulière que l'amiral lui témoignait ouvertement. Son intimité avec Colomb était plus que suffisante pour effacer les impressions quelque peu défavorables que les légèretés de jeunesse de Luis avaient laissées dans quelques esprits, et l'on suivait presque sans le vouloir l'exemple du grand homme, sans chercher à pénétrer le motif ou le but de sa conduite. Le sentiment intime qu'il avait fait ce que peu d'hommes de son rang auraient jamais entrepris, donnait aux traits nobles et fiers de Luis un air de dignité et d'élévation qu'on n'y avait pas remarqué jusqu'alors, et qui l'aidait à se maintenir dans la bonne opinion qu'il avait, à tout autre égard, achetée à si bon marché. La manière dont il avait raconté à Pierre Martir et à ses jeunes amis les principaux événements de l'expédition n'avait pas été oubliée; et, sans savoir exactement pourquoi, le monde commençait à l'associer, d'une manière mystérieuse, au grand voyage à l'ouest. Grâce à ces circonstances accidentelles, notre héros recueillait réellement quelques avantages de son esprit entreprenant, quoique par des moyens qu'il n'avait certes pu prévoir. Ce résultat n'a rien de bien étonnant; car les hommes reçoivent aussi souvent l'éloge ou le blâme pour des actes nullement prémédités que pour ceux dont la raison et la justice les rendraient rigoureusement responsables.

— Je porte la santé du señor l'Amiral de Leurs Altesses sur l'Océan des Indes! s'écria Luis de Saint-Angel, levant son verre de manière à le faire briller aux yeux de tous les convives. — L'Espagne lui doit une entière reconnaissance pour l'entreprise la plus hardie et la plus utile qui ait été conçue et exécutée en ce siècle, et nul sujet loyal de nos souverains n'hésitera à lui rendre l'honneur que méritent ses services.

On but cette santé, et les remerciements modestes de Colomb furent écoutés avec un silence respectueux.

— Señor cardinal, reprit le receveur-général des revenus ecclésiastiques, qui avait son franc-parler, je regarde la charge d'âmes de l'Eglise comme doublée par ces découvertes, et je pense que le nombre de celles qui seront sauvées de la damnation éternelle par les moyens qui vont bientôt être employés pour les éclairer, ne fera pas une faible partie de la gloire de cette expédition ; c'est une chose qu'on n'oubliera probablement pas à Rome,

— Vous avez raison, Saint-Angel, répondit le cardinal, et le saint-père n'oubliera ni celui qui a été l'instrument de Dieu, ni ceux qui ont coopéré à cette grande œuvre. La science nous est venue de l'est, et nous attendions le temps où, purifiée par la révélation et par la haute mission que nous avons reçue directement de celui qui est la source de toute puissance, elle retournerait vers les lieux où elle a pris naissance ; mais nous voyons à présent qu'elle y retournera par l'ouest, et qu'elle arrivera en Asie par un chemin qui, jusqu'au jour où s'est exécutée cette grande découverte, avait été caché aux yeux des hommes.

Quoiqu'une parfaite unanimité de sentiments parût régner dans ce banquet, le cœur humain est le même partout, et l'envie, la plus basse et peut-être la plus généralement répandue de nos passions, dévorait plus d'un convive. La remarque du cardinal donna lieu à ce vil sentiment, — qui, sans cela, aurait peut-être été étouffé en ce moment, — de manifester sa malheureuse influence. Parmi les convives se trouvait un seigneur nommé Juan de Orbitello ; il ne put garder plus longtemps le silence en entendant les éloges que donnaient à Colomb ceux qu'il était habitué à regarder comme les arbitres de la renommée.

— Est-il bien certain, Señor, dit-il en s'adressant au cardinal, que Dieu n'aura pas employé d'autres moyens pour arriver à cette fin, si don Christophe eût échoué dans son entreprise ? ou devons-nous considérer ce voyage comme la seule voie possible pour sauver tous ces païens de la perdition ?

— Personne, Señor, répondit le cardinal d'un ton grave, ne

peut avoir la présomption d'assigner des limites à la puissance de Dieu; et il n'appartient pas à l'homme de raisonner sur les moyens qu'on emploie, ou de douter du pouvoir qu'il a d'en créer d'autres, suivant sa sagesse. Un laïque, moins que personne, ne doit rien mettre en question de ce qui est sanctionné par l'Église.

— J'en conviens, señor cardinal, répondit Orbitello un peu embarrassé, et même piqué du reproche implicite que semblait renfermer la réponse du cardinal; et je n'avais pas la moindre intention de le faire. Mais vous, señor don Christophe, vous regardiez-vous, dans cette expédition, comme un agent du ciel?

— Je me suis toujours regardé comme un très-indigne instrument destiné par le ciel à cette grande œuvre, Señor, répondit l'amiral avec un air de gravité solennelle, capable d'imposer aux spectateurs. Dès l'origine, j'ai senti cette impulsion comme partant d'une source divine, et j'espère avec humilité que le ciel n'est pas mécontent de l'agent qu'il a employé.

— Vous imaginez-vous donc, señor amirante, que l'Espagne n'eût pu produire un homme aussi capable que vous de mettre à fin cette grande aventure, si quelque accident eût mis obstacle à votre départ ou empêché votre succès?

La hardiesse et la singularité de cette question firent cesser toute conversation, et chacun avança la tête pour entendre la réponse de l'amiral. Colomb garda le silence plus d'une minute; étendant ensuite la main, il prit un œuf, et le montrant à tous les convives, il dit avec une extrême douceur jointe à une imposante gravité:

— Y a-t-il ici quelqu'un, Señores, qui se croie assez habile pour faire tenir cet œuf sur un de ses bouts? En ce cas, je l'invite à nous donner cette preuve d'adresse.

Cette proposition fit naître une grande surprise. Une douzaine de personnes, au milieu du bruit et des éclats de rire, essayèrent cet exploit. Plus d'un jeune seigneur s'imagina avoir réussi; mais, à l'instant où il le lâchait, l'œuf roulait sur la table, comme pour se moquer de sa gaucherie.

— Par saint Luc, señor amirante, s'écria Jean de Orbitello, ce que vous demandez est au-dessus de notre capacité. Le comte de Llera lui-même, qui a tué tant de Maures, qui a désarçonné Alonzo de Ojeda, ne peut rien faire de son œuf.

— Et pourtant ni lui, ni même vous, Señor, vous ne le trouverez difficile quand vous aurez appris comment il faut s'y prendre.

En parlant ainsi, Colomb frappa légèrement sur la table avec le petit bout de l'œuf, et la coquille, rentrant en dedans, forma une petite base au moyen de laquelle l'œuf se tint debout. Un murmure d'applaudissements suivit ce sarcasme tacite, et le señor Orbitello rentra honteusement dans le silence d'où il aurait été heureux pour lui de ne pas sortir. A cet instant même, un page de la reine vint dire quelques mots à l'amiral, et s'avança ensuite vers don Luis de Bobadilla.

— Je suis mandé par la reine, señor cardinal, dit Colomb, et j'espère que Votre Eminence me pardonnera de me retirer. A en juger par les termes du message, il paraît qu'il s'agit d'une affaire importante; excusez-moi donc si je vous quitte de si bonne heure.

Le cardinal lui répondit avec la politesse d'usage, et tous les convives se levèrent pour saluer l'amiral pendant qu'il sortait de l'appartement. A peine était-il dehors qu'il fut rejoint par le comte de Llera.

— Où allez-vous si précipitamment, don Luis? demanda Colomb; pourquoi êtes-vous si pressé de quitter un banquet tel que l'Espagne n'en a jamais vu, si ce n'est dans les palais de ses rois?

— Par saint Jacques! ni même dans leurs palais, Señor, s'il faut en juger par ceux du roi Ferdinand, répondit Luis avec gaieté. Mais je quitte cette compagnie par obéissance à doña Isabelle, qui vient de me faire donner l'ordre de paraître sur-le-champ en sa présence.

— En ce cas, señor comte, nous irons ensemble, car nous faisons voile vers le même port. Moi aussi, je viens d'être appelé dans les appartements de la reine.

— Je suis charmé de l'apprendre, Señor, car je ne connais qu'un sujet qui puisse nous y faire appeler en même temps. Il est sans doute question de mon mariage avec doña Mercédès, et vous aurez probablement à certifier que je vous ai accompagné pendant tout le voyage.

— Mon temps et mon esprit ont été tellement occupés d'affaires publiques depuis mon retour, Luis, que je n'ai pas songé à vous parler de cette affaire. Comment se porte la doña de Valverde, et quand daignera-t-elle récompenser votre amour et votre constance?

— Je voudrais, Señor, pouvoir répondre à la dernière de ces questions avec plus de certitude, et à la première avec plus de gaieté de cœur. Depuis mon retour, je n'ai vu doña Mercédès que trois fois, et, quoiqu'elle fût toute douceur et franchise, ma tante a répondu avec froideur et par des défaites à la demande que je lui faisais de ne plus différer mon bonheur. Il paraît qu'il faut consulter Son Altesse, et le brouhaha causé par le succès de votre voyage a tellement occupé la reine, qu'elle n'a pas eu le loisir de songer à des bagatelles d'une si faible importance que celles qui peuvent avoir pour but le bonheur d'un batteur d'estrade comme moi.

— Il est donc probable, Luis, que c'est pour cette affaire que nous avons été mandés ; autrement, pourquoi serions-nous appelés en même temps d'une manière si subite et si inusitée ?

Notre héros ne fut pas fâché de s'imaginer la même chose, et il entra dans les appartements de la reine d'un pas léger, le visage radieux, comme s'il arrivait pour faire la cour à sa maîtresse. L'amiral de l'Océan des Indes, comme on appelait alors Colomb, n'eut pas à attendre longtemps dans l'antichambre, et au bout de quelques minutes il fut admis avec son compagnon en présence de la reine.

Isabelle les reçut en audience tout à fait privée, car elle n'avait auprès d'elle que la marquise de Moya, Mercédès et Ozéma. Le premier regard fit reconnaître à Luis et à Colomb que tout n'allait pas bien, car la physionomie de chacune de ces femmes annonçait qu'elle cherchait à conserver un calme emprunté. Il est vrai que la reine avait l'air serein et plein de dignité ; mais ses joues étaient animées, son front pensif, et son œil mélancolique. Le chagrin et l'indignation se disputaient la place sur le visage expressif de doña Béatrix, et Luis vit avec inquiétude qu'elle détournait les yeux de lui, suivant sa coutume lorsqu'il avait sérieusement encouru son déplaisir. Les lèvres de Mercédès étaient pâles comme la mort, quoiqu'une petite marque, semblable à un vermillon brillant, fût comme appliquée sur chacune de ses joues ; elle avait les yeux baissés et l'air timide et humilié. Ozéma seule était dans sa situation naturelle ; cependant ses regards étaient vifs et inquiets. Un éclair de joie brilla dans ses yeux, et elle ne put retenir une légère exclamation de plaisir, quand elle vit entrer Luis, qu'elle n'avait vu qu'une seule fois depuis son arrivée de Barcelone, c'est-à-dire depuis près d'un mois.

Isabelle fit un pas ou deux à la rencontre de l'amiral; et quand il voulut fléchir le genou devant elle, elle l'en empêcha en lui présentant sa main à baiser, et en lui disant :

— Non, señor amiral, non. Ce genre d'hommage ne convient ni à votre haut rang, ni aux services éminents que vous nous avez rendus. Si nous sommes vos souverains, nous sommes aussi vos amis. Je crains que le señor cardinal ne me pardonne pas aisément de l'avoir privé de votre compagnie plus tôt qu'il ne s'y attendait probablement.

— Son Eminence et toute sa société, Señora, ont devant eux de quoi s'occuper quelque temps, répondit Colomb en souriant, quoique sans s'écarter beaucoup de sa gravité habituelle, et ils s'apercevront moins de mon absence en ce moment qu'en tout autre. Mais, dût-il en être autrement, ce jeune comte et moi nous serions prêts à quitter un banquet plus brillant encore, pour nous rendre aux ordres de Votre Altesse.

— Je n'en doute pas, Señor; mais j'ai désiré vous voir ce soir pour une affaire privée plutôt que d'intérêt public. Doña Béatrix que voici m'a appris la présence à ma cour et l'histoire de cette belle créature, qui donne une idée si élevée de vos vastes découvertes, que je suis surprise qu'on l'ait tenue cachée un seul instant. Connaissez-vous son rang, don Christophe, et les circonstances qui l'ont amenée en Espagne?

— Oui, Señora, je connais tout cela, partie par mes propres observations, partie d'après ce que m'en a dit don Luis de Bobadilla. Je regarde le rang de la doña Ozéma comme inférieur à la dignité royale, et comme supérieur à la noblesse, si nous pouvons nous figurer une condition mitoyenne entre les deux. Il faut pourtant toujours se rappeler que l'île d'Haïti n'est pas la Castille, l'une étant plongée dans les ténèbres du paganisme, et l'autre éclairée des lumières de l'Eglise et de la civilisation.

— Néanmoins, don Christophe, un rang est un rang, et les droits de la naissance ne doivent rien perdre par suite d'un changement de pays. Quoiqu'il ait déjà plu et qu'il doive plaire davantage encore au chef de l'Eglise de nous accorder des droits, comme princes chrétiens, sur ces caciques des Indes, il n'y a rien de nouveau ni d'inusité dans ce fait. Les rapports entre un suzerain et ses vassaux sont anciens et bien établis, et de nombreux exemples prouvent que de puissants monarques ont possédé certaines parties de leurs domaines à titre de vassaux, tandis qu'ils ne tenaient les autres que de Dieu seul. Sous ce point de vue, je suis disposée à considérer cette jeune Indienne comme plus que noble, et j'ai donné ordre qu'elle soit traitée en conséquence. Il ne vous reste qu'à me faire part des circonstances par suite desquelles nous la voyons en Espagne.

— Don Luis pourrait vous en instruire mieux que moi, Señora, car il les connaît parfaitement.

— Je voudrais en entendre le récit de votre propre bouche, Señor. Je connais déjà l'histoire du comte de Llera.

Colomb parut surpris et peiné, mais il n'hésita point à obéir à la reine.

— Il existe à Haïti, Votre Altesse, des princes, ou caciques, de premier et de second rang. Ceux-ci rendent aux premiers une sorte d'hommage, et leur doivent une espèce d'allégeance......

— Vous voyez, marquise ma fille, que c'est l'ordre naturel de tout gouvernement, et il se trouve dans l'Orient aussi bien que dans l'Occident.

— Guacanagari, dont j'ai déjà souvent parlé à Votre Altesse, est un des caciques du premier rang; et Mattinao, frère de cette jeune Indienne, est du second. — Don Luis a rendu une visite au cacique Mattinao, et il était chez lui lors d'une incursion que vint faire Caonabo, célèbre chef caraïbe qui voulait avoir Ozéma pour femme. Le comte de Llera se comporta en brave chevalier castillan, mit l'ennemi en déroute, et amena en triomphe Ozéma à bord de nos bâtiments. Là il fut décidé qu'elle viendrait en Espagne, tant pour jeter plus de lustre sur le triomphe des deux couronnes, que pour la mettre à l'abri, pendant un certain temps, des tentatives de Caonabo, qui est un chef trop puissant et trop belliqueux pour que la douce et pacifique tribu de Mattinao puisse lui résister.

— Fort bien, Señor, c'est ce que j'avais déjà entendu dire. Mais pourquoi Ozéma n'a-t-elle point paru au milieu de votre cortége, lors de votre réception publique ?

— Don Luis l'a désiré ainsi, Señora; et j'ai consenti qu'il partît avant moi de Palos, emmenant la jeune princesse indienne, pour nous rejoindre à Barcelone. Nous pensâmes l'un et l'autre que la doña Ozéma était trop au-dessus de ses compagnes et compagnons, pour être donnée en spectacle à des yeux vulgaires.

— Il y avait de la délicatesse, sinon de la prudence, dans cet arrangement, dit la reine d'un ton un peu sec. — Et alors Ozéma a été pendant quelques semaines confiée aux seuls soins du comte de Llera ?

— Je le pense ainsi, Votre Altesse, — si ce n'est qu'elle a été placée sous la protection de la marquise de Moya.

— Mais était-ce agir prudemment, don Christophe ? Un homme qui possède votre expérience aurait-il dû y consentir ?

— Señora ! s'écria Luis qui n'était plus maître de son émotion.

— Silence, jeune homme, dit la reine. J'aurai à vous interroger tout à l'heure, et vous aurez besoin de toute votre sagesse pour répondre comme il convient. — Señor amiral, votre jugement ne vous reproche-t-il pas quelque indiscrétion dans cette affaire ?

— Señora, une telle question est aussi nouvelle pour moi que la raison qui vous porte à me l'adresser. J'ai la plus grande confiance en l'honneur du comte, et je savais en outre qu'il avait depuis longtemps donné son cœur à la plus belle et à la plus respectable damoiselle de toute l'Espagne ; d'ailleurs mon esprit était tellement occupé des graves intérêts de Votre Altesse, que je n'avais guère le temps de songer à des choses qui ne pouvaient avoir à mes yeux qu'une importance secondaire.

— Je vous crois, Señor ; et votre excuse est acceptée. Cependant, pour un homme qui possède toute votre expérience, c'était commettre une grande imprudence que de se fier ainsi à la fidélité du cœur d'un jeune homme aussi léger que volage. — Et maintenant, comte de Llera, j'ai à vous faire des questions auxquelles vous pourrez trouver difficile de répondre. — Admettez-vous la vérité de tout ce qui a été dit jusqu'à présent ?

— Oui, certainement, Señora. Don Christophe ne peut avoir aucun motif pour faire un exposé infidèle, quand bien même il serait capable d'une telle bassesse. Je me flatte que notre maison n'a jamais été citée en Espagne comme ayant produit des chevaliers félons et perfides.

— Je suis d'accord avec vous sur ce point. Si votre maison a eu le malheur de produire un cœur faux et traître, elle a eu la gloire, dit la reine en jetant un coup d'œil sur doña Béatrix, d'en produire d'autres qui peuvent rivaliser de constance avec les noms les plus célèbres de l'antiquité. Le lustre de la maison de Bobadilla ne dépend pas entièrement de la fidélité et de la sincérité de celui qui en est aujourd'hui le chef. — Ecoutez-moi, Señor, et ne parlez que pour répondre à mes questions. — Vos pensées se sont dirigées vers le mariage, depuis quelque temps ?

— J'en conviens, Señora. Est-ce une faute de songer à ce qui est la conséquence honorable d'un amour né il y déjà si longtemps; d'un amour que j'espérais voir bientôt couronner avec votre approbation?

— Voilà donc ce que je craignais, Béatrix! s'écria Isabelle; cette créature si aimable, quoique encore plongée dans les ténèbres, a été lâchement trompée par un faux mariage; car nul sujet de la couronne de Castille n'oserait parler ainsi de mariage en ma présence, s'il était déjà uni à une autre femme par des nœuds légitimes. Le plus grand débauché de toute l'Espagne n'oserait braver ainsi l'Eglise et le trône.

— Señora, s'écria Luis, Votre Altesse parle bien cruellement, quoique ce soit en énigmes. M'est-il permis de demander si c'est à moi que s'appliquent des remarques si sévères?

— De quel autre parlerions-nous? A quel autre ferions-nous allusion? Votre conscience doit vous faire sentir la justice de nos reproches, jeune homme pervers; et pourtant vous osez braver votre souveraine et cette jeune et angélique Castillane, en montrant un front aussi hardi que si la candeur et l'innocence pouvaient encore s'y peindre!

— Señora, je ne suis pas un ange, quoique je sois prêt à reconnaître Mercédès pour une créature angélique, — je ne suis pas même un saint doué d'une pureté parfaite; — en un mot, je ne suis que Luis de Bobadilla; mais je suis aussi loin de mériter ces reproches que de mériter la couronne du martyre. Permettez-moi de vous demander humblement de quoi je suis accusé.

— Vous êtes accusé, ou d'avoir trompé par un faux mariage cette innocente et confiante princesse indienne, ou d'avoir insolemment bravé votre souveraine en lui parlant de votre désir d'épouser une noble et riche héritière castillane, quand votre foi est déjà engagée à une autre par des vœux légitimes, prononcés aux pieds de l'autel. Vous savez vous-même duquel de ces deux crimes vous êtes coupable.

— Et vous, ma tante, — et vous, Mercédès, — me croyez-vous aussi coupable de ce dont on m'accuse?

— Je crains que cela ne soit que trop vrai, répondit la marquise d'un ton froid. Les preuves sont si claires qu'un Sarrasin même ne pourrait refuser d'y croire.

— Et vous, Mercédès?

— Non, Luis, répondit la généreuse Castillane avec une chaleur et une sensibilité qui renversèrent toutes les barrières de la réserve et de la timidité ; je vous crois aussi incapable de cette bassesse que de toute autre. Je crois seulement que vous avez cédé à la légèreté de vos inclinations. Je connais trop bien votre cœur et votre honneur, pour supposer en vous autre chose qu'une faiblesse à laquelle vous n'auriez pas voulu céder s'il vous eût été possible de la surmonter.

— Que Dieu et la sainte Vierge soient bénis ! s'écria Luis, qui respirait à peine pendant que Mercédès s'exprimait ainsi. Je puis tout supporter, excepté l'idée que vous me soupçonniez d'être capable d'une bassesse.

— Il faut mettre fin à tout ceci, Béatrix, dit la reine, et je ne vois pas de meilleur moyen que d'en venir sur-le-champ à la preuve des faits. — Approchez, Ozéma, et que votre témoignage décide enfin cette affaire.

La jeune Indienne entendait l'espagnol beaucoup mieux qu'elle ne le parlait, et cependant elle n'avait pas compris, à beaucoup près, tout ce qui venait de se dire. Elle obéit sur-le-champ, l'âme entièrement saisie par la scène qui se passait devant elle, tandis que son esprit faisait de vains efforts pour en avoir une intelligence parfaite. Mercédès seule avait remarqué le jeu des traits de la jeune Indienne au moment où Isabelle accablait Luis de reproches, et où celui-ci protestait de son innocence; elle avait deviné tout l'intérêt qu'Ozéma prenait à notre héros.

— Ozéma, reprit la reine, parlant avec lenteur et prononçant chaque mot distinctement, afin que l'étrangère pût comprendre son discours et en suivre le fil ; — Ozéma, parlez; êtes-vous la femme de Luis de Bobadilla, ou ne l'êtes-vous pas?

— Ozéma, femme de Luis, répondit l'Indienne en souriant et en rougissant ; — Luis, mari d'Ozéma.

— Cette réponse est aussi claire que des paroles puissent la rendre, don Christophe; et ce n'est que ce que la princesse a déjà répondu plusieurs fois à mes questions réitérées. — Quand et comment Luis vous a-t-il épousée, Ozéma?

— Luis, épousé Ozéma avec religion, — religion d'Espagne. — Ozéma épousé Luis avec amour et devoir, — à la manière d'Haïti.

— Cela est extraordinaire, Señora, et je voudrais bien faire moi-même quelques questions sur cette affaire. Votre Altesse m'en accorde-t-elle la permission?

— Faites ce qu'il vous plaira, Señor, répondit Isabelle avec froideur. Quant à moi, je suis convaincue, et ma justice exige que j'agisse sans plus de délai.

— Comte de Lléra, dit l'amiral d'un ton grave, convenez-vous, ou niez-vous que vous soyez l'époux de doña Ozéma.

— Je le nie complètement, señor amiral. Je ne l'ai pas épousée; je n'ai jamais eu la pensée d'épouser une autre femme que doña Mercédès.

Luis fit cette réponse d'un ton ferme, et avec cet air de franchise et de sincérité qui faisait le plus grand charme de ses manières.

— Mais lui avez-vous donné par votre conduite, par quelque acte de légèreté, le droit de croire que vous aviez dessein de l'épouser?

— Jamais. Je n'aurais pas traité une sœur avec plus de respect que j'en ai toujours montré pour Ozéma; et cela est prouvé par le fait que je l'ai placée, aussitôt qu'il m'a été possible, sous la protection de ma tante et dans la compagnie de Mercédès.

— Cela me paraît raisonnable, Señora. Un homme a toujours trop de respect pour la vertu de votre sexe, pour risquer de l'offenser, même dans ses légèretés.

— En opposition à toutes ces protestations, señor amiral, et à toutes ces belles idées de vertu, nous avons la déclaration claire et précise d'une jeune fille qui n'a point appris à tromper, qui est trop simple et trop ingénue pour pouvoir tromper, et d'un rang qui rendrait aussi inutile qu'indigne d'elle de vouloir tromper.

— Béatrix, vous pensez comme moi; vous ne pouvez trouver aucune excuse pour ce chevalier félon, quoiqu'il ait fait autrefois l'orgueil de votre maison.

— Je ne sais trop qu'en dire, Señora; quelles qu'aient été les fautes et les faiblesses de Luis, — et Dieu sait qu'il en a commis assez! — il n'a jamais manqué à l'honneur, ni outragé la vérité. J'ai même attribué la manière dont il a confié la princesse à nos soins, à l'impulsion d'un cœur qui ne désirait pas cacher les erreurs de la tête, et à l'espoir que sa présence dans ma famille me ferait connaître plus tôt la vérité. Je voudrais qu'on fît encore quelques questions à doña Ozéma, afin de nous assurer qu'elle n'est pas dupe de quelque étrange erreur.

— Cela est équitable, répondit Isabelle, que son amour pour la justice portait toujours à faire l'examen le plus approfondi de toutes les affaires sur lesquelles elle avait à prononcer. — Le sort d'un grand d'Espagne dépend du résultat de cette enquête, et il est juste de lui accorder tous les moyens possibles de se justifier, s'il le peut, d'une offense si grave. — Comte de Llera, vous pouvez faire à la princesse, en notre présence, toutes les questions que vous jugerez convenables.

— Señora, il siérait mal à un chevalier d'entrer dans la lice contre une dame, et surtout contre une dame qui se trouve dans la situation de cette étrangère, répondit Luis avec fierté et en rougissant ; car il sentait qu'Ozéma ne serait pas en état de cacher sa prédilection pour lui. — Si vous jugez qu'il soit nécessaire de lui faire de nouvelles questions, c'est une fonction qui serait plus convenablement remplie par un autre que moi.

— Comme c'est moi qui devrai m'acquitter du devoir pénible de punir, dit la reine d'un ton calme, je me chargerai aussi de cette tâche peu agréable. — Señor amiral, nous ne devons chercher à nous soustraire à aucune des obligations qui nous rapprochent du plus grand des attributs de Dieu, la justice. — Princesse, vous avez dit que don Luis est votre mari, et que vous vous considérez comme sa femme. Quand et où vous êtes-vous présentée avec lui devant un prêtre?

On avait déjà fait tant de tentatives pour convertir Ozéma au christianisme, qu'elle connaissait mieux les expressions employées dans le langage religieux qu'aucune autre partie de la langue espagnole, quoiqu'elles ne présentassent à son esprit qu'un tableau confus d'obligations imaginaires et d'idées mystiques. Comme il arrive à toutes les personnes peu familiarisées avec les abstractions, sa piété se rattachait aux formes plutôt qu'aux principes, et elle était plus disposée à admettre l'importance des cérémonies de l'Eglise que la nécessité de la foi. Elle comprit donc la question de la reine, et elle y répondit ingénument et sans le moindre désir de tromper.

— Luis épousé Ozéma avec croix des chrétiens, dit-elle en pressant contre son cœur le saint emblème de la rédemption que le jeune Espagnol lui avait donné dans un moment de grand péril, comme le lecteur le sait déjà. — Luis penser lui près de mourir, — Ozéma penser elle près de mourir; — tous deux voulu mourir ensemble mari et femme. — Luis épousé avec croix comme bon chrétien d'Espagne, — Ozéma épousé Luis dans son cœur, comme bonne Haïtienne dans son pays.

— Il y a ici quelque méprise, dit l'amiral, quelque malheureuse méprise, causée par la différence des langues et des coutumes. Don Luis n'est pas coupable de l'illusion que se fait cette jeune Indienne. Je l'ai vu lui donner cette croix : c'était sur mer, pendant une tempête, et je conçus une idée favorable du zèle du comte pour le salut d'une âme plongée dans les ténèbres. Dans un pareil moment, il ne pouvait être question de mariage; et une femme étrangère à nos usages était la seule qui pût y voir autre chose que le don d'un symbole religieux, qu'on espérait pouvoir être utile à un être qui n'avait jamais eu l'avantage ni de recevoir le baptême, ni d'assister aux offices de l'Eglise.

— Don Luis, confirmez-vous ce rapport? affirmez-vous que le don de cette croix n'ait été fait que dans cette intention? demanda la reine.

— C'est la pure vérité, Señora. Nous étions en face de la mort, et je sentis que cette pauvre Indienne, qui s'était placée sous ma protection avec la confiance et la simplicité d'un enfant, avait besoin de quelque consolation : je n'en trouvai aucune qui fût plus convenable, dans un pareil moment, que ce souvenir de notre divin Rédempteur et de notre rédemption. Il me sembla qu'à défaut du baptême c'était le meilleur préservatif pour son âme.

— Ne vous êtes-vous jamais présenté avec elle devant un prêtre? N'avez-vous abusé, en aucune manière, de son innocence et de sa simplicité?

— Il n'est pas dans mon caractère de tromper, Señora; et je vous révélerai chaque faiblesse dont j'ai pu être coupable dans mes relations avec Ozéma. Sa beauté et ses manières attrayantes, sa ressemblance avec doña Mercédès, parlent d'elles-mêmes. Cette ressemblance me prévint fortement en sa faveur; et si mon cœur n'eût déjà entièrement appartenu à une autre, j'aurais été fier de la prendre pour femme. Mais il ne m'était pas possible d'y songer, même un seul instant, quoique cette ressemblance m'eût fait faire des comparaisons qui ne pouvaient qu'être favorables à une femme élevée dans l'ignorance de la véritable religion. Que j'aie éprouvé quelque tendresse pour Ozéma, j'en conviens; mais qu'elle ait jamais été sur le point de supplanter Mercédès dans mon cœur, je le nie positivement. Si j'ai une faute à me reprocher à l'égard d'Ozéma, c'est de n'avoir pas toujours été capable de cacher les sentiments que m'inspiraient sa simplicité ingénue, et surtout sa ressemblance avec doña Mercédès. Du reste, je ne l'ai jamais offensée ni en paroles, ni en actions.

— Ce langage paraît être celui de la droiture et de la vérité, Béatrix. Mais vous connaissez le comte mieux que moi, et vous pouvez dire jusqu'à quel point nous devons ajouter foi à ces explications.

— Je réponds sur ma vie que c'est la vérité, ma chère maîtresse! Luis n'est pas hypocrite, et je me réjouis, — oh! combien je me réjouis — de le voir en état de justifier si pleinement sa conduite! Ozéma, qui avait entendu parler des formes de nos mariages, et qui a vu notre dévotion pour la croix, s'est trompée sur sa propre position, comme elle s'était trompée sur les sentiments de Luis : elle s'est imaginé être sa femme, mais une fille chrétienne n'aurait jamais pu se tromper si cruellement.

— Tout ceci a réellement une apparence de probabilité, dit la reine;—mais, n'oubliant pas les égards dus à la délicatesse, pour ne pas dire aux droits de son sexe, elle ajouta :—Cependant cette affaire touche à la délicatesse d'une dame, — d'une princesse, devons-nous dire, — et elle ne doit pas être traitée si ouvertement. Il convient que les explications ultérieures aient lieu exclusivement entre femmes. Señores, je compte sur votre honneur pour qu'il ne soit jamais parlé de tout ce qui vient de se passer ici, pour qu'on n'en fasse jamais un sujet de conversation parmi les hommes, dans les réunions de plaisir! — Je prends désormais doña Ozéma sous ma garde. Quant à vous, comte de Llera, vous saurez demain quel est notre bon plaisir, relativement à vous et à doña Mercédès.

Isabelle prononça ces mots avec le ton de dignité, non seulement d'une femme, mais d'une reine. Personne ne se permit de répondre. Colomb et don Luis firent les révérences d'usage et se retirèrent.

La reine ne se sépara d'Ozéma qu'à une heure très-avancée. Les scènes que nous avons encore à décrire feront connaître ce qui se passa dans cette entrevue.

CHAPITRE XXX.

> Lorsque celui qui souffre, qui succombe, ne voit pas une main s'étendre pour le secourir, belle comme le sein du cygne qui s'élève avec grâce au-dessus de l'onde, j'ai vu la vôtre, belle Geneviève, me faire un signe de pitié, et c'est pourquoi je vous aime.
>
> COLERIDGE.

Quand Isabelle se trouva seule avec Ozéma et Mercédès, — car elle voulut que la jeune Castillane fût présente à cette explication, — elle entama le sujet du mariage, avec toute la délicatesse d'une âme sensible, mais avec une vérité qui rendait toute erreur impossible. Le résultat de ses observations lui prouva combien cruellement la jeune Indienne s'était trompée : douée d'une âme ardente, pleine de franchise, et accoutumée à être regardée comme un objet d'admiration générale parmi son peuple, Ozéma s'était imaginé que don Luis éprouvait pour elle le même sentiment qu'il lui avait inspiré.

Dès leur première entrevue, l'instinct si vif qui appartient à son sexe lui apprit que Luis l'admirait; et comme elle s'abandonnait sans réserve à son penchant, les fréquentes communications qu'elle avait avec lui durent nécessairement la porter à croire qu'elle était également aimée. Chacun d'eux ignorait la langue de l'autre; ils ne pouvaient donc s'entendre que par le langage des yeux et des gestes : ce langage muet contribua aussi à sa méprise. On se souviendra, d'ailleurs, que si la constance de Luis tint bon, elle fut du moins mise à une forte épreuve. La fausse signification qu'Ozéma donna au nom de Mercédès contribua beaucoup à une illusion que les soins attentifs que notre héros lui prodiguait en toute occasion augmentaient encore. Le rigide décorum que Luis observait invariablement avec la jeune Indienne, le respect qu'il lui témoignait constamment, ne furent pas non plus sans effet sur elle; car, si la nature seule avait fait les frais de son éducation, cet instinct infaillible qui caractérise le sexe le plus faible lui faisait connaître aussi la nature du pouvoir qu'il exerce toujours sur le sexe le plus fort.

Vinrent ensuite les efforts tentés pour faire naître chez Ozéma quelques idées de religion, et les fâcheuses méprises causées par des subtilités mal expliquées et plus mal comprises. La jeune Indienne crut que les Espagnols adoraient la croix. En effet, ne la voyait-elle pas placée avec apparat dans toutes les cérémonies religieuses et publiques? ne voyait-elle pas que l'on s'agenouillait devant elle, et qu'on semblait la prendre à témoin des engagements les plus solennels? Les marins la regardaient avec respect, et l'amiral lui-même en avait fait ériger une lorsqu'il prit possession du territoire que Guacanagari lui avait cédé. En un mot, il semblait à l'imagination peu développée d'Ozéma qu'on se servait de la croix comme d'un gage de la fidélité avec laquelle on devait tenir toutes les promesses. Elle avait souvent admiré celle que portait notre héros; et comme, suivant la coutume de son pays, l'échange de quelques dons était une cérémonie employée pour constater les mariages, elle s'imagina, quand don Luis lui donna le joyau qu'elle trouvait si précieux, qu'il la prenait pour femme, à l'instant où la mort allait les séparer pour toujours. Sa simplicité et son affection firent qu'elle ne porta pas plus loin ses raisonnements ni sa croyance relativement à ce signe.

Une heure se passa avant qu'Isabelle eût tiré d'Ozéma tous ces détails, joints à l'aveu de tous les sentiments qu'elle avait éprouvés, quoique la jeune Indienne ne cherchât à rien cacher et n'eût réellement rien à cacher. Il ne restait plus à la reine qu'à s'acquitter de la partie la plus pénible de la tâche dont elle s'était chargée, c'est-à-dire de détromper une jeune fille confiante, et de lui apprendre à recevoir avec courage la cruelle leçon qui s'ensuivait. La reine l'accomplit pourtant; et croyant que le mieux était de dissiper sur-le-champ toute illusion à ce sujet, elle réussit à faire comprendre à Ozéma que le comte de Llera, longtemps avant de l'avoir vue, avait donné toute son affection à Mercédès, qui était sa fiancée. Il aurait été impossible de remplir cette pénible tâche avec plus de douceur et de délicatesse, mais ce fut un coup terrible pour la jeune Indienne, et Isabelle fut effrayée de ce qu'elle venait de faire. Elle ne s'était pas attendue à l'explosion de sensibilité dont un cœur sortant des mains de la nature la rendit témoin, et le souvenir en troubla son sommeil pendant plusieurs nuits.

Quant à Colomb et à notre héros, ils restèrent toute la semaine suivante dans l'ignorance de ce qui s'était passé. A la vérité, Luis reçut de sa tante, le lendemain matin, un billet qui releva son courage, et un page de Mercédès lui remit en main, sans prononcer une parole, la croix qu'il avait si longtemps portée. Du reste, il fut laissé à ses conjectures. Le moment de l'explication arriva pourtant, et un page vint l'inviter à se rendre dans l'appartement de sa tante.

En y arrivant, Luis n'y trouva pas la marquise, comme il s'y attendait : le salon était vide. Ayant questionné le page qui l'y avait introduit, celui-ci le pria d'attendre qu'il arrivât quelqu'un pour le recevoir. La patience n'était pas la vertu la plus remarquable de notre héros, et il se promena à grands pas, pendant près d'une demi-heure, sans que personne parût songer à sa visite. Comme il allait appeler un domestique pour se faire annoncer de nouveau, une porte s'ouvrit lentement, et Mercédès parut devant lui.

Le premier regard que le jeune homme jeta sur elle lui apprit que son esprit était dans un état d'agitation et d'anxiété. La main qu'il prit pour la porter à ses lèvres tremblait comme la feuille, et les couleurs montaient aux joues de la belle Castillane, puis en disparaissaient, de manière à montrer qu'elle succombait presque sous le poids de son émotion. Elle refusa pourtant, avec un faible sourire, le verre d'eau qu'il lui présenta, et lui fit signe de prendre une chaise, tout en s'asseyant elle-même sur un tabouret, humble siége qu'elle avait coutume d'occuper devant la reine.

— Don Luis, dit Mercédès sitôt qu'elle put maîtriser son émotion, j'ai demandé à avoir cette entrevue avec vous, afin qu'il ne restât plus de motifs pour se méprendre sur nos sentiments et nos désirs. Vous avez été soupçonné d'avoir épousé doña Ozéma, et vous avez été un instant à la veille de votre perte en encourant le déplaisir de la reine.

— Mais *vous*, chère Mercédès, vous ne m'avez jamais accusé de cet acte d'inconstance et de manque de foi?

— Je vous ai dit la vérité, Señor; car je vous connaissais trop bien : j'étais certaine que si Luis de Bobadilla s'était déterminé à faire une telle démarche, il aurait eu la franchise et le courage de l'avouer. Je n'ai donc pas cru un seul instant que vous eussiez épousé la princesse.

— Pourquoi donc détourniez-vous de moi ces regards pleins de froideur ? Pourquoi baissiez-vous à terre ces yeux qui auraient dû échanger avec les miens ces regards qui font les délices de l'amour ? Pourquoi ces manières qui, si elles n'indiquaient pas une aversion décidée, manifestaient du moins une réserve et une indifférence que je ne croyais jamais devoir exister entre nous ?

Mercédès changea de couleur ; elle fut une minute sans lui répondre ; et pendant ce court intervalle, elle douta qu'elle fût en état d'exécuter son projet. Cependant elle rappela tout son courage, et reprit son discours sur le même ton qu'elle l'avait commencé :

— Ecoutez-moi, don Luis ; mon histoire ne sera pas longue. Quand vous avez quitté l'Espagne, d'après ma suggestion, pour entreprendre ce grand voyage, *vous m'aimiez ;* — nul pouvoir sur la terre ne peut me priver de ce souvenir délicieux. — Oui, vous m'aimiez alors, et *vous n'aimiez que moi.* Nous nous séparâmes en nous donnant notre foi l'un à l'autre ; et, pendant votre absence, il ne s'est pas écoulé un seul jour où je n'aie passé plusieurs heures à genoux, à prier le ciel pour l'amiral et pour ses compagnons.

— Chère Mercédès, il n'est pas surprenant que le succès ait couronné nos efforts ; une pareille intercession ne pouvait manquer d'être entendue.

— Je vous prie de m'écouter, Señor. Jusqu'au jour qui apporta la nouvelle de votre retour, nulle femme en Espagne ne peut avoir eu plus d'inquiétude pour celui en qui elle avait placé toutes ses espérances, que je n'en ai éprouvé pour vous. Mais si, à mes yeux, le présent était chargé de crainte et d'incertitude, l'avenir se montrait brillant et plein d'espérance. Le messager envoyé à la cour par l'amiral me les ouvrit le premier aux réalités du monde, et me donna cette dure leçon, — leçon que la jeunesse n'apprend jamais qu'avec tant de lenteur, — celle du désappointement. — Ce fut alors que j'entendis pour la première fois parler d'Ozéma, — de votre admiration pour sa beauté, — de la manière dont vous aviez été sur le point de sacrifier votre vie pour elle.

— Par saint Luc ! ce vagabond de Sancho a-t-il osé faire pénétrer dans vos oreilles le poison de perfides insinuations contre la constance de mon amour pour vous ?

— Il n'a dit que la vérité, Luis, et il ne faut pas le blâmer. Sa relation m'a préparée à quelque malheur, et je remercie le ciel que ce malheur soit arrivé assez lentement pour que j'aie pu me préparer à le soutenir. Quand je vis Ozéma, je ne fus plus surprise de votre changement ; à peine vous en blâmai-je. Je crois que vous auriez pu résister à sa beauté ; mais son entier dévouement à votre personne, son innocence, sa simplicité attrayante, sa gaieté modeste, son naturel heureux, suffiraient pour rendre inconstant l'amant de toute Espagnole.

— Mercédès !

— Je vous ai dit que je ne vous blâme pas, Luis. Il vaut mieux que ce coup m'ait frappée à présent que plus tard, dans un temps où je ne serais plus en état de le supporter. Quelque chose me dit que si j'étais devenue votre épouse, je succomberais sous le poids d'une affection qui ne serait pas partagée ; mais à présent, le couvent m'est ouvert, et je puis consacrer ma vie au Fils de Dieu. — Ne m'interrompez pas, Luis, ajouta-t-elle en souriant avec douceur, mais avec un effort qui prouvait combien ce ton d'aisance lui coûtait : j'ai besoin de tout mon courage pour achever ce que j'ai à vous dire, et je ne me sens pas en état de soutenir une discussion. Vous n'avez pu être maître de votre cœur ; et c'est aux nouveautés étranges qui entouraient Ozéma, à sa séduisante ingénuité, qu'il faut attribuer le changement heureux pour elle, défavorable pour moi, qui s'est opéré en vous. Je me soumets à la volonté du ciel, et je tâche de croire que tout cela n'est arrivé que pour mon avantage éternel. En devenant votre épouse, la tendresse dont mon cœur est encore plein, — je ne cherche pas à le cacher, — aurait pu devenir assez forte pour surpasser l'amour que je dois à Dieu : il vaut donc mieux que les choses soient ce qu'elles sont. Si le bonheur en ce monde ne doit pas être mon partage, je m'assurerai une félicité éternelle dans l'autre. Mais non, je ne perdrai pas tout mon bonheur sur la terre, car je pourrai prier pour vous comme pour moi ; et de tous les êtres de ce monde, vous et Ozéma vous serez toujours les premiers dans mes pensées.

— Cela est si surprenant, Mercédès, si cruel, si déraisonnable, si injuste, que je ne puis en croire mes oreilles.

— J'ai dit que je ne vous blâmais pas ; la beauté et la naïveté d'Ozéma sont plus que suffisantes pour vous justifier, car dans le choix de l'objet de leur amour les hommes consultent plutôt leurs sens que leur cœur. — Une fille d'Haïti peut user innocemment d'un pouvoir qu'il serait inconvenant à une chrétienne d'employer. — Une rougeur plus vive couvrit les joues de Mercédès lorsqu'elle prononça ces paroles. — Mais arrivons à des faits qui exigent une prompte décision. Ozéma a été malade, elle l'est encore dangereusement, Son Altesse et ma tutrice le croient, les médecins même le disent, — il est en votre pouvoir, Luis, de l'arracher à la tombe. Voyez-la ; — dites le mot qui lui rendra le bonheur, dites-lui que si vous ne l'avez pas encore épousée d'après les coutumes d'Espagne, vous êtes prêt à le faire; — enfin, que les saints prêtres qui sont journellement avec elle pour la préparer au baptême, accomplissent la cérémonie ce matin même : alors, nous reverrons de nouveau la princesse souriante, joyeuse, rayonnante, enfin telle qu'elle était lorsque vous l'avez confiée à nos soins.

— Et c'est vous qui me dites ces choses, Mercédès! et avec un tel calme, d'un ton si délibéré! comme si vos paroles exprimaient vos vœux et vos sentiments?

— Avec calme, cela *peut paraître* ainsi, Luis, répondit notre héroïne d'une voix étouffée, mais avec délibération. Oui, m'épouser et en aimer une autre, cela est impossible. Alors pourquoi ne pas suivre l'impulsion de votre cœur? Le douaire de la princesse ne sera pas à dédaigner; car la religieuse dans son couvent n'a besoin ni d'or, ni de richesses d'aucune espèce.

Le comte regarda avec tendresse la jeune enthousiaste, qui ne lui avait jamais paru plus charmante. Puis, se levant, il marcha pendant quelques minutes, comme s'il eût voulu, par cet acte purement physique, dissimuler ses souffrances morales. Lorsqu'il eut recouvré assez d'empire sur lui-même, il revint s'asseoir, et prenant la main de Mercédès qu'elle lui abandonna sans faire aucune résistance, il répondit en ces termes à cette proposition extraordinaire :

— Vous avez veillé si longtemps près du lit de votre amie malade, et vous vous êtes tant occupée de ce sujet, mon amie, que vous ne pouvez plus voir les choses sous leur véritable aspect. Ozéma n'a pas sur mon cœur les droits que vous vous imaginez, et je n'ai jamais eu pour elle qu'une inclination faible et passagère.

— Ah! Luis, jamais ces inclinations faibles et passagères n'ont trouvé place ici, dit Mercédès en posant ses deux mains sur son cœur.

— Notre éducation, Mercédès, nos habitudes, la douceur de votre caractère et la trop grande rudesse du mien, ne peuvent être comparées : autrement, je ne pourrais vous adorer comme je le fais. Si vous n'existiez pas, la certitude d'épouser Ozéma ne me donnerait aucun bonheur. Mais vous vivez, et, vous aimant comme je vous aime, cette union répandrait sur ma vie une amertume que, malgré ma légèreté naturelle, je ne pourrais supporter. Dans aucune circonstance, je ne puis être l'époux de cette Indienne.

Un rayon de bonheur vint éclairer le visage de Mercédès; mais ses principes si purs et ses nobles intentions eurent bientôt réprimé le sentiment que cet instant de triomphe avait fait naître; il y eut même dans sa réponse un ton de reproche.

— Êtes-vous juste envers Ozéma? Sa simplicité n'a-t-elle pas été trompée par cette faible et passagère inclination, et l'honneur ne réclame-t-il pas que vos actions confirment les assurances que vous avez données, du moins par votre conduite?

— Mercédès, ma bien-aimée, écoutez-moi; sachez que, malgré mes légèretés, mes tergiversations, je n'ai point de fatuité. Jamais mes manières n'ont exprimé que ce que mon cœur a ressenti, et jamais mon cœur n'a été attiré que vers vous! En cela consiste la grande différence que j'établis entre vous et toutes les autres personnes de votre sexe. Ozéma n'est pas l'unique femme, ses charmes ne sont pas les seuls, qui m'aient surpris un tendre regard ou une parole d'admiration; mais vous, votre place est dans mon cœur, et vous faites déjà partie de moi-même. Si vous saviez combien de fois votre image a été pour moi un mentor plus fort que ma conscience; dans combien d'occasions le souvenir de vos vertus et de votre affection m'ont garanti d'une chute, lorsque le devoir, la religion et les leçons de ma jeunesse eussent été oubliés, vous comprendriez la différence qui existe entre l'amour que je vous porte et ce que vous avez pris tant de plaisir à me répéter, une inclination passagère.

— Luis, je ne devrais pas écouter ces séduisantes paroles; elles viennent de la bonté d'un cœur qui voudrait m'épargner un chagrin qui est prêt à fondre sur moi, mais qui ne s'aperçoit pas que ma misère n'en serait que plus profonde dans l'avenir. Si vous n'avez jamais eu d'autres sentiments, comment se fait-il que la croix que je vous ai donnée en partant s'est trouvée dans les mains d'une autre?

— Mercédès, vous ne connaissez pas les terribles circonstances dans lesquelles je m'en suis séparé. La mort était en face de nous, et cette croix je l'ai donnée comme un symbole qui pourrait sauver une âme païenne dans cette extrémité. Si ce don, ou plutôt si ce prêt fut regardé comme un gage d'union, c'est une malheureuse erreur que je ne pouvais prévoir; votre propre connaissance des usages chrétiens vous le dira comme à moi; car je pourrais alors vous réclamer comme mon épouse, vous qui me l'avez donnée.

— Ah! Luis, lorsque je vous ai donné cette croix, je désirais que vous pussiez comprendre que c'était un gage de ma foi!

— Et lorsque vous me l'avez renvoyée cette semaine, que désiriez-vous que je comprisse?

— Je vous l'ai renvoyée, Luis, dans un retour d'espérances et par ordre de la reine. Son Altesse est maintenant bien disposée en votre faveur, et elle désirerait notre union, sans le déplorable état d'Ozéma à qui tout a été expliqué, excepté, à ce que je crains, l'état réel de vos sentiments pour nous deux.

— Cruelle Mercédès! ne dois-je plus vous inspirer de confiance? ne dois-je jamais être heureux? Je vous jure encore que vous seule possédez mon cœur tout entier, que je serais heureux avec vous dans une chaumière, et malheureux sans vous sur un trône. Vous le croirez, lorsque vous me verrez malheureux, errant dans le monde, sans repos d'esprit, sans espérance, coupable peut-être, parce que vous seule pouvez me maintenir dans la voie de la vertu. Rappelez-vous, Mercédès, l'influence que vous pouvez avoir, — qu'il faut que vous ayez, que vous aurez, sur mes passions impétueuses. Depuis longtemps je vous regarde comme mon ange gardien; j'obéis à toutes vos volontés, et vous me gouvernez, lorsque tous les autres y avaient échoué. Avec vous, ne suis-je pas doux, traitable, excepté lorsque vos doutes irritent ma passion? Doña Béatrix a-t-elle jamais possédé la plus faible partie de l'autorité que vous avez sur moi? Votre voix ne m'a-t-elle pas toujours apaisé, même au milieu de mes plus violents emportements?

— Luis... Luis, ceux qui connaissent votre cœur ne peuvent douter de lui! — Mercédès s'arrêta, et l'émotion de son visage prouva que la sincérité de son amant avait déjà ébranlé ses doutes sur sa constance. Cependant son esprit se retraça les scènes du voyage, et son imagination lui offrit l'image du lit de souffrance d'Ozéma. Après une minute de silence, elle continua d'une voix basse et timide : — Je ne vous cacherai pas qu'il est doux pour mon cœur d'entendre ce langage ; je crains d'y céder trop facilement, car il m'est impossible de croire que vous puissiez oublier à jamais celle qui a bravé pour vous les chances de la mort, et qui vous a fait un rempart de son corps contre les flèches de vos ennemis !

— Et vous, Mercédès, si vous aviez été à la place d'Ozéma, n'en auriez-vous pas fait autant ?

— Je pourrais en avoir le désir, Luis, dit Mercédès, dont les yeux se remplirent de larmes, mais je pourrais ne pas en avoir le courage !

— Vous l'auriez... vous l'auriez... Je vous connais trop bien pour en douter.

— J'envierais cette action à Ozéma, si l'envie n'était pas un péché. Je crains que vous n'y pensiez, lorsque vous serez devenu insensible à des attraits qui auront perdu le charme de la nouveauté.

— Non seulement vous l'auriez fait, mais avec plus de discernement encore. Ozéma s'est exposée dans une querelle dont elle était l'objet, vous l'auriez fait dans ma propre querelle.

Mercédès garda de nouveau le silence, et parut réfléchir profondément. Ses yeux avaient repris leur éclat, ranimés par les douces assurances de son amant ; et en dépit du généreux dévouement qui l'avait déterminée à sacrifier toutes ses espérances, l'influence séduisante d'une affection payée de retour reprenait promptement son empire.

— Venez avec moi, Luis, dit-elle enfin ; venez contempler Ozéma. Lorsque vous la verrez dans l'état où elle est maintenant, vous connaîtrez mieux vos véritables sentiments. Je n'aurais pas dû laisser ainsi se ranimer votre ancienne ardeur par une entrevue particulière. Ozéma n'étant pas présente, c'est comme si vous vous étiez formé un jugement en n'entendant qu'une seule partie.
— Luis !... Mercédès rougit en achevant cette phrase, mais la rougeur qui couvrait ses joues, produite par son amour et non par la honte, donna un éclat extraordinaire à sa beauté; — Luis, si, après votre visite à la princesse, vous pensez que vous deviez

changer de langage, quelque pénible que cela soit pour moi, vous pouvez être certain que j'oublierai tout ce qui s'est passé, et que mes prières...

Des sanglots lui coupèrent la voix, elle s'arrêta un instant pour essuyer ses larmes, et se dégagea des bras de Luis, qui lui prodiguait ses consolations ; elle le repoussait par un sentiment d'inquiétude jalouse sur le résultat de l'entrevue qui allait avoir lieu, mais dans lequel il entrait plus de délicatesse que de ressentiment. Lorsqu'elle eut essuyé ses larmes et calmé son agitation, elle conduisit Luis à l'appartement d'Ozéma, où sa présence était attendue.

Luis tressaillit en entrant dans la chambre, lorsqu'il y vit la reine et l'amiral, et bien plus encore en apercevant les ravages que le chagrin avait produits sur Ozéma. Une pâleur mortelle avait remplacé la fraîcheur de ses joues ; ses yeux brillaient d'un éclat qui semblait surnaturel, et cependant sa faiblesse était si grande, qu'elle ne pouvait se soutenir, à demi assise, qu'à l'aide d'oreillers. Une exclamation de joie échappa à l'infortunée sitôt qu'elle eut aperçu notre héros ; puis elle se couvrit le visage de ses deux mains, dans une confusion enfantine, comme si elle était honteuse de trahir le plaisir qu'elle ressentait. Luis supporta cette vue avec la force d'un homme, car bien que sa conscience ne fût pas absolument en repos, au souvenir des heures oisives qu'il avait passées dans la société d'Ozéma, et de l'influence que sa beauté et sa naïveté séduisantes avaient exercée momentanément sur son esprit, cependant il ne se sentait pas réellement coupable de ce qu'on aurait pu appeler une faute, et particulièrement d'aucune pensée qui l'eût rendu infidèle à l'objet de son premier amour, ou d'aucun projet de séduction. Il prit avec respect la main de la jeune Indienne, et la baisa avec une franchise et une tendresse qui annonçaient l'affection d'un frère, plutôt que la passion ou l'émotion d'un amant. Mercédès n'avait pas cherché à observer la contenance de don Luis ; mais elle remarqua le regard approbateur que la reine jeta à sa tutrice au moment où il s'approcha du lit d'Ozéma. Elle interpréta ce regard comme un signe que la conduite du comte ne démentait pas les protestations qu'il venait de lui faire.

— Vous trouvez Ozéma bien faible, dit la reine, pouvant seule rompre un silence qui commençait à devenir pénible. Nous avons essayé d'éclairer son esprit naïf et simple sur les mystères de la religion, et elle a enfin consenti à recevoir le saint sacrement du baptême. L'archevêque se prépare pour cette cérémonie, qui va avoir lieu dans mon oratoire, et nous avons le doux espoir d'arracher cette âme précieuse à la perdition.

— Votre Altesse a toujours à cœur le bonheur de son peuple, répondit Luis en s'inclinant profondément pour cacher les larmes que l'état d'Ozéma faisait couler de ses yeux. Je crois que notre climat ne convient guère aux pauvres Haïtiens, et je crains que tous ceux qui sont malades à Séville et à Palos ne donnent peu d'espérance d'un retour à la santé.

— Cela est-il ainsi, don Christophe ?

— Señora, cela n'est que trop vrai. On a pris soin de leur âme comme de leur corps, et Ozéma est aujourd'hui la seule parmi eux en Espagne qui n'ait pas encore reçu le baptême.

— Señora, dit la marquise en s'éloignant du lit d'Ozéma, la surprise et le chagrin empreints sur tous les traits de son visage, je crains que toutes nos espérances ne soient trompées ; Ozéma vient de me dire tout bas qu'il fallait que Luis et Mercédès fussent mariés en sa présence, avant qu'elle consentît à être admise dans le sein de l'Eglise.

— Ceci n'annonce pas un esprit bien éclairé, Béatrix ; et cependant, que faire avec un cœur si peu touché de la lumière d'en haut ? C'est peut-être un caprice qu'elle aura oublié lorsque l'archevêque sera prêt.

— Je ne le crois pas, Señora : jamais je ne l'ai vue aussi positive ; habituellement elle est douce et facile, mais elle m'a donné deux fois cette assurance, et de manière à me prouver qu'elle était sérieuse.

Isabelle s'approcha du lit et parla à la malade avec une grande douceur. Pendant ce temps, l'amiral causa avec la marquise, et Luis s'approcha de notre héroïne. Leur émotion était extrême ; Mercédès respirait à peine, accablée par l'incertitude. Mais quelques paroles lui rendirent bientôt une assurance qui présageait le bonheur. En dépit de ses généreux sentiments pour Ozéma, elle avait enfin conçu l'espoir que le cœur de Luis lui appartenait tout entier. Dès ce moment, elle écarta tous ses doutes et retrouva son affection première.

Les conversations avaient lieu à voix basse, comme il est d'usage en présence des souverains, et un quart d'heure s'écoula avant qu'un page vînt annoncer que tout était prêt dans l'oratoire pour la cérémonie; alors on ouvrit une porte qui communiquait directement avec la chambre d'Ozéma.

— Marquise ma fille, la jeune obstinée persiste, dit la reine en s'éloignant du lit d'Ozéma, et je ne sais que répondre. Il est cruel de lui refuser les moyens de salut, et d'un autre côté, c'est une demande bien subite et bien étrange à faire à votre neveu et à votre pupille !

— Quant au premier, Señora, il ne sera pas difficile de le persuader; mais je doute du consentement de Mercédès. Son cœur est un composé de religion et de délicatesse féminine.

— En vérité, il est à peine convenable d'y penser. Une fille chrétienne doit avoir le temps de préparer son esprit au sacrement du mariage par la prière.

— Et cependant, Señora, il s'en trouve beaucoup qui se marient sans cela. Il fut un temps où don Ferdinand d'Aragon et doña Isabelle n'auraient pas hésité devant une semblable proposition.

— Ce temps n'exista jamais, Béatrix. Lorsque vous voulez me faire approuver quelque plan ou quelque fantaisie inconsidérée, vous ne manquez jamais de me ramener au passé; à nos jours d'épreuves et de jeunesse. Croyez-vous réellement que votre pupille consente à cette précipitation et à l'absence des formalités préparatoires?

— J'ignore si elle serait disposée à passer par-dessus aucune des formalités, Señora; mais je sais que, s'il y a en Espagne une femme qui soit toujours prête en esprit aux plus saints rites de l'Eglise, c'est Votre Altesse; et que s'il en existe une seconde, c'est Mercédès.

— Assez, assez, bonne Béatrix ; la flatterie ne vous sied nullement. Personne n'est jamais prêt, et chacun a besoin d'une surveillance incessante. Dites à doña Mercédès de me suivre dans mon cabinet; je veux m'entretenir avec elle sur ce sujet, je veux au moins qu'elle n'y soit pas amenée par surprise.

A ces mots, la reine se retira. A peine était-elle dans son cabinet que notre héroïne y entra d'un pas inquiet et timide. Aussitôt que ses yeux rencontrèrent ceux de sa souveraine, Mercédès fondit en larmes, et tombant à genoux elle cacha son visage dans la robe d'Isabelle. Cet accès de sensibilité fut promptement réprimé, et la jeune fille se releva, attendant le bon plaisir de sa souveraine.

— Ma fille, dit la reine, j'espère qu'il n'y a plus aucun malentendu entre toi et le comte de Llera. Tu connais les intentions de ta tutrice et les miennes, et tu peux, dans une affaire comme celle-ci, t'en rapporter à nos têtes plus froides et à notre grande expérience. Don Luis t'aime et n'a jamais aimé la princesse, quoiqu'il n'eût point été surprenant qu'un jeune homme doué de passions inpétueuses, et qui a été si souvent exposé à la tentation, n'eût éprouvé quelque sentiment involontaire et passager pour une femme si belle et si attrayante.

— Luis est convenu de tout cela, Señora; il n'a jamais été inconstant, mais il a été faible.

— C'est une dure leçon donnée à la jeunesse, mon enfant, dit la reine avec gravité. Mais elle serait encore plus pénible si tu l'avais reçue plus tard, c'est-à-dire à cette époque où la tendresse plus profonde d'une femme a succédé aux impressions de la jeune fille. Tu as entendu l'opinion des médecins; il y a peu d'espoir de rappeler Ozéma à la vie.

— Ah! Señora, quelle cruelle destinée! mourir dans une contrée étrangère, à la fleur de l'âge, et avec un cœur brisé par le poids d'un amour non partagé!

— Et cependant, Mercédès, si le ciel ouvre les yeux d'Ozéma lorsque le dernier acte de sa vie sur la terre sera terminé, la transition n'en sera que plus heureuse pour elle, et ceux qui déplorent sa perte feraient mieux de s'en réjouir. Sa jeunesse, son innocence, son cœur pur, se sont montrés à nu devant nous; il ne leur manque plus que les fruits d'une pieuse instruction. Elle n'a rien à craindre pour ses erreurs personnelles. Tout ce qu'on peut faire pour une semblable jeune fille, c'est de la placer dans le sein de l'Eglise, en obtenant pour elle le sacrement du baptême; et il n'y aura pas un prélat prêt à quitter le monde, qui puisse emporter avec lui plus d'espérance d'un bonheur futur.

— C'est ce saint office que monseigneur l'archevêque est sur le point de remplir, m'a-t-on dit, Señora.

— Cela dépend en quelque sorte de toi, ma fille. Ecoute, et ne sois pas trop prompte dans ta décision; le bonheur d'une âme y est attaché.

La reine alors raconta à Mercédès la demande romanesque d'Ozéma; elle le fit en termes si touchants et si doux, qu'elle excita moins de surprise et d'alarme qu'elle ne l'avait craint elle-même :

— Doña Béatrix m'a fait une proposition qui d'abord paraît assez plausible, mais que la réflexion n'admet pas. Elle avait le projet d'engager le comte à épouser Ozéma dès aujourd'hui (Mercédès tressaillit et devint pâle), — afin que les dernières heures de la jeune étrangère fussent adoucies par la joie d'être la femme de l'homme qu'elle idolâtre. Mais j'ai trouvé des objections sérieuses à ce projet. Quelle est ton opinion, ma fille?

— Señora, si je pouvais croire aujourd'hui, comme je l'ai cru naguère, que Luis a pour la princesse une préférence capable de le conduire au bonheur que procure cette mutuelle affection sans laquelle le mariage est plutôt une malédiction qu'une félicité, je serais la dernière à élever aucune objection; au contraire, je crois que je demanderais à genoux cette grâce à Votre Altesse; car celle qui aime réellement désire avant tout le bonheur de l'objet de ses affections. Mais je suis assurée que le comte n'a pas pour Ozéma les sentiments nécessaires au mariage; et ne serait-ce pas une profanation, Señora, de recevoir un sacrement de l'Eglise, de prononcer un vœu que le cœur ne sanctionnerait pas, ou plutôt contre lequel il se révolterait?

— Excellente fille! tes principes sont absolument les miens, et c'est dans ce sens que j'ai répondu à la marquise. On ne doit pas jouer avec les rites de l'Eglise, et nous sommes obligés, après tout, de nous soumettre aux afflictions qui nous sont infligées pour notre bonheur éternel, quoiqu'il soit souvent plus pénible de supporter celles des autres que les nôtres mêmes. Il ne te reste plus qu'à prononcer sur ce caprice d'Ozéma, et à nous dire si tu veux être mariée aujourd'hui, afin qu'elle soit baptisée.

Malgré le dévouement et l'amour de Mercédès pour notre héros, la jeune fille eut à soutenir une lutte violente avec ses principes habituels et sa délicatesse, pour prendre un parti aussi subit. Enfin les raisonnements de la reine prévalurent, car Isabelle sentait qu'une grande responsabilité pèserait sur elle si on laissait la jeune étrangère quitter ce monde sans être entrée dans le sein de l'Eglise. Aussitôt qu'elle eut reçu le consentement de Mercédès, la reine dépêcha un messager à la marquise, puis elle s'agenouilla auprès de sa jeune amie, et elles passèrent une heure ensemble dans les exercices spirituels usités en pareilles occasions. Puis ces deux femmes, si pures d'esprit et de cœur, sans songer aux vanités de la parure, mais pénétrées de la sainteté du devoir qu'elles venaient d'accomplir, se présentèrent à la porte de la chapelle royale, dans laquelle on avait transporté Ozéma, toujours couchée sur son lit. La marquise jeta un voile blanc sur la tête de Mercédès, et fit à son costume quelques légers changements, par déférence pour l'autel et ses ministres.

Une douzaine de personnes environ avaient été jugées dignes d'assister à cette cérémonie et étaient déjà présentes ; au moment où les deux futurs époux allaient prendre place, Ferdinand entra subitement, tenant encore à la main quelques papiers dont il avait abandonné la lecture pour se rendre aux désirs de sa royale compagne. Le roi avait beaucoup de dignité ; et lorsqu'il le voulait, aucun souverain ne tenait son rang avec plus de grâce et de meilleures manières. Il fit signe à l'archevêque de s'arrêter ; puis, ordonnant à Luis de se mettre à genoux, il jeta sur les épaules du jeune homme le collier d'un de ses ordres, en lui disant :

— Maintenant relève-toi, noble chevalier, et accomplis tes devoirs envers ton maître céleste comme jusqu'ici tu les as accomplis envers nous.

Isabelle remercia son mari de cette grâce par un sourire approbateur, et la cérémonie commença aussitôt. Mercédès et Luis furent unis. Lorsque le service solennel fut terminé, notre héroïne, que Luis pressa avec tendresse sur son cœur, sentit qu'ils se comprenaient, et, dans la plénitude de leur propre bonheur, Ozéma fut oubliée un instant.

Christophe Colomb avait conduit la mariée à l'autel, fonction que le roi lui avait assignée. Ferdinand lui-même s'était tenu à côté de Luis et assez près pour condescendre à toucher le poêle qu'on tenait étendu sur la tête des deux époux. Mais Isabelle était restée à l'écart, auprès du lit d'Ozéma, et veilla sur elle pendant toute la cérémonie. La reine ne pensait pas qu'il fût besoin d'une manifestation publique d'intérêt pour la fiancée, puisqu'elles venaient de mêler leur émotion dans une douce communauté de prières. Les compliments d'usage furent promptement terminés. Don Ferdinand se retira ainsi que tous ceux qui n'étaient pas dans le secret de l'histoire d'Ozéma.

Par un sentiment de délicatesse pour la condition d'une femme étrangère, que ses habitudes et ses opinions avaient investie d'une partie des droits sacrés de la royauté, la reine avait désiré que son mari et quelques personnes de sa suite ne fussent pas témoins du baptême d'Ozéma. Pendant la célébration du mariage, elle avait remarqué avec quelle constance la jeune fille à demi éclairée avait observé les mouvements de l'archevêque et ceux des deux époux; et des larmes avaient coulé de ses yeux, en voyant empreinte dans chaque trait de ce visage pâle, mais toujours charmant, la lutte que son amour pour Luis et son amitié pour Mercédès avaient élevée dans le cœur de la jeune et malheureuse Indienne.

— Où être croix? dit Ozéma avec vivacité, lorsque Mercédès s'arrêta pour serrer dans ses bras son corps amaigri, et déposer un baiser sur ses joues. Donner croix, — Luis pas marier avec croix, donner croix à Ozéma.

Mercédès prit elle-même la croix, qui reposait sur le cœur de son mari depuis le jour où elle la lui avait rendue, et elle la mit entre les mains de la princesse.

— Pas marier avec croix, murmura la jeune fille dont les yeux remplis de larmes pouvaient à peine contempler le bijou auquel elle attachait tant de prix. — Maintenant, vite, Señora; — faire Ozéma chrétienne.

La scène commençait à devenir trop solennelle et trop touchante pour passer le temps en vaines paroles, et l'archevêque, à un signe de la reine, commença cette seconde cérémonie. Elle fut promptement terminée, et dans la bonté de son cœur Isabelle fut promptement tranquillisée par l'assurance que l'étrangère, qu'elle regardait comme devant être l'objet spécial de tous ses soins, était entrée dans l'alliance de salut que Dieu a contractée avec son Eglise.

— Ozéma chrétienne maintenant? demanda la jeune fille avec une vivacité et une simplicité qui causèrent autant de douleur que de surprise à tous ceux qui étaient présents.

— Tu as maintenant l'assurance que la grâce de Dieu accueillera tes prières, ma fille, répondit le prélat. Demande-la de tout ton cœur, et ta fin, qui est prochaine, en sera plus heureuse.

— Chrétiens pas marier païens? chrétien marier chrétienne?

— On te l'a répété déjà bien des fois, ma pauvre Ozéma, répondit la reine: l'Église ne pourrait sanctionner une union entre chrétiens et païens.

— Chrétien marier avec première femme aimer mieux?

— Certainement. Agir autrement serait violer ses vœux et insulter à Dieu.

— Ainsi penser Ozéma. Mais pouvoir marier seconde femme, inférieure femme; la femme lui aimer après.—Luis, marier Mercédès, première femme, parce que aimer elle mieux.—Puis marier Ozéma seconde femme, — femme inférieure, — parce que lui aimer elle le mieux après Mercédès. — Ozéma chrétienne maintenant, — pas d'obstacle. — Venez, archevêque, faire Ozéma seconde femme de Luis.

Un profond gémissement échappa à Isabelle, et elle se retira dans un coin de la chapelle, tandis que Mercédès, fondant en larmes, s'agenouilla, cacha son visage sur le lit, et pria avec ferveur pour que l'âme de la princesse se dégageât des ténèbres qui l'enveloppaient encore; le prêtre accueillit avec moins d'indulgence cette preuve de l'ignorance de sa pénitente et de son peu de préparation au sacrement qu'il venait de lui administrer.

— Jeune femme non encore éclairée, dit-il d'un ton sévère, le saint baptême est salutaire ou terrible, suivant les dispositions qu'on y apporte; la demande que vous venez de faire a déjà chargé votre âme du poids d'un nouveau péché. Nul chrétien ne peut avoir deux femmes en même temps, et Dieu ne connait ni première ni seconde entre ceux que son Eglise a unis. Vous ne pouvez pas être la seconde femme, tandis que la première vit encore.

— Pas vouloir être à Caonabo, non; — à Luis, — oui, — la cinquantième femme, — la centième au cher Luis! — Cela pas possible?

— Fille aveuglée et malheureuse, je vous dis non, — non, — mille fois non! — jamais, jamais! La question même est si coupable, qu'elle profane la sainte chapelle et les symboles religieux qu'elle renferme. Oui, vous avez raison, baisez votre croix, et humiliez votre âme dans la douleur, car...

— Seigneur archevêque, interrompit la marquise de Moya avec une vivacité qui montrait combien son ancien caractère venait d'être réveillé; en voilà assez : celle que vous admonestez si vivement ne peut plus vous entendre; son âme pure s'est envolée devant un autre tribunal, où elle trouvera, je l'espère, un juge plus clément. — Ozéma a cessé de vivre!

Ce que la marquise annonçait n'était que trop vrai. Terrifiée par les paroles du prélat, — bouleversée par la confusion d'idées qu'excitait en elle la différence des dogmes qu'on venait de lui enseigner et de ceux dans lesquels son enfance avait été élevée; frappée par la certitude que son dernier espoir d'être unie à Luis venait de s'évanouir, l'âme de l'Indienne avait abandonné sa gracieuse et charmante enveloppe, qui conservait encore la touchante impression des émotions qui l'avaient agitée pendant les derniers instants de son séjour sur la terre.

Ainsi s'échappa la première de ces âmes que la découverte du Nouveau-Monde devait sauver de la perdition du paganisme. Le casuiste peut controverser, le savant discuter, le religieux réfléchir sur son destin probable dans le monde inconnu qui l'attendait; mais l'homme bon et soumis espère tout de la clémence d'un Dieu de miséricorde. Quant à Isabelle, le choc qu'elle ressentit diminua de beaucoup le triomphe qu'elle se promettait du succès de son zèle et de ses efforts. Elle était pourtant bien loin de prévoir que cet événement n'était que le prélude des mécomptes qui allaient bientôt accompagner la propagation de la religion du Christ dans les contrées nouvellement découvertes, et une sorte de présage pratique de la ruine dont étaient menacées la plupart des espérances les plus douces et des désirs les plus ardents de son cœur.

CHAPITRE XXXI.

> Dans son noble essor, une femme parfaite nous guide par ses conseils et nous console; son âme, toujours paisible, semble briller d'une auréole céleste.
>
> WORDSWORTH.

L'ÉCLAT qui entourait l'expédition de Colomb mit en vogue les voyages maritimes. On ne regarda plus les navigations de long cours comme une carrière inférieure et peu convenable aux nobles; ce penchant de don Luis, qu'on avait si souvent blâmé durant les années précédentes, était devenu l'objet de tous les éloges. Bien que ses relations réelles avec Colomb n'aient été révélées pour la première fois que dans les pages que l'on vient de lire, cette circonstance ayant échappé aux recherches superficielles des historiens, c'était un avantage pour lui d'être connu comme ayant manifesté ce qui pouvait s'appeler une vocation maritime, dans un siècle où la plupart des hommes de son rang se contentaient des excursions sur la terre ferme. L'Océan devenait à la mode, et le chevalier qui avait contemplé son étendue sans bornes, regardait celui qui n'avait pas quitté le sol natal à peu près du même œil que le preux qui a gagné ses éperons regarde celui qui a passé sa jeunesse dans l'oisiveté. Plusieurs nobles, dont les domaines touchaient à la Méditerranée ou à l'Atlantique, équipèrent de petits navires côtiers, appelés yachts dans le quinzième siècle, et se mirent en devoir de suivre les sinuosités des glorieuses rives de cette partie du monde, s'efforçant de trouver une jouissance dans une occupation qu'il semblait méritoire d'imiter. Il serait téméraire d'affirmer que tous réussirent à transporter les habitudes de la cour et des châteaux dans les étroites limites des chebecs et des felouques, mais on ne saurait douter que cette tendance de l'époque fut soutenue par l'expérience, et que les hommes rougirent de condamner ce que la politique et l'esprit du jour recommandaient également. La rivalité entre l'Espagne et le Portugal fortifia aussi ce nouveau penchant; et bientôt le jeune homme qui n'avait jamais quitté ses foyers domestiques courut plus de risques d'être cité pour son manque de courage, que l'aventurier d'être flétri pour sa vie errante et vagabonde.

Cependant les saisons se succédaient, et les événements passaient, suivant leur cours ordinaire, de la cause à l'effet. Vers la fin du mois de septembre, précisément dans cet étroit et romantique passage qui, séparant l'Europe de l'Afrique, unit la Méditerranée aux plaines liquides de l'Atlantique, les rayons du soleil levant brillaient sur le vaste Océan, et de leurs reflets dorés éclairaient tout ce qui s'élevait au-dessus de sa surface. Ces derniers objets n'étaient qu'en petit nombre; une douzaine de navires se dirigeaient vers différents buts, poussés par une douce brise d'automne. Comme nous n'avons à parler que d'un seul de ces navires, il suffira de le décrire en peu de mots.

Ce bâtiment portait la voile latine, la plus pittoresque de toutes celles inventées par le génie de l'homme, soit que l'art l'offre à nos yeux en miniature, soit qu'elle s'y présente sous ses véritables dimensions. Sa position était précisément aussi celle qu'un peintre aurait choisie comme la plus favorable à son pinceau, la légère felouque courant vent arrière avec une de ces grandes voiles pointues s'étendant de chaque côté comme les ailes d'un énorme oiseau au moment où il va s'abattre sur son nid. On remarquait dans tous les agrès une symétrie inusitée; et la coque, qui se distinguait par des lignes de la plus belle proportion, était d'une netteté et d'un fini qui annonçaient le yacht d'un noble.

Ce navire se nommait *l'Ozéma*, et il portait le comte de Llera avec sa jeune épouse. Luis, qui, par suite de ses nombreux voyages, était devenu un habile marin, dirigeait les manœuvres en personne, ce qui n'empêchait pas Sancho Mundo de se promener sur le pont d'un air d'autorité, étant de droit, sinon de fait, le patron du bâtiment.

— Oui, oui, bon Barthélemy, amarre bien cette ancre, dit Sancho au moment où il inspectait le gaillard d'avant dans une de ses rondes fréquentes; car le vent et la saison ont beau être favorables, nul ne peut savoir quelle sera l'humeur de l'Océan lorsqu'il sortira de son sommeil. Dans le grand voyage au Cathay, nous avons eu la traversée la plus heureuse, mais rien n'a été plus diabolique que le retour. L'époux de doña Mercédès est un excellent marin, comme chacun de vous peut le voir, et nul ne peut dire de quel côté ou jusqu'où l'humeur du comte peut le porter, une fois qu'il est en train. Je vous réponds, camarades, qu'à chaque minute la gloire et l'or peuvent pleuvoir sur vous tous, au service d'un tel seigneur; et j'espère que vous avez eu soin de vous munir de grelots à faucon, non moins utiles pour faire venir les doublons que les cloches de la cathédrale de Séville pour assembler les chrétiens.

— Maître Mundo, cria notre héros sur le gaillard d'arrière, envoyez un homme sur la vergue de misaine, et ordonnez-lui de regarder au nord-est.

Cet ordre du comte interrompit une des harangues que Sancho improvisait en son honneur, et le força d'en aller surveiller l'exécution. Lorsque le matelot eut signalé son arrivée au poste aérien et en apparence périlleux qu'on lui avait assigné, la voix de don Luis s'éleva du pont pour lui demander ce qu'il voyait.

— Seigneur comte, répondit le matelot, l'Océan est couvert de navires voguant à pleines voiles dans la direction que Votre Excellence a indiquée, et qui ressemble à l'embouchure du Tage lorsqu'un vent d'ouest commence à souffler.

— Peux-tu les compter et m'en dire le nombre?

— Par la messe! Señor, répondit le matelot après avoir pris le temps de faire son calcul, je n'en vois pas moins de seize. — A présent, j'en aperçois un autre plus petit qui était caché par une caraque. — Dix-sept en tout.

— Alors nous arrivons à temps, mon amour! s'écria Luis en se tournant avec transport vers Mercédès. Je presserai encore une fois la main de l'amiral avant qu'il nous quitte pour retourner au Cathay. Tu parais aussi joyeuse que je le suis moi-même du succès de nos efforts.

— Tes joies sont aussi mes joies, Luis, répondit la jeune femme; lorsqu'il n'y a qu'une affection il ne peut y avoir qu'un désir.

— Chère, — chère Mercédès, — tu feras de moi tout ce que tu voudras. Ton angélique douceur, et l'empressement avec lequel tu as consenti à ce voyage, font sur moi une telle impression, qu'il me semble que mon âme finira par s'identifier avec la tienne, je vivrai plus en toi qu'en moi-même.

— Cependant, Luis, reprit la jeune femme en souriant, le changement s'annonce dans l'autre sens, puisqu'il est beaucoup plus probable que tu feras de moi un coureur de mers, qu'il ne l'est que je ferai de toi un châtelain paisible du château de Llera.

— Tu ne t'es pas embarquée avec répugnance, n'est-ce pas, Mercédès? demanda Luis avec la vivacité d'un homme qui craint d'avoir commis une indiscrétion involontaire.

— Non, mon bien-aimé; au contraire, je suis venue volontiers, indépendamment du plaisir que j'ai éprouvé en me rendant à tes désirs. Je ne ressens aucun malaise du mouvement de la felouque, et la nouveauté de ce spectacle me ravit et m'enchante!

Dire que Luis entendit ces paroles avec une double satisfaction, c'est seulement ajouter qu'il trouva plus d'un plaisir dans l'aspect de l'Océan.

Au bout d'une demi-heure, le bâtiment de l'amiral était visible du pont de *l'Ozéma;* et le soleil n'avait pas encore atteint le méridien, que la petite felouque voguait au centre de la flotte, se dirigeant vers la caraque de Colomb. Lorsque après les saluts d'usage l'amiral apprit la présence de Mercédès, sa courtoisie le fit monter à bord de *l'Ozéma,* pour lui présenter ses hommages. Les situations dans lesquelles ils s'étaient trouvés ensemble avaient inspiré à Colomb une sorte d'affection paternelle pour Luis; Mercédès en avait sa part, depuis sa noble conduite dans les événements qui s'étaient passés à Barcelone; aussi mit-il une affectueuse dignité dans son accueil, et l'entrevue se ressentit de l'attachement que le comte et la comtesse éprouvaient également pour lui.

Rien ne pouvait être plus frappant pour celui qui aurait été témoin de ce nouveau départ que le contraste qui existait entre l'isolement du Génois à son premier voyage, et l'éclat qui l'entourait au second; jadis il était sorti du port, délaissé, presque oublié, avec trois bâtiments mal disposés et montés par des équipages plus mal disposés encore, tandis que dans la circonstance présente l'Océan blanchissait sous ses nombreux vaisseaux, et il se voyait entouré d'une foule de nobles chevaliers.

Dès qu'il fut connu que la comtesse de Llera se trouvait sur la felouque qui venait de paraître au milieu de la flotte, des embarcations furent mises à l'eau de toutes parts, et Mercédès se vit comme environnée d'une cour brillante sur la vaste mer; les femmes qui l'accompagnaient, parmi lesquelles deux ou trois appartenaient à de nobles familles, l'aidèrent à recevoir les chevaliers qui se pressaient sur le pont. La balsamique influence de l'air pur qu'on respire sur l'Océan contribuait à la joie qui régnait en ce moment, et durant une heure *l'Ozéma* présenta un tableau de gaieté et de splendeur, tel qu'aucun des assistants n'en aurait retrouvé un semblable dans ses propres souvenirs.

— Belle comtesse, s'écria l'un d'entre eux, qui était un des prétendants rejetés par notre héroïne, vous voyez à quel acte de désespoir m'a poussé votre cruauté : je pars pour l'extrémité de l'Orient. Don Luis doit se féliciter que je n'aie pas tenté l'aventure avant qu'il ait eu le bonheur de vous plaire; car désormais nulle señora ne repoussera les vœux d'un frère d'armes de l'amiral.

— Il se peut que vous disiez la vérité, Señor, répondit Mercédès, le cœur fier à la pensée que Luis, l'objet de sa préférence, avait accompli cette brillante et courageuse entreprise lorsque les résultats en étaient encore si incertains, lorsque d'autres frémissaient à la seule idée des dangers qu'elle présentait; — il se peut que vous disiez vrai; mais une personne dont les désirs sont aussi modérés que les miens doit se contenter de ces simples excursions sur la côte, dans lesquelles, heureusement, une femme peut accompagner son mari.

— Señora, s'écria à son tour le brave et bouillant Alonzo d'Ojeda, don Luis m'a fait mordre la poussière dans un tournoi, valeureux exploit qui a laissé peu de souvenirs plus brillants;

maintenant je l'emporte sur lui, puisqu'il se contente de contempler les rives espagnoles, nous laissant la gloire de chercher les Indes et de ranger les infidèles sous la loi de nos souverains!

— C'est un honneur suffisant pour mon mari, Señor, de pouvoir s'enorgueillir du succès dont vous venez de parler; et il peut se contenter de la réputation acquise par la première expédition.

— Dans une année d'ici, comtesse, vous l'aimeriez mieux encore s'il partait avec nous, s'il avait fait briller son courage au milieu des sujets du Grand-Khan.

— Vous voyez, don Alonzo, que, tel qu'il est aujourd'hui, l'illustre amiral ne méprise pas tout à fait Luis de Bobadilla. Ils se sont retirés ensemble dans ma chambre; un homme sans foi ou sans courage ne serait pas l'objet d'une telle attention de la part de don Christophe.

— Cela est étonnant! reprit le soupirant rejeté; la faveur dont le comte jouit auprès de notre noble amiral nous a tous étonnés lorsque nous étions à Barcelone. Peut-être, Ojeda, se sont-ils rencontrés dans quelques-unes de leurs excursions maritimes?

— Par la messe! Señor, s'écria Alonzo en riant, si don Luis a jamais rencontré le señor Colon de la même manière qu'il m'a rencontré dans la lice, je pense qu'une telle entrevue suffirait à l'amiral pour sa vie entière!

La conversation se soutint ainsi, tantôt légère, tantôt plus sérieuse, mais toujours amicale, pendant que l'amiral et notre héros, retirés dans la chambre de Mercédès, s'entretenaient en particulier sur un sujet de la plus haute importance.

— Don Luis, dit Colomb lorsqu'ils se furent assis l'un près de l'autre, vous connaissez l'affection que je vous porte, et je suis sûr de la vôtre pour moi. Je quitte l'Espagne pour chercher des périls plus grands encore que ceux que nous avons bravés ensemble. Alors je partais obscur, presque méprisé, l'ignorance et la pitié me servant en quelque sorte de protection; mais aujourd'hui la malignité et l'envie se sont attachées à mes pas. L'âge m'a donné trop d'expérience pour que je ne prévoie point les malheurs dont je suis menacé. Beaucoup de gens s'occuperont de moi durant mon absence; ceux mêmes qui me poursuivent de leurs acclamations deviendront mes calomniateurs, et se vengeront de leurs adulations passées par la défaveur qu'ils ne tarderont pas à appeler sur moi. Isabelle et Ferdinand seront assiégés de mensonges, et le moindre désappointement dans le succès sera représenté comme un crime. A la vérité, je laisse derrière moi des amis, tels que Juan Perez, de Saint-Angel, Quintanilla, et vous : je compte sur vous tous, non pour obtenir des faveurs, mais pour soutenir la cause de la vérité et de la justice.

— Vous pouvez compter, Señor, sur mon faible crédit dans toutes les circonstances. Je vous ai vu dans des jours d'épreuves, et aucune calomnie, aucune fausse interprétation, ne pourra jamais affaiblir ma confiance en vous.

— Je le pensais ainsi, Luis, même avant d'avoir entendu ces affectueuses et énergiques paroles, répondit l'amiral en pressant avec ardeur la main du jeune homme ; je ne sais si Fonséca, qui a pris tant d'influence dans les affaires de l'Inde, est vraiment mon ami. Il y a encore un homme de votre famille et de votre nom, qui m'a déjà regardé d'un œil défavorable, et dont je me méfierais beaucoup s'il trouvait l'occasion de me nuire.

— Je sais de qui vous voulez parler, don Christophe ; et je le considère comme faisant peu d'honneur à la maison de Bobadilla[1].

— Il a néanmoins du crédit auprès du roi, ce qui en ce moment est de la plus redoutable importance.

— Ah! Señor, il ne faut rien attendre de généreux de ce monarque rusé et à double face. Tant que l'oreille de doña Isabelle restera ouverte à la vérité, il n'y a rien à craindre; mais don Ferdinand devient chaque jour plus attaché aux choses de ce monde et plus temporiseur. Par la messe! celui qui dans sa jeunesse était un si vaillant chevalier, devrait-il souiller ses cheveux blancs par une cupidité qui ferait honte à un Maure! Cependant ma noble tante vaut à elle seule une armée, et elle restera notre fidèle protectrice.

— Dieu gouverne tout, et douter de sa sagesse ou de sa justice serait un péché.—Mais, Luis, parlons un instant de ce qui vous concerne. La Providence vous a confié le bonheur d'un être tel qu'il s'en rencontre rarement sur cette terre. L'homme qui a obtenu du ciel une femme aussi aimable, aussi vertueuse que la vôtre, doit élever un autel dans son cœur, et y offrir à Dieu tous les jours, à toutes les heures, des sacrifices de reconnaissance pour le don qu'il a reçu de sa bonté, puisqu'il jouit du trésor le plus précieux, le plus pur et le plus durable qui nous soit accordé

---

1. Don Francesco de Bobadilla. Voyez l'*Histoire de Christophe Colomb*, par Washington Irving, traduite par Defauconpret. Paris, Charles Gosselin, 4 vol. in-8, 2e édition.
(*Note de l'Editeur.*)

dans ce monde : il doit ne l'oublier jamais. Mais une femme semblable à doña Mercédès est une créature aussi délicate qu'elle est rare : que sa douceur calme votre impétuosité ; que les imperfections de votre caractère cèdent à sa noble influence ; que sa vertu stimule votre vertu ; que son amour alimente votre amour ; enfin, que sa tendresse soit un constant appel à votre indulgence envers elle et à la protection que vous lui devez. Remplissez tous vos devoirs comme un vrai grand d'Espagne, mon fils, et cherchez la félicité dans la compagne que votre cœur a choisie, en même temps que dans l'amour de Dieu.

Avant de se séparer de Luis, l'amiral lui donna sa bénédiction ; puis, prenant congé de Mercédès avec le même cérémonial que lors de son arrivée, il regagna sa caraque. Les embarcations s'éloignèrent successivement de la felouque, et plus d'un adieu fut encore échangé avant qu'elles eussent rejoint leurs bâtiments respectifs. Peu de minutes s'étaient écoulées, que déjà les lourdes vergues se courbaient en fendant l'air, et la flotte voguait au sud-ouest, se dirigeant, ainsi qu'on le croyait alors, vers les côtes éloignées de l'Inde.

Une heure après le départ de Colomb, *l'Ozéma* était encore là où il l'avait laissée ; on eût dit que ceux qu'elle portait cherchaient du regard leurs amis absents. Sa voile se déploya enfin, et la gracieuse felouque tourna son cap vers la petite baie au fond de laquelle se trouvait le port de Palos de Moguer.

La soirée était délicieuse, l'air embaumé, et lorsque *l'Ozéma* approcha du rivage, la surface de la mer était aussi calme que celle d'un lac : la brise était juste ce qu'il fallait pour rafraîchir l'air, et faire courir au petit esquif trois ou quatre nœuds à l'heure. La tente que notre héros et notre héroïne occupaient durant le jour était sur le pont : formée d'une toile goudronnée tendue comme la banne d'un waggon, au dedans elle était ornée d'une tenture d'étoffes précieuses qui en faisait un joli petit salon. Une toile séparée, formant cloison, la protégeait sur le devant contre les regards indiscrets des hommes de l'équipage, et un élégant rideau permettait de la fermer du côté de la poupe. Au moment dont nous parlons, ce rideau était relevé négligemment, et les deux époux pouvaient promener la vue sur la vaste étendue des flots, et contempler la majestueuse beauté du soleil couchant.

A demi étendue sur un lit de repos, Mercédès avait les yeux

fixés sur l'Océan, et Luis, assis à ses pieds sur un tabouret, tenait une guitare. Il venait de jouer, en s'accompagnant de la voix, l'air national qu'elle préférait ; et lorsqu'il posa l'instrument à terre, il s'aperçut que sa jeune épouse ne l'écoutait pas avec sa tendresse et son attention ordinaires.

— Tu es pensive, Mercédès ? dit-il en se penchant en avant pour mieux saisir l'expression mélancolique de ses yeux, où l'enthousiasme brillait si souvent.

— Le soleil va disparaître du côté de la patrie de la pauvre Ozéma, Luis, répondit Mercédès avec un léger tremblement dans la voix ; cette circonstance, jointe à la vue de cet Océan sans bornes, image si frappante de l'éternité, m'a rappelé ses derniers moments. Sûrement, sûrement, une créature si innocente ne peut avoir été condamnée à d'éternels supplices, par ce seul motif qu'un esprit peu éclairé et ses sentiments passionnés la rendaient incapable de comprendre tous les mystères de l'Eglise !

— Je voudrais que ta pensée se reportât moins souvent sur ce sujet, mon amour ; les prières et les messes qui ont été dites pour son âme devraient te tranquilliser ; ou, si tu le désires, on peut encore faire prier pour elle.

— Nous le ferons, reprit la jeune femme d'un ton si bas qu'on l'entendait à peine, tandis que des larmes coulaient le long de ses joues. Le meilleur d'entre nous a besoin de prières, et nous en devons faire pour la pauvre Ozéma. As-tu pensé à engager de nouveau l'amiral à rendre autant de services qu'il le pourra à Mattinao, lorsqu'il sera arrivé à Española ?

— C'est une chose convenue ; ainsi, cesse de t'en occuper. Un monument est déjà élevé à Llera ; et s'il nous est permis de déplorer la perte de cette aimable fille, à peine devons-nous la plaindre. Si Luis de Bobadilla n'était ton mari, cher ange, il la regarderait comme un objet d'envie plutôt que de pitié.

— Ah ! Luis, cette flatterie m'est trop agréable pour que j'y réponde par un reproche, mais elle me semble peu convenable. En vérité, le bonheur même que me donne la certitude de ton amour, — la pensée que nos fortunes, nos destins, notre nom, nos intérêts ne sont qu'un ; — ce bonheur si grand n'est que misère, si on le compare avec les joies séraphiques des bienheureux ; et c'est à cette félicité suprême que je désirerais que l'âme d'Ozéma pût participer.

— N'en doute pas, Mercédès ; Ozéma possède tout le bonheur

auquel sa bonté et son innocence lui donnaient droit. S'il égale seulement la moitié de celui que j'éprouve en te pressant ainsi sur mon cœur, elle n'est pas à plaindre ; et tu dis qu'elle en a ou qu'elle devrait en avoir dix fois plus !

— Luis, Luis, ne parle pas ainsi ! nous ferons dire des messes à Séville, à Burgos et à Salamanque.

— Comme tu voudras, mon amour. On les dira chaque année, chaque mois, chaque semaine, à perpétuité, aussi longtemps que les prêtres le croiront utile.

Mercédès remercia son mari par un sourire, et leur conversation devint moins pénible, tout en conservant une teinte mélancolique. Une heure se passa ainsi durant laquelle ils échangèrent leurs pensées avec cette douce effusion qui fait le charme des entretiens entre deux êtres qui s'aiment tendrement. Mercédès avait déjà obtenu un grand empire sur le caractère bouillant et les impétueux sentiments de son mari ; sans presque s'en douter, elle le formait peu à peu suivant son propre cœur. Dans ce changement, résultat de l'influence et non d'un calcul ou d'un projet arrêté, elle était puissamment secondée par les nobles qualités de notre héros, qui se répétait sans cesse à lui-même que désormais il devait travailler au bonheur d'un autre aussi bien qu'au sien. Un esprit généreux résiste rarement à cet appel, qui réussit mieux à corriger de légers défauts que les avis et les reproches.

Il se peut cependant que l'arme la plus forte de Mercédès fût sa confiance sans bornes dans les excellentes qualités de Luis, qui avait le plus vif désir d'être réellement ce qu'elle le croyait devenu, opinion que la propre conscience de celui-ci ne confirmait pas toujours.

Au moment où le soleil achevait de disparaître, Sancho entra pour annoncer qu'il venait de jeter l'ancre.

— Seigneur comte, — nous voilà arrivés ; — señora, doña Mercédès, nous sommes dans le port de Palos, à une centaine de toises de l'endroit même où don Christophe et ses braves compagnons s'embarquèrent pour la découverte des Indes. — Dieu le bénisse mille fois, lui et tous ceux qui l'accompagnèrent ! — La chaloupe est préparée pour vous mener sur la côte, Señora ; et si vous ne trouvez pas là les cathédrales et les palais de Séville ou de Barcelone, du moins vous y trouverez Palos, Santa-Clara et la Porte du Chantier, lieux qui désormais seront plus renommés que tout autre : Palos, comme point de départ de l'expédition ;

Santa-Clara, pour l'avoir sauvée de sa ruine par les vœux accomplis à ses autels ; et la Porte du Chantier, parce que le vaisseau de l'amiral y fut construit.

— Et pour avoir vu d'autres grands événements, bon Sancho, dit le comte.

— Précisément, Votre Excellence, d'autres grands événements. — Dois-je vous conduire à terre, Señora ?

Mercédès y consentit. Dix minutes après, elle et son mari se promenaient sur la rive, à dix toises de l'endroit où Colomb et don Luis s'étaient embarqués l'année précédente. La côte était couverte de gens qui étaient venus jouir de la fraîcheur du soir. La plupart appartenaient aux classes les plus humbles ; car, si je ne me trompe, de toutes les contrées que favorise un heureux climat, ce pays est le seul dans lequel on ne voit pas la population entière confondre ses rangs à cette heure si agréable de la journée.

Luis et sa belle compagne n'avaient débarqué que pour prendre un peu d'exercice, sachant bien que la felouque était plus commode qu'aucune auberge de Palos, et ils se mêlèrent à la foule des promeneurs. Bientôt ils rencontrèrent un groupe de jeunes femmes qui parlaient avec vivacité et assez haut pour être entendues. Notre héros et notre héroïne prêtèrent l'oreille, car il était question du voyage au Cathay.

— Aujourd'hui, disait l'une d'elles d'un ton d'autorité, don Christophe s'est embarqué à Cadix, nos deux souverains trouvant que Palos était un trop petit port pour les préparatifs d'une si grande expédition. Vous pouvez compter sur ce que je vous dis, mes bonnes voisines, mon mari étant, comme vous le savez toutes, employé à bord du vaisseau même de l'amiral.

— Vous êtes digne d'envie, voisine, puisque votre mari est tellement estimé par un si grand homme !

— Comment pourrait-il en être autrement ? N'a-t-il pas été avec lui lorsque peu de gens avaient le courage de le suivre, et ne l'a-t-il pas toujours trouvé fidèle à son devoir ! — Monica, — non, c'était *bonne* Monica, — me dit l'amiral de sa propre bouche, ton Pépé a un vrai cœur de marin, je suis très-content de lui ; il sera maître d'équipage de ma carraque ; et toi et tes enfants, vous pourrez vous glorifier jusque dans les siècles les plus reculés d'avoir appartenu à un si brave homme. — Telles ont été ses paroles ; et ce qu'il a dit, il l'a fait : Pépé est à présent maître d'équipage. Mais les *Pater* et les *Ave* que je dis pour lui suffiraient pour paver cette côte.

Luis s'avança au milieu du groupe, non sans avoir préalablement fait un salut, donnant pour prétexte sa curiosité de connaître les particularités du départ d'une flottille sur laquelle il était lui-même. Ainsi qu'il s'y attendait, Monica ne le reconnut pas sous son riche costume, et elle raconta volontiers tout ce qu'il savait, et même ce qu'il ne savait pas. Cet entretien fit voir à quel point, chez cette femme, l'enthousiasme avait remplacé le désespoir : démonstration suffisante pour expliquer la révolution qui s'était opérée dans l'opinion publique, si l'on veut bien réduire aux proportions d'un cas particulier l'expression d'un sentiment général.

— J'ai beaucoup entendu parler d'un nommé Pinzon qui partit en qualité de pilote d'une des caravelles, ajouta Luis : qu'est-il devenu ?

— Il est mort, Señor, répondirent à la fois une douzaine de voix. Mais celle de Monica parvint à s'élever suffisamment au-dessus des autres pour raconter l'histoire :

— Il était jadis en renom dans ce pays, reprit-elle ; mais à présent il a perdu sa réputation aussi bien que la vie. Il fut perfide, dit-on, et mourut de douleur lorsqu'il vit *la Niña* en sûreté dans la rivière, tandis qu'il s'attendait à recueillir seul toute la gloire de l'entreprise.

Luis avait été beaucoup trop absorbé par ses affaires personnelles pour songer, avant ce jour, à s'informer du destin de Pinzon ; il continua sa promenade, triste et rêveur.

— Que tel soit à jamais le sort des espérances coupables et des desseins que Dieu ne doit pas favoriser ! s'écria-t-il lorsqu'il se fut éloigné ; la Providence a protégé l'amiral, et certainement, mon amour, elle n'a pas été moins bonne pour moi.

— Voici Santa-Clara, répondit Mercédès ; Luis, je voudrais y entrer pour rendre grâces au ciel de t'avoir sauvé, et en même temps offrir une prière pour les succès futurs de don Christophe.

Ils entrèrent dans l'église et allèrent s'agenouiller au pied du maître-autel ; car, dans ce siècle, les plus braves guerriers n'auraient pas rougi, comme on le voit dans le nôtre, d'avouer publiquement leur reconnaissance et leur soumission envers Dieu. Ce devoir rempli, l'heureux couple retourna en silence sur le rivage et regagna la felouque.

Dès le point du jour suivant, *l'Ozéma* fit voile pour Malaga, Luis craignant d'être reconnu s'il restait à Palos. Notre héros et notre héroïne atteignirent heureusement le port, et peu après arrivèrent à Valverde, principal domaine de Mercédès, où nous les laisserons jouir d'une félicité aussi grande que peuvent la donner l'énergie de la passion dans le cœur d'un homme, et la pureté de sentiments, l'amour désintéressé, dans le cœur de sa compagne.

L'Espagne vit d'autres Luis de Bobadilla parmi ses preux et ses nobles; d'autres Mercédès réjouirent et brisèrent tour à tour le cœur de leurs adorateurs; mais il n'y eut plus qu'une seule Ozéma. Cette Ozéma parut à la cour sous le règne suivant, et y brilla un instant, semblable à l'étoile qui scintille au milieu d'un ciel sans nuages. Sa carrière fut courte, elle mourut jeune, et bien des larmes furent versées sur sa tombe. — Son nom a disparu avec elle. — C'est en partie ce fâcheux concours de circonstances qui nous a imposé l'obligation d'emprunter à des documents longtemps ignorés, et relatifs à cette époque si fertile en événements, la plupart des faits racontés dans cette légende.

FIN DE MERCÉDÈS DE CASTILLE.

www.ingramcontent.com/pod-product-compliance
Lightning Source LLC
Chambersburg PA
CBHW050236230426
43664CB00012B/1714